"十二五"普通高等教育本科国家级规划教材
普通高等教育"十一五"国家级规划教材

全国高等学校法学专业必修课、选修课系列教材

合同法学
Contract Law
（第二版）

韩世远　著

高等教育出版社·北京

图书在版编目（CIP）数据

合同法学 / 韩世远著. --2版. -- 北京：高等教育出版社，2022.9
ISBN 978-7-04-059042-5

Ⅰ. ①合… Ⅱ. ①韩… Ⅲ. ①合同法-法的理论-中国-高等学校-教材 Ⅳ. ① D923.61

中国版本图书馆 CIP 数据核字（2022）第 131391 号

Hetong Faxue

| 策划编辑 | 姜　洁 | 责任编辑 | 可　为 | 封面设计 | 杨立新 | 版式设计 | 杨　树 |
| 责任绘图 | 邓　超 | 责任校对 | 吕红颖 | 责任印制 | 存　怡 | | |

出版发行	高等教育出版社	网　　址	http://www.hep.edu.cn
社　　址	北京市西城区德外大街4号		http://www.hep.com.cn
邮政编码	100120	网上订购	http://www.hepmall.com.cn
印　　刷	北京市艺辉印刷有限公司		http://www.hepmall.com
开　　本	787mm×1092mm　1/16		http://www.hepmall.cn
印　　张	40.5	版　　次	2020年11月第1版
字　　数	920千字		2022年9月第2版
购书热线	010-58581118	印　　次	2022年12月第2次印刷
咨询电话	400-810-0598	定　　价	95.00元

本书如有缺页、倒页、脱页等质量问题，请到所购图书销售部门联系调换
版权所有　侵权必究
物　料　号　59042-00

作者简介

韩世远（HAN Shiyuan），1969年生，江苏丰县人。法学博士（1997年），现任清华大学法学院教授、博士生导师；欧洲法与比较法研究中心主任；国际比较法学会会员（Associate Member of International Academy of Comparative Law，2007年至今）；《联合国国际货物销售合同公约》咨询委员会委员（Member of CISG Advisory Council，2010年至今）；中国社会科学院法学研究所特聘研究员（教授，2005年至今）；北京仲裁委员会仲裁员（2005年至今）；中国国际经济贸易仲裁委员会仲裁员（2011年至今）；最高人民法院执行特邀咨询专家（2018—2024年）；北京市高级人民法院专家咨询委员会咨询专家。

曾获第四届全国十大杰出青年法学家提名奖（2004年）、中国法学会优秀科研成果奖（民法学科著作类一等奖，2005年）、入选教育部2006年度新世纪优秀人才支持计划（2006年）、教育部"高等学校科学研究优秀成果奖（人文社会科学）"三等奖（2009年）等。

◎学术访问经历：

1. 美国哈佛大学法学院富布赖特研究学者（2014年8月—2015年8月）；
2. 德国（汉堡）马克斯·普朗克外国私法与国际私法研究所访问学者（2006年10月—2007年9月；2009年6月—9月）及高级访问学者（2017年8月—11月）；
3. 日本法政大学HIF招聘研究员（2000年10月—2001年9月）。

◎出版个人专著：

1.《合同法总论》，法律出版社2018年第4版。
2.《民法的解释论与立法论》，法律出版社2015年版。
3.《合同法学》（普通高等教育"十一五"国家级规划教材），高等教育出版社2010年版。
4.《履行障碍法的体系》，法律出版社2006年版。
5.《违约损害赔偿研究》，法律出版社1999年版。

韩教授"课间聊"

为使读者在教学过程中更好地使用本书，作者特以音频的方式录制了此栏目。该栏目每条音频的长度与课间休息时间相当。"课间聊"系作者的创意，意在文字之外、课堂之余就相关研习建议、注意事项、阅读参考、重点难点、规则构成、背景应用、知识对比、法条理解等提供进一步信息，拉近作者与读者、老师与学生的距离。

"课间聊"目录

1. 如何学习民法（合同法）
2. 我国法"合同订立"的特色
3. 关于格式条款
4. 关于情事变更
5. 关于债权人代位权
6. 继续性合同的解除
7. 不作为债务的不履行及其救济
8. 一物二卖与风险负担

缩略语表

全称	简称
法律法规	
中华人民共和国民法典（2020 通过）	民法典
中华人民共和国民事诉讼法（2021 修正）	民事诉讼法
中华人民共和国行政诉讼法（2017 修正）	行政诉讼法
中华人民共和国消费者权益保护法（2013 修正）	消费者权益保护法
中华人民共和国招标投标法（2017 修正）	招标投标法
中华人民共和国拍卖法（2015 修正）	拍卖法
中华人民共和国电力法（2018 修正）	电力法
中华人民共和国专利法（2020 修正）	专利法
中华人民共和国商标法（2019 修正）	商标法
中华人民共和国著作权法（2020 修正）	著作权法
中华人民共和国慈善法（2016 通过）	慈善法
中华人民共和国农村土地承包法（2018 修正）	农村土地承包法
中华人民共和国建筑法（2019 修正）	建筑法
中华人民共和国中国人民银行法（2003 修正）	中国人民银行法
中华人民共和国消防法（2021 修正）	消防法
中华人民共和国证券法（2019 修订）	证券法
中华人民共和国票据法（2004 修正）	票据法
中华人民共和国海商法（1992 通过）	海商法
中华人民共和国信托法（2001 通过）	信托法
中华人民共和国合伙企业法（2006 修订）	合伙企业法
中华人民共和国公司法（2018 修正）	公司法

续表

全称	简称
中华人民共和国涉外民事关系法律适用法（2010 通过）	涉外民事关系法律适用法
电力供应与使用条例（2019 修订）	电力供应与使用条例
中华人民共和国城镇国有土地使用权出让和转让暂行条例（2020 修订）	城镇国有土地使用权出让和转让暂行条例
中华人民共和国招标投标法实施条例（2019 修订）	招标投标法实施条例
期货交易管理条例（2017 修订）	期货交易管理条例
物业管理条例（2018 修订）	物业管理条例
司法解释	
最高人民法院关于适用《中华人民共和国民法典》时间效力的若干规定（2020.12.29 公布）	民法典时间效力规定
最高人民法院关于适用《中华人民共和国民法典》物权编的解释（一）（2020.12.29 公布）	物权编解释（一）
最高人民法院关于适用《中华人民共和国民法典》有关担保制度的解释（2020.12.31 公布）	担保制度解释
最高人民法院关于适用《中华人民共和国民法典》继承编的解释（一）（2020.12.29 公布）	继承编解释
最高人民法院关于审理买卖合同纠纷案件适用法律问题的解释（2020.12.29 修正）	买卖合同解释
最高人民法院关于审理商品房买卖合同纠纷案件适用法律若干问题的解释（2020.12.29 修正）	商品房买卖合同解释
最高人民法院关于审理民间借贷案件适用法律若干问题的规定（2020.12.29 修正）	民间借贷解释
最高人民法院关于审理独立保函纠纷案件若干问题的规定（2020.12.29 修正）	独立保函解释
最高人民法院关于审理民事案件适用诉讼时效制度若干问题的规定（2020.12.29 修正）	诉讼时效解释
最高人民法院关于审理城镇房屋租赁合同纠纷案件具体应用法律若干问题的解释（2020.12.29 修正）	房屋租赁解释
最高人民法院关于审理融资租赁合同纠纷案件适用法律问题的解释（2020.12.29 修正）	融资租赁解释
最高人民法院关于审理建设工程施工合同纠纷案件适用法律问题的解释（一）（2020.12.29 公布）	施工合同解释（一）

续表

全称	简称
最高人民法院关于审理技术合同纠纷案件适用法律若干问题的解释（2020.12.29 修正）	技术合同解释
最高人民法院关于审理物业服务纠纷案件适用法律若干问题的解释（2020.12.29 修正）	物业服务解释
最高人民法院关于审理旅游纠纷案件适用法律若干问题的规定（2020.12.29 修正）	旅游纠纷解释
最高人民法院关于审理外商投资企业纠纷案件若干问题的规定（一）（2020.12.29 修正）	外商投资解释（一）
最高人民法院关于适用《中华人民共和国民事诉讼法》的解释（2022.4.1 修正）	民诉法解释
最高人民法院关于审理行政协议案件若干问题的规定（2019.11.27 公布）	行政协议规定

第二版前言

本书第一版出版于 2010 年,至今已有 12 个年头。借《中华人民共和国民法典》之东风,作者下定决心,历时一年半的时间,终于完成了本书第二版的修订。

本书继续保持第一版的基本特点,即:由一人独立完成,整体统一性强;"分则"部分着力更强。第二版的主要变化体现在,完全按照《民法典》的内容,全面更新。最明显的当然是外在体系的变化,《民法典》"合同"编新设"准合同"分编,本书新增无因管理和不当得利两章内容;在"典型合同"分编中,较原《合同法》增加了四章内容,即:保证合同、保理合同、物业服务合同和合伙合同,本书也相应补写了这四章的内容;《民法典》在"合同的履行"章增加了多数当事人的债之关系、金钱的给付及选择的给付,在"违约责任"章完整吸收了违约定金,在"技术合同"章增加了技术许可合同(独立于技术转让合同),因而本书也相应增写。另外,原《合同法》中的基本原则、合同的效力等内容被"升格"到了《民法典》"总则"编,因而,本书就这两部分的内容也作了相应的删除和改写。

立法者的任务因《民法典》的颁布固已完成,司法及学说方面的新任务才刚刚开始。如何正确领悟新法典的内在精神,并在比较法之林找准中国民法的身份定位,阐释其内在体系,丰富其解释论,增进其实践应用,发挥其规范功能,并在生活世界塑造法秩序,中国法律人不可谓不任重而道远。

为了配合《民法典》的生效,最高人民法院梳理相关司法解释,废旧立新,持续推进。对于虽已废止的司法解释,在替代它们的新司法解释尚未出台的场合,本书将其泛称为"既往的司法规则"。在新的司法解释出台之前,鉴于相应的规则在司法实践中适用多年,为人熟知,被人遵行,故可以认为,其实具有习惯法之效力。

高等教育出版社经济管理与法律出版事业部副主任姜洁、编辑可为为本书第二版的出版倾注心力,对本书的完善功不可没;清华大学法学院博士生张博宬细心校阅,谨此一并致谢。

  本书作者虽倾心尽力,但思虑不周、表述不妥或观点不当之处在所难免,尚祈读者批评指正,以便将来修改完善。

韩世远
2021 年 11 月 22 日小雪初稿
2022 年 8 月 7 日立秋二稿
于清华大学法律图书馆

第一版前言

年过不惑，回首二十余载人生轨迹，一直在读书、写书、教书中度过。书，成为我生命中不可或缺的组成部分。在此过程中，我唯独未曾独立尝试的就是编写教科书。原因主要有两方面：其一，教科书在国内称"教材"，是教学使用的资料或者材料，多年来不受重视，评定职称时不作为科研成果，所以写教材不如写专题研究著作。其二，观察我曾留学的日本及德国，教科书的写作又往往被视为神圣之事，先生出了书，弟子便不再写相同类型的书；先生年事既高、修订不便时，弟子再接续修订；弟子修订超过一定程度时，便成了先生与弟子的合著。所以，德、日教科书是有传统的。出于对这种传统的尊重和认同，加之吾师崔建远教授已有饱受赞誉的《合同法》教科书，作为崔门弟子，不写合同法教科书自是理所当然。

让我打破自律规则的是李文彬女士，正是2005年夏天，她的热情邀请，使我产生独立写作合同法教科书的念头。另外，也正是由于文彬女士的积极鼓励，才使我决意申报并最终获准本书列入教育部普通高等教育"十一五"国家级规划教材。其后，宋军编辑接续本书的出版工作，是她的热诚和投入使得本书能够早日与读者见面。在此，谨向两位表达诚挚的谢意！

"教科书"是为教学而写作的书。一本好的教科书，既要方便"教"，又要方便"学"。教科书应当内容准确、体例清晰、语言明快、文字简洁。目前国内的合同法教科书众多，其中不乏佳作，比如崔建远教授主编的《合同法》（法律出版社2010年第五版，蒙崔师提携，笔者也滥竽于该书作者群中），近年来在CSSCI中的被引率一直稳居榜首。崔师的教科书成了一支标杆，与之相比，窃以为本书的特点在于：其一，由一人独立完成，整体统一性强。其二，"分则"部分着力更强。"分则"中的具体合同，在国外通常作为专门的课程，在我国常被当作"鸡肋"，无论在我国现有的教学还是在科研中，"分则"都远较"总则"薄弱，有鉴于此，笔者有意在此方面有所发力。其三，本书保留了在教学过程中积累的图表。

本书坚持解释论的基本立场，论述的对象是我国《合同法》，其他的典型合同暂未纳入。作者虽倾心尽力，但思虑不周、表述不妥或观点不当之处，在所难免，尚祈读者批评指正，以便将来修改完善。

清华大学法学院博士研究生王文胜，硕士研究生隋愿、杜传金及丁楠同学通读全书、校对文字并提出修改意见，均付出努力，谨在此表达由衷的感谢！

韩世远

2010 年 3 月 15 日

目　录

第一章　合同与合同法概述　　1
　　第一节　合同与准合同　　1
　　第二节　合同法概述　　7
　　第三节　合同法的原则　　17
　　第四节　合同的分类　　20

第二章　合同的订立　　35
　　第一节　合同的订立与合同的成立　　35
　　第二节　要约　　38
　　第三节　承诺　　49
　　第四节　依要约承诺以外的方式成立合同　　53
　　第五节　合同的形式　　57
　　第六节　合同成立的时间与地点　　62
　　第七节　缔约上过失责任　　64

第三章　合同的效力　　73
　　第一节　合同的效力概述　　73
　　第二节　审批程序与合同效力　　76
　　第三节　无权代理、越权代表或者超越经营范围行为与合同效力　　77
　　第四节　无效的免责条款　　79
　　第五节　争议解决条款的独立性　　81

第四章　合同的履行　　83
　　第一节　合同履行概述　　83
　　第二节　履行的主体　　85
　　第三节　多数当事人的债之关系　　89

第四节　合同的内容　　97
　　第五节　履行地点、期限、顺序和费用　　105
　　第六节　涉他合同的履行　　112
　　第七节　双务合同的履行抗辩权　　117
　　第八节　履行的受领与拒绝　　132
　　第九节　履行的抵充　　134

第五章　合同的保全　　137
　　第一节　合同的保全概述　　137
　　第二节　债权人代位权　　138
　　第三节　债权人撤销权　　150

第六章　合同履行的障碍　　158
　　第一节　合同履行的障碍概述　　158
　　第二节　不可抗力　　159
　　第三节　情事变更　　163
　　第四节　履行不能　　170
　　第五节　履行迟延　　175
　　第六节　不完全履行　　182
　　第七节　拒绝履行　　186
　　第八节　债权人迟延　　190

第七章　合同的变更和转让　　198
　　第一节　合同的变更和转让概述　　198
　　第二节　合同的变更　　199
　　第三节　债权让与　　202
　　第四节　债务承担　　215
　　第五节　合同权利义务的概括移转　　220

第八章　合同的权利义务终止　　223
　　第一节　合同的权利义务终止概述　　223
　　第二节　解除　　225
　　第三节　抵销　　244
　　第四节　提存　　252
　　第五节　免除　　259
　　第六节　混同　　261

第九章　违约责任　263

第一节　违约责任概述　263
第二节　违约责任的归责原则　266
第三节　第三人的行为或原因与债务人的责任　268
第四节　强制履行　271
第五节　赔偿损失　278
第六节　违约金　297
第七节　违约定金　304
第八节　减价　309

第十章　合同解释　317

第一节　合同解释概述　317
第二节　狭义的合同解释　321
第三节　补充的合同解释　323
第四节　修正的合同解释　326

第十一章　合同法及其周边　328

第一节　合同法与侵权法的交错：责任竞合　328
第二节　合同法与消费者法的交错　333

第十二章　买卖合同　341

第一节　买卖合同概述　341
第二节　买卖合同的效力　346
第三节　特种买卖　361

第十三章　供用电、水、气、热力合同　376

第一节　继续性供给合同　376
第二节　供用电合同　378

第十四章　赠与合同　384

第一节　赠与合同概述　384
第二节　赠与合同的效力　386
第三节　赠与合同的撤销　390
第四节　特殊的赠与　392

第十五章　借款合同　396
第一节　借款合同概述　396
第二节　借款合同的效力　400

第十六章　保证合同　403
第一节　保证合同概述　403
第二节　保证责任　414

第十七章　租赁合同　423
第一节　租赁合同概述　423
第二节　租赁合同的成立、效力评价和存续期间　425
第三节　租赁合同的效力　429
第四节　租赁合同的终了　441

第十八章　融资租赁合同　445
第一节　融资租赁合同概述　445
第二节　融资租赁合同的成立、生效和效力评价　449
第三节　融资租赁合同的效力　451
第四节　融资租赁合同的终了　457

第十九章　保理合同　460
第一节　保理合同概述　460
第二节　保理合同的效力　465

第二十章　承揽合同　469
第一节　承揽合同概述　469
第二节　承揽合同的效力　473

第二十一章　建设工程合同　485
第一节　建设工程合同概述　486
第二节　建设工程合同的订立与效力评价　489
第三节　建设工程合同的效力　495

第二十二章　运输合同　504
第一节　运输合同概述　504

第二节　客运合同　506
　　第三节　货运合同　509
　　第四节　多式联运合同　511

第二十三章　技术合同　513
　　第一节　技术合同概述　513
　　第二节　技术开发合同　518
　　第三节　技术转让合同　522
　　第四节　技术许可合同　527
　　第五节　技术咨询合同和技术服务合同　530

第二十四章　保管合同　536
　　第一节　保管合同概述　536
　　第二节　保管合同的效力　539

第二十五章　仓储合同　544
　　第一节　仓储合同概述　544
　　第二节　仓储合同的效力　546

第二十六章　委托合同　550
　　第一节　委托合同概述　550
　　第二节　委托合同的效力　553
　　第三节　委托合同的终了　556
　　第四节　委托合同与外部关系　558

第二十七章　物业服务合同　562
　　第一节　物业服务合同概述　562
　　第二节　物业服务合同的效力　567
　　第三节　物业服务合同的终了　570

第二十八章　行纪合同　574
　　第一节　行纪合同概述　574
　　第二节　行纪合同的效力　576

第二十九章　中介合同　584
　　第一节　中介合同概述　584

第二节　中介合同的效力　　587

第三十章　合伙合同　590
　　第一节　合伙合同概述　　590
　　第二节　合伙合同的效力　　594
　　第三节　合伙人的变动　　597
　　第四节　合伙的终止　　598

第三十一章　无因管理　600
　　第一节　无因管理序说　　600
　　第二节　无因管理的构成要件　　603
　　第三节　无因管理的法律效果　　606

第三十二章　不当得利　611
　　第一节　不当得利序说　　611
　　第二节　不当得利的构成要件　　613
　　第三节　给付不当得利请求权的排除　　621
　　第四节　不当得利的法律效果　　623

第一章　合同与合同法概述

第一节　合同与准合同

一、合同

现代社会可谓是合作的社会，其中合同可谓无处不在，正是无数的合同支撑着我们的日常经济生活。合同在现代法上居于优越地位，其道理也正在于此。由于社会上各种各样的活动大都是通过合同制度来运营，或可用合同制度加以理解（比如以合同关系解释企业的经济学理论），因而又有人说这是合同时代的到来。[①]

（一）合同的语义

《民法典》第三编"合同"，第 463 条开宗明义，规定："本编调整因合同产生的民事关系"。何谓此处的"合同"？这直接关系《民法典》第三编的适用范围及方法，故理应先予说明。

《民法典》第 464 条第 1 款规定，"合同是民事主体之间设立、变更、终止民事法律关系的协议"。而民法所调整的是平等主体的自然人、法人和非法人组织之间的人身关系和财产关系（《民法典》第 2 条）。故对于《民法典》第三编的"合同"，宜作如下理解：

1. 不是平等主体之间的协议，即所谓行政协议（《行政诉讼法》第 12 条第 1 款第 11 项或公法合同，[②] 不是此处的合同。"人民法院审理行政协议案件，可以参照适用民事法律规范关于民事合同的相关规定"（《行政协议规定》第 27 条第 2 款）。所谓"参照适用"，亦即

[①] 参见［日］内田贵：《契约的时代》，岩波书店 2000 年版，第 2 页；罗培新：《公司法的合同解释》，北京大学出版社 2004 年版，第 20 页以下。

[②] 参见［德］平特纳：《德国普通行政法》，朱林译，中国政法大学出版社 1999 年版，第 146 页以下。

"准用",其前提是行政协议不是民事合同。

2.《民法典》第三编的"合同",宜理解为有关财产关系的协议。除此之外,有关人身关系的协议,进一步区分为有关人格关系的协议和有关身份关系的协议。对于后者,《民法典》第 464 条第 2 款明确规定,"婚姻、收养、监护等有关身份关系的协议,适用有关该身份关系的法律规定;没有规定的,可以根据其性质参照适用本编规定"。由此反映出,合同编规范财产行为,但在身份行为的相关立法没有具体规定场合,允许"参照适用"(即"准用")合同编的规定。① 比如离婚协议是否成立,可以参照合同编关于合同订立的规则,具体判断。

人格权不得放弃、转让或者继承(《民法典》第 992 条)。民事主体可以将自己的姓名、名称、肖像等许可他人使用,但是依照法律规定或者根据其性质不得许可的除外(《民法典》第 993 条)。与此相应,会有人格权客体许可使用协议(《民法典》第 1021 条肖像许可使用合同;姓名等的许可使用参照肖像许可使用的有关规定,参照《民法典》第 1023 条第 1 款,对自然人声音的保护,亦参照之,见同条第 2 款)。另外,人体细胞、人体组织、人体器官、遗体的捐献会有相应的捐献协议(《民法典》第 1006 条)。新药研制者与受试者之间亦有相应的书面协议(《民法典》第 1008 条);法人及非法人组织转让其名称权场合有名称转让协议(《民法典》第 1016 条第 1 款);甚至自然人与他人约定放弃使用某特定姓名也应有书面协议。上述协议可以称为有关人格权益的协议。此类协议,虽与人格权益相关,但许可使用类协议基本上可归属于财产性质的协议,捐赠类协议其标的物在捐赠时已然属于"物"的范畴,故已具有财产属性,不属于人格的客体;试验新药类的协议,作为委托合同,不至于产生不妥。总之,此类协议,有的属于非典型合同,有的可以归属于典型合同,可以直接适用合同编"典型合同"或者"通则"的规定,不必像有关身份关系的协议"参照"合同编的规则。

3.就财产关系而言,《民法典》大体维持物债二分的基本格局,于第二编规定"物权",于第三编规定"合同"。"物权"编中的合同,可否适用"合同"编的合同规则?对此宜持肯定意见。至于是否进一步区分债权合同与物权合同,则属另一问题。但有一点,"物权"编中的合同未必尽属"物权合同",而"合同"编中的合同也非尽属"债权合同",这首先是看待事物的角度问题。由于"合同"编所规定的合同会发生债权债务,所以学者并不否认其为债权合同。比如甲乙约定,由甲将其享有所有权的房屋 A 出卖给乙,作价若干。该买卖合同便属于债权合同,因为它产生了甲交付 A 屋给乙并转移所有权的义务,以及乙支付价款的义务。另依《民法典》第 215 条,该合同除法律另有规定或者当事人另有约定外,自合同成立时生效;未办理物权登记的,不影响合同效力。学说称此为"物权变动与原因行为的区分原则"。② 至于"物权变动"的属性,则存在分歧,一种学说以之为物权变动的事实,非

---

① 遗赠扶养协议是单纯的财产行为或者兼具某些身份行为属性,进而是"适用"合同编抑或"参照适用"(准用)合同编,是一个值得思考的问题,相关探讨,参见张平华:《〈民法典〉合同编的体系问题》,载《财经法学》2020 年第 5 期。
② 梁慧星:《民法总论》(第五版),法律出版社 2017 年版,第 170 页;孙宪忠:《中国物权法总论》(第四版),法律出版社 2018 年版,第 297 页以下。

指发生物权变动的意思表示即所谓物权行为。① 反之，另有学说认为，物权变动"在法律上是一个独特的法律行为即处分行为"。② 对于房屋买卖合同而言，根本目的在于获取房屋的所有权。对于基于法律行为的物权变动，发生债权债务的部分固然属于债权合同，而发生物权变动的效果意思，如果将其解释为应与债权行为一体把握以避免称之为"物权行为"，那么这个"集合体"的意思表示也就不再是单纯的债权合同了。既然如此，并意识到合同有效成立与合同履行是两个不同的阶段，恐怕承认发生物权变动的效果意思为独立的法律行为，仍有其合理性。职是之故，在本书中，结合《民法典》新的立法精神，如无特别交待（比如债权让与③），"合同"编所谓的合同，原则上仍应理解为发生债权债务关系的债权合同。如此，对于"合同"的理解，仍应回归到狭义的理解。对于《民法典》第464条第1款中的"民事法律关系"一语，应作限制解释，仅为债权债务关系。④

（二）合同的法律性质

1. 合同是一种民事法律行为。合同以意思表示为要素，并且按意思表示的内容赋予法律效果，故为民事法律行为，因而与事实行为不同。《民法典》总则编关于民事法律行为的规定，对于合同当然适用，自不待言。

2. 合同是两方或多方当事人意思表示一致的民事法律行为。合同的成立必须有两方或多方当事人，他们相互为意思表示，并且意思表示一致（合意）。这是合同区别于单方法律行为的主要标志。合同当事人有两方者，比如买卖合同（纵然一方为复数主体，比如夫妻共同购买房屋，不过是夫妻作为买方，买卖合同的当事人仍为两方）；合同当事人有多方者，比如合伙合同，约定互负出资义务（参照《民法典》第968条）。应当注意，多方当事人的法律行为，除合伙之外，尚有"共同行为"（Gesamtakt），比如公司的设立行为，其要点在于同方向平行的意思表示一致，且行为对于各表意人具有同一经济意义。⑤

3. 合同是以设立、变更、终止民事权利义务关系为目的的民事法律行为。作为一种民事法律行为，合同的目的在于设立、变更或终止民事法律关系（《民法典》第464条第1款）。此所谓"设立"民事法律关系，指依有效成立的合同的效力，在当事人之间产生民事权利义务关系；所谓"变更"民事法律关系，指依有效成立的合同的效力，当事人之间的民

---

① 梁慧星：《民法总论》（第五版），法律出版社2017年版，第170页。
② 孙宪忠：《中国物权法总论》（第四版），法律出版社2018年版，第315页。
③《民法典》第545条以下规定了债权的转让，这种转让作为一种"变更民事法律关系的协议"，当然是一种合同，其内涵首先是侧重于权利的变动，故被称为准物权行为。《民法典》在买卖、赠与、保理等基础关系之外，单独规定债权让与的一般规则，已然将债权让与作为独立于基础关系的法律行为。至于将它安排在"合同"编，不过是出于便宜的考量，《德国民法典》亦是在债务关系法中规定了债权让与，可作为佐证。在实用性面前，体系性的考量作出了让步。
④ 参见谢怀栻：《正确阐述〈民法通则〉以建立我国的民法学》，载林亨元主编：《民法与建立商品经济新秩序》，吉林人民出版社1990年版，第202页；梁慧星：《论我国民法合同概念》，载《中国法学》1992年第1期；梁慧星：《合同通则讲义》，人民法院出版社2021年版，第19页。与之相反的广义说可参见王利明：《合同法研究》第1卷（修订版），中国人民大学出版社2011年版，第11页。
⑤ 参见史尚宽：《民法总论》（第三版），台北自刊本1980年版，第278页；[日] 我妻荣等：《新版新法律学辞典》，董璠舆等译，中国政法大学出版社1991年版，第292页。

事法律关系发生变化，形成新的民事权利义务关系；所谓"终止"民事法律关系，指依有效成立的合同的效力，当事人之间既有的民事法律关系归于消灭。

基于合同产生的民事法律关系，或者说债权债务关系，是基于法律行为的债之关系（意定债之关系），与基于侵权行为、无因管理、不当得利以及法律的其他规定所发生的债之关系不同，后者是基于法律的直接规定而产生的债之关系，称为法定债之关系。当然，《民法典》第三编第三分编"准合同"是在既有的民事法律框架中新增加的内容，规定了无因管理与不当得利，属民法典特别的体系安排。

（三）"合同"与"契约"

在汉语中有"合同"与"契约"两个名词，对于二者的语义及用法，有必要加以区分。今天汉语中所谓的"合同"，在中国古代原本称为"契约"。依《说文解字》：契，大约也……易曰：后代圣人易之以书契。[1] 书契是民事关系的记载方式，中国早已有之。据现有史料记载反映，我国西周后期及春秋时期便已有过相当发达的契约制度。

在民法学说史上，有过"合同"与"契约"的区别。契约是由两个意思表示一致的交换而成立的法律行为。因要约与承诺一致而成立契约，故亦称为双方行为。合同行为，即现今所称的共同行为，指因同方向平行的两个以上意思表示一致而成立的法律行为，对于各当事人有同一价值，例如社团法人的设立、因合并的公司成立、合伙人的开除。[2] 这种区别亦为我国20世纪上半期的民法学说理论所继受，本身是有理论价值的。

中华人民共和国成立后我国发生了天翻地覆的大变革。不仅文字得以改革（由繁体字改为简体字），一些用语也发生了变化，"契约"一语逐渐被"合同"替代，即是其中一例。[3] 时至今日，从国家立法到日常用语，我国已普遍接受了"合同"这一概念，仅在台湾等地仍然使用"契约"一语。当然，在今天的法律用语中仍有一些"契约"的遗迹存在，比如"违约"（违反合同）、"约定"、"约款"（合同条款）、"缔约人"（合同当事人）、"缔约上过失"（合同缔结上的过失）等。另外，在一些经典用语中仍保留了"契约"一语，比如"从身份到契约""契约自由""契约神圣""契约严守"等。其中有的可以改换为"合同"，比如也可以说合同自由；有的却不宜加以改换，比如"从身份到契约"。

二、合同行为、合同过程与合同关系

依前述界定，合同是一种双方的民事法律行为，以合意为其中核，并按当事人的合意赋予法律效果。这是一种对于合同的传统界定，所关注的是合同的行为侧面。然如对合同作更为全面的把握和理解，还应关注合同过程侧面和合同关系侧面。

---

[1] （汉）许慎撰：《说文解字》，中华书局2004年版，第213页。
[2] 史尚宽：《民法总论》（第三版），台北自刊本1980年版，第278页。
[3] 比如中央人民政府政务院财政经济委员会颁布的《机关、国营企业、合作社签订合同契约暂行办法》（1950年10月3日）；贸易部发布的《关于认真订立与严格执行合同的决定》（1950年10月3日）。

(一) 合同过程

依传统的理论，合同是因要约承诺而成立的法律行为，自成立时起始有合同，成立后便只是合同的履行问题了。现代的学说则倾向于从过程的侧面把握合同，认为现实的合同是一种从合同缔结前的阶段到履行完毕后的一个连续的过程。[①] 传统的合同法理往往是以一时性合同为模型构筑其理论体系的，而现代社会中继续性合同（或称继续性债之关系）日益凸显其重要性，其相关问题在传统的合同法理中却难以获得完满的解答，合同过程论正是在这种背景下提出的。

将合同从一个动态的过程角度进行把握，既涉及具体的合同问题，比如合同的起点与终点、合同成立的判定及合同内容的确定，也涉及合同的总体的基本观念问题。合同已不是一个简单的自成立时起确定下来的对于未来事务的安排，而是一个发展变化着的动态过程。为了解释和说明一些新问题，相应地，出现了一些新鲜的概念，比如合同的成熟度、框架合同，等等。

对《民法典》的有些规定，如果借助于合同过程论，则可以获得比较好的说明。比如合同缔结过程中的保密义务（第501条）和过失责任（第500条）、合同终了后的义务（第558条）等。

(二) 合同关系

1. 合同关系的构成。合同关系即合同当事人之间的权利义务关系。合同关系作为一种法律关系，是由主体、客体及内容三部分组成的。

（1）合同关系的主体。合同关系的主体，也称合同当事人，是缔结合同的双方或者多方民事主体。在利益第三人合同场合，虽然享有利益的是第三人，该第三人却不是合同关系的主体。

作为合同关系的主体，其中享有权利的称为债权人，承担义务的称为债务人。在双务合同关系中，合同债权人与债务人是相对的，一方当事人既可以是债权人，同时又可以是债务人。

能够成为合同关系主体既可以是自然人，也可以是法人或非法人组织；既可以是本国人，也可以是外国人。另外，合同关系的主体并不以具有行为能力者为限，纵为无民事行为能力人或限制民事行为能力人，亦不妨成为合同关系的主体，只不过是该合同的订立及履行需要借助于他人罢了。

在合同关系中，债权人与债务人是特定的，均为具体的民事主体。但是在近现代法上，适应经济活动的实际需要，合同关系的主体是可以变更的，债权让与、债务承担以及合同地位的概括移转均无不可（严格地说，在债权让与及债务承担场合，并非合同当事人的变更，仅为债权人或者债务人的变更）。

[①] [日] 内田贵：《契约的时代》，岩波书店2000年版，第89页以下。

（2）合同关系的客体。合同关系的客体，也可称为合同的标的，是指合同关系中权利义务所指向的对象（又称为给付），是债的内容所要求的债务人的"为或者不为一定行为"（《民法典》第118条第2款，又称"给付行为"）。由于合同关系中往往不以单一的债之关系为限，债之关系为复数时，作为其标的的给付也是复数的。

在有的合同关系中，除了作为客体或标的的行为之外，还可存在具体的物，称为标的物，是债务人行为具体作用的对象，实为给付的标的，比如汽车买卖合同中的汽车，应当与合同之债的客体或标的加以区别。

（3）合同关系的内容。合同关系的内容，即合同权利与合同义务，称合同上的债权债务。合同关系的内容于合同成立时起即全部确定下来，无疑是最为理想的。通过"把将来转化为现在"实现行为的计划性和可预测性，在一时性合同场合或可实现，但在长期的继续性合同场合，则会遇到困难。许多合同内容是要等到将来才能逐步确定的，有人为此提出了"框架合同"的概念（可参照本书第二十七章"物业服务合同"的相关部分）。无论如何，合同的内容都是表现为合同债权与合同债务。

合同债权，具体地表现为一种请求权，债权人可据以请求债务人履行债务。具体地又有请求力、受领力与保持力等诸多权能。在债务人不履行债务时，债权人可通过向法院起诉的方式，寻求国家公权力的帮助，此种权能亦被称为债权的执行力。

合同债务，是合同债务人依合同关系所负的义务，且在现代法上不以当事人在合同中具体约定的给付义务为限，尚可包括附随义务，即根据法律规定或者根据诚实信用以及交易习惯等解释可确认的义务。合同债务在效力上首先表现为债务人的"当为"，通过债务人的"任意履行"而使之归于消灭。如果债务人债务不履行，则债务将由第一次义务转化为第二次义务，即转化为以国家强制力为后盾的责任。另依学理，此种第一次义务与第二次义务之间具有债的同一性。

2. 合同关系的相对性。"依法成立的合同，仅对当事人具有法律约束力，但是法律另有规定的除外"（《民法典》第465条第2款）。合同仅对当事人具有法律约束力，并不及于第三人。此一原则，称为"合同的相对性"原则。

三、准合同

不同于潘德克顿式民法典，中国《民法典》的一个新特征是在合同编出现了"准合同"分编。"准合同"分编的出现，纯属在不设债法总则编的前提下的变通之举，目的就是安放无因管理与不当得利这两种债。

在罗马法中，"准契约"是与契约、私犯、准私犯相并列的债的发生原因。盖尤斯将债划分为两大范畴：契约（ex contractu）与私犯（ex delicto）。"债或是产生于契约，或是产生于私犯，或是产生于法律规定的其他原因"（Gaius, *Digesta*, 44, 7, 1pr.）。[①] 针对"法律规定

[①] 参见［意］桑德罗·斯契巴尼选编：《契约之债与准契约之债》，丁玫译，中国政法大学出版社1998年版，第3页。

的其他原因"发生的债，优士丁尼的《法学阶梯》又增加了两个范畴：根据与前两大范畴的相似程度，它们被认为或者产生于准契约（quasi ex contractu），或者产生于准私犯（quasi ex delicto）。[①]

《民法典》立法者以合同编的通则代行债法总则的功能，认为这更符合我国的立法传统、司法传统和法学教育传统。从比较法角度看，不设置债法总则编的国家或地区大都将其他债的关系规定在合同编之中，称为"准合同"。在不设置单独的债权编的情况下，可以借鉴法国等部分大陆法系国家和英美法系国家将无因管理和不当得利作为准合同对待的经验，将无因管理和不当得利制度作为准合同规定于合同编，较为合适。[②] 在《民法典》之前，"准合同"在中国的立法、司法及学理中非常罕见。编纂《民法典》过程中引入此概念，多少带有偶然性色彩。

应讲学及学习上的需要，本书依《民法典》合同编的体例，特增加无因管理和不当得利两章（第三十一章和第三十二章）。

第二节　合同法概述

一、合同法的含义及属性

合同法，即有关合同的法律规范的总称，是调整平等主体之间的交易等财产关系的法律。形式意义上的合同法，指《民法典》第三编"合同"；实质意义上的合同法，尚包括《民法典》其他编、其他民事单行法及司法解释等法源中的合同法规范。

（一）大合同编与债法总则

中国民法并非放弃债权法之概念，只不过是在如何组织债权法规范体系上没有依潘德克顿模式设立债法总则。在中国《民法典》中，债权法规范分散在不同的编中。

首先，《民法典》明确规定"债权"的概念及其发生原因（第一编第五章"民事权利"第118条第2款），即合同、侵权行为、无因管理、不当得利以及法律的其他规定。以此为总纲，尽管没有形式上的债权法，但实质债权法规范的组织结构并非杂乱无章，而是有迹可循。

其次，债权的发生原因虽有多种，但在实务中最常见、最重要的无疑是合同法与侵权法。在组织债权法规范的路径选择上，中国选择了一条实用主义的路径。先是在"分步走"的阶段以单行法的形式制定了《合同法》与《侵权责任法》，在债权法"有法可依"方面实现了"抓大"；接着，在法典化阶段，在使合同与侵权各自独立成编的同时，也没有放过无

[①] ［英］巴里·尼古拉斯：《罗马法概论》，黄风译，法律出版社2000年版，第168—169页。
[②] 黄薇主编：《中华人民共和国民法典合同编释义》，法律出版社2020年版，第1028—1029页。

因管理与不当得利，将其以"准合同"的形式安置于合同编，在保证"抓大"的同时也没有"放小"；最后，不论基于何种债的发生原因所形成的债之关系，均力求使之"有法可依"、有专门规定可以直接适用，或可依参照适用方式，有所准用。债法总则固然是一条有悠久历史且成熟的债权法规范模式，是对债权法"提取公因式"的结晶；但从比较法的视角看，它并非惟一的规范模式。债法总则的基本想法是针对各种不同原因发生的债之关系，从单个的狭义债之关系视角，提取其公因式，集合相应的共通规范，达到规范简约的目的。而以大合同编的形式规定狭义债之关系（Schuldverhaeltnis im engeren Sinn）及广义债之关系（Schuldverhaeltnis im weiteren Sinn）。① 狭义债之关系的规范可以适用或者参照适用于其他原因的债之关系，也能实现相似的规范目的。条条大道通罗马而已。当然，不同的规范模式会要求不同的法律适用方式，并因此影响相关的法学教育及理论构成。

最后，为何没有规定债法总则？或谓《民法典》之所以未设债编，不是否定债编在民法体系上的价值，而是出于立法技术的考虑。中国自1986年起陆续出台了《民法通则》《合同法》《物权法》《侵权责任法》，整合相关规定制定债编（尤其是债之通则）系一个耗费时日的艰巨工作。② 另有学者认为，取消债法总则，让合同和侵权责任从债的大结构中独立出来，是20世纪60年代的中国民法起草者挑战《苏俄民法典》模式的结果。他们认为，一旦制定了独立的侵权责任法，债法就崩解了，因为债法的本质在于把合同和侵权责任这两个风马牛不相及的东西强拉在一起"提取公因式"。③ 本书认为，自20世纪80年代以来，放弃"一步到位"的民法立法目标，改采"分步走"的实用主义路径，逐渐形成了中国法律人的路径依赖，即习惯了《合同法》与《侵权责任法》彼此独立；再整合债法规范并提取公因式，反而会让人不太习惯。这种路径依赖在德国和日本民法修正过程中均有所反映，起初理想主义的修正案往往会遭遇实务界的反对意见而难以贯彻，因为实务界已经习惯了旧法的路径，最终修法只能形成某种折中的方案。

《民法典》第468条规定，"非因合同产生的债权债务关系，适用有关该债权债务关系的法律规定；没有规定的，适用本编通则的有关规定，但是根据其性质不能适用的除外"。该条款明确了诸如无因管理、不当得利及侵权行为等法定债之关系的法律适用。特别值得注意的是，该条后段是"适用"而非"参照适用"本编通则的有关规定，表明合同编"通则"分编中的规定，并不以合同之债为限，亦包括了法定债之关系，从而使得该"通则"分编发挥相当于债法总则的功能，或称此为"以合同编的通则代行债权编的功能"。④ 非合同的债权债务关系，虽然不在本编适用范围之内，却在本编通则的立法目的范围之内，因此本条规定，可以"适用本编通则的有关规定"。这是由合同编通则代替债法总则的立法目的所决定的。⑤ 立法者将合同编通则中能够适用于非合同之债的具体规则，尽量通过措辞予以明确指示。对

---

① Vgl. *W. Fikentscher/A. Heinemann*, Schuldrecht: Allgemeiner und Besonderer Teil, 11. Auflage, De Gruyter, 2017, S.22.
② 王泽鉴：《中国民法的特色及解释适用》，载《法律适用》2020年第13期。
③ 徐国栋：《〈民法典〉不采用债法总则的本国立法史和比较法依据》，载《法治研究》2020年第6期。
④ 黄薇主编：《中华人民共和国民法典合同编释义》，法律出版社2020年版，第1028页。
⑤ 梁慧星：《合同通则讲义》，人民法院出版社2021年版，第50—51页。

可适用于所有债的类型的共同规则，条文中尽量不使用"合同""合同权利""合同义务"的表述，而是采用"债""债权""债务"的表述，而就合同的订立、效力和解除等仅能适用于合同之债的规则仍然使用"合同"的表述。[①] 比如，为了兼顾合同编通则的"债法总则"功能，使债权让与、债务承担等债法通用规则突破"合同法"的局限，故特意对法条用语进行了调整，将"合同的权利"或者"权利"改称"债权"（第545条第1款、第546条第1款、第547条第1款）、将"合同性质"改称"债权性质"（第545条第1款第1项）、将"合同的义务"或者"义务"改称"债务"（第551条第1款、第553条、第554条）。如此，非因合同产生的债权债务关系，依《民法典》第468条，在没有专门规定时，便适用合同编通则的有关规定。

（二）合同法的基本属性

在我国，合同法具有如下基本属性：

1. 合同法为私法。法律可以划分为公法与私法。公法涉及国家利益与社会利益等公的利益，而私法则主要涉及私人之间的利益。合同法主要规范与当事人的合同相关的法律问题，所涉及的主要是私人的利益关系，故为私法。

2. 合同法为财产法。在私法中，有的涉及财产关系，如物权法；有的涉及人身关系，如婚姻家庭法。合同法主要涉及当事人之间的财产关系，通常并不涉及人身关系，故为财产法。

3. 合同法为交易法。在财产法中，有的规范财产的归属关系，以物权法为典型[②]；有的则规范财产的流转关系或者交易关系，其在法律层面上的表现即为合同法[③]。

4. 合同法为自治法。此所谓自治法，是指合同法作为"私法"的一个重要组成部分，奉行自愿原则（《民法典》第5条），当事人自己的事情，原则上由自己做主，是为"私的自治"。具体而言，合同法规范多为任意性规范，或为引导当事人的行为，或为补充当事人意思的不备，仅在少数场合规定强制性规范，故被称为"任意法"。合同法的适用，原则上取决于当事人的援引，而不像刑法等有专门的国家机关负责执行和适用。

另外，此所谓自治法，应区别于道德的"自律性"。道德发挥作用，主要依靠个人内心的道德感自我约束，是为自律。而合同法作为国家制定的法律，属"他律"范畴。当事人不履行合同，债权人可请求法院介入，通过国家强制力保护其权利。

二、古代合同法

合同法作为交易法，是交易规则的法律表现，因而合同法是以交易的存在为前提的。交易的出现，虽因地区的差异而有早晚的不同，却有某些共同的规律。

---

① 黄薇主编：《中华人民共和国民法典合同编释义》，法律出版社2020年版，第2页。
② 物权法规范并不以财产归属为限，比如用益物权即以财产的利用为主，而担保物权以担保信用为主要目的，与交易法具有密切的关系。
③ 例外的情形并非没有，比如赠与合同并不属于交易关系。

在原始社会后期，由于社会生产力的发展，开始出现各种形式的分工，部落之间、氏族之间、家庭之间，以有易无的情况产生、发展，出现了早期的交易关系。① 比如《周易·系辞下》曰："古者，包（伏）牺氏之王天下也……作结绳而为网罟，以佃以渔，盖取诸离。包牺氏没，神农氏作，斫木为耜，揉木为耒，耒耨之利以教天下，盖取诸益。日中为市，致天下之民，聚天下之货，交易而退，各得其所，盖取诸噬嗑。"② 当习惯和当事人的誓言不足以保障交换规则的实行时，由社会共同体认可或制定的法律规范便应运而生，由此交换规则取得了法律的规定形式。人类社会最早的合同法是由习惯发展而来的，称为习惯法。③ 根据古代文献和考古资料，中国有文字契约的历史，可以上溯到西周时期。比如《周礼·地官·质人》曰："质人掌成市之货贿、人民、牛马、兵器、珍异。凡卖儥者质剂焉，大市以质，小市以剂。"质人是管理市场的官员，质剂是买卖契约的名称，这样的质剂也叫作小约剂。因行用于民间，故亦称"万民约"。至西周中期，土地国有制开始动摇，首先在贵族领主之间出现了土地转让的现象。有些青铜器铭文记载了土地契约内容。这类土地契约叫作大约剂。因只使用于贵族领主或诸侯间，所以也叫作"邦国约"。④ 学者研究发现，中国长期以来即使用契约，并由此对亨利·梅因爵士（Sir Henry Maine）的"从身份到契约"的社会变迁理论形成了挑战。⑤

从总体上说，习惯法具有不稳定、不统一和不公开的特点。各种习惯前后矛盾，因时因地而有不同，于是在适用时须就某一习惯存在与否进行争论。而社会又不断发展，习惯随之变化，彼时彼地的习惯往往与此时此地的习惯相互抵触，无疑增加了习惯法适用上的困难。这决定了习惯法逐渐被成文法取代的命运。⑥

《汉谟拉比法典》是世界上迄今为止所发现的最早且保存最完整的古代成文法典。该法典是古代巴比伦第六代国王汉谟拉比在位期间（公元前1792年—公元前1750年）制定并颁布的，属楔形文字法，距今已有3800年的历史，其正文共有282个条文，其中直接规定合同的规范就有120余条。该法典的特点是：奉行严格的形式主义；合同种类较多，适用范围较广；对违约行为进行严格的惩罚。

古罗马《十二铜表法》制定的年代是公元前451年—公元前450年，该法是古罗马固有习惯法的汇编，其特点是：其一，内容广泛，诸法合体。公法和私法，实体法和程序法不分。这反映了罗马法发展初期的立法水平。其二，强调程式主义。重要的法律行为，如买卖不动产和奴隶，都必须遵循烦琐的程式，否则该行为无效。其三，新旧制度并存。在其中既

---

① 张传玺主编：《中国历代契约粹编》（上册），北京大学出版社2014年版，第3页。
② 《十三经注疏（影印本）》（上册）卷八，中华书局1980年版，第86页。转引自张传玺主编：《中国历代契约粹编》（上册），北京大学出版社2014年版，第3页。
③ 王家福等：《合同法》，中国社会科学出版社1986年版，第17页。
④ 张传玺主编：《中国历代契约粹编》（上册），北京大学出版社2014年版，第6—7页。
⑤ [美] 韩森：《传统中国日常生活中的协商：中古契约研究》，鲁西奇译，江苏人民出版社2008年版，第7—8页。Valerie Hansen, *Negotiating Daily Life in Traditional China: How Ordinary People Used Contracts*, Yale University Press, 1995, pp.600—1400.
⑥ 参见王家福等：《合同法》，中国社会科学出版社1986年版，第20—21页。

有同态复仇，也有罚金赔偿；既有氏继承，也有遗嘱自由。[①] 其中亦有一些关于债务（第三表"债务法"）和合同的规定（第六表"获得物、占有权法"），总体上较为简略。

古日耳曼法虽然晚于罗马法，但它体现了"团体本位"思想，这对现代社会的立法有极大的影响；[②] 古日耳曼法大部分为不成文法；在古日耳曼法中，以文字记载的规则，亦非抽象的法规，而是极具体的规则；其规则乃表之于简单的文字，且为便于流布周知起见，常用韵律体，有时甚至用极通俗幽默的体裁。另外，在古日耳曼法中，一切皆重形式，极为严格。[③] 它在具体制度上有创新，保证、违约金制度为其著例。[④]

中国古代有典籍记载的正式法律制度可追溯至唐代（公元618年—公元907年）的《唐律》，《唐律》对其后诸朝代均有相当程度的影响。通过对《唐律》的有限考察，可以看到：其一，中国当时对于买卖等问题的规范，在正式制度上主要借助于刑事法的手段，民事效果在正式制度中体现得并不充分。其二，从《唐律》所规定的契约类型来看，涉及保管（第397号受寄物辄费用）、借贷（第398号负债违契不偿）、博戏（第402号博戏赌财物）、买卖等。从法律规范的技术上看，似未抽象出一般契约的概念设定契约的一般规则，而是针对具体的契约形态、就事论事式地规范具体问题的解决之道。仅就买卖契约来看，《唐律》第422号所规范的是特定标的物（奴婢、马牛驼骡驴）的买卖，并没有扩展到所有的标的物；规定的是特定物买卖（而非种类物买卖）。

总的来说，奴隶社会和封建社会形成的合同法即古代合同法是简陋的，欠缺许多具体且重要的制度；合同法主体仅限于少数人，不要说奴隶不得订立合同，即使妻子儿女在罗马法上也无人格；重形式而轻内容，只要形式符合法律要求，即使内容违反道德，在诈欺或胁迫的情况下签订的合同，也仍然有效。[⑤] 及至17—18世纪自由贸易的发展及早期资本主义的萌芽，古代的合同法已显得不符合现实的需要，于是出现了近代合同法的萌芽及其丰富多彩的发展。中国合同法亦随着清末变法，转向了学习西方法制的道路。

三、近代合同法

近代合同法，是指在17—18世纪形成并于19世纪成熟或者定型化的合同法，是资本主义自由竞争时期的合同法，其典型代表为法国民法典中的合同法制度、英国普通法上的合同法制度、德国民法典中的合同法制度等，有人称之为理念型的合同法，在欧美的合同法学中，称为"古典合同法"。从历史来看，近代合同法是在一定的历史条件下诞生的特殊的规范体系，它将与合同相伴的社会关系排除出法的世界，使之抽象化为规则，以此达到形式上的合理性（法上的形式主义），并由此引发出它与现实合同实践的乖违。[⑥] 近代合同法以合

---

① 参见《世界著名法典汉译丛书》编委会：《十二铜表法》，法律出版社2000年版，第4—5页。
② 参见李宜琛：《日耳曼法概说》，中国政法大学出版社2003年版，第11页。
③ [美] 孟罗·斯密：《欧陆法律发达史》，姚梅镇译，中国政法大学出版社1999年版，第73—74页。
④ 崔建远：《合同法》，北京大学出版社2012年版，第4页。
⑤ 崔建远主编：《合同法》（第七版），法律出版社2021年版，第3页。
⑥ 参见 [日] 内田贵：《契约的时代》，岩波书店2000年版，第60—61页。

同自由、抽象的平等的人格、个人责任诸原则为明显标志。

（一）经济自由主义与合同自由

在自由资本主义时期，经济自由主义的经济理论居于主导地位，国家的地位和作用非常有限，国家只起"守夜人"的作用，对于经济活动采"自由放任"的态度。比如在英国，18世纪、19世纪为自然法理论和自由放任哲学的全盛期，作为英国合同法缔造者的法官们，受此种思潮的影响很深，他们认为合同法的作用只是在一方当事人违反游戏规则而没有履行其合同债务的场合帮助另外一方当事人。这些观念意在鼓励几无限制的缔约自由，因而，"契约自由"和"契约神圣"成为合同法赖以确立的基础。[1] 同时，契约自由也成为19世纪自由放任经济的基石之一。[2]

（二）经济人与抽象的平等人格

传统经济自由主义一个基本的理论预设是，在市场上从事交易的人是经济人，对于各自的利益最为清楚，最会安排；他们趋利避害，精于计算，追求利益最大化；他们的交易能力彼此相当，不分伯仲。传统经济自由主义所追求的结果，其实就是使"天下以智力相雄长"。[3] 国家放任其活动，仅当发生纠纷时，对之平等地适用法律，没有必要厚此薄彼，特别保护某一方。因而，法律不区分强者与弱者，法律上只有一个"人"的概念，此即抽象的平等人格——权利能力。

（三）行为自由与个人责任

经济自由主义鼓励经济人充分发挥其聪明才智，以追求利益最大化，经济人享有充分的行为自由来参与市场竞争。适应这种要求，法律上确立个人责任原则及过错责任原则便是必然；而这一结果，又在"意思主义"理论中获得了正当性。个人责任原则要求个人仅对基于自己意思的自由行为负责，他人的行为，非基于自己的意思，因而不须负责。过错责任原则要求个人仅对其过错行为负责，归责的理由在于行为人的过错，而这种过错，无论其为故意或过失，在意思主义的视野中，均为主观的心理状态，是应当予以惩罚的对象；反之，行为人如果没有过错，则对行为后果并不负责；过错责任原则又反过来发挥着最大限度地保障行为自由的作用。

四、现代合同法

所谓现代合同法，大体上指20世纪以来的合同法。进入20世纪，作为近代合同法基础

---

[1] See P. S. Atiyah, *An Introduction to the Law of Contract*, 5th ed., Clarendon Press, 1995, pp. 7—8.
[2] See J. Beatson, A. Burrows and J. Cartwright (eds.), *Anson's Law of Contract*, 29th ed., Oxford University Press, 2010, p 4.
[3] 语出《资治通鉴》卷第一周纪一周烈王。

的自由主义思想，不断遭受批判，西方自由主义的法律传统（包括法律制度和法律思想）不断受到挑战。在这一过程中，一方面，近代合同法不断地被特别立法、判例和学说所修正，法律的生命得到了充实；另一方面，通过合同立法追求合同法的统一或者协调，如有关合同法的国际性或者区域性的条约或模范法。现代合同法具有如下特征：

（一）具体人格的登场

现代合同法要求抽象的法律人格概念作出极大的让步。如在雇佣合同中，由于抽象的人格者概念与预定调和论相呼应，产生了作为经济弱者的劳动者对经济强者的雇主的法律从属关系，造成了经济上和社会上的严重问题，从而形成了以劳动者人格为焦点的劳动法和社会法，确立了团体协约和工会制度，导入保障有关争议权和劳动条件的强行标准，考虑到了雇员的特殊性，并把人格具体化了。再如，在消费者合同法中，充分考虑到了消费者人格，给予消费者许多优惠保护。[①] 作为消费者合同法的新近展开，典型的代表有 1992 年《荷兰民法典》、1993 年中国《消费者权益保护法》、2000 年日本《消费者合同法》、2002 年《德国债务法现代化法》等，特别是诸如《德国民法典》等，吸收了"消费者"和"经营者"的概念区分，尤其引人注目。

（二）合同自由受到限制

资本主义的发展带来了商业、交通运输业、金融业等的高度发达，同时，出于节约交易成本和追求经济效率的需要，定式合同或格式条款在许多领域被大量使用；并且随着社会分工和专业化、技术化的不断增加，合同双方当事人在经济实力、信息掌握程度等方面存在显著差异，双方的交涉能力不平等，格式合同的使用人往往利用自己的优势，在格式合同中事先加入一些对自己单方面有利而对对方不利的不公平合同条款，而对方当事人只能在"要么接受、要么走开"（take it or leave it）之间进行选择，并无讨价还价的余地。近代法上的合同自由已经演变为一方当事人滥用优势地位的自由，实为合同自由的异化。针对这种情况，现代各国，大多采取一些措施，或为立法手段，或为行政手段，或为司法手段，或为借助社会团体力量，规制不公平合同条款，通过限制合同自由以求实现合同正义。

（三）责任的社会化

在出售的产品因缺陷而致消费者以损害、医疗事故致病人以损害等情况下，越来越多的国家采取无过错责任，并通过责任保险机制，将支付损害赔偿金的负担分散给所有缔结了同种责任保险的投保人，这种情况被称为责任的社会化。有的国家甚至通过社会保障机制，[②] 解决一些事故造成的灾害。法律的关注点已经开始由对个人过错的惩罚，转向不幸损害的合理分担，开始由个人责任转向社会责任。

---

① 参见［日］北川善太郎：《日本民法体系》，李毅多、仇京春译，科学出版社 1995 年版，第 112 页。
② 典型代表为新西兰《意外事故补偿法》（1972 年颁布，1985、1992、2001 年历经了三次较大修订）。

（四）合同法的统一化

国际贸易的发达和经济全球化，越发要求贸易规则的统一化。适应这一要求，合同法的统一化最先付诸国际实践，在20世纪60年代出现了《国际货物买卖统一法》《国际货物买卖合同成立统一法》；在80年代出现了1980年《联合国国际货物销售合同公约》（CISG）；及至20世纪90年代至21世纪，更出现了国际统一私法协会（UNIDROIT）的《国际商事合同通则》（PICC）、欧洲合同法委员会的《欧洲合同法原则》（PECL）、2009年欧洲《共同参考框架草案》（DCFR）、2011年欧洲议会和欧盟理事会关于《欧洲共同买卖法》规则建议案等模范法或者立法草案。另外，在拉丁美洲等地区也有合同法的统一化的实践。在亚洲，自2009年起，以中、日、韩、越、柬、新等国家和地区的学者及实务界人士为主体，也开始了民间化的《亚洲合同法原则》（PACL）的起草工作。[①]

（五）在保护形式正义的同时关注实质正义

20世纪以来，世界急剧发展变化，也发生了不少全球性的大动荡，如两次世界大战、亚洲金融危机、国际金融危机、新冠肺炎疫情等。在这种背景下，各国法律在维护合同形式正义，维持合同拘束力的同时，也开始关注合同的实质正义，关注合同对于双方当事人是否公平，出现了诸如情事变更原则、行为基础理论、不可预见理论、合同落空理论等，影响了不同国家的司法实践。另外，通过显失公平等制度，从合同效力的角度追求实质正义，也是现代合同法的一个重要特征。

（六）一般条款的广泛运用和合同关系上义务群的发展

以诚实信用为代表的一般条款，在现代合同法上越来越受到强调，其运用也越发广泛。不仅在大陆法系如此，即使在美国法上，诚实信用也格外受到重视，这在《统一商法典》和《合同法重述》（第二版）中均有体现；在英国，虽普通法向来表现保守，但近年来，一般条款在学术界的讨论也非常活跃。

另外，合同关系上义务群的发展，在20世纪的合同法中，也是一道亮丽的风景。在大陆法系，债之关系上义务群的发展，主要是以诚实信用原则为基础，相应地发展出了以给付义务为主体，先合同义务、附随义务、后合同义务环绕其周的义务群体，这在保障债权人合同目的的完满实现，促进当事人精诚合作、共同发展上作用巨大。在英美法系，以"默示条款"为基础，合同法上的义务群亦有丰富多彩的发展和运用。我国《民法典》对于先合同义务、附随义务、后合同义务和绿色义务等也都有明文的规定。相信这种合同关系上的义务群，在我国日后的合同实践中，必会发挥越发重要的作用。

[①] 韩世远：《欧洲合同法、中国合同法与东亚合同法》，载《东亚法学评论》2010年第1期；韩世远：《亚洲合同法原则：合同法的"亚洲声音"》，载《清华法学》2013年第3期。

五、现代中国合同法

自中华人民共和国成立以来,现代中国合同法的发展经历了三个阶段,即消亡期、复苏期和繁荣期。

(一)消亡期(1949—1978 年)

新中国成立之初,国民经济有待恢复、多种经济成分并存,政府提倡自由的国内贸易,自然要利用合同制度。1950 年 9 月 27 日,当时的政务院公布了《机关、国营企业、合作社签订合同契约暂行办法》。这是新中国的第一个合同法规,尽管它只适用于社会主义经济内部。20 世纪 50 年代末,中国在完成了社会主义改造之后,在国民经济中逐步完成了集中的计划管理。其结果是商品经济被"消灭"了,交换关系被计划调拨和计划分配所代替,传统的合同制度只在形式上存在。到 60 年代,"文化大革命"发生后,商品生产和商品交换完全被否定,形成了全国规模的以指令性计划为主的产品经济,国家用包罗万象的计划来管理社会经济活动,通过行政命令去实施。就整个社会经济活动中的情况而言,这时已没有合同制度可言。这种情况一直延续到 70 年代末。从 1950 年新中国的第一个合同法规出现,此后 30 年里,中国不仅没有关于合同的法律,也没有专门规定合同的高层次的法规。[①]

(二)复苏期(1979—1998 年)

"文化大革命"结束后,中国准备恢复国民经济,经济改革由农村开始,这在 1978 年 12 月得到了党的第十一届三中全会的认可。此后合同制度重新获得重视,开始复苏,农村的"家庭联产承包制"就是一种农民(以家庭为单位)与"集体"(主要是村)订立的合同制度。从 1978 年起,对国营企业进行"扩大企业自主权"改革,国营企业可以以一个商品生产者的身份进入市场。1981 年 12 月颁布《中华人民共和国经济合同法》(现已失效),这是新中国第一部关于合同的法律,使经济活动"有法可依",尽管它主要适用于法人之间的合同关系。该法规定了十种典型的合同:购销合同、建设工程承包合同、加工承揽合同、货物运输合同、供用电合同、仓储保管合同、财产租赁合同、借款合同、财产保险合同、科技协作合同。在此基础上,又陆续颁布了对于各种具体合同的法规。1984 年 10 月党的十二届三中全会通过《中共中央关于经济体制改革的决定》,把改革扩大到国民经济的各个方面,第一次突破把计划经济同商品经济对立起来的观念,确认中国的社会主义经济是在公有制基础上的有计划的商品经济。1984 年起,出现了国营企业的租赁和承包。1985 年起国家不再向农民统一收购农产品,改行合同定购和市场收购,在农村建立各种市场,实行市场交易。为了适应对外开放带来的对外经济关系的增多,1985 年 3 月 21 日,全国人大常委会颁布

[①] 参见谢怀栻:《谢怀栻法学文选》,中国法制出版社 2002 年版,第 184—188 页。See also Xie Huaishi, "The Contract Law of Modern China", in Arthur von Mehren ed., *International Encyclopedia of Comparative Law*, Vol. VII (*Contracts in General*), J.C.B. Mohr (Paul Siebeck) Tuebingen, 1992, pp.35—43.

《中华人民共和国涉外经济合同法》(现已失效),该法使中国的合同法与西方国家的合同法进一步接近了。1986年4月12日颁布的《民法通则》(现已失效)第一次使用了"合同"概念,未采取在中国用了30年之久了"经济合同"的说法,这在中国合同法上是一个大转折、一个重要的里程碑。中国政府于1981年9月30日在《联合国国际货物销售合同公约》上签字并于1986年12月11日批准该公约;[1] 于1987年颁布《中华人民共和国技术合同法》(现已失效),这是中国实行技术商品化的法律规定,第一次以法律的形式规定技术知识(脑力劳动)是商品,纠正了在中国长期存在的只有体力劳动"创造"财富的偏见;于1993年修改了《经济合同法》。虽经努力,中国合同法仍然处在"三足鼎立"的局面,市场经济的进一步发展,呼唤出台统一的合同法。[2]

(三)繁荣期(1999年以后)

1.《合同法》的起草与颁行。根据全国人大常委会的立法规划,法制工作委员会组织合同法专家学者早在1994年起草了合同法草案学者建议稿,此后于1997年组织法律专家和实际工作部门起草了合同法征求意见稿。根据各方面意见修改后,于1998年8月将合同法草案提请第九届全国人大常委会第四次会议审议。根据全国人大常委会的决定,将草案全文公布,广泛征求意见。合同法草案经全国人大常委会第四次、第五次、第六次、第七次会议审议,历时五年、数易其稿,《合同法》(见已失效)最终在1999年3月15日第九届全国人大第二次会议上正式出台。统一的《合同法》的颁布,标志着中国合同法的发展进入一个新的时期——繁荣期。

《合同法》是新中国历史上第一部统一的合同法律,采总分结构,总则规定了合同法的一般规则和原则,具有普遍适用性;分则以十五章规定了十五类具体合同(细分更多)。由于该法第一次先由学者起草建议草案,并在整个立法过程中始终吸收学术和实务两方面的人士参与,直到今天仍可以说其曾是我国民事立法中高水平的代表。

2007年6月29日,第十届全国人大常委会第二十八次会议通过了《中华人民共和国劳动合同法》,该法共八章98条,自2008年1月1日起施行。该法在《合同法》未规定"雇佣合同"的情况下对于完善劳动合同制度,明确劳动合同双方当事人的权利和义务,保护劳动者的合法权益,构建和发展和谐稳定的劳动关系,发挥了重要作用。

2.司法对于合同法的发展。[3] 作为我国形式意义上的法律,《合同法》自颁布后至《民法典》生效的20余年间不曾修正,条文没有变化,但是,实质意义上的合同法在此期间已有非常大的发展。如果说(合同)法秩序的形成是立法、司法及学说相互协力、密切合作的一项事业,那么对于这项事业,中国法院有着独特的贡献,司法经验和智慧功不可没。

首先,自《合同法》颁布至《民法典》颁布,最高人民法院就合同问题发布的重要司法解释至少已达16件,条文数量达408条(《合同法》总计428条)。这尚不包括在其他司法

---

[1] 可参考韩世远:《CISG在中国:成就及挑战》,载《人民司法·应用》2021年第31期。
[2] 参见谢怀栻:《谢怀栻法学文选》,中国法制出版社2002年版,第188—199页。
[3] 韩世远:《司法经验与民法典编纂:合同编的视角》,载《人民司法·应用》2019年第28期。

解释中实质的合同法规范。如果将这部分司法解释规范也计算进来，恐怕司法解释中的合同法规范在条文总量上超过了《合同法》的条文总量。通过司法解释，最高人民法院在立法的延长线上发挥着造法的功能。司法解释今天已经成为正式法源的组成部分，在全国范围内具有普遍适用的效力，法院被要求在判决主文部分予以援引。司法解释不仅有狭义的对于法律的解释，也有对于一般条款及不确定概念的具体化，以及对于法律漏洞的填补，它们是由最高人民法院集合全国司法智慧积累出来的规范群体。

其次，自2011年12月最高人民法院发布第一批指导性案例，到2021年11月9日止，最高人民法院一共发布了30批171件指导性案例，其中多数为民商事案件。最高人民法院通过筛选、认定和发布指导性案例，对于各级人民法院的审判工作进行业务指导。与司法解释相比，其优点在于避免了司法解释条文的抽象性，能够在具体的个案场景中呈现审判过程及其结果。具体分析既有的指导性案例可以发现，指导性案例的价值与其说在于提供以裁判要点表现的法判断（具体裁判规则），毋宁说在于指导裁判的方法，具体表现为：充实对事实定性（如跳单、恶意串通、虚假诉讼等）的判断标准，展示合同解释的方法，界定构成要件或者法律概念的语义射程，对不确定概念予以具体化，对于一般规定充实其类型，存在法律漏洞场合以类推适用（参照适用）方法创设新的具体裁判规则，等等。以指导性案例辅助说理，减轻后案法官的说理负担，或者增强后案法官的说理自信，对于合同法规范由"纸面上的法"（law on paper）转变为"诉讼中的法"（law in action），卓有贡献。

3. 法典化的合同法。2017年3月15日，第十二届全国人大第五次会议通过了《民法总则》（现已失效），自2017年10月1日起施行。该法作为"民法典"的开篇之作，采用了提取"公因式"的立法技术，提取诸民事法律、法规以及司法解释中具有共通性的规则和原则，比如《合同法》中的基本原则已被提升至民法的基本原则，民事法律行为及意思表示的许多规定也吸收了《合同法》中的规则。2020年5月28日，第十三届全国人大第三次会议通过了《民法典》，自2021年1月1日起施行。同日，《民法总则》《合同法》等同时废止。自此，中国步入新的民法典时代。法典出台后，立法者的任务固已完成，如何领悟法典精神，使"纸面上的法"转化为"活法"进而塑造中国社会的法秩序，对于裁判者及学者则是一个巨大挑战。[①]

第三节　合同法的原则

一、合同法的原则概述

合同法的原则，是适用于合同法的特定领域或者全部领域的准则。依其适用于合同法特定领域或全部领域的不同，可以区分为"合同法的具体原则"与"合同法的基本原则"。前

[①] 韩世远：《法典化的合同法：新进展、新问题及新对策》，载《法治研究》2021年第6期。

者如适用于合同履行的全面履行原则(《民法典》第 509 条),适用于违约赔偿责任的完全赔偿原则等;后者如合同自由原则。此处以分析合同法的基本原则为主。另外,合同法作为民法的组成部分,民法的基本原则当然也是合同法的基本原则。特别是,原《合同法》规定的许多基本原则升格为民法的基本原则,包括平等原则(《民法典》第 4 条)、自愿原则(《民法典》第 5 条)、公平原则(《民法典》第 6 条)、诚信原则(《民法典》第 7 条)、守法和公序良俗原则(《民法典》第 8 条)。《民法典》第 9 条规定的绿色原则在合同编中也有具体体现。民法基本原则在民法总论中论述,此处从略,唯独其中的自愿原则,在合同法中具体表现为"合同自由"原则,略作展开。另就"合同"编中的合同法原则,加以简述。

合同法的基本原则是合同立法的准则,是解释和补充合同法的准则,是解释、评价和补充合同的依据,本身对于当事人具有规范作用,并且属强行性规范,当事人不得以约定排除其适用。

二、合同自由原则

(一)合同自由原则的内容

合同自由原则包括:(1)缔约自由,即当事人可以自由决定是否与他人缔结合同。(2)选择相对人的自由,即当事人可以自由决定与何人缔结合同。(3)合同内容的自由,即双方当事人可以自由决定合同的内容。(4)合同方式的自由,即当事人选择合同形式的自由。

(二)合同自由原则在我国法上的表现及运用

《民法典》第 5 条规定了自愿原则,包括但不限于合同自由。尽管没有直接使用"自由"一词,而是使用"自愿"一词,二者实质是一样的。《民法典》之所以专列一条规定"自愿原则",立法用意在于排除第三人的非法干预。

合同自由原则在立法过程中实际上已经发挥了作用,比如《民法典》合同编与过去的经济合同相关立法相比,任意性规范的增多以及强制性规范的减缩,即可说明此点。在司法实践中,法院也应尊重当事人的意思,如果对合同既可认定为有效,也可认定为无效,则应当尊重当事人的意愿,认定合同有效;在对有效合同的内容产生疑问时,当事人有特别约定的优先适用,没有约定的时候,如需对合同漏洞作出填补,也应先由当事人达成补充协议,只有在不能达成补充协议的场合,才适用法律的补充性规定。

三、合同约束力原则

"依法成立的合同,受法律保护"(《民法典》第 465 条第 1 款)。"依法成立的合同,对当事人具有法律约束力"(《民法典》第 119 条)。由这两条规定,可解读出来合同约束力原则,它同时也含有"合同神圣"及"合同严守"之意。

（一）合同约束力的语义

合同约束力原则，首先意指合同是严肃的事情，应当认真对待，不能视为儿戏。这是"合同神圣"的直接表现，而这种拘束力及神圣性又是来源于某种权威。这种权威，因时因地而有所差异。在古代法时代，往往是来自宗教仪式或者共同体（血缘关系或地缘关系）的联系纽带，而在近现代社会，则直接来源于国家的法律。合同是社会经济流转的手段，是从事经济活动的工具；"合同神圣"并非以合同为终极目的，而是确保合同这一"工具"所追求的目标的实现。合同约束力最直接的原因在于参与经济活动和维护信用体系的需要。

合同约束力的当然要求便是合同严守，即谓言而有信，言出必行，要严格按照合同的约定办事。一个有效的合同，除非有法定的撤销或解除的事由，或者由合同双方当事人约定变更或解除，原则上不允许擅自变更或解除（参照《民法典》第136条第2款）。

（二）合同约束力原则在民法典中的体现

合同的变更及解除，在《民法典》中有严格的限定，不允许轻易变更或解除。比如，《民法典》第563条规定了一般法定解除权的发生要件，仅在符合这些条件的情形下，才可以由当事人解除合同。又如，《合同法》第585条第2款对于违约金的调整在条件上设有限制，并非约定的违约金与实际损失存在差额即当然由法院或仲裁机构裁量增额或减额。

四、合同相对性原则

（一）合同相对性的语义

"依法成立的合同，仅对当事人具有法律约束力，但是法律另有规定的除外"（《民法典》第465条第2款）。相较于《民法典》第119条，第465条第2款增加了限制，其中的"仅"字可以解读出来合同具有相对性，从而使得原来《合同法》未予明文化的原则得以明文化。[①]

合同相对性，是指合同仅在当事人之间有其效力，第三人原则上既不因他人之间的约定而享有权利，也不因之负担义务。"合同相对性"原则，可以使法律关系明晰化，特别是在连环交易场合，一环与一环之间，当事人各自的权利和义务因此而明确，不产生混乱。

（二）合同相对性的例外

在法律有特别规定的场合，会产生合同相对性的例外。其典型事例可以包括：（1）法律允许当事人特别约定第三人可以直接请求债务人向其履行债务，第三人可因此而获得履行请求权，债务人不履行场合，第三人可以请求其承担违约责任（参照《民法典》第522条第2

[①] 梁慧星：《合同通则讲义》，人民法院出版社2021年版，第26—27页。

款）；（2）债权人代位权（《民法典》第535条以下）；（3）债权人撤销权（《民法典》第538条以下）。

第四节 合同的分类

一、合同分类概述

合同分类，即基于一定的标准将合同区分成不同的类型。合同分类本身不是目的，其目的无非在于帮助人们进一步认识合同的特征，更好地运用合同及合同法。

对合同可依不同标准作各种各样的分类，因而同一合同会同时具有不同合同类型的属性。

本书未专门分析的合同分类尚包括"等价合同"与"射幸合同"，其分类意义主要在于：一方面，基于射幸合同的特殊性，即其合同结果于订立合同时无法确定，故不适用等价有偿原则；换言之，对射幸合同通常不得以不等价为由予以攻击。[1] 另一方面，在法律效果上，也可能存在差异，比如遇有履行障碍时，对于普通等价合同的法律效果，并非当然适用于射幸合同。在我国现行法上，射幸合同主要体现为保险合同以及抽奖、彩票与有奖销售合同，由于此类合同关涉公序良俗、公平竞争等诸多重大问题，因而受有严格的限制。本书省略"要因合同与不要因合同"的分类，该分类是以合同能否与其原因相分离为标准作出的。由于我国法上的合同基本上均属有因合同，无因性理论仅在个别场合获得承认（比如票据，另外，对于债权让与及债务承担这种所谓的"准物权行为"应否承认其无因性，尚有不同意见），因而此种分类的实际意义不大，也省略论述。

值得注意的是，尽管本书没有论述，但从《民法典》合同编典型合同分编的编排次序上可以反映出来，立法者实际上采纳了"财产权让与型合同"（买卖合同、供用电、水、气热力合同、赠与合同、借款合同）、"财产权利用型合同"（租赁合同、融资租赁合同）、"服务提供型合同"（保理合同、承揽合同、建设工程合同、运输合同、技术合同、保管合同、仓储合同、委托合同、物业服务合同、行纪合同、中介合同）以及"其他合同"（保证合同、合伙合同以及非典型合同等）的分类。

二、典型合同与非典型合同

（一）语义

以法律是否设有规范并赋予一个特定的名称为标准，将合同区分为典型合同与非典型

---

[1] See G. H. Treitel, *Remedies for Breach of Contract: A Comparative Account*, Clarendon Press, 1988, pp. 253—254.

合同，《民法典》第三编第二分编的标题便是"典型合同"。典型合同，亦称有名合同，指法律设有规范，并赋予一定名称的合同。比如《民法典》合同编典型合同分编中规定的买卖合同、赠与合同、租赁合同等19种合同；此外，《民法典》物权编规定的土地承包经营权合同（第333条）、建设用地使用权出让合同（第348条）、居住权合同（第367条）、地役权合同（第373条）、抵押合同（第400条）、质押合同（427条）等，以及《保险法》规定的保险合同（包括财产保险合同与人身保险合同）、《旅游法》规定的旅游服务合同等，也都属于典型合同。非典型合同，亦称无名合同，指法律尚未特别规定，亦未赋予一定名称的合同。

（二）典型合同

根据合同自由原则，当事人在不违反强制性规范及公序良俗的前提下，可订立任何内容的合同，称为"合同类型自由主义"，与"物权法定主义"（《民法典》第116条）适成对照。社会生活日新月异，交易活动纷繁复杂，当事人根据实际需要，决定合同的名称与内容，实属合理，但这并不意味着典型合同没有存在的必要。

法律在合同类型自由主义下创设典型合同，其主要机能有二。[①] 其一，以任意性规定来补充当事人约定中的不完善之处。当事人对于合同的要素（如买卖标的物及价金）必有约定，否则合同不成立，但对其他事项（如履行时、履行地、质量要求、风险负担等），常有疏于注意的情形，法律为使合同内容臻于完善，从各种复杂的关系中，依从来的经验归纳出若干种典型合同，规定其一般的、合理的内容，作为解释合同的基准。有人甚至认为，此时法律的目的之一，便是减轻当事人订立合同过程中的负担，[②] 使当事人仅就重要之点形成合意，其他的方面则由法秩序来补充欠缺，这样可以降低交易成本，运用这类规则也使合同的缔结变得更容易，由此所产生的效用对于当事人进而对于社会全体也随之增大。[③] 其二，典型合同规范中可设有强行性规范，在当事人的约定损害社会公共利益、国家利益，或者使当事人之间的利益状态严重失衡时，可以该强行性规范加以矫正，从而保护社会公共利益、国家利益、当事人的合法权益。

非典型合同产生以后，经过一定的发展阶段，具有成熟性和典型性时，合同立法应适时规范，使之成为典型合同。在这种意义上，合同法的历史可谓一部非典型合同不断变为典型合同的过程。[④] 比如在《民法典》颁布之前，保理合同尚属非典型合同，此种合同经由《民法典》合同编第十六章予以规范，已转化为典型合同；另外，特许经营合同在原《合同法》颁布之时尚属非典型合同，随着《商业特许经营管理条例》的施行，其已转化为典型合同；类似的情形还有旅游服务合同，《旅游法》第五章专门规定了此种合同。

[①] 参见王泽鉴：《债法原理》，北京大学出版社2009年版，第85页。
[②] 参见［德］迪特尔·梅迪库斯：《德国民法总论》，邵建东译，法律出版社2000年版，第327页。
[③] Vgl. *Hein Kötz*, Europaeisches Vertragsrecht, Band I, Mohr Siebeck Tübingen, 1996, S.10.
[④] 参见崔建远主编：《合同法》（第七版），法律出版社2021年版，第16—17页。

（三）非典型合同

非典型合同的大量存在实属常态，其签订有的是因为特殊情况的需要，有的是因应现代交易的需要。非典型合同在现代社会经济活动中扮演着日益重要的角色，相应地，人们面临的主要难题在于如何适用法律。《民法典》对此已于第 467 条作了原则性的规定，该规定有两层意思：其一，是适用合同编通则的规定。当然，尽管该条未写明，如有必要，当然还应适用《民法典》第一编"总则"第六章关于民事法律行为的规定。其二，"并可以参照适用本编或者其他法律最相类似合同的规定"，实即类推适用。此处的"并"字，即"一并"之意，表明裁判者应一并考虑规范的适用和类推适用，没有适用规范仍不能解决问题场合始类推适用之意。非典型合同本身可区分不同类型，其适用法律的规则不同，亦应注意。①

1. 纯粹非典型合同。所谓纯粹非典型合同，指以法律全无规定的事项为内容，即其内容不符合任何有名合同要件的合同。在我国，比如借用合同或者彩票合同，即属此类。此种合同与现行法律规定的典型合同均不相当，其法律关系应当依合同的约定、诚实信用原则，并斟酌交易惯例加以决定。

2. 合同联立。合同联立，指数个合同（典型的或非典型的）具有互相结合的关系。一种情况是单纯外观的结合，即数个独立的合同仅因缔结合同的行为（如订立一个书面文件）而结合，相互间不具有依存关系，例如甲交 A 车于乙修理，并向乙租用 B 车。于此情形，应当适用其固有典型（或非典型）合同的规定，即关于 A 车的修理，应当适用有关承揽的规定；关于 B 车的租用，则适用有关租赁的规定，彼此间不发生任何牵连。另一种情况是数个合同的结合具有一定的依存关系，即依当事人的意思，一个合同的效力或存在依存于另一个合同的效力或存在，例如甲经营养鸡场，乙向甲贷款开设香鸡城，并约定乙所需的鸡均应向甲购买。于此情形，甲、乙间的消费借贷合同与买卖合同具有依存关系，其个别合同是否有效成立，虽应就各个合同判断，但如果其中一个合同不成立、无效、撤销或解除时，则另一个合同亦应当同其命运。

3. 混合合同。混合合同，指由数个典型（或非典型）合同的一部分组合而成的合同。混合合同在性质上属于一个合同，与合同联立不同。

关于混合合同的法律适用存在"吸收说""结合说"与"类推适用说"，但三种学说均无法圆满地解决此问题。有鉴于此，有学者提出，于当事人未有约定时，应依其利益状态、合同目的及斟酌交易惯例决定适用何说较为合理。

混合合同计有四种类型：第一，附有其他种类从给付的典型合同，即双方当事人提出的给付符合典型合同，但一方当事人尚附带负有其他种类的从给付义务。例如，甲租屋于乙（租赁合同），附带负有"打扫"义务（雇佣的构成部分）；或甲向乙购买煤气（买卖合同），约定使用后返还煤气罐（使用借贷的构成部分）。对此类混合合同，原则上应当采吸收说，

---

① 以下主要参见王泽鉴：《债法原理》，北京大学出版社 2009 年版，第 87 页以下。

仅适用主要部分的合同规范，非主要部分被主要部分吸收。第二，类型结合合同，即一方当事人所负的数个给付义务属于不同的合同类型，彼此间居于同值的地位，而对方当事人仅负单一的对待给付或不负任何对待给付的合同。例如，甲在某大学附近经营宿舍，学生某乙与甲订立所谓包膳宿合同，由甲交付房间及供应早点，乙每月支付费用若干，则此时甲所负的义务分别属于租赁、买卖典型合同的构成部分。于此种混合合同，原则上应采"结合说"，分解各构成部分，分别适用各部分的有名合同规范，并依当事人可推知的意思调和其分歧。第三，双种典型合同，或称混血儿合同，即双方当事人互负的给付分属于不同合同类型的合同。例如，甲担任乙的门卫，而由乙免费供给住屋。在此合同中，甲的给付义务属于雇佣合同，乙供给住屋的义务则属于租赁合同。对此种混合合同，原则上应采"结合说"，分别适用各个典型合同的规定。第四，类型融合合同，或称狭义混合合同，即一个合同中所含构成部分同时属于不同合同类型的合同。例如，甲以半赠与的意思，将价值2 000元的物品以1 000元出售给乙，学说上称为混合赠与。此时，甲的给付既然同时属于赠与及买卖，原则上应当适用此两种类型的规定：关于物的瑕疵，依买卖的规定；关于乙的不当行为，则依赠与的规定处理。总之，类型融合合同原则上适用两种典型合同规范。[①]

三、单务合同与双务合同

（一）语义

此种分类的标准在于双方当事人是否互负具有对价关系的债务。[②]

1. 单务合同。单务合同，又称一方负担合同，指仅一方当事人负担给付义务的合同。例如，赠与合同、无偿保管合同、无偿委托合同等均属单务合同。

一方当事人负有义务，对方当事人不负有义务，固然为单务合同（如赠与）；双方当事人均负担义务，如一方当事人负担给付义务，对方当事人仅承担次要义务，由于双方的义务不具有对价意义，故仍属于单务合同（如附负担赠与合同、使用借贷合同）。

有必要提及的是，在单务合同中，有些合同可能因出现其他情形而变为双务的，也产生由债权人承担的义务。这种合同通常叫作"不完全双务合同"。[③]在不完全双务合同中，双方虽各负有债务，但其债务并不居于给付与对待给付的关系。有学者进一步提出"双方负担合同"的概念，以涵盖双务合同与不完全双务合同两个概念。[④]其典型例子有无偿的委托合同：一方面，受托人负有处理委托人事务的给付义务（《民法典》第919条）；另一方面，受托人为处理委托事务垫付的必要费用，委托人应当偿还该费用及利息（《民法典》第921条后段）。一方面，委托人的义务（偿还费用及其利息）并非受托人的给付义务（处理事务）的

---

① 参见王泽鉴：《债法原理》，北京大学出版社2009年版，第88—89页。
② 参见胡长清：《契约法论》，商务印书馆1931年版，第4页。
③ Vgl. *Dieter Medicus*, Schuldrecht I, Allgemeiner Teil, 17. Auflage, Verlag C.H. Beck 2006, S.175.
④ 参见王泽鉴：《债法原理》，北京大学出版社2009年版，第113页以下。

对待给付义务；另一方面，费用是否实际发生，亦非固定，在有的合同履行中可能发生，在有的合同履行中可能根本没有发生。这两点使得无偿的委托合同具有特殊性，被称为不完全双务合同。此类不完全双务合同既然不构成对待给付，故仍应视为单务合同。① 依德国法学观念，委托人不偿还费用，并不产生同时履行抗辩权，尽管可产生留置权。②

2. 双务合同。双务合同，指双方当事人各须负担有对价关系之债务的合同。所谓对价关系，以主观方面有报酬关系为已足，不以客观的价值相等为必要，③ 如买卖合同、租赁合同、承揽合同、有偿保管合同、有偿委托合同等。

双务合同的特色在于双方的债务间的牵连关系。依传统民法理论，双务合同中立于相互交换的对价关系的两个给付义务之间，可以发生以下三种牵连关系：

（1）成立上的牵连关系，即一方的债务因无效或撤销而归于消灭时，对方的债务亦因此消灭的关系，与此相关的理论问题为自始不能与缔约上过失（或者违约责任）。

（2）履行上的牵连关系，即一方债务的履行与对方债务的履行在时期上或顺序上的关系，相应地发生同时履行与异时履行的抗辩权问题。

（3）存续上的牵连关系，即于一方债务后发履行不能场合，对方债务是否归于消灭的关系，与此相关联的是风险负担问题。

总之，双务合同在交易上最为常见，在理论上最属典型，有其相应的法律问题，最值得重视。

（二）区分的意义

区分单务合同与双务合同的实益在于，解决同时履行问题以及风险负担问题等专门发生在双务合同场合的问题。另外，因违约解除合同主要是针对双务合同适用的制度。

1. 同时履行抗辩权。双务合同适用同时履行抗辩规则，而单务合同原则上并无适用同时履行抗辩规则的余地。惟对于不完全双务合同，能否发生同时履行抗辩权，学说上不无争论，原则上以否定说为当；对于附负担赠与能否发生同时履行抗辩权，在我国学说上多持否定意见，日本民法典则明定可准用双务合同（包括同时履行抗辩）。本书认为，对于不完全双务合同原则上应当否定同时履行抗辩权的发生；对于附负担赠与，例外地承认同时履行抗辩权的发生，亦无不妥，且其结果也符合公平理念。

2. 风险负担。双务合同因不可归责于双方当事人的事由而不能履行时，发生风险负担问题，因合同类型不同而有交付主义（《民法典》第 604 条）、合理分担主义（《民法典》第 858 条第 1 款）等。在单务合同中，因不可归责于双方当事人的事由而债务人的债务不能履行时，并不发生债权人的对待债务是否存在的问题，也不发生对价风险负担问题。

3. 合同解除。因违约的一般法定合同解除主要针对双务合同而言，这在许多立法例中有明确的规定。对于单务合同而言，因违约的一般法定解除是没有意义的。《民法典》第 563

---

① 同旨参见［日］我妻荣：《债权各论》（上卷），岩波书店 1954 年版，第 49 页。
② See G. H. Treitel, *Remedies for Breach of Contract: A Comparative Account,* Clarendon Press, 1988, p. 249.
③ 参见胡长清：《契约法论》，商务印书馆 1931 年版，第 4 页。

条第 1 款对于一般法定解除虽未作上述限定，但在解释论上可作相同解释。

四、有偿合同与无偿合同

（一）语义

此种分类是以当事人是否因给付而取得对价为标准。

1. 有偿合同。有偿合同，是指双方当事人，在从合同的缔结到债务的履行整个过程中，均作出相互具有对价性质的付出（并不仅限于财产的给付，也包含劳务、事务等）的合同。是一方享有合同规定的权益，须向对方偿付相应代价的合同。买卖合同、互易合同、租赁合同、承揽合同等都是有偿合同。

2. 无偿合同。无偿合同，是指只有一方当事人作出给付，或虽有双方作出给付但双方的给付间不具有对价意义的合同。《民法典》中的赠与合同属于无偿合同，在理论上，使用借贷也属于无偿合同。而消费借贷合同、委托合同、保管合同，具体根据合同是否约定了利息、报酬的支付，可能是有偿合同，也可能是无偿合同。

有偿合同与无偿合同，和双务合同与单务合同相比，是在对合同的全过程中经济的平衡与否加以考虑的基础上作出的分类，两种分类并不必然一致对应（参照图 1.4.1），有偿合同较之双务合同，是一个更广的概念。双务合同当然都是有偿合同，因为双务合同的债务本身须具有对价性。但有偿合同并不全是双务合同。例如，有偿保证或附负担赠与，各

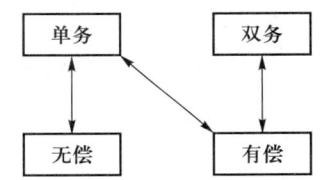

图 1.4.1 单务双务与有偿无偿

当事人的给付或作为，在法律上虽有因果关系存在，但严格说来，却没有对价关系的意味。所以并不因其有偿性或负担，即转化为双务合同。同时履行抗辩、合同一般法定解除及风险负担等规定，原则上不能完全适用于所有的有偿合同。一般来说，双务合同是有偿合同；单务合同大多为无偿合同，也有有偿合同。比如金融机构作为贷款人的借款合同，按照《民法典》第 667 条以下的规定，为诺成合同，于是，贷款人负有交付借款的义务，借款人负有返还本息的义务，构成双务合同；同时，因借款人须向贷款人偿付利息，此类合同又是有偿合同。但是，如果此类合同中，当事人约定贷款人交付借款为合同的成立要件，那么，该借款合同虽仍为有偿合同，却是单务合同。[①] 总之，双务必系有偿，而单务原则上为无偿，例外亦有为有偿者。反过来说，无偿必系单务，而有偿则原则上为双务，例外亦有为单务者。[②]

（二）区分的意义

1. 责任的轻重不同。在无偿合同中，债务人所负的注意义务程度较低；在有偿合同中，

[①] 参见魏振瀛主编：《民法》（第三版），北京大学出版社、高等教育出版社 2007 年版，第 397 页。
[②] 参见郑玉波：《民法债编总论》（第十五版），三民书局 1996 年版，第 30 页。

则较高（比如《民法典》第 897 条及第 929 条第 1 款的规定）。

2. 主体资格要求不同。订立有偿合同的当事人原则上应为完全行为能力人，限制行为能力人非经其法定代理人同意不得订立重大的有偿合同。对于纯获利益的无偿合同，如接受赠与等，限制行为能力人和无行为能力人即使未取得法定代理人的同意，也可以订立；但在负返还原物的无偿合同中，仍然须取得法定代理人的同意。

3. 债权人撤销权的构成要件不同。债权人撤销权的构成要件因债务人的行为属无偿行为抑或为有偿行为而有不同。在无偿行为场合，并不要求债务人的相对人主观上具有诈害意思（《民法典》第 538 条）；在有偿行为场合，则要求债务人的相对人主观上具有诈害意思（《民法典》第 539 条）；在有转得人的场合，解释上也应要求转得人具有恶意。

4. 能否构成善意取得不同。《民法典》第 311 条规定了善意取得，其要件之一是"以合理的价格转让"，当然是以有偿合同为前提。

5. 买卖规则的准用。对于有偿合同，法律如无特别规定，则参照适用买卖合同的有关规定（《民法典》第 646 条）。如此，对于出卖人的瑕疵担保义务规则（《民法典》第 612 条以下）的准用，具有特别重要的意义。而对于无偿合同，依《民法典》第 662 条的规定，原则上免责。

五、诺成合同与要物合同

（一）语义

此种分类是以合同除意思表示外是否需要其他现实成分为标准。

1. 诺成合同。诺成合同，是仅依当事人的意思表示一致即可成立的合同，或称"一诺即成"的合同。在我国合同法上，大多数的合同均属此类合同，如买卖合同、赠与合同、借款合同、租赁合同等。

2. 要物合同。要物合同，又称实践合同，指除当事人双方意思表示一致外，尚需交付标的物或完成其他现实给付才能成立的合同。要物合同以物的交付或其他现实给付的完成为要件，自民法理论而言，此所谓"要件"均是指合同的成立要件。在我国法上属于要物合同的有定金合同（《民法典》第 586 条第 1 款后段）、保管合同（《民法典》第 890 条前段）。定金的实际交付或者保管物的交付，并非当事人对允诺或者债务的履行，而是属于成立该类合同的必要组成行为。

（二）区分的意义

1. 合同的成立要件不同。诺成合同以合意为成立要件，要物合同以合意和交付标的物或完成其他现实给付为成立要件。

2. 当事人义务的确定不同。在诺成合同中，交付标的物或完成其他给付，系当事人的给付义务，违反该义务可能产生违约责任。在要物合同中，交付标的物或完成其他给付，并非当事人的给付义务，而是先合同义务，违反该义务并不产生违约责任，只可能产生缔约上过失责任。

六、要式合同与不要式合同

（一）语义

此种分类标准是，对于合同的成立，法律、行政法规规定或者当事人约定是否要求采用特定的形式（参照《民法典》第135条）。

1. 要式合同。要式合同，是指必须依据法律、行政法规规定或当事人约定要求采用特定形式而成立的合同。对于一些重要的交易，法律常常要求当事人必须采取特定的形式订立合同（比如《民法典》第668条第1款、第736条第2款、第851条第3款、第863条第3款等）。

2. 不要式合同。不要式合同，指法律、行政法规或当事人约定对其成立没有要求采取特定形式的合同。合同究竟采取什么形式，取决于当事人的自由意思。当事人可以采取口头形式，也可以采取书面形式或者其他形式。

《民法典》合同编贯彻自愿原则，以不要式为原则，以要式为例外。

（二）区分的意义

法律要求特定的形式要件，均有其特殊的立法目的。一般说来，合同形式首先涉及举证难易的问题，而《民法典》合同编要求书面形式的规定，基本上是由于这些合同相对来说显得比较重要，应当慎重，要求当事人应当采用书面形式；同时也有第490条等条文进一步弱化形式要件的法律效果。另外一些需要办理批准、登记等手续的，立法目的多是基于行政管理的需要。总之，要式合同与不要式合同的区分，虽然在我国法上已经变得意义不大，但尚不能认为其已经没有意义了。

《民法典》合同编既然对于合同以不要式为原则，以要式为例外，区分要式合同与不要式合同的主要意义，就在于要式合同如果不符合"形式要件"时会发生一些特别的法律效果，比如合同不成立或者其他效果，而不要式合同则不存在这一问题。

七、一时的合同与继续性合同

（一）语义

根据时间因素是否对合同给付义务的内容及范围发生影响，可将合同区分为一时的合同与继续性合同。

1. 一时的合同。一时的合同，指合同的内容因一次给付即可实现的合同。如买卖合同、赠与合同、互易合同、承揽合同等。

值得注意的是，债务人所负的给付分期分批地作出，这种情形在交易上颇为常见。以买卖合同为例，既可以是就价款分期给付，此即分期付款买卖；也可以就买卖标的物分批给付，比如约定购买水泥 100 吨，分四批交付，每批 25 吨。这类合同称为"分期交付合同"，仍不失为单一的合同，因为合同的总给付是自始确定的，虽采分期给付的方式，但时间因素对给付的内容及范围并没有影响。[①] 分期交付约定的功能在于排除《民法典》第 531 条第 1 款"债权人可以拒绝债务人部分履行债务"规则的适用。

2. 继续性合同。继续性合同，指合同的内容并非一次给付可以完结，而是继续地实现的合同。其基本的特色是，时间因素在债的履行上居于重要的地位，总给付的内容取决于应为给付时间的长度。由于此类债权的主要效力在于履行状态的维持，因而有人称之为"状态债权"。比如，甲雇乙为门卫，乙在受雇期间继续地提供劳务，甲继续地支付工资，债的内容随时间的经过而增加。供用电（水、气、热力）合同、借款合同、租赁合同、保管合同、仓储合同、委托合同、物业服务合同、合伙合同等，均属于继续性合同。

（二）区分的意义

一时的合同与继续性合同区分的主要意义在于，合同无效、被撤销或者确定不发生效力、合同履行以及发生履行障碍场合的处理不完全一样。主要表现在以下几个方面：

1. 合同无效、被撤销或者确定不发生效力。民事法律行为无效、被撤销或者确定不发生效力后，行为人因该行为取得的财产，应当予以返还；不能返还或者没有必要返还的，应当折价补偿（《民法典》第 157 条前段）。这对于一时的合同而言，不成问题；对于继续性合同（比如合伙合同），学说上认为应限制无效或撤销溯及效力，使其自当事人主张不生效力、无效或撤销之时起向将来发生效力，过去的法律关系不因此而受到影响。[②] 鉴于《民法典》第 156 条及第 157 条的规定并未排斥对继续性合同的适用，自解释论以言，自无适用的例外。惟对于雇佣或合伙的无效，不妨借助事实合同关系理论，并作为"不能返还或者没有必要返还"的一种情形，作为事实合同关系，依合同规范处理。

2. 合同的履行。一时的合同，原则上其债务一经履行，债权关系即归于消灭；继续性合同，在约束的期间内，其履行呈持续状态，债权关系并不立即消灭，被称为"继续的给付"或者"状态给付"。另外，由于将一定期间状态的存续或维持作为继续性合同的目的，因而当事人之间的信赖关系便成为合同的实质性要素。

3. 违约救济。违反继续性合同，原则上应当区别"个别给付"与"整个合同"分别予以处理。对个别给付，可径行适用《民法典》有关违约责任等的规定；对整个合同而言，解除时原则上宜无恢复原状义务（称合同的终止），这与《民法典》第 566 条的精神也是相符的。

---

① 参见王泽鉴：《债法原理》，北京大学出版社 2009 年版，第 103 页。
② 参见王泽鉴：《债法原理》，北京大学出版社 2009 年版，第 105 页。

4. 解除权的发生。依单方的意思解除合同，由于是对于合同约束力的否定，因而受有严格的限制（《民法典》第 562 条第 2 款约定解除权，第 563 条法定解除权）。但是，继续性合同有其自身特点：其一，如果继续性合同为不定期合同（即当事人未约定固定的合同期限），因此便一直存续下去，无疑发生限制当事人自由的后果，故《民法典》第 563 条第 2 款规定，"以持续履行的债务为内容的不定期合同，当事人可以随时解除合同，但是应当在合理期限之前通知对方"。学说或以此作为合同自由的一个组成部分，承认当事人的解约自由。[①] 其二，不论继续性合同是否约定有固定期限，苟因重大事由而致作为合同基础的信赖关系遭受破坏，或者难以期待当事人继续维持这种结合关系时，法律允许一方当事人有权解除合同，比较适宜。[②] 这样，对于不定期的继续性合同，当事人可以随时解除合同，但是应当在合理期限之前通知对方（《民法典》第 563 条第 2 款）。[③] 另外，对于有固定期限的继续性合同，在解释上也应承认合理的司法解除（《民法典》第 580 条第 2 款）以及基于重大事由的司法解除。[④]

5. 合同解除的效力。对于合同解除的效力，《民法典》第 566 条有规定，其中第 1 款所谓"合同性质"，主要指合同的标的是物还是行为，是移转标的物的所有权还是使用权，是继续性合同还是一时的合同等。一时的合同的解除具有恢复原状的可能性，可产生恢复原状义务；继续性合同被解除的，或无恢复原状可能性的，或不宜恢复原状的，通常不产生恢复原状义务问题。

八、主合同与从合同

（一）语义

根据合同是否以他种合同存在为前提，可以将其分为主合同与从合同。[⑤] 而且这种主从关系，仅具有相对的意义。

1. 主合同。主合同，是指不需要以其他合同的存在为前提即可独立存在的合同。这种合同具有独立性。

2. 从合同。从合同，又称附随合同，是指以其他合同（主合同）的存在为其存在前提的合同。[⑥] 例如，抵押合同、质押合同等担保合同就是主债权债务合同的从合同（《民法典》第 388 条第 1 款）。另外，保证合同、定金合同相对于主债权债务合同而言也是从合同。从合同的特点在于其处于从属地位，不能独立存在，必须以主合同的有效存在为前提。

---

① 参见［日］北川善太郎：《债权各论》（第二版），有斐阁 1995 年版，第 36 页。
② 参见王泽鉴：《债法原理》，北京大学出版社 2009 年版，第 106 页。
③ 参见吴奕锋：《论不定期继续性合同随时终止制度 兼评〈民法典合同编（二审稿）〉》，载《中外法学》2019 年第 2 期。
④ 参见韩世远：《继续性合同的解除：违约方解除抑或重大事由解除》，载《中外法学》2020 年第 1 期。
⑤ 参见胡长清：《契约法论》，商务印书馆 1931 年版，第 8 页。
⑥ 史尚宽：《债法总论》，台北自刊本 1990 年版，第 13 页。

(二) 区分的意义

合同间主从关系的划分,主要的意义在于明确它们之间的制约关系。由于从合同以主合同的存在为前提,这样一来,主合同不成立,从合同就不能有效成立;主合同变更或转让,从合同也不能单独存在,依具体情况相应地可能发生变更、随同转让或者消灭的效果;主合同无效或者被撤销,从合同亦无效(参照《民法典》第388条第1款后段;第682条第1款);①主合同解除,从合同依其目的,或继续存在,或归于消灭(参照《民法典》第566条第3款)。

当事人在担保合同中约定担保合同的效力独立于主合同,或者约定担保人对主合同无效的法律后果承担担保责任,该有关担保独立性的约定无效。主合同有效的,有关担保独立性的约定无效不影响担保合同的效力;主合同无效的,人民法院应当认定担保合同无效,但是法律另有规定的除外(《担保制度解释》第2条)。

九、预约与本约

(一) 语义及认定

预约与本约的区分,也是以两个合同相互间的关系为标准,只不过不是以主从关系为标准,而是以手段与目的关系为标准作出的划分。

预约,指约定将来订立一定合同的合同;嗣后履行预约而订立的合同称为本约。因而,预约是一种债权合同,以订立本约为其债务的内容。双方当事人互负此项使本约成立的债务的,称"双务预约"或"双方预约";仅当事人一方负担此项债务的,称"单务预约"或"一方预约"。

关于预约,各国法律有设明文规定者,如《奥地利民法》第936条及《瑞士债务法》第22条。有不设明文规定者,如德、日两国民法,依合同自由原则而承认当事人自由订立。我国原《合同法》原本未规定预约,2012年发布的《买卖合同解释》第2条为了回应现实需要予以补充,并被《民法典》吸收,于第495条第1款规定,"当事人约定在将来一定期限内订立合同的认购书、订购书、预订书等,构成预约合同"。

---

① 原《担保法》第5条第1款就担保合同的从属性有统一规定,该法所规定的担保方式包括保证、抵押、质押、留置和定金(该法第2条第2款),除留置为法定担保,其他的担保的成立均需担保合同。《担保法》第5条以其第1款便解决了所有担保合同的从属性问题。《民法典》欠缺《担保法》那样统领人的担保、物的担保及金钱担保的一般规定,反而将既有的一般规定拆分开来,分别在物权编和合同编中规定,更有甚者,拆分处理不周全,就定金合同便欠缺其从属性规则,构成不应有的法律漏洞。如今,该法律漏洞只好借助于类推适用《民法典》第388条第1款或者第682条第1款的方式填补。或谓《民法典》第388条第1款"其他具有担保功能的合同"可以涵盖定金合同,然如若从该条的体系位置(《民法典》第二编"物权"第四分编"担保物权"第十六章一般规定)以及该条首句"设立担保物权,应依照本法和其他法律的规定订立担保合同"的语境来看,系就担保物权而言,定金不属于担保物权,故不应纳入此条的"其他具有担保功能的合同",否则便构成体系违反,得不偿失。

预约的目的在于成立本约，当事人之所以不直接订立本约，理由多样，既可以是法律上的事由，也可以是事实上的事由，造成订立本约尚不成熟，于是先订立预约，使相对人受其拘束，以确保本约的订立。比如甲拟向乙借款，乙表示须等一个月后始有资金，于是甲与乙订立借款合同的预约，约定一个月后再订立本约。再如甲拟向乙承租某屋，乙因一年后始能收回该屋，于是先与甲订立租赁合同的预约。又如甲、乙、丙等人拟合伙经营某共同事业，因尚须邀请他人加入，为确保将来合伙能够成立，便先订立合伙的预约。①

当事人的约定，究竟属于预约抑或本约，理论上虽容易区别，但实际中往往不易判断，应根据当事人的真意来认定。订立预约在交易上系属例外，有疑义时，宜认定为本约。另外，由于当事人为订立合同，除预约外，尚有其他方式可资采用，包括：（1）确定的要约，即订立较长的承诺期间，使相对人可随时承诺而成立合同；（2）选择权合同，即赋予当事人可依其单方的意思表示，使一定合同发生效力的权利（形成权）；（3）订立附条件或期限的合同。对当事人所订立的究属哪一种存有疑义时，应当通过解释当事人的意思及交易目的来认定。②

预约是一项独立的合同，故应符合成立合同的基本要求。换言之，就预约合同而言，双方（或多方）当事人应就预约的必要之点（要素）达成合意（参照本书第二章第一节之二）。预约的必要之点或者要素，可以理解为预约的标的，也就是要在将来达成本约。此项标的的实质，是由当事人作出特定的意思表示，是当事人的行为。

预约作为一项合同，并不以支付对价为必要。换言之，预约的要点在于当事人就将来成立合同（本约）达成合意，而一方是否为此向另外一方支付对价，并不影响该合意作为一份独立的合同。

（二）区分的意义

区分预约与本约的意义，主要体现在预约所具有的特殊功能以及预约的特殊效力方面。

1. 预约的担保功能。在交易实务上，由于预约具有担保功能，故具有重要意义。买卖的预约、代物清偿合同的预约与假登记顺位的保全效力相结合，出现了惊人的发展，在日本更体现为在《假登记担保合同法》中有了相关的规定。③在我国，应当说预约的这种担保功能同样也是存在的，不过，预约功能的实现尚需依靠预约的特殊效力。

2. 预约的效力。预约的效力，主要指预约对当事人的约束力以及当事人不履行预约在法律上可能发生的效果。"当事人一方不履行预约合同约定的订立合同义务的，对方可以请求其承担预约合同的违约责任"（《民法典》第495条第2款）。进一步说，依有效成立的预约，发生订立本约的义务，该义务或约束一方当事人（一方预约），或约束双方当事人（双方预约）。当事人不履行此义务，构成违约，由此发生如下基本问题：其一，对方当事人可否请求违反预约的当事人继续履行预约以成立本约？其二，如果对方当事人主张损害赔偿，

---

① 参见王泽鉴：《债法原理》，北京大学出版社2009年版，第116页。
② 参见王泽鉴：《债法原理》，北京大学出版社2009年版，第117页。
③ 参见［日］北川善太郎：《债权各论》，有斐阁1995年版，第34页。

该损害赔偿责任在法律上如何定位（履行利益、信赖利益抑或其他）？当然，如果当事人在预约中约定特别法律效果以应对一方违约，比如约定违约金或者违约定金，自无不可。此处着重分析违反预约的一般法律效果。

（1）可否请求继续履行。《民法典》第495条第2款就违反预约的法律效果提到了"对方可以请求其承担预约合同的违约责任"，虽然没有直接使用"继续履行"，但"违约责任"是上位概念，显然，该款规定为非违约方主张"继续履行"预约预留了解释的空间。

反对就预约适用"继续履行"责任的意见，通常顾忌债务人所负担的债务的特点，认为该"债务的标的不适于强制履行"（《民法典》第580条第1款第2项）。换言之，成立本约需要双方配合，一旦一方不配合，法院不能够强迫该当事人配合，否则，就与强制缔约无异。这种担忧，虽有一定的道理，但仍不无探讨的余地。其一，预约一如其他合同，是在肯定当事人意思自由并保障自由意思成果前提下的产物，自己决定及自己负责，是执行预约的基本前提，诚实信用地兑现自己的诺言，本身是按自己的真实意愿办事，谈不上违背自己的意愿；而恰恰是出尔反尔者，违背了自己当初的意愿。法律如果对此做法听之任之，便无异于"助纣为虐"。其二，上述比较法考察已经显示，预约甚至可以在不借助违反预约者配合的情况下继续履行，这一点与《民法典》合同编奉行"鼓励交易"原则以及既往的司法规则将合同成立的基本要求降至当事人、标的和数量可以很好地契合，至少在本约的标的和数量在预约中业已确定的情形下，应该不存在太大障碍；至于当事人订立预约时所考虑的其他特别事项，纵然预约违约方不予配合，只要可以依诚信原则及合同解释、漏洞填补规则得到确定，似无碍于继续履行预约成立本约。总之，对于当事人主张继续履行预约，虽应依具体情况具体判断，但原则上宜持肯定立场。

（2）违反预约的损害赔偿。其涉及如下四方面内容：

第一，主张损害赔偿是否必须以解除预约合同为前提。2012年发布的《买卖合同解释》第2条后段曾规定："……对方请求其承担预约合同违约责任或者要求解除预约合同并主张损害赔偿的，人民法院应予支持。"该规定容易给人一种印象：主张损害赔偿应以解除预约合同为前提。这种印象并不正确。

违约损害赔偿与因违约而解除，二者制度功能不同（因违约而解除，其本来的功能在于非违约方"合同义务的解放"，由此派生的功能尚包括非违约方"交易自由的恢复"及违约方"合同利益的剥夺"）。损害赔偿，可以与解除合同并用，也可以在未解除合同的场合予以主张。

第二，履行利益的赔偿。预约作为独立的合同，在其被违反时，首先应考虑履行利益的赔偿。预约的履行利益，即如果预约合同得到履行债权人所可获得的利益，简言之，可体现为本约的成立。违反预约的损害赔偿，有必要结合本约加以认定。可以认为：其一，预约债权人可以参照本约履行利益主张损害赔偿，但是，损害赔偿的范围应小于违反本约损害赔偿的范围；其二，违反预约损害赔偿范围的限缩，不是借助于对"可得利益"的概念界定，而应通过减轻损害（《民法典》第591条）、与有过失（《民法典》第592条第2款）以及损益相抵（《买卖合同解释》第23条）等规则而实现。比如，一方预订宾馆客房后，因其自己原因无法按时入住而主张退房，其对宾馆承担的赔偿责任之所以应低于正常房费，不是由于本约没有成立未产生可得利益，而是在于一方面参照本约的履行利益，但同时应依减轻损害规则（宾馆应积极安排替代交易）、损益相抵规则（由于客人没有入住，宾馆无须为履行支付相关水电、人工费用，因而受有利益）等合理确定赔偿范围。

第三，信赖利益赔偿。在履行利益不易举证场合，不妨由权利人主张以信赖利益为替代方案。应当注意，这时的信赖利益赔偿，只是作为履行利益赔偿的替代方案，它与预约合同是否解除没有必然的联系。那么，它是不是一种缔约过失责任呢？结论也应是否定的，以下具体说明。

第四，能否作为本约的缔约上过失责任。既然预约是以订立本约为最终目的，处于本约的"先合同"阶段，那么，违反预约的损害赔偿可否作为本约的缔约上过失责任呢？对此，在结论上宜持否定意见。从请求权基础的检索顺序角度看，有合同作为请求权基础时，通常无须再舍近求远，因此不必求诸缔约上过失责任。

十、束己合同与涉他合同

（一）语义

这是以合同的内容是否涉及第三人为标准所作的分类。

1. 束己合同。束己合同，指订约当事人订立合同是为自己设定权利和义务，使自己直接取得和享有某种利益、承受某种负担的合同。束己合同严格遵循合同相对性原则（《民法典》第465条第2款），第三人既不因合同而享有权利，也不因合同而负担义务，合同仅在其当事人之间有其拘束力。

2. 涉他合同。涉他合同，指合同的内容涉及第三人的合同，它包括"向第三人履行的合同"（又称"为第三人利益的合同"）与"由第三人履行的合同"两种基本类型。

（1）向第三人履行的合同。向第三人履行的合同，指当事人为第三人设定了合同权利，由第三人取得利益的合同。《民法典》第522条实际上承认了这类合同，其典型例子为保险合同，合同当事人是投保人与保险人，受益人却可以不是投保人而是第三人。

（2）由第三人履行的合同。由第三人履行的合同，或称担保第三人履行的合同，是指以担保第三人的履行为合同标的的合同。该合同属于广义的担保行为之一种，其目的在于确保他人的履行。《民法典》第523条承认了这类合同。作为由第三人履行的合同的例子，比如连环买卖合同，上游合同的买受人成为下游合同的出卖人，他可以在下游合同中约定由上游合同的出卖人直接向下游合同的买受人交付买卖标的物。

（二）区分的意义

区分束己合同与涉他合同，一方面可以反映出两类合同的目的有所差异，另一方面可以体现出合同的效力范围上的差异。涉他合同虽对合同相对性原则有所突破，却不能认为已经完全背离该原则。因为第三人并没有成为合同的一方当事人,发生违约的场合,我国法仍然奉行合同相对性原则(《民法典》第 465 条第 2 款),由债务人向债权人承担违约责任,至于债务人与第三人之间的关系,则要另案处理。

不过,值得注意的是,根据最高人民法院《民间借贷解释》第 22 条,[①] 为追求实质公正,允许将民间借贷合同当事人之外的第三人列为共同被告或者第三人,或者共同承担责任,这显然已经突破了合同相对性原则。

[①]《民间借贷解释》第 22 条规定:"法人的法定代表人或者非法人组织的负责人以单位名义与出借人签订民间借贷合同,有证据证明所借款项系法定代表人或者负责人个人使用,出借人请求将法定代表人或者负责人列为共同被告或者第三人的,人民法院应予准许。法人的法定代表人或者非法人组织的负责人以个人名义与出借人订立民间借贷合同,所借款项用于单位生产经营,出借人请求单位与个人共同承担责任的,人民法院应予支持。"

第二章　合同的订立

第一节　合同的订立与合同的成立

一、合同的订立与成立的概念

合同的订立，是指两个或两个以上的当事人为意思表示、达成合意成立合同的过程和状态。

合同订立所描述的是缔约各方自接触、洽商直至达成合意的过程，是动态行为与静态协议的统一体。该动态行为包括缔约各方的接触和洽商，达成协议前的整个讨价还价过程均属动态行为阶段。静态协议是指缔约达成合意，合同条款至少是合同的主要条款已经确定，各方当事人享有的权利和承担的义务得以固定。合同的订立与合同的成立不尽相同，后者仅是前者的组成部分，标志着合同的产生和存在，属于静态协议；前者的含义广泛，既含有合同成立这个环节，又包括缔约各方接触和洽商的动态过程，涵盖了交易行为的大部分。[1]

二、合同成立的一般要件

（一）存在双方或多方缔约主体

1. 缔约主体与合同当事人。缔约主体，即实际订立合同的人，既可以是所缔结合同的当事人，也可以是合同当事人的代理人。由于合同是双方或者多方法律行为，故缔约主体须有双方或多方。

2. 缔约主体的能力。缔约主体应当具有缔结合同的民事权利能力和民事行为能力。

---

[1] 参见崔建远主编：《合同法》（第七版），法律出版社2021年版，第31页。

（二）对主要条款达成合意

1. 合意。合同的成立通常须基于当事人的合意，合意即合同当事人双方相互作出的意思表示达成一致。

《民法典》以表示主义为原则，仅在合同因欺诈、胁迫等原因而成立时采取意思主义。因此，合意原则上应指双方当事人表示内容的一致，对合同条款在客观上意思表示一致。[①] 合同原则上依合意的达成而成立，仅在要物合同场合（比如保管），例外地在合意之外还要求物的交付或其他给付的完成。合意内容与内心效果意思不一致时，不是合同是否成立的问题，而是能否影响合同效力的问题，可通过重大误解等制度处理。

合同成立所要求的合意，是对合同的全部内容完全一致还是对合同的必要之点（要素，也称主要条款）一致，法律并未规定。应当注意区分情形，分别判断。

当事人就合同的全部内容达成合意，合同当然成立，没有疑问。当事人如就必要之点没有达成合意，合同不成立，亦属当然。存在疑问的是，当事人就必要之点达成合意，而对于非必要之点未合意或未达成合意，合同能否成立？《民法典》合同编贯彻"鼓励交易"精神，并奉行"合同自愿"原则。据此，如果当事人就非必要之点已明确要求须达成合意合同始为成立，则当然要尊重当事人的意思，非必要之点未达成合意，合同不成立。如果当事人未对非必要之点强调须经合意，只要必要之点已经合意，按照"鼓励交易"精神，可推定合同成立。对于非必要之点，可通过合同解释，填补合同漏洞。

依既往的司法规则，当事人对合同是否成立存在争议，人民法院能够确定当事人名称或者姓名、标的和数量的，一般应当认定合同成立。对合同欠缺的内容，当事人达不成协议的，人民法院依照法律的有关规定予以确定。这体现了上述精神，据此可知，原则上当事人名称或者姓名、标的和数量，被作为了合同的必要之点。应当注意，该司法规则与《民法典》第488条并不矛盾。如果承诺对于质量等问题作了变更，依《民法典》第488条固然属于实质性变更；仅就被变更的内容而言，可以认为双方并未达成合意。此时如符合上述既往的司法规则，仍可认定合同成立。

2. 不合意。合同当事人对合同的内容未达成一致的意见（意思不一致），即为"不合意"。当事人没有达成合意，因而合同不成立。不合意有公然不合意与隐存不合意两种情形。

公然不合意，又称为意识的不合意或明显的不一致，即当事人明知欠缺意思一致。隐存不合意，又称为无意识不一致或隐蔽的不一致，即当事人不知其不一致。前者如甲向乙表示欲以1 500元购某型号清华紫光扫描仪，乙则表示仅有某型号之惠普（HP）扫描仪，价格2 000元。后者情形主要有以下两种：（1）当事人经长期谈判，信其合同之成立，不知关于某项业经提出的问题，实际上并未合意。（2）当事人的意思表示客观上具有多义性，不能由解释排除其歧义。

[①] 参见崔建远主编：《合同法》（第七版），法律出版社2021年版，第48页。

（三）小结

就合同成立的一般要件而论，具有缔约主体以及就主要条款达成合意，即为已足。然对于一些特别的合同，可能还需要具备其他的要件，始能成立合同。比如，对于要物合同，在合意之外尚须有物的交付；在要式合同场合，除了合意之外，还应当符合特定的方式，比如采用合同书的形式。

三、合同成立的法律意义

（一）合同约束力的发生

合同成立，当事人要受其约束，不论其合同是否已经生效，学说上称此为合同的约束力。所谓合同的约束力（受合同之拘束），是指除当事人同意或有解除原因外，不容一方任意反悔请求解约，无故撤销。换言之，即当事人不能单方面废止合同。《民法典》第 119 条已经肯定了已成立合同的法律约束力。

与上述所谓"合同约束力"应严予区别的，是所谓"合同的效力"，即基于合同而发生的权利义务。[1] 此种意义上的合同效力，可称为狭义上的合同的效力，自然要以合同有效成立为前提。如从广义上把握，合同的效力即是合同经过法律评价所反映出来的效果，具体包括合同有效、无效、可撤销及效力未定诸种情形。广义上的合同的效力，当然也要以合同的成立为前提，始有对合同的法律评价问题。狭义上的合同的效力与合同的成立可以同时发生，也可以异时发生。

（二）债权或期待权的发生

合同成立后，通常是同时生效，并因此在当事人之间发生债权债务关系。如果当事人没有履行其约定或约定不明，则可以随时（请求）履行（《民法典》第 511 条第 4 项）；如果约定有期限，则到期时可以（请求）履行。在这些场合，债权人享有实在的债权。在附期限的合同场合亦是如此。

如果合同是附条件的，由于条件成就与否并不确定，这时当事人之间只是存在期待权。

（三）债权的不可侵犯性

债权因合同的成立而存在，与其他民事权利一样具有不可侵犯性。行为人因过错侵害他人民事权益造成损害的，应当承担侵权责任（《民法典》第 1165 条第 1 款）。另外，在附条件合同场合，当事人为自己的利益不正当地阻止条件成就的，视为条件已经成就；不正当地促成条件成就的，视为条件不成就（《民法典》第 159 条）。

---

[1] 参见王泽鉴：《债法原理》，北京大学出版社 2009 年版，第 152 页。

第二节 要约

一、要约的概念

要约是希望和他人订立合同的意思表示，该意思表示的内容应具体确定，且表明经受要约人承诺，要约人即受该意思表示约束（《民法典》第 472 条）。

要约是一种与承诺结合后成立法律行为（合同）的意思表示，要约本身并非一个独立的法律行为。不过，要约既属法律行为的要素，其所具有的瑕疵，亦得影响法律行为的效力。另外，要约既属意思表示，则《民法典》总则编关于意思表示的规定（第 137 条以下）对于要约亦能适用，自不待言。

二、要约的构成要件

（一）要约须是特定人所为的意思表示

要约的目的在于缔结合同，只有要约人特定，受要约人始能承诺并成立合同，故要约人须为特定人。所谓特定人，即外界能客观确定的人，至于是自然人、法人还是非法人组织，是本人还是代理人，则在所不问。自动售货机的设置之所以可视为一种要约，原因在于自动售货机的设置，须为特定人所为；消费者虽可不必了解何人为真正要约人，但只要按指示投币入机，完成承诺行为，整个合同的成立及履行便可借由机器自动完成。可见，要约为特定的人作出的意思表示，就该特定的人而言，虽不能从要约本身中确知是谁，亦无妨碍。

（二）要约人受拘束的意旨

1. 受拘束的意旨。要约是希望和他人订立合同的意思表示，要约应当"表明经受要约人承诺，要约人即受该意思表示约束"（《民法典》第 472 条第 2 项）。这一点被称为"受拘束的意旨"，它与要约人是否受其要约拘束之问题无关，也无关乎合同磋商过程中生发出来的先合同义务。

要约人受拘束的意旨是要约的实质特征，然如此种意思表示的客观含义与要约人的主观意图不一致时，比如在对方当事人承诺，要约人却声称其"要约"实属玩笑，并非真的想缔结合同时，应如何处理？《民法典》对此虽无直接规定，但关于合同成立，该法典合同编原则上采"表示主义"，自应依客观标准解释。

另外，一方愿受拘束的意旨如附有条件，则并不能以之为要约，因为所附条件能否实现无法确定；反之，如受拘束的意旨附有期限，则仍不妨以之为要约。

2. 要约与要约邀请。凡不以自己主动提出订立合同为目的的行为，尽管貌似要约，也不应视为要约，而应视为要约邀请。要约邀请，是希望他人向自己发出要约的表示（《民法典》第 473 条第 1 款前段）。比如，用人单位在网站上发布招聘广告，通常是要经过面试或其他考核方决定是否录用，此种招聘广告即属要约邀请。

要约是旨在订立合同的具有法律意义的意思表示行为，行为人在法律上须承担责任；而要约邀请则是当事人订立合同的预备行为，行为人在法律上无须承担责任。因此要约邀请在性质上是一种事实行为，本身不具有法律意义。究属要约抑或为要约邀请，本身是一个解释问题，为了便于解释，宜掌握要约与要约邀请的主要区别，表现在：（1）要约是当事人自己主动愿意订立合同的意思表示；而要约邀请是当事人表达某种意愿的事实行为，其内容是希望对方主动向自己提出订立合同的意思表示。（2）要约中含有当事人表示愿意承受要约拘束的意旨，要约人将自己置于一旦对方承诺，合同即告成立的无可选择的地位；而要约邀请人对于相对人的意思表示，仍有决定承诺与否的自由。

（三）要约内容具体确定

所谓要约内容具体确定，在《联合国国际货物销售合同公约》第 14 条第 1 款中称"十分确定"。要约一旦被对方接受，即可以形成合同，产生具有执行力的合同义务。它要求要约具备了足以使合同成立的主要条件，换言之，具备了成立合同的最低限度的内容，但并非要求面面俱到。究竟什么是足以构成合同成立的条件，则要根据具体要约的性质确定，并要考虑要约当时当地的商业惯例等因素的影响。《民法典》对于何谓要约内容"具体确定"未作进一步的规定，依学说通常见解，只要作为合同要素的内容达到了具体确定的要求，就算可以；而作为合同要素的内容，须依具体的合同类型具体把握，视买卖合同、租赁合同、承揽合同、委托合同等不同各有差异。

另外，所谓要约内容具体确定，并非特别要求须明确地表示出来，只要它们是可以确定的，[1] 即为已足。在要约作出时用以确定其内容的必要事实业已存在固然可以；即使这些事实尚未发生，但于将来可得发生（比如交付时），亦无妨其构成要约，比如要约依交付时的市场价格出售未来一年的全部收成或产品。这种情形，在继续性合同、长期合同中尤为常见。

（四）要约须向相对人发出

如果一项意思表示虽符合前三项要件，但未向任何人表达过，比如某人将其允诺写在纸上，置于抽屉中，便称不上是一个要约；如果此人将其文件发出，但没有被相对人收到，是否仍算是一项要约呢？此时不妨认为要约成立，惟不生其效力。

要约的相对人，包括特定的人和不特定的人。依相对人的不同，要约相应地可被区分为特定要约与公众要约。前者通常指向某个或某些特定的人发出的要约；后者亦称向公众发出的要约、向不特定的人发出要约，一般是指向社会公众发出的要约，如商店柜台里陈列的标

---

[1] Vgl. *Jauernig*, Jauernig BGB Kommentar, 12. Auflage, Verlag C.H. Beck, 2007, § 145 Rn.2.

价商品、自动售货机、市内公共交通运输、悬赏广告等。从《民法典》第473条第2款规定可以看出，该法实际上承认了公众要约。

三、要约的形式

《民法典》对要约的形式没有特别要求，从第481条第2款的规定中可以反映出该法典对要约采用了"对话方式"与"非对话方式"的区分，并赋予了不同的法律效力。一般认为，要约可以采取口头形式或书面形式。口头形式，就是要约人以直接对话或电话等方式向受要约人进行要约。书面形式，就是采取交换信函、电报、电传、传真、电子数据交换和电子邮件等形式进行要约。借助网络通信技术缔结合同越来越常见，以"微信"为例，彼此语音表示意思的，可以视为口头形式；通过文字作出意思表示的，属于书面形式。如果二者混杂，则属于混合形式。

在实践中，要约可采多种多样的具体方式，这些具体方式有时候需要注意与要约邀请相区别，择其要者，分述如下。

（一）要约的具体方式

1. 商品标价陈列。商品标价陈列行为是一种要约。商品标价陈列构成要约，应仅限于柜台里陈列的或货架上放置的标价商品，而对于商店临街橱窗里的陈列商品，即使附有标价，也不宜视为要约，其原因在于，这种行为更多地具有招徕顾客的广告宣传性质，因而通常宜视为要约邀请。

对于自由超市中的商品标价陈列，如解释为要约，则顾客挑选商品的行为，并不当然构成承诺。否则，就会得出荒唐的结论，即顾客一拿商品，就必须购买。这显然有悖于一般交易习惯和生活常识。合理的解释是，顾客将选中的商品交付给收款台的行为，才是承诺。

2. 自动售货机的设置。自动售货机的设置，宜解释为要约，属于向不特定人发出的要约（公众要约）；顾客依指示投币的行为，属于承诺。

自动售货的要约，应以机器能正常运作或有存货为条件（解除条件）。当自动售货机故障或无存货时，要约失其效力，顾客虽投入货币，仍不能成立合同。顾客就其投入的货币，得依不当得利规定请求返还。[①]

3. 悬赏广告。悬赏广告，是悬赏人以广告的形式声明对完成特定行为的人给付广告中约定的报酬的意思表示行为。对其性质，素有争论。一说认为属单独行为，另一说认为属要约。后者为我国司法审判的通常见解，且在既往的司法规则中有所体现。

《民法典》第499条规定："悬赏人以公开方式声明对完成特定行为的人支付报酬的，完成该行为的人可以请求其支付。"依其体系位置，对此条规定应按"要约说"理解适用。

行为人在不知悬赏广告的情况下完成行为的，以及限制行为能力人、无民事行为能力人

---

① 参见王泽鉴：《债法原理》，北京大学出版社2009年版，第123页。

完成广告中指定行为的，可否请求支付报酬？立法者在制定第499条时对该等问题并非没有考虑；有意识地不论行为人的主观意识及行为能力，统一规定"完成该行为的人可以请求其支付"报酬，故属于特别规定。其背后的道理可自两方面理解：其一，在对于以行为作出的承诺作客观解释时并不过分关注行为人的主观状态，而重在现实问题的妥当解决；其二，鉴于行为人知与不知悬赏广告，以及是否有行为能力，利益状态相当，自无异其效果的道理，故法律上作出特别规定，许以请求支付报酬。

（二）构成要约与否需要具体分析的情形

1. 公用事业。公用事业包括的领域很广，诸如自来水、电力、煤气、公交、文化娱乐旅游设施、水陆空运输服务、邮政等。对此类事业及服务设施的设定，应视为要约还是要约邀请，做法不一。有的认为它们本身就是向社会公众发出的要约，无正当理由不能拒绝社会公众的承诺；有的则认为公用事业处于长期承诺状态。

在我国，对公共事业中的若干行业，如市内公共交通、邮政服务，通说认为市内公共汽车站和沿街邮筒的设置行为是一种要约行为。而对市外旅客运输合同，一些学者则认为旅客购票行为是要约，而承运人出售车票是承诺。这种观点亦可通过《民法典》第814条得到印证。除此种特别情形外，通常情况下，邮政、电信、电业、煤气、天然气、自来水、铁路、公共汽车等公用事业单位负有缔约义务，非有正当理由，不得拒绝用户的缔约请求。医院及医生非有正当理由不得拒绝诊疗、检验或调剂处方。出租车司机负有缔约义务，非有正当理由，不得拒载。

2. 商业广告和宣传。商业广告和宣传的目的在于宣扬传播商品的优越性，吸引顾客选购其商品，属要约邀请（《民法典》第473条第1款）。另一方面，法律也不排除或禁止广告人利用商业广告和宣传进行要约的可能性。如商业广告和宣传中既含有合同得以成立的确定内容，又含有广告人希望订立合同的愿望以及愿意承受拘束的意旨，则构成要约。在实务中，如商业广告和宣传中含有"保证现货供应""先来先买"，或含有确切的期限保证供货等词语，即表明其中含有一经承诺即受拘束的意旨，这种商业广告和宣传便构成要约。因而，《民法典》第473条第2款规定："商业广告和宣传的内容符合要约条件的，构成要约。"

（三）要约邀请的具体情形

依《民法典》第473条第1款后段的规定，拍卖公告、招标公告、招股说明书、债券募集办法、基金招募说明书、商业广告和宣传、寄送的价目表等为要约邀请。

1. 拍卖公告。拍卖人刊登或发出拍卖公告，在拍卖当时对拍卖物的宣传和介绍，以及拍卖人宣布拍卖物的价格，都属于要约邀请，竞买人出价属于要约，"竞买人的最高应价经拍卖师落槌或者以其他公开表示买定的方式确认后，拍卖成交"（《拍卖法》第51条）。因而拍卖人落槌或以其他公开表示买定的方式确认，属于承诺。

2. 招标公告。招标公告的目的在于促使或诱引更多的人提出要约，以便招标人有较多的余地选择最佳的投标人订立合同；相应地，投标则是一种要约。而招标人在投标期截止后，从众多的投标书中开标评定出中标人，即构成对投标的承诺。

3. 招股说明书、债券募集办法、基金招募说明书。招股说明书是设立股份公司向社会公开募集股份时必须使用的一种手段，由发起人和承销机构予以公告，性质上属于要约邀请；认股人认股则为要约。

债券募集和基金招募是另外两种募集资金的手段，其募集办法或者招募说明书性质与招股说明书类似，不再展开。

4. 寄送的价目表。向公众或者特定的人寄送或发出的商品价目表，是商品生产者推销商品的一种方式，其中虽含有行为人希望订立合同的意思，但并不含有行为人表明一经承诺即受拘束的意旨，而只是希望对方提出要约经自己承诺后才成立合同。

四、要约的法律效力

（一）要约的生效时间："到达主义"原则

要约到达受要约人时生效（原《合同法》第16条第1款）。该规定没有区分要约是以对话方式作出的还是以非对话方式作出的，而是均采"到达主义"。《民法典》第474条规定，要约生效的时间适用该法第137条的规定。亦即，以对话方式作出的意思表示，相对人知道其内容时生效（第137条第1款）。以非对话方式作出的意思表示，到达相对人时生效（第137条第2款前段）。《民法典》第137条第1款中的"知道"，在因其为有相对人的意思表示而采"客观主义"解释场合，其实际结果与"到达"无异，将其理解为是对广义"到达主义"的具体化，固无不可。更何况立法者亦明确承认，在以对话方式进行的意思表示中，"表意人作出意思表示和相对人受领意思表示是同步进行的，没有时间差"，[①] 故而"到达主义"仍是其背后的基本方针。

1. 以对话方式作出的要约（对话者间的要约）。以对话方式作出的要约，其到达时即为相对人知道，故此处无须再有"应当知道"，到达和相对人知道不过一体两面。因而，"知道"主义（或者"了解主义"）不过是"到达主义"的另一面的表现，实质则一。

如此解释，并非没有根据。《联合国国际货物销售合同公约》第24条明定，要约、承诺或其他意思表示之"送达"（reaches）对方，系指用口头通知对方（made orally to him）或通过其他方法送交对方本人。该公约第15条第1款规定，"发价于送达被发价人时生效"。这里的发价（要约）不仅包括非口头的要约，也包括口头要约（以对话方式作出的要约）。我国原《合同法》第16条第1款借鉴该规定，统一采"到达主义"规范对话方式和非对话方式的要约，法条简洁，规则统一，易学易用，简单明了。

要约人与相对人可得直接对话场合（如面谈或打电话），要约到达与相对人的知道可谓是同时的，原则上即行生效。明了《民法典》第137条第1款的实质仍是"到达主义"，并

[①] 黄薇主编：《中华人民共和国民法典总则编释义》，法律出版社2020年版，第363—364页。

非单纯学理问题，同时亦具有实践价值。就要约统一采纳"到达主义"，避免对于当事人主观状态的探寻及证明，便于交易，符合现实需要。

2. 以非对话方式作出的要约（隔地者间的要约）。此时，自要约的发出至要约到达相对人，会有一定的时间间隔，此间的不利益（比如要约信件的意外丢失而致不达，或不能确知要约到达的时间）悉由要约人负担。

所谓要约"到达"受要约人，并不苛求一定要交付到受要约人或其代理人手中，只要要约送达到受要约人所能控制并应能了解的地方，如受要约人的住所和信箱，即为到达受要约人。[①]

另外应予注意的是，所谓要约"到达"受要约人，惟在要约的发出经要约人同意场合始得发生。相应地，一份要约业经某有资格的主体拟定，却没有发送，未经其授权，后来被其意定的收件人占有，则该要约并没有"到达"，因而是不生效的。要约在生效之前，即使受要约人已经知道了它的内容，也是不能够被承诺的。[②]

如意思表示向公众作出，构成了公众要约，则该公众要约何时"到达"受要约人？如公众要约是采用邮寄的方式向社会公众广泛发送，比如邮寄符合了要约要件的商业广告，则其"到达"仍应依通常的判断标准衡量；如符合了要约规定的商业广告是在报纸上刊登出来的，或是通过电视、广播等媒体播出，或是商品标价展示，则应依表意人的意思而定。如公众要约中对于其生效定有具体的日期（比如"从10月15日起我们要约……"），则要约自该特定日期生效；如要约中没有这类表述，则应视为作出该公众要约时（报纸发行时、广播电视播出时、商品标价展示时）即为受要约人知悉，要约即生效力。

以非对话方式作出的采用数据电文形式的意思表示，相对人指定特定系统接收数据电文的，该数据电文进入该特定系统时生效；未指定特定系统的，相对人知道或者应当知道该数据电文进入其系统时生效（《民法典》第137条第2款中段）。前一情形仍为"到达主义"的具体表现。后一情形，不仅要求要约客观"进入"系统，还要求相对人主观上"知道或者应当知道"，构成"到达主义"的例外。

当事人对采用数据电文形式的意思表示的生效时间另有约定的，按照其约定（《民法典》第137条第2款后段）。

（二）要约法律效力的内容

要约发出后，会在要约人与受要约人之间形成要约关系。所谓要约关系，指自合同要约开始，至合同成立与否确定为止，所发生的债权关系，作为其法律效果，要约的形式拘束力和实质拘束力（承诺适格）最为重要。[③]

1. 形式拘束力。单独的要约本身并不具有使相对人受拘束的效力，但接到要约的相对

[①] Vgl. auch *Hein Kötz*, Europaeisches Vertragsrecht, Band I, Mohr Siebeck Tübingen, 1996, S.30.
[②] *See* Peter Schlechtriem, Ingeborg Schwenzer edited, *Commentary on the UN Convention of the International Sale of Goods (CISG)*, translated by Geoffrey Thomas, 2nd ed., Oxford University Press, 1998, p.115.
[③] 参见［日］北川善太郎：《债权各论》（第二版），有斐阁1995年版，第8页。

人为了决定是否承诺，通常会作一些准备。如果承认要约人可随意撤销要约，则不免会对相对人造成不当损害。因而，对要约的撤销有必要作一些限制。所谓要约的形式拘束力，指要约一经生效，要约人即受到要约的拘束，不得撤回、撤销或对要约加以限制、变更和扩张，学说上亦称要约的不可撤销性。

我国原来的民法理论承认要约的形式拘束力，[①] 意在保护受要约人的利益，维护正常交易的安全。不过，《民法典》合同编并没有明文规定要约的形式拘束力，而是参考《联合国国际货物销售合同公约》(第15条和第16条)、《国际商事合同通则》(第2.1.3条和第2.1.4条)及《欧洲合同法原则》(第2：202条)，规定了要约的撤回及撤销，惟对此作了若干的限制。

要约的形式拘束力并非要约必须具备的性质。为了适应商业活动的实际需要，法律允许要约人在一定条件下，即在受要约人承诺之前有限度地撤回、撤销要约或变动要约的内容。此外，要约人可以在要约中声明是否受要约拘束。虽然《民法典》原则上并没有规定要约的形式拘束力，但如要约人确定了承诺期限或者以其他形式明示要约不可撤销，或者受要约人有理由认为要约是不可撤销的，并已经为履行合同做了准备工作，则要约不可以再撤销，因此要约在很大程度上也就具备了形式拘束力。

2. 实质拘束力。要约一经受要约人承诺，合同即为成立，这是要约的本体的效力，亦称要约的实质的效力或者承诺适格。[②] 此种相对人得对要约为承诺的地位，学说上有的认为是一种期待权，有的认为是一种形成权。[③] 这纯属理论上的争论，不具实益。

（三）要约的存续期间（承诺期限）

1. 定有承诺期限的场合。要约定有承诺期限的，承诺应当在要约确定的期限内到达要约人(《民法典》第481条第1款)。承诺期限届满，受要约人未作出承诺的，要约失效(《民法典》第478条第3项)。另依学理解释，约定承诺期限的，可在要约后延长，但不得缩短。

关于约定期间的计算，有两个问题须予说明：(1) 要约人仅表明截止期限，如"应于某年5月10日前承诺"，则其所指的究竟是承诺通知的发出还是到达时间？对此应探求要约人的意思加以确定，有疑义时，依《民法典》第481条第1款的规定，应解为后者。(2) 要约人仅定一定承诺期间，如"应于一周内承诺"，则其起算究竟是自要约发出时还是自要约到达时？对此，首先应解释要约人的意思加以确定，有疑义时，应自通知发送时起算，较为合理，因为要约何时到达相对人，并非要约人所能掌握的。[④]

[①] 参见中央政法干部学校民法教研室编著：《中华人民共和国民法基本问题》，法律出版社1958年版，第201页；佟柔、赵中孚、郑立主编：《民法概论》，中国人民大学出版社1982年版，第170页；王家福主编：《中国民法学·民法债权》，法律出版社1991年版，第290页。
[②] 参见［日］我妻荣：《债权各论》上卷，岩波书店1954年版，第61页。
[③] Vgl. *Jauernig*, Jauernig BGB Kommentar, 12. Auflage, Verlag C.H. Beck, 2007, § 145 Rn.4.
[④] 参见王泽鉴：《债法原理》，北京大学出版社2009年版，第135页。

2. 未定有承诺期限的场合。要约未订有承诺期限的，应依法律的规定。

（1）要约以对话方式作出的，应当即时作出承诺（《民法典》第481条第2款第1项）。所谓"即时"，指尽其客观上可能的迅速而言，应根据一般交易观念加以确定。比如，以电话为要约，电话突然中断，马上再拨通而为承诺的，应认为仍属即时作出承诺。再如甲邀乙至餐馆就餐并磋商合同，甲在席间提出要约，乙在离席前作出承诺的，也应认为系即时承诺。

（2）要约以非对话方式作出的，承诺应当在合理期限内到达（《民法典》第481条第2款第2项）。换言之，在依通常情形能够收到承诺所需的一段合理期间内，要约对要约人有拘束力。在确定何谓合理期限时，通常要考虑要约人的期待、要约到达受要约人的必要时间、受要约人考虑接受承诺与否的必要时间（有些场合包括咨询、试验样品等）以及承诺发出至到达要约人所需要的必要时间。一些会延误作出答复的情事（比如受要约人离开办公场所、生病、罢工等），如果是要约人所知道的，在决定要约的存续期间时，也是要考虑进来的。[①] 不仅如此，期限的长短最终要取决于对双方利益的衡量，要考虑交易的环境，特别是商品或者服务是基于波动的价格而提供的场合，受要约人考虑的时间必须缩短，以免其通过使要约人遭受不利而投机取巧。[②] 在合同实践中，确定要约的存续期间时，要根据每个要约的具体情况而定，一般要考虑要约内容的繁简、发送要约或者承诺通知所采取的方法迅速与否以及是否受到非常事件的影响等。

五、要约的撤回和撤销

（一）要约的撤回

要约的撤回，指要约人在要约发生法律效力之前，使要约不发生法律效力的行为。要约发出后，要约人因另有考虑而欲撤回要约，以阻止要约发生效力，这是常有的事情。有鉴于此，并为保护相对人的利益，《民法典》第475条规定："要约可以撤回。要约的撤回适用本法第一百四十一条的规定"；第141条规定："行为人可以撤回意思表示。撤回意思表示的通知应当在意思表示到达相对人前或者与意思表示同时到达相对人。"

"到达"，是指相对人已居可了解的地位，并非须使相对人取得占有。故通知已送达于相对人的居住所或营业所，即为达到，不必交付相对人本人或其代理人，亦不问相对人是否阅读，该通知即可发生意思表示的效力。

公众要约的撤回，应当区别情况而定。如果公众要约采用的是分别投寄的方式，则撤回要约的意思表示应当在其到达受要约人之前或者与之同时到达受要约人。而对于采用报纸、广播、电视作出的公众要约或者商品标价展示，由于一经作出，即视为到达受要约人而生

[①] See B. S. Markesinis, W. Lorenz & G. Dannemann, *The German Law of Obligations*, Vol. 1, Clarendon Press, 1997, p.50.
[②] Vgl. *Hein Kötz*, Europaeisches Vertragsrecht, Band I, Mohr Siebeck Tübingen, 1996, S.31.

效，故不存在撤回的可能，只能由要约人撤销。

要约一经撤回，即失其效力。要约撤回本身不得作为撤回的对象，要约人如欲实现此目标，须重新发出要约。要约撤回后而为的承诺，可作为一个新的要约，由此开始新一轮的缔约程序。

（二）要约的撤销

要约的撤销，指要约在生效之后，要约人欲使其丧失法律效力的意思表示。要约的撤销与撤回的区别在于，后者发生在要约生效之前，前者发生在要约生效之后；共同点在于，二者均发生于承诺生效之前。承诺生效之后，合同即告成立，这时要约人便不能撤回或撤销其要约。

依《民法典》第 476 条主文，要约可以撤销。另依第 477 条，撤销要约的意思表示以对话方式作出的，该意思表示的内容应当在受要约人作出承诺之前为受要约人所知道；撤销要约的意思表示以非对话方式作出的，应当在受要约人作出承诺之前到达受要约人。如前所述，其背后的指导方针依旧是"到达主义"，"知道"在客观主义解释下与"到达"无异。

1. 要约撤销权的行使。

（1）通过撤销通知到达受要约人而撤销要约。正如要约的撤回，要约的撤销也须通过通知行为到达受要约人而发生。受要约人可能由第三方获悉要约人意欲撤销其要约，但仅此情事并不发生要约的撤销。另外，适用于公众要约撤回的规则也应适用于其撤销。如果不受《民法典》第 137 条的规范，公众要约因公布而生效，则须允许以相同的方式予以撤销。

（2）要约撤销权的终止。通常来说，一旦合同缔结，亦即当承诺因到达要约人而生效以后，撤销权即终止。合同成立后，当事人便不能够再撤销其缔结合同的意思表示，其意思表示（要约）已经融入了合同。对撤销权予以保留的，在性质上属于约定的合同解除权，须明确地表述出来或者可以通过合同解释而明确地确立下来。

不过，依《民法典》第 477 条的规定，要约的撤销因承诺的"作出"而被阻却。由于没有到达要约人的承诺在第 480 条但书的例外情形始得生效，因而原则上来说（比如除非保留了效力更强的撤销权），撤销仅因合同的成立而阻却，而承诺通知的发出，作为一项规则，甚至在合同成立之前即终止了撤销权。

公众要约的撤销权也因承诺通知的发出而终止。

（3）要约撤销无效的后果。承诺一旦作出，对要约的撤销便属无效，尽管在承诺到达要约人之前合同尚未成立。在承诺到达对方之前，处于一个悬而未决的状态。如果承诺根本没有到达目的地，则没有合同成立，除非属于《民法典》第 480 条但书规定的承诺无须到达要约人的情形。但是，不应当让要约人不确定地坚守其要约，如果他未为其要约定有存续期间，则可以解释要约而为之确定一个期间；如有必要，《民法典》第 481 条第 2 款第 2 项所规定的合理期限可以适用。

（4）撤销权的强度。撤销要约的通知应当在受要约人作出承诺前到达受要约人或为其所知（《民法典》第 477 条）。换言之，撤销权因承诺的作出而终止，但这并不是一个强制性规则。因此，要约人可以发挥其意思自由，比如规定其要约"在收到答复之前是没有拘束力的"。

（5）证明责任。受要约人有责任证明其承诺通知是在撤销通知到达之前发出的；另一方面，要约人须证明撤销通知到达受要约人的时间。

2. 对撤销要约的限制。《民法典》第476条但书规定了不得撤销要约的情形。

（1）明示要约不可撤销。首先，要约人如在其要约中确定了承诺期限，则在该期限内，要约是不可撤销的。不论对话者间的要约还是隔地者间的要约，此项规则均得适用。其次，要约人以其他形式明示其要约是不可撤销的。受拘束之意旨可以通过明确的用语表述（"确定的要约""将保持有效性"），也可以通过在特定的交易中被理解为受拘束之意旨的用语表达，比如在国际贸易中使用的"open offer""option""guarantee"。①

（2）对要约的信赖。《民法典》第476条但书第2项规定源自《联合国国际货物销售合同公约》第16条第2款第2项，其所表达的原则在于，某人不应以自相矛盾的方式行为，它使得要约人因他所引发的信赖而受有拘束。对要约的信赖须符合两项条件，即存在信赖以及存在信赖要约的一方当事人的行为。信赖须在具体的环境中加以证明（亦即须为"合理的"），以及受要约人须已因信赖要约人受其要约的拘束而"行为"。如果要约本身并没有充分地表明受拘束的意旨，则但书第2项并不能够适用。因信赖要约的拘束力而作出的行为可以表现为开始生产、准备材料或为此目的而缔结合同，或在有些情事中表现为雇佣工人，只要依据受要约人自己的特殊情形，这些行为是"合理的"信赖的结果。"行为"并不只是意味着积极的作为，也包括不作为，比如可以证明的不再寻求其他的要约。

《民法典》第476条但书第1项与第2项之间的关系，作为一个理论问题，尚不明确，但这通常并不会带来实践中的困难。如果所作出的要约附有时间限制，通常应适用第1项，据此，基于合理的信赖所发生的行为则是无关紧要的。如果所确定的期间并不明确，或者根本没有确定期间，因而可能会就是否存在受要约拘束之意图发生分歧，这时则可适用第2项，以避免探究真意所产生的不确定性。

3. 不可撤销性的效力。《民法典》第476条但书规定的要约不可以撤销，究竟具有何种效力，殊值分析。问题的关键在于该但书规定究属禁止性规定还是保护性规定。如作为一种禁止性规定，则要约人撤销要约的行为无效，实质上类似于强制缔约。如果作为一种保护性规定，则法律并不禁止撤销要约的行为，而前提是须使受要约人获得充分的法律保护。

以上两种理解，以后者为当。这样，虽有不可以撤销之情形，在受要约人发出承诺之前，要约人撤销要约的通知到达受要约人的，仍可发生撤销要约的效果，如因此致受要约人遭受损害，依要约人对"不可撤销性"之违反的客观事实，可认定其有缔约上的过失并使之负损害赔偿责任。

当然，上述结论只是在损害赔偿可以充分保护受要约人的场合始具妥当性，如作为缔约

---

① See Peter Schlechtriem, Ingeborg Schwenzer edited, *Commentary on the UN Convention of the International Sale of Goods (CISG)*, translated by Geoffrey Thomas, 2nd ed., Oxford University Press, 1998, pp.120—121.

上过失责任的损害赔偿不足以充分保护受要约人，比如受要约人不可能找到替代性的缔约机会，或对于缔结合同获得履行利益具有特别的要求，在作利益衡量的基础上，则不妨认定要约人撤销要约的行为无效，受要约人仍可作出承诺并成立合同。要约人不履行时，可追究其违约责任，自不待言。

六、要约的失效

要约的失效，亦称要约的消灭，即要约丧失其法律效力。对要约人而言，是解消要约人必须依对方的承诺而成立合同的义务；对受要约人而言，是终止其承诺的资格。要约消灭后，成立合同的基础即丧失，受要约人即使表示承诺，也不能因此成立合同。《民法典》第478条对要约失效的情形作了规定。

（一）要约被拒绝

受要约人拒绝要约的，要约失效，即使要约载有承诺期限而拒绝是在该期限届满前表示的，亦是如此。对要约的拒绝既可以是明示的，也可以是默示的。另外，对要约进行了扩张、限制或变更，亦视为对要约的拒绝。受要约人拒绝要约后，如表示后悔，可撤回拒绝的通知，但须于拒绝要约的通知到达要约人之前或同时到达，才产生撤回拒绝的效力。拒绝要约的通知到达要约人时，要约失效。这一点在原《合同法》第20条第1项是明确的，《民法典》第478条第1项修改得反而不明确了。对于要约的拒绝本身是一项意思表示，原则上应依"到达主义"确定其效力。这也是模范法的通例。[1] 拒绝要约的通知不存在撤销问题，受要约人在该通知到达要约人（要约失效）后，又改变想法仍愿订立合同并将此意思表示传达给对方的，其意思表示只能算是新要约。

（二）要约被依法撤销

要约人依法撤销要约，要约因此而失效，就像未曾作出过要约一样。

（三）承诺期限届满而受要约人未作出承诺

凡要约中确定有承诺期限的，承诺应当在要约确定的期限内到达要约人（《民法典》第481条第1款）。《民法典》第478条第3项所谓"未作出承诺"，不应当理解为未发出承诺，应当是指承诺未到达要约人，否则，即与第481条第1款相矛盾。承诺在承诺期限内未到达要约人，原则上要约失效，惟个别场合存有例外（《民法典》第487条）。

要约没有确定承诺期限，要约以对话方式作出的，若非即时作出承诺，要约失效；要约以非对话方式作出的，承诺若非在合理期限内到达，要约失效（《民法典》第481条第2款）。

---

[1] 参见《国际商事合同通则》第2.1.5条及《欧洲合同法原则》第2：203条。

（四）受要约人对要约的内容作出实质性变更

承诺的内容应当与要约的内容一致。受要约人对要约的内容作出实质性变更的，为新要约。有关合同标的、数量、质量、价款或者报酬、履行期限、履行地点和方式、违约责任和解决争议方法等的变更，是对要约内容的实质性变更（《民法典》第488条）。

（五）当事人死亡或丧失能力

《民法典》对此种情形下要约的效力未作规定。有学者认为，要约人或受要约人的死亡可以有条件地作为要约失效的原因，一般应符合如下特定条件之一：（1）合同具有人身履行的性质；（2）要约中含有或推定含有明显的反对意思；（3）要约的相对人知悉要约人死亡或丧失行为能力的事实。在要约人或受要约人为法人时，一般认为，只要法人归于消灭，要约也自然随之消灭。[①]

第三节 承诺

一、承诺的定义

承诺是受要约人同意要约的意思表示（《民法典》第479条）。

《民法典》规定的"承诺"其实有两种类型：一是需要受领的意思表示，二是不需要受领的意思表示。虽然都是意思表示，都属于广义上的承诺，但二者之间的差异性大于共同点。《民法典》对于"承诺"的规定，是以"需要受领的意思表示"而非广义的承诺为预想模型，以"不需要受领的意思表示"为"除外"（第480条"但书"）。故本节所分析的是狭义的承诺，即作为需要受领的意思表示的承诺。作为不需要受领的意思表示的承诺，于后述"意思实现"再作分析，以之为"依要约承诺以外的方式成立合同"，因为它有别于依要约和（狭义的）承诺方式成立合同。只要结合《民法典》的特点，不以"广义的承诺"为参照，尚不得谓这种表述是自相矛盾的。

二、承诺的构成要件

一项有效的承诺应符合下列要件：

（一）由受要约人作出

依要约实质拘束力原则，惟有受要约人才能获得承诺的资格。受要约人的承诺行为，可

---

① 参见王家福主编：《中国民法学·民法债权》，法律出版社1991年版，第296页。

由其本人或其授权的代理人作出。除此之外，任何第三人作出同意要约的意思表示，都不能作为承诺，不能因此而成立合同。

（二）向要约人作出

承诺是对要约的同意，据此成立的合同应由要约人作为一方当事人。因此，承诺应向要约人作出，始能达到缔约目的。非向要约人作出同意表示不构成承诺。向要约人的代理人作出承诺，视为向要约人作出。要约人死亡后，要约并非当然失效，在一定条件下，如合同的履行不具有特定人身性质，受要约人仍可向要约人的继承人作出承诺。

（三）与要约的内容一致

承诺是受要约人愿意按照要约的全部内容与要约人订立合同的意思表示，它应是无保留的，不应对要约加入任何新的因素（故称此为"镜像规则"）。不过，严格的"镜像规则"要求承诺须与要约完全一致，就像物体与其镜中的成像一样，不允许对要约作出任何变更。如绝对地贯彻这一规则，未免过于极端，不利于实际交易，故《民法典》原则上采纳这一规则，同时作了修正，允许存在例外。

如果受要约人在答复中对要约的内容作出实质性变更，便不构成承诺，而是视为对原要约的拒绝，是一项新要约（《民法典》第488条前段）。承诺对要约的内容作出非实质性变更的，除要约人及时表示反对或者要约表明承诺不得对要约的内容作出任何变更以外，该承诺有效，合同的内容以承诺的内容为准（《民法典》第489条）。此一规则借鉴自《联合国国际货物销售合同公约》第19条第2款，学者称为"Last shot rule"。

（四）在承诺期限内到达要约人

1. 到达主义。《民法典》第481条第1款规定："承诺应当在要约确定的期限内到达要约人。"要约没有确定承诺期限的，承诺应按下列规定到达：（1）要约以对话方式作出的，应当即时作出承诺；（2）要约以非对话方式作出的，承诺应当在合理期限内到达（《民法典》第481条第2款）。

2. 承诺期限的起算。对于承诺期限的起算，《民法典》第482条规定："要约以信件或者电报作出的，承诺期限自信件载明的日期或者电报交发之日开始计算。信件未载明日期的，自投寄该信件的邮戳日期开始计算。要约以电话、传真、电子邮件等快速通讯方式作出的，承诺期限自要约到达受要约人时开始计算。"

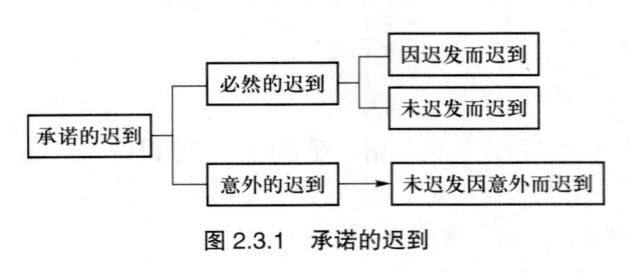

3. 承诺的迟到。承诺在承诺期限届满后或在合理期限过后始到达要约人的，构成承诺的迟到。具体可区分若干类型，如图2.3.1所示：

（1）必然的迟到。受要约人超过承诺期限发出承诺，或者在承诺期限内发出承

图 2.3.1　承诺的迟到

诺，按照通常情形不能及时到达要约人的，为新要约；但是，要约人及时通知受要约人该承诺有效的除外（《民法典》第486条）。此项但书规定，有无实际意义，殊值疑问。因为迟发的承诺即为新要约，所谓要约人及时通知受要约人该承诺有效的意思"通知"，本可以转换为对新要约的承诺。

受要约人即使是在承诺期限内发出承诺的，只要在承诺期限内未到达要约人，也是迟到的承诺，依《民法典》第481条第1款的推论，原则上亦不发生承诺的效力。

（2）意外的迟到。受要约人在承诺期限内发出承诺，按照通常情形能够及时到达要约人，但因其他原因致使承诺到达要约人时超过承诺期限的，可以称为"意外迟到的承诺"。依《民法典》第487条，除要约人及时通知受要约人因承诺超过期限不接受该承诺外，该承诺有效。

三、承诺的方式

如当事人有特别指定，通常应依其指定；如没有特别指定，则可依交易习惯或具体情形，采用适当的方式承诺。《民法典》第480条规定："承诺应当以通知的方式作出；但是，根据交易习惯或者要约表明可以通过行为作出承诺的除外。"这是关于承诺方式的基本规定，据此，承诺通常以"通知"的方式作出，惟不以明示者为限，亦得包括以行为表示承诺意思，于例外场合，承诺尚得表现为沉默或者不作为。①

（一）明示的承诺

承诺是一种意思表示，须采取一定的方式，使要约人知道此种同意缔约的意思，始发生效力。《民法典》第480条前段规定"承诺应当以通知的方式作出"，但对于究竟以什么方式通知，并没有具体的限定。因而，承诺通知既可以采用口头方式，也可以采用书面方式，只要能够明确表达同意接受要约的意思（承诺意思）就可以。且没有必要一定要与要约的方式保持相同，对于以信件形式作出的要约，也可采取电报甚至电话的方式承诺。这种以通知的方式作出的承诺为明示的承诺。承诺原则上采此方式。

（二）默示的承诺

承诺是受要约人同意要约的意思表示，意思表示既可有明示与默示两种方式（《民法典》第140条第1款），承诺自然也就有"明示的承诺"与"默示的承诺"之分。可以认定为依默示的意思表示进行承诺的场合并不少见，比如按照要约的内容实际送货，或者对与要约同时送来的物品付款等，属对要约人的因承诺而成立之合同的履行行为，作出此等行为即属默示的承诺。依前述结论，默示的承诺可表述为依可推断之行为发出的承诺。②

---

① Vgl. *Hein Kötz*, Europaeisches Vertragsrecht, Band I, Mohr Siebeck Tübingen, 1996, S.36.
② Vgl. *Hein Kötz*, Europaeisches Vertragsrecht, Band I, Mohr Siebeck Tübingen, 1996, S.40.

默示的承诺可作广义与狭义的区分。自广义而言，凡从特定的行为（甚至不作为）中间接地推知行为人承诺的意思表示，均属之，不论此意思表示是否需要通知要约人。自狭义而言，默示的承诺仅限于需要将默示作出承诺的意思表示通知要约人的情形，承诺无须通知的情形被排除在外。[1] 此处是在狭义上使用"默示的承诺"这一概念。

关于默示的承诺，虽然受要约人没有用语言或者文字的形式向要约人表达承诺意思，但通过向要约人作出特定的行为也同样表达了承诺的意思，因而，其仍然是需要"承诺的通知"的。

在要式合同场合，如果只是存在默示的承诺，合同原则上不成立或无效；不过，受要约人所作出的如属履行行为，且符合"履行主要义务"的要件时，仍可因此修正形式要求，依《民法典》第490条，合同成立。

（三）沉默

沉默，即既不表示同意，也不表示反对，故又称"不作为的默示"。被普遍接受的准则是，单纯的沉默并不构成对于要约的承诺，即使要约人在其要约中表明沉默将被作为承诺，亦是如此。[2] 否则，如果把一切沉默都看成意思表示，就会引起秩序的混乱。之所以如此，原因在于，要约人主动建议订立合同，受要约人承诺与否是自由的，不予理会也是自由的。承诺作为一种意思表示，除了承诺的意思之外，尚须经过表示，始具法律意义。

对于上述原则，存有例外。依《民法典》第140条第2款，"沉默只有在有法律规定、当事人约定或者符合当事人之间的交易习惯时，才可以视为意思表示"。首先，法律有时直接规定了沉默视为承诺，比如《民法典》第638条第1款后段。其次，当事人可约定或者依当事人之间的交易习惯沉默具有表示的意义。比如当事人双方事先已约定，一方如未在某一既定期限内作出拒绝的表示，就视为承诺。在这些特定场合，沉默仍具有意思表示（承诺）的意义。

四、承诺的生效时间

承诺生效时合同成立（《民法典》第483条主文），当事人通常自此时开始负有履行合同的义务，因而承诺生效的时点意义重大。在我国法上，承诺通知的生效时间原则上采到达主义（《民法典》第484条第1款及第137条），不论明示的承诺还是默示的承诺，均应当适用该规则。另外，依到达主义，承诺传递中的风险应当由受要约人承担，承诺函件遗失将使承诺不生效。

---

[1] 参见韩世远：《默示的承诺与意思实现——我国〈合同法〉第22条与第26条的解释论》，载《法律科学（西北政法学院学报）》2003年第1期。

[2] Vgl. *Hein Kötz*, Europäisches Vertragsrecht, Band I, Mohr Siebeck Tübingen, 1996, S.41.

五、承诺的撤回

承诺的撤回,是承诺人阻止承诺发生法律效力的一种意思表示。由于承诺一经送达要约人即发生法律效力,合同随之成立,受要约人应受合同的约束,不得撤销承诺。所以,撤回承诺的通知须先于或同时与承诺到达要约人,才能发生阻止承诺生效的效果(《民法典》第485条及第141条)。

六、"格式之争"问题

在现代商业实践中,发生过所谓"格式之争"(battle of forms)的特殊问题,"此一问题发生在一方当事人发出一个表格,声称合同依据他的条款,而另一方当事人返还一个表格答复道:该合同依据他的条款!"[1]"格式之争"直接关系到合同是否成立,以及以什么内容成立合同,是一个重要的现实问题。

无论英美法系还是大陆法系,传统的缔约理论均认为承诺须是(或至少应被要约人理解为是)毫无保留的,有保留地同意之表示并不构成承诺,尽管它可构成一个反要约。[2]依据这种传统缔约理论,"格式之争"的解决之道即所谓"最后用语规则"。换言之,每一个被采纳的表格都应被当作一个反要约,这样最后一个表格被看作收到者以沉默的方式接受。[3]

《民法典》第488条及第489条对"格式之争"采取了有限制的"最后用语规则",即在承诺对要约的内容作出非实质性变更的场合,以承诺的内容成立合同;如果变更属于实质性的,依一般规则合同并不成立,其承诺为新要约。不过,结合既往的司法规则,如果能够确定当事人名称或者姓名、标的和数量,一般应当认定合同成立。如此解释,符合鼓励交易原则。就实质性变更部分的内容,不宜采"最后用语规则",应该认为双方未达成合意,依合同解释及漏洞填补规则处理。

第四节 依要约承诺以外的方式成立合同

《民法典》第471条规定,"当事人订立合同,可以采取要约、承诺方式或者其他方式"。此所谓"其他方式"指一些特别的成立合同的方式,包括交叉要约以及意思实现等情形。其中,交叉要约欠缺形式上的承诺,后者省略了承诺通知,均属简化了的缔约程序,并不妨碍合同的成立。

---

[1] Cheshire, Fifoot & Furmston, *Law of Contract*, 11th ed., Butterworths, 1986, p.155.

[2] See Arthur Taylor von Mehren, "The 'Battle of the Forms': A Comparative View", *A. J. C. L.*, Vol. 38, 274(1990). Vgl. auch Hein Kötz, Europäisches Vertragsrecht, Band I, Mohr Siebeck Tübingen, 1996, S.45.

[3] See Cheshire, Fifoot & Furmston, *Law of Contract*, 11th ed., Butterworths, 1986, p.155.

一、交叉要约

（一）语义

交叉要约，指合同当事人采取非直接对话的方式，相互提出两个独立但内容一致的意思表示。交叉要约一般发生在异地之间且要约时间几乎为同时的场合。如甲向乙发出以一定价格购买其房屋的要约，该要约尚未到达乙时，乙恰巧也向甲发出以相同价格出售该房屋的要约。虽然两个要约内容一致，但后一要约尚不得视为是对前一要约的承诺。

（二）效力

对于交叉要约是否成立合同，我国法律并没有规定，学界对此有肯定说与否定说，本书认为以肯定说为当。从理论上说，这种场合不仅有两个意思表示在客观上的合致，而且也有主观上的合致。认定合同的成立，不仅可因应交易的需要，也符合当事人的意思。[①] 交叉要约每每发生于反复且迅速地进行的定型化交易（主要是商事交易），自实务的便利而言，实有承认其效力的必要。[②] 由于后一要约并非前一要约的承诺，因而交叉要约成立合同属于依要约承诺成立合同的例外。

根据交叉要约成立合同，合同成立的时间仍然是一个问题。由于后一要约并非承诺，学说上认为应当解释为两个意思表示到达时合同成立。[③] 两个意思表示若非同时到达，则合同成立的时间以后一要约到达的时间为准。

二、意思实现

（一）语义

意思实现，系德语 Willensbetaetigung 的移译，《德国民法典》第 151 条（不需向要约人表示的承诺）对此作了规定。依德国通说，在该条中承诺的意思必须通过某种方式表达出来，亦即必须使该意思显示于外部，但受要约人无须针对要约人表达或显示其承诺意思，承诺意思也无须到达要约人那里。[④] 德国民法的这一规定亦影响到日本民法和我国台湾地区"民法"，其相应的民法文献，称此种规定为"意思实现"。

意思实现的特征在于：其一，承诺无须通知；其二，受有严格限制，要求是根据交易习惯或根据要约人预先的声明；其三，合同自出现认定承诺意思的事实或行为时（承诺意思实

[①] [日] 我妻荣:《债权各论》上卷，岩波书店 1954 年版，第 70 页。
[②] 参见 [日] 稻本洋之助等:《民法讲义 5 契约》，有斐阁 1978 年版，第 21 页。
[③] [日] 我妻荣:《债权各论》上卷，岩波书店 1954 年版，第 70 页。
[④] 参见 [德] 迪特尔·梅迪库斯:《德国民法总论》，邵建东译，法律出版社 2000 年版，第 280 页。

现时）成立。通常所举事例，比如，客人用电报预订旅店房间，旅店老板将客人的姓名登记到预订客房名单；又如，将要约人实物要约寄来的书籍签名于书页以示所有，均属依意思实现而成立合同。

在原《合同法》之前，"意思实现"这一概念只出现在民法著述中。原《合同法》第22条肯定了承诺无须通知的情形的存在，第26条第1款规定，承诺不需要通知的，根据交易习惯或者要约的要求作出承诺的行为时生效。自此，意思实现在我国立法中有了根据。《民法典》第480条和第484条第2款承继了上述立法规定。

就意思实现的本质，有的认为它并非意思表示；有的认为它属于一种广义的意思表示；有的认为其本质仍可作为一种意思表示。本书认为意思实现仍然是一种意思表示，可归属于无须受领的意思表示。其一，《民法典》第484条第2款使用了"承诺不需要通知"字样，显然将"意思实现"亦作为一类承诺，而"承诺是受要约人同意要约的意思表示"（第479条），由此，自解释论的立场，意思实现至少在我国立法上是一种意思表示。其二，作出"承诺的行为"仍应以承诺意思（Annahmewille）为必要，否则意思实现将成为事实行为！所谓可认为承诺之事实，应解为系承诺的意思依一定的事实而实现。① 进而，相对人为限制行为能力人、无行为能力人或无意思行为能力人场合，不至于仅依客观上可认为承诺的事实，即可有效成立合同。不过，由于"承诺不需要通知"，故这种承诺是一种不需要受领的意思表示，有别于作为需要受领意思表示的"狭义的承诺"。本书以意思实现为"依要约承诺以外的方式成立合同"，指的是其有别于依要约和"狭义的承诺"方式成立合同。

（二）意思实现与默示的承诺

意思实现与默示的承诺不易区分，以致有的学者以二者所指为相同之事，需要究明的是：二者是否有所不同？区分是否有意义？

关于意思实现与默示的承诺，学说上大致有两类分歧：区别存在说与区别否定说。

1. 区别存在说。承认意思实现与默示的承诺有区别的学说中，又有如下不同解释：

（1）传统的理解是，承诺是一种意思表示，意思表示可分解为三项要素：效果意思、表示意思与表示行为。而在意思实现场合，由于不存在表示意思（想将承诺的意思向外部表示的意思），故与意思表示不同，因意思实现的合同成立有别于意思之合致，属独立的合同成立方式。比如有学者认为，如果行为不是向要约人作出的，如宾馆依要约而保留房间的行为，属于意思实现；而行为是向要约人作出的场合，如订货的发送，属于默示的承诺。②

（2）认为表示意思并非意思表示的要素之一，③ 因而，意思实现与承诺的意思表示的差异并非在于表示意思之有无；只是在对于要约人没有作出通知这一点上，与承诺的意思表示有

---

① 王泽鉴：《债法原理》，北京大学出版社2009年版，第143页。
② 参见［日］星野英一：《民法概论Ⅳ 契约》，良书普及会1987年版，第34页。
③ 参见［日］我妻荣：《新订民法总则》，岩波书店1965年版，第242页。相同见解，另可参见陈国柱主编：《民法学》，吉林大学出版社1987年版，第73页。

差异。从而，根据要约的要求送货上门的行为，其中含有承诺的意思表示，不属此所谓意思实现。①

2. 区别否定说。关于意思实现的法律性质，存在"默示的承诺说"。依照该说，意思实现与依要约承诺成立合同的方式是没有必要区别的。有见解认为，默示的承诺与意思实现乃至事实合同关系并非截然分开的，在很多场合它们所指射的是同一法律关系。②

在讨论默示的承诺与意思实现的关系时，首先应对使用的概念作出界定（参照图 2.4.1）。如果使用广义的默示的承诺，则无疑意思实现也应当列入其中。如果使用狭义的默示的承诺概念，意思实现则有别于默示的承诺。此处拟在狭义上使用默示的承诺概念。

| 明示的承诺 | 默示的承诺（狭义） | 意思实现 |

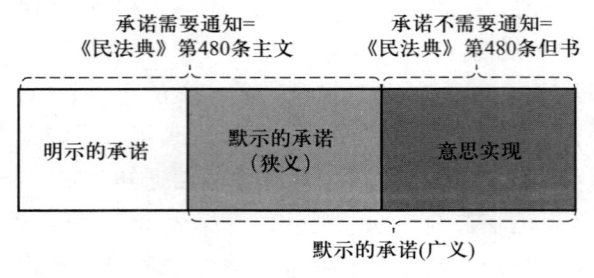

承诺需要通知=《民法典》第480条主文
承诺不需要通知=《民法典》第480条但书
默示的承诺（广义）

图 2.4.1　承诺与意思实现

3. 区别的实益。意思实现与默示的承诺二者区别的意义在于：以发送订购物品为例，应认为默示的意思表示必须于物品送达要约人时，合同始告成立。其发送之事实虽已实现而未到达，不能发生承诺之效力。反之，意思实现则以客观上有可认为承诺之事实存在为必要，有此事实，合同即为成立。③在前者场合，在合同成立前，不生价款风险问题；在后者场合，则有价款风险问题，如无特别约定，依《民法典》第 607 条第 2 款，标的物交付给第一承运人后，风险由买受人承担。

4. 二者的差异。默示的承诺属于须经受领的意思表示，作出"承诺的行为"只是默示的承诺的成立，如欲发生承诺的效力，还须关于该"承诺的行为"的通知到达要约人。意思实现则属于无须受领的意思表示，是承诺须经受领原则的例外情形，故于"承诺的行为"作出时生效，合同成立，无须另行作出承诺的通知，亦非于承诺的通知到达时生效。④

（三）构成要件

1. 根据交易习惯或者要约的要求承诺不需要通知。合同因意思实现而成立，不必通知，对当事人的利益而言至关重要，故须限于特别情事。依《民法典》第 480 条，其情形有二：其一为根据交易习惯，承诺不需要通知，如宾馆房间内冰箱中的饮料或食品，客人可自由取用，最后统一结算。其二为根据要约的要求，承诺不需要通知，如甲要求乙绘制风景油画五幅，表明将于某日上门取货。

2. 受要约人作出可以认有承诺的意思表示的行为。所谓"作出承诺的行为"，实即作出

---

① ［日］我妻荣：《债权各论》上卷，岩波书店 1954 年版，第 71 页。
② 参见［日］水本浩：《契约法》，有斐阁 1995 年版，第 27—28 页；龙卫球：《民法总论》，中国法制出版社 2001 年版，第 508 页。
③ 参见孙森焱：《民法债编总论》（上册），台北自刊本 2008 年版，第 30 页。对 CISG 第 18 条第 3 款的分析，亦有相似结论，参见沈达明、冯大同主编著：《国际贸易法新论》，法律出版社 1989 年版，第 61 页。
④ 参见韩世远：《默示的承诺与意思实现——我国〈合同法〉第 22 条与第 26 条的解释论》，载《法律科学（西北政法学院学报）》2003 年第 1 期。

可反映承诺意思的行为，大致区分为两类，即履行行为与受领行为。此所谓履行行为，即受要约人有履行其合同义务的行为，如前例中乙按要约要求绘制油画的行为；所谓受领行为，即受要约人行使合同权利的行为，如前例中宾馆客人消费冰箱中饮料或食品的行为，或如拆阅现物要约寄来的杂志的行为。

除非法律另有规定，或者当事人之间有特别的约定或者符合交易习惯，否则，单纯的沉默不可以作为"作出承诺的行为"。即使要约中表示如果不作出承诺与否的通知，即视为承诺，受要约人也没有作出承诺与否的通知的义务，在不为通知之场合，合同也不成立。①

第五节 合同的形式

一、概要

凡合同必然要采取一定的形式，近现代合同法以合同自由为原则，而"形式自由"为合同自由的题中应有之义，不言自明。因而，近现代法上，普遍以形式自由作为一般原则，惟于例外情形，要求特定的形式。

我国原有三部合同法，与此不同，原则上要求合同采取书面形式，② 我国参加《联合国国际货物销售合同公约》时，对其中不限定合同形式的规定（第 11 条）作了保留。③ 原《合同法》第 10 条抛弃了其前三部合同法的规则，与原《民法通则》第 56 条相一致，回归到合同形式自由的原则上来。《民法典》第 469 条继续保持了合同形式自由的立场。

二、合同形式的目的

法律规定或当事人约定合同形式，其目的大致如下：

（一）证据目的

如当事人仅在口头上达成合意，日后不免就是否有效地缔结了合同、何时成立的合同、以何内容成立的合同等事项发生争执。而一旦当事人将其合意作成书面形式，特别是经签字或盖章的合同书形式，虽不能说可完全杜绝日后发生争执，却显而可以大量地避免此类争执的发生。

---

① ［日］水本浩：《契约法》，有斐阁 1995 年版，第 27 页。
② 原《经济合同法》第 3 条、原《涉外经济合同法》第 7 条以及原《技术合同法》第 9 条。
③ 中国政府在认可《联合国国际货物销售合同公约》时宣布，它不受第 1 条第 1 款（b）项和第 11 条的约束，也不受公约内与第 11 条内容有关的规定的约束。值得注意的是，中国政府已经于 2013 年 1 月撤回了对于《联合国国际货物销售合同公约》第 11 条的保留。

（二）警告目的

对在法律上具有相当重要性的意思表示要求形式要件，实际上是最后给当事人一次深思熟虑的机会，以免作出草率的决定。

（三）境界线目的

形式的规定，往往还具有在合同交涉与合同缔结之间划定境界线的目的。[1]在诸如不动产买卖之类的合同场合，当事人通常会经过长时间的交涉，其间当事人可能会达成一些合意，是否具有法律上的拘束力，就此易生争执；在对合同作出书面要求的场合，其答案则显而易见，当事人很容易就明白，在签订正式的书面合同之前，自己在交涉过程中单纯的口头的或信件上的意思表示并不具有法律上的拘束力，同样，相对人对于这种意思表示，也应明白是不可以信赖的。

（四）信息提供目的

现代立法，出于保护消费者之类弱者的目的，往往特别要求经营者就交易内容作成书面形式交付给消费者，称为"合同书面的作成交付义务"，尤其是就其中的关键事项，要求必须用明确的文字表示出来。在这种场合，书面形式还具有信息提供的目的。[2]典型事例如《旅游法》第58条和第59条。

（五）其他目的

除上述目的外，特定的合同形式（特别是合同书）要求还可具有其他的目的或功能，包括对合同缔结及其内容的确认，合同对外的公示，特定企业对同种类合同的内容的管理，因书面化而可以使其内容对外展示，等等。另外，内容经过公证的书面合同还可因此具有执行担保的功能。同时，将缔结的合同书面化，作为一种胜利成果对于当事人也具有心理上的意义。[3]在重要的合同场合，要求双方的法定代表人在合同书上签字盖章，兼具仪式的要素。

三、合同形式的类型

当事人订立合同，可以采用书面形式、口头形式或者其他形式（《民法典》第469条第1款）。就合同的形式，有时法律或者当事人有特别的要求，当然订立合同时应当符合这种要求。

---

[1] Vgl. *Hein Kötz*, Europaeisches Vertragsrecht, 2. Auflage, Mohr Siebeck Tübingen, 2015, S.109.
[2] Vgl. *Hein Kötz*, Europaeisches Vertragsrecht, 2. Auflage, Mohr Siebeck Tübingen, 2015, S.110.
[3] 参见［日］北川善太郎：《债法各论》（第二版），有斐阁1995年版，第19页。

（一）书面形式

书面形式是合同书、信件、电报、电传、传真等可以有形地表现所载内容的形式（《民法典》第469条第2款）。由该定义的例举可以反映出有三项要点：其一，当然要求以文字"表现"合意内容；其二，所谓"有形地"表现所载内容，即指视觉能够看到；其三，"等"字表明例举并未穷尽。

1. 合同书。合同书，指记载有当事人合意的合同内容并被签名盖章的文书。合同书须由文字凭据构成，且要求该文字凭据符合以下要点：（1）须有由文字表现的凭据，可以是手写的、打印的或印刷的；（2）文字凭据载有合同权利义务，至少载有足以构成合同的最低限度的权利义务内容；（3）有当事人或其代理人的签字或盖章，或有其他能够证明文字凭据真实性的标记（比如按指印）。

《民法典》对合同书所要求的签名、盖章或者按指印是三者仅具其一即可，这可从法条使用的"或者"二字反映出来（第490条、第493条）。这是原则立场，并不排除特别立法可以要求同时具备签字与盖章，比如《合伙企业法》第19条第1款。

按照我国对外贸易企业的习惯做法，双方以函电方式达成协议后，中方往往还要提出一式两份的销售确认书，邮寄对方交换签字后，才作为合同正式成立的依据。[①] 这种确认书，便是一种合同书。

2. 信件。如果当事人要约承诺之缔约过程是通过书信往来的方式进行的，只要当事人就合同的主要内容达成了合意，即使没有将其合意书写在合同书上，只要法律或者当事人对于合同形式没有特别要求，仍可认定合同成立，且由于该合同的主要内容可从书写于纸面的文字上反映出来，因而仍属书面合同。

3. 电报、电传与传真。电报（telegraph）是通过电线或者电波传输电码（electrical signals）的通信方式，由信息终端将其写出或者打印在纸上；电传（teletype）则是通过电话线缆或无线电中继系统来传送和接收打印信息和数据；传真（fax）是用电话线传送数字信号并再现文件原貌。原《合同法》立法者在该法第11条将它们统一归入数据电文，而作为书面形式的一种具体类型。如今《民法典》立法者将电报、电传与传真继续保留在书面形式中，将其他形式的数据电文单列，"视为"书面形式（见下文）。此三者由于在技术上最终将信息写在或者打印在纸上，故立法者将之作为书面形式。

4. 数据电文。合同的书面形式还可表现为数据电文。数据电文，是指以电子、光学、磁或者类似手段生成、发送、接收或者储存的信息（《电子签名法》第2条第2款）。能够有形地表现所载内容，并可以随时调取查用的数据电文，视为符合法律、法规要求的书面形式（《电子签名法》第4条）。数据电文不得仅因为其是以电子、光学、磁或者类似手段生成、发送、接收或者储存的而被拒绝作为证据使用（《电子签名法》第7条）。由于《电子签名法》使用了"视为"，《民法典》第469条第3款与之保持了一致。"视为"乃是法律上的

[①] 参见胡康生主编：《中华人民共和国合同法释义》，法律出版社1999年版，第65页。

拟制，是将原本不同的事物作为同样的事物，并使之发生同样的法律效果。

数据电文，原来常见的有电报、电传和传真，现在新兴的则有电子数据交换和电子邮件。电子数据交换，是指将商业或者行政事务处理按照一个商定的标准，形成结构化的事务处理或信息数据格式，从计算机到计算机的电子传输方法；[①] 或者说是指电子计算机之间信息的电子传输，而且使用某种商定的标准来处理信息结构。[②] 电子邮件，是通过电子计算机系统以及国际互联网络实现的信息传递方式。电子数据交换和电子邮件是进入现代信息社会后办公无纸化的典型表现，具有快捷、简单、经济、高效等特点。

互联网的普及也相应地带来一些法律问题，比如网络安全和网络责任等，这些问题为世界各国所普遍面临，其解决有待进一步摸索和积累经验。其中的一个问题便是，数据是由谁发出的难以确认，解决这一难题的技术称为"电子认证"，以"电子签名"为其代表；此类签名与普通的纸面上的签字盖章并不一样，如何在法律上加以规范，是一项新的课题，我国《电子签名法》已有所规定。

可靠的电子签名与手写签名或者盖章具有同等的法律效力（《电子签名法》第 14 条）。电子签名需要第三方认证的，由依法设立的电子认证服务提供者提供认证服务（《电子签名法》第 16 条）。电子签名人或者电子签名依赖方因依据电子认证服务提供者提供的电子签名认证服务从事民事活动遭受损失，电子认证服务提供者不能证明自己无过错的，承担赔偿责任（《电子签名法》第 28 条）。

（二）口头形式

口头形式，指当事人只以语言为意思表示订立合同，而不用文字表达合意内容的合同形式。这种口头协议既可面谈作出，也可通过电话交谈或者"微信"语音等方式作出。

口头形式的最大优点在于简便易行，基本上不需要什么交易成本，日常生活中广泛使用，特别是即时清结的交易，通常均采用这种方式。

口头形式的缺点在于不易举证，惟其有此缺点，对于不能即时清结的合同、标的额较大的合同或者当事人认为比较重要需要慎重的合同，便不宜采用这种方式。

合同采取口头形式并不意味着不能产生任何文字的凭证。人们到商店购物，有时也会要求商店开具发票或其他购物凭证，但这类文字材料只能作为合同成立的证明，不能作为合同成立的要件。

（三）其他形式

1. 推定形式。依既往的司法规则，当事人未以书面形式或者口头形式订立合同，但从双方从事的民事行为能够推定双方有订立合同意愿的，人民法院可以认定是以《民法典》第 469 条第 1 款中的"其他形式"订立的合同。但法律另有规定的除外。学者称此种成立合同

[①] 联合国国际标准化组织（UNISO）对 EDI 所下定义。
[②] 联合国国际贸易法委员会（UNCITRAL）《电子商务示范法》第 2 条（b）项。

的方式为推定形式,例如,某商店安装自动售货机,顾客将规定的货币投入机器内,买卖合同即成立。[①]

2. 混合形式。合同的形式同样也可以混合。合同的部分内容可以采用书面形式,其余的部分则可以采用口头形式,这是合同自由、方式自由的题中应有之义。而且,这种混合形式可以结合不同方式的优点,更好地为当事人服务。

四、合同形式瑕疵的后果

法律、行政法规规定或者当事人约定采用特定形式的,应当采用特定形式(《民法典》第135条后段)。违反此种要求的法律后果如何?对此,《民法典》虽未作出明确的一般规定,但从整个体系观察,仍可反映出相应的规则。

(一)一般后果:合同不成立

通常的理论认为,要式合同所要求之方式是合同的成立要件。如果对《民法典》第490条规定的以履行治愈形式瑕疵的规定作反面解释,即可认为,如应采用而没有采用书面形式,合同原则上不成立。

(二)特别后果:合同无效

在我国原来的司法实践中,对于不符合法律规定的合同形式的合同,往往认定为无效。从比较法来看,有些大陆法系国家的立法也是将合同欠缺法定形式的效果规定为无效。[②] 现在,《民法典》原则上将要式合同的方式作为合同的成立要件。不过,《民法典》第502条第2款前段和中段又规定:"依照法律、行政法规的规定,合同应当办理批准等手续的,依照其规定。未办理批准等手续影响合同生效的,不影响合同中履行报批等义务条款以及相关条款的效力。"这说明在有些特别法中仍将合同的特别方式作为合同的生效要件。

(三)其他特别后果

除上述法律效果外,还可有其他的特别后果。比如《民法典》第707条规定,租赁期限六个月以上的,应当采用书面形式。当事人未采用书面形式,无法确定租赁期限的,视为不定期租赁。

(四)形式瑕疵因履行而治愈

当事人采用合同书形式订立合同的,自当事人均签名、盖章或者按指印时合同成立。

---

① 参见崔建远主编:《合同法》(第七版),法律出版社2021年版,第68页;王利明:《合同法研究》第1卷(修订版),中国人民大学出版社2011年版,第510—511页。
② Vgl. *Hein Kötz*, Europäisches Vertragsrecht, Band I, Mohr Siebeck Tübingen, 1996, S.130—131.

在签名、盖章或者按指印之前，当事人一方已经履行主要义务，对方接受时，该合同成立（《民法典》第490条第1款）。此规则要点如下：其一，该款中所谓"履行"只应理解为"履行的提交"，一方当事人提交履行，说明他是按照合同义务的要求而行为的；对方接受可表明其对合同的肯定，基于不许出尔反尔的道理，受领方是不能够再反悔的。其二，履行的是"主要义务"，亦即一方的主给付义务，比如买卖合同中出卖人交付标的物并转移其所有权的义务。其三，合同形式瑕疵既因此而治愈，此后是否签名、盖章或者按指印，均不再影响合同成立的结论。

法律、行政法规规定或者当事人约定合同应当采用书面形式订立，当事人未采用书面形式但是一方已经履行主要义务，对方接受时，该合同成立（《民法典》第490条第2款）。相关要点，参照上一款。

第六节　合同成立的时间与地点

一、合同成立的时间

（一）合同成立时间的语义

合同成立的时间，也就是合同成为客观实在的时间，在法律上有其意义，主要表现在以下几个方面：（1）原则上是缔约上过失与违约的分界时点；（2）违约损害赔偿的可预见性规则（《民法典》第584条），以违约一方订立合同时为判断时间，合同成立的时间为该"订立合同时"的最后时点；（3）在以德国法学为代表的给付"不能论"中，合同成立的时间为判断自始不能与嗣后不能的分界时点。

（二）合同成立时间的判断规则

1. 口头形式。承诺生效时合同成立（《民法典》第483条）。承诺的生效原则上采到达主义（《民法典》第137条）。

2. 书面形式。采用数据电文形式订立合同的，承诺到达的时间，依《民法典》第137条第2款，收件人指定特定系统接收数据电文的，该数据电文进入该特定系统时为到达时间；未指定特定系统的，相对人知道或者应当知道该数据电文进入其系统时为到达时间。当事人另有约定的，依其约定。

采用合同书形式订立合同的，在诺成合同场合，自当事人均签名、盖章或者按指印时合同成立。在签名、盖章或者按指印之前，当事人一方已经履行主要义务，对方接受时，该合同成立（《民法典》第490条第1款）。在要物合同场合，交付标的物时合同成立；如果交付标的物在前，则签字、盖章或者按指印时合同成立。

采用信件、数据电文等形式订立合同要求签订确认书的，签订确认书时合同成立（《民法典》第 491 条第 1 款）。

当事人一方通过互联网等信息网络发布的商品或者服务信息符合要约条件的，对方选择该商品或者服务并提交订单成功时合同成立，但是当事人另有约定的除外（《民法典》第 491 条第 2 款）。

3. 意思实现。承诺不需要通知的，根据交易习惯或者要约的要求作出承诺的行为时生效（《民法典》第 484 条第 2 款）。换言之，意思实现时合同成立。

4. 交叉要约。第二个要约到达时，合同成立。

二、合同成立的地点

（一）合同成立地点的意义

1. 合同成立地点在诉讼法中的意义。对于合同纠纷案件的地域管辖，依《民事诉讼法》第 24 条、第 35 条等规定，合同签订地可由当事人协议选择为诉讼管辖地点。

2. 合同成立地点在国际私法中的意义。《涉外民事关系法律适用法》第 41 条规定："当事人可以协议选择合同适用的法律。当事人没有选择的，适用履行义务最能体现该合同特征的一方当事人经常居所地法律或者其他与该合同有最密切联系的法律。"当事人当然可以选择合同成立地的法律；如果没有选择，所谓适用与该合同有最密切联系的法律，可包括合同成立地法、合同履行地法、标的物所在地法等，具体地要按照国际私法的有关规则判断确定。

（二）合同成立地点的判断规则

1. 口头形式。承诺生效的地点为合同成立的地点（《民法典》第 492 条第 1 款）。承诺生效的地点通常也就是承诺到达的地点。

2. 书面形式。采用数据电文形式订立合同的，收件人的主营业地为合同成立的地点；没有主营业地的，其住所地为合同成立的地点。当事人另有约定的，按照其约定（《民法典》第 492 条第 2 款）。

当事人采用合同书形式订立合同的，最后签名、盖章或者按指印的地点为合同成立的地点，但是当事人另有约定的除外（《民法典》第 493 条）。采用合同确认书形式的（《民法典》第 491 条第 1 款），也适用此一规则。

依既往的司法规则，采用书面形式订立合同，合同约定的签订地与实际签字或者盖章地点不符的，人民法院应当认定约定的签订地为合同签订地；合同没有约定签订地，双方当事人签字或者盖章不在同一地点的，人民法院应当认定最后签字或者盖章的地点为合同签订地。

3. 意思实现。根据交易习惯或者要约的要求作出承诺的行为的地点，即意思实现的地点为合同成立的地点。

4. 交叉要约。第二个要约到达地为合同成立地点。

第七节　缔约上过失责任

一、概要

应特别探讨的是，当事人为缔结合同而从事接触磋商之际，因一方当事人未尽必要注意，致对方当事人遭受损害的问题。对此，现代民法基于诚实信用原则，发展出了一套先合同义务理论。违反此种先合同义务，则可以构成"缔约上过失"，并发生相应的责任（缔约上过失责任）。

作为德国法学家耶林（Rudolph von Jhering）之伟大发现，[1] 缔约上过失（culpa in contrahendo）无疑在世界范围内产生了巨大的影响。我国《民法典》对此作出了一般规定（第 500 条、第 501 条等）。

二、缔约上过失责任的类型

依所欲缔结的合同是否有效成立，可将缔约上过失责任分为以下四种类型：

（一）合同未成立型

此一类型，包括未将通常的缔约过程（要约承诺）进行完毕，也可包括虽进行完毕但合同因欠缺其他要件而不成立。《民法典》第 500 条第 1 项规定的"假借订立合同，恶意进行磋商"是这一类型中最主要的；《民法典》的这一规则参考了《国际商事合同通则》和《欧洲合同法原则》的规定。所谓"恶意"，特别是指一方当事人在无意与对方达成协议的情况下，开始或继续进行谈判，并非以损害他人为目的的故意。

1. 恶意开始磋商。如果一方当事人从开始磋商时便没有真正想达成一份合同，便属于恶意开始磋商，对于对方因此而枉费的费用，应当负赔偿责任。

比如甲想做与乙一样的生意，便与乙开始磋商，称自己想做乙的销售人员，乙支付了甲的差旅费和缔约前甲想要参加的短期培训所需费用若干；当甲知道了乙的销售和生产方法方面的信息后，便终止了与乙的磋商，开始自己做该类生意。则甲应当赔偿乙为其支付的差旅费和培训费。[2] 再比如，甲了解到乙有转让餐馆的意图。甲根本没有购买餐馆的想法，但他仅为阻止乙将餐馆卖给竞争对手丙，就与乙进行了长时间的谈判。当丙买了另一家餐馆时，

---

[1] [德] 鲁道夫·冯·耶林：《论缔约过失》，沈建峰译，商务印书馆 2016 年版。
[2] See Ole Lando and Hugh Beale eds., *Principles of European Contract Law*, Parts I and II, Kluwer Law International, 2000, Article 2:301 Comments C, Illustration 1.

甲中断了与乙的谈判，乙后来只以比丙的出价更低的价格将餐馆转让。对此，甲应向乙偿付这两种价格的差价。[①]

2. 恶意继续磋商。如果一方当事人并非自始恶意磋商，而是随着磋商的进展，后来决意不与对方达成合同，但仍继续与对方进行磋商，则属于恶意继续磋商。

比如在前例中，如果事实是甲开始时的确想做乙的销售人员，而作为乙的竞争对手做同种生意的决定则是在甲乘车到乙处之后但在短期培训之前作出的，但为了掌握乙的生产及销售信息，仍继续与乙磋商并参加培训。则甲应对自其决意不与乙达成合同后仍继续磋商而使乙支出的费用负责。[②] 换言之，甲可以不赔偿差旅费，但要赔偿培训费。

3. 恶意终止磋商。虽非恶意进行磋商，但如恶意终止磋商，也可因此发生责任。

比如乙向甲表示可为甲的产品编写软件程序，在磋商过程中，乙为了向甲提供草稿、演算结果和其他书面文本而支出了相当的费用；在按照预期快要达成合同的时候，甲邀请了能够利用乙提供的资料的丙前来参加软件程序编写的竞标，丙的报价比乙的低，甲便终止了与乙的磋商，转而与丙签订了合同。则甲要对乙为准备上述文本资料而支出的费用负责。[③] 再比如甲向乙保证，如果乙努力取得经验并准备投资15万元，则向乙授予专营许可。此后的两年间，乙为订立该合同做了大量准备工作，且一直深信将会得到甲的专营许可。当订立协议的一切准备工作就绪时，甲通知乙必须投资更多的金额。乙拒绝了这种要求，同时乙有权要求甲补偿其为准备订立合同所发生的费用。

（二）合同成立型

此种类型特指合同已经符合成立要件但尚未生效，一方当事人悖于诚信，不使合同生效的情形。

依照法律、行政法规的规定经批准或者登记才能生效的合同成立后，有义务办理申请批准或者申请登记等手续的一方当事人未按照法律规定或者合同约定办理申请批准或者未申请登记的，属于《民法典》第500条第3项规定的"其他违背诚信原则的行为"，依既往的司法规则，人民法院可以根据案件的具体情况和相对人的请求，判决相对人自己办理有关手续；对方当事人对由此产生的费用和给相对人造成的实际损失，应当承担损害赔偿责任。

（三）合同无效型

此所谓合同无效型，既包括合同自始无效的情形，也包括合同被撤销或者合同因不被追认而归于无效的情形。合同无效或被撤销后，有过错的一方应当赔偿对方因此所受到的损

[①] 参见《国际商事合同通则2016》第2.1.15条之注释2。
[②] See Ole Lando and Hugh Beale eds., *Principles of European Contract Law*, Parts I and II, Kluwer Law International, 2000, Article 2:301 Comments D, Illustration 2.
[③] See Ole Lando and Hugh Beale eds., *Principles of European Contract Law*, Parts I and II, Kluwer Law International, 2000, Article 2:301 Comments E, Illustration 3.

失；各方都有过错的，应当各自承担相应的责任。法律另有规定的，依照其规定（《民法典》第157条后段）。

1. 合同无效的情形。合同无效有诸多原因，是否发生缔约上过失责任，应视无效原因具体判断。比如建设工程施工合同因违反招投标法的规定而无效，然已经完成的建设工程质量合格，施工方请求对方赔偿损失的。

2. 合同被撤销的情形。比如在因欺诈或者胁迫而撤销合同场合，受欺诈人或受胁迫人可主张撤销合同；如果他们因签订合同而受有损害，比如为缔约而支出了费用，或丧失其他缔约机会，可要求有过错的欺诈人或者胁迫人进行赔偿。

3. 效力未定合同不被追认。效力未定的合同，在不被追认而确定不发生效力场合，依具体情形可以认定缔约上过失成立的，可发生缔约上过失责任。

4. 附生效条件不成就。如果合同附有生效条件，后来该条件没有成就，在缔约阶段存在违反先合同义务的情形，也可能发生缔约上过失责任。

（四）合同有效型

对于合同有效型缔约上过失责任，我国原有学理多不予承认。《民法典》第500条第2项虽未言及合同成立与否，其实已经为合同有效型缔约上过失责任留有了法律上空间。

1. 违反情报提供义务的情形。故意隐瞒与订立合同有关的重要事实或者提供虚假情况（《民法典》第500条第2项），给对方造成损失的，应承担损害赔偿责任。两类行为中，前者属于不作为，后者则属于积极的作为，但均属违反情报提供义务的行为。应当注意，违反情报提供义务的情形，虽发生在合同缔结阶段，却可与合同不成立、无效、可撤销及有效诸类型相伴而存在。诸此类型，尤以合同有效型为典型，故在有效合同型中予以说明。例如商品房预售场合，出卖人未告知买受人所购房屋属管道层，购房人事后要求赔偿。

《民法典》第500条第2项所规定的违反情报提供义务的行为，当然可以构成欺诈。在我国法上，因欺诈而为的意思表示或成立的法律行为是被撤销的对象（《民法典》第148条和第149条）。欺诈制度主要解决因此所为意思表示的效力问题，而《民法典》第500条第2项的目的在于对因此而遭受损害之人提供救济手段，二者目的有别，并行不悖。

2. 因撤销权的消灭而变为完全有效合同的情形。撤销权作为一种形成权，并非永久存在。我国法规定了撤销权的消灭（《民法典》第152条），撤销权消灭后，合同变为完全有效的合同，合同关系得以稳定。须予分析的是，受损害方当事人（撤销权人）所遭受的损害，是否因此而无法救济？换言之，其损害赔偿请求权是否随撤销权的消灭一同消灭？比如，受欺诈人自知道或应当知道欺诈（撤销事由）之日起一年内没有行使撤销权，其撤销权归于消灭，受欺诈人如因欺诈而受有损害，其损害赔偿请求权（其发生基础为《民法典》第500条第2项）应当另行适用三年的诉讼时效（《民法典》第188条第1款），并不当然随撤销权的消灭而消灭。

三、缔约上过失责任的归责事由

法律令某人赔偿因一定事故对他人权益造成的损害,这时在损害赔偿义务人与损害事故之间必须有某种关系,此项法律规定才会显得合理。这种存在于赔偿义务人与损害事故之间的关系,便是归责的根据,通常被称为归责事由。

就缔约上之过失责任而言,毫无疑问,一方当事人的故意或者过失会是其承担赔偿责任的归责事由,这可以从《民法典》第500条中出现的"恶意""故意"以及第157条中出现的"过错"用语获得印证。值得探讨的是,"缔约上过失责任"是否均属过错责任?抑或"缔约上之过失"已因长久之使用而具有一种速记符号的功能,随着这一理论的不断发展,突破了过错责任的范畴,包括了若干无过错责任的类型?

《民法典》第171条第3款规定了无权代理人对相对人的责任,这种责任可归入缔约上过失责任;而依我国通说见解,此种责任"系由法律规定直接发生的一种特别责任,不以无权代理人有故意或过失为要件,属于一种无过失责任。"[①]《民法典》第171条第4款"相对人知道或者应当知道行为人无权代理的,相对人和行为人按照各自的过错承担责任"的规定,只不过是对于过失相抵规则的具体运用,尚不应由此认为无权代理人的责任构成要以"过错"为要件。

在我国法上,缔约上过失责任整体上仍受过错责任原则支配,惟在个别场合,可有无过错责任的情形。作为归责事由,过错占主导地位;而信赖观念也发挥一定的作用,或对过错原则发生影响甚至修正,甚至个别场合取而代之而成为独立的归责事由。在理解缔约上过失责任时,便不应再完全固守"无过错便无缔约上过失责任"之立场,而应承认个别场合可存在无过错之缔约上过失责任。

四、缔约上过失责任的性质

缔约上过失责任的性质虽然在历史上曾有争论,但在今天看来,应当认为属于一种独立的责任,与违约责任及侵权责任均有所不同。

(一)缔约上过失责任与违约责任的差异

1. 前提义务的差异。缔约上过失责任以先合同义务为成立的前提,违约责任以合同债务为成立的前提;先合同义务是法定义务,合同债务主要是约定义务,核心是给付义务。

2. 构成要件的差异。对于缔约上过失责任,我国法原则上要求以缔约人的过错为成立要件,仅于个别场合得存在例外。违约责任的成立,《民法典》采严格责任原则,一般并不要求以合同债务人及有关第三人的过错为要件。

---

① 参见梁慧星:《民法总论》(第五版),法律出版社2017年版,第243页。

3. 责任方式及属性的差异。虽然债务人违反先合同义务,就所生之损害应负赔偿责任。而违约责任的方式,既有赔偿责任,也有违约金责任、强制履行、减少价款或者报酬等方式。另外,缔约上过失责任不具有约定性,属于法定债之关系。而违约责任具有约定性,当事人既可约定违约金,也可约定损失赔偿额的计算方法。

(二)缔约上过失责任与侵权责任的关系

1. 前提义务的差异。缔约上过失责任以先合同义务的存在为前提,作为先合同义务的注意义务,通常要比侵权法所要求的注意义务更重。

2. 归责事由的差异。缔约上过失责任通常以缔约人的过错为成立要件;侵权责任则既有过错责任,也有大量的无过错责任。

3. 责任环境的差异。缔约上过失责任要求缔约人双方为订立合同而接触磋商,以双方当事人存在特别结合关系为前提;而侵权责任则不需要这个前提和基础。

4. 赔偿范围的差异。缔约上过失责任的赔偿范围,通常是信赖利益;侵权责任的赔偿范围,则是固有利益或完全性利益。

五、缔约上过失责任的构成

缔约上过失责任的成立,一般需要如下四项要件:

(一)缔约人一方违反先合同义务

缔约上过失责任的基础在于违反通知、阐明、保护及照顾等义务。当事人是否负有此等义务,应视具体缔约磋商接触情形,依诚信原则而决定,至于行为人是否违反此项义务,应视行为人是否已尽交易上必要的注意而确定。在此方面,应特别斟酌缔约当事人彼此间的信赖关系及各当事人在交易上通常所应承担的危险及不利益。

先合同义务并非自缔约双方一开始接触即产生,而是在有效成立合同关系过程中逐渐产生的,是随着债之关系的发展而逐渐产生的。一般认为先合同义务自要约生效时开始产生。

(二)相对人受有损失

相对人受有的损失,应指财产损失,既可以是财产的直接的减少,也可以是机会损失,前者可称为所受损害,后者可称为所失利益。

(三)违反先合同义务与损失之间有因果关系

此处的因果关系,是指事实上的因果关系,即违反先合同义务的行为与损失之间的"无此即无彼"的关系。

（四）违反先合同义务人有过错

缔约上过失责任的构成，要求违反先合同义务方须具有归责事由，亦即过错。至于过错的程度，我国法区分情形有不同要求，恶意磋商与违反情报提供义务，均要求先合同义务违反方为"故意"（《民法典》第 500 条第 1 项、第 2 项）。除此之外，一般要求"过错"（《民法典》第 157 条中段），不以故意为限。

在无权代理人的担保责任或信赖责任场合，则不以过错为要件（《民法典》第 171 条第 3 款）。

六、先合同义务

缔约上过失责任的成立，以先合同义务的存在为前提。《民法典》所规定的主要是合同订立过程中的义务（第 500 条及第 501 条中均有"当事人在订立合同过程中"的限定）。

（一）诚信缔约义务

体现在《民法典》第 500 条第 1 项，假借订立合同，恶意进行磋商者，则应当承担损害赔偿责任。

（二）告知义务

体现在《民法典》第 500 条第 2 项。在我国，当事人并没有一般性的告知义务，《民法典》第 500 条第 2 项的规定，也不宜理解为关于一般性告知义务的规定，只是属于特别规定，告知义务所针对的是"与订立合同有关的重要事实"。由此引发了如下问题：告知义务之有无，其边界如何确定？这一问题并无具有普遍意义的统一答案，而须依个案具体分析：一则看法律有无规定，交易习惯如何；二则作利益衡量，是否应发生告知义务。当然，当事人之间的交涉能力是否平等也是需要考虑的。

（三）保密义务

体现在《民法典》第 501 条。这种保密义务属于继续性义务，并不因合同缔约过程的结束而结束。

保密的对象是"应当保密的信息"，它包括但不限于订立合同过程中知悉的"商业秘密"。换言之，"商业秘密"只是例举（关于"商业秘密"的内涵，可参照《反不正当竞争法》第 9 条第 4 款）。

（四）其他先合同义务

《民法典》第 500 条第 3 项为此留有发展余地，尽管并未进一步具体化。

1. 警告义务。设若 X 与 Y 商谈购买 Y 之房屋，X 定于某日前往 Y 处查看房屋。Y 在数日前已将该栋房屋让售他人，惟未将此事适时通知 X，致 X 徒劳往返。若 Y 已适时通知，X 即无须前往察看房屋，旅费可不必支出。由于 X 所受的损失既因 Y 违反通知义务，故 Y 应负赔偿责任。

2. 保护义务。尽管在《民法典》中没有出现"保护义务"用语，从我国既有的法律法规来看，已经有了归属于这类义务的规定。比如《职业病防治法》第 35 条和第 36 条、《劳动法》第 72 条后段等。

七、缔约上过失责任的内容

（一）损害赔偿

最主要的缔约上过失责任者为损害赔偿责任。《民法典》规定也是如此（第 500 条、第 501 条）。

1. 赔偿范围。由于缔约上过失类型不一，对于缔约上过失的赔偿范围，单纯从信赖利益的角度进行统一的把握，已不可能，必须区分类型，具体分析。

（1）信赖利益的赔偿。在合同不成立型及合同无效型中，受损害方所可以请求的，是合同缔结前（无加害行为时）所处的状态，故以信赖利益为原则，学说对此普遍承认。信赖利益损害，也可区别为所受损害与所失利益。[①] 所受损害可包括为签订合同而合理支出的交通费（比如赴订约地或为察看标的物所支出的车费）、鉴定费（比如公司收购方聘请审计人员的费用）、咨询费（比如向律师咨询、请律师草拟合同文本等）、勘察设计费（比如为签订建设工程合同而事先请人勘察设计场合）、利息（比如为履行合同而向银行贷款）等；所失利益主要指丧失与第三人另订合同的机会所产生的损失，例如，西瓜卖主甲与买主乙拟以每公斤 5 元的价格成交一万公斤西瓜的买卖合同时，丙提出愿以更高价格购买，乙转而向他人购买了西瓜，而丙借故拖延最终没有签订合同，甲无奈以每公斤 3.5 元的价格将一万公斤西瓜卖与他人。由于丙的恶意磋商，使甲丧失与乙订立合同的机会，就此所受损失，可按缔约上过失由丙予以赔偿。

信赖利益的赔偿，原则上不得超过当事人在订立合同时所应当预见的因合同不成立、无效或被撤销所可能造成的损失，也不得超过合同有效或者合同成立时相对人所可能得到的利益（履行利益）。

（2）完全性利益的赔偿。若因违反保护义务，使相对人的人身或财产遭受损害，而此种情形亦可构成缔约上过失责任时，加害人所应赔偿的是受害人于其人身或财产上所受一切损害，即所谓完全性利益，可能远超履行合同所产生的利益，从而不发生以履行利益为限界的问题。

[①] 或称之为"直接损失与间接损失"，参见崔建远：《合同责任研究》，吉林大学出版社 1992 年版，第 294 页。

2. 受害人与有过失。对于缔约上过失责任，受害人与有过失者，应适用过失相抵规则。在我国法上，对于民事法律行为（合同）的无效、被撤销或者确定不发生效力，各方都有过错的，应当各自承担相应的责任（《民法典》第 157 条），便体现了缔约过失场合的过失相抵规则。应当注意的是，在解释上宜认为，受害人对其缔约上使用人的与有过失，亦应负责。另外，在缔约上过失致使产生损害场合，依诚实信用原则，对受害人也应认定其有减损义务存在，受害人应及时采取措施避免损失的扩大，否则不得就扩大的损失请求赔偿（类推适用《民法典》第 591 条第 1 款）。

（二）继续履行先合同义务

依既往的司法规则，依照法律、行政法规的规定经批准或者登记才能生效的合同成立后，有义务办理申请批准或者申请登记等手续的一方当事人未按照法律规定或者合同约定办理申请批准或者未申请登记的，属于《民法典》第 500 条第 3 项规定的"其他违背诚信原则的行为"，人民法院可以根据案件的具体情况和相对人的请求，判决相对人自己办理有关手续；对方当事人对由此产生的费用和给相对人造成的实际损失，应当承担损害赔偿责任。

上述既往司法规则中的"判决相对人自己办理有关手续"责任形式，实属首创。[①] 此种救济在方向性上不同于以往的依赖利益损害赔偿，而是朝向"将合同进行到底"，通过办理有关手续，使合同生效。

办理申请批准或者申请登记等手续的义务属于行为义务，就其继续履行，一种方案是可由法院判决义务人履行。然而此类判决，在执行上常遇到困难。实践中此类以行为为标的的判决，被实务界人士认为基本上没有强制执行的可能。[②] 故既往的司法规则采纳另外一种方案，即直接承认解决方案为"判决相对人自己办理有关手续"，这其实是由相对人代替义务人履行义务，而由义务人负担相关费用及赔偿相关损失。

（三）返还不当得利

在泄露或者不正当地使用在订立合同过程中知悉的商业秘密场合，在对可能给对方造成损失承担损害赔偿责任之外，如果违反保密义务人因为泄露或者不正当地使用该商业秘密而获得利益，依《民法典》第 122 条，因他人没有法律根据，取得不当利益，受损失的人有权请求其返还不当利益。[③]

[①] 最高人民法院研究室编著：《最高人民法院关于合同法司法解释（二）理解与适用》，人民法院出版社 2009 年版，第 75 页。

[②] 最高人民法院研究室编著：《最高人民法院关于合同法司法解释（二）理解与适用》，人民法院出版社 2009 年版，第 75 页。

[③] See Ole Lando and Hugh Beale eds., *Principles of European Contract Law*, Parts I and II, Kluwer Law International, 2000, Article 2:302, Comments C. 值得注意的是，PICC 第 2.1.16 条规定了以获利计算损害赔偿，将此问题作为损害赔偿的一种特殊形式。在比较法上，围绕损害赔偿，确有所谓 disgorgement 之观念，类似观念以侵害知识产权之类案件为典型。在我国合同法上，欠缺类似赔偿观念及规范基础，原则上借助于不当得利制度解决类似问题。

（四）合同解除

此种法律后果在《外商投资解释（一）》第 5 条等中已有体现。

（五）其他法律效果

在合同有效型的缔约上过失责任中，作为救济手段，承认减价权的存在，也是可能的。另外，还可能存在履行拒绝权（参照《职业病防治法》第 33 条第 3 款）。在不正当地使用缔约过程中知悉的商业秘密场合，也可能发生"停止侵害"的民事责任。

第三章　合同的效力

第一节　合同的效力概述

一、合同的效力与民事法律行为的效力

《民法典》基于法典的体系安排，调整了原来作为民事单行法的《合同法》的结构及内容，合同作为民事法律行为的主要类型，其效力已由《民法典》第一编总则第六章所规范，故合同编第三章"合同的效力"的内容已大幅削减。在法律适用上，合同编对合同的效力没有规定的，适用总则编第六章民事法律行为的有关规定（《民法典》第508条）。与法典外在体系的变化相一致，本书就合同的效力问题也作出调整，读者宜配合民法总论民事法律行为部分的内容，[1] 学习领会合同的效力。

二、本章主要内容及其体系的关联

（一）本章主要内容

本章计有7个条文（第502条至第508条），具体规定合同生效时间及报批义务（第502条）、无权代理合同的拟制追认（第503条）、越权代表行为的效力（第504条）、超越经营范围之合同的效力（第505条）、无效之免责条款（第506条）、争议解决条款的独立性（第507条）及法律适用提示规定（第508条）。就上述内容，拟分成如下四个主题进行说明，即审批程序与合同效力，无权代理、越权代表或者超越经营范围行为与合同效力，无效的免责条款，争议解决条款的独立性。

---

[1] 参见崔建远等：《民法总论》（第三版），清华大学出版社2019年版，第152页以下。

（二）体系的关联

第三章"合同的效力"在合同编中发挥着承前启后的作用，以下分别说明。

1. 合同的成立与合同的效力的关系。依法成立的合同，自成立时生效（《民法典》第502条第1款主文）。该规定具有两层意义：其一，明确区分了合同的成立与合同的生效。其二，确立了合同生效的一般规则，即合同自成立时生效。然对此有"但书"，提示注意法律另有规定或者当事人另有约定的情形除外。

合同的成立与合同的生效是两个不同的范畴。合同的成立，指符合一定要件时使当事人的合意成为合同，原则上只要有了当事人和意思表示，就可以成立合同。例外地对于要物合同和要式合同的成立，还需要物的交付或方式的履行。合同的生效，指已成立的合同依当事人合意的内容发生效力。

（1）这种区分符合生活的逻辑与法律的逻辑，也使得《民法典》合同编第二章"合同的订立"、第三章"合同的效力"、第四章"合同的履行"以及其他章节之间的关系容易说明，即先有合同的存在，才能有对它的法律评价，之后才会有合同的履行、变更、转让以及不履行合同的法律后果等问题。

（2）一方面，自愿原则为民法基本原则之一（第5条），它在合同领域被称为合同自由原则，当事人原则上可缔结任何合同；另一方面，任何国家的法律都不可能对所有的协议均予以保护，也不可能让合同自由不受任何限制。这样，合同成立制度与合同效力制度分工明确，也便于协调合同自由与国家意志的关系。

（3）合同的成立是判定"自始没有法律约束力"（《民法典》第155条）以及区分给付自始不能和嗣后不能的参照时点。

2. 合同的效力与合同的履行等的关系。合同"有效"或"无效"中的"效"，指的是合同依意思表示所追求发生的法律上的效果。围绕合同的效力，得区分效力评价及效力内容两个方面。[①] 合同编第三章"合同的效力"，主要是侧重于就合同（及其条款）的效力评价所作的规定。合同的效力内容（债权之实现及其救济）则是后续诸章的内容。这也可以说是我国《民法典》合同编的一个特色。

对于合同作法律评价后，会相应地发生一些效果，因评价的结论不同，其效果亦可区分为法律行为上的效果与法律行为外的效果，前者属当事人约定的效果，后者属法定的效果。

（1）法律行为上的效果。就有效合同而言，法律赋予依法成立的合同具有拘束当事人各方乃至第三人的强制力。具体地，指为了实现合同的内容，法律上可以认定的当事人之间的权利义务关系，以及为此所可采用的法律措施。在当事人之间，首先是权利义务关系，其次是权利义务非正常展开时的法律后果问题。此外，有时还可能涉及第三人，如第三人的行为使债权有难以实现之虞，还可能发生对第三人的效力问题，即债权人为保障其债务的实现，可对第三人采取的法律对策，具体包括债权人代位权和撤销权以及第三人侵害债权制度。诸

[①] 详见崔建远等：《民法总论》（第三版），清华大学出版社2019年版，第199页以下。

此事项，也可称为"债之效力"（Wirkung der Obligation）。[1] 除了单个合同债权债务的效力之外，以合同为一有机整体，尚得发生基于双务合同的特别效力（履行抗辩权、合同解除、风险负担等）以及合同的涉他效力（向第三人履行及由第三人履行）。《民法典》不专设"债法总则"，而是将债的一般规则与合同的一般规则一起规定在合同编"通则"分编中，是其特色。[2]

（2）法律行为外的效果。就合同无效而言，德国学者耶林曾谓，"所谓契约无效者，仅指不发生履行效力，非谓不发生任何效力"。其具体的效力内容，见诸《民法典》第155—157条。唯须注意的是，此处的效力，是依据法律的规定而非基于当事人的意思发生的。恰如我妻荣先生所言，民法总则中的无效或撤销，指的是意思表示或者法律行为上的效果完全地不发生；而在此之外，有一些效果发生，则属另外的问题。[3]

被撤销的合同，"自始没有法律约束力"（《民法典》第155条）。

就效力未定的合同而言，既有变为有效合同的可能，也有转化为无效合同的可能。依具体情形，尚得发生催告权、撤销权、追认权等（参见《民法典》第145条等）。

三、合同的效力与合同的拘束力

合同的拘束力（受合同的拘束），是指除当事人同意或有解除原因外，不容一方任意反悔请求解约、无故撤销。换言之，即任何一方当事人不能单方面废止合同。[4] 我国法律虽未使用"合同的拘束力"这一概念，而是称合同的"法律约束力"（参见《民法典》第119条、第155条、第465条第2款等），但所要表达的意思是相同的。

合同的效力，是合同经过法律的评价所反映出的效果。如果在狭义上讲，即有效合同的效力，是基于合同而产生的权利和义务。

值得注意的是，合同附生效条件时，其合同亦因成立而具有拘束力，但合同的效力则自条件成就时始得发生。

四、合同效力的发生根据

合同的法律约束力或合同的效力，并非来源于当事人的意志，而是来源于法律的赋予。法律之所以赋予某些合同以拘束力，而对于另外的一些合同作否定的评价，均有其特殊的原因，是经过相当的价值判断和利益衡量的结果。

首先，赋予合同以拘束力是经济秩序的需要。合同是商品交易的基本手段，参与交易的

---

[1] 参见史尚宽：《债法总论》，台北自刊本1954年版，第315页以下。
[2] 关于《民法典》不设债权总则、改采更为实用主义的大合同编模式的分析，可参阅韩世远：《法典化的合同法：新进展、新问题及新对策》，载《法治研究》2021年第6期。
[3] 参见［日］我妻荣：《新订民法总则》，岩波书店1965年版，第388页。
[4] 参见王泽鉴：《债法原理》，北京大学出版社2009年版，第152页。

当事人均可通过合同进行计划安排、获取所需、实现所求,千千万万的合同构成了经济流转秩序的有机成分,这些合同如得不到保障,势必造成交易的混乱,人人自危,势必要各尽所能以求自保,此种状态殊非吾人所愿。

其次,赋予合同以拘束力,同时也是道德秩序的要求,是法律与道德共存共荣、协力发展的表现。道德虽因时代与地域的差异而有不同,但在要求言而有信方面,可以说是共同的。法律保护符合生效要件的合同,这与人们普遍的道德情感是一致的。

第二节 审批程序与合同效力

一、影响合同生效的特别法律规定

合同一经成立,原则上即应同时生效。但对于这一原则可以存在若干例外,暂称"对合同效力的特别限制",可以区分为特别法定的限制与特别约定的限制(附条件及附期限)。后者在民法总论法律行为部分说明,[①] 此处仅论述前者。

对特定类型合同的生效时间,基于特定的目的,法律可作特别的限定。《民法典》第502条第2款的规定为此留有了空间。

二、报批义务条款及相关条款的独立性

报批程序既为特别法律、行政法规所规定,因而,受其影响的相关合同当事人为实现其合同目的,通常会在合同中约定报批义务条款以及相关条款,以使义务主体及其责任明确化。比如约定甲方负责向主管机关报送合同及相关材料,请求审批(报批义务条款);如果违反报批义务,则支付违约金若干(相关条款)。

由于报批义务条款及相关条款通常就是受该审批程序规范的合同中的条款,而该合同在主管机关批准前尚未生效,故实务中便会出现令人尴尬的局面:合同尚未生效,故其中的报批义务条款及相关条款亦未生效,义务人纵不履行报批义务,在法律上亦不负违约责任,相对人只能另依缔约上过失责任规范寻求救济。

针对上述实务问题,《民法典》吸收司法解释经验,在第502条第2款中段及后段明确规定:"未办理批准等手续影响合同生效的,不影响合同中履行报批等义务条款以及相关条款的效力。应当办理申请批准等手续的当事人未履行义务的,对方可以请求其承担违反该义务的责任。"由此规定可明确两点:其一,相较于待审批的合同,报批义务条款以及相关条款具有独立性,故无须经审批程序而径依《民法典》第502条第1款主文,自合同成立时起生效。其二,违反审批义务,构成违约的,对方可以请求其承担违反该义务的责任。既为违

[①] 参见崔建远等:《民法总论》(第三版),清华大学出版社2019年版,第213页以下。

约责任，故有别于缔约上过失责任，对相对人的保护因此而加强。违约责任，既可以是约定的，比如违约金；也可以是法定的，比如损害赔偿，甚至在可能的场合包括替代履行或者强制履行。

法律、行政法规对一些合同规定了批准等手续，但不是所有的该等手续都能影响合同的生效。[①]《民法典》第502条第2款中段规定的报批义务条款以及相关条款的独立性，系仅就影响合同效力的情形而设的特别规定；其余条款的效力仍应与该合同一体判断。

三、合同的变更、转让、解除等情形与批准手续

依照法律、行政法规的规定，合同的变更、转让、解除等情形应当办理批准等手续的，适用《民法典》第502条第2款的规定（该条第3款）。

第三节　无权代理、越权代表或者超越经营范围行为与合同效力

本节分析三个主题，无权代理场合对合同的追认问题、越权代表场合的合同效力问题以及超越经营范围场合的合同效力问题。关于代理权与代表权之区别，请参照民法总论部分的论述。[②]

一、对无权代理合同追认的拟制

无权代理人以被代理人的名义订立合同，被代理人已经开始履行合同义务或者接受相对人履行的，视为对合同的追认（《民法典》第503条）。

其一，此属无权代理的特殊规则，为何不在《民法典》第171条一起规定？放在合同编通则中规定，自然是专门针对合同问题。而第171条规定的无权代理行为，包括但不限于合同，也可以包括单方法律行为，比如行使解除权的行为。

其二，"视为"是典型的法律拟制，故第503条规定的追认属于拟制追认。此处被代理人的两种行为，似乎均可作为默示的追认，[③]即虽未明言，却以行为表示了追认。法律拟制的追认与默示的追认，二者并不相同，为何采前者而不采后者？当然，立法纵不设此条规定，遇到此类问题，仍有作默示追认解释的余地。立法既作此规定，其优点在于，类似于意思实现，只要有被申请人的上述行为，无论其是否直接向合同相对人而为，都可直接发生追认的效果，避免就意思表示之到达相对人另行论证。

[①] 目前来看，明确规定必须办理批准等手续合同才生效的，只有国务院于1998年颁布的行政法规《探矿权采矿权转让管理办法》第10条。
[②] 参见梁慧星：《民法总则讲义》，法律出版社2018年版，第69页以下。
[③] 明确采此种解释者，比如黄薇主编：《中华人民共和国民法典合同编释义》，法律出版社2020年版，第97页。

二、越权订立的合同的效力

法人的法定代表人或者非法人组织的负责人超越权限订立的合同，除相对人知道或者应当知道其超越权限外，该代表行为有效，订立的合同对法人或者非法人组织发生效力（《民法典》第 504 条）。

（一）立法沿革及规范目的

上述规定延续了原《合同法》第 50 条的规定而有所修正。该规定本系原《合同法》新设规定，其规范目的在于改正此前实践中以越权代表行为或者超越经营范围为由而认定相关合同无效的做法，以保障交易安全。

（二）法定代表人或负责人的代表权及其限制

依照法律或者法人章程的规定，代表法人从事民事活动的负责人，为法人的法定代表人（《民法典》第 61 条第 1 款）。法定代表人以法人名义从事的民事活动，其法律后果由法人承受（《民法典》第 61 条第 2 款）。非法人组织可以确定一人或者数人代表该组织从事民事活动（《民法典》第 105 条），此人称为负责人。由上述规定可见，无论是法人的法定代表人，还是非法人组织的负责人，均具有代表法人或者非法人组织从事民事活动的代表权。

法定代表人或者负责人的代表权不是无限制的，他们必须在法律的规定或者章程规定的范围内行使职权。法律或者章程既有限定，实践中便难免出现法定代表人或者负责人超越权限订立合同的现象，其合同的效力如何，便是问题。

（三）越权代表行为及合同的效力

首先，代表行为与合同在观念上应有所区分。代表行为是法定代表人或者负责人的行为，该行为可能是法律行为，也可能只是单纯的意思表示行为（比如发出要约或者承诺），或者事实行为。在签订合同场合，所谓代表行为，一般意指要约行为或者承诺行为。于此场合，合同则是代表行为与相对人意思表示行为合致的产物。《民法典》第 504 条较原《合同法》第 50 条的改进，在于明确了此间的不同，故先讲该代表行为有效，进而才是订立的合同对法人或者非法人组织发生效力。

其次，应明白越权代表规则的原则与例外关系。《民法典》第 504 条的原则是肯定因越权订立的合同有效；同时，承认了例外情形：相对人知道或者应当知道其超越权限的除外。该条规范目的既在于保护交易安全，在相对人明知或应知越权行为场合，已非善意，故法律已无优待之必要。依解释，此时"合同就不具效力"或"越权行为无效"。[1] 后者是对《民法

---

[1] 胡康生主编：《中华人民共和国合同法释义》（第 2 版），法律出版社 2009 年版，第 87 页；梁慧星：《民法总则讲义》，法律出版社 2018 年版，第 71 页。

典》第 61 条第 3 款作反面解释的结果，越权行为既因此无效，合同自然也就不成立，更谈不上生效了。

三、超越经营范围订立的合同的效力

当事人超越经营范围订立的合同的效力，应当依照《民法典》第一编第六章第三节"民事法律行为的效力"和第三编的有关规定确定，"不得仅以超越经营范围确认合同无效"（《民法典》第 505 条）。这是新增加的一条规定。

本条规定并非自代理权或者代表权角度，而是从经营范围角度直面现实问题，即在既往的实践中曾有以超越经营范围为由认定合同无效的做法。这种做法从经济管制角度或有若干道理，然而在市场经济大背景下，并不符合交易安全及交易便捷的现实需要。故该条出于保护交易安全及便捷的目的，明定不得仅以超越经营范围确认合同无效。

"经营范围"以营利法人场合为典型（见《民法典》第 78 条），记载于其营业执照。当然并不以此为限，比如在合伙企业或者个体工商户场合，虽非法人，却有营业执照及经营范围问题。在非营利法人等场合，遇有以超越目的范围为由主张合同无效的，可类推适用《民法典》第 505 条等的规定。

第四节　无效的免责条款

一、《民法典》第 506 条概述

《民法典》第 506 条是由原《合同法》第 53 条修正一字而来，该条以强制性规范的形式专门规定无效的免责条款。另外，该条规定不仅可以涵盖格式条款的情形，也可以涵盖非格式条款的情形。该条规定的免责条款，不以免除合同责任的情形为限，也可以涵盖免除侵权责任的情形。从规定的内容看，它分别就人身与财产设置不同的构成要件：一是造成对方人身损害的；二是因故意或者重大过失造成对方财产损失的。

二、造成对方人身损害的情形

（一）立法的由来

《民法典》第 506 条第 1 项规则的缘起是 20 世纪 80 年代发生在天津的一起案件，雇主雇用雇工拆除厂房，某雇工在作业过程中因受伤医治不及时而死亡，死者家属要求雇主承担

赔偿责任，被告辩称：死者在填写招工登记表时，同意"工伤概不负责"。① 由此引发了此项免责条款是否具有效力的争议。天津高院为此请示最高人民法院，最高人民法院在批复中称："经研究认为，对劳动者实行劳动保护，在我国宪法中已有明文规定，这是劳动者所享有的权利，受国家法律保护，任何个人和组织都不得任意侵犯。张学珍、徐广秋身为雇主，对雇员理应依法给予劳动保护，但他们却在招工登记表中注明'工伤概不负责'。这是违反宪法和有关劳动保护法规的，也严重违反了社会主义公德，对这种行为应认定为无效。"上述案件也是依此批复处理，"工伤概不负责"免责条款无效。这起案件也引起了学术界的关注和评议，学者对此立场表示赞同。② 有最高人民法院批复意见在先，有学者肯定在后，在起草合同法过程中，该规则被明确规定下来，自是水到渠成之事。

（二）立法理由

首先，针对人身权益作此特殊规定，从根本上说是民法以人为终极目的和终极关怀这一价值取向的内在要求。德国法学家耶林早在1891年便曾指出，"以前是财产的高价值和人的低价值，现在是人的高价值和财产的低价值"。③ 现代民法不能对一切的权益作同样的保护，必须有所区别，"即'人'的保护，最为优先；'所有权'的保护次之；'财富'（经济上利益）又次之，仅在严格的要件下，始受保护"。④

其次，个人利益中的某些部分兼具社会利益因素，文明社会生活要求每个人都能根据当时社会标准进行生活，而个人自我主张的利益（如身体）乃是文明社会生活的基础，对此基础的动摇即是对社会利益的侵犯。⑤

（三）"人身伤害责任免责无效"的合理边界⑥

依据《民法典》第506条第1项，只要是免除对人身伤害责任的条款，不管当事人是否有故意或者重大过失，都应当使之无效。⑦ 通过检索裁判案例发现，均是严格遵守这一规则，未见例外。随着案例类型的不断丰富，时至今日，已有必要反思上述规则的合理边界。

比如，自然人Y1（承揽人）与Y2（定作人）签订《农村建房承揽合同》，在合同中约定，"如Y1及施工人员出现重大工伤事故，以及因施工造成他人损失等事故，一切赔偿责任均由Y1负责承担"。Y1的雇工X在施工过程中受伤，起诉要求Y1及Y2承担连带赔偿责任。Y2援引其与Y1之间的上述约定予以抗辩。法院往往依据"人身伤害责任免责无效"处理，认定上述免责条款无效。

---

① 参见《张连起、张国莉诉张学珍损害赔偿纠纷案》，载《中华人民共和国最高人民法院公报》1989年第1期。
② 参见梁慧星：《雇主承包厂房拆除工程违章施工致雇工受伤感染死亡案评释》，载《法学研究》1989年第4期；梁慧星：《民法学说判例与立法研究》，中国政法大学出版社1993年版，第270页以下。
③ 沈宗灵：《现代西方法理学》，北京大学出版社1992年版，第304页。
④ 王泽鉴：《民法学说与判例研究》（第七册），台北自刊本2006年版，第105页。
⑤ 韩世远：《免责条款研究》，载梁慧星主编：《民商法论丛》（第2卷），法律出版社1994年版，第506页。
⑥ 参见韩世远：《中国法中的不公平合同条款规制》，载《财经法学》2017年第4期，第29页以下。
⑦ 参见胡康生主编：《中华人民共和国合同法释义》，法律出版社1999年版，第95页。

免责条款有的是要发挥免责抗辩（defensive）的功能，有的则是要发挥界定当事人义务（duty-defining）的功能。[1] 显然，当事人在上述《农村建房承揽合同》中约定免责条款的首要目的是要清晰界定双方之间的风险。这样的目的，无非是最后出了责任，要由哪一方负担的问题。法律是否一定要否定其效力，理应结合相应的规范目的进行分析。在约定"工伤概不负责"免责条款事例中，法律之所以要否定其效力，目的在于保障受到人身伤害的雇工能够得到赔偿。在保障这一规范目的的前提下，合同当事人约定是由甲方抑或由乙方负责赔偿，相应地明晰权利义务及风险，确定由哪一方负责投保意外伤害险，并无不妥。而在上述案例中，即便法院判决令两个被告共同承担连带责任，在他们之间仍有可否求偿的问题未解决，而双方之间的免责条款约定，反映的是双方之间的真实意思，本可以发挥解决被告之间内部关系的功能。发包人通过免责条款，图的是清静，作为代价，肯定要为此额外付费。判决该条款无效，打破了当事人之间的事先安排，发包人既额外支付了成本，又没有真正得到清静，无助于问题的最终公平解决。换一种思路，允许 Y1 与 Y2 自由约定免责条款（包括免除人身伤害责任），法官承认这种约定在当事人之间有效，但是，无法用来对抗人身伤害的受害人 X。这样，X 的利益得到了保障，Y1 与 Y2 也各得其所，这又何尝不是一种更为巧妙的安排和更为高超的平衡呢？而这种安排，是否违反《民法典》第 506 条第 1 项呢？没有。第 506 条第 1 项"造成对方人身损害的"措辞已然表明，立法者所要保护的是合同中的"对方"。换言之，受保护的是合同当事人，而非此外的第三人。而在上述案件中，遭受人身伤害的 X 并非合同当事人，合同也只约束 Y1 与 Y2。因而，严格地说，是法官没有准确适用第 506 条第 1 项。

三、因故意或者重大过失造成对方财产损失的情形

从过错程度的角度控制免责条款的效力，亦可谓一种立法通例。[2] 我国法亦循此通例，规定免除故意或者重大过失造成对方财产损失的免责条款无效。

就其立法理由，可从两个方面分析：其一，如果允许预先以特别约定免除行为人将来因故意或重大过失所生之责任，则未免过分信任行为人，而使相对人蒙受非常之损害，故其特别约定应归无效。其二，在"个人利益—社会利益"的分析框架下，从过错角度规制免责条款与对过错的否定性评价并非只涉及当事人个人利益的权衡，还出于社会利益的考量。[3]

第五节　争议解决条款的独立性

合同不生效、无效、被撤销或者终止的，不影响合同中有关解决争议方法的条款的效力

---

[1] Mindy Chen-Wishart, *Contract Law*, Oxford University Press, 2012, p.418.
[2] 比如《德国民法典》第 276 条第 3 款、《瑞士债法》第 100 条第 1 款、《希腊民法典》第 332 条、我国台湾地区"民法"第 222 条等。
[3] 韩世远：《免责条款研究》，载梁慧星主编：《民商法论丛》（第 2 卷），法律出版社 1994 年版，第 507—508 页。

(《民法典》第 507 条)。该条规定了争议解决条款的独立性。

一、争议解决条款

合同中有关解决争议方法的条款，简称争议解决条款，通常包括仲裁条款、选择法院条款以及法律适用条款等。

仲裁条款，本身便是仲裁协议的具体表现形式。依《仲裁法》第 16 条："仲裁协议包括合同中订立的仲裁条款和以其他书面方式在纠纷发生前或者纠纷发生后达成的请求仲裁的协议。仲裁协议应当具有下列内容：（一）请求仲裁的意思表示；（二）仲裁事项；（三）选定的仲裁委员会。"在有仲裁协议场合，便排除了法院诉讼管辖。

选择法院条款（choice of court agreement; choice of forum clause），是合同中约定管辖法院的条款。依《民事诉讼法》第 35 条，合同或者其他财产权益纠纷的当事人可以书面协议选择被告住所地、合同履行地、合同签订地、原告住所地、标的物所在地等与争议有实际联系的地点的人民法院管辖，但不得违反本法对级别管辖和专属管辖的规定。

法律适用条款（choice of law clause）是合同的特定条款，其内容指定由某国或者某超国家的法（比如国际统一私法协议的《国际商事合同通则》）管辖将来可能的合同争议。这类条款通常是在具有涉外因素的合同中出现。不过应当注意，对于某些合同，系由中国法专属管辖，比如《民法典》第 467 条第 2 款规定的合同（在中国境内履行的中外合资经营企业合同、中外合作经营企业合同以及中外合作勘探开发自然资源合同）。

二、仲裁协议等的独立性

关于合同效力的判断，通常是将合同作为一个整体，自然而然地一体判断。可是，如果当事人就合同效力产生争议，而该问题究竟是交由仲裁裁决抑或是由法院判决，以及依据什么实体法进行裁判，是首要的问题。就此，《仲裁法》第 19 条第 1 款规定："仲裁协议独立存在，合同的变更、解除、终止或者无效，不影响仲裁协议的效力。"该款规定确立了仲裁协议的独立性规则。

对于选择法院条款以及法律适用条款等，《民法典》第 507 条虽未如《仲裁法》第 19 条第 1 款那样规定其"独立存在"，但既言合同不生效、无效、被撤销或者终止不影响其效力，其实质用意在于肯定诸此条款的独立性。

争议解决条款的独立性，通常仅就其效力评价而言。这时的合同及其中的争议解决条款在法律上被区分为两个独立的协议，应分别判断其效力。如以仲裁协议为例，其效力首先要依《仲裁法》第 17 条和第 18 条等以及有关司法解释的规定，具体判断。[①]

[①] 可参阅宋建立：《瑕疵仲裁协议的司法审查》，载《人民司法·应用》2018 年第 19 期。

第四章 合同的履行

第一节 合同履行概述

一、语义

合同的履行，指债务人或第三人作出作为债务内容的给付，并因此使债权目的达到而归于消灭。合同的履行需要有履行的行为（给付行为），它既可表现为积极的作为，比如物品的交付、金钱的支付、劳务的提供等，也可表现为消极的不作为，比如不低于某价格销售商品。同时，合同的履行也要求因给付行为而获实现债权目的的结果（给付结果），使债权转化为物权或其他相应的权利。故曰："履行并非指债务人之给付行为，履行重结果，给付仅系履行之手段，必也债权人实际获得给付结果，才能谓之'履行'。"[1]

与履行基本同义者，尚有"清偿"，惟二者的视角或强调的重点不同。清偿所重者为给付结果的发生；履行所重者为债务内容的实现过程和行为。

合同的履行，既是合同效力的主要内容，又是合同关系消灭的主要原因。合同法的作用正在于，以法律所具有的特殊强制力保障合同当事人正确履行合同，使合同关系归于消灭，通过合同关系的不断产生、履行和消灭，实现社会经济流转。[2]

二、合同履行的原则与规则

（一）合同履行的原则

1. 全面履行。全面履行原则为《民法典》第 509 条第 1 款所明定，当事人应当按照约

---

[1] 林诚二：《民法理论与问题研究》，中国政法大学出版社 2000 年版，第 216 页。
[2] 参见梁慧星：《民法》，四川人民出版社 1988 年版，第 318—319 页。

定全面履行自己的义务。该原则要求当事人在履行的主体、时间、内容、地点等多个方面要符合约定。如一方当事人没有符合该原则的要求，在某一方面与合同内容有所背离，即构成广义的不完全履行。

2. 亲自履行。亲自履行原则，指债务人应亲自履行其债务，惟于例外场合，允许由第三人代为履行（《民法典》第524条等承认了这种例外）。此项原则虽未为《民法典》合同编所明定，但该编第四章"合同的履行"所规定的诸多规则，基本上均是以债务人亲自履行为模型。亲自履行，事必躬亲，原因在于债务人应受其债务的拘束，且又不能以其合同当然拘束第三人；债权人所信赖者，通常为债务人，让第三人代为履行，可能损及债权人的利益，此在具有人身专属性质之债务场合，尤为明显。

3. 同时履行。同时履行原则，指双务合同当事人应当同时履行各自的债务（参照《民法典》第525条）。此项原则出自"一手交钱，一手交货""你给我才给"之类的自然法则，符合公平观念，属于不言自明的道理。

4. 绿色原则。当事人在履行合同过程中，应当避免浪费资源、污染环境和破坏生态（《民法典》第509条第3款）。

（二）合同履行的规则

合同的履行，主要涉及履行的主体（由谁履行）、履行的内容（履行什么）、履行的方法（怎么履行）、履行的提供、履行的抵充等问题，如图4.1.1所示：

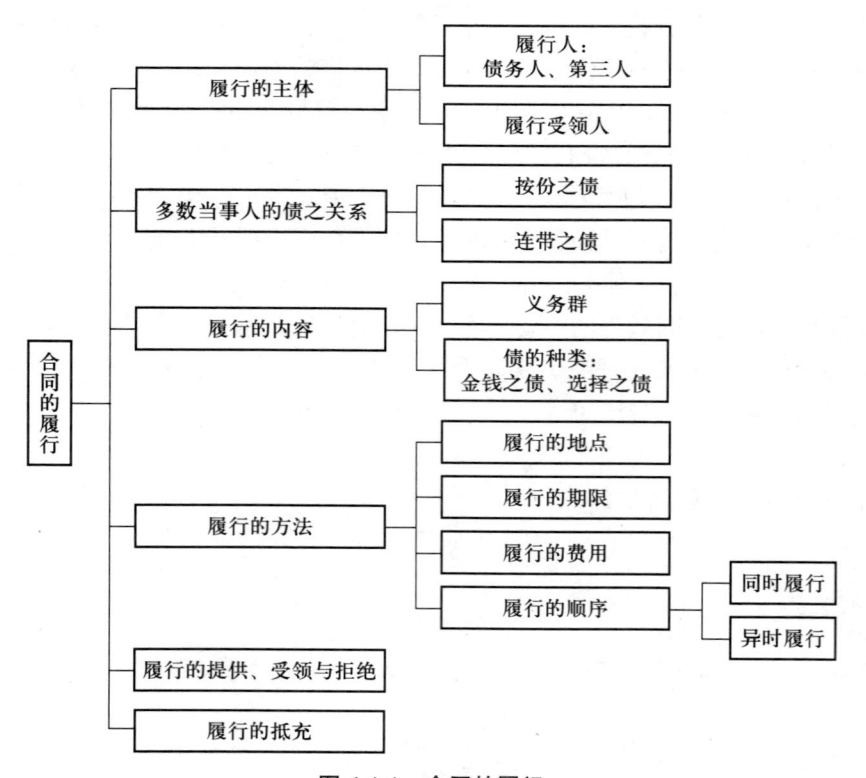

图 4.1.1　合同的履行

第二节　履行的主体

一、履行人

（一）债务人

债务人负有履行其债务的义务，同时也有履行债务的权限。在债务承担场合（《民法典》第551条），债务承担人成为债务人，依法具有履行债务的权限。

债务人可使用履行辅助人履行债务，是为近现代法的通例。在给付为法律行为场合，也可以由代理人作出。不过，这些情形均属于债务人的清偿，而不属于学说上所谓"第三人清偿"。[①]

（二）第三人

1. 概说。清偿本应由债务人作出，债权人也只能够向债务人请求给付。不过，除给付的价值依存于特定债务人的场合以外，特别是在以债务为法锁之观念得到克服之后，就债权人而言，最为关心者在于债权的满足，至于是由谁的履行而获得这种满足，相对而言并不重要，因而，债务人以外的第三人清偿，债权人不应有所不满，近代法悉以第三人清偿为有效。惟就第三人清偿是否构成清偿，因对清偿理论构造的把握不同而有不同的见解。[②]

第三人清偿，指第三人以自己的名义有意识地清偿他人（债务人）的债务。在履行辅助人场合，清偿是以债务人的名义进行的，不属于第三人清偿；不具有清偿代理或代行权限的第三人，以代理人或使者的身份以债务人的名义清偿债务时，不构成此所谓第三人清偿，但可在清偿人和债务人之间发生无因管理关系。另外，在第三人把他人债务当作自己债务清偿的场合，亦非此所谓第三人清偿，他人（债务人）债务并不因此而归于消灭，惟在清偿人与债权人之间，发生非债清偿问题。

2. 有合法利益的第三人。债务人不履行债务，第三人对履行该债务具有合法利益的，第三人有权向债权人代为履行（第524条第1款主文）。此系《民法典》新设规定。

"具有合法利益"的第三人，比如保证人、物上保证人、担保不动产的第三取得人、后顺位抵押权人等。由于此类第三人对于债务的履行具有合法的利益，故不论债务人以及债权人是否愿意，在债务人不履行债务场合，其均"有权"代为履行。不过，对此有如下例外（第524条第1款但书）：

[①] 参见〔日〕我妻荣：《新订债权总论》，岩波书店1964年版，第242页。Vgl. auch *Karl Larenz*, Lehrbuch des Schuldrechts, I. Band, Allgemeiner Teil, 14. Auflage, Verlag C.H. Beck, 1987, S.191—192.

[②] 参见〔日〕林良平、石田喜久夫、高木多喜男：《债权总论》（改订版），青林书院1990年版，第229页。

（1）根据债务性质只能由债务人履行的。此即以"一身专属的给付"为标的的债务。所谓一身专属的给付，即重视债务之人的要素，以债务人的个性、技能等为条件的给付。它可区分为"绝对一身专属的给付"与"相对一身专属的给付"。前者指如果债务人不亲自给付，便不得视作债权目的的给付，比如著名演员的演出、学者的讲演等；后者指如经债权人同意，可由第三人作出的给付，比如劳务人的劳务、保管人的保管等。不论哪种情形，其债务的性质决定不得由第三人任意清偿。[1]

（2）按照当事人的约定只能由债务人履行的。基于合同自由原则，当事人可以特别约定禁止第三人履行。如有此约定，当然不得由第三人履行。

（3）依照法律规定只能由债务人履行的。法律如有此种特别规定，便当然不得由第三人履行。

3. 一般第三人。一般第三人，即"具有合法利益的第三人"以外的其他第三人。由于对履行债务没有"合法利益"（独立的法律上的利益），因而一般第三人代为履行的正当性较有合法利益的第三人弱，故在解释上其成立要件自应增多。参照第 524 条第 1 款主文以及比较法，原则上一般第三人可以向债权人代为履行，但债务人有异议时，债权人可以拒绝一般第三人的履行。[2] 实务中宜注意以下几点：（1）第三人代为履行，债务人无异议时，债权人不得拒绝，因为债务以得由第三人履行为原则。（2）第三人的履行，债务人有异议的，债权人也可以不拒绝，于是第三人仍可以履行。[3]

另外，第 524 条第 1 款但书虽系针对有合法利益的第三人而言，对于一般第三人亦当然如此。

4. 法律效果。第三人清偿的法律效果，或谓应依其是否为有合法利益第三人之代为履行而异其效果，以一般第三人仅取得求偿权，而有合法利益之第三人并能承受债权人之债权，以确保其求偿权（又称"清偿代位"）。[4] 惟《民法典》第 524 条第 2 款文字上未作此区分，与其将其限定于有合法利益的第三人场合，不如依其字面语义包括一般第三人在内，更有利于解决实务问题。循此立场，第三人清偿的法律效果参照图 4.2.1：（1）第三人既可为清偿，第三人所作的履行提供发生与债务人的履行提供同样的效果，债权人无正当理由而不受领，可构成受领迟延。（2）如第三人清偿经债权人受领，并构成有效的第三人清偿，债权消灭。除第三人以赠与的意思为清偿的外（第 524 条第 2 款但书实寓有此意），因第三人清偿发生第三人与债务人之间的求偿关系，这便是清偿代位问题，故《民法典》第 524 条第 2 款规定，"债权人接受第三人履行后，其对债务人的债权转让给第三人，但是债务人和第三人另有约定的除外"。是故，此种法定的债权移转使债权相对于债权人消灭（相对消灭）的同时，使第三人在其清偿的限度内取代原债权人的地位。债权及其担保悉移转归该第三人享有，因

---

[1] 参见［日］我妻荣：《新订债权总论》，岩波书店 1964 年版，第 243—244 页；［日］林良平、石田喜久夫、高木多喜男：《债权总论》（改订版），青林书院 1990 年版，第 230 页。
[2] 参见我国台湾地区"民法"第 311 条第 2 项。
[3] 郑玉波：《民法债编总论》（修订二版），陈荣隆修订，中国政法大学出版社 2004 年版，第 475 页。
[4] 郑玉波：《民法债编总论》（修订二版），陈荣隆修订，中国政法大学出版社 2004 年版，第 475 页。

而，第三人的清偿仅发生使债权相对消灭的效果（对于原债权人而言归于消灭，但对于债务人而言，由于债权转归第三人享有，因而依然存在）。（3）在第三人的履行为不完全履行并债权人可请求完全履行场合，依具体情况，债权人可拒绝第三人的履行并请求债务人完全履行（追完请求）。

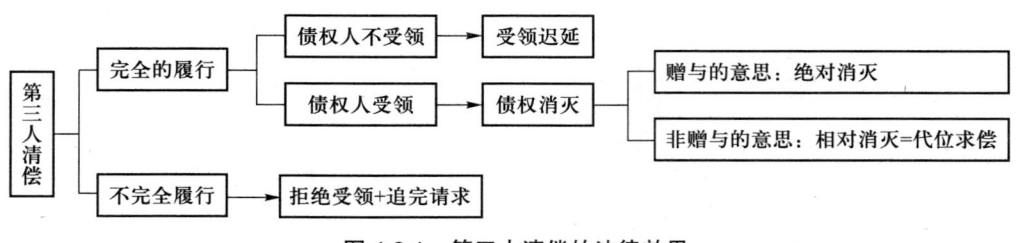

图 4.2.1　第三人清偿的法律效果

二、履行受领人

履行人须向谁履行，换言之，向谁履行方可构成有效的履行进而使债务人免责，是问题的所在。可以有效地受领履行的人，称为履行受领人。履行受领人原则上为债权人，然有两项例外：其一，虽是债权人，有时却不具有履行受领权限；其二，即使向不具有履行受领权限的人为履行，有时也可构成有效的履行。

（一）债权人

履行受领人原则上为债权人，但基于特别事由，债权人的受领权限可受到限制，典型的有：

1. 债权被扣押。以债权人代位权（《民法典》第535条）为例，债务人B怠于行使其对次债务人C的到期债权（参照图4.2.2），债权人A可向法院请求代位行使B对C的债权（将债权扣押），自C收到法院通知时起，应向A履行其对B的债务，B虽为C的债权人，却因其债权被扣押而丧失受领权，C若向B履行，并不构成有效的履行；A请求C履行时，

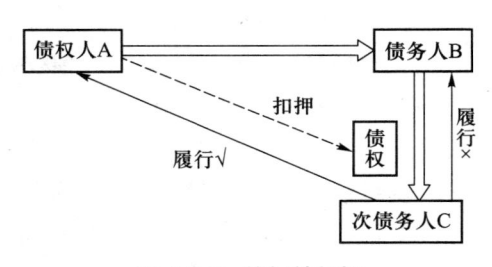

图 4.2.2　债权被扣押

C并不能以其已向B履行而为抗辩，仍须履行，否则构成债务不履行（违约）；惟C向B所为的履行，可构成不当得利，由C向B主张返还。

2. 债权人被申请破产。人民法院受理破产申请后，债务人的债务人或者财产持有人应当向管理人清偿债务或者交付财产（《企业破产法》第17条第1款）。债务人的债务人或者财产持有人故意违反前款规定向债务人清偿债务或者交付财产，使债权人受到损失的，不免除其清偿债务或者交付财产的义务（《企业破产法》第17条第2款）。债权人被申请破产后，便丧失了履行受领权（参照图4.2.3）。

3. 债权被质押。在债权被质押场合（参照图 4.2.4），债务人 C 自收到质押通知时起，便不应再向债权人 B 履行，否则，其履行不能够对抗质权人 A。

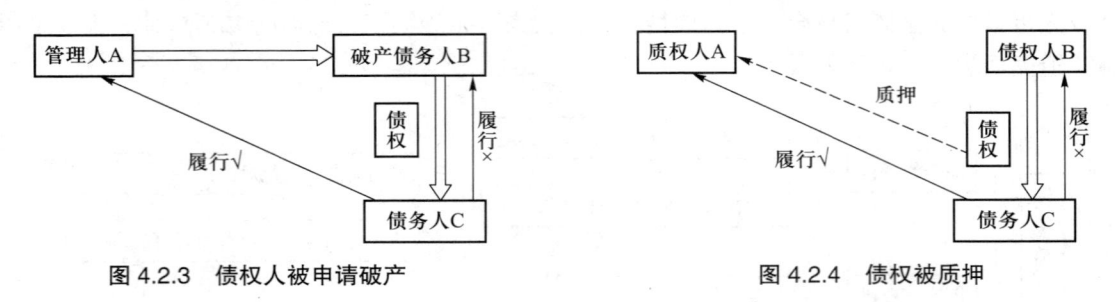

图 4.2.3　债权人被申请破产

图 4.2.4　债权被质押

（二）债权人以外的受领人

1. 有权代为受领人。除债权人外，拥有履行受领权限的人还包括债权人的代理人、债权收取的受托人、债权质权人、破产清算组、债权人代位权的行使人等。此类受领权人受领权的发生，或基于债权人的意思表示，或基于法律的直接规定。

2. 表见受领权人。向无履行受领权人所为的履行无效，本属当然之理，然自履行人的角度，受领人是否拥有受领权，判断困难的情形亦属有之，故现代民法确立一项规则：在若干受领人没有受领权的场合，如自外观上予人以拥有受领权的表象，仍认为履行人所为的履行有效。这项规则的法理基础为所谓"外观主义"，是保护交易安全的当然要求，对债务履行人予以特别的保护。另外，自利益衡量的角度考虑，以对表见受领权人的履行为有效的履行，是以牺牲债权人的利益为代价的，如果履行人具有过失仍然受此特别保护，则有失公平，故应要求履行人善意无过失。对表见受领权人的履行主要包括如下情形：

（1）对债权的准占有人的履行。债权的准占有人，指本非履行受领权人，但自一般的交易观念来看，具有使人信以为债权人且以为自己的意思行使债权的人。比如，债权让与无效场合债权的事实上的受让人、表见继承人、无记名债权证书的持有人、存折和印鉴的持有人等。

就对债权的准占有人履行的效果而言，在符合有效要件的场合，将使债权确定地消灭，履行人不得要求返还既已作出的给付，惟真正的债权人可向准占有人主张不当得利的返还，在准占有人具有故意或过失的场合，还可发生侵权行为的损害赔偿请求权。

（2）对诈称代理人的履行。诈称自己为债权人的代理人，从而受领债务履行的场合，基于保护交易安全的考虑，也可构成有效清偿。唯就其理论构成，并不统一。一类见解强调债权准占有人的构成须以自己为债权人，因而诈称代理人并非债权准占有人；另一类见解将诈称代理人亦作为债权准占有人；还有见解将表见代理法理作为理论构成。

（3）对收据持有人的履行。以持有订购牛奶的收据要求债务人履行为例，收据持有人纵非真正的债权人，但具有履行受领权的外观。债务人履行债务，只要善意无过失，便可构成有效清偿。

对于收据，应否要求其为真正的收据？伪造收据场合能否构成有效的清偿？一类见解主张，考虑到真正债权人的利益，收据须真实，在伪造收据场合不构成有效清偿。真正的收据，意指具有收据作成权限的人出具的收据，包括有权代理人制作的收据。只要收据是真实的，是否为盗得的抑或拾来的，均非所问。另一类见解则强调交易安全和对清偿人的保护，主张即使是伪造的收据，只要清偿人善意无过失，也可构成有效的清偿。两类见解，以前者为当。

（4）对债权证书持有人的履行。对于证券化了的债权证书，比如票据、债券等，只要背书连续，支付人没有恶意或重大过失，其对于债权证书持有人所作的清偿便为有效的清偿。此类债权证书，往往具有见索即付的效力，至于持有人如何取得该证书，不在考虑之列（票据行为的无因性），此为交易安全的当然要求。

第三节　多数当事人的债之关系

一、引言

多数当事人的债之关系，指一方或者双方当事人为复数主体的债之关系，简称多数人之债。

多数人之债可以从债发生时起便是多数人之债，比如甲、乙、丙三人共同出资30万元购买一辆汽车，该买卖合同的买受人便有多人。再比如，兄弟三人是房屋所有人的继承人，将继承的房屋出卖给夫妻二人，则在该房屋的买卖中，出卖人和买受人均为多数人。多数人之债也可以是债发生之后演变而来，比如房主出租房屋的合同，在房主去世后，由他的三个儿子依法定继承而继受出租人的合同地位。多数人之债不仅在合同场合发生，在侵权行为场合亦常有出现，以共同侵权为典型。多数主体的债之关系，较之单一主体的债之关系复杂，故法律有必要设专门规定。

《民法典》关于多数人之债有按份之债（第517条）与连带之债（第518—521条）之分。此种分类在原《民法通则》（第86条和第87条）便已确立。虽未明确规定，但按份之债是以"标的可分"为前提，故在解释上还应承认可分之债与不可分之债的类型。

"连带责任，由法律规定或者当事人约定"（《民法典》第178条第3款）。更确切地说，法律和法律行为（包括遗嘱这样的单方行为）是连带责任的源泉。如果不是因为法律，也不是因为合同约定，则不能作出结论认为多数人之债是连带之债，而只是按份之债。当然，这只能是债的内容允许的情况下（即债是可分的）；如果债的标的不可分（即不可分之债），那么，债务人应该是连带债务人，债权人应该是连带债权人。[①]

[①] ［苏］坚金、布拉图斯主编：《苏维埃民法》（第二册），法律出版社1957年版，第162—163页。

二、按份之债

（一）按份债权

债权人为二人以上，标的可分，按照份额各自享有债权的，为按份债权（《民法典》第517条第1款前段）。比如夫妻离婚，二人均不愿再居住于共有房屋，因此卖房场合与买受人特别约定，价款分半，分别付给两位共同出卖人。

（二）按份债务

债务人为二人以上，标的可分，按照份额各自负担债务的，为按份债务（第517条第1款后段）。其典型事例是，几位同学为庆祝考试结束一起到餐馆聚餐，餐费AA制，各自付账。

按份之债以"标的可分"为前提，依通常学理，是指一个给付分为数个给付时，无损于其性质或价值。[1]

（三）份额不明的处理

按份债权人或者按份债务人的份额难以确定的，视为份额相同（《民法典》第517条第2款）。

三、连带之债

连带之债，是以同一给付为标的，债务人或者债权人之间具有连带关系的多数当事人之债。其要点在于：（1）债之主体为多数；（2）以同一给付为标的，债是否可分，在所不问；（3）复数主体之间存在连带关系，即其债务或者债权具有共同目的，在债的效力及消灭上互有牵涉。在效力上有牵涉，例如就当事人一人所生的事项，其效力也及于其他当事人；在消灭上的牵涉，例如一债务人履行全部债务，其他债务人亦同免责任；一债权人为全部受领，其他债权人的权利亦同归消灭。[2]

连带之债区分为连带债务与连带债权二种。由于连带之债的特征在于其复数主体之间的连带关系，目的共同，效力及消灭上互有牵涉，故就其发生要求"由法律规定或者当事人约定"（《民法典》第518条第2款；另见第178条第3款）。

---

[1] 王家福主编：《中国民法学·民法债权》，法律出版社1991年版，第40页。
[2] 郑玉波：《民法债编总论》（修订二版），陈荣隆修订，中国政法大学出版社2004年版，第388页。

（一）连带债务

1. 总说。

债务人为二人以上，债权人可以请求部分或者全部债务人履行全部债务的，为连带债务（《民法典》第 518 条第 1 款后段）。以甲、乙、丙三人共同出资购买汽车为例，如果合同明确约定三人共同出资 30 万元，没有明确各自负责 10 万元，即可理解为三人所负系连带债务。出卖人既可以向三人中的任何一人要求支付 30 万元，也可以向三人中的两人要求支付 30 万元，还可以要求三人一起支付 30 万元。无论三人中的哪个人，只要支付 30 万元，出卖人的债权便获得实现，其他人的债务因此而消灭。此种对同一给付数人各负全部责任、因一人的全部给付即全归消灭的债务便是连带债务。

连带债务在性质上是复数债之关系抑或是单一债之关系，学说史上曾有争论，自 19 世纪中叶以来，"债务单一说"渐为"债务复数说"所取代。如今的通说认为连带债务为复数债之关系。

在"连带债务"之外，另有"连带责任"（《民法典》第 178 条）之概念，且民法中规定了许多发生连带责任的情形，故就连带债务与连带责任二者的关系，不可不知。自一般法理而言，责任是违反义务的法律后果，同时，民事责任又具有债的基本属性。因而，连带责任作为特殊的民事责任形式，仍具有连带之债的基本属性（权利人请求特定义务人为或者不为一定行为，《民法典》第 118 条第 2 款），故可以将连带责任作为连带债务的一种类型。

2. 连带债务的成立。

（1）法律行为。连带债务，"由法律规定或者当事人约定"（《民法典》第 518 条第 2 款）。因此，当事人当然可以通过合同约定连带债务。至于当事人的约定是否必须为"明示"，[①]立法未作要求，故解释上应认为明示或者默示均无不可。

（2）法律规定。法律规定连带债务的情形不乏其例，如法人分立后的法人对原义务承担连带债务（《民法典》第 67 条第 2 款）、数人设立法人未成功场合的设立人承担的连带债务（第 75 条第 1 款）、代理人和相对人恶意串通损害被代理人场合的连带责任（第 164 条第 2 款）、债务加入场合的连带债务（第 552 条）、共同侵权人的连带责任（第 1168 条、第 1169 条第 1 款）等。

3. 连带债务的效力。

（1）对外效力。对外效力即债务人与债权人之间的关系，主要是债权人的请求权问题。依第 518 条第 1 款后段，"债权人可以请求部分或者全部债务人履行全部债务"。可见，连带债务对于债权人非常有利，债权人可依其情形有多种主张权利的方式：

首先，债权人可以向全体债务人请求，也可以向其中的一人（比如最有资力者）或者数人主张。被请求者不得借口尚有其他债务人而推诿。

其次，债权人一次主张权利便达到目的，固然理想。一次主张未达其目的，仍不妨转换

[①] 明确要求明示或者排除默示（推定）的立法例有之，比如我国台湾地区"民法"第 272 条及《法国民法典》第 1310 条。立法推定连带债务者亦有之，比如《德国民法典》第 427 条。

目标再次主张或者多次主张,直到实现债权目的。债权人既可以在诉讼外主张,也可以通过诉讼主张。在后者场合,宜注意程序法相关问题。对一债务人之诉讼发生诉讼系属效力后,更向其他债务人起诉的,亦不得以诉讼系属为抗辩;甚至于判决之后,更向其他债务人起诉的,亦不得主张既判力的抗辩。[1] 本来,债权人如就同一债权提起了诉讼,不论其在裁判中抑或判决后,便不得再次或者三次提起诉讼,但由于连带债务是各自独立的复数债务,故有上述之可能。[2]

最后,债权人可以向债务人请求履行全部债务,当然也可以请求履行部分债务。请求履行全部债务时,被请求者不得以其分担部分为抗辩。在请求履行部分债务场合,被请求者虽已履行,但在连带债务获全部清偿前,就未获清偿部分仍与其他债务人负连带责任。

(2)就债务人一人所生事项的效力。连带债务人之一人与债权人之间所生事项,对于其他债务人的效力如何?因连带债务为复数债务,且各自独立,通常立法例以不生效力为原则,以生效力为例外。我国民法典对此虽未设明文规定,但立法者亦承认此原则与例外的存在。[3] 诸此事项中,仅就该债务人一人发生效力而对其他债务人不生效力的,称为生相对效力的事项;反之,对其他债务人亦生效力的,称为生绝对效力的事项。

生绝对效力事项的范围在不同立法例之间虽有差异(法国民法最广,德国民法最窄,日本民法介乎二者之间),但仍有一大致规律可循。第一,连带债务虽为各自独立的复数债务,但具有一个共同目的,故凡满足此目的的事项(如清偿及视同清偿的事项),均应生绝对效力;第二,虽非满足此目的的事项(如免除),但为避免循环求偿,以简化法律关系,便宜上亦应使之发生绝对效力。[4] 以下结合我国《民法典》第520条规定,具体说明。

一是生绝对效力的事项。部分连带债务人履行、抵销债务或者提存标的物的,其他债务人对债权人的债务在相应范围内消灭(《民法典》第520条第1款前段)。由此可知,在我国法上,生绝对效力的事项可包括债务人履行(清偿)、抵销、提存。关于抵销,此款仅规定债务人主张抵销,除此之外,债权人如对连带债务人中的一人主张抵销,实现其债权,亦应同此效果。

部分连带债务人的债务被债权人免除的,在该连带债务人应当承担的份额范围内,其他债务人对债权人的债务消灭(《民法典》第520条第2款)。比如甲、乙、丙三人对汽车出卖人丁负30万元的连带债务,其内部份额均等,如果丁仅免除甲一人的债务,并无消灭全部债务的意思,则乙丙二人仍应对丁负20万元的连带债务。由于此种债务免除在被免除之债务人应承担份额范围内发生绝对效力,故又称"限制的绝对效力"。此款规定的目的,在于避免求偿的循环。[5] 如此,在我国法上,生绝对效力的事项还包括免除。

---

[1] 郑玉波:《民法债编总论》(修订二版),陈荣隆修订,中国政法大学出版社2004年版,第392页。
[2] [日]本城武雄、宫本健藏编著:《债权法总论》,嵯峨野书院2001年版,第138—139页。
[3] 黄薇主编:《中华人民共和国民法典合同编释义》,法律出版社2020年版,第130页。
[4] 郑玉波:《民法债编总论》(修订二版),陈荣隆修订,中国政法大学出版社2004年版,第393页;[日]水本浩:《债权总论》,有斐阁1993年版,第184页以下。
[5] 郑玉波:《民法债编总论》(修订二版),陈荣隆修订,中国政法大学出版社2004年版,第397页;[日]本城武雄、宫本健藏编著:《债权法总论》,嵯峨野书院2001年版,第145页。

部分连带债务人的债务与债权人的债权同归于一人的，在扣除该债务人应当承担的份额后，债权人对其他债务人的债权继续存在（《民法典》第 520 条第 3 款）。这是另外一种"限制的绝对效力"事由。①债权和债务同归于一人，谓之"混同"，是债权债务终止的原因之一（《民法典》第 576 条）。债虽消灭，但债权人并未因此而获得满足，原不应发生绝对效力，然果如此，则混同的债务人，当然得以债权人资格，向其他债务人请求履行全部债务，然在受领清偿后，仍须以连带债务人中一分子的资格，向已为清偿的债务人偿还自己的份额。如此周折，诚属无谓。故立法采"限制的绝对效力"立场，在混同的债务人应承担的份额内，使其他债务人免责，仅就剩余部分承担连带债务。如此，在我国法上，生绝对效力的事项还包括混同。

债权人对部分连带债务人的给付受领迟延的，对其他连带债务人发生效力（《民法典》第 520 条第 4 款）。如此，在我国法上，生绝对效力的事项还包括受领迟延。

对于连带债务人中的一人发生诉讼时效中断效力的事由，应当认定对其他连带债务人也发生诉讼时效中断的效力（《诉讼时效解释》第 15 条第 2 款）。如此，依司法解释生绝对效力的事项还包括诉讼时效中断。惟自学理分析，连带债务因系各自独立的复数债务，履行请求并未被列入生绝对效力的事项，自民法对连带债务所作定义（《民法典》第 518 条第 1 款后段），债权人可以请求部分或者全部债务人履行全部债务，可知债权人对于部分债务人的履行请求，其效力并不及于其他债务人。否则，对于一债务人的请求，即等于向全部债务人的请求，则上述规定已属多余。债权人的履行请求只发生相对的效力，理应仅对该债务人发生诉讼时效中断的效力（《民法典》第 195 条第 1 项）。司法解释的上述规定，只宜作为保护债权人的特别规定。

除上述事由外，代物清偿是债权人受领他种给付，以代原定给付，从而使债之关系消灭，其效力与债务人履行相同，是否亦发生绝对效力？立法虽未明文规定，实务中可类推适用《民法典》第 520 条第 1 款，承认其发生绝对效力。故在解释上，还可承认有生绝对效力的事项——代物清偿。

二是生相对效力事项。因连带债务为复数债务，且各自独立，故就连带债务人中一人所生事项应以对其他债务人不生效力为原则，以生效力为例外。我国民法典对此虽未明文规定，但此基本法理当然存在。立法既已对生绝对效力的事项（例外）作出规定，那么，对未作规定者在解释上自可循原则对待，无待另行列举。学习者可对照比较法，另行总结。比如连带之免除。甲、乙、丙共同对丁负 30 万元连带债务，丁对甲表示免除其连带责任，则甲仅就其 10 万元份额负责，乙丙就其余 20 万元仍负连带责任。此种连带之免除（注意并非债务之免除），仅生相对效力。

（3）对内效力。对内效力，即债务人之间的权利义务关系，最主要的是追偿权问题。具体来说：

一是追偿权的概念。追偿权，或称求偿权（Anspruch auf Ausgleichung; Ausgleichungsan-

---

① 黄薇主编：《中华人民共和国民法典合同编释义》，法律出版社 2020 年版，第 133 页。

spruch），在连带债务场合，依《民法典》第 519 条第 2 款前段，"实际承担债务超过自己份额的连带债务人，有权就超出部分在其他连带债务人未履行的份额范围内向其追偿"。此项权利系请求权，且系基于法律规定而发生，或谓其为"不当得利返还请求权之别一形态"。[1] 法律基于公平的需要，规定连带债务内部的追偿权。

追偿权的成立既要求实际承担债务"超过自己份额"，故首先应能确定连带债务人的份额。

二是连带债务人份额的确定。首先，当事人可以在合同中特别约定。比如三人共同出资 30 万元购车，约定甲出资 15 万元，乙出资 10 万元，丙出资 5 万元。其次，法律可以有特别规定。比如《民法典》第 1203 条规定："因产品存在缺陷造成他人损害的，被侵权人可以向产品的生产者请求赔偿，也可以向产品的销售者请求赔偿。""产品缺陷由生产者造成的，销售者赔偿后，有权向生产者追偿。因销售者的过错使产品存在缺陷的，生产者赔偿后，有权向销售者追偿。"

在既无特别约定，又无法律特别规定的场合，"连带债务人之间的份额难以确定的，视为份额相同"（《民法典》第 519 条第 1 款）。

三是追偿权的成立。依《民法典》第 519 条第 2 款，连带债务人追偿权的成立须符合实际承担债务、共同免责、超过自己份额三个要件。以下分别说明。

"实际承担债务"，并非"债务承担"之谓，而是指连带债务人中之一人通过实际履行、代物清偿、提存、抵销等，使债权人的债权因实现其目的而相应消灭。混同及免除，债权人的债权并未因此而实际实现其目的，故解释上宜认为并不发生追偿权。

共同免责，指消灭全部或者部分债务。此项要件尽管没有直接出现在法条中，但在法理逻辑中当然存在。

超过自己份额，指共同免责的数额与实际承担债务者的份额相比有所富余。比如甲、乙、丙为连带债务人，债务总额为 30 万元，内部约定各自负担 10 万元，如果甲应债权人要求清偿了全部债务，固然可以就超过部分（20 万元）向乙和丙追偿；即便甲未全部清偿债务，而只是部分清偿（比如支付了 20 万元），那么他仍可以就超过部分（10 万元）向乙和丙追偿。此时甲究竟应如何追偿？方案一是向乙或者丙一次性主张 10 万元；方案二是只能分别向乙和丙各主张 5 万元。方案一虽未超出《民法典》第 519 条第 2 款的文义，似在其许可范围之内，然单以追偿权而论（不涉及后述代位权），其属性既定为不当得利返还请求权；而乙、丙二人均因甲的履行而同获部分免责，此种获利依其各自份额计量始为公平，故应以方案二为是。

四是追偿权的范围。追偿权的范围，通常可包括三方面内容：①超出部分的给付额；②免责时起的利息；③无法避免的费用（比如汇兑费、包装费、搬运费等）及其他损害的赔偿（比如因债权人提起诉讼或者申请强制执行而发生的诉讼费用、执行费用等）。[2] 对于第

---

[1] 郑玉波：《民法债编总论》（修订二版），陈荣隆修订，中国政法大学出版社 2004 年版，第 401 页。
[2] ［日］本城武雄、宫本健藏编著：《债权法总论》，嵯峨野书院 2001 年版，第 154—155 页。

③项，追偿权人应先扣除自己应分担的部分，其余部分再向其他债务人追偿。

五是追偿权的扩张。被追偿的连带债务人不能履行其应分担份额的，其他连带债务人应当在相应范围内按比例分担（《民法典》第519条第3款）。该规则被称为追偿权的扩张。其他债务人虽因同免责任而应按其份额对于追偿权人负偿还义务，但如不能偿还时，则其分担数额，自不能使求偿权人独自负担其损失，必须使其他债务人也参与分担，始昭公允。①比如，连带债务人S1、S2、S3、S4对于债权人G共负120万元债务，四债务人份额均等。S1应G的请求清偿了全部债务，可向其他三债务人各自追偿30万元。如果S4不能履行其应分担份额，则该部分债务（30万元）应由其他连带债务人（S1、S2和S3）按比例分担，亦即其他三个连带债务人按1∶1∶1的比例，进行分担。如此，S1就S4不能履行的部分，还可以向S2和S3各自额外追偿10万元。在此意义上，称追偿权的扩张。

六是追偿权人的代位权。依《民法典》第519条第2款前句后段，追偿权人"并相应地享有债权人的权利，但是不得损害债权人的利益"。这是一种与追偿权并存的权利，这种相应享有债权人权利的权利被称为"代位权"，其内容包括债权人相应的债权（一种法定的债权移转）、与债权人债权相伴的担保性从权利等。立法同时赋予追偿权人以代位权，立法目的在于强化实现求偿的手段。

代位权的首要内容既为债权人相应的债权，那么，对于实际承担债务超过自己份额的连带债务人而言，便享有两项竞合的请求权：求偿权和法定移转而来的债权人债权（die uebergegangene Glaeubigerforderung）。②二者存在差异，各有优缺点，权利人可择一主张，一个实现目的，另一个自然消灭。两种权利的差别体现在：①根据《民法典》第519条第2款后句"其他连带债务人对债权人的抗辩，可以向该债务人主张"，该债务人对债权人的抗辩，来源于该债务人与债权人之间的债之关系，故仅对代位权有效，对求偿权无效。如不明白这重道理，以为不论求偿权人基于哪个请求权主张，均可抗辩，则大错特错。②基于代位权主张代行债权人相应债权场合，该债权的从权利亦得行使（类推适用《民法典》第547条）。反之，在主张求偿权场合，则无从主张该等从权利。③两项请求权的诉讼时效不同。求偿权的诉讼时效从该权利成立时起算；代位之债权仍依其原有的诉讼时效。

代位权人可以代行债权人的权利，"但是不得损害债权人的利益"（《民法典》第519条第2款前句后段）。例如，在未全部清偿之前，即不得代位行使原债权人全部之担保权。易言之，该担保权仍应由原债权人优先行使。③

（二）连带债权

1. 总说。债权人为二人以上，部分或者全部债权人均可以请求债务人履行债务的，为连带债权（《民法典》第518条第1款前段）。比如，甲、乙、丙三人共同出卖共有的汽车

---

① 郑玉波：《民法债编总论》（修订二版），陈荣隆修订，中国政法大学出版社2004年版，第404页。
② Jauernig / Stuerner，§426 Rn 14, 21.
③ 郑玉波：《民法债编总论》（修订二版），陈荣隆修订，中国政法大学出版社2004年版，第405页。同旨另见黄薇主编：《中华人民共和国民法典合同编释义》，法律出版社2020年版，第128页。

于丁，约定各得向丁请求全部价款，丁向三人中的任何一人支付全部价款后，价款债权便消灭。

连带债权在性质上为复数债权，其要点有以下三个方面：（1）债权人为复数，彼此间具有连带关系。（2）有同一之给付。作为债之内容的给付，在内容上同一，在目的上也同一。（3）债权人均可以请求债务人履行全部债务。惟其如此，连带债权成其为复数债权，进而各债权得异其担保或期限等，就一债权人所生之事项，原则上仅生相对效力。

2. 连带债权的成立。

（1）法律规定。"法人分立的，其权利和义务由分立后的法人享有连带债权，承担连带债务，但是债权人和债务人另有约定的除外"（《民法典》第67条第2款）。设立人为设立法人从事的民事活动，"法人未成立的，其法律后果由设立人承受，设立人为二人以上的，享有连带债权，承担连带债务"（第75条第1款后段）。"因共有的不动产或者动产产生的债权债务，在对外关系上，共有人享有连带债权、承担连带债务，但是法律另有规定或者第三人知道共有人不具有连带债权债务关系的除外"（《民法典》第307条第一句前段）。

（2）法律行为。虽不排除依单方行为（如遗嘱）成立连带债权的可能，但连带债权的成立主要通过合同约定。毕竟连带债权对于债权人有时不利，故实际上依法律行为成立连带债权的究属不多。[1] 关于依法律行为成立连带债权，法律未作形式上的特别要求，依法律行为的一般规则，可以采取书面形式、口头形式或者其他形式（《民法典》第135条）。

3. 连带债权的效力。

（1）对外效力。连带债权的债权人既"均可以请求债务人履行债务"（《民法典》第518条第1款前段），自均可以受领给付。从债务人角度，无论哪个债权人受领其给付，一旦其按债务本旨履行，便当然发生债权消灭的效果，自无对其他连带债权人重复给付的必要。

（2）就债权人一人所生事项的效力。《民法典》就连带债权规定从简，仅于第521条第3款规定"参照适用"连带债务的有关规定。故就债权人一人所生事项的效力，自应参照适用该法第520条的规定。如此，就债务人向部分连带债权人履行、抵销债务或者提存标的物的，其他债权人对债务人的债权在相应范围内消灭。故诸此立法明定事项，属于发生绝对效力的事项。

部分连带债权人免除债务人债务的，参照《民法典》第520条第2款，在该连带债权人应当享有的份额范围内，其他债权人对债务人的债权消灭。比如G1、G2、G3对S享有150万元连带债权，在对外关系上每个连带债权人均可以请求S履行全部债务，对内约定每人分享50万元。如果G1向S表示免除其债务，该免除行为仅于G1分享的份额范围内发生效力（限制的绝对效力），即S获50万元的债务免除。此后，无论G2还是G3抑或二人一起，作为连带债权人，只能请求S给付100万元。

部分连带债权人的债权与债务人的债务同归于一人的（混同），参照《民法典》第520条第3款，在扣除该债权人应当享有的份额后，债务人对其他债权人的债务继续存在。

---

[1] 郑玉波：《民法债编总论》（修订二版），陈荣隆修订，中国政法大学出版社2004年版，第407页。

除上述事项外，其他就连带债权人一人所生事项，对于其他债权人是否发生效力，仍应审慎判断。大体而言，可以不生效力为原则，以生效力为例外。

（3）对内效力。对内效力，即连带债权人之间的相互关系。依《民法典》第521条第1款，"连带债权人之间的份额难以确定的，视为份额相同"。

另外，"实际受领债权的连带债权人，应当按比例向其他连带债权人返还"（《民法典》第521条第2款）。就连带债权人内部的返还义务而言，构成按份债之关系。

第四节 合同的内容

一、引言

合同的成立，只要求当事人就合同的最低限度的基本内容达成合意即可；合同的生效，也只是要求合同的内容确定、合法、具有社会妥当性。如此，既已成立和生效的合同如何履行，首先要确定其内容，然后才可能按其内容全面履行。确定合同的内容，是合同履行的基本前提，也是进而判断是否构成合同不履行（违约）的基本前提。

合同的内容由当事人约定，《民法典》合同编从有助于当事人缔约的立场出发，作了许多提示性规定。合同的内容虽写入合同条款，但合同条款只不过是合同内容的反映，其形式多种多样，由形式所表现出的内容才具有实质意义。

到何处寻找合同的内容？合同的内容既为当事人约定，自然先要查看当事人的具体约定，具体方式包括查看合同文本、询问证人等。这一过程在于探究当事人的合意。如当事人就某些内容没有达成合意，构成合同漏洞，就需要通过各种手段予以填补。合同漏洞的填补，有的可纳入当事人意思的范畴（比如补充协议、整体解释补充），有的则与当事人的意思无关（比如交易习惯补充、法律的任意性规范补充）。除此之外，法律可能作出一些规定，使某些权利义务构成合同的内容，这类合同内容并非出自约定（当事人的意思），而是出自法定。诸此统称为合同的解释。

《民法典》强调"全面履行"（第509条），不仅要求全面履行约定义务，也包括履行根据诚信原则、合同性质与目的以及交易习惯所发生的附随义务。合同作为债的发生原因，形成广义债之关系（Schuldverhaeltnis in weiteren Sinne），犹如有机体，得产生各种权利义务。[1]故学习合同法，首先应能掌握合同关系之作为广义债之关系的存在（比如买卖合同集合了出卖人负有的转移标的物所有权的义务以及买受人支付价款的义务）以及不同义务之间的内存关联。另外也应掌握合同中的狭义债之关系（Schuldverhaeltnis in engeren Sinne，指单个的给付关系，比如买受人支付价款的义务），特别是其标的（各种给付）的特别规则。以下，拟

---

[1] 债之关系得有狭义及广义两种，详见王泽鉴：《债法原理》，北京大学出版社2009年版，第4页；vgl. auch *W. Fikentscher/A. Heinemann*, Schuldrecht: Allgemeiner und Besonderer Teil, 11. Auflage, De Gruyter, 2017, S.22.

先自广义债之关系的角度，讲述给付义务、附随义务及不真正义务；再自狭义债之关系的角度，分析各种给付的特别规则。应注意，诸此狭义债之关系的特别规则，不仅适用于合同之债，亦得适用于非因合同产生的债之关系（《民法典》第 468 条）。

二、给付义务、附随义务及不真正义务

（一）给付义务

1. 给付。给付，即债的标的，是指债之关系上特定人之间可以请求的特定行为，不作为也可以为给付，且不局限于有财产价值。

2. 主给付义务与从给付义务。合同法上的合同关系是建立在主给付义务之上的。主给付义务，指合同关系所固有、必备，并且用以决定合同关系类型的基本义务，又称合同关系的要素。比如买卖合同中出卖人移转标的物所有权的义务和买受人支付价款的义务（《民法典》第 595 条）。就双务合同而言，此类主给付义务彼此构成对待给付关系。

除主给付义务外，合同关系上有时还有所谓从给付义务，其本身不具有独立的意义，仅具有辅助主给付义务的功能，其存在的目的不在于决定合同关系的类型，而是在于确保债权人的利益能够获得最大限度的满足。[①] 比如，在买卖合同场合，出卖人应当按照约定或者交易习惯向买受人交付提取标的物单证以外的有关单证和资料（《民法典》第 599 条）。另依通说，从给付义务与主给付义务一样，也可依诉请求履行。在双务合同中，一方的从给付义务与对方的给付，是否立于互为对待给付的关系进而发生同时履行关系，应视其对合同目的的达成是否必要而定。从给付义务的债务不履行，债权人能否解除合同，也应依此标准判断。

从给付义务的发生原因有三：其一，基于法律规定，比如委托合同场合，受托人应当报告委托事务的处理情况，委托合同终止时，应当报告委托事务的结果（《民法典》第 924 条）；受托人处理委托事务取得的财产，应当转交给委托人（《民法典》第 927 条）。其二，基于当事人的约定，比如甲出卖其经营的企业于乙，约定甲应提供全部经销商的名单，并且不得再从事相同的业务。其三，基于诚信原则及合同的补充解释，这在实务上最为重要，比如名犬的出卖人应交付血统证明书。

3. 第一次给付义务与第二次给付义务。给付义务还可分为第一次给付义务与第二次给付义务。前者是指作为合同本来目的的给付义务，后者则是替代原给付义务（不履行之际的填补赔偿）或者对其附加的给付义务（迟延赔偿）。换言之，第一次给付义务是指债之关系上的原有义务，例如，名马之出卖人所负交付其马并移转所有权的义务（主给付义务），及交付该马血统证书的义务（从给付义务）。所谓第二次给付义务，指原给付义务于履行过程中，因特殊事由演变而生的义务，其主要情形有二：（1）因原给付义务履行不能、履行迟延

[①] 参见王泽鉴：《债法原理》，北京大学出版社 2009 年版，第 29 页。

或不完全履行而生的损害赔偿义务。此种损害赔偿义务有替代原给付义务者,也有与原给付义务并存者。(2)合同解除时所生的恢复原状义务。依学者通说,第二次给付义务亦系根基于原来的债之关系,债之关系的内容虽因之而改变或扩张,但其同一性仍维持不变。[1]

(二)附随义务

1. 序说。在债之关系发展过程中,依其情形,除直接面向给付结果的给付义务外,对债务人而言尚有其他义务,包括当事人为缔结合同而接触、准备或磋商过程中的说明、告知、保密、保护等义务(先合同义务),实现给付结果的准备过程中的通知、协助、保密等义务(《民法典》第 509 条第 2 款),以及实现给付结果后为了保持此一结果应认有的合同终了后的通知、协助、保密、旧物回收等义务(《民法典》第 558 条,后合同义务)。此类义务之发生,实系以诚信原则为依据,并参酌交易习惯,在我国法上,更成为一类法定义务。对上述债之关系发展过程所发生的义务,有人将其统称为附随义务。本书则将它们分别称为先合同义务、附随义务和后合同义务。换言之,本书在狭义上使用"附随义务"一语,即指合同关系存续及履行过程中的通知、协助、保密等义务。

值得注意的是,为了落实党中央关于建设生态文明、实现可持续发展理念的要求,贯彻宪法关于保护环境的要求,以及贯彻总则编的绿色原则,[2] 立法者在《民法典》第 509 条新增了第 3 款,"当事人在履行合同过程中,应当避免浪费资源、污染环境和破坏生态"。环境法具有综合性、技术性、社会性及共同性的特点,[3] 严格以言,节约资源、保护环境和生态首先应是一种公法义务,是公民对于国家、对于社会的义务;如今,在"合同的履行"一章中规定,可以理解为公法义务的私法映照,在体系位置上可暂将它理解为一种特殊的附随义务,能否因其违反而使相对人获得赔偿请求权,殊值疑问。"民事主体不履行此项法定义务、其履约行为(事实行为)造成生态环境严重损害或者资源严重浪费的,构成权利滥用行为,法庭将依据该法第 132 条禁止权利滥用原则,责令禁止其履约行为或者追究其侵权责任。此种诉讼属于公益诉讼性质,应由当地人民检察院行使诉权,自不待言。"[4]

2. 附随义务与主给付义务及从给付义务的区别。

(1)附随义务与主给付义务之区别,学说上分为三点:第一,主给付义务自始确定,并决定债之关系的类型。反之,附随义务系随着债之关系的发展,于个别情况要求一方当事人有所作为或不作为,以维护相对人的利益,于任何债之关系(尤其是合同)均可发生,不受特定债之关系类型的限制。第二,主给付义务构成双务合同的对待给付,一方在对方履行之前有权拒绝其履行请求(《民法典》第 525 条)。反之,附随义务原则上非属对待给付,不发生同时履行抗辩。第三,因给付义务的不履行,债权人可以解除合同。反之,附随义务的

---

[1] 参见王泽鉴:《债法原理》,北京大学出版社 2009 年版,第 30 页。
[2] 石宏主编:《〈中华人民共和国民法典〉释解与适用[合同编]》(上册),人民法院出版社 2020 年版,第 92 页。
[3] 金瑞林:《中国的环境立法》,载[日]加藤一郎、王家福主编:《民法和环境法的诸问题》,中国人民大学出版社 1995 年版,第 388 页。
[4] 梁慧星:《合同通则讲义》,人民法院出版社 2021 年版,第 148—149 页。

不履行，债权人原则上不得解除合同，但就其所受损害，得依不完全履行之规定，请求损害赔偿。

（2）关于附随义务与从给付义务的区别，应以能否独立以诉请求履行为判断标准：能够独立以诉请求的为从给付义务，不能够独立以诉请求的为附随义务（德国通说）。[①] 换言之，从给付义务是可以请求履行的，与此不同，对于附随义务通常仅发生请求损害赔偿之问题。例如，甲出卖某车给乙，交付该车并移转其所有权为甲的主给付义务，提供必要的文件（如行驶证或保险合同书）为从给付义务，告知该车的特殊危险性，则为附随义务。

3. 附随义务的功能。附随义务的功能可区分为两种：（1）促进实现主给付义务，使债权人的给付利益获得最大程度的满足（辅助功能）。例如，花瓶的出卖人应妥为包装，使买受人能够安全携回；又如，牛肉面店之出租人不得于隔壁再行开店，从事竞争性营业活动等。（2）维护对方当事人人身或财产上利益（保护功能）。例如，雇主应注意其所提供的工具的安全性，避免受雇人因此而受损害；又如，油漆工人应注意不要污损定作人的地毯。须注意的是，兼具上述两种功能的附随义务亦属有之。如锅炉的出卖人应告知其使用上应注意的事项，一方面使买受人给付上的利益获得满足，另一方面亦维护买受人的人身或财产上利益不因锅炉爆炸而遭受损害。[②]

4. 附随义务的具体形态。附随义务应遵循诚信原则，根据合同的性质、目的和交易习惯具体地判断。换言之，应该放置在具体的合同关系"场"中加以判断，《民法典》第509条第2款就通常情形列举有通知、协助、保密等义务。

（1）通知义务。如依据诚信原则，当事人应主动地通知对方，此时便可认有通知义务的存在。就债务人的通知义务，在《民法典》中有许多明文规定，比如，标的物提存后，债务人应当及时通知债权人或者债权人的继承人、遗产管理人、监护人、财产代管人（第572条）。因不可抗力不能履行合同的，应当及时通知对方，以减轻可能给对方造成的损失，并应当在合理期限内提供证明（第590条第1款后段）。

另外，在解释上应当承认的通知义务，比如当事人分立、合并或者变更住所的，应当通知对方（参照《民法典》第529条）。

（2）协助义务。在融资租赁合同中，出租人、出卖人、承租人可以约定，出卖人不履行买卖合同义务的，由承租人行使索赔的权利。承租人行使索赔权利的，出租人应当协助（《民法典》第741条）。在承揽合同中，承揽工作需要定作人协助的，定作人有协助的义务。定作人不履行协助义务致使承揽工作不能完成的，承揽人可以催告定作人在合理期限内履行义务，并可以顺延履行期限；定作人逾期不履行的，承揽人可以解除合同（《民法典》第778条）。

（3）保密义务。依据《律师法》，律师应当保守在执业活动中知悉的国家秘密、商业秘密，不得泄露当事人的隐私（第38条第1款）。依据《医师法》，医师在执业活动中，有义

[①] 参见王泽鉴：《债法原理》，北京大学出版社2009年版，第31页。
[②] 参见王泽鉴：《债法原理》，北京大学出版社2009年版，第32页。

务尊重、关心、爱护患者，依法保护患者隐私和个人信息（第 23 条第 3 项）。

另外，依据合同解释可以认有的保密义务，比如雇佣合同中，女雇员向雇主反映遭受同岗位男雇员性骚扰、请求调换岗位并要求不要将事件公开时，雇主便有保密的义务；而雇主在员工大会上以调查和澄清事实为由，将事件公开，即构成对保密义务的违反。再如，工程技术人员不得泄露公司开发新产品的秘密，等等。

（4）其他附随义务。《民法典》第 509 条第 2 款的列举并未穷尽全部的附随义务，附随义务的类型及内涵尚在发展中，比如履行方式不明确的，按照有利于实现合同目的的方式履行（《民法典》第 511 条第 5 项），其中便蕴含一种附随义务，要求债务人在履行义务时应适当替债权人考虑。就其他的附随义务，择其要者，略述于下。

一是告知义务、说明义务。依据《民法典》，赠与人故意不告知瑕疵或者保证无瑕疵，造成受赠人损失的，应当承担赔偿责任（第 662 条第 2 款）。承运人应当严格履行安全运输义务，及时告知旅客安全运输应当注意的事项（第 819 条前段）。

另外，基于法律关系的性质，课以高度告知、说明义务的情形也是存在的。比如，经销商对于购买其微耕机的农民应负有培训或者安全警示的义务。[1]继续性合同关系（雇佣、租赁等），由于以高度的相互信赖为前提，便使得在当事人之间发生特别的义务。比如，在继续性交易关系上，卖主对于能够认识到的对方显见的错误应当适时地说明。另外，雇主对于能够直接引发合同关系解除的重大事由，在雇佣之时即应当向受雇人作出说明。

二是保护义务。保护义务，是指在由于合同接触（准备交涉、履行、受领等）而有发生侵害对方生命、身体、财产的可能性的场合，对于诸此法益不予侵害的义务。[2]

应该看到，保护义务与给付义务确实有着相当的独立性（参照图 4.4.1），比如保护义务在合同缔结阶段就可能发生，违反该义务将构成缔约上过失；而在合同存续和履行阶段，保护义务依然存在，且被认定为延续了合同缔结阶段的保护义务。其所要保护的法益，不是给付利益，而是相对人的维持利益或固有利益。

在我国法上，承运人在运输过程中，应当尽力救助患有急病、分娩、遇险的旅客（《民法典》第 822 条）。

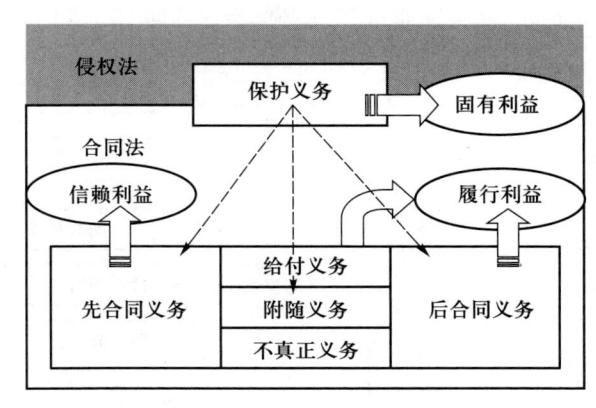

图 4.4.1　保护义务

在我国审判实务中，有判决认为："自 X 登记入住 Y 宾馆起，X 就与上诉人 Y 宾馆形成了以住宿、服务为内容的合同关系。在此合同中，Y 宾馆除应履行向 X 提供与其四星级收费

---

[1] 参见 2012 年 5 月 9 日 CCTV-13 新闻频道播出的《春耕时节，微耕机频频伤人》。
[2] 参见［日］奥田昌道：《契约法与不法行为法的接点》，载《民法学的基础课题》（中册），有斐阁 1974 年版，第 211 页。

标准相应的房间设施及服务的义务外，还应履行保护 X 人身、财产不受非法侵害的义务。"[1] 该判决肯定了保护义务作为一种附随义务的存在。

（三）不真正义务

合同债之关系，除给付义务及附随义务外，尚有不真正义务。不真正义务在保险法上最为常见，如在投保人、被保险人或者受益人知道保险事故发生后，应当及时通知保险人。故意或者因重大过失未及时通知，致使保险事故的性质、原因、损失程度等难以确定的，保险人对无法确定的部分，不承担赔偿或者给付保险金的责任（《保险法》第 21 条主文）；在合同有效期内，保险标的的危险程度显著增加的，被保险人应当按照合同约定及时通知保险人。否则，因保险标的的危险程度显著增加而发生的保险事故，保险人不承担赔偿保险金的责任（《保险法》第 52 条第 1 款及第 2 款）；不真正义务在民法上也有，比如减轻损害的义务（《民法典》第 591 条、第 893 条等）。

（四）体系构成

债之关系上的义务群，是债法的核心问题。在处理债之问题时，需要考虑的是，相对人负有何种义务，得否请求履行？得否主张同时履行抗辩权？违反义务时的法律效果，得否请求损害赔偿或解除合同？[2]

《民法典》合同编以主给付义务为规律对象，同时基于诚信原则的运用，由近而远，渐次发生从给付义务，以及其他辅助实现给付利益及维护他方当事人人身及财产上利益为目的的附随义务，组成了义务体系（参照图 4.4.2）。

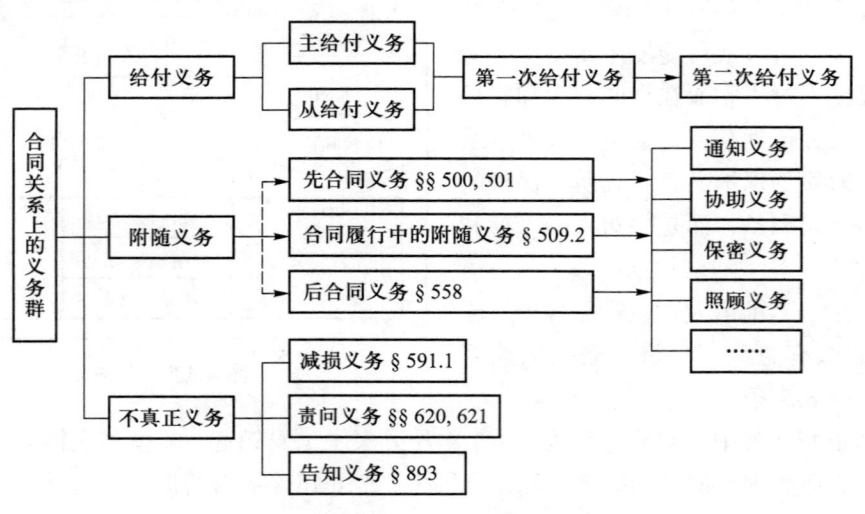

图 4.4.2 合同关系上的义务群

---

[1] 参见《王利毅、张丽霞诉上海银河宾馆赔偿纠纷案》，载《中华人民共和国最高人民法院公报》2001 年第 2 期。
[2] 参见王泽鉴：《债法原理》，北京大学出版社 2009 年版，第 37 页。

三、金钱的给付

（一）金钱之债的语义及种类

以支付金钱为内容的债，称为金钱之债。买卖的价款、借款、利息、租金、承揽的报酬、运输合同的票款或者运输费用、保管费、仓储费、物业费等，均属金钱之债。

金钱之债，通常置重于货币所表征的价值，币种不同，依其所表征的价值，彼此可以换算。是故，通常的金钱之债又称金额（货币）之债。

当事人特别约定以特定种类的通货（比如美元）进行支付场合，称为金种之债。当事人作此约定，或看重特种货币的保值率，或看重特种货币的稀缺性（比如因为受到国家外汇管制）。学说上又称此为相对金种之债。与之相对，另有绝对金种之债，系以一定数量的特定种类货币为标的的债，比如以收藏为目的，约定给付民国初年的袁大头银元一千圆。此种货币之债当事人重视货币的种类，并不注重其本来的效用，故其是否具有通用力在所不问，债务人须绝对以约定种类的货币为给付，惟得于同种类中有选择的自由，其实质与种类之债无异。

当事人如以金钱为特定物，比如约定封金之押运或者保管，则称特定金钱之债。此种债之关系，实质上属于特定物之债。

除上述类型外，金钱之债，依其使用的货币又可分为本国货币之债与外国货币之债，外国货币之债亦得区别金额之债、金种之债及特定金钱之债，自不待言。

（二）金钱给付的特别规则

以支付金钱为内容的债，除法律另有规定或者当事人另有约定外，债权人可以请求债务人以实际履行地的法定货币履行（《民法典》第514条）。

在具有涉外因素的合同中，当事人有时会约定以外国货币进行支付。相应的裁判文书往往会根据债权人的请求，判定以该外国货币进行支付。在实际履行时，便会遇到能否以本国货币进行支付的问题，上述规定意在解决该问题。该规定的积极意义在于，它明确了"实际履行地的法定货币"具有默认支付手段的地位。该规定与有些比较立法例不同，不是从债务人角度，而是从债权人角度进行的规定。在债权人要求以约定货币支付，而债务人以实际履行地的法定货币支付时，是否构成有效的履行？对此，上述规定并未回答。如从立法本意出发，即肯定实际履行地的法定货币具有默认支付手段的地位，只要债权人对于取得该外国货币不具有特别的意义，宜肯定债务人亦得选择以实际履行地的法定货币支付。

四、选择的给付

（一）选择之债的语义

债之标的起初有多项，经选择后确定其一为给付的，称为选择之债（Wahlschuld）。比如甲为祝贺乙考取清华大学，欲赠与乙一电子产品，乙表示想要华为笔记本，或者最新款华为手机，任由甲确定给付。又如20元一份之套餐，一荤两素，多种花样，任由顾客挑选。选择之债因选择而特定后，便变为单纯之债（einfache Obligation）。

选择之债的发生，既可以是基于当事人的约定，也可以是基于法律的规定（比如《民法典》第171条第3款、第582条、第588条第1款、第781条等）。

民法典虽未规定，但债之关系可以呈现为：虽以一个给付为标的，但债务人（或债权人）有权以其他给付代替本来给付。此为任意之债（Schuld mit alternativer Ermächtigung），其特点在于一方当事人有代用权或补充权（Ersetzungsbefugnis）。[1] 与选择之债自有不同。

（二）选择给付的特别规则

从多项标的中确定其一以为给付，被称为选择之债的特定。选择之债非经特定，无法履行。因而，选择之债的特别规则在于其特定的方法及效力。

1. 因选择而特定的场合

其包括以下五方面内容。

一是选择权人的确定。选择权人可以是债权人、债务人甚至第三人。选择权人的确定可以依当事人的意思，意思不明场合可以有交易习惯或者法律的特别规定。为了应对选择权人不明的情况，立法有必要规定默认的一般规则。《民法典》第515条第1款便是这种默认的一般规则，它规定：标的有多项而债务人只需履行其中一项的，债务人享有选择权；但是，法律另有规定、当事人另有约定或者另有交易习惯的除外。

二是选择权的行使方法。当事人行使选择权应当及时通知对方（《民法典》第516条第1款前段）。选择权属于形成权，其行使方式一如解除权或者抵销权，是以通知的方式。"及时"二字的出现，有别于解除权及抵销权行使方式（参见《民法典》第565条第1款及第568条第2款），宜理解为鼓励选择权人尽早行使选择权，以使法律关系尽早趋于确定，成为单纯之债。

三是选择的效力发生时间。行使选择权的"通知到达对方时，标的确定"（《民法典》第516条第1款前句后段）。行使选择权意思表示的生效采"到达主义"，不论该意思表示是口头、书面抑或其他形式。对该意思表示，在解释上宜类比承诺的意思表示，可以撤回，不可以撤销。

---

[1] 史尚宽：《债法总论》，台北自刊本1990年版，第273页；[日]水本浩：《债权总论》，有斐阁1993年版，第17页。

四是选择权的移转。享有选择权的当事人在约定期限内或者履行期限届满未作选择，经催告后在合理期限内仍未选择的，选择权转移至对方（《民法典》第 515 条第 2 款）。该规则不仅适用于选择权归属于债务人的情形，也可以适用于选择权归于债权人的情形。不过，如果选择权归属于第三人，而第三人在约定的期限内或者履行期限届满未作出选择，在解释上宜认为选择权归属于债务人，以符合《民法典》第 515 条第 1 款的原则精神。

五是选择的效果。选择"通知到达对方时，标的确定"（《民法典》第 516 条第 1 款前段后句）。可见，选择之债选择效果的发生在我国法上并无溯及效力，[①] 而是自通知到达对方时发生标的确定的效果。"标的确定后不得变更，但是经对方同意的除外"（《民法典》第 516 条第 1 款后段）。

2. 因不能而特定的场合。"可选择的标的发生不能履行情形的，享有选择权的当事人不得选择不能履行的标的，但是该不能履行的情形是由对方造成的除外"（《民法典》第 516 条第 2 款）。[②] 比如债之标的是要么给付波斯猫 A，要么给付橘猫 B。在选择权人作出选择之前，波斯猫 A 不幸亡故（给付不能）场合，不论其为自始不能抑或嗣后不能，选择之债便没有什么好选择的了，因而当然特定，故立法规定选择权人不得选择不能的给付。

该款但书的意义在于，不能履行如系因对方造成，选择权人仍得选择不能的给付。比如，A 猫如因债权人的过失致死，且债务人有选择权，债务人则可以选择 A 猫作为债务履行的标的物。A 猫既死，债务人的债务便消灭；可是，如果债权人有对待给付义务（比如支付价款），则债务人仍得请求债权人履行。

第五节　履行地点、期限、顺序和费用

一、履行地点

履行地点又称清偿地，是债务人应为履行行为的地点。不在履行地点履行，即难谓合乎债务本旨，而不能发生清偿的效力。

（一）履行地点的语义

履行地点所具有的法律意义体现在：

1. 其可作为违约与否的判断标准之一，债务人如在一个错误的地点提交履行，则通常构成违约；债权人如将履行地点判断错误，导致在约定的时间没有受领履行，则会构成受领

---

① 比较法上采溯及效力者，比如《德国民法典》第 263 条第 2 款、《日本民法典》第 411 条。
② 该款存在汉语表达错误，即"标的发生不能履行"以及"不能履行的标的"，因为债之标的是"给付"（Leistung），又称"履行"，不能履行的是债务，而不是给付（履行），所以只要说给付不能或者履行不能即可；说履行不能履行，便是叠床架屋。将该款与《德国民法典》第 265 条以及《日本民法典》第 410 条第 1 款对照阅读，即明白何谓正确的表达。

迟延。

  2. 其也可作为诉讼管辖的准据之一，如当事人未通过协议约定管辖（《民事诉讼法》第35条），可由合同履行地人民法院管辖（《民事诉讼法》第24条、[1] 第272条）。

  针对民事诉讼管辖问题，最高人民法院在司法解释中作出了具体化规定。合同约定履行地点的，以约定的履行地点为合同履行地。合同对履行地点没有约定或者约定不明确，争议标的为给付货币的，接收货币一方所在地为合同履行地；交付不动产的，不动产所在地为合同履行地；其他标的，履行义务一方所在地为合同履行地。即时结清的合同，交易行为地为合同履行地。合同没有实际履行，当事人双方住所地都不在合同约定的履行地的，由被告住所地人民法院管辖（《民诉法解释》第18条）。财产租赁合同、融资租赁合同以租赁物使用地为合同履行地。合同对履行地有约定的，从其约定（《民诉法解释》第19条）。以信息网络方式订立的买卖合同，通过信息网络交付标的的，以买受人住所地为合同履行地；通过其他方式交付标的的，收货地为合同履行地。合同对履行地有约定的，从其约定（《民诉法解释》第20条）。

（二）履行地点的确定

  1. 依合同确定的履行地点。履行地点通常会在合同中作出约定，或可从合同中确定。雇员通常应到雇主的场所或由雇主指定的其他场合工作；餐饮公司要将饭食送至顾客指定的地点；如出卖人负担货物的配送，则通常是将货物交付给承运人才算完成了履行。[2]

  合同生效后，当事人就履行地点没有约定或者约定不明确的，可以协议补充；不能达成补充协议的，按照合同有关条款确定（参照《民法典》第510条后句前段），比如按照债的性质，房屋的装修，应在房屋所在地进行；而汽车的修理，则应开往汽车修理厂。

  2. 依交易习惯确定的履行地点。在当事人没有约定，又没有达成补充协议场合，如果有相关的交易习惯，则可以依交易习惯确定合同债务的履行地点（参照《民法典》第510条后句后段）。比如银行的客户如果要取钱，通常是要到银行营业地或银行设置的自动取款机所在地；车站、码头的物品寄存，应在该寄存场所履行债务；城市居民购买大袋的米面，通常由出卖人送至买受人的住所。

  3. 由法律规定的履行地点。关于合同的履行地，如当事人没有约定，没有达成补充协议，也不能依据交易习惯确定的，依《民法典》第511条第3项的规定。

  （1）往取债务的原则。以债务人的住所地为履行地的，称为"往取债务"；以债权人的住所地为履行地的，则称为"赴偿债务"；以将标的物送至债权人、债务人住所地或营业地以外的第三地的，称"送付债务"。原《民法通则》第88条第2款第3项采债务往取主义的立场，《民法典》合同编继续保持了这一立场。这一规则是符合如下原则的，即在存有疑问场合推定债务人承担最轻的债务。

---

[1] 《民事诉讼法》第24条规定："因合同纠纷提起的诉讼，由被告住所地或者合同履行地人民法院管辖。"
[2] See Lando and Beale, *Principles of European Contract Law*, Kluwer Law International, 2000, Article 7:101, Comment B.

（2）例外。一是给付货币。给付货币的，在接受货币一方所在地履行（《民法典》第511条第3项前段）。金钱债务通常是以债权人所在地为履行地点，又称"债务人找债权人"，该规则让债务人自由选择其给付金钱的方式，并承担金钱传送途中的风险，故债权人对债务人给付金钱的方式无权干涉。对此存有例外，《票据法》第23条第3款规定："汇票上未记载付款地的，付款人的营业场所、住所或者经常居住地为付款地。"二是交付不动产。在合同债务的内容是交付不动产场合，以不动产所在地为合同债务的履行地。

《民法典》第511条所谓人（债权人或债务人）的"所在地"，与同条所谓物（不动产）的"所在地"互为对应。不动产的所在地不生疑义；而人的所在地却可有多种理解，不可不察。此所谓人的"所在地"，宜理解为人的"住所"，在自然人为其经常居所或户籍登记或者其他有效身份登记记载的居所所在地（《民法典》第25条），在法人为其主要办事机构所在地（《民法典》第63条）。如果法人有数个住所，则根据具体情况，依与合同有最密切联系的地点为其所在地。另外，当事人的住所发生变更的情形并非没有，立法对此虽未作规定，在解释上宜认为以合同订立时为判断标准，因为订立合同时当事人会合理考虑的只能是当时的住所地，并以此为基础作合理的计算和安排。如事后住所变更，并因此而致债务人履行费用增加，增加的部分，原则上应由住所变更的一方负担；另外，因此而增加的风险，也应当由住所变更的一方负担。

二、履行期限

（一）履行期限与履行期

当事人对合同履行的时间因素所作的约定，在我国原来的立法中称"履行期限"，[①] 或称"履行期"。[②] 那时的立法上并没有特别区分履行期限与履行期，但严格地说，二者并不完全一样。故学者建议将用语统一为"履行期限"，[③]《民法典》最终采纳了这一建议。以下分别说明两个概念的内涵及差异。

凡债务必有履行期。履行期，即债权人可向债务人请求给付的时期，就债务人而言，是其应履行其债务的时期，是应作出其负担给付的时期（又称清偿期）。[④] 就此语义分析，履行期是一个时间点，到了该时间点，就可以说债务"到期"（英：due；德：fällig）了。所谓债务"到期"（旧称"届期"），指的便是到了履行期或者清偿期。到期而不履行，且无正当理由的，便可以说是履行迟延。对于继续性债务，当然也有履行迟延问题。相应地，作为判断标准之一，其履行期也只应理解为一个时间点（a precise moment），而不应理解为一个时间

[①] 比如原《民法通则》第88条第2款；原《合同法》第12条第1款第6项、第30条、第62条第4项、第94条第2项、第108条等。
[②] 比如原《物权法》第174条、第186条、第196条等；原《担保法》第18条、第25条、第26条等。
[③] 韩世远：《合同法总论》（第四版），法律出版社2018年版，第354页。
[④] ［日］奥田昌道编：《新版注释民法（10）Ⅰ》，有斐阁2003年版，第445页。

段（not a period of time），尽管该债务的履行需要持续一段时间。

履行期限既可表现为一个时间点，比如，于5月10日下午3点交付"华为"某款笔记本电脑一台；也可表现为一段期间，比如，到本月底之前支付价款若干或者到8月15日之前交付某物，则该期间的末尾具有确定期限的意义，自不待言。[①] 由此看来，在前者场合，履行期限与履行期是一致的；在后者场合，二者并不一致，履行期只是履行期间的末尾时点。当然，这通常是以期限利益归属于债务人或者归属于双方为理想模型得出的结论，如果期限利益仅归属于债权人，结论有别，容于后述。

（二）清偿期限的确定

1. 约定的履行期限及按照交易习惯确定的履行期限。如当事人已在合同中明确约定履行期限，自应按约定履行，否则，可构成履行迟延。

当事人在合同中没有明确约定履行期限，仍可通过达成补充协议的方式予以补救（参照《民法典》第510条前段），其补充协议构成合同的组成部分。

如约定不明，又不能达成补充协议，则应当按照合同有关条款或者交易习惯确定（《民法典》第510条后段）。所谓按照合同有关条款，比如按照债务的性质，如果订购尚未收获的苹果，须以收获季节为履行期。所谓交易习惯，既可以是某个行业内通行的惯例，也可以是特定当事人之间的商业惯行。

2. 期限不明。《民法典》第511条第4项规定："履行期限不明确的，债务人可以随时履行，债权人也可以随时请求履行，但是应当给对方必要的准备时间。"这当然有个前提，即当事人就履行期限没有约定或者约定不明，又不能够通过协议补充，也不能按照合同有关条款或者交易习惯确定。当然，这一规定并非强制性规范。

3. 法律的特别规定。除《民法典》合同编通则分编的一般规定外，在典型合同分编也有一些关于履行期限的具体规定，比如第674条（借款利息支付期限）、第675条（还款期限）、第721条（租金支付期限）、第782条（承揽合同报酬支付期限）、第899条（保管期限）、第914条（储存期限）。当然，这些规定也不是强制性的。

（三）履行期限的效力

1. 期限利益及其效力。直到期限到来为止当事人享受的利益称为期限利益。像约定无息借款至年底的情形，其期限利益属于债务人。而在无偿保管场合，寄存人对于寄存至期限结束具有利益，此期限利益便是为债权人目的。在附利息的借款合同场合，期限利益则是为债权人和债务人双方的。[②] 就履行期限而言，债务人就期限的存在而享受的利益，即在期限到来前可以不履行债务；债权人就期限的存在而享受的利益，比如在期限到来前可以不受领给付、可以就期限届至前的期间享有利息；等等。

[①] ［日］我妻荣：《新订债权总论》，岩波书店1964年版，第103页。
[②] ［日］川井健：《民法概论1 民法总则》（第三版），有斐阁2005年版，第305页。

履行期限有为债务人利益的，有为债权人利益的，也有为双方当事人利益的。关于债务可否提前履行，要看履行期限是为谁的利益而设。如果履行期限是为债务人的利益而设的，债务人可以在期满前偿还债务，而债权人则只有在期限届满时才有权请求履行。反之，如果履行期限是为债权人利益而设的，那么债权人有权请求提前履行，但债务人非得债权人同意，是不能提前清偿债务的。[①] 如果履行期限是为双方当事人利益而设的，则双方须严格依期限履行。不过，应当注意的是，最高人民法院《民间借贷解释》第 30 条作了特别规定："借款人可以提前偿还借款，但是当事人另有约定的除外。""借款人提前偿还借款并主张按照实际借款期间计算利息的，人民法院应予支持。"如当事人没有明确约定或依债务性质不能确定属于哪种情形，则原则上以期限利益系为债务人而设，此为大多数立法例所采。《民法典》第 601 条规定："出卖人应当按照约定的时间交付标的物。约定交付期限的，出卖人可以在该交付期限内的任何时间交付。"该条规定是学习《联合国国际货物销售合同公约》第 33 条的规定，在解释上，可认为具有推定期限利益系为债务人利益而设的功能。不过，这种推定可以被当事人明确的意思推翻。

期限利益可以放弃，此在期限利益仅为一方当事人存在时，并无疑义。比如无利息借款合同中的借款人，可以随时返还借款；无偿保管合同的寄存人可以随时领取保管物（可参见《民法典》第 899 条第 1 款）。在期限利益为对方而存在时，在学说上有的主张根本不许放弃，亦有人主张只要赔偿对方的损失，还是可以放弃的。[②] 后者亦为日本判例立场，本书认为其更为符合实际。

期限利益亦可基于一定的事由而丧失，比如，"未到期的债权，在破产申请受理时视为到期"（《企业破产法》第 46 条第 1 款）。

2. 提前履行的效果。债务人可否提前履行，应依期限利益的归属不同而判断。《民法典》第 530 条第 1 款规定，债权人可以拒绝债务人提前履行债务，但是提前履行不损害债权人利益的除外。

3. 履行期限系确定期限的，期限徒过，债务人便当然陷于履行迟延，无须另行催告，这便是"期限代人催告"原则，是德国、日本等大陆法系国家的通行做法。我国《民法典》强调合同义务的全面履行（第 509 条第 1 款），其中包括确定履行期限的即应当于期限内履行。否则，债务人即陷于迟延，无待债权人另行催告，司法实践中向来也是如此。惟对往取债务或其他以债权人的协助为必要的债务以及票据债务，存在例外。对不确定期限的债务，比如，约定某人死亡之日给付某物，宜认为原则上自债权人通知或债务人知道期限到来时起，发生履行迟延；但依据诚实信用原则，债务人履行其债务需要一段合理时间的，可以存在例外。在履行期限不明确场合，以经过催告为必要，始发生履行迟延。[③]

4. 履行期限届至，债务人依债务本旨提供履行，而债权人拒绝受领或不能受领者，自该时起债权人应负受领迟延的责任。

---

① 佟柔、赵中孚、郑立主编：《民法概论》，中国人民大学出版社 1982 年版，第 150 页。
② ［日］我妻荣：《新订民法总则》，岩波书店 1965 年版，第 422 页。
③ 韩世远：《履行迟延的理论问题》，载《清华大学学报（哲学社会科学版）》2002 年第 4 期，第 46 页以下。

5. 在履行期限届满之前，当事人一方明确表示或以自己的行为表明不履行主要债务，对方当事人可解除合同（参照《民法典》第 563 条第 1 款第 2 项）；当事人一方迟延履行主要债务，经催告后在合理期限内仍未履行的，对方可以解除合同（《民法典》第 563 条第 1 款第 3 项）；当事人一方迟延履行债务致使不能实现合同目的的（所谓"定期行为"场合），对方可以解除合同（参照《民法典》第 563 条第 1 款第 4 项）。

6. 法定抵销以当事人互负的债务且对方的债务到期为必要（参照《民法典》第 568 条第 1 款）。

三、履行顺序

双务合同如何履行，会有履行顺序问题。在我国法上，履行顺序决定当事人之间究竟是同时履行抑或异时履行，相应的履行抗辩权也有差异。由此观之，履行顺序是个重要问题。

履行顺序如何确定呢？当然首先要看当事人的约定，如果有约定，依约定；如果没有约定，则可依法律规定或者交易习惯确定；如果仍不能确定，则以同时履行为原则。

当事人的约定，直接表明顺序的，当然依其约定，比如，甲方先付款，乙收款后采购材料并进行加工，先后顺序井然。有时当事人并没有这样约定，而是约定了履行期限，这时，履行期限与履行顺序便会发生关系。履行期限有时直接决定着债务何时到期，故可以从履行期限的截止时间点来判断履行顺序。但应该注意，二者之间并不具有必然联系，而期限利益的归属会增加变数，是个不容忽视的问题。

如果期限利益归属于债权人，则履行期限的截止时间点并不一定具有决定意义。比如，A 与 B 约定，A 向 B 出售 92# 汽油 100 吨，价格为每吨人民币 6 900 元。A 的债务履行期限是 1 月 30 日至 4 月 30 日，在履行期限内随时由 B 到 A 的营业地自提；B 支付价款的履行期限为 2 月 28 日下午 3 时。假如 B 在 2 月 27 日到 A 营业地要求提货，那么，2 月 27 日 A 的债务便到期，而不是 4 月 30 日。在此场合，A 并不享有也无法主张履行期限未届满的抗辩。

履行顺序的判断，本身是个合同解释问题。通过上面的事例可以看出，履行顺序虽与履行期限具有关系，但仍要结合期限利益的归属，具体地判断履行顺序。在前述设例中，B 支付价款的履行期限为 2 月 28 日下午 3 时，是固定期限；A 的履行期限表面上看似固定，但由于期限利益归属于 B，B 具有了依自己便利决定的自由，因而实质上具有了灵活因素。B 在 2 月 27 日要求履行，A 的债务的到期日便是 2 月 27 日。相应地，A 的债务履行在前，B 的债务履行在后。假如 B 不是在 2 月 27 日要求履行，而是在 3 月 1 日开始要求履行，A 的债务的到期日便是 3 月 1 日，该合同的履行顺序则变成 B 的债务履行在前，A 的债务履行在后。

《民法典》第 525 条规定的当事人互负债务"没有先后履行顺序"，如欲理解其含义，宜先理解该法典第 526 条规定的"有先后履行顺序"。什么是互负债务"有先后履行顺序"呢？依什么标准判断有先后履行顺序呢？人们通常能够接受的标准恐怕就应该是债务"到期"的时间点,也就是说,人们根据债务的到期时间点的先后判断债务履行顺序的先后。明白了这一点,所谓互负债务"没有先后履行顺序",大致可包括两种情形:(1)双方债务的到期时间相同的情形;(2)当事人对于双方债务的到期时间没有约定的情形。

四、履行费用

(一)履行费用的语义

履行费用,是指履行债务所必要的开支,比如包装费、运送费、汇费、登记费、通知费等。

(二)履行费用的负担

1. 固有的履行费用。固有的履行费用,指在一般情形下履行债务所必要的费用,此费用如何负担?《民法典》第511条第6项前段规定,"履行费用的负担不明确的,由履行义务一方负担"。据此,可以区分为负担明确与不明确两类情形。

(1)负担明确。履行费用的负担或是基于法律的明确规定,或是基于当事人的特别约定,只要是明确的,自应依之行事,不生疑问。

(2)负担不明确。如履行费用的负担不明确,依《民法典》第510条,双方当事人可以协议补充;不能达成补充协议的,按照有关条款或者交易习惯确定。如此仍不能确定的,则依照《民法典》第511条第6项前段,由履行义务一方负担。

2. 增加的履行费用。增加的履行费用,指在固有的履行费用之外,由于特别的事由而增加的履行费用,可区分为因债权人方面的事由而增加的费用和因债务人方面的事由而增加的费用。

(1)因债权人方面的事由而增加的费用。"因债权人原因增加的履行费用,由债权人负担"(《民法典》第511条第6项后段)。比如,因债权人变更住所而导致履行费用增加,增加的费用应由债权人负担。另外,债权人受领迟延致使履行费用增加,债权人请求对物品特别包装而增加费用,债权人请求将物品送往履行地之外的地点而增加费用,因债权转移而增加费用,等等,均应由债权人负担。

另外应当注意的是,履行费用应由债权人负担时,债务人只能于履行后请求返还,或自给付额中扣除,而不能提出同时履行之抗辩。[1]

(2)因债务人方面的事由而增加的费用。债务人提前履行债务给债权人增加的费用,由债务人负担(《民法典》第530条第2款)。债务人部分履行债务给债权人增加的费用,由债务人负担(《民法典》第531条第2款)。

---

[1] 郑玉波:《民法债编总论》(第十五版),三民书局1996年版,第535页;[日]本城武雄、宫本健藏编著:《债权法总论》,嵯峨野书院2001年版,第238页。

第六节　涉他合同的履行

一、向第三人履行的合同

（一）向第三人履行合同的语义

向第三人履行的合同，又称为"为第三人的合同"或"利他合同"，是指有将合同所生之权利直接归属于第三人（合同当事人以外之人）之内容的合同。[①] 例如 X、Y 约定，由 Y 向 Z 给付某物，则 Z 取得直接向 Y 请求交付该物的权利。其中，X 是债权人，亦称为要约者或受约人；Y 是债务人，亦称为诺约者或约束人；Z 是第三人，又称为受益人。合同的当事人是 X 和 Y（是双方的合同而非三方的合同，尽管有三边关系[②]），X 是以自己的名义而非以 Z 的代理人的身份与 Y 缔结合同（参照图 4.6.1）。

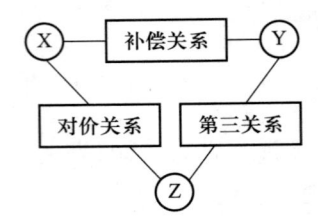

图 4.6.1　向第三人履行合同的关系结构

向第三人履行的合同在现代社会中随处可见，例如，保险合同以第三人为受益人，使之取得保险金请求权；货运合同使收货人取得提货的权利；邮政汇款合同使收款人取得请求兑领汇款的权利。

向第三人履行的合同，仅以使第三人取得直接请求的权利（使合同的效果部分地归属于第三人）为其特点，此外则与普通合同无异，并非与买卖合同、赠与合同等相对立的特殊合同。这时，其普通的合同称为基本行为，而基本行为的法律关系，称为补偿关系。例如，买卖合同附带约定将标的物交于第三人，或将价款付给第三人时，则买卖合同为基本行为，而向第三人给付的约定，即为第三人约款。

（二）向第三人履行合同的要件

1. 须约定由一方当事人向第三人履行。给付的种类并无限制，而第三人亦不限于自然人，法人或其他组织亦无不可。另外，也非必须限于当时现存之人，将来可产生之人，比如胎儿或设立中的法人，也可以成为合同的受益人。[③] 当事人在订立合同中有一方向第三人履行的意思即可。

---

① 参见[日]我妻荣：《债权各论》上卷，岩波书店 1954 年版，第 113—114 页。《德国民法典》第 328 条称之为利益第三人的合同（Vertrag zugunsten Dritter），谓约定由债务人向债权人之外的第三人履行的债务法上的负担合同。Vgl. *Jauernig/Stadler*, Jauernig BGB Kommentar, 12. Auflage, Verlag C.H. Beck, 2007, § 328 Rn.1.
② Vgl. *Jauernig /Stadler*, Jauernig BGB Kommentar, 12. Auflage, Verlag C.H. Beck, 2007, § 328 Rn.8.
③ 参见[日]我妻荣：《债权各论》上卷，岩波书店 1954 年版，第 120 页。Vgl. auch *Jauernig / Stadler*, Jauernig BGB Kommentar, 12. Auflage, Verlag C.H. Beck, 2007, § 328 Rn.13.

2. 须使第三人对于债务人取得权利。

（1）须使第三人取得权利。通常情形下，该权利体现为直接请求给付的权利，若仅约定向第三人给付，而不使第三人对于债务人取得直接请求给付的权利，则为"不纯正的向第三人履行合同"，[1] 又称为经由所谓被指令人而为交付，[2] 而非此处所谓向第三人履行的合同。当然，在判断是属于向第三人履行的合同还是属于不纯正的向第三人履行合同时，应依具体合同内容及交易习惯进行解释。例如，X 在 Y 花店订购鲜花一束，约定使花店店员送至女友 Z 的住所，通常属于不纯正的向第三人履行的合同，此时 Y 仅向 X 负有债务，而不对 Z 负有债务，故 Z 并没有直接向 Y 请求给付的权利。

（2）第三人所取得的权利通常为债权。第三人基于其所享有的债权请求给付，由债务人的给付而取得物权或其他权利。

（3）第三人取得的权利是直接由合同发生的，而非由债权人继受取得，与债权让与自有不同。[3]

（4）向第三人履行的合同只能给第三人设定权利，而不得为其约定义务。[4] 当然，这并不妨碍基于法律规定（比如《民法典》第 830 条规定了收货人及时提货的义务）、合同性质和目的以及交易习惯，对第三人可得认有若干附随义务或不真正义务，这些义务与合同约定的给付义务并不相同。

原《合同法》第 64 条并没有明确规定第三人是否享有履行请求权，导致我国在学理解释上存在分歧。《民法典》第 522 条新增第 2 款，明确了第三人履行请求权的取得及其救济。

3. 须债权人亦有请求债务人向第三人履行的权利。向第三人履行的合同，不但使第三人取得直接请求履行的权利，即使在合同当事人之间，债权人亦有权请求债务人向第三人履行。

（三）向第三人履行合同的效力

1. 对于第三人的效力。第三人因该合同而直接取得履行请求权，此请求权与一般债权无异。债务人未向第三人履行债务或者履行债务不符合约定的，第三人可以请求债务人承担违约责任（《民法典》第 522 条第 2 款前段）。故于履行障碍场合，第三人仍得享有第二次的请求权，请求损害赔偿等。[5] 另外，第三人并非合同当事人，亦不参与合同的缔结，故其无权主张撤销合同，也不适用代理的规定。[6]

---

[1] 参见郑玉波：《民法债编总论》（第十五版），三民书局 1996 年版，第 392 页；同旨参见 [日] 我妻荣：《债权各论》上卷，岩波书店 1954 年版，第 117 页。Vgl. auch *Stadler*, Jauernig BGB Kommentar, 12. Auflage, Verlag C.H. Beck, 2007, § 328 Rn.3.

[2] 参见王泽鉴：《民法物权》，北京大学出版社 2009 年版，第 95—96 页。

[3] 德国通说见解亦以第三人权利的取得为原始性的（originaer），而非继受取得（Durchgangserwerb），第三人并非债权人权利的受让人。Vgl. *Jauernig / Stadler*, Jauernig BGB Kommentar, 12. Auflage, Verlag C.H. Beck, 2007, § 328 Rn.15.

[4] 参见崔建远主编：《合同法》（第四版），法律出版社 2007 年版，第 36 页。

[5] Vgl. *Jauernig / Stadler*, Jauernig BGB Kommentar, 12. Auflage, Verlag C.H. Beck, 2007, § 328 Rn.15—16.

[6] Vgl. *Larenz/Wolf*, Allgemeiner Teil des Buergerlichen Rechts, 9. Auflage, Verlag C.H. Beck, 2004, § 23 Rn.119.

第三人虽取得直接请求履行的权利，但该权利非经第三人为"受益的意思表示"，则不确定；第三人一经为受益的意思表示，当事人即不得再变更或撤销该合同，第三人取得的权利便告确定。此所谓受益的意思表示，是第三人欲享受合同所定利益的单方意思表示。该第三人得作出受益的意思表示的地位，性质上属于形成权，由于其具有较强的财产色彩，通常宜理解为可构成继承、债权人代位权等的客体。第三人受益与否的意思表示原则上可向合同当事人任何一方作出。另外，此项受益的意思表示通常被理解为纯获利益的行为，故第三人虽为限制民事行为能力人，亦可单独作出，不必经法定代理人追认。

《民法典》第522条第2款推定第三人有受益的意思表示，"第三人未在合理期限内明确拒绝"，便当然确定取得履行请求权。第三人对于当事人之一方，表示不欲享受其合同利益的，推定为自始未取得其权利。因为第三人享受其利益与否，有其自由，在无任何表示前，其权利虽取得而不确定，在表示欲享受其利益时，其权利始归确定；若不表示欲享受其权利，反而表示不欲享受其利益时，则已取得而未确定的权利，即被推定为自始未取得，亦即溯及地消灭。

2. 对于债权人的效力。债权人是向第三人履行合同的当事人，可请求债务人向第三人履行，自属当然。但须注意，债权人债权的内容与第三人债权的内容并不相同，即第三人可请求债务人向自己履行，而债权人只有请求债务人向第三人履行，而不能请求向自己履行。债务人不履行其债务（违约）时，第三人的损害赔偿请求权与债权人的损害赔偿请求权在内容上亦不相同，即第三人系请求赔偿未向自己履行所生的损害；而债权人则只得请求赔偿未向第三人为履行所生的损害。[①] 以前述铁路货物运输合同为例，如Y没有履行或没有完全履行货物运输合同，则X可就运费主张同时履行（在后付场合）或请求损害赔偿（已付场合）；而在货物受损场合，如货物风险在X与Z的分配上仍归属于X，则X可就货物的损毁请求损害赔偿。在货物的风险已转归Z承担的场合（参照《民法典》第607条第2款），Z可就货物的损毁向Y请求赔偿，如果运费是由X支付，Z无权就运费损失向Y主张赔偿。

债权人既为合同的当事人，如具备《民法典》第147—151条规定的要件，可以请求人民法院或仲裁机构撤销合同。

第三人在为受益的意思表示以前，债权人的权利既已存在。因此，债务人不提供履行场合，须对债权人负迟延责任。

第三人如只是拒绝为受益的意思表示，尚不得径谓债务人的债务因不可归责的事由而致履行不能，惟于确定事实上亦不受领时，始为履行不能。不过，即便是在这种场合，亦不能即断定合同本身的效力丧失。而应根据合同趣旨具体判断，债权人指定别的第三人（比如保险合同）的场合，或保有请求向自己履行之权利的场合，亦属有之，对此须予注意。[②]

另外，第三人在作出了受益的意思表示之后，因其不受领构成受领迟延的，可减轻债务人的责任（在对债权人的关系上）。

---

① 参见郑玉波：《民法债编总论》（第十五版），三民书局1996年版，第394页。
② 参见［日］我妻荣：《债权各论》上卷，岩波书店1954年版，第126页。

在第三人作出受益的意思表示之后，债务人不履行债务或者履行债务不符合约定的，第三人可以请求债务人承担违约责任，《民法典》第522条第2款对此已明确规定。此外，在解释上也应认为债权人亦得请求债务人向第三人赔偿；在对于使债务人向第三人履行具有特别利益场合，债权人仍有其独立的损害赔偿请求权。

在债务人违约场合，且在符合解除权发生要件的前提下（参照《民法典》第563条第1款等），债权人可否解除合同，素有争论。如得第三人同意，自然可解除合同。在第三人的权利确定后，如未经第三人同意，可否直接行使解除权呢？对此存在肯定说与否定说。本书认为以采肯定说为当。（1）在基本行为为双务合同场合，债权人在使第三人拥有债权的同时，自己也对债务人负有对待给付义务，债务人违约致使合同目的不能实现，债权人通过行使解除权而达到自己债务解放的目的，正是解除制度的重要功能之一。（2）对于向第三人履行的合同，如当事人无特别约定，即推定债权人保留有解除权，这通常符合当事人的意思。（3）第三人如因债务人违约而遭受损害，其损害赔偿请求权不因合同解除而归于消灭，因而，其利益并不当然因债权人解除合同而受损害。

3. 对于债务人的效力。债务人属于合同的当事人，对于第三人直接负担债务，并可以合同所生"对债权人的抗辩"，对抗受益的第三人（《民法典》第522条第2款后段）。这是因为第三人所取得的权利，来源于债权人与债务人之间的合同，因而由该合同所发生的一切抗辩，债务人自得以之对抗受益的第三人。

如基本行为属于双务合同，因债务人对第三人负担的债务与债权人对债务人负担的债务具有牵连关系，故在解释上宜认为可产生同时履行抗辩（《民法典》第525条）及风险负担（《民法典》第604条等）规则的适用。[①]

二、由第三人履行的合同

（一）由第三人履行合同的语义

由第三人履行的合同，[②]或称担保第三人履行的合同，是指以担保第三人的履行为合同标的的合同。该合同属于广义的担保行为之一种，其目的在于确保他人的履行。通过这样一份独立的协议，债务人负担的义务是，在第三人没有按债务人与债权人合意的方式行为时，则由债务人负赔偿责任。[③]这种担保第三人履行的合同经常发生，只不过它们不易辨别罢了。

---

① 参见［日］竹屋芳昭：《为第三人的契约》，载《契约法大系Ⅰ》，有斐阁1962年版，第283页。
② Vgl. *Theo Guhl*, Das Schweizerische Obligationenrecht, 9. Auflage, Schulthess Zuerich, 2000, S.176.《瑞士债务法》第111条则明文规定了"第三人负担的合同"。"第三人负担的合同"一语为《瑞士债务法》第111条边注标题，惟此语易让人误解，实际上第三人并没有真的因为他人的合同而负担债务。真正的"第三人负担的合同"其实是有悖于意思自治的，瑞士法不承认之，德国法原则上亦不承认此种合同。Vgl. *Larenz/Wolf*, Allgemeiner Teil des Buergerlichen Rechts, 9. Auflage, Verlag C.H. Beck, 2004, § 23 Rn.115.
③ Vgl. *Honsell/Vogt/Wiegand* (Hrsg.), Obligationenrecht I (Basler Kommentar zum Schweizerischen Privatrecht), 3. Auflage, Helbing & Lichtenhahn, 2003, Art. 111 Rn.1.

例如X与Y约定，由Y负责使Z为X篆刻印章两枚。此时X为债权人，亦称受约人或受益人；Y为债务人，亦称诺约人或约束人；Z为第三人。

（二）由第三人履行合同的要件

1. 合同在债权人与债务人之间签订。债权人（X）与债务人（Y）是合同当事人，第三人（Z）并非合同当事人，其亦不因为该合同而变成债务人。该合同仅在债务人与债权人之间发生法律效力，因而，第三人是否有行为能力、是否因另一法律关系而对债务人或债权人负担了"被担保的"履行，对于"由第三人履行的合同"的生效而言是无关紧要的。[1] 依据该合同，债务人向债权人约定，由某第三人向债权人作出合同具体要求的履行。债务人是以自己的名义、依自己的计算并以自己的风险缔结该合同。该合同所发生的债务是由债务人负担，而非由第三人负担。[2] 因此，债务人并非以第三人的代理人身份缔结合同，第三人不履行债务或者履行债务不符合约定的，应由债务人承担违约责任。

2. 合同的目的是要确保他人的履行。债务人所允诺者并非自己的履行，而是第三人确定的或者可得确定的行为。担保义务的标的乃是一项结果，该结果并非取决于债务人，而是外在于他的一项"履行"。该合同的规范目的不在于令第三人负有履行的义务或者作出履行的授权。第三人的行为（作为一种履行）是否具有金钱价值、是否需要债权人受领，均非所问。

3. 债务人的债务是独立的主债务，而非像保证人的债务那样具有附从性。[3] 从《民法典》第523条的规定看，并未规定"由第三人履行的合同"是与另外一个合同（人们惯称的"主合同"）一起缔结的。

4. 由第三人履行的合同是双方法律行为，但通常仅一方负有义务，亦即仅债务人负有义务。仅在债权人对债务人支付了风险补偿场合，始成立双务合同。另外，该合同通常是不要式的。[4]

需要注意的是，"由第三人履行的合同"并不解决以下问题：（1）债权人是否对于第三人享有直接的履行请求权。这种直接的履行请求权并非"由第三人履行的合同"的一项要件，而且它的成立必须通过另外一份合同，也就是债务人与第三人之间缔结的真正的"向第三人履行的合同"来完成，并非基于该"由第三人履行的合同"而产生。（2）第三人是否负担债务。第三人是不可以因"由第三人履行的合同"而负担债务的，否则，将动摇私法自治的根基。即使第三人确实负有向债权人直接履行的义务，该义务的发生也只能是基于另外的合同（向第三人履行的合同），而非基于"由第三人履行的合同"。"由第三人履行的合同"

---

[1] Vgl. *Honsell/Vogt/Wiegand*（Hrgs.）, Obligationenrecht I（Basler Kommentar zum Schweizerischen Privatrecht）, 3. Auflage, Helbing & Lichtenhahn, 2003, Art.111 Rn.2.
[2] Vgl. *Theo Guhl*, Das Schweizerische Obligationenrecht, 9. Auflage, Schulthess Zuerich, 2000, S.176.
[3] Vgl. *Fritz Funk*, Handkommentar des Obligationenrechts, Verlag H. R. Sauerlaender & Co., 1928, S.97.
[4] Vgl. *Honsell/Vogt/Wiegand*（Hrgs.）, Obligationenrecht I（Basler Kommentar zum Schweizerischen Privatrecht）, 3. Auflage, Helbing & Lichtenhahn, 2003, Art.111 Rn.7.

中所提到的第三人的"履行"行为（作为或不作为），可能是法律上承认的债务（比如基于债务人与第三人之间的合同）指向的行为，也可能不是法律上承认的债务而是道义上的债务（比如基于债务人与第三人之间的情谊关系），也可能根本不基于任何债务。

（三）由第三人履行合同的效力

首先，第三人不因该合同的订立而负给付义务。因为由第三人履行的合同，只能在合同当事人之间有其效力，第三人并非合同当事人，故不能因之而直接负担义务。因而 X 与 Y 之间只能约定由 Y 使第三人 Z 向 X 履行，而不能约定直接由 Z 负给付义务。

其次，第三人既不因此项合同负给付义务，则其履行与否，纯属自由，若不履行，则不问其理由如何，债务人须向债权人承担违约责任。当然，《民法典》第 523 条并非强行规定，如当事人有特别约定，仅当债务人有过错时始负违约责任；如债务人已尽其力，纵第三人不履行，依当事人的特别约定，债务人亦可不负违约责任。

再次，债务人的违约责任，原则上为损害赔偿责任，所赔偿者为债权人的履行利益。[1] 债务人的违约责任并非代为履行的责任（此点与保证人的责任不同），亦即债务人无为该合同本来给付的义务。但所约定的履行，非专属于第三人一身时，而实际上由债务人代为履行，或较赔偿损害更能适合当事人双方的利益，此种情形下，债务人如欲代为履行，债权人亦不得无故拒绝。[2]

最后，在保证场合，保证人承担保证责任后，除当事人另有约定外，有权在其承担保证责任的范围内向债务人追偿，享有债权人对债务人的权利，但是不得损害债权人的利益（参照《民法典》第 700 条），即追偿权和代位权。但在由第三人履行的合同场合，债务人向债权人承担了违约责任后，对于第三人是否有追偿请求权，完全取决于二者之间的具体关系。通常来说，此种情况下不产生追偿权[3]，更不存在代位权。

第七节　双务合同的履行抗辩权

一、概述

债务的履行只要不是同时进行，而存在时间差，即可谓存在一方授予相对人信用（简称"与信"）。与信结果的发生，或基于事务的性质，比如一方债务的履行需经历较长时间，承揽、租赁等属之；或基于当事人意思，比如约定一方先履行，相对人过若干时间后再履行。现代市场经济是信用经济，信用的授予无时不在，无处不有。而与信结果本身与风险相伴，

---

[1] Vgl. *Theo Guhl*, Das Schweizerische Obligationenrecht, 9. Auflage, Schulthess Zuerich, 2000, S.176; *Fritz Funk*, Handkommentar des Obligationenrechts, Verlag H. R. Sauerlaender & Co., 1928, S.97.
[2] 参见郑玉波：《民法债编总论》（第十五版），三民书局 1996 年版，第 390—391 页。
[3] Vgl. *Fritz Funk*, Handkommentar des Obligationenrechts, Verlag H. R. Sauerlaender & Co., 1928, S.97.

与信人要冒相对人失信的风险。对于双务合同，基于双方债务之间的牵连关系，尚可发生双务合同履行中的抗辩权。通过行使抗辩权，也可发挥防范信用风险、增益债权实现的功能。

双务合同履行中的抗辩权，是在符合法定条件时，当事人一方对抗对方当事人的履行请求权，暂时拒绝履行自己债务的权利。《民法典》中虽未直接使用"抗辩权"这一概念，但在第525条以下规定了双务合同履行中抗辩权的实质内容，包括同时履行抗辩权、先履行抗辩权和不安抗辩权。

双务合同履行中的抗辩权，是双务合同效力的体现，属一时的抗辩，并无消灭对方请求权的效力，只是一时地拒绝对方的履行请求，中止履行，一旦抗辩事由消失，债务人仍应履行其债务。

行使双务合同履行中的抗辩权，是权利的正当行使，而非违约；应受法律保护，不得令权利人承担违约责任。审判实务中或有把不安抗辩权、同时履行抗辩权的行使当作"双方违约"处理的情形，应予纠正。

二、同时履行抗辩权

（一）同时履行抗辩权的含义及根据

同时履行抗辩权，通常是指双务合同的一方当事人，在对方当事人未为对待给付以前，可拒绝履行自己债务的权利。此类同时履行抗辩权，可称为典型（纯粹型）的同时履行抗辩权。另外，就准用或类推适用同时履行抗辩权的情形，可称为同时履行抗辩权的扩张（扩张型）。

就同时履行抗辩权，学说大多基于双务合同的牵连性构造其理论基础。双务合同建立在"汝与则吾与"原则之上，一方当事人所以愿意负担给付义务，意在使对方当事人因此也负有对待给付义务。给付与对待给付具有不可分离的关系，称双务合同的牵连性，具体分为发生上的牵连性、存续上的牵连性以及履行上的牵连性（参照图4.7.1）。

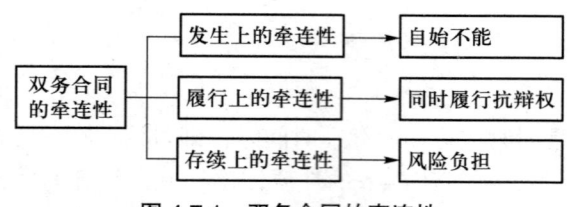

图 4.7.1 双务合同的牵连性

发生上的牵连性，指给付与对待给付在发生上互相牵连，一方的给付义务不发生，对方的对待给付义务也不发生。比如，双务合同因一方当事人无行为能力致使其债务不发生，则对方的债务也不发生。这是双务合同性质上当然的结论，无须法律特别规定。

存续上的牵连性，指双务合同一方当事人的债务因不可归责于双方的事由而履行不能时，债务人的给付义务免除，债权人的对待给付义务也随之免除，这里涉及风险负担问题。

履行上的牵连性，指双务合同的当事人一方所负给付与对方所负对待给付互为前提，一方不履行其义务，对方原则上亦有权不履行。履行上的牵连性典型地表现为《民法典》第525条规定的同时履行抗辩权。

同时履行抗辩以诚信原则为基础，体现"一手交钱，一手交货"的交易观念，具有双重机能：担保自己债权的实现（你不交货，我不付款）；迫使对方履行合同（你要我付款，必须同时交货）。同时履行抗辩制度可借此两种机能，促使当事人履行其合同上的义务，具有诉讼经济的意义。法律设立同时履行抗辩权，目的在于维持双务合同当事人间在利益关系上的公平。一方不履行自己所负义务而要求对方履行义务，有悖于公平观念。

（二）同时履行抗辩权的成立要件

1. 须因同一双务合同互负债务。同时履行抗辩权的发生根据在于双务合同履行上的牵连性，它适用于双务合同（包括不完全双务合同，比如无偿委托合同，参照图4.7.2）。

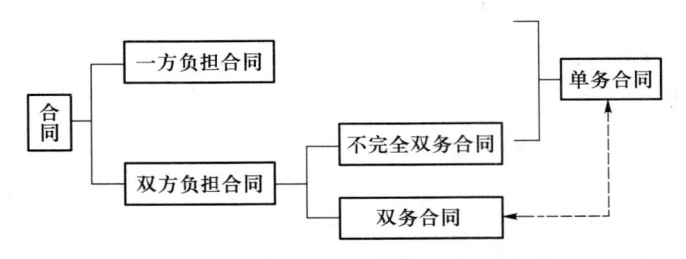

图4.7.2 一方负担合同与双方负担合同

《民法典》第525条所谓"当事人互负债务"，是指因双务合同而互负债务，主要包括买卖、互易、租赁、承揽、建设工程及有偿委托等。合伙就互约出资而言具有对待性，故通说上认为系属双务合同；惟因其是以经营事业为目的，与买卖合同等以交换给付为主要目的的双务合同究有不同。因此，在二人合伙的情形，同时履行抗辩固可适用；但在三人以上合伙的情形，似不应适用。[1]

双方互负的债务既系基于双务合同而发生（双务性），自应要求双方债务之间具有对价性。原则上可立于对价关系的双方债务，应限于双方的主给付义务，此系就纯粹型的同时履行抗辩权而言。惟一方的从给付义务可否与对方的主给付义务立于同时履行关系，于后述同时履行抗辩权的扩张部分分析。

基于双务合同的债务，如属向第三人履行的合同，在债权人为对待给付前，债务人原则上亦有同时履行抗辩权。

2. 对方的债务及自己的债务均已到期。同时履行抗辩权的发生，要求双方的债务均已到期。到期，即到了履行期。履行期与履行期限不完全一样，[2]以下区分履行期限为一期间场合及为一时点场合，分别说明。

---

[1] 参见王泽鉴：《民法学说与判例研究》（第六册）（第五版），台北自刊本1991年版，第148页。
[2] 韩世远：《合同法总论》（第四版），法律出版社2018年版，第354页及第387页以下。

在履行期限是一期间（a period of time）场合，所谓"到期"通常可以理解为该期间届满的时间点。如果期限利益归属于债权人，则履行期限的截止时间点并不一定具有决定意义。（事例详见本章第五节"三、履行顺序"部分）

在履行期限为一时间点（a precise moment）场合，债务"到期"指的便是到了约定的时间点，既可以说"届至"，也可以说"届满"；此时区分究为"届至"抑或"届满"，已无实质意义。

《民法典》第525条字面上虽然规定了"没有先后履行顺序"这一限定，尚不应就此作反面解释而排斥其他情形下亦可得发生同时履行抗辩，就后者可认定《民法典》存有法律漏洞。换言之，《民法典》只规定了履行期自始相同（没有履行先后顺序）的情形，而忽略了还可能存在债务履行期自始不同的情形。① 其实，作为同时履行抗辩权的要件之一，正如我妻荣先生所言，只是要求该权利行使之际对方的债务已在履行期而已，非谓须履行期自始相同。②

就履行期自始不同的情形，仍有必要区别类型，具体分析：(1) 先履行义务人的履行（给付）作出后，对方的履行（给付）始属可能的场合（比如，一方先准备好设施，对方再利用之提供劳务的场合），自不待言；(2) 对方先获得先履行方履行的利益后，再作出对待给付，此种意旨反映于合同中的场合（出租人、受托人的先履行义务一般属此）；(3) 依合同意旨，先由一方履行，对其履行所提交的给付，经对方确认后再为对待给付的（比如，出卖人将标的物送交指定场所，并经买受人检查后，再支付价款的场合）；等等。对于后履行义务人的履行虽定有期限，其期限亦属第二次的期限，苟有先履行方未作出履行，须视为后履行义务人的履行期并不到来，从而，先履行义务人并不取得同时履行抗辩权。③ 此类情形，本书称之为双方债务的履行存在有机的牵连关系，亦即一方的履行以另一方的履行为当然的前提。与之相对，如双方债务的履行并不存在此种有机的牵连关系（无机的牵连或机械的关联）。比如，甲应于6月3日给付乙面粉50公斤，乙应于6月10日给付甲大豆50公斤，以为互易。如果到了6月11日，乙始要求甲履行其债务，此时甲能否要求乙同时履行，否则即拒绝自己的履行呢？此时，双方的债务履行之间，并非有机的牵连，一方的债务并非当然地要以另一债务的履行为前提（否则即无法进行），故不妨认有同时履行抗辩权的存在。对于"后发型同时履行抗辩权"，作为填补漏洞的方法，可类推适用《民法典》第525条。

从要求双方债务均已到期，可引出如下问题：履行期限届满前是否有同时履行抗辩权发挥作用的余地？

如果一方的债务尚未到期，则该方可以直接以此为由拒绝履行，无须另行求助于同时履

---

① 履行期自始不同，虽非属原《合同法》第66条所定"没有先后履行顺序"的情形，亦不妨发生同时履行抗辩权，这并非什么奇谈怪论，在日本民法学说上属于相当自然的事情，可参见［日］我妻荣：《债权各论》上卷，岩波书店1954年版，第91页以下；［日］铃木禄弥：《债权法讲义》，创文社1995年版，第291页。
② ［日］我妻荣：《债权各论》上卷，岩波书店1954年版，第91—92页。
③ ［日］我妻荣：《债权各论》上卷，岩波书店1954年版，第92页。

行抗辩权。但是，履行期限利益原则上在于债务人，因而，他可根据自己的便利自主决定何时履行。履行期间的约定不应理解为只是为了拖到期限的最后一刻再履行，更为合理的解释是，履行期间是为了给当事人以更大的灵活性。如果只是为了拖到最后一刻，当事人根本没有必要约定一个期间，完全可以直接约定一个时间点。

明白上述一层意思，那么债务人可以根据自己的需要，在履行期间届满之前的某个时点履行。在此前提下，如果恰好对方当事人请求债务人履行，那么，在对方当事人没有履行对待给付义务的情形下，债务人便有现实的需要，主张同时履行抗辩权；这时最符合债务人现实需要的恰恰不是去主张履行期限未届满的抗辩，而是"你给我就给"，是主张同时履行抗辩权，尽管客观上履行期限尚未届满。

3. 对方未履行债务或履行债务不符合约定。如对方已依债务的本旨履行其债务，其债务即归于消灭，双务合同本来的债务对立状态即归于消灭，自然不再发生同时履行抗辩权的问题。

如对方未履行（包括未提供履行），无论是迟延履行还是不能履行（只要可转化为损害赔偿），便可构成同时履行关系，亦无待多言。

"一方在对方履行债务不符合约定时，有权拒绝其相应的履行请求"（《民法典》第525条后段）。此处的"履行债务不符合约定"，应与《民法典》第577条中的"履行合同义务不符合约定"作相同解释，即主要是指不完全履行的情形，同时又会涉及瑕疵担保问题。《民法典》合同编统合了瑕疵担保责任与违约责任。[①] 这样，瑕疵担保义务的违反，本身成了履行合同义务不符合约定（不完全履行）的一种类型，故以下仅就不完全履行与同时履行抗辩的关系进行分析。

（1）部分履行。债权人可以拒绝债务人部分履行债务，但部分履行不损害债权人利益的除外（《民法典》第531条第1款）。如果债权人受领了债务人所作的部分履行，则应作出相应部分的对待给付；其同时履行抗辩权，原则上仅就未履行的部分，可有其存在及适用。如部分履行不能使债权人的合同目的部分实现，解释上宜认为债权人仍可拒绝全部的对待给付，当然，这也须在不违背诚信原则的前提下。

（2）权利瑕疵。出卖人就交付的标的物，负有保证第三人对该标的物不享有任何权利的义务（《民法典》第612条主文）。如买受人在付清价金前，有确切证据证明第三人可能就标的物主张权利的，可依《民法典》第614条中止支付相应的价款。比如甲向乙购房，价金50万元，在首付20万元后，甲发现该房上已设定有抵押权，此时乙未完成其移转完整无负担的所有权的义务，甲自得援用同时履行抗辩权，中止支付其余的价款。

（3）质量不符合约定。仍以买卖合同为例，如出卖人交付的标的物质量不符合约定，属于出卖人主给付义务的不完全履行，买受人有权要求出卖人按约定承担违约责任（比如违约金），如没有约定或约定不明确，依《民法典》第510条的规定仍不能确定的，买受人依据第582条，根据标的的性质以及损失的大小，可以合理选择请求出卖人承担修理、更换、退

---

① 参见韩世远：《出卖人的物的瑕疵担保责任与我国合同法》，载《中国法学》2007年第3期；王泽鉴：《中国民法的特色及解释适用》，载《法律适用》2020年第13期。

货、减少价款等违约责任。其中,有的可作为出卖人给付义务的延长,有的可作为出卖人给付义务的变形。于此场合,同时履行抗辩是以买受人尚未支付价款为前提。买受人为了保障获得质量符合约定的标的物,或保障支付的价款不会沦为虚掷,可拒绝支付价款,自属当然。至于是拒绝支付全部价款抑或部分价款,第525条的用语是"有权拒绝其相应的履行请求",此所谓"相应的履行请求",须结合买受人的债权目的或合同目的,具体分析。在一台电脑对应于5000元人民币场合,对于购买50台电脑的合同而言,其中一台电脑质量不符合约定,买受人可拒绝支付该台电脑的价款;如50台电脑依当事人的约定成为一个不可分割的整体,即只有50台符合要求的电脑对于买受人才有意义,仅49台尚不能实现其合同目的(约定的不可分之债),买受人便可拒绝支付全部价款。

另外,买受人享有的同时履行抗辩的价款支付拒绝权,也应结合买受人所欲寻求的合理救济方式,具体判断。

首先,如买受人主张补救的履行请求(修理、更换),此时出卖人的债务与其本来的给付义务仍有同一性,仍不妨碍买受人主张同时履行抗辩。

其次,如买受人选择"退货",退货实即债权人行使受领拒绝权的表现,且常伴有解除合同的意思,退货本身就可作为拒绝付款的理由,不必再另外主张同时履行抗辩权。[①]

再次,如买受人主张减少价款,此种法律效果并非出卖人本来义务的变形或延长,并不构成同时履行抗辩。惟买受人可否径将应减少的价款从应付价款中扣除,颇值疑问。"减少价款"虽属单方的形成权,减价救济的启动虽系基于债权人单方的意思,然就具体数额无法确定且双方达不成合意时,应由法院或仲裁机构裁定。准此以言,在最终确定减价额之前,买受人无权自行从应付价款中扣除减价额。

最后,赔偿性违约金与损害赔偿,都可作为本来债务的变形或延长,故买受人支付价款的债务与出卖人支付赔偿性违约金或损害赔偿的债务,可立于同时履行抗辩的关系。惩罚性违约金,并非本来债务的变形或延长,与买受人支付价款的债务并不构成同时履行的关系。不过,由于违约金与损害赔偿原则上都体现为金钱债务,买受人支付价款的债务亦属金钱债务,可否发生抵销权,值得探讨。在一方债权附有同时履行抗辩权场合,不得以之为主动债权主张抵销,这是大多立法通例。准此以言,问题的关键就要看买受人的违约金债权或损害赔偿债权是否附有同时履行抗辩权。换言之,出卖人是否亦得主张同时履行抗辩权?对此,宜作否定回答。这样,对于买受人可以主张抵销。另外,惩罚性违约金与买受人支付价款的债务并不构成同时履行抗辩的关系,故不妨买受人就此与自己的价款债务主张抵销。

(三)同时履行抗辩权的效力

《民法典》第525条后段作了规定,以下从实体法上的效力与程序法上的效力两个方面加以说明。

[①] 参见韩世远:《构造与出路:中国法上的同时履行抗辩权》,载《中国社会科学》2005年第3期。

1. 实体法上的效力。

（1）行使的效力与存在的效力。同时履行抗辩权在实体法上的效力，包括本体的效力与其他效力。本体的效力体现为拒绝履行权，其他的效力体现在对抵销的影响，对履行迟延构成及合同解除的影响等方面。就同时履行抗辩权实体的效力而言，其中有的效力的发生要求抗辩权人主张其抗辩权，有的则否，对此不可不辨，不能一概而论，否则，难免失之偏颇。前者可称为抗辩权"行使的效力"，后者可称为抗辩权"存在的效力"。

（2）同时履行抗辩权行使的效力。同时履行抗辩权之"行使的效力"，最典型的是其本体的效力，即拒绝履行。

另外，从双务合同自身的特点及实质正义的立场出发，又不宜将"权利须经行使"的理念贯彻到底，否则难免产生"法之极，害之极"的结果。作如此定位，是基于如下理由，即同时履行抗辩权本体的内容是履行拒绝权，是一种消极的防御性的权利，必待相对人请求履行时始得主张，平时自无从积极发动。换言之，同时履行抗辩权的行使受有限制，非如支配权、请求权或者形成权那样富有主动性。相对人不请求履行场合，自无从行使同时履行抗辩权。这样，除拒绝履行需要积极主张之外，同时履行抗辩权其他的法律效果，如一律强调须经行使权利始生效果，难免有失公平，悖于事理。故对于同时履行抗辩权，在"行使的效力"之外，实有必要承认若干"存在的效力"，以资救济。

（3）同时履行抗辩权存在的效力。

第一，附同时履行抗辩权的债权不得以之为自动债权主张抵销。

同时履行抗辩权之"存在的效力"，最典型的是债权受同时履行之抗辩的，不得以之为自动债权而主张抵销。我国法律虽没有明文规定，但应作同样的解释。

第二，有同时履行抗辩权的债务人不陷于履行迟延。

关于抗辩权对于履行迟延构成上的影响，素有争论，有谓抗辩权的存在本身即足以排除履行迟延的构成（存在效果说）；有谓抗辩权须经行使，始足排除迟延责任（行使效果说）。以采前者为宜。

同时履行抗辩权的存在本身即应排除履行迟延的构成。申言之，在相对人未为对待给付前，此方之债务纵届清偿期而未清偿，亦不负迟延责任。由于同时履行抗辩制度所重视的是给付与对待给付的牵连关系，是甲方在未为清偿提供的状态下不得强要乙方为给付的制度。纵使对于甲方的请求乙方没有立即主张同时履行，只要实际上乙方已处于可得主张同时履行抗辩的状态，在解释上也应认为乙方不陷于迟延，因而甲方不能够取得解除权。

采存在效果说，还基于下述考虑。同时履行抗辩权并不总是可行使的，而是要受制于相对人请求履行这一前提，履行期徒过之事常在，如强调须经行使始可排除履行迟延的构成，在相对人不曾请求而履行期徒过场合，便会得出构成履行迟延的结论；如相对人对待给付义务的履行期亦徒过，则会得出双方违约的结论。一方面，这种结论通常与当事人的意思不合；另一方面，在清算双方关系方面徒增困扰，全无实益可言。而依存在效果说，直接否定履行迟延的构成，使双方关系清晰，全无前述困扰。一方当事人如欲使对方陷于履行迟延，须先提交自己的履行，以消灭对方的同时履行抗辩权。

第三，对方如欲解除合同，须提供自己的履行。①

2. 程序法上的效力。在原《合同法》之前，我国立法上并没有明确规定同时履行抗辩权，在诉讼过程中，人们习惯于采用"诉"与"反诉"的方式主张自己的权利，比如施工方以工程欠款为由起诉建设方，建设方则以工程质量为由反诉施工方，回击对方的主张。这种模式的弊端在于，即使合并审理，也仍然是高成本的，最显而易见的，由于是两个诉，故须缴纳两份诉讼费。同时履行抗辩权基于双方债务在履行上的牵连关系，运用得当，有利于辨别是非曲直，解决纠纷。

同时履行抗辩权在民法学上虽非新鲜事物，但在中国的民事审判实务中却不常见。虽然原《合同法》对同时履行抗辩权已经作了规定，但由于程序法上配套制度不到位，新体制与旧机制不协调，限制了这一制度发挥其应有的功能，实践中慎用、误用甚至滥用的情形均属有之。以下结合程序法，就同时履行抗辩权的行使、判决及判决执行三个方面进行分析。

（1）同时履行抗辩权的行使。同时履行抗辩权在诉讼上以及诉讼外，均可主张。另外，同时履行抗辩属于事实上的主张，应当在第二审言辞辩论终结前提出。

为行使同时履行抗辩权，被告无须证明原告未履行，仅须表示援用抗辩的意思即可。反之，原告为消除被告的抗辩，则须证明其已为履行或为履行之提出，或证明被告有先履行的义务。

同时履行抗辩权必须经过行使，法院始得审究。抗辩权并无否定请求权的效力，因而在当事人未援用同时履行抗辩权时，法院不得依职权将其考虑，而应对于请求人，宣示无条件胜诉的判决。反之，若被告援用同时履行抗辩权，则法院应审查被告的主张是否成立，再作裁判。

在甲请求的时点，纵使实质上乙已处于可得主张同时履行抗辩权的状态，在诉讼中如乙未对此加以主张及证明，作为辩论主义的结果，自然会是认定乙的迟延及甲的解除。不过，这一结果始终都是作为辩论主义的结果，而非由于乙可得主张同时履行抗辩权而未为主张所致。假如甲在裁判外请求乙履行时，乙已作了须同时履行的主张，及至诉讼，如乙对上述事实未能主张及证明，其结果仍是乙败诉。② 这一立场，与前述"存在效果说"亦不矛盾。"存在效果说"只是解决实体法上的问题，不应得出结论认为法院当然有义务审查当事人是否享有同时履行抗辩权。

（2）同时履行的判决。被告没有行使同时履行抗辩权时，法院应判决被告履行。被告行使同时履行抗辩权时，法院应如何判决，诚有疑问。《德国民法典》第 322 条第 1 款就此特设规定，称为"同时履行的判决"或"交换给付的判决"。在日本，于行使同时履行抗辩权场合，法院亦是作出交换给付判决。

我国法律就此没有规定。由于欠缺"同时履行的判决"的规定，此种案件，一旦被告主张的同时履行抗辩权成立，法院便会驳回原告的诉讼请求，即相当于原告败诉，并负担诉讼

---

① 参见[日]我妻荣：《债权各论》上卷，岩波书店 1954 年版，第 98 页。
② 参见[日]铃木禄弥：《债权法讲义》（三订版），创文社 1995 年版，第 297 页。

费用。

我国大陆学者有的主张法院应作出同时履行的判决。自解释论的立场,由于《民事诉讼法》欠缺同时履行的判决形式,司法实践的做法自然有其道理。自立法论的立场,创设同时履行的判决形式,符合诉讼经济原则,无疑是值得肯定的。

同时履行的判决是原告胜诉的判决,这是德国、日本及我国台湾地区一致的做法,我们如果引入这一判决形式,没有坚实的理由,似可不必另行创新。此种做法背后的政策考量,大致在于:第一,依日本当今学说,原告单纯的请求当中,被认为包含有请求交换给付的趣旨,因而法院作出同时履行的判决,尚非诉外裁判;第二,原告的诉求,在判决中获得承认与肯定,没有被驳回,因而难认为原告败诉;第三,被告虽主张同时履行抗辩权,惟其仅生暂停执行判决的效力,并非否定原告的权利及诉求,不能依此而认为被告胜诉;第四,令被告负担诉讼费,一则符合败诉方负担诉讼费的通则,二来可以鼓励原告积极通过诉讼打破当事人之间债务履行的僵局,而无论是原告负担还是双方共同负担的方案,均起不到这一效果。[①]

(3)同时履行判决的执行。将来我国司法实践如接受了同时履行判决的做法,法院作出同时履行的判决后,该判决应如何执行?如原告请求强制执行,由于同时履行之判决是执行附有条件的判决,故在条件成就后才能开始强制执行。这样,必须原告已经履行,使条件成就,始得开始强制执行。被告能否依同时履行之判决请求强制执行?同时履行的判决的既判力并不及于对待给付,因而,被告如行使自己的请求权,尚须另行提起反诉。[②]这是因为同时履行的判决性质上仅系限制原告请求被告给付所附加的条件。换言之,是债权人开始强制执行的要件,并非独立的诉讼标的,尚没有既判力,也没有执行力,从而债务人自不得请求就债权人对待给付执行。[③]

(四)同时履行抗辩权的扩张

同时履行抗辩权主要是针对"双务合同"的履行而言的,适用于由同一双务合同而发生的两对立债务之间。然而,虽非由双务合同发生的债务,但两债务的对立实质上有牵连性时,国外的立法例多有自公平立场出发,允许准用关于同时履行抗辩权的规定;而依解释肯定可得类推适用同时履行抗辩权的情形,亦多有存在。诸此准用或类推适用同时履行抗辩权的情形,被称为"同时履行抗辩权向非双务合同债务的扩张"。[④]双务合同场合的同时履行抗辩权被称为纯粹型的同时履行抗辩权,而非双务合同债务场合的同时履行抗辩权则被称为非纯粹型的同时履行抗辩权。非纯粹型的同时履行抗辩权,或是在不具有双务合同性质的场合,或是在虽有双务合同性却不存在对价关系性的场合,或是在既没有双务合同性又没有对

---

① 参见韩世远:《构造与出路:中国法上的同时履行抗辩权》,载《中国社会科学》2005年第3期。
② 参见[日]椿寿夫、右近健男:《德国债权法总论》,日本评论社1988年版,第216页。
③ 参见王泽鉴:《民法学说与判例研究》(第六册)(第五版),台北自刊本1991年版,第176页。
④ 参见[日]北川善太郎:《债权总论》(第二版),有斐阁1996年版,第55页。

价关系性的场合，所承认的同时履行抗辩权。[①]《民法典》及其他法律法规对此虽未规定，在解释论上仍有得类推适用第 525 条规定的余地。

1. 基于双务合同本来的债务变形的场合。

（1）一方的债务因债务不履行而转化为损害赔偿债务的场合。在因履行不能而转化为填补赔偿债务的场合，由于填补赔偿与本来的债务有同一性，抗辩权依旧存在。在因履行迟延而发生迟延损害金债务场合，由于迟延损害金债务是本来债务的附随债务或延长债务，在解释上可认为它与本来的债务具有一体性，对方如未一并履行本来的债务与迟延损害金债务，则可不履行自己的债务以为抗辩。

（2）债权人或债务人变更场合。在债权让与或债务承担场合，对于本非缔结双务合同当事人的第三人，同时履行抗辩权亦可继续存在，这是由于债权的同一性并未丧失。[②] 在合同上地位的让与、继承、公司合并的场合，由于并未损及债权债务的同一性，故亦不失其同时履行抗辩权。然在因债权人或债务人的交替而发生更改的场合，由于新旧债务的同一性遭到否定，同时履行抗辩权亦随同消灭。

2. 没有双务合同的对立性却有对价的关联性场合。

（1）双务合同无效、被撤销、确定不发生效力或解除时双方的清理关系。在合同无效、被撤销、确定不发生效力或解除场合，依《民法典》第 157 条以及第 566 条第 1 款的规定，会发生财产返还义务、赔偿损失义务以及采取其他补救措施的义务。此时虽不存在双务合同关系，然在双方当事人分别履行各自的义务时，依据诚信原则及公平原则，也宜认可同时履行抗辩权的类推适用。

（2）附义务赠与中的负担义务与赠与义务。《民法典》第 661 条规定了附义务赠与。附义务的赠与应如何履行，法律没有进一步规定。解释上宜认为，在受赠人请求赠与人履行赠与义务场合，如赠与人没有依《民法典》第 663 条撤销赠与，可类推适用《民法典》第 525 条，赠与人可基于同时履行抗辩权而拒绝给付赠与财产。

（3）向从给付义务的扩张。对于从给付义务应否纳入双务合同履行上的牵连关系，虽有争论，但原则上应采肯定说，尤其是与合同目的的实现具有密切关系的从给付义务，并应就具体案件结合双务合同的类型及当事人的利益状态，依诚信原则加以确定。如此，在因使用手机而在用户与电信服务商之间发生的合同关系中，虽然提供电信服务与按时缴纳话费二者立于对待给付关系，然用户于要求电信服务商出具话费清单未果时拒绝缴纳话费，应认定为同时履行抗辩权的行使，此时应用户的要求出具话费清单，是电信服务商的从给付义务。

3. 既无双务的对立性，又无对价的关联性，同时履行抗辩权之存否成为问题的场合。

（1）债务的清偿与受领证书、债权证书等的交付的关系。在清偿或出现其他的债务消灭事由（如抵销等）场合，清偿人可否以如未交付受领证书即不予清偿作为抗辩？清偿人如没有受领证书，则难以证明其清偿，就有面临再次被要求清偿的危险，故应肯定上述抗辩权。这样，

---

① 参见［日］水本浩：《契约法》，有斐阁 1995 年版，第 42 页。
② 同旨参见［日］我妻荣：《债权各论》上卷，岩波书店 1954 年版，第 90 页。

债务清偿与受领证书的交付构成的同时履行抗辩，亦属于本来型的同时履行抗辩权的扩张。

清偿人可否以若不返还债权证书即不清偿作为抗辩？对此宜区别情形分别讨论。债权证书如属票据等回收证券，依其属性，自应允许清偿人以此等债权证书尚未返还为由拒绝履行。除此之外，就普通债权债务关系，除非当事人特别约定了交换给付，解释上宜作否定回答。因为清偿人根据受领证书即可避免再次被要求清偿的危险，加之债权人丢失债权证书的情形亦属有之，此时，如允许债务人行使同时履行抗辩权，债权人便永远得不到清偿，与事理殊有不合；而不认有同时履行抗辩关系的成立，只要能够证明债之关系的存在，或经相对人承认，就可受领清偿，始符合现实需要。[①]

（2）债务的清偿与担保权消灭手续。通常而言，担保合同具有从属性（参见《民法典》第388条第1款），以被担保债权的存在为前提，本身属于单务合同，债务的清偿与担保权消灭手续之间不存在双务的对立性，故此债务的清偿与担保权消灭手续之间，不构成同时履行抗辩关系。

（五）同时履行抗辩权的分立

当事人互负债务，有先后履行顺序，应当先履行债务一方未履行的，后履行一方有权拒绝其履行请求。先履行一方履行债务不符合约定的，后履行一方有权拒绝其相应的履行请求（《民法典》第526条）。该规则在我国学说上被称为"先履行抗辩权"。在传统民法上，有同时履行抗辩权和不安抗辩权的制度，却无先履行抗辩权的概念。相当于先履行抗辩权的观念被包含在同时履行抗辩权之下，其被视为同时履行抗辩权的一种特殊情形。学说认为我国原《合同法》首次明确而独立地规定了这一抗辩权。

经查，《国际商事合同通则》第7.1.3条规定了"拒绝履行"，与之相似的有《欧洲合同法原则》第9:201条，规定了"中止履行权"。从上述条文来看，在这两个国际性模范法中，并没有特别区分同时履行抗辩权与先履行抗辩权，而是将二者合在一起，《国际商事合同通则》甚至明言它相当于大陆法系的不履行合同的抗辩（即同时履行抗辩）。《民法典》第526条应是参考了上述两个模范法，但分别在两个甚至三个条文（与《欧洲合同法原则》相比）来规定双务合同履行中的抗辩权，这确是比较独特的。我国学说解释上的"先履行抗辩权"（或"后履行抗辩权"）在理论构成上，实际是将传统的同时履行抗辩权分裂开来，从中独立出了一种新的尽管在原来被认为是不言而喻、事属当然的规则——先履行抗辩权。这种理论构成是否有其正当性，有待进一步观察，这涉及能否及应否创立一套独立于同时履行抗辩权的理论。作为《民法典》第526条的解释论，这种具有独立性的"先履行抗辩权"在中国已被普遍承认和接受。本书将这种现象称为"同时履行抗辩权的分立"。

综上，如果对同时履行抗辩权作整体的描述，本书认为，其既存在"同时履行抗辩权的扩张"这一解释论问题，又存在"同时履行抗辩权的分立"这一解释论现象，二者均不容忽视。

[①] 参见［日］水本浩：《契约法》，有斐阁1995年版，第47页。

三、不安抗辩权

（一）概述

在双务合同中双方债务异时履行场合，如于合同订立后发现后履行一方当事人有丧失或者可能丧失履行债务能力的情形，比如经营状况严重恶化，或者转移财产、抽逃资金以逃避债务，或者丧失商业信誉等，可能危及先履行一方当事人债权的实现时，如仍强迫先履行方先为给付，则有悖于公平原则和诚信原则，故《民法典》允许先履行债务的当事人中止履行（参照第 527 条），先履行一方当事人在后履行方提供适当担保或者恢复履行能力之前，可以拒绝后履行方给付请求的权利，称为不安抗辩权。

不安抗辩权属于抗辩权的一种，具有一时抗辩的性质，属于间接保障债权的手段。

（二）不安抗辩权成立的要件

1. 双方当事人因同一双务合同而互负债务。不安抗辩权之问题须因双务合同互负债务而发生，单务合同并不发生不安抗辩权。此外，双方当事人虽互负债务，苟非基于同一双务合同所生，也不发生不安抗辩权。

2. 后履行方有丧失或者可能丧失履行债务能力的情形。对于"后履行方有丧失或者可能丧失履行债务能力的情形"（简称"不安事由"）是在何时发生，应否有所限定？就此有两种不同的立法例。

从传统民法来看，通常要求他方之财产"于订约后显形减少"，这是因为不安抗辩权被作为一种广义的情事变更原则的具体适用情形。如果在合同订立之时即已存在诸此不安情事，得有基于错误或诈欺的撤销权，以兹救济。[①] 另外，如果先履行方明知诸此情事仍然进行缔约，则属于自甘冒险的投机行为，没有特别保护的必要，先履行方仍须履行其债务（参照图 4.7.3）。

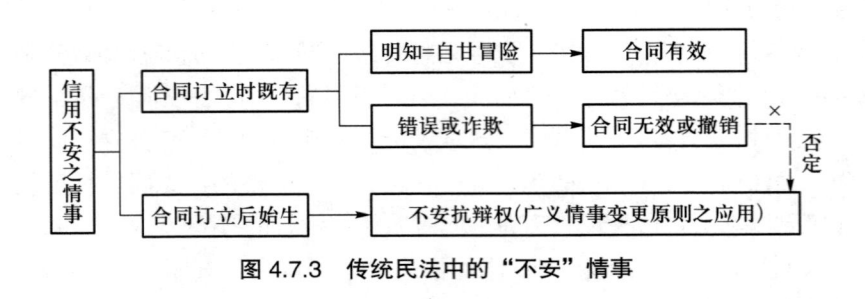

图 4.7.3 传统民法中的"不安"情事

---

① 参见梅仲协：《民法要义》，中国政法大学出版社 1998 年版，第 258 页；[日]潮见佳男：《债权总论》，信山社 1994 年版，第 102 页。

但是，上述做法存在不足之处：在订立合同时对待给付业已存在不安之情形，而先履行方当事人却对此一无所知，此种情形，自属有之；依据上述逻辑构成，却不得援引不安抗辩权之规定，在利益衡量上有所失察。

《民法典》第 527 条规定了可以适用不安抗辩权的法定事由，但关于此类不安事由是"缔约后始生"抑或"缔约后始现"，法条中并未明确限定。在学理解释上，虽有解释为须缔约后始生者，却应认为，不安的事由只要是于缔约后始现，且不知者非属故意或有重大过失，仍得有不安抗辩权的发生（参照图 4.7.4）。这样，传统民法上将不安抗辩权理解为广义的情事变更原则之运用的观点，[1] 就应当有所修正。另外，肯定缔结时即已存在的不安事由亦得发生不安抗辩权，也不应否定仍有构成重大误解或欺诈的可能。这样，先履行义务人如主张合同撤销，自不生主张不安抗辩权的问题；先履行义务人如主张不安抗辩权，原则上宜认为其放弃撤销权。

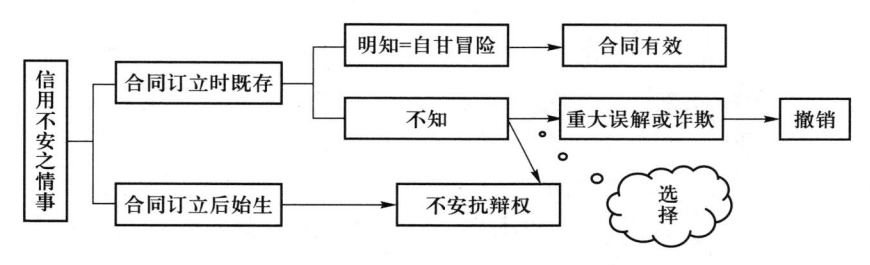

图 4.7.4 我国法中的"不安"情事

依《民法典》第 527 条的规定，债务人丧失或者可能丧失履行债务能力的情形包括经济状况严重恶化；转移财产、抽逃资金，以逃避债务；丧失商业信誉等情形。

（1）经营状况严重恶化。"经营状况严重恶化"，为一抽象描述，具体适用时，首先应以达到丧失或者有可能丧失履行债务能力的程度为必要。其次，经营状况严重恶化，得有种种具体表现。其中，传统民法所要求的"他方之财产显形减少，有难为对待给付之虞"，可以作为一种情形。相对人财产恶化应至何种程度，有两类立法主义。其一以支付不能及准支付不能时为限（《瑞士债务法》第 83 条、《法国民法典》第 1613 条）；其他则概括地规定"对待给付请求权因相对人之财产状态根本的恶化而濒于危殆"（《德国民法典》第 321 条、我国台湾地区"民法"第 265 条）。二者以后者为优，因为如限于破产或扣押无效果，则先履行义务人的拒绝履行权，大部分将失去行使的机会。[2]

（2）转移财产、抽逃资金，以逃避债务。在市场经济初期，信用尚不健全，故此类问题颇为常见，当然亦须达到有丧失或者可能丧失履行债务能力的程度，始发生不安抗辩权。比如 3 月 1 日，X 公司与 Y 公司签订服装买卖合同，约定 X 公司于 6 月 1 日交付童装 1000 套，而 Y 公司则于收到服装后一个月内支付服装款 20 万元。X 公司在订立合同之后积极组

---

[1] 参见［日］我妻荣：《债权各论》上卷，岩波书店 1954 年版，第 84 页；［日］清水元：《不安抗辩权》，载［日］远藤浩、林良平、水本浩监修：《现代契约法大系》（第 2 卷），有斐阁 1983 年版，第 81 页。
[2] 参见史尚宽：《债法总论》，台北自刊本 1954 年版，第 565 页。

织生产，至 5 月 1 日已完成 800 套童装，此时忽闻 Y 公司出现经营危机。Y 公司为了避债，将现存的资金及一些设备抽调出来重新组建另一公司。Y 公司已是空壳一个，完全丧失偿债能力。

（3）丧失商业信誉。所谓丧失商业信誉，有种种情形，原则上亦须达到有丧失或者可能丧失履行债务能力的程度。比如，X 与 Y 签订买卖电线的合同，交货地点为 Y 方仓库；在 X 依约将电线全部运到 Y 所在地，X 发现 Y 无自有仓库，也没有电线电缆的经营权，对 Y 的履约能力及诚意表示怀疑，拒绝先交货后收款，要求双方钱货两清。Y 不同意，认为应按合同在交货后三日内再付货款，双方发生争议。Y 后来未备齐货款，也未提供担保。X 将电线运回。法院审理认为，X 送货到交货点后经实地考察认为 Y 可能有丧失履行合同的能力，提出中止履行合同约定的验收三日内结清余款的条款，而要求钱货两清，是为了保护自己的财产安全，依法行使不安抗辩权。

（4）有丧失或者可能丧失履行债务能力的其他情形。此为抽象规定，以防止出现法律漏洞。具体言之，比如因保管不善等原因造成履约的特定物灭失，而不能履行；再比如一身专属性质的债务，其债务人缔约后丧失活动能力，不能按约定亲自完成工作成果。

3. 不安事由危及对方债权的实现。不安事由的出现须使对方债权的实现受到威胁，始得发生不安抗辩权。如对方债权已附有担保，则其实现有相当的保障，并不能够发生不安抗辩权。另须注意，依其程度在不安事由危及对方债权的实现上，既可能危及全部债权的实现，也可能危及部分债权的实现。

（三）不安抗辩权的行使

1. 中止履行。

（1）由拒绝履行到中止履行。不安抗辩权既属抗辩权，自然应具有抗辩权的一般属性，其作用在于防御，而不在于攻击，因此必待对方请求，始得对其行使抗辩权，故不安抗辩权又被称为拒绝权。但《民法典》第 527 条关于不安抗辩权的规定，未再如第 525 条及第 526 条那样使用"有权拒绝其履行请求"这样的表述，而是直接规定"可以中止履行"。"中止履行"与"拒绝履行"有区别，后者须以请求为前提，前者则无须此前提，即使相对人未主动请求履行，也可中止自己的履行。《民法典》的规定，可理解为对于严格意义上的不安抗辩权的扩张，不安抗辩权的效果不仅体现为拒绝履行，且包括了对于自愿履行行为的中止。而依"举轻明重"规则，《民法典》第 527 条当然也包括在被请求履行场合，可以拒绝其履行请求。

（2）"中止履行"的内容。《民法典》规定的中止履行应是仿自《联合国国际货物销售合同公约》第 71 条，这样，在解释中止概念时自然应参照该条，而该条当事人中止履行的权利是及于所有准备履行的行为（作为或不作为）的，[①] 故依比较法解释方法，《民法典》第

[①] See Peter Schlechtriem and Ingeborg Schwenzer eds., *Commentary on the UN Convention of the International Sale of Goods (CISG)*, translated by Geoffrey Thomas, 2nd ed., Oxford University Press, 1998, p. 527.

527条规定的中止履行，不仅针对履行的提供，也应包括履行的准备。

（3）"中止履行"的始点与终点。"中止履行"的内容既明，则可以开始中止履行的时点，自然不仅限于应当提供履行的时点，也包括此前准备履行过程中的任何时点。惟应注意，在其履行期尚未到来场合，先履行方当事人尚有债务未到期的抗辩权，可资援用。总之，不安抗辩权人可以开始中止履行的时点，与其开始履行准备的时点相关，而与其履行期届至与否，没有必然的对应关系。先履行义务人结束其不安抗辩权的时点，应当是后履行方当事人提供担保或者恢复履行能力（参照《民法典》第528条）的时点，且以此等事由通知到达先履行方当事人时为准。

（4）"中止履行"的程序。不安抗辩权的行使无须以诉讼的方式行使，权利人可径行行使。当先履行方当事人有确切证据证明对方有不安事由时，即可中止自己的履行，有的学者将其称为一种自助权。不安抗辩权的行使也无须经对方同意，对方当事人如请求履行，则不安抗辩权人自可拒绝其请求。

先履行方当事人中止履行后，"应当及时通知对方"（《民法典》第528条前句）。之所以如此要求，实系立法者出于保护后履行方当事人利益，并基于诚信原则，要求行使不安抗辩权者负有通知义务，以避免对方因此遭受损害，同时也便于对方在获此通知后及时提供适当担保，以消灭此不安抗辩权。不安抗辩权人的通知义务在性质上属附随义务，违反此一义务而致对方当事人损害时，应承担损害赔偿责任。

2. 不安抗辩权人的附随义务。法律为求双务合同双方利益的公平，保障先给付一方免受损害而设不安抗辩权；同时为另一方当事人利益考虑，又使主张不安抗辩权的当事人负两项附随义务。其一为通知义务，法律要求主张不安抗辩的一方当事人，应当及时通知对方（《民法典》第528条前句）。其二为举证义务。法律不允许任意借口另一方不能履行合同而中止自己应先履行之给付，规定当事人没有确切证据中止履行的，应当承担违约责任（《民法典》第527条第2款）。

（四）不安抗辩权的效力

1. 先为给付义务之人，得于相对人未为对待给付或提出担保以前，中止或拒绝自己的给付。

2. 对方在合理期限内未恢复履行能力且未提供适当担保的，视为以自己的行为表明不履行主要债务，中止履行的一方可以解除合同并可以请求对方承担违约责任（《民法典》第528条后句）。

3. 对方在合理期限内恢复履行能力或提供了适当担保的，不安抗辩权即归消灭。提供担保不以物的担保为限，人的担保亦包括在内。担保的提出或履行能力的恢复，属于对不安抗辩之再抗辩。

第八节　履行的受领与拒绝

一、受领的内涵：事实上的受领与法律上的受领

受领，可有不同的理解，对此应当注意区别。首先，受领可以指债权人接受债务人履行的事实行为或者事实状态，这是普通意义上的理解，比如，债务人送货上门，债权人将货物收下。其次，从法律上讲，受领应当是特指认可债务人所提供的履行符合要求，因而可以发生清偿的法律后果，使债务人的债务最终归于消灭。为了区分这两种受领，前者可以称为事实上的受领，后者则可以称为法律上的受领。

事实上的受领与法律上的受领，并非意味着债权人方面有两次受领，而是指仅有一个受领的实然状态（事实），这便是事实上的受领。惟其是否发生受领的法律效果，需要具体分析（对事实的法律评价）：符合债务本旨，发生受领的法律效果场合，该受领进展为法律上的受领；否则，便只停留于事实上的受领阶段。

事实上的受领转化为法律上的受领，才真正达到受领所要追求的目的。这种转化需要经过债权人检查验收，检验合格后，才转化为法律上的受领。比如购书一册，后发现新书缺页，买书人主张退换，便是事实上的受领尚未转化为法律上的受领的表现。

二、拒绝受领权的性质

如果债务人提交的履行不符合要求，债权人可以拒绝受领（参见《民法典》第 530 条第 1 款主文、第 531 条第 1 款主文、第 610 条、第 629 条等），这种权利称为拒绝受领权。

拒绝受领权，以债务的履行需要债权人受领为前提，故在不需要债权人受领场合，比如约定不于深夜弹奏钢琴场合，并不发生拒绝受领权问题。

拒绝受领权，并非一项独立的"实质性的权利"，而是附属于债权的"技术性的权利"。它随着债权的发生而发生，通常情形下并不表现出来，仅于债务人提供的履行不符合要求时才凸显出来。拒绝受领权的目的是保障债权目的的圆满实现。因而，拒绝受领权本身不能单独地作为转让的标的，只是随债权的转让而当然地转让。

拒绝受领权本身尚不足以使既有的法律关系变更或消灭，其只不过是使债务人的履行合同债务的事实处于停顿状态，因而，不属于形成权。拒绝受领权可被认定为一种抗辩权，归入抗辩权中的一时的抗辩权。

三、拒绝受领权的行使

事实上的受领只有转化为法律上的受领，才真正达到受领的目的。相应地，债权人的拒

绝受领权，则构成对这种转化的权利的否定。拒绝受领权的行使，对于债务人的影响重大，需规范其界限。

拒绝受领权的行使，要以明示的意思表示进行。拒绝受领，不容含糊，沉默并不是拒绝，只有明确地向债务人表示拒绝接收，才可作为拒绝受领。债权人如未行使拒绝受领权，原则上在诉讼中法院不能依职权代为主张。

通常来说，债权人拒绝受领权是在债务人提供的履行不符合要求的情形下行使的，但是否债务人提供的履行稍有不合，债权人便可以行使拒绝受领权呢？这便涉及拒绝受领权的行使要件问题，同时也是该权利的界限问题。从《民法典》的规定来看，并非债务人提供的履行稍有不合便可以由债权人行使拒绝受领权，而是作出了一些限定，标的物不符合质量要求时，须"致使不能实现合同目的的"，才可以拒绝受领（第610条）；提前履行和部分履行场合，如果没有因此损害到债权人的利益，则不可以拒绝受领（第530条第1款但书，第531条第1款但书）。《民法典》要求民事主体从事民事活动，应当遵循诚信原则（第7条），在此基础上，根据合同的性质、目的和交易习惯，尚负有通知、协助、保密等附随义务（第509条第2款）。因而，拒绝受领权，仅于债务人提供的履行不符合要求的问题达到相当程度场合，才可拒绝受领，这时的拒绝受领，才称得上是有正当理由的拒绝受领；否则，便属于债权人对于拒绝受领权的滥用。债权人无正当理由拒绝受领的，将构成受领迟延，债务人可以提存标的物（第570条第1款第1项、第837条、第957条第1款）。

如果拒绝受领权长期不行使，比如长时间不表示意见，则债务人的利害关系便不能够稳定下来，对债务人非常不利，特别是债务人需要在计算既往的利害关系基础上安排其他经济活动的情况下，一旦这种计算的基础被颠覆，连环影响会接踵而至。因此，法律不能允许拒绝受领权长期存在。以买卖合同为典型，法律的对策便是规定债权人的检验义务（第620条）和责问义务（第621条），要求债权人及时检验货物，发现问题及时通知债务人。超过检验和通知的期限，事实上的受领便被视为法律上的受领，从而发生债务清偿的效果。

四、拒绝受领权的效力

首先，如于债务人提供履行时债权人正当地行使拒绝受领权，则其效力表现为对债务人提供的履行不受领（不论是提前履行、部分履行还是质量不符合约定，而超量履行场合则只能拒绝接受多交的部分）；如于事实上的受领已经作出，拒绝受领则主要体现于质量不符合约定的场合，依《民法典》债务人构成违约，应当按照当事人的约定承担违约责任。对违约责任没有约定或者约定不明确，依据《民法典》第510条的规定仍不能确定的，受损害方根据标的的性质以及损失的大小，可以合理选择请求对方承担修理、重作、更换、退货、减少价款或者报酬等违约责任（第582条）。另外，以上拒绝受领，仅具备一时地阻止债务人的履行提供发生清偿的效力，并不当然地剥夺债务人再次提供履行的机会。

其次，在债权人正当地行使拒绝受领权场合，不发生债权人受领迟延的问题。

再次，标的物毁损、灭失的风险由出卖人承担（第610条后段）。换言之，不适用风险因标的物交付而移转的一般规则（第604条），虽然已经交付，但风险仍归出卖人承担。

最后，债权人善管注意义务的发生。《民法典》虽然没有明文规定，但根据诚信原则，在标的物退还给债务人之前，债权人应当负有保管义务，其要求程度宜以与保管自己的物品一样的注意为当。如果债权人没有尽到此种保管义务，致使标的物毁损灭失，由于债权人具有可归责性，故不属于风险负担管辖的领域，而应当发生债权人的赔偿责任。

五、其他相关问题的分析

在事实上的受领已经作出的场合，如果债务人的履行不符合约定，债权人可以行使拒绝受领权，要求退货（参照《民法典》第582条），此时的退货实际上是行使拒绝受领权的效果之一。不过，由于拒绝受领权通常只是发生一时阻止清偿效果发生的效力，如果债权人不愿意继续受领将来提供的履行，则必须通过解除合同的方式来达到目的。这样，在拒绝受领而退货以后，并且在债务人再次提供履行之前，如果债权人合法解除合同，债权人便确定地从合同拘束力中解放出来。惟在观念上应当明确，退货实为拒绝受领权行使的表现，而非合同解除效力的表现。① 《民法典》第610条用语为"拒绝接受标的物或者解除合同"，由此也可以看出，拒绝受领（退货）与解除合同显然并非同一事物，在立法上是区别对待的。

债务人在其履行遭拒绝受领后，根据《国际商事合同通则》，债务人享有以自己的费用对其不履行进行补救的权利（第7.1.4条）；在我国《民法典》上，虽没有明确规定债务人享有此种权利，但债务人以自己的费用进行补救，并再次提供履行的，债权人如无正当理由（比如合同目的既已不达），不能够拒绝受领。当然，债务人既已发生的违约责任，并不因其再次提供履行而当然地归于消灭。

第九节　履行的抵充

一、概说

（一）语义

在债务人对同一债权人负有数宗同种标的的债务场合（参照图4.9.1），或者一个债务的清偿应以数个给付作出场合（参照图4.9.2），债务履行人所提供的履行不足以清偿全部的债务时，因利息及担保的有无、债务到期与否之不同，以所提交的履行充抵数个债务中的哪些债务，对于当事人利害关系意义重大，该问题称为履行的抵充（Anrechnung der Leistung），亦称清偿的抵充。

---

① 韩世远：《债权人拒绝受领权探析》，载《人民法院报》2004年2月20日，第3版。

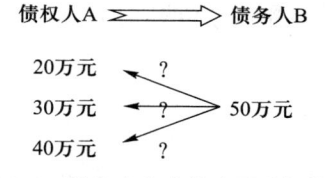

图 4.9.1　债务人负有数宗同种标的债务 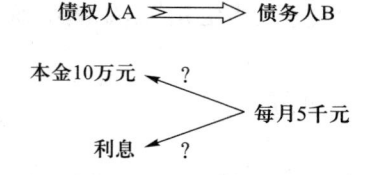　　图 4.9.2　债务的清偿应以数个给付作出

（二）抵充的方法

1. 意定抵充。意定抵充，即根据当事人的意思决定的抵充。依《民法典》第 560 条第 1 款，意定抵充又分为约定抵充与指定抵充。约定抵充，即根据当事人的合意决定的抵充，又称合意抵充；当事人的约定即使与法律的规定不同，也可以有效。指定抵充，即由一方当事人指定的抵充，抵充指定权原则上归属于债务履行人，债务履行人不为指定时，推定为放弃抵充指定权，这时应依法定抵充确定清偿的顺序。

2. 法定抵充。

法定抵充，即由法律规定的抵充。法律所规定的抵充顺序，意在补充当事人意思之不备。换言之，在欠缺当事人意定抵充的场合适用。《民法典》第 560 条第 2 款以及第 561 条规定了法定抵充。

二、指定抵充

（一）清偿人的指定

清偿人在为给付时，可以向清偿受领人作出意思表示，指示其清偿所要抵充的债务。之所以如此，是因为在债之关系中，清偿人本已处于弱势地位，赋予其指定权，有利于保护其利益，而且也与清偿抵充及清偿人的本来意图相一致。

（二）抵充指定的限制

债务人在履行主债务外还应当支付利息和实现债权的有关费用，其给付不足以清偿全部债务的，除当事人另有约定外，应当按照下列顺序履行：（1）实现债权的有关费用；（2）利息；（3）主债务（《民法典》第 561 条）。对于上述顺序，允许当事人合意变更。无合意时，债务人作出与此不同的指定的，其指定不生效力。[1]《民法典》第 561 条的除外事项仅有"当事人另有约定"，或谓"本条排除了债务人指定的权利"，[2] 意味着法律不许债务人清偿时单方作有别于《民法典》第 561 条所定顺序的指定。例如债务除主债务外尚有利息及实现债权

---

[1] ［日］远藤浩等编：《民法（4）债权总论》（第三版），有斐阁 1987 年版，第 275 页；［日］本城武雄、宫本健藏编著：《债权法总论》，嵯峨野书院 2001 年版，第 266 页。
[2] 石宏主编：《〈中华人民共和国民法典〉释解与适用［合同编］》（上册），人民法院出版社 2020 年版，第 186 页。

的费用场合，债务人指定先充主债务，而置费用及利息于不顾的，其指定不生效力。

三、法定抵充

在当事人不为指定抵充时，法律应当基于公平原则，设定一个抵充的顺序（任意规定）。依《民法典》第560条第2款及第561条均属法定抵充。依第560条第2款，其顺序为：

1. 债务人的给付不足以清偿其对同一债权人所负的数笔相同种类的全部债务，应当优先抵充已到期的债务。

2. 数项债务均到期的，优先抵充对债权人缺乏担保或者担保最少的债务。

3. 均无担保或者担保相等的，优先抵充债务人负担较重的债务。比如，与无利息的债务相比附利息的债务、与低利息的债务相比高利息的债务、与连带债务相比单纯的债务，原则上来说对于债务人债务负担较重。

4. 负担相同的，按照债务到期的先后顺序抵充。

5. 到期时间相同的，按照债务比例抵充。

依《民法典》第561条，债务人在履行主债务外还应当支付利息和实现债权的有关费用，其给付不足以清偿全部债务的，除当事人另有约定外，应当按照下列顺序履行：（1）实现债权的有关费用；（2）利息；（3）主债务。

第五章 合同的保全

第一节 合同的保全概述

一、责任财产保全制度的语义

债权的实现首先依靠债务人的任意履行，债务人不为任意履行场合，债权人可以请求强制履行；在设定物的担保或人的担保（统称为债权的特别担保）场合，债权人可通过担保权而实现其债权；不过，在债务不能履行或履行无意义场合，只能请求损害赔偿。在没有担保的场合，损害赔偿在实际上是否可能，则要取决于债务人是否具有充足的财产。因而，债务人的财产便成为债权的一般担保，称为责任财产。

一般债权人，即不享有物的担保或人的担保等保障的债权人，能否实现其债权，最终会取决于债务人有多少责任财产，因而债务人责任财产的减少，对于债权人便有直接的利害关系。如债务人有充足的财产，原则上他可以自由地利用或处分其财产；如债务人的责任财产不充分，还允许他自由地利用或处分其财产，则必然会对一般债权人发生莫大的损害。因而，法律为保护处于弱势地位的一般债权人，特别允许一般债权人干涉债务人对其财产的自由处分，"俾直接维持债务人之财产状况，间接确保自己债权之获偿"，[1] 这便是所谓责任财产保全制度，《民法典》合同编第五章"合同的保全"，专门规定该制度。立法取名"合同的保全"是出于结构上的考虑，以与合同通则其他各章在标题上保持连贯性。[2] 由于该制度并非为了保全双务合同中双方的债权，而是专门针对单方债权（也不局限于合同之债）而言的，故称"债权的保全"，或许相对更为准确。

责任财产的保全制度，通说以之为债权对外效力的表现，有人更将它称为债的保全效

---

[1] 郑玉波：《民法债编总论》（第十五版），三民书局1996年版，第312页。
[2] 黄薇主编：《中华人民共和国合同编释义》，法律出版社2020年版，第165页。

力，是对"债的相对性原则"的突破，其目的是通过保全债务人责任财产进而保障债权人债权的实现。这一制度与合同责任制度、合同担保制度、双务合同中的履行抗辩权制度等，一起构成了保障合同债权实现的法律机制。①

二、责任财产保全的方法

责任财产的保全制度，具体地包括债权人代位权和债权人撤销权。其中，债权人代位权着眼于债务人的消极行为，当债务人有权利而怠于行使，以致影响债权人债权的实现时，法律允许债权人代债务人之位，以自己的名义向第三人主张债务人怠于主张的权利。债权人撤销权则是着眼于债务人的积极行为，于债务人不履行其债务却积极减少其责任财产从而损及债权人债权的实现之场合，法律允许债权人请求法院撤销债务人的行为（参照图5.1.1）。

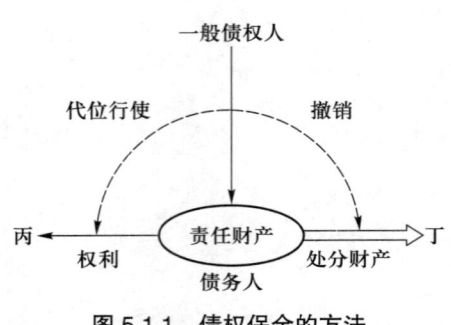

图 5.1.1 债权保全的方法

责任财产的保全制度虽规定在《民法典》合同编中，然不应局限于合同之债有其适用。

第二节 债权人代位权

一、债权人代位权的语义与性质

（一）债权人代位权的语义

债权人代位权，是债权人为了保全自己的债权，以自己的名义行使债务人权利的权利。比如甲对乙有10万元金钱债权，乙除了对丙拥有10万元金钱债权外，别无财产，不过乙不积极主张其债权，且诉讼时效将要完成。在这种场合，甲可以代位乙请求丙清偿（参照图5.2.1）。

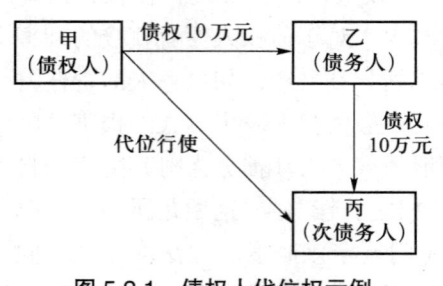

图 5.2.1 债权人代位权示例

（二）债权人代位权的性质

1. 债权人代位权属于债权的对外效力。学者通说将债权人代位权称为"债权的对外效力"，是从属于债权的特别权利。但须注意的是，债权人代位权虽是一项从权利，却不得由

---

① 另可参阅崔建远等：《债权保障法律制度研究》，清华大学出版社2004年版。

此认为代位权属于债权，正如作为债之担保的抵押权并非债权一样。

另外，债权人代位权属于债权人固有的权利，债务人对其权利并未丧失，因而，债权人代位权并非属于"债务人权利的默示让与"，只不过是可以行使债务人权利的权利。

2. 债权人代位权属于实体法上的权利。债权人代位权并非诉讼法上的权利，而是实体法上的权利。因而，所谓"间接诉权"或"代位诉权"，并非准确的用语。另外，债权人代位权与强制执行亦有不同：强制执行是直接就债务人的财产实现给付利益；而代位权依学者通说，其效用仅为强制执行之准备。

3. 债权人代位权属于广义上的管理权。债权人代位权是债权人以自己名义行使的权利，不同于以他人名义行使的代理权，而属于债权人固有的权利。作为一种固有权利，属于广义上的管理权。① 此所谓广义上的管理权，是与狭义上的管理权相对应的概念，指以事实上的或者法律上的行为管理财产的权利义务，且不单是为保存行为的权能，亦包括为处分行为的权能。其中，法律上的行为，既可以是实体法上的行为，也可以是诉讼法上的行为。

二、债权人代位权行使的要件

依《民法典》第535条等规定，并适当参考既往的司法规则，债权人代位权行使的要件，包括如下几点：

（一）债权人对债务人拥有合法的债权

债权人代位权性质上既属债权效力的一种特别体现，是赋予债权的一种权能，作为其前提，自然要求债权人的债权属于合法的债权。不合法的债权，本身不受法律的保护，自无产生债权人代位权的余地。因而，赌债或买卖婚姻产生的债，其债权人就不能因之而享有债权人代位权。不作为债权或以劳务为标的之债权（不适于保全之债权），原则上除因其不履行变为损害赔偿请求权外，不得为之行使代位权。

对于债权人的债权，《民法典》第535条并未作限定。债权人的债权可区分为金钱债权与非金钱债权，后者又被称为特定债权。债权人代位权既属债权人的固有权利，那么，不论金钱债权的债权人还是特定债权的债权人都能享有代位权。②

（二）债务人怠于行使其债权或者与该债权有关的从权利

1. 债务人的债权。债务人既怠于行使其债权，该债权当属到期债权。如果债务人的债权未到期，则次债务人可以此为由而拒绝提前履行，债权人自然无从代位行使。不过，"未到期的债权，在破产申请受理时视为到期"（《企业破产法》第46条第1款）。在债务人未及

---

① 参见［日］於保不二雄：《债权总论》（新版），有斐阁1972年版，第162页；［日］奥田昌道：《债权总论》（增补版），悠悠社1992年版，第256页。
② 关于"特定债权保全型"债权人代位权，详见韩世远：《债权人代位权的解释论问题》，载《法律适用》2021年第1期。

时申报破产债权,影响债权人的债权实现的,债权人当然可以代位向破产管理人申报债权(《民法典》第 536 条)。可以代位行使的债务人的债权,并不仅限于本来的给付请求权,尚得包括本来给付请求权的变形或者延长,比如在债务人与次债务人的合同关系中,次债务人违约场合,如合同约定了违约金,该违约金请求权亦得由债权人代位行使。

2. 与该债权有关的从权利。"与该债权有关的从权利"主要是指担保权利(包括担保物权和保证)。[①] 为其他权利的效力作担保或者使之增大而附随于该权利的权利,称为从权利(accessory right; Nebenrecht; droit accessoire);相反,另一方称为主权利(principle right; Hauptrecht; droit principal)。比如,担保物权、利息债权、地役权为从权利,债权、本金债权、需役地所有权则为其主权利。从权利一般与其主权利同其命运(发生、存续、变更、移转、消灭等),而其程度则因从权利的种类而有所差异。[②] 如此,代位权的客体已不限于债务人怠于行使的主债权,还包括与之相关的从权利,比如担保物权(抵押权、质权、留置权)等从权利。比如债权人 X 的债务人为 Y,Y 的债务人为 Y1,Y1 的友人 Z 在其房产上为 Y1 的上述债务设立抵押担保。由于 Y 就其债权怠于向 Z 主张抵押权,并因此影响到 X 的到期债权的实现,则 X 可以 Z 作为相对人,通过诉讼代位行使 Y 的抵押权。除此之外,债权人代位权作为实体法上的权利,是有别于债权本身的权利,是债权效力之一种,它以债权的存在为前提,属于债权的从权利。[③]

解除权、撤销权之类形成权,其实是与合同或者法律行为相关联的工具性权利。合同的解除,更确切地说是作为合同的特别效力;[④] 相应地,解除权既不是为债权作担保,也不是使其效力增大,反而是用来终了合同关系的,故不好说它是"与该债权有关的从权利"。

3. 怠于行使。所谓"怠于行使"其权利,依学者通说,是指应行使且能行使而不行使其权利。应行使,谓若不于其时行使,则权利将有消灭或丧失之虞,例如请求权将罹于诉讼时效,受偿权将因不申报其债权而丧失。能行使,谓非不能行使其权利,例如债务人破产时,其权利应由破产管理人行使,债务人自己不能行使,则债权人自亦不得代位行使。不行使,为消极的不作为,是否出于债务人的故意过失及其原因如何,均所不问。[⑤]

依照既往的司法规则,将债务人怠于行使其到期债权理解为:债务人不履行其对债权人的到期债务,又不以诉讼方式或者仲裁方式向其债务人主张其享有的具有金钱给付内容的到期债权。依据这一规定,债务人单纯地向次债务人催收债务,只要未采用诉讼或者仲裁方式,便可认定为怠于行使其到期债权。

只要债务人已行使自己的权利,即使其方法不当或结果不佳,债权人也是不能够行使代位权的。例如,债务人承诺了无利的代物清偿或因不适当的诉讼方法而败诉,债权人仍不能

---

① 黄薇主编:《中华人民共和国合同编释义》,法律出版社 2020 年版,第 167 页。
② [日] 我妻荣编集:《新版新法律学辞典》,有斐阁 1983 年版,第 584 页。
③ [日] 奥田昌道编集:《新版注释民法(10)II》,有斐阁 2011 年版,第 685 页。
④ 王泽鉴:《民法概要》,北京大学出版社 2009 年版,第 215 页以下。
⑤ 参见史尚宽:《债法总论》,台北自刊本 1954 年版,第 447 页;郑玉波:《民法债编总论》(第十五版),三民书局 1996 年版,第 314 页。

代位。若债务人行使自己的权利时允许债权人代位，则构成对债务人的不当干涉。另外，债权人惟得代位行使债务人现有之权利，而无修正其权利之权利。故既已丧失其权利或现已在于不利益之状态，债权人无从为变更。惟于债务人有追完权或其他救济权（如撤销权）时，债权人得代位行使这些权利。债务人以加害债权人为目的不当行使权利时，债权人可通过债权人撤销权来保全权利。

债务人不行使自己的权利，并不考虑其理由如何、是否有故意或过失。另外，债务人给付迟延时，无须对债务人催告行使权利。

（三）债权保全的必要性

关于债权保全的必要性要件，《民法典》修正原《合同法》第73条采用的"对债权人造成损害"标准，改为"影响债权人的到期债权实现"（第535条第1款）标准。该变化意在扩大其包容力，总体上是一个有进步性的表达。

本来，只有债务人对其财产拥有排他的管理处分权，债权人代位权的行使，对于债务人财产管理的自由而言，是一种外部的干涉，这种行为必须具有正当的理由，因而要求具有保全的必要性。所谓必要，指债权人债权的实现遭受影响，有不能依债的内容获得满足的危险，因而有代位行使债务人权利以便实现债权的必要。必要性的判定在保全金钱债权场合与保全特定债权场合并不一样，前一场合原则上以债务人无资力为要件，后一场合则并不以债务人无资力为要件。

1. 保全金钱债权（不特定债权）的场合。债权人代位权，本系以维持全体债权人的共同担保（债务人的责任财产）为目的的制度，维持债务人的责任财产是该制度本来的趣旨。因而，债权人代位权的行使限于债务人的资力不充分或者不行使则会使债权无法获得满足的场合。债务人责任财产的减少使债权人债权无法获得清偿，这就是所谓的"债务人无资力要件"说。如果债务人的资力充分或债权的满足不会受妨碍，则没有理由允许债权人行使代位权。否则，即属于债权人对于债务人自由的干涉。

金钱债权之保全虽在原则上以债务人"无资力"为必要，却也并非绝对。比如房屋的出卖人在过户之前去世，其遗产由数个继承人共同继承，其中一个共同继承人拒绝履行登记义务，其他的共同继承人为了保全其对于（有同时履行抗辩权的）买受人的金钱债权（价款请求权），可以代位行使买受人的所有权移转登记请求权。这是由日本判例呈现的事例。[①] 日本民法修正后，其解释论上亦认为该判例法理仍得继续维持。[②] 此种事例如出现在我国，亦应承认其他共同继承人的代位权。

2. 保全特定债权的场合。被保全的债权并不以金钱债权为限，特定债权亦应包括在内（特定债权保全型）。在此类型场合，并不必以债务人无资力为要件。《民法典》第535条第1款所谓"影响债权人的到期债权实现"以及第536条中的"影响债权人的债权实现"，其内

---

① 日本最判昭和50·3·6民集29卷3号203页。[日] 水本浩：《债权总论》，有斐阁1993年版，第79页。
② [日] 潮见佳男等编：《详解改正民法》，商事法务2018年版，第192页。

涵当然并不限于债务人无资力这一情形，而可包括一切使债权人债权不能依其内容获得满足之危险的情形。在特定债权的情况下，应依个案具体分析。比如在第三人妨害承租人使用租赁房屋场合，而出租人系长期居住在国外的老年人，承租人便可以代位行使出租人（所有权人）的妨害排除请求权。此处的保全债权的必要性与出租人的资力情况无关，而取决于承租人租赁权能否完满实现。对于债权保全的必要性，应由债权人负举证责任。

（四）债务人已陷于迟延

未发生之债权（例如附停止条件之债权）自不待论；既发生之债权，债务人尚未陷于迟延的，债务人即使无资力，在履行之前尚有使责任财产获得充实的可能，尚不得谓"影响债权人的到期债权实现"。如果允许债权人行使代位权，则是对债务人财产管理权的过分干预。

对于这一要件，惟于保存行为场合存在例外，保存行为是防止债务人的权利变更或消灭而减少其财产的行为。《民法典》第536条规定："债权人的债权到期前，债务人的债权或者与该债权有关的从权利存在诉讼时效期间即将届满或者未及时申报破产债权等情形，影响债权人的债权实现的，债权人可以代位向债务人的相对人请求其向债务人履行、向破产管理人申报或者作出其他必要的行为。"该必要的保存行为究为事实行为、法律行为抑或诉讼行为，在所不问。由于这一行为不仅对于债务人没有什么不利，而且急需保存的情形也很多，因此债权人在债权到期前，就可以代位行使债务人的权利。

三、债权人代位权的客体

（一）序说

债权人代位权既然原则上是以责任财产的保全为目的，可以成为代位对象的权利（代位权的客体），必须是能够构成债务人责任财产的权利。换言之，它们应当是财产权，应当是可以强制执行的权利，亦即，须非专属于债务人本身的权利，非禁止扣押的权利。另外，须为债务人现有的权利，倘属于一种期待权，或仅为一种权能（如所有权之使用、收益、处分等权能），则均不得代位行使。

《民法典》第535条第1款将债权人代位权的客体界定为债务人怠于行使的"债权或者与该债权有关的从权利"，较原《合同法》第73条规定的"到期债权"有了很大进步。以下具体分析。

（二）可以代位行使的权利

依《民法典》第535条的规定，债权人可以向人民法院请求以自己的名义代位行使"债务人对相对人的权利"，该权利当然指的便是该条文开头界定的债务人的"债权或者与该债权有关的从权利"。该规定较之原《合同法》第73条的规定虽有所扩展，然仍有其局限。前文已提及，"从权利"并不能够包括解除权、撤销权之类形成权或形成诉权。

债权人代位权的规范目的既在于债务人责任财产的保全，而能够构成债务人的责任财产者，不限于债权及其从权利，物权及物上请求权、形成权、诉讼法上的权利或公法上的权利等均包括在内。既然如此，它们都应成为代位权的标的，才顺理成章。故对《民法典》第535条第1款规定的代位权客体，在解释上似有适当采取目的性扩张的方法的余地。

在学理上，可代位行使的债务人对于第三人的权利包括：

1. 纯粹的财产权利，如合同债权、损害赔偿请求权、不当得利返还请求权、基于无因管理而生的偿还请求权、物权及物上请求权、以财产利益为目的的形成权（如合同解除权、抵销权、买回权、选择权等）、清偿受领权等。

2. 主要为财产上的利益而承认的权利，如对重大误解等民事行为的变更权或撤销权。

3. 诉讼上的权利，如代位提起诉讼、申请强制执行等诉讼上的权利。

（三）不可以代位的权利

1. 专属于债务人自身的权利。专属于债务人自身的权利不得代位行使（《民法典》第535条第1款但书）。在既往的司法规则中，其具体内容是指基于扶养关系、抚养关系、赡养关系、继承关系产生的给付请求权和劳动报酬、退休金、养老金、抚恤金、安置费、人寿保险、人身伤害赔偿请求权等权利。除上述专属于债务人自身的债权之外，专属于债务人自身的其他权利，也不能够成为代位权的客体。

须予以注意的是，此所谓专属于债务人自身的权利，应当理解为"行使的专属权"，而非"归属的专属权"。"行使的专属权"，是指其行使与否应委诸权利人的自由意思而不允许他人行使的权利；"归属的专属权"，是指不可继承的权利、不可让与的权利，比如附有禁止转让的特别约定的债权。行使的专属权与归属的专属权虽有很多重合，但并不完全一致。

2. 不许扣押的权利。不许扣押的权利，并不构成责任财产的一部分，因而不应允许代位行使。《民事诉讼法》中所谓的"保留被执行人及其所扶养家属的生活必需费用"（第250条第1款）或者"保留被执行人及其所扶养家属的生活必需品"（第251条第1款），实即此谓"不许扣押的权利"，对此，不应允许债权人代位行使。

四、债权人代位权的行使

（一）代位权行使的方法

1. 以自己的名义行使。债权人代位权既属债权固有的权能，是在符合法定要件的情形下，依法产生的对于债务人权利的"财产管理权"，因而《民法典》规定，债权人"以自己的名义代位行使债务人对相对人的权利"（第535条第1款）。因而，债权人代位权的行使，与代理场合以债务人本人的名义行使其权利，并不相同。

由于债权人代位权属管理权之一种，债权人是行使他人的权利，故须尽善良管理人的注意，否则应负损害赔偿责任。

2. 以诉讼行使为原则。尽管国外立法上有在裁判上或裁判外行使债权人代位权的做法，但在我国《民法典》上，债权人代位权要由债权人以诉讼方式"向人民法院请求"行使（第535条第1款）。其理由在于，通过诉讼方式可以保证债权人之间的公平、防止债权人代位权的滥用、防止发生不必要的纠纷等。

（1）诉讼当事人。在代位权诉讼中，原告为债权人，被告为次债务人等相对人。

存在疑问的是债务人的角色，依既往的司法规则，债务人可以被列为第三人参加诉讼。债务人的加入有助于法院查明案件事实。另外，之所以未规定"应当"追加而是规定"可以"追加，一是考虑债务人毕竟不是代位权诉讼的当事人；二是考虑保障诉权自由和尊重债权人的选择；三是考虑与民事诉讼法的有关规定保持一致。

（2）管辖。依既往的司法规则，债权人提起代位权诉讼的，由被告住所地人民法院管辖。债权人以境外当事人为被告提起的代位权诉讼，人民法院根据《民事诉讼法》第272条的规定确定管辖。

（3）合并审理。依既往的司法规则，两个或者两个以上债权人以同一次债务人为被告提起代位权诉讼的，人民法院可以合并审理。

（4）次债务人的抗辩权。债权人代位债务人行使其权利，没有理由将相对人置于与债务人自己行使其权利较不利的地位。"相对人对债务人的抗辩，可以向债权人主张"（《民法典》第535条第3款）。相对人对于债务人的抗辩，比如权利消灭的抗辩、抵销的抗辩、同时履行的抗辩等，均可对抗代位债权人。

3. 以直接行使为例外。《民法典》第535条第1款虽确立了以诉讼方式行使债权人代位权的原则，然全部要求通过诉讼方式行使，亦有其不利的一面，比如对于保存行为（如通知、催告、中断时效、申报债权等），显然不适合。《民法典》第536条专门针对保存行为作了规定，值得注意的是，该条并未像第535条那样要求"向人民法院请求"，而是代位债务人向相对人直接请求履行或者申报债权等，属于立法上的例外规定。

（二）代位权行使的界限

1. 行为的样态。自债权人代位权存在的理由出发，代位权的行使，以有保全债权人债权的必要为其限度。抽象地说，尽管允许对债务人的财产实施管理行为，却不得对其财产为处分行为。具体言之，许多场合应结合债务人财产的整体状况作具体判断。比如，债务的免除、权利的放弃、期限的允许等会使债务人财产减少的处分行为，绝对地不能允许；而抵销、更改、让与等利益交换行为，或者撤销权、解除权、买回权的行使，如自财产的整体关系来判断，属保全财产所必要时，作为管理行为（或保存行为），则可允许。因而，可代位作出的行为包括实行行为、保存行为以及处分行为中从债务人财产的整体关系判断对其有益的处分行为（参照图5.2.2）。

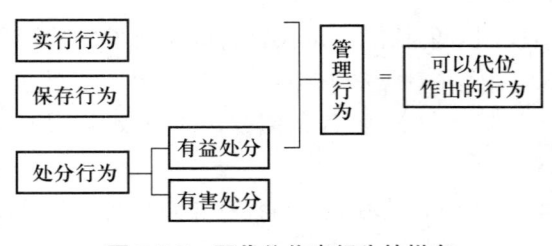

图 5.2.2　可代位作出行为的样态

保存行为，是防止债务人的财产减少的行为。比如，对债务人未登记的权利进行登记，或者对债务人的债权采取中断诉讼时效的措施，或者在第三债务人破产场合申报债权之类的行为。此类行为不仅不对债务人不利，而且以形势急迫者居多，故债权人无须等待债权到期，亦无须经由法院许可，便可代位行使。[①] 关于保存行为的代位，原《合同法》并未规定。《民法典》第536条系新增条文，将保存行为明文化，值得肯定。该条与第535条的显著差异之一在于，它没有像第535条那样将债务人怠于行使权利的影响限于债权人的"到期债权"的实现，而是放宽为"债权"，并且在开头明确了债权人的债权"到期前"。

由于是一个独立且全新的条文，对于保存行为在解释论上如何构成，值得探讨。其一，第536条属对于第535条规范对象的扩张，是针对债权人的债权到期前的情形；一旦债权人的债权到期，便可以根据第535条处理。其二，关于保全的必要性，"影响债权人的债权实现"，既可以是导致债务人的责任财产难以抵偿债权人全部债权（可能的债务人无资力），也不排除影响将会到期的债权人的特定债权的实现。其三，保存行为的类型，法条虽然例举了中断时效及申报债权，但并非以此为限，尚有"等"字及"其他必要的行为"，足以支持此种认识。其他必要的行为，比如申请强制执行、催告、诉讼财产保全等。

关于保存行为的代位方法，《民法典》第536条并未像第535条第1款那样要求"向人民法院请求"，而是"债权人可以代位向债务人的相对人请求其向债务人履行、向破产管理人申报或者作出其他必要的行为"。因而，保存行为的代位无须通过诉讼方式，而是由债权人直接向相对人请求、向破产管理人申报债权等，属于立法上的例外规定。

以谁的名义？第536条虽未明确，既为债权人代位权的特殊情形，那么在解释上应理解为债权人以自己的名义行使代位权，在这点上应与第535条第1款一致。

行使的范围是否有限制？换言之，对于保存行为，第535条第2款前句"代位权行使范围以债权人的到期债权为限"是否适用或类推适用？对此，应作否定回答。其一，第535条是以债权人债权到期为前提，故对于在债权到期前便应采取的保存行为，并不当然适用。其二，出于简化法律关系的考虑。在代位行使可分债权场合，即便债权人对同一债权中的部分债权主张权利，诉讼时效中断的效力被推定为及于剩余债权（参照《诉讼时效解释》第9条主文）。只要债务人未明确表示放弃其剩余债权，时效中断便推定就全部债权发生。申报破产债权场合，亦应坚持同样的逻辑。

相对人履行债务场合，受领人是债务人，而非代位债权人。这一点在第536条中有明确规定，与第537条规定的"由债务人的相对人向债权人履行义务"有显著不同。何以如此？此时债权人无受领权能，理由如下：其一，债权人无法基于其债权而受领相对人的履行。债权人的债权尚未到期，且不说相对人清偿的是自己对于债务人的债务，即便将相对人的清偿作为债务人的责任财产组成部分，此时债权人无权对债务人的责任财产采取任何行动。其二，债权人基于代位权亦不能受领相对人的清偿。保存行为场合的代位权纯粹系以保全债务人责任财产为目的，其效力也理应止于此。既如此，代位债权人在代位保存行为时，只能请

[①] [日] 奥田昌道编集：《新版注释民法（10）Ⅱ》，有斐阁2011年版，第729页。

求相对人向债务人履行，才顺理成章，而不能请求相对人向自己履行。由于此时代位债权人并没有受领权，相对人纵向其履行，亦不构成有效的清偿，并不能使其债务消灭。

2. 代位行使的范围。代位行使的范围，因代位行使的权利的不同特点而有所不同。在代位行使形成权场合，由于此类权利往往不可分，因而须一次行使；而在代位行使请求权场合，物权请求权及登记请求权或是不可分，或是没有区分的必要，因而也应一次行使；在债权场合，由于债权种类不一，存在区分的可能，鉴于代位权的行使以保全债权的必要为限，应具体分析代位行使的范围。另外，代位行使的范围，在根本上还会受制于对债权人代位制度目的的不同理解，以下针对债权，分别情形，加以分析。

（1）金钱债权代位行使的范围。代位权制度的本来趣旨虽在于责任财产的保全（共同担保的保全），但在债权人债权及债务人债权均以给付金钱为标的场合，不妨代位债权人于受领后借助于抵销制度（参照《民法典》第568条，此时债权人对债务人负有交付所受领金钱的债务，债权人可将它与债务人对自己所负担的金钱债务抵销），使自己的债权获得清偿。在这种场合，代位权制度实际上成了一种简易的债权回收手段，代位债权人也因此而事实上优先受偿（尽管在法律上没有优先受偿权）。

于此场合，所谓"代位权的行使范围以债权人的到期债权为限"（《民法典》第535条第2款前句），实即要求以代位债权人的金钱债权额为限，依既往的司法规则，对于超出部分，法院不予支持。不过，由于在代位权诉讼中，债权人胜诉的，诉讼费由次债务人负担，从实现的债权中优先支付。实际上，所谓"债权人的债权"，已不限于本来的债权，尚包括诉讼费在内。

存在多个债权人场合，就不能再以代位债权人的债权额为限，必须考虑其他的债权数额，以保全代位债权人的债权之必要为限。这样，代位权人对于超过其债权额的债务人权利，亦不妨行使；但行使一个权利已达其目的时，即不得再行使其他权利。

在种类债权场合，可比照金钱债权的处理方法，此处不赘。

（2）特定债权的代位行使。代位行使的债权如属特定债权，比如给付特定不可分物，由于其债权不能分割主张，只能一次主张；又如登记请求权或者妨害排除请求权的代位行使，此时就不应再设数额的限制，而应允许代位债权人就整个债权代位行使。

五、代位权行使的效果

（一）代位权行使的效力

1. 债务人处分权的限制。在债权人行使代位权后，对于被代位行使的权利，债务人的处分权能便因此而受限制。否则，允许债务人任意处分其财产，势必使债权人代位权制度的目的落空。

不过，对于超过债权人代位请求数额的债权部分，债务人仍有处分权能，其还可另行起诉，只是在代位权诉讼裁决发生法律效力前，诉讼应当依法中止。

2. 时效的中断。债权人提起代位权诉讼，一方面可以发生债权人债权的诉讼时效中断的效果（参照《民法典》第 195 条第 1 项）；另一方面也发生债务人债权的诉讼时效中断的效果（参照《民法典》第 195 条第 3 项）。《诉讼时效解释》第 16 条亦明定："债权人提起代位权诉讼的，应当认定对债权人的债权和债务人的债权均发生诉讼时效中断的效力。"惟于债务人的债权额超过债权人的债权额场合，债权人所可代位行使的以其债权额为限（部分请求），对于超过的部分，是否亦因代位权诉讼的提起而一并发生诉讼时效中断的效果？《诉讼时效解释》第 9 条规定："权利人对同一债权中的部分债权主张权利，诉讼时效中断的效力及于剩余债权，但权利人明确表示放弃剩余债权的情形除外。"权利人主张部分权利的，因其有主张权利的意思，故应对该意思进行解释。如其无放弃同一债权剩余部分的意思，则可将该主张权利认作其主张全部债权的证据。①

（二）效果的归属

代位权行使的效果，在法律上直接归属于债务人；即使在债权人受领交付场合，在法律上也须作为对债务人（相对人的债权人）的清偿，而不能将它直接作为对债权人自己债权的清偿。这种将行使代位权取得的财产先加入债务人责任财产的做法，我们名之为"入库规则"。②该规则的道理在于，代位权本身与代位权的客体并不是一回事，代位权的客体归属于债务人，故其结果也应归属于债务人。代位权虽为保全债权人的债权，却并非自己债权的直接满足，而是一种对全体债权人共同担保的制度、是保全债务人责任财产的制度（即共同担保的保全）。债权人的代位权正是要通过这种"共同担保的保全"来实现债权人"自己债权的保全"。③债权人代位权行使的效果在法律上直接归属于债务人。如债务人仍怠于受领，债权人可代位受领。另外，债权人可通过执行程序使其债权受偿。

《民法典》第 537 条前句规定："人民法院认定代位权成立的，由债务人的相对人向债权人履行义务，债权人接受履行后，债权人与债务人、债务人与相对人之间相应的权利义务终止。"该规定的要点有二：其一，明确赋予债务人的相对人"向债权人履行"的义务，明确赋予代位债权人"接受履行"的权能。其二，明确了债权人与债务人、债务人与相对人之间相应的权利义务终止。

关于第一项要点，应注意以下几点：（1）法律规定的只是相对人履行义务方向的转变，并非债务人对相对人的债权或与之相关的从权利（担保物权等）的移转。（2）第 537 条第 1 句前段并未赋予代位债权人优先受偿权。

关于第二项要点，在理解时应注意区分情形。

（1）在债权人债权以及债务人债权均为金钱债权场合，第 537 条第 2 句后段规定的两组

---

① 最高人民法院民事审判第二庭编著：《最高人民法院关于民事案件诉讼时效司法解释理解与适用》，人民法院出版社 2008 年版，第 230 页。
② 参见崔建远、韩世远：《合同法中的债权人代位权制度》，载《中国法学》1999 年第 3 期。
③ ［日］奥田昌道：《债权总论》（增补版），悠悠社 1992 年版，第 250 页。

权利义务的终止就是两个债的消灭。何以如此？立法释义称本条采纳了"直接受偿规则",[1]却回避了解释这个问题。实质上立法是在金钱债务场合,借助于抵销制度,使代位权制度发挥了简易的债权回收手段的功能。既如此,此处两个债相应的消灭原因确切地说并非代位权的行使,而必须拆开来,分析其法理构成,方能明白：①相对人依法向债权人履行其对债务人的债务,使该债务因履行而终止(《民法典》第557条第1款第1项)。②债权人代位债务人受领相对人的履行,依法应及时转交给债务人(《民法典》第983条后段),因此对债务人负有返还义务。③债权人与债务人此时呈现互负债务,且债务的标的物种类、品质相同(《民法典》第568条第1款),抵销适状。④在构成抵销适状场合,法律上无待债权人另行主张抵销,便当然发生债权债务终止的效果(法定当然抵销,参照图5.2.3),以资鼓励"火中取栗"的代位债权人。至此可以明白,两个债之关系消灭的原因在于相互抵销(《民法典》第557条第1款第2项)。附带说明,在非金钱债务场合,如构成抵销适状,仍可发生抵销。

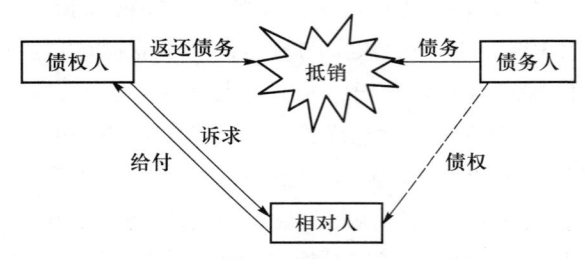

图 5.2.3　抵销与代位效果的归属

因而,第537条前句规定的债权人"受偿",与其说是债权人代位权的功能,毋宁说是特别的法定抵销的作用使然。就债权人与债务人之间的债之关系而言,其间"权利义务终止"实非债权人行使代位权的直接结果,而是法律上当然抵销的结果。就此而言,债的消灭原因恰恰是抵销,而不是债权人代位权；《民法典》第557条第1款没有将债权人代位权作为债权债务终止的原因,而是于第2项规定"债务相互抵销",在法理上是正确的,不存在疏漏。至此可以看出,《民法典》第537条前段的法理构成并未根本背离"入库规则",而恰恰是在该规则基础上的修正与发展,运用抵销制度可使以责任财产保全为基本出发点的代位权制度在现实中发挥简易的债权回收功能。而这种思想在原《合同法》颁布之初便被学说介绍到了中国,[2]既往的司法规则的制定也应该受到了该思想的启发。不明这种思想传播过程的人,反而容易以为中国法承认了代位债权人的直接受偿权甚或优先受偿权。

(2)债权人甲对债务人乙有货款债权到期未获清偿,乙已付款向丙购买机器设备一套却怠于要求交付该套机器设备,此即"债权人金钱债权—债务人非金钱债权"案型。虽非"债权人金钱债权—债务人金钱债权"案型,债权人依其利害权衡,很容易得出判断：行使代位权要求交付机器设备以备强制执行,总比债务人处空无一物要强。故没有理由不允许主张

---

[1] 黄薇主编：《中华人民共和国合同编释义》,法律出版社2020年版,第173页。
[2] 崔建远、韩世远：《合同法中的债权人代位权制度》,载《中国法学》1999年第3期。

"债权人金钱债权—债务人非金钱债权"型债权人代位权。对于此种类型的债权人代位权，由于债之标的物的种类不同，无从抵销。相关法律效果如何，值得探讨。

第一，向谁履行义务？从《民法典》第537条前段的规定来源于既往的司法规则来看，它是以"债权人金钱债权—债务人金钱债权"为理想模型，对于"债权人金钱债权—债务人非金钱债权"案型并未纳入考虑范围。因而，其中虽有"由债务人的相对人向债权人履行义务"的规定，但不排除以下两种可能：其一，于此场合承认《民法典》第537条仅适用于"债权人金钱债权—债务人金钱债权"案型，相对人仍应向债务人履行；其二，从债权人代位权制度的目的来看，于此场合仍承认《民法典》第537条也可以有限制地适用于其他案型，债权人有权要求相对人向自己履行，以便尽早着手强制执行程序，更为妥当。本书倾向于第二种解释方案。该方案的好处在于：其一，允许代位债权人代位请求向自己履行，便于该债权人在第一时间对相对人的给付财产采取司法强制措施（申请司法查封、扣押等保全或执行措施），如此可以激励债权人行使代位权。其二，避免因债务人拒绝受领所带来的不必要麻烦，或者被债务人其他债权人抢先采取司法强制措施的风险。

债权人可否要求相对人向债务人履行？比如，债权人没有存放机器设备的合适场地，反而是债务人有合适的场合，如果债权人依其掌握的信息判断不存在被债务人其他债权人抢先采取司法强制措施的风险，则也应允许债权人要求相对人向债务人履行。

第二，代位债权人如何实现自己的债权？债权人自须依强制执行程序，对相对人履行义务所给付的财产采取强制措施，之后由司法拍卖、变卖或者作价，实现自己的债权。

（三）费用偿还请求权

债权人行使代位权的必要费用，由债务人负担（《民法典》第535条第2款后句）。此所谓必要费用，依既往的司法规则，可包括律师代理费、差旅费等。另外，在代位权诉讼中，债权人胜诉的，诉讼费由次债务人负担，从实现的债权中优先支付。

依《民法典》第535条第2款后句，行使代位权的债权人可享有费用偿还请求权。有学说认为，由于债权人代位乃是在行使债务人的权利，在此种限制下，债权人和债务人之间可以认有一种法定委托关系存在。[1]另外，在债权人代位属于对全体债权人的共同担保进行保全的场合，此种费用偿还请求权可以作为共益费用，在债务人的总财产上具有优先受偿权；在代位债权人受领标的物并因保管而支出费用场合，对于该费用偿还请求权，还可以在标的物上发生留置权。[2]而在债权人事实上优先受偿场合，其行使代位权的必要费用则不再构成共益费用，因而不应再发生上述优先受偿权。

---

[1] ［日］於保不二雄：《债权总论》（新版），有斐阁1972年版，第176页。
[2] ［日］奥田昌道：《债权总论》（增补版），悠悠社1992年版，第268页。

第三节　债权人撤销权

一、债权人撤销权的语义与性质

(一) 债权人撤销权的语义

债权人撤销权，是指债权人对于债务人所为的危害债权的行为，可请求法院予以撤销以维持债务人责任财产的权利。

债权人撤销权起源于罗马法，后世许多法律都继受了它。新中国的民事立法中本没有债权人撤销权，为了对债权人提供更为充分的保护，原《合同法》作了专门规定，《民法典》在此基础上作了进一步的充实和完善（第538—542条）。在《企业破产法》中，另有破产撤销权制度（第31条以下），与此处的债权人撤销权，虽然同源，尚有差异。

行使债权人撤销权的目的，在于保全一般债权人的共同担保。换言之，债权人撤销权制度的本旨在于保障一般债权人全体的利益，而非各个债权人的个别利益。[1]《民法典》对此虽未规定，亦应为相同的解释。

(二) 债权人撤销权的性质

债权人撤销权的性质，直接决定着债权人撤销之诉的性质（形成诉讼抑或给付诉讼）、诉的被告（债务人、受益人抑或转得人）、诉的效力（绝对的效力抑或相对的效力）以及判决正文的记载事项（是否在正文中记载对诈害行为的撤销）等，学说见解不一。

1. 形成权说。该说为早期的学说，认为债权人撤销权为否认诈害行为效力的形成权，其效力在于，依债权人的意思而使债务人与第三人之间法律行为（诈害行为）的效力绝对地消灭。该说由于尚需借助于债权人代位权，始能达到保全债权的目的，故有所不便。另外，作为撤销的绝对效果，所有的法律关系均绝对无效，影响剧烈，容易引发交易关系的混乱，故不足取。

2. 请求权说。该说将债权人撤销权解释为纯粹的债权请求权，是直接请求返还因诈害行为而脱逸的财产的权利。撤销不过为返还请求的前提，并非对于诈害行为效力的否认。因而，撤销诉讼属于给付诉讼，被告是受益人或转得人，无须涉及债务人；另外，撤销权行使的效果是相对无效，亦即诈害行为仅在其与债权人的关系上无效，在当事人之间仍属有效的法律行为。该说的优点在于，重视了债权人撤销权制度的目的，将对第三人的影响降至最低限度；但将债权人撤销权解释成为债权请求权，从诸多立法例来看，缺乏法条根据，因而现在已很少有人持此种观点。

---

[1] [日] 我妻荣：《新订债权总论》，岩波书店1964年版，第202—203页；[日] 於保不二雄：《债权总论》（新版），有斐阁1972年版，第178页。

3. 折中说。该说认为，债权人撤销权兼具撤销和财产返还请求的性质，是撤销诈害行为、请求归还脱逸财产的权利。撤销权行使的方法是，债权人可请求撤销诈害行为，归还脱逸的财产，该场合判决的主文中要记载诈害行为的撤销（诉讼为形成诉讼和给付诉讼）；另外，也可以不主张归还财产而单请求诈害行为的撤销（比如债务免除场合，此时的诉讼便是形成诉讼）。撤销的效果是诈害行为相对的无效，被告仅限于归还财产的人（单请求撤销的场合亦同），并不以债务人为被告。

4. 责任说。责任说，是 20 世纪 50 年代出现的新学说，由德国学者保卢斯（G. Paulus）最先提出，在日本也产生了一定影响。责任说将债权人撤销权作为一种伴有"责任上的无效"效果的形成权，撤销权诉讼便是一种形成诉讼。在日本，迄今为止的多数学说认为，财产从债务人名下转移到受益人处（财产流失的物权效果）有害债权人，故欲恢复责任财产，须实际上（在物权上）将取回的财产收归到债务人名下。责任说对此提出批评，认为准确以言，财产物权流失的反射效果同时使它不再构成债务人的责任财产（责任法上的效果）有害债权人，故欲恢复责任财产，只要撤销这一反射性效果使之归于无效（责任上的无效）即可。[①]撤销的效果是使撤销的相对人处于以其取得的财产对债务人的债务负责的状态，换言之，撤销的相对人只是被置于一种物上保证人的地位（物的有限责任），因而对于债务人的地位并不生任何影响；撤销权诉讼的被告，仅受益人或转得人即可，不必以债务人为被告。就债权人与撤销相对人之间责任关系的具体实现而言，债权人可请求通过强制执行来直接实现（作为撤销的结果，债权人拥有对于受益人或转得人的强制执行容忍请求权），不必将脱逸财产实际归还给债务人。使责任关系具体实现的手续，是根据与撤销诉讼一起或另行提起的责任诉讼（作为一种给付诉讼的强制执行容忍诉讼）。[②]该说的难点在于，与德国法不同，无论是在日本法上还是在我国法上，均没有责任之诉这种诉讼形式。

总括言之，时至今日，形成权说和请求权说已很少有人主张，学说的大势在于折中说与责任说。我国学者通常采折中说，但与日本判例通说上的折中说又存有若干差异，比如撤销诉讼中的被告问题（在我国通说上包括债务人）。原《合同法》引入债权人撤销权制度，自法意解释，起草者们当时多从我国通说，对于责任说的精义尚难谓有全盘的掌握，故应采折中说；指导性案例亦采折中说，[③]本书从之。

二、债权人撤销权的要件

（一）要件概观

《民法典》第 538 条和第 539 条区分无偿行为与有偿行为，对于无偿行为原则上仅要求

[①] 参见［日］下森定：《日本民法中的债权人撤销权制度及其存在的问题》，钱伟荣译，载韩世远、［日］下森定主编：《履行障碍法研究》，法律出版社 2006 年版，第 197 页。
[②] ［日］下森定：《债权法论点笔记》，日本评论社 1990 年版，第 120 页。
[③] 指导案例 118 号：东北电气发展股份有限公司与国家开发银行股份有限公司、沈阳高压开关有限责任公司等执行复议案。

具备客观要件即可发生撤销权；对于有偿行为除要求客观要件外，还要求债务人的相对人具备相应的主观要件，始可发生撤销权。

另应注意，在具体判断是否构成诈害行为时，通常理论所说的客观要件与主观要件仅应作为一般论，不应机械套用。近年学说发展的结论是，应当对行为的主观状态、客观状态以及行为的效果等因素全面把握，综合判断。以下结合《民法典》分别规定的无偿行为与有偿行为，将视角稍作调整，分别就债权人方面的要件、债务人方面的要件与债务人相对人方面的要件，具体分析（参照图 5.3.1）。

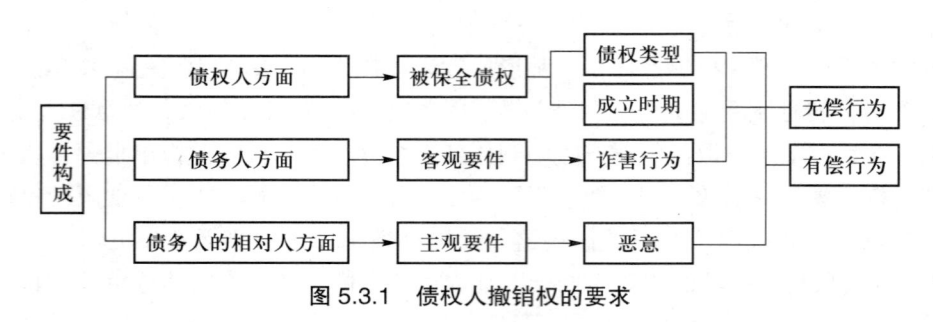

图 5.3.1 债权人撤销权的要求

（二）债权人方面的要件

1. 被保全债权的类型。债权人撤销权是以责任财产的保全为目的的制度，因而，撤销权人的债权应为金钱债权（以金钱给付为标的的债权）。另外，此所谓金钱债权，不以现在的金钱债权为限，将来的金钱债权（即将来可转化为金钱债权，比如因债务不履行而转化为损害赔偿）亦应包括在内。

撤销债权人的债权，并不以履行期限的到来为必要；另外，亦不以债权额已确定为必要。

对附特别担保的债权，可否允许发生和行使债权人撤销权，值得具体分析。如所设定的特别担保足以担保债权的实现，则债务人处分其财产的行为并不会害及债权人债权的实现，自无借助债权人撤销权保护的必要。但在特别担保不完全的场合，不论是自始不完全，还是嗣后不完全（比如抵押物价格跌落或者因不可抗力而灭失，或保证人沦为无资力等），则仍可发生因债务人处分其财产而使责任财产减少进而害及债权实现的问题，此时在解释上仍可发生债权人撤销权。

2. 被保全债权的成立时期。可以发生债权人撤销权的债权，原则上以在诈害行为之前成立为必要，对于行为之后成立的债权，通常很难说债务人的行为损害到了该债权。另外，债权人撤销权制度的目的在于保全责任财产。对于既定债权而言，所谓"责任财产"，当指该债权成立（取得）时的责任财产，成立前既已处分的财产，本不应列入该债权的责任财产范围；然对此并非没有例外，如债权发生的概然性非常高，为了逃避将来会发生的债务的履行，事先处分自己的财产，仍可构成诈害行为。

（三）债务人方面的要件：诈害行为

债务人所为的对债权人造成损害的行为，称为诈害行为，分述如下。

1. 须有债务人的行为。债权人可撤销的债务人的行为得区分为无偿行为与有偿行为，《民法典》就其典型类型作了例举，第 538 条规定无偿行为包括放弃债权、放弃债权担保、无偿转让财产、恶意延长其到期债权的履行期限。第 539 条规定有偿行为可包括以明显不合理的低价转让财产、以明显不合理的高价受让他人财产。此外，该条还规定了一种特殊类型，即债务人"为他人的债务提供担保"，此种行为通常是无偿行为，偶尔也可能是有偿行为，但均会涉及交易安全，故立法者考虑其特殊性，仍按有偿行为对待（可暂称"准有偿行为"），额外要求主观要件。

首先，行为须是债务人的行为。债务人以外的其他人所为的行为，比如不动产所有人以该不动产为债务人设定抵押权后又转让该不动产的行为，并不能够成为撤销的对象。债务人的代理人所为的法律行为，由于直接对债务人发生效力，当然可成为撤销的对象。

其次，债务人的行为，主要指法律行为，也包括发生法律效果的非法律行为。法律行为既可以是买卖、借贷等契约行为，公司的设立、合伙的组成等合同行为，也可以是遗赠、权利的放弃（比如放弃到期或者未到期的债权）、债务的免除或承认等单方行为；既可以是权利让与、延长到期债权的履行期等处分行为，也可以是设立保证等债务负担行为。另外，准法律行为，比如催告、债权让与的通知、为中断时效而作的债务承认等，解释上通常认为也可成为撤销的对象。诉讼行为由于并非民事法律行为，并不能够撤销，但是，裁判上的法律行为（裁判上的和解、抵销、请求的放弃等），则可成为撤销的对象。

最后，事实行为，例如物的毁弃，无从撤销。债务人的不作为，如属怠于行使权利，则可成为债权人代位权的对象；如属怠于取得权利或利益（比如赠与之拒绝承诺，第三人承担债务之拒绝等），则并非责任财产的减少，不能成为撤销的对象，因为撤销权的目的仅在于保全债务人的责任财产，并非以增加债务人的清偿能力为目的。以禁止扣押的物或权利为标的物的行为，亦不得撤销，因为此类财产不列入债务人的责任财产，即使撤销，也不能供强制执行，并无撤销的实益。身份行为，比如结婚、离婚、收养等，虽可能影响到财产，亦不构成撤销的对象，因为从债权人撤销权制度的目的出发，可构成撤销对象的行为应是以财产权为目的的行为，如果允许对身份行为撤销，则会对债务人的人格自由构成不当侵害，殊非妥当。无效行为，通常不得为撤销的标的，因为无撤销的必要。

2. 债务人的行为须以财产为标的。债务人的行为，非以财产为标的时，与债务人的责任财产无关，自无撤销的必要。否则，即构成对债务人自由的不当侵害。所谓以财产为标的的行为（财产行为），是指使财产受直接影响的行为。

间接地对财产利益发生影响的行为，比如债务人的不作为或以劳务为标的的法律行为，或须委诸债务人的自由意思者，如赠与或遗赠的拒绝行为等，如前所述，均不应成为撤销的对象。同样，结婚、收养、离婚等行为（身份行为），也不能够成为撤销的对象，已如前述。继承的抛弃，是否可以撤销，学说不一。依《继承编解释（一）》第 32 条，继承人因放弃继承权，致其不能履行法定义务的，放弃继承权的行为无效。

3. 债务人的行为"影响债权人的债权实现"。此所谓债务人的行为"影响债权人的债权实现"，（《民法典》第538条及第539条），或谓有害于债权，学说上又称为行为的"诈害性"。

首先，应究明诈害性的判断基准时点。就诈害行为，不仅要求债务人行为时诈害债权人，同时要求债权人行使撤销权时（严格地讲二审口头辩论终结时）仍有诈害状态的持续。换言之，标准是双重的，即行为时和权利行使时。因而，一方面，如债务人于行为时有足以清偿债务的财产，未害及债权人，纵其后因经济的变动以致害及债权人，仍不成立诈害行为。另一方面，于行为时虽有害于债权人，其后于撤销权行使之时债务人已具有充分清偿资力的，也应认为债权人不得行使撤销权，这是因为债权人撤销权为保护债权人的手段，而非以惩罚债务人为目的。

其次，关于诈害性应依什么标准判断，是问题的关键。大致有"形式论的解释"与"实质论的解释"两类理解方法。依形式论的解释，所谓债务人的行为有害债权，是指因债务人的行为而减少其一般财产，导致债权人不能得到完全清偿（债务超过）。依实质论的解释，债务人的行为是否有害债权，不应作简单的算术上的判断，而应综合主客观相关情事，比如应考虑债务人行为目的动机是否正当、行为手段方法是否妥当等，具体地判断。与形式论的解释之追求法的安定性相比，实质论的解释更注重结果的妥当性。以上两类见解，各有其合理性。对于债务人行为是否有害债权的判断，原则上宜采形式论的解释，同时吸收实质论解释的合理之处，修正形式论解释可能出现的偏颇。对于有害债权的判断，我国通说为"无资力说"，具体地以"债务超过"与否为判断标准。即如果债务人处分其财产后便不具有足够资产清偿债务，就认定该行为有害债权。

最后，应明确诈害性的具体表现。依既往的司法规则，所谓以"明显不合理的低价"转让财产和"以明显不合理的高价"受让他人财产，应当以交易当地一般经营者的判断，并参考交易当时交易地的物价部门指导价或者市场交易价，结合其他相关因素综合考虑予以确认。转让价格达不到交易时交易地的指导价或者市场交易价70%的，一般可以视为明显不合理的低价；对转让价格高于当地指导价或者市场交易价30%的，一般可以视为明显不合理的高价。

（四）债务人相对人方面的要件

在债务人进行有偿行为场合，《民法典》第539条要求债务人的相对人"知道或者应当知道"诈害行为，换言之，要求该相对人主观上存在恶意。要求此项要件，意在兼顾交易安全。相对人的恶意，并非指该相对人具有故意损害债权人的意图，其构成也不要求相对人与债务人恶意串通。

相对人是否恶意，应以行为时为准加以判断。行为时不知情，后来才知道的，不构成诈害行为，债权人自不得行使撤销权。另外，相对人行为时不知情，是否出于过失，在所不问。行为由相对人的代理人作出的，其恶意的有无，应就该代理人加以判断。

相对人的恶意，虽一般要求由债权人证明，从第539条中的"应当知道"可知，债权人苟能证明债务人有害于债权的事实，依当时具体情形应为相对人所能知晓，便可推定相对人为恶意。之所以如此，是因为债务人与相对人通谋的情形颇多，且相对人的主观恶意，甚难证明。相对人在被推定为具有恶意之后，对自己善意负有证明责任。

在有些立法例上规定有转得人，指由债务人的相对人取得权利的人。《民法典》虽未规定转得人，但债权人对转得人主张撤销权的，并不应因此而完全禁止。在解释论上，可以类推适用《民法典》第539条，以转得人受让财产时恶意（即知道影响债权人的债权实现）为其行使要件，如转得人受让财产属善意，自然可以对抗债权人（其善意构成撤销权行使的阻止事由），这是善意取得法理的当然要求。转得人对于"不知"是否有过失，在所不问；纵事后知道，受让时属善意之事实亦不因此而改变。相应地，由转得人就自己善意进行举证。

三、债权人撤销权的行使

（一）撤销权行使的方法

1. 裁判上行使。债权人撤销权由债权人以自己的名义在诉讼上行使，而不能够通过裁判外意思表示的方式行使。另外，就裁判上行为而言，应当是以诉讼的形式行使，而不能以抗辩的形式来行使。这是因为，是否构成诈害行为，不易判断，且债权人撤销权的行使对于第三人利害关系重大。

2. 撤销权诉讼。

（1）性质。撤销权诉讼的性质因对撤销权性质的认识不同而不同，已如前述。以下重点分析折中说。

根据折中说，撤销权诉讼为形成之诉与给付之诉的结合，就其撤销债务人与受益人间之行为而言，具有形成之诉的性质；就其可请求相对人将利益返还于债务人而言，又属给付之诉的性质。如仅依形成之诉撤销债务人的行为，即可达到增加债务人责任财产的目的（尚未移转财产场合），便无须同时提起给付的主张。

（2）当事人。原告为债权人。连带债权场合，所有的债权人可作为共同原告主张撤销权，也可由其中的一个债权人作为原告。诉讼的被告，当债务人的行为属单独行为时，当以该债务人为被告；债务人与第三人通过签订合同移转财产时，原则上应以债务人与相对人为被告；若财产尚未移转时，应以债务人为被告；在给付之诉涉及相对人时，相对人也是被告。

（二）撤销权行使的范围

撤销权的行使范围以债权人的债权为限（《民法典》第540条前段）。由此可见，《民法典》似采撤销的相对效果说，意在尽可能小地影响交易安全。不过，在诈害行为的标的物为一栋房屋之类不可分物场合，仅限于债权额主张撤销并要求返还，已不可能，宜认为可就不可分物整体主张撤销。

（三）撤销权行使的期限

撤销权自债权人知道或者应当知道撤销事由之日起一年内行使。自债务人的行为发生之日起五年内没有行使撤销权的，该撤销权消灭（《民法典》第541条）。这是由于如允许债权人长时间拥有撤销权，必会不当影响交易安全；另外，经过较长时间，相关的举证也会变得困难。

四、债权人行使撤销权的效果

债务人影响债权人的债权实现的行为被撤销的，自始没有法律约束力（《民法典》第542条）。

（一）相对的效力抑或绝对的效力

债权人撤销权行使的效力依判决的确定而产生，对债权人、债务人、相对人等产生效力。

撤销权诉讼判决的既判力及于债权人、债务人、相对人等，因而属于绝对的效力。惟《民法典》要求撤销权行使的范围以债权人的债权为限（第540条），此所谓"债权人的债权"，实即行使撤销权的债权人的债权，而非全体债权人的债权，这样来看，对于"财的方面"，实行相对的效力。

（二）效果的归属

债务人的行为一旦被撤销，即自始没有法律约束力。尚未依该行为给付的，当然恢复原状。已经依该行为给付的，受领人负有恢复原状的义务，在存在给付物的场合，产生具有物权效力的财产返还；在物权已不复存在的情况下，发生作价返还的效果。因而，原则上适用"入库规则"，不过，为了限制债务人不予受领或再施处分，解释上宜认为可由行使撤销权的债权人代为受领。另外，债权人可通过执行程序使其债权受偿。

行使撤销权的债权人就受领的标的物并没有优先受偿权。不过，如同债权人的代位权场合，当债权人因此所负的返还义务与债务人所负债务构成抵销适状时，债权人可主张抵销，从而获得如同优先受偿一样的实际效果。

在没有抵销场合，应由行使撤销权的债权人与其他债权人平等受偿。此时，债权平等固然是原则，但同时也还存在实际履行顺序的问题，如依债务人任意履行而向代位债权人清偿，或其他债权人没有及时主张债权，通常行使撤销权的债权人就会获得满足、实现债权，对此，其他债权人自不得提出异议。如债务人未为任意履行，债权人如欲实现其债权，则须依强制执行程序进行。执行中，具有企业法人资格的被执行人不能清偿到期债务，根据债权人或者债务人的申请，进入破产程序的，依破产程序及规则处理。"当事人不同意移送破产或者被执行人住所地人民法院不受理破产案件的,执行法院就执行变价所得财产,在扣除执行费用及清偿优先受偿的债权后,对于普通债权,按照财产保全和执行中查封、扣押、冻结财产的先后顺序清偿"(《民诉法解释》第 514 条)。另外,在执行阶段,也可能出现执行竞合的现象,此属民事诉讼法的内容,此处不赘。

(三)费用的负担

债权人行使撤销权的必要费用,由债务人负担(《民法典》第 540 条后段)。另依我国既往的司法规则,债权人行使撤销权所支付的律师代理费、差旅费等必要费用,由债务人负担;相对人有过错的,应当适当分担。自债权人行使撤销权属于对全体债权人的共同担保进行保全而言,此种费用可以作为共益费用,使之在债务人的总财产上具有优先受偿效力。在行使撤销权的债权人受领标的物并因保管而支出费用场合,对于该费用偿还请求权,还可以在标的物上发生留置权;而在债权人事实上优先受偿场合,行使撤销权的必要费用不再构成共益费用,因而不应再发生上述优先受偿权。

第六章　合同履行的障碍

第一节　合同履行的障碍概述

一、履行障碍、债务不履行与违约

（一）履行障碍

履行障碍，即合同履行遇到障碍，该概念专注于合同履行的不正常展开。履行障碍涉及的范围非常广泛，其中最主要的是债务不履行，另外还包括担保责任、风险负担以及情事变更等。[①]

（二）债务不履行

债务不履行，即债务人（或其应为之负责的履行辅助人）不履行约定的或法定的债务。作为债务不履行之前提的债务，并不限于给付义务，从给付义务、附随义务亦包括在内。与此相对应，债务不履行除了包括给付义务的不履行（简称本旨不履行）外，尚得由违反从给付义务和附随义务的形式构成。

（三）违约

违约，即违反合同义务，我国法律用语是"不履行合同义务或者履行合同义务不符合约定"（《民法典》第577条）。这里的合同义务，不仅限于给付义务，尚包括根据诚信原则、合同的性质、目的和交易习惯发生的通知、协助、保密等附随义务（《民法典》第509条第

[①] 参见韩世远：《中国的履行障碍法》，载吴汉东主编：《私法研究》创刊号，中国政法大学出版社2002年版，第183页。

2款)。违反这些附随义务同样属于违约,可发生违约责任。

二、违约行为

(一)性质认定

违约行为是一种违法行为,向为学说所公认。

违约行为具有违法性,并非指违约人的行为具体地违反了某一明确的法律规则,方具有"违法性",而是指违约行为有悖于"依法成立的合同,受法律保护"(《民法典》第465条第1款)这一基本原则和价值判断。"违法性"以法律评价为前提,对此评价,通常无须债权人举证债务人的行为具有违法性,而是具有"推定"的属性,一旦发生债务不履行行为,即推定其行为具有违法性;债务人可通过举证,证明自己具有正当事由,比如留置权、同时履行抗辩权的行使等,或证明存在阻却违法事由(比如不可抗力),从而推翻对违法性的推定。如此,所谓违约行为的违法性,实际上也可理解为"不具有正当事由"。

(二)构成要件

违约行为的主体通常是债务人,但在债权人受领迟延场合(参照《民法典》第589条),违约行为的主体为债权人,其所违反的是受领义务。

违约行为仅指违反合同债务这一客观事实,不包含当事人及有关第三人的主观过错。[①]是否构成违约,只应从客观方面考察,看当事人的行为是否构成对合同义务的违反,而不过问主观过错问题。

第二节 不可抗力

一、不可抗力的概念

不可抗力,是指不能预见、不能避免且不能克服的客观情况(《民法典》第180条第2款)。因不可抗力不能履行民事义务的,不承担民事责任。法律另有规定的,依照其规定(《民法典》第180条第1款前段)。可见,不可抗力在我国法上是一种法定的民事责任免责事由。

关于不可抗力的概念,有客观说、主观说及折中说三说。

客观说认为,其发生及损害,基于其事件的性质,或其出现的压力或其不可预见而为不可避免的,为不可抗力。该说认为不可抗力的实质要素须为外部的,量的要素须为重大且显

---

① 参见崔建远:《合同责任研究》,吉林大学出版社1992年版,第91页。

著的。① 该说主张以事件的性质及外部特征为标准，凡属一般人无法抗御的重大的外来力量均为不可抗力。

主观说以当事人的预见能力和预防能力为标准，认为虽以最大之注意尚不能防止其发生的事件为不可抗力。

折中说认为，可认知而不可预见其发生的非该视野内的事件，其损害效果，虽以周到的注意措施，尚不可避免地为不可抗力。换言之，凡属于外来的因素而发生，当事人以最大谨慎和最大努力仍不能防止的事件为不可抗力。对于我国法上不可抗力的规定，通说认为在理论渊源上属于折中说。②

二、不可抗力作为免责事由的理论依据

在采我国通说（折中说）的立场上，可分别从阻却违法性、因果关系和可归责性（主观过错）等角度进行分析。首先，不可抗力作为阻却违法性事由，因其存在，可推翻对于违约行为（违法行为）之推定，既不存在违约行为，故不成立违约责任。其次，在过错责任场合，由于不可抗力，一来债务人不具有过错，二来因果关系中断，故亦不发生违约责任；在无过错责任场合，因果关系的中断，亦足以否定违约责任的构成。

由于不可抗力的存在，而使违约责任不构成。在此种意义上说，所谓不可抗力作为"免责事由"，与免责系以责任的存在为前提之基本前提是相矛盾的。有的学者使用"无责事由"以代替"免责事由"，③的确有其道理。惟因"免责事由"既已成为惯用语，就像一种速记符号，在不严格的意义上继续沿用也是可以的。

三、不可抗力的构成及范围

（一）不可抗力的构成

关于不可抗力的构成，我国法所作的一般要求有四点：客观情况、不能预见、不能避免和不能克服。

首先，不可抗力一种"客观情况"，学说有谓"客观性"，指它必须独立存在于人的行为之外，既非当事人的行为所派生，亦不受当事人意志左右。

其次，不可抗力属于"不能预见"的客观情况。此处的不能预见，在合同法的语境中是指债务人在订立合同时不能够合理地预见到该客观情况的发生。具体的以当时一个通情达理

---

① 参见史尚宽：《债法总论》，台北自刊本1954年版，第354页。
② 参见佟柔主编：《中国民法》，法律出版社1990年版，第575页；崔建远主编：《合同法》（第七版），法律出版社2021年版，第225页。
③ 参见［日］北川善太郎：《债权总论》（第二版），有斐阁1996年版，第109页以下。同旨参见张文显：《法哲学范畴研究》（修订版），中国政法大学出版社2001年版，第142页。

之人能否预见为标准（客观标准），而在债务人具有特别的预见能力场合，只要债权人可以证明这一点，则依其具体的预见能力加以判断。

再次，不可抗力属于"不能避免"的客观情况。所谓不能避免，指该客观情况的发生具有必然性，是无可回避的。

最后，不可抗力属于"不能克服"的客观情况。所谓不能克服，指该客观情况无法抗拒，特别是指债务人在履行其债务时，因该客观情况的出现，无法正常地履行其债务。

上述构成要件，仅仅是从不可抗力的特性上所作的限定。具体的，什么样的场合算是因不可抗力，亦即因人力无法抵御的异常事态所造成的，对此无法一般性地予以定义，须就具体的事故类型，基于"应否发生损害赔偿义务"这种法政策的见地，进行判断。① 换言之，不可抗力应具体地判断，而无法抽象地揭示，以下结合不可抗力的范围，作具体分析。

（二）不可抗力的范围

不可抗力的范围因对不可抗力内涵认识的不同而会有所出入，大多立法例一般不作列举规定。不可抗力的构成须与具体的事故类型结合，并基于"应否发生损害赔偿义务"之见地，具体地判断。某一事故在此情形下可能是不可抗力，在彼情形下却未必如此，一般性地称某种变故为不可抗力并不可取。因而，不可抗力的范围只能是大致的，不可抗力的判断只能是具体的，不可能盖棺定论、一成不变、一劳永逸。以下从自然原因、社会原因和国家原因等方面分析不可抗力。

1. 自然灾害与不可抗力。通常，洪水、旱灾、台风、地震、蝗灾、火山喷发、泥石流等自然灾害可以作为不可抗力，为不可抗力的主要构成部分。当然，在我国法上，自然灾害须同时符合上述"三个不能"的要件，才可成为不可抗力。

就"不能预见"而言，值得探讨的是当事人的预见与有关部门（比如气象部门、防震部门等）所作灾害预报之间的关系。某些自然灾害虽不可抗拒，但依靠现代科技发展出的预测手段，有关部门已作出预报场合，行为人未能注意到预报并采取相应的对策措施，是否就当然地不符合不可预见性的要求，不构成不可抗力呢？首先，当事人的预见与有关部门的预报并不能当然地画等号。其次，合同当事人的预见应以订立合同时为准，因为合同的对价关系是以此时当事人对于相关风险的合理预期为基础。有关部门的预报如在此之前作出，则可以推定为当事人应当预见；如有关部门是在当事人订立合同时或订立合同后作出预报，除非依诚信原则可以认定当事人事后知道与当时知道没有实质差别外，并不能当然地推定当事人可以预见。最后，即使根据灾害预报推定当事人可以预见有关灾害的发生，如实际发生的灾害比预报的程度更严重，当事人仍可以此为由推翻对可预见性的推定。

就"不能避免"及"不能克服"而言，它们表明事件的发生和事件造成的损害具有必然性。如事件的发生能够避免或虽不能避免但能克服，那么，就不存在履行合同的不可克服的障碍了。比如，甲方为乙方运送货物，道路被洪水冲毁，甲方应当改换运输路线或改变运输

---

① 参见［日］铃木禄弥：《债权法讲义》（三订版），创文社1995年版，第42页。

方式，一般不能以不可抗力为由，要求免除履行义务。因为，甲方可以克服洪水冲垮道路带来的履行障碍。[①]

2. 社会异常事件与不可抗力。比较典型的社会异常事件包括：（1）战争或者武装冲突；（2）罢工；（3）骚乱。对于罢工，只要罢工的发生在合同订立时是不可预见的，以及在合同履行时是不可抵御的，无妨承认其为不可抗力，而不管罢工是属于债务人内部事情，抑或是其外部事情。

3. 国家（政府）行为与不可抗力。由于国家行使立法、行政、司法等职能而致债务不履行及损害的发生或扩大，学说上认为，在某些特别的条件下，此类国家原因也属于不可抗力的范围。《海商法》第51条中所列的"政府或者主管部门的行为、检疫限制或者司法扣押"可归入此类。此外，法律的颁布实施、政策的出台与贯彻落实、司法机关对标的物采取的强制措施、国家征收或征用等，只要符合不可预见、不可避免且不可克服的属性，均可以成为不可抗力。

四、不可抗力的效力

（一）不可抗力对合同履行的阻碍

不可抗力是正常履行合同的一种障碍，这种障碍在我国法上被表述为"因不可抗力不能履行合同"（《民法典》第590条第1款前段），此处的"不能履行"，非指狭义的作为违约形态而与迟延履行相对称的不能履行，而是广义的"不能履行"，包括三种类型：一是合同全部不能履行；二是合同部分不能履行；三是合同一时不能履行（又称为"合同不能如期履行"，实即迟延履行）。

（二）债务人的通知义务及证据的提供

当事人一方"因不可抗力不能履行合同的，应当及时通知对方，以减轻可能给对方造成的损失，并应当在合理期限内提供证明"（《民法典》第590条第1款后段）。通知对方发生不可抗力事故（不是通报有关情况和理由）并提供证据，属于附随义务，其根据为诚信原则。

（三）合同的变更或解除

合同的履行虽因不可抗力而受影响，合同关系并不因此而当然地归于消灭，而是继续存在。惟因不可抗力的影响，当事人无法按照原定方案履行合同，因而必须作出某些调整。依《民法典》第563条第1款第1项的规定，因不可抗力致使不能实现合同目的，当事人可以解除合同。债务人的债务如属永久不能履行，且为不可抗力所致，则该债务人的债务便应

[①] 参见隋彭生：《合同法要义》（第四版），中国人民大学出版社2015年版，第261页。

当免除。债权人的对待给付义务是否因此亦归于消灭，属于风险负担问题。在我国法上，不论由谁负担风险，合同关系并不因此而当然消灭，而必须经过解除合同的程序，故有《民法典》第563条第1款第1项的规定。

不可抗力对于合同履行的影响，并非总能达到"不能实现合同目的"的程度，在这类情形下，合同关系继续存在，只是需要变更。当事人可以协商（再交涉），协商一致，可以变更合同（参照《民法典》第543条），比如延长履行期。如协商不成，可依据交易习惯确定合同内容。如仍不能解决问题，则可通过诉讼或仲裁，由法院或仲裁机构变更合同内容（司法变更）。另外，作为债务人因不可抗力"部分或者全部免除责任"（《民法典》第590条第1款前段）的反射效果，纵然法院的判决或仲裁机构的裁决没有明确变更合同内容，事实上也有变更合同内容的效果。

（四）完全免责或部分免责

根据《民法典》第180条第1款及第590条第1款前段，就合同责任而言，此处"不承担民事责任"或"免除责任"，确切地说仅指损害赔偿或与之相当的责任（比如违约金），如果合同变更后（部分不能及一时不能场合）仍可继续履行，债权人仍有履行请求权，债务人在延展期届满后仍不履行的，债权人自然可以请求强制履行；如合同债务属于全部的永久的不能履行，则依据《民法典》第580条第1款第1项，自不发生强制履行责任。

不可抗力作为免责事由，只是说在不可抗力影响所及的范围内不发生责任，在此范围内可以说是完全免责（非严格意义上）；如不可抗力与债务人的原因共同构成损害发生的原因，则应本着"原因与责任相比例"的精神，令债务人承担相应部分的责任，此时可以说是部分免责（非严格意义上）。

（五）迟延履行场合不免责

当事人迟延履行后发生不可抗力的，不免除其违约责任（《民法典》第590条第2款）。

第三节 情事变更

一、概说

（一）契约严守与情事变更

世界上任何发达的法律体系，无不是建构在有效成立的合同须予遵守这一原理之上的，这一原理便是"契约严守"（pacta sunt servanda），《民法典》亦是如此（第119条）。这样便发生了如下问题，即任何合同在缔结之际，无论其当事人是否意识到，均是以当时存在的法秩序、经济秩序、货币的特定购买力、通常的交易条件等特定的一般关系（或环境）为前提的，如果这些一般关系不可预见地发生了显著的变化，合同当事人是否仍受原合同内容的约束？如不受其约束，则其要件和效果是什么？这些均是需要由情事变更制度所要解决的问题。《民法典》在总结我国司法实践经验的基础上，于第533条明确规定了情事变更制度。

情事变更制度，是指合同有效成立后，因当事人不可预见的事情的发生，导致合同的基础动摇或丧失，若继续维持合同原有效力有悖于诚信原则（显失公平）时，则应允许变更合同内容或者解除合同的制度。究其实质，情事变更制度为诚信原则的具体运用，目的在于消除合同因情事变更所产生的不公平后果。[1]

从比较法的视角来看，情事变更制度虽发展于人类历史的灾变时期，特别是20世纪的早期，却不独于灾变时期有其适用，这已是学说不争的定论。我国同样存在着这一问题，尤其是我国正处在改革时期，政府的财政政策、货币政策等对于经济活动产生剧烈影响之情形时有发生；不独国内诸多情事，随着经济全球化的进展，国际经济、政治的风云变幻，也将不可避免地影响到国内经济活动的开展。

（二）情事变更的周边

情事变更与不可抗力及商业风险是什么关系，素有争议，故有必要就其间的差异作些说明。

1. 情事变更与不可抗力。不可抗力与情事变更二者主要的区别在于：两者虽均构成履行障碍，但程度不同，不可抗力已构成不能履行（广义的）；情事变更有的未达到不能履行的程度（可能履行），有的可能达到履行不能的程度（比如部分不能或者一时不能），总体言之，如强其履行，将导致显失公平或者不能实现合同目的。这样在我国法上，不可抗力导致完全的和永久的不能履行时，可发生合同解除，且不排斥风险负担，亦不适用情事变更原则；不可抗力导致合同履行十分困难，若按合同规定履行就显失公平，方适用情事变更原则，可以通过变更合同的方式，调整双方的合同关系，在不能达成新的变更协议场合，则可通过法院作出公平的裁判，改订合同。

2. 情事变更与商业风险。情事变更与正常的商业风险并不相同。其一，商业风险属于从事商业活动所固有的风险。在商业风险中作为合同成立基础的客观情况的变化未达异常的程度，一般的市场供求变化、价格涨落等属于此类；而情事变更则是作为合同成立基础的环境发生了异常的变动。其二，对于商业风险，法律推定当事人有所预见，也能预见；对情事变更，当事人未预见到，也不能预见。其三，商业风险带给当事人的损失，从法律的观点看可归责于当事人；而情事变更则不可归责于当事人。[2] 其四，商业风险是能够由当事人自行承担的，通常当事人在订立合同时也已将此种商业风险合理地计算在内并形成相应的合同价格，由一方当事人自行承担并不会发生不公平的后果；情事变更所要处理的问题，则是由于当事人订立时不可预见的情事变更，仍然坚持契约严守，在结果上对一方当事人显失公平，

---

[1] 参见梁慧星：《中国民法经济法诸问题》，中国法制出版社1999年版，第170页。
[2] 参见崔建远主编：《合同法》（第七版），法律出版社2021年版，第96页。

另一方当事人可能不恰当地获取超常利益，有悖于诚信原则。

关于情事变更与商业风险，法律通常是将某种变故推定为商业风险，这符合"契约严守"原则。受不利影响的当事人如主张情事变更，须负举证责任。法院或仲裁机构在判断究属情事变更抑或商业风险时，尚需在个案中综合考察。此时可预见性的判断，在内容上不仅要求预见风险的类型（比如价格波动），也要衡量变故的剧烈程度（正常抑或超常）。

二、情事变更的构成要件

依《民法典》第 533 条第 1 款，就情事变更的构成要件宜作如下理解：

（一）须有情事重大变化的事实

"情事"即作为合同基础或环境的一切客观事实（合同的基础条件）。"情事变更"首先要求合同的基础条件发生"重大变化"。否则，轻微的情事变化，推定为受不利影响的当事人所应承担的商业风险，对于合同的约束力不产生任何影响。

哪些客观情况能被称为"重大变化"，要根据客观情况本身及对合同基础的影响等进行具体判断。[①] 然而，"情事"（Umstaende）及其"变更"（Veraenderung）毕竟是不确定概念，需要加以类型化，始能够从容把握。为此，参考比较法，具体辨析。

1. "客观行为基础"（objektive Geschaeftsgrundlage）与情事。《德国民法典》第 313 条第 1 款规定了客观行为基础的障碍，它所规范的案型主要包括等价关系破坏（Aequivalenzstoerungen）、目的不达（Zweckstoerungen）、履行困难（Leistungserschwerungen）等情形。[②] 以下以此为参照，分析中国法相应的立场。

其一，等价关系破坏。其典型的事例是因通货膨胀或国家价格政策调整造成的给付与对待给付之间的不均衡，这是我国情事变更制度适用的主要对象。通常可通过变更合同、使合同对价关系达到新的平衡来解决问题。当然，也不排除在有些场合可解除合同。

其二，目的不达。所谓"目的不达"，《民法典》称为"不能实现合同目的"（比如第 563 条第 1 款第 1 项），既然合同目的不能实现，当然没有继续保存合同关系的必要，应当解除（比如《民法典》第 857 条）。

其三，履行困难（Leistungserschwerungen）。其典型的事例是所谓的"经济不能"（wirtschaftlichen Unmoeglichkeit），于此场合，债务人只有以超过债务的努力（nur mit "ueberobligationsmaessigen" Anstrengungen）始得履行。比如有义务交付货物的债务人由于不可预见的货源短缺，在获取货物方面遭遇巨大的困难或者剧烈的经济变化（比如巨大的价格结构的变化，像 1969 年的钢铁价格或者 1973 年的石油价格）。[③] 在我国，此类情形在具备重大性和不可预见性的前提下，也可作为情事变更予以处理。

[①] 石宏主编：《〈中华人民共和国民法典〉释解与适用［合同编］》（上册），人民法院出版社 2020 年版，第 132 页。
[②] Vgl. *Jauernig / Stadler*, Jauernig BGB Kommentar, 12. Auflage, Verlag C.H. Beck, 2007, § 313 Rn. 15.
[③] Vgl. *Jauernig / Stadler*, Jauernig BGB Kommentar, 12. Auflage, Verlag C.H. Beck, 2007, § 313 Rn. 17.

除上述情形外，作为情事变更的情形还可以包括法律变动与行政行为。

2. "主观行为基础"（subjektive Geschaeftsgrundlage）与情事。《德国民法典》第 313 条第 2 款规定了主观行为基础的障碍，主要是指合同当事人共同的动机错误（die Faelle des gemeinschaftlichen Motivirrtums）。① 在我国，"错误"作为意思表示的瑕疵，仅当其构成"重大误解"（《民法典》第 147 条）时，始可作为撤销的对象。不过，一方面，在我国既往的司法规则中，重大误解的构成所包括的内容是比较宽泛的；另一方面，在我国学理解释上，此所谓"重大误解"，并不仅指其中一方当事人的错误，而且可以包括双方当事人的错误。这样，在我国法上，当事人共同的动机错误已由民事法律行为效力制度加以规制，因而不必再借助情事变更制度进行处理，故可以排除在情事变更制度的考虑范围之外。另外，附条件的民事法律行为制度等，似乎也可发挥某些规范功能。

（二）情事变更须发生在合同成立后履行完毕前

情事变更应当发生在合同成立之后。如果情事变更在订立合同之前或在订立当时既已发生，而当事人并不知道，该情事的变更导致合同的履行对一方当事人显失公平的，则可以适用有关重大误解的规定，请求人民法院或仲裁机构变更或撤销合同；如果处于不利地位的当事人已知该变化的发生，仍订立合同，则表明当事人自甘冒险，法律没有予以特别保护的必要。

之所以适用情事变更制度要求情事变更发生在履行完毕之前，是因为合同因履行完毕而消灭，其后发生情事变更与合同无关。

（三）须情事变更的发生不可归责于当事人

首先，情事变更不属于受不利影响方所能控制（Events beyond the control of disadvantaged party）。比如国家经济政策的调整、全球性或区域性的金融危机等。如果情事的变更可由受不利影响的一方控制，则其发生直接表明该当事人具有可归责性，自应遭受其损失，没有特殊保护的必要。

其次，情事变更不属于受不利影响方所应负担的商业风险。在商业活动中利益往往与风险并存，因逐利而担风险乃是常态。所谓"不属于商业风险"，意指相应的不利益或风险不由受不利影响的当事人负担（Risks must not have been assumed by disadvantaged party）。② 故就非属受不利影响方当事人所能控制的事项，仍应作进一步区分：一是应由该方负担的商业风险，二是超出商业风险的事项。情事变更，应当指后者而言。

总之，若情事变更可归责于当事人，则当事人自应负担其风险或承担违约责任，不发生适用情事变更制度的问题。另外与此相关，迟延履行或受领迟延期间发生情事变更，能否适用情事变更原则？这时不妨参考不可抗力的处理方法，不可抗力作为免责事由在迟延场合

---

① Vgl. *Jan Kropholler*, Studienkommentar BGB, 11. Aufl., 2008, § 313 Rn. 5.
② See UNIDROIT PICC Art. 6.2.2, Comment 3.

受到限制（《民法典》第 590 条第 2 款），但学说上普遍认为，如果违约方能证明纵无迟延，仍会发生不可抗力并致履行不能，即能证明所谓"假想因果关系"，仍可免责。对情事变更也可作同样的处理。[①]

（四）须情事变更是当事人订立合同时无法预见的

对于此一要件，应当明确：预见的主体为因情事变更而遭受不利益的一方当事人，预见的内容为情事变更发生的可能性，预见的时间为订立合同时，预见的标准应当为主观标准（即以遭受不利益一方的实际情况为准）。如果当事人在缔约时能够预见情事变更，则表明他承担了该风险，不再适用情事变更制度。

"情事变更"之风险非受不利影响之当事人所应当承担。如果受不利影响的当事人承担了情事变更的风险，则不能适用情事变更制度。"承担"一词表明不需要明确所承担的风险，但可以从合同的性质确定。一方当事人参与投机交易（比如炒股票或者期货），被认为应承担一定程度的风险，即便该当事人订立合同时没有完全意识到交易的风险。

（五）须继续履行合同对于当事人一方明显不公平

情事变更的构成是对于"契约严守"原则的否定，惟应于例外场合予以承认，自应要求相应后果的严重程度，即维持原有合同效力（契约严守）在效果上显失公平，比如仅仅因为价格的超常涨落，使一方当事人履行合同即遭受"经济废墟"或"生存毁灭"（德国判例创造的概念）的结果，而另一方当事人由此而获取巨额利益，显然不公，也悖于诚实信用。

三、适用情事变更制度的法律效果

（一）实体法上的效果

1. 重新协商的权利与义务（自律解决）。

（1）受不利影响的当事人可以与对方重新协商。《民法典》第 533 条就情事变更的法律后果分两个层次加以规定，第一个层次是由当事人进行的自律解决，第二个层次是由人民法院或者仲裁机构进行的他律解决。受《国际商事合同通则》第 6.2.3 条第 1 款及《欧洲合同法原则》第 6:111 条第 2 款的启发，《民法典》第 533 条引入"重新协商"（renegotiation，或译为"再交涉"）之观念，成为此条规定的亮点。

作为第一层次"自律解决"核心的"重新协商"，在《民法典》第 533 条第 1 款的表述为"受不利影响的当事人可以与对方重新协商"，与《国际商事合同通则》第 6.2.3 条第 1 款中的"the disadvantaged party is entitled to request renegotiations"相当。作为重新协商程序的启

[①] 参见韩世远：《情事变更原则研究——以大陆法为主的比较考察及对我国理论构成的尝试》，载《中外法学》2000 年第 4 期。

动键，自律解决赋予受不利影响的当事人以要求重新协商的权利。

为了保障重新协商程序的展开，仅由上述权利启动尚有不足，对于对方当事人仍须承认有相应的重新协商义务（duty of renegotiation）。该义务尽管从《民法典》第533条第1款中没有直接表现出来，在解释论上，应结合《民法典》第6条"民事主体从事民事活动，应当遵循公平原则，合理确定各方的权利和义务"，以及第7条诚信原则，承认对方当事人负有重新协商的义务。

（2）重新协商义务的法律效果。

第一，重新协商义务是否产生中止履行抗辩权。通常发生情事变更后，受不利影响的当事人在主动要求变更或解除合同之后，对方多不愿同意其提议。这时，如仍坚持原合同效力，则受不利影响的当事人中止履行就会构成违约，这从我国实际发生的案例中也可以反映出来，有的一审判决即是如此；二审对此予以纠正，受不利益方中止履行，并没有被追究违约责任。判决结果应当说是合理的，而其中所蕴含的法理则有进一步分析的必要。为什么按照合同应当履行而中止履行后不承担违约责任？其道理只有通过承认受不利影响方当事人享有中止履行的抗辩权才能得到解释。所以，在理论上应承认情事变更场合受不利影响方的中止履行抗辩权。

第二，违反重新协商义务的法律后果。《欧洲合同法原则》第6:111条第3款后段规定了因违反重新协商义务而发生的损害赔偿责任。我国法应否借鉴此一做法，尚有待进一步研究。如果对于违反重新协商义务不规定一定的法律后果，将使得这一义务沦为道德规范的宣示，而不成其为一项法律义务。因而，《欧洲合同法原则》的做法是值得借鉴的；同时，我们对于此项法律义务的要求仅限于符合诚信地行为，并不要求必须达到一定的结果，因而，也可以限制不良影响（即对义务人的要求过高）的发生。

2. 合同的变更或者解除（他律解决）。

（1）在合理期限内协商不成。重新协商义务属于行为义务，而非结果义务。双方当事人如果在合理期限内协商不成，则意味着自律解决问题难以实现，这时法律便允许当事人寻求他律解决：当事人可以请求人民法院或者仲裁机构变更或者解除合同。

（2）结合案件情况依公平原则裁判。人民法院或者仲裁机构应当结合案件的实际情况，根据公平原则变更或者解除合同（《民法典》第533条第2款）。公平原则不仅是当事人重新协商时的指导原则，也是裁判者因情事变更裁判案件时的指导原则。

（3）变更抑或解除合同。依既往的司法规则，情事变更区分为两种类型：其一，继续履行合同对于一方当事人明显不公平；其二，不能实现合同目的。《民法典》第533条第1款仅规定了第一种类型，没有规定第二种类型，并不等于第二种类型在实务中不存在，故在解释论上仍有承认第二种类型的必要性。就法律效果而言：在第一种类型场合，有变更或者解除合同的问题，此时优先考虑变更，仅在变更无法解决问题时方予解除合同；在第二种类型场合，只有解除合同。[①] 以下分别说明。

[①] 韩世远：《民法的解释论与立法论》，法律出版社2015年版，第78页。

因情事变更导致"继续履行合同对于当事人一方明显不公平"类型，与德国民法上的"等价障碍"（Aequivalenzstoerungen）相当，仍归入履行困难（Leistungserschwerungen）之列。[1] 其典型事例是因价格波动引发的履行障碍。[2] 另外，由于合同目的不能完全实现，往往也需要变更合同。[3]

我国既往司法规则承认的不能实现合同目的类型，指的是合同目的完全不能实现（相较于"合同目的不能完全实现"），相当于德国民法上的"使用目的障碍"（Verwendungszweckstoerungen），或称"目的不达"（Zweckfortfall）案型。[4] 我国实务中发生了诸如因所转让的店面面临拆迁这种双方无法预见的重大变化而使转让合同目的无法实现、[5] 因限购政策影响而使房地产买卖合同无法继续履行的事例，[6] 均可归入此类。另外，鉴于情事变更的发生往往以继续性合同居多，故司法解除时也需要对合同解除效果的发生时间点作出裁判。在实践中，法院往往习惯于采取"判决生效时"作为合同解除的时间点。这种做法在一时性合同场合可能问题不大，可是，在继续性合同场合，则可能出现问题。例如，房屋租赁合同纠纷，一方以情事变更为由请求法院解除合同，在起诉时合同尚未到期；可是，等到法院裁判时，有可能合同已经到期很长一段时间了。这时，如果裁判合同自判决生效时起解除，显然并不合适。《民法典》第533条第2款既已指示裁判者"根据公平原则变更或者解除合同"，实际上已经授予裁判者以裁量权，裁判者宜根据个案情况，合理确定合同的解除时间点。

（二）程序法上的效果

1. 职权主义抑或当事人主义。《民法典》在立法精神上体现了对于职权主义的回避，比如民事法律行为的撤销要基于当事人的请求（第147条—第151条）、债权人撤销权的行使要基于债权人的请求（第538条及第539条）、违约金的调整要基于当事人的请求（第585条第2款）等。从《民法典》第533条第1款"当事人可以请求人民法院或者仲裁机构变更或者解除合同"的表述中也反映出来，对于情事变更制度的适用奉行当事人主义。

2. 确认判决抑或形成判决。对于合同关系的调整，双方当事人无法通过协议完成时，便只有通过人民法院（或仲裁机构）介入，由法院基于当事人的请求，以裁判变更基于原合同关系发生的权利义务，使合同的均衡（the equilibrium of the contract）得以恢复，因而可以看作是对原法律关系的一项形成性干预，其判决应属于形成判决。

情事变更场合的合同解除属于司法解除，不同于合同当事人行使合同解除权的解除。司

---

[1] Vgl. *Medicus/Lorenz*, Schuldrecht I, Allgemeiner Teil, 18. Auflage, Verlag C.H. Beck, 2008, S. 256.
[2] 比如武汉市煤气公司诉重庆检测仪表厂案，载最高人民法院中国应用法学研究所编：《人民法院案例选》（总第6辑），人民法院出版社1993年版，第110页以下。
[3] 比如成都鹏伟实业有限公司与江西省永修县人民政府、永修县鄱阳湖采砂管理工作领导小组办公室采矿权纠纷案，载《中华人民共和国最高人民法院公报》2010年第4期。
[4] Vgl. *Medicus/Lorenz*, Schuldrecht I, Allgemeiner Teil, 18. Auflage, Verlag C.H. Beck 2008, S. 256, 261.
[5] 福建省高级人民法院民事判决书（2010）闽民终字第261号。
[6] 宁波市镇海区人民法院民事判决书（2011）甬镇民初字第713号。

法解除的特点是，当事人请求法院（或仲裁机构）解除，法院经过审理，最终决定是否解除合同。故在我国因情事变更解除合同的判决不是确认判决，而是形成判决。

第四节　履行不能

一、履行不能的语义

履行不能，或称不能履行，是指作为债权之客体的给付不可能的状态。履行不能可区分为广义与狭义两种，前者是指本来的履行、给付的目的全部或部分不能够实现的状态，而不问其债务人对于此种不能的发生有责任还是无责任。而后者则仅指债务人对不能的发生有责任的情形。此处在广义上使用履行不能的概念。这一概念在《民法典》中多次出现（第180条第1款、第516条第2款、第519条第3款、第580条第1款第1项、第590条第1款、第687条）。

履行不能作为法律上的概念，并非仅指物理上的不能，而且指依一般社会观念或交易观念，不可期待债务人实现其债务履行。这样，不能的判断是相对的，物理上可能的给付，如果根据一般交易观念，其履行需要支出非常不相当的劳力、费用，则可称为履行不能。例如海底寻针，物理学上虽属可能，而在社会观念上则属不能。

二、履行不能的分类

将履行不能加以分类，并赋予不同的法律效果，系德国19世纪潘德克顿法学的产物，而为德国民法所接受，我国民法学说，多继受此种理论。作为一套分析范畴，对履行不能的类型化还是有意义的。

（一）自始不能与嗣后不能

自始不能是指不能履行的情况自合同成立之始即存在，又称原始不能。嗣后不能则是指合同成立后发生履行不能的情况，又称后发不能。

关于自始不能与嗣后不能的区分标准，有"债权成立时说"与"合同成立时说"两种。二者的差异可通过附条件的合同来说明，在合同成立后条件成就前，履行成为不能时，如依前一标准，则为自始不能；如依后一标准，则为嗣后不能。学者通说以合同成立时或法律行为成立时为标准。

自始不能与嗣后不能的区分，在以原德国民法为代表的民法体系中占有重要地位。自始客观不能合同无效，就自始主观不能合同存在争论；嗣后不能，依债务人是否有归责事由，分别依债务不履行责任或风险负担规则处理。我国法对于上述区分并没有明确地采纳，作为理论继受的结果，学说上有的给予承认，亦有相反见解。

（二）客观不能与主观不能

如果任何人都不能作出履行，便属于客观不能。比如"挟泰山以超北海"；又如房屋因地震而被毁，无法交付。债务人虽不能履行，但其他人有能力履行的，便属于主观不能。例如订立演出合同而该演员患病不能出演；又如某企业因技术落后而无法胜任承揽工作。

（三）永久不能与一时不能

永久不能，指在债务履行期或在债务人可以履行的期间，其履行为不能。如果只是此期间中的一部分有障碍，则是一时不能。依传统理论，自始客观不能，如为永久不能，则使合同无效；而一时不能则否。嗣后永久不能，始发生免责或赔偿责任；而一时不能，则只发生迟延的问题。

（四）全部不能与部分不能

全部不能，指给付的全部履行不能。部分不能，指给付物体的一部分不能。例如标的物一半消失；或如应移转完全的房屋所有权，而其房屋上存有登记了的共有权。在传统理论上，全部不能或部分不能，与自始不能或嗣后不能结合，而为自始全部不能或部分不能，与嗣后全部不能或部分不能，其效力不同，故有区别的实益。详言之，全部不能履行如属于嗣后不能履行，可构成违约责任的要件。部分不能履行如属于嗣后不能履行，自然属于违约责任的要件；如属于自始不能履行，仍可产生违约责任，只不过是在能履行部分而不为履行时构成违约责任。

（五）事实上的不能与法律上的不能

此种分类在《民法典》第580条第1款第1项作了规定。事实上的不能，又称为自然不能，指基于自然法则的不能。比如因合同标的物灭失而不能履行；或因洪水泛滥造成铁路交通中断而不能运输货物。法律上的不能，是指基于法律规定的履行不能，或者说是指因法律的理由而导致的履行不能，属于民事行为内容违法的问题。

三、履行不能的效力

（一）传统民法中履行不能论的构造（参照图6.4.1）

1. 自始不能的效力。在给付客观不能场合，合同自始失其目的，失其意义，失其客体，故使之不发生任何效力，合同无效。在给付主观不能场合，债务人欠缺必要之劳力、能力、处分权及支付能力，致不能提出他人所能提出之给付。此时合同仍为有效（尤其是在出卖他人之物的情形），债务人应负履行利益的赔偿责任。至于债务人对其不能是否明知或可得而知，在所不问。

```
自始不能 ┬ 客观不能 → 合同无效 + 缔约上过失责任
        └ 主观不能 → 合同有效 + 履行利益之赔偿

嗣后不能 ┬ 不可归责于债务人 → 风险负担
        └ 可归责于债务人   → 债务不履行责任
```

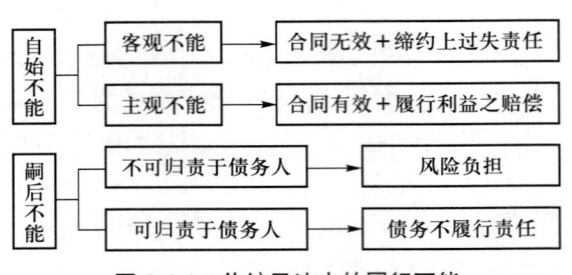

图 6.4.1 传统民法中的履行不能

2. 嗣后不能的效力。依通常见解，嗣后不能并不影响合同的效力，不过可以发生债务不履行（违约）之问题，且不因客观不能与主观不能而异其效力。

因不可归责于债务人的事由，致给付不能，债务人免给付义务。债务人因前项给付不能的事由，对第三人有损害赔偿请求权的，债权人可向债务人请求让与其损害赔偿请求权，或交付其所受领的赔偿物。此种场合，债务人免给付义务（债务解放），在双务合同关系中，一方的债务消灭场合，与之有牵连关系的对待给付义务的命运如何，这便是风险负担问题。

因可归责于债务人的事由，致给付不能，债权人可请求赔偿损害。前项情形，给付部分不能的，若其他部分之履行，于债权人无利益时，债权人可拒绝该部分的给付，请求全部不履行的损害赔偿。

（二）中国法上的履行不能问题

1. 中国法是否采纳了"自始不能合同无效"教条？在中国的民事立法上，并没有明确规定以不能给付为标的的合同无效。从合同立法趋势来看，《联合国国际货物销售合同公约》便已放弃履行不能的类型化，而赋予统一的法律效果，即无论其为何种履行不能，均不影响合同效力，债务人应负违约责任。而《民法典》第 606 条规定，出卖人出卖交由承运人运输的在途标的物，除当事人另有约定外，毁损、灭失的风险自合同成立时起由买受人承担。显而易见，该条的规定仿自《联合国国际货物销售合同公约》第 68 条，在解释上也应与《联合国国际货物销售合同公约》一样，认为是以自始不能合同有效为前提，因为风险负担的适用要以有效合同的缔结为前提。这一规定，更将"自始不能合同有效"的做法明确地带入了国内法领域。基于这些事实，在对《民法典》作解释论构成时，应放弃继受"自始不能合同无效"教条，而以"自始不能合同有效"为基础，构造中国的履行障碍法体系。

在自始主观不能场合，中国的司法实践通常也是以合同有效为前提，依违约责任处理。

2. 在现行法的框架下对"履行不能"的定位。

（1）具备《民法典》第 143 条规定的条件（行为人具有相应的民事行为能力、意思表示真实以及不违反法律、行政法规的强制性规定，不违背公序良俗），民事行为即应有效，而不以标的可能为要件。换言之，合同的效力并不因自始不能履行而受影响。

（2）如一方当事人在缔约时明知合同不能履行，仍签订合同，则以欺诈论。受欺诈方有权请求人民法院或者仲裁机构予以撤销（《民法典》第 148 条）。受欺诈方如遭受损失，则有权要求赔偿损失（《民法典》第 157 条）。

（3）如双方当事人在缔约时均不知合同不能履行，则可构成重大误解，行为人有权请求人民法院或者仲裁机构予以撤销（《民法典》第 147 条）。

（4）合同有效场合（包括撤销权消灭后可撤销合同转化为有效合同的情形，参照《民法典》第 152 条），合同对当事人有约束力。一方当事人不能履行，如有免责事由，则不承担违约责任，依风险负担规则处理。如当事人不能履行没有免责事由，相应地发生违约责任。

（5）当事人一方法律上或事实上不能履行，属于"对方可以请求履行"的除外情形（《民法典》第 580 条第 1 款第 1 项），是为本来履行请求的除外，但只要不能履行方没有免责事由，仍应承担其他的违约责任。具体言之，在约定有违约金场合，非违约方可请求支付违约金（《民法典》第 585 条）；在约定有（违约）定金场合，可请求支付定金（《民法典》第 587 条）；在无此特别约定场合，当事人可请求赔偿损失（《民法典》第 577 条及第 584 条）；不能履行并可作为"有其他违约行为致使不能实现合同目的"的情形（《民法典》第 563 条第 1 款第 4 项），非违约方可解除合同；解除合同场合的损害赔偿仍属履行利益赔偿的，应将解除权人因解除合同而债务解放所获得的利益扣除，自不待言。

（6）我国现行法虽未规定债权人享有代偿请求权，在解释上宜认可成立债权人代偿请求权。综观我国法上的履行不能问题，暂可以简单图示如下（参照图 6.4.2）：

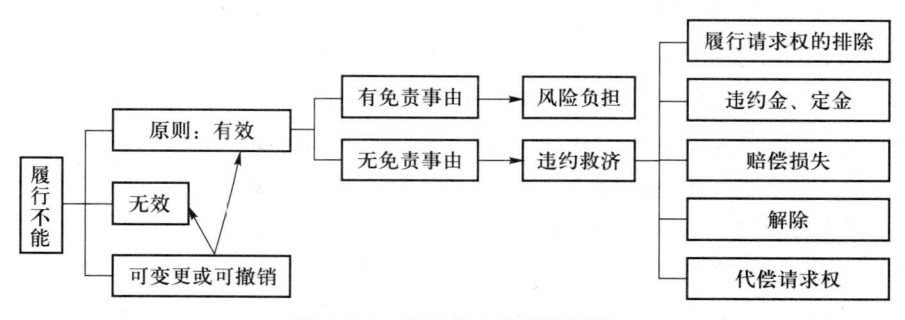

图 6.4.2　我国法中的履行不能

（三）代偿请求权

1. 代偿请求权的语义及沿革。代偿请求权，指债务人因与发生履行不能的同一原因，取得给付标的的代偿利益时，债权人对于债务人可请求偿还其代偿利益的权利。[①] 代偿请求权在罗马法上即已被承认，近现代立法亦多明确予以规定；立法没有明文规定代偿请求权的，学说上也多承认此原则。[②] 作为代偿请求权的事例，比如甲将一辆"宝马"车卖与乙，在甲交付前该车非因甲的过失被盗，无法寻回。乙可以要求移转该车所投财产险的保险金请

[①] 参见史尚宽：《债法总论》，台北自刊本 1954 年版，第 373 页。
[②] 参见［日］我妻荣：《新订债权总论》，岩波书店 1964 年版，第 148 页。

求权，以替代给付。而从否定此时构成侵害债权之侵权行为的观点来看，债权人可由此项代偿请求权而获得救济，这成为代偿请求权的实质根据。另外，代偿请求权与物上代位、赔偿人代位、清偿人代位等一起，成为代位或代偿法理的一环。

2. 代偿请求权的要件。

（1）须发生债务人履行不能。在可能履行场合，债权人可请求原来的履行，自然无所谓代偿请求权。在履行不能场合，如债务人没有免责事由，则代偿请求权与原来债务不履行的损害赔偿请求权，在同一数额范围内，二者并存。

（2）须债务人取得代偿利益。第三人得有利益，而债务人未取得利益时，债权人无代偿请求权。例如债务人就他人的物约为买卖，而其物被盗，债务人对于盗者没有什么请求权，亦无从让与。债务人取得的利益，须为履行利益的代偿，至于其种类如何，则在所不问。故债务人因不为履行而节省的费用，或债务人取得的定金或无损害赔偿性质的违约金，因其并非履行的代偿利益，债权人不得请求。[①]

（3）债务人须因发生履行不能的事由而取得利益。即利益与履行不能的原因事由之间具有因果关系，在对此予以判断时，应对将代偿移转于债权人是否公平予以衡量。比如，债务人因其给付物被第三人破坏，由他人赠与同情金，或其他代替物，则不发生代偿请求权；但如果债务人就给付之标的物取得损害保险金请求权，或已取得保险金，虽然其保险金是基于保险合同而取得，然却是被保险物灭失的结果，故与履行不能的事由有因果关系，可成为代偿请求权的标的。另外，此处所要求的因果关系中，履行不能原因事实无须为获得利益的惟一原因，即便是数个原因中的一个，亦为已足。

（4）债务人取得的利益须具有可转让性。具有人身专属性质的扶养请求权、非财产上损害赔偿请求权等，因不具有可转让性，故不能够成为代偿请求权的标的。

（5）作为代偿请求权的标的，其利益应以原债权额为最高限额。债权人代偿请求权的利益，不得大于履行利益；如有超过，则只能在原债权额的范围内，请求让与或交付。

3. 代偿请求权的效力。债权人虽可请求债务人交付所取得的利益或让与其请求权，然非法律上当然移转于债权人。

（1）代偿请求权，虽有人主张为新生的请求权，然应认为是原来债权的继续，换言之，与原来的债权具有同一性，惟其给付的标的有所变更，从而担保原来债权的权利，依然继续存在。其时效的起算点，亦应就原来的债权加以确定。

（2）代偿请求权在因不可归责于债务人的事由债务沦为履行不能时，以债权人别无损害赔偿请求权，最能发挥其效用。在双务合同中，债权人也同时免为对待给付的义务，其已给付的，可依不当得利规定请求返还。但如行使代偿请求权，则应为对待给付。如不能满足原债权的全部，则就其所受部分的价值，按比例减少对待给付。代偿请求权，在债务人对履行不能无免责事由之场合，会与债务不履行（违约）损害赔偿请求权发生竞合，债权人可择一

[①] 参见史尚宽：《债法总论》，台北自刊本1954年版，第374页。

行使。行使代偿请求权如仍未受完全的补偿，则仍可继续请求损害赔偿。[1]

第五节　履行迟延

一、履行迟延的语义与要件

履行迟延，又称债务人迟延或逾期履行，指债务人能够履行，但在履行期限届满时却未履行债务的现象。构成履行迟延，一是须有有效的债务存在，二是债务能够履行，三是债务履行期限徒过而债务人未履行，四是债务人未履行债务不具有正当事由。具体如下：

（一）须有有效的债务存在

这是构成履行迟延的基本前提。这样，附有生效条件的合同，在条件成就前，并不发生有效的债权债务关系，自然不存在合同履行迟延的问题。只要有债务存在，其债权的种类如何，则非所问。物权的请求权，虽非债权，也可以类推适用关于债权的规定，故可以类推适用关于迟延的规定。[2] 但不完全债务，不适用关于迟延的规定。

（二）债务能够履行

如果债的标的自始就不可能作出，属于自始不能问题，学者通说以之为债务无效的事由；如在债务履行期限内，出现履行不能，属于嗣后不能问题，或依风险负担处理，或依债务不履行处理，均不发生履行迟延问题。履行期限内债务尚属可能，履行期限徒过后，债务始沦为履行不能的，仍不妨作为履行迟延对待，尽管在具体的处理上可能需要适用履行不能的相关规则；这样，诸如不作为债务以及定期行为，履行期限过后即沦为履行不能的场合，学说依然以之为履行迟延。履行期限内及履行期后，债务履行均属可能的，自然可构成履行迟延。

（三）债务履行期限徒过而债务人未履行

履行迟延的发生虽以履行期限的到来为必要，仅有履行期限的到来，并非必然发生履行迟延，具体地还要区分履行期限的种类分别判断。

1. 确定期限。如果对于债务的履行有确定的期限，比如于2022年2月1日履行，则期限的徒过，债务人便当然陷于履行迟延，无须另行催告，这便是所谓"期限代人催告"原则，是德、日等大陆法系国家的通行做法。《民法典》强调合同义务的全面履行（第509条第1款），其中包括确定履行期限的即应于期限内履行，否则，债务人即陷于迟延，无待债

---

[1] 参见史尚宽：《债法总论》，台北自刊本1954年版，第376页。
[2] 参见史尚宽：《债法总论》，台北自刊本1954年版，第378页。

权人另行催告，司法实践向来也是如此。

如果对于债务履行期限所作的约定是一段期间，比如在本月底之前支付，或者到 8 月中旬之前交付，该期间的末尾始具有确定期限的意义，自不待言。[①] 债务人只要在该期间终了前履行，便不构成履行迟延。如该期间终了后债务人仍未履行，自然陷于履行迟延。容易产生疑问的是，在此履行期间内，比如 5 月份，债权人可否以催告履行而使债务人陷于迟延？比如 5 月 1 日催告，限 10 天内履行。对此，原则上应作否定回答，期限通常被推定为债务人利益而定，《民法典》第 601 条后段亦可反映出相同的思想，合同明确约定期间利益为债权人享有时，另当别论。

对于有确定期限的债务，其履行迟延的构成存在如下例外：

（1）往取债务或其他以债权人的协助为必要的债务。往取债务，即由债权人到债务人的住所请求债务履行的债务。依《民法典》第 511 条第 3 项，除给付货币的债务和交付不动产的债务之外，"其他标的，在履行义务一方所在地履行"。其他以债权人的协助为必要的债务，比如债务人交付标的物需要债权人受领的情形。对于此类债务，即使存在确定的期限，倘若债权人没有到债务人所在地催收债务，或债权人没有作出必要的协助，债务履行期限的经过并不使债务人陷于迟延。另外值得注意的是，由于《民法典》第 511 条第 3 项采取了债务的"债权人往取主义"原则，就必然使得"期限代人催告"原则在我国的适用大打折扣。

（2）票据债权的行使。票据债权人行使票据债权只有一种法定的方式，即向债务人"提示"票据。持票人对票据债务人行使票据权利，应当在票据当事人的营业场所或其住所进行（《票据法》第 16 条）。债权到期而债权人不提示，不生债务人迟延问题。[②]

2. 不确定期限。不确定期限，比如约定某人死亡之日给付某物，人之死亡属于确定发生的事件，惟其发生的具体时间不确定而已。此种情形尚不属于下述履行期限不明确。

如果不确定期限表现为一种附生效期限的合同，比如某人的死亡之日，便是合同生效的时间，假如未另外约定债务履行的时间，则按照下述履行期限不明确的情况处理。如果另外约定了债务履行的时间，则按照上述有确定期限的规则处理。债务人确实不知且也不应知所附期限到来的，应当认为债权人依诚信原则有一种告知义务，此种告知义务的违反，可作为一种债权人不予协助的情形对待，不发生履行迟延问题。如债务人已知或应知期限到来，则不论债权人是否另行通知债务人，均不影响依相关规则发生履行迟延。

如果不确定期限是对于既已有效的合同债务的履行设定的，我国法欠缺明文规定，在解释上宜认为，原则上自债权人通知或债务人知道期限到来时起，发生履行迟延；但依诚信原则，债务人履行其债务需要一段合理的时间（宽限期）的，可以存在例外。

3. 履行期限不明确。如果合同未约定履行期限或约定不明，而且又无法从法律的规定、债务的性质或其他情事确定履行期限的，"债务人可以随时履行，债权人也可以随时请求履

[①] 参见［日］我妻荣：《新订债权总论》，岩波书店 1964 年版，第 103 页。
[②] 参见谢怀栻：《票据法概论》，法律出版社 1990 年版，第 63 页。

行，但是应当给对方必要的准备时间"（《民法典》第 511 条第 4 项）。此处的债权人"请求履行"，实即"催告"。如此，催告成为此种场合使债务人负迟延责任的必要条件。

对于上述规则，并非没有例外。在意定之债之外，侵权行为产生的损害赔偿债务，即使未经催告，仍应自侵权行为发生时起发生履行迟延。

（四）债务人未履行债务不具有正当事由

债务人未履行其债务应具有违法性，或没有正当理由。这一点对于债务不履行是被推定的。如债务人能证明其不为履行有正当理由，即存在违法性的阻却事由，并不发生履行迟延。此处的违法性阻却事由，并不包括因不可抗力而造成的一时履行不能（或称为免责事由），而是指诸如债务人拥有留置权、先诉抗辩权、同时履行抗辩权等延期抗辩权，此等权利的存在本身即表明债务人不为履行是正当的，故非谓迟延履行。

履行迟延的构成是否要求债务人具有可归责性呢？这涉及对履行迟延的界定，其中，有广义与狭义两种不同的理解。自广义上讲，不论债务人是否具有可归责性，只要债务履行属于可能，债务人使履行期徒过而未履行债务，便可称为履行迟延。[1] 狭义的理解，则另外要求债务人具有归责事由，始称为履行迟延。[2] 对于强制履行而言，并不以债务人迟延履行具有可归责性为要件，在传统的大陆法系民法理论上，惟对于迟延履行场合的损害赔偿，要求债务人具有可归责性。在《国际商事合同通则》及《欧洲合同法原则》中，包括迟延履行在内的所谓"不履行"，是在广义上使用的，既包括不可免责的，也包括可免责的情形。免责事由只是决定受害方当事人不能请求强制履行或损害赔偿，该当事人仍可主张其他的救济措施，比如合同解除。在我国学说上，既有采狭义理解的，也有采广义理解的。本书赞同在广义上使用履行迟延这一概念，正如《国际商事合同通则》及《欧洲合同法原则》那样，履行迟延可以区分为可免责的与不可免责的两类。对于《民法典》中出现的相关概念，也应注意其含义，比如第 513 条（价格罚则）中的"逾期交付标的物"及"逾期付款"，第 563 条（法定解除权）第 1 款、第 585 条（违约金）第 3 款以及第 590 条（不可抗力）第 2 款等中的"迟延履行"，这些概念本身并不包含债务人的可归责性在内，而是一种仅从客观角度所作的描述。

二、债权人的催告

"催告"一词在《民法典》中至少有两种用法，一是在第 145 条第 2 款和第 171 条第 2 款，效力未定行为的相对人可以催告法定代理人或被代理人在一个月内予以追认；二是在第 563 条第 1 款第 3 项以及第 675 条等条款，指债权人向债务人请求履行债务，第 511 条第 4

---

[1] 参见［日］我妻荣：《新订债权总论》，岩波书店 1964 年版，第 99 页；相左见解可参见［日］於保不二雄：《债权总论》（新版），有斐阁 1972 年版，第 90 页。

[2] 史尚宽：《债法总论》，台北自刊本 1990 年版，第 377 页；郑玉波：《民法债编总论》（修订二版）陈荣隆修订，中国政法大学出版社 2004 年版，第 276 页；王泽鉴：《民法概要》，中国政法大学出版社 2003 年版，第 260 页。

项虽未使用"催告"一词,如前所述,其中的"请求履行"实即此种语义上的"催告"。此处主要分析后一种语义上的催告。

(一)催告的含义

催告,是指债权人向债务人请求履行债务的通知。催告并非法律行为,而是一种与法律行为类似的行为,被称为准法律行为,故学说上认为它可以类推适用有关法律行为的规定。因而,限制民事行为能力人亦得为催告,因为他因此纯获法律上的利益;反之,如对一个未成年的债务人为催告,该催告则须到达其法定代理人。[1]

(二)催告的方法

催告既可以采用口头的方式,也可以采用书面的方式。账单的寄送,通常视为债权额的通知。受领证书的寄送或委托邮政收款或数次寄送同一内容的账单,视为催告。经债权人起诉而送达诉状,或依督促程序送达支付令,或为其他相类似的行为,与催告有相同的效力。起诉,须为给付之诉,确认之诉尚不合乎要求,至于是本诉抑或为反诉,在所不问。诉的提起,在诉讼法上是否有效,以及后来有否撤诉,对于催告私法上的效力并无影响。

(三)催告的时间与场所

只要债务已到期,债权人可随时催告债务人履行债务。至于催告的场合,亦无须在履行地为之,除依诚信原则不应为请求的场合外(如殡仪馆),可在任何场合为之。

(四)催告的内容

催告所示债务的数额过大或过小时,只要能够体现出其所要求履行债务的同一性,仍不妨发生催告的效力。如催告的内容与债务的内容完全不同,则催告无效。

(五)催告的附款与特别要件

催告是债权人的权利,因而在不增加债务人义务的范围内,可类推适用有关意思表示的规定,附以条件、期限或其他附款。比如催告可附有期限,要求在两周内支付为有效,债务人自期限届满时起,负迟延责任。未附期限的催告,原则上债务人应即时为给付。附条件的催告,于条件成就及债务人知其成就发生时,始生效力。

在特殊情况下,催告符合特别要件,始生效力。例如债务人的履行以债权人受领行为以外的行为为必要时(如给付物的往取或对履行方法的指示等),只有当债权人完成这些必要行为时,其催告才算有效。在双务合同中,相对人拥有同时履行抗辩权时,债权人如不为对待给付的提出而催告,则不发生迟延的效力。

---

[1] Vgl. *Dieter Medicus*, Schuldrecht I, Allgemeiner Teil, 17. Auflage, Verlag C.H. Beck, 2006, S.151.

（六）催告的费用

为催告支出的费用，如无特别约定，原则上应由债权人负担。比如为使履行期到来，可使债务人陷于迟延，或为解除合同而进行催告。反之，对于已陷于迟延的债务人进行催告，其费用可作为迟延损害，由债务人负担，因为债务人如按时履行，则根本没有必要再次催告。

（七）催告的效力

催告因到达相对人而发生效力。因债务人的姓名、住所不清楚而无从催告时，可向法院请求公告送达，经过法定期间，即发生催告的效力。如债务人有逃亡的事实，可认定为有拒绝履行的意思，无须通过公告送达，自逃亡时起，即应负迟延责任。

催告的效力体现在以下几个方面：

1. 作为确定某些场合债务人履行迟延的前提条件。在不确定期限的债务，因催告而有附迟延的效力，在解释上，应认为催告到达后，债务人除依诚信原则应有适当的宽限期外，应即时履行，否则应负迟延责任。

2. 作为诉讼时效中断的事由。《民法典》第195条规定的"权利人向义务人提出履行请求"以及"权利人提起诉讼或者申请仲裁"，均是催告的表现。

3. 法定解除权的发生要件之一。惟须予以注意的是，《民法典》第563条第1款第3项中的"催告"可能是第二次催告，因为它是以债务人对主要债务的"迟延履行"为前提的，而在此次催告之前，亦即在确定是否构成迟延履行时，债权人可能已经进行过一次催告了。

三、履行迟延的法律效果

履行迟延可区分为全部履行迟延与部分履行迟延，如无特别指出，此处的分析是以全部履行迟延为模型的。

（一）免责事由的存在与责任的免除

我国法上合同责任的一般法定免责事由是不可抗力（《民法典》第180条第1款，第590条第1款），另外还有一些特别的免责事由（如《民法典》第823条第1款后段）。当事人也可以约定免责条款，对责任加以限制或者排除。此处仅讨论存在不可抗力的情形。

《民法典》的用语为"因不可抗力不能履行合同"，其所谓"不能履行"，宜在广义上理解，不仅包括永久不能，也包括一时不能。

如债务人不具有免责事由，则履行迟延发生如下的法律后果。

（二）实际履行

对于金钱债务，并不存在履行不能问题，债权人总可以请求履行（《民法典》第579条）。对于非金钱债务，债权人的履行请求权也是被一般性地肯定的，仅于特别情形下允许例外(《民法典》第 580 条第 1 款)。这样,履行迟延后,只要债权人没有解除合同,债务人依然负有履行义务,债权人可请求债务人继续履行(任意履行请求权),如债务人不为履行,则可诉求法院判令强制履行(履行诉求权),并可同时诉求迟延赔偿。

(三)损害赔偿

1. 迟延赔偿。由于履行迟延所发生的损害,称为迟延损害,债权人可以请求赔偿,称为迟延赔偿。属于一种得与履行并存的损害赔偿。[1] 金钱债务场合的"逾期利息"(《民法典》第 676 条),就是一种典型的迟延赔偿,其特殊性在于,无须证明损害及因果关系,且为最低额的法定赔偿。债权人除迟延赔偿外,还可请求本来债务的履行。于此场合,债权的内容除了本来的给付之外,因又加上了迟延赔偿,因而被扩大了。

在迟延赔偿场合,迟延损害有因迟延一事而整个地发生的,比如因履行迟延而丧失有利的转卖机会;迟延损害也有按迟延的期间继续发生的,比如迟延利息。就具体的损害项目而言,可以包括:(1)如无迟延则债权人所能取得的利益,如孳息及其收益;(2)债权人因债务人迟延而增加支出的费用,如临时租用代用物所需的租金、于迟延后债权人为给付请求所需的费用;(3)合同标的物价格的降低,或最初升高而后降低,债务人如不能证明纵无迟延,债权人仍不可能于其前进行转卖的事实,债权人可请求其价格差额的损害赔偿。[2]

2. 填补赔偿。对于合同债务的履行迟延,债权人在一定条件下可解除合同(《民法典》第 563 条第 1 款第 3、4 项)。债权人解除合同后(自己在双务合同中的对待给付义务亦因此而免除),可以请求损害赔偿以替代本来履行,称为填补赔偿,只不过是要扣除对待给付义务(对价)的价值。

债权人能否不解除合同,直接以履行迟延为由拒绝受领本来的给付并请求替代给付的损害赔偿(填补赔偿)呢?债务人履行迟延并不使债务归于消灭,《民法典》强调合同的法律约束力(第 119 条)和当事人之间的协助义务(第 509 条第 2 款),作为违约责任方式,继续履行、采取补救措施及赔偿损失等之间并没有优劣之分(第 577 条),对于救济方式虽可由债权人选择,但并非毫无限制,一般法定解除权的发生受有严格的限制(第 563 条)。履行迟延后,债务人继续履行的,债权人原则上不能够拒绝受领。这样,作为履行迟延的后果,直接允许请求填补赔偿,并不妥当。惟对此可存有例外,在迟延后的履行对于债权人无利益时,债权人可拒绝受领其给付,并请求因不履行而生的损害,也就是填补赔偿,其计算与履行不能时相同;再有,在解释上宜认为,债务人迟延履行主要债务,债权人也可催告债务人在合理期限内履行,否则可拒绝受领迟延的给付,请求填补赔偿。

(四)违约金

《民法典》第 585 条第 3 款规定:"当事人就迟延履行约定违约金的,违约方支付违约金

---

[1] Vgl. *Dieter Medicus*, Buergerliches Recht, 21. Auflage, Carl Heymanns Verlag, 2007, S.155.
[2] 参见史尚宽:《债法总论》,台北自刊本 1990 年版,第 387 页。

后，还应当履行债务。"就迟延履行约定的违约金，原则上解释为赔偿性违约金，是对于迟延损害的赔偿额预定。这种解释通常符合当事人的意思，比如约定建设工程的完工期，同时约定如拖延一日，付违约金500元。当事人在请求了违约金后，并没有另行请求迟延赔偿的意思，因而，这种违约金在当事人的意思中便属于赔偿性的违约金。

当然，基于自愿原则（《民法典》第5条），当事人仍可明确约定惩罚性违约金，只要不违反法律的强制性规定，仍属有效。对迟延履行约定惩罚性违约金场合，债务人苟有迟延的发生且无免责事由，则除须支付违约金外，其他因债之关系所应负的一切责任，均不因之而受影响。债权人除得请求违约金外，还可请求债务履行或不履行所生的损害赔偿。

（五）合同解除

《民法典》关于履行迟延场合的合同解除，规定了（1）迟延履行主要债务且经催告后在合理期限内仍未履行的解除（第563条第1款第3项），以及（2）迟延履行债务致使不能实现合同目的的解除（第563条第1款第4项）。前者属于通常的迟延履行的解除，后者属于无须催告的即时解除。《民法典》第563条中一般法定解除权的发生并不以债务人具有过错或归责事由为要件。

（六）履行迟延场合的加重责任

1. 不可抗力的损害赔偿。罗马法有"债务人之迟延发生不断之债务"的原则，说的就是迟延场合的债务人原则上不能因事变而免责。不过，依比较法及学理解释，如债务人能证明纵不迟延履行，仍不免发生损害的，则不在此限，对于损失应依风险负担的规则确定其承受者，例如承租人于租赁期满未及时返还房屋，遇到地震而倒塌，即应依风险负担规则处理。① 对于后一规则，学说上称之为"假想因果关系"。债务人如不能举证证明"假想因果关系"的成立，则可推定损害系因债务履行迟延所生。

2. 价格制裁。表现在《民法典》第513条的规定中。

（七）部分履行迟延

履行部分迟延时，债权人可请求迟延部分的履行及因部分迟延所生损害赔偿。如迟延部分对于债权人无利益，债权人可拒绝其部分履行，并请求相应的填补赔偿。如因部分履行迟延使得债权人对于整个的履行无利益可言，则可拒绝部分履行，返还已受领的部分给付，请求全部不履行的损害赔偿。

四、履行迟延的终了

我国立法并没有规定履行迟延的终了。学说通常认为于下列场合构成履行迟延的终了，

---

① 参见张广兴：《债法总论》，法律出版社1997年版，第182页。

比如，债权人撤回了催告或放弃了作为迟延的结果而发生的诸权利，债务人提供了迟延损害以及依债务本旨所为的履行，债务人以其对债权人享有的反对债权与之抵销，因债务人方面抗辩的援用而不成其为完全有效的债权，给付变为终局性的不能等。不过，有关诸此情事的举证责任应由债务人负担。

第六节 不完全履行

一、不完全履行概述

不完全履行，是指债务人虽履行了债务，但其履行不符合债务的本旨，在我国立法中称为"履行合同义务不符合约定"（《民法典》第 577 条）。与不能履行、迟延履行、拒绝履行相比，不完全履行虽然履行不完全，但尚有可认为履行的行为，而不能履行、迟延履行、拒绝履行则属于无履行的消极状态。另有见解是从狭义上将其理解为积极侵害债权，仅指损害到了履行利益以外的一般法益（履行利益以外的债权人的生命、健康、所有权等）的情形（被称为"扩大损害"），此种情形，本书称为"加害给付"。加害给付以外的不完全履行，本书称为"瑕疵履行"。

二、不完全履行的类型及效果

（一）与的债务场合

1. 给付义务的不完全履行。

（1）权利瑕疵。在买卖合同场合，出卖人负有移转标的物所有权的义务（《民法典》第 595 条），并就交付的标的物负有保证第三人对该标的物不享有任何权利的义务（《民法典》第 612 条）；在法律对其他有偿合同没有规定场合，可以参照买卖合同的有关规定（《民法典》第 646 条）。故就权利的存在及权利无缺，出卖人（或与之相当的合同主体，下同）负有权利瑕疵担保义务，如果违反此项义务，其法律效果在《民法典》中虽未设明确规定，通常解释为由该出卖人负违约责任。[①] 尽管此类案型可理解为权利移转义务（或权利供与义务）的履行迟延或履行不能，但就出卖人所负债务的全体来看，在交付或登记后，如买受人遭受第三人的追夺，自可作为不完全履行的一种类型。

在出卖人不具有免责事由场合，债务人应承担违约责任。当事人如约定了违约金，且依违约金条款的规范目的可以涵盖此类案型，相对人可请求支付违约金。在符合解除权发生要

[①] 参见胡康生主编：《中华人民共和国合同法释义》，法律出版社 1999 年版，第 231 页；黄薇主编：《中华人民共和国民法典合同编释义》，法律出版社 2020 年版，第 349 页。

件场合，相对人也可解除合同，并请求损害赔偿。

（2）标的物瑕疵。

第一，交付不特定物的债务（不特定物买卖）。

在交付的物比约定的品质低劣的场合，或在应交付中等品质的物却实际交付了下等品质物的场合，或在交付的标的物具有瑕疵场合，均不属于债务的本旨履行，在我国法上可作为"履行不符合约定"的情形。在诸此场合，如依债务本旨履行尚属可能，债权人原则上并不丧失本来的履行请求权（参照《民法典》第580条第1款），仍可向债务人请求本来的给付（既已受领的给付应当返还给债务人，此种返还义务与本来给付的请求立于同时履行的关系），[①] 此种救济方法称为"重作、更换"（《民法典》第582条）。

债务人既负有为完全给付的义务，只要此义务尚属可能履行，债务人便不能从该义务中解放出来。如因履行不符合约定致使不能实现合同目的（参照《民法典》第563条第1款第4项），债权人也可请求"退货"（《民法典》第582条）。债权人解除权并不以债务人有过错为要件，其发生是否需要经过催告呢？对此，应依另行给付对于债权人是否还有利益而定，如有利益，则类似于一般的迟延履行（类推《民法典》第563条第1款第3项），须经催告后在合理期限内仍未履行的，始得解除；如另行给付对于债权人已无利益，则不待催告，可径行解除合同（类推《民法典》第563条第1款第4项前段），主张退货。

在债权人容忍了有瑕疵的给付场合，债权人也可以请求债务人"修理"，或者请求"减少价款"（《民法典》第582条）。

须予注意的是，债权人拥有的完全履行请求权在行使上应有时间限制，否则，长年累月之后，仍允许债权人以标的物存在瑕疵为由请求完全履行，势必产生不当后果，故有《民法典》第620条和第621条的规定。

另外须予注意的是，债权人拥有的完全履行请求权在行使上还应受诚信原则的限制（《民法典》第7条），在违约责任方式的选择上须具有合理性（《民法典》第582条）。有瑕疵的标的物经使用后再请求更换新的无瑕疵标的物的，如被认定为违反诚信原则，便只应请求修理或者减价。[②]

以上是针对标的物自身有问题（损害亦仅限于给付利益的损害）的场合，如在此之外，由于标的物的瑕疵引发标的物以外的债权人权益遭受损害（附带损害，又称"瑕疵结果损害"），此类情形多属于债务人对于保护义务的违反。对此，《民法典》第583条可以作为损害赔偿请求权的基础。另外，在标的物属于经过加工、制作，用于销售的产品时（参照《产品质量法》第2条第2款），尚得发生产品的生产者、销售者的产品责任问题，受《产品质量法》的规范。

第二，交付特定物的债务（特定物买卖）。

特定物买卖中如果标的物具有隐蔽瑕疵，在法律上如何处理，素有争论。就此种场合的

[①] 同旨参见［日］奥田昌道：《债权总论》（增补版），悠悠社1992年版，第160页。
[②] 参见［日］我妻荣：《新订债权总论》，岩波书店1964年版，第155页；［日］於保不二雄：《债权总论》（新版），有斐阁1972年版，第115页。

责任性质,存在着"法定责任说"与"债务不履行责任说"的对立。依前说,自合同成立时既已存在隐蔽瑕疵场合,由于是特定物,故无瑕疵状态的给付已属不可能,故作为给付义务只能依现状交付该标的物(现状交付义务)并移转其所有权(亦即仅在给付可能的范围内负担义务)。一旦交付了特定物,虽有瑕疵,债务人已经履行了合同义务,而非给付义务的部分不履行,亦非附随义务之违反,[①]惟自买卖合同的有偿性以及公平的立场考虑,使债务人负担减价或者解除合同的不利后果,以为救济。[②]然依后说,纵在特定物买卖场合,亦认有"按无瑕疵状态的给付义务",标的物一旦具有瑕疵,便属于给付义务的不完全履行,又因此类责任在要件及效果方面的特殊性(无过错责任、期间限制),故被理解为是一种特别的不完全履行。[③]

《民法典》第615条未区别特定物与种类物,出卖人均负有按照约定的质量要求交付标的物的义务,显然未采纳"现状交付义务"理论,"法定责任说"所奉行的"特定物教条",对于中国法及其理论而言是异质的,因而可以说未采纳"法定责任说"。又依《民法典》第582条、第615条、第617条、第620条和第621条等的规定,出卖人交付的标的物不符合质量标准,就构成违约,从这点看似与"债务不履行责任说"相一致。惟"债务不履行责任说"将物的瑕疵担保责任理解为一种特别的不完全履行,是买卖的特则。而就我国法来说,一种见解承认我国合同法未以瑕疵担保责任作为违约责任的特则,同时认为瑕疵担保责任相对独立存在,认可瑕疵担保责任与违约责任存在竞合现象,由买受人自主选择究竟让出卖人承担哪种责任。[④] 其实,出卖人的物的瑕疵担保责任在我国合同法上已经被统合进了违约责任,我国法奉行的是违约责任"单轨制",而不是违约责任与瑕疵担保责任并存的"双轨制"。我国法上的违约责任概念是一个统一的概念,应当作统一的解释,不宜人为地制造分裂。解释论上主张物的瑕疵担保责任相对独立存在,是在变相地肯定"双轨制",本身是一种叠床架屋的构造。[⑤]

特定物本身具有瑕疵,债权人通常可以请求对方减少价款。在瑕疵之外,如果存在通过使用或者出卖该标的物可以获得的利益(可得利益),依据《民法典》第577条及第584条,履行合同义务不符合约定场合的损失赔偿额,包括合同履行后可以获得的利益,惟须受可预见性规则的限制。债权人如选择退货,亦须符合合理性要件;如进一步解除合同,在解释上宜认为须因该瑕疵的存在致使不能实现合同目的(《民法典》第563条第1款第4项)。在瑕疵可以修理场合,债权人也可以请求出卖人修理。

2. 违反附随义务。附随义务或具有辅助功能,或具有保护功能,或二者兼具。具有辅

---

① Vgl. *Karl Larenz*, Lehrbuch des Schuldrechts, Ⅱ. Band, Besonderer Teil, 1. Halbband, 13. Auflage, Verlag C.H. Beck, 1986, S.67.
② 参见[日]来栖三郎:《契约法》,有斐阁1974年版,第86—87页。See also Reinhard Zimmermann, *The New German Law of Obligations: Historical and Comparative Perspectives*, Oxford University Press, 2005, p.99.
③ 参见[日]奥田昌道:《债权总论》(增补版),悠悠社1992年版,第161—162页;梁慧星:《民法学说判例与立法研究》,中国政法大学出版社1993年版,第161—164页。
④ 参见崔建远:《物的瑕疵担保责任的定性与定位》,载《中国法学》2006年第6期。
⑤ 参见韩世远:《出卖人的物的瑕疵担保责任与我国合同法》,载《中国法学》2007年第3期。

助功能的附随义务,以使债权人的给付利益获得最大可能的满足为目的,如因此类义务导致履行不能或者履行迟延,则分别依履行不能或履行迟延的法理处理,即为已足。如属于以不能及迟延以外的形态侵害债权人的给付利益的情形,比如出卖人毁损标的物的场合,或由于出卖人就标的物的使用方法作了不适当的指示(或者错误的指示)导致买受人错误使用使标的物毁损,就应作为出卖人违反附随的注意义务的情形,使之负损害赔偿责任。《民法典》并没有明确要求债务人须具有归责事由,故解释上宜认为债权人应当就债务人违反附随义务负举证责任,而债务人须就其具有免责事由负举证责任。

保护义务属于具有保护功能的附随义务,比如由于标的物的瑕疵而致生扩大损害,或者在履行过程中对债权人的一般法益造成损害(比如在将出售的家具搬入买受人住宅时造成其墙壁或者其他物件的损坏),均属违反保护义务。如果债务人不具有免责事由,便应当承担赔偿义务。

在因违反保护义务而发生扩大损害场合,如未对给付利益造成损害,有的认为原则上并不生合同解除问题,惟于继续性合同关系场合,若由于保护义务的违反而使当事人之间的信赖关系遭受破坏,依诚信原则强要债权人维持合同关系确属不当的,始应承认合同解除。[①]此项见解,值得肯定。

因当事人一方的违约行为,损害对方人身权益、财产权益的,受损害方有权选择请求其承担违约责任或者侵权责任(《民法典》第186条)。因保护义务之违反而侵害的利益(人身、财产权益),一般也可以成为侵权责任法的保护对象,故可以产生违约责任与侵权责任竞合,受损害方有权选择依据合同法规范要求其承担违约责任或者依据其他侵权法规范要求其承担侵权责任。

(二)为的债务场合

1. 结果债务场合。承租人的租赁物保管义务(《民法典》第714条)、承揽人完成工作和交付工作成果的义务(《民法典》第770条)、承运人的运输义务(《民法典》第811条)、保管人的保管物保管义务(《民法典》第892条)、借用人对借用物的保管义务、幼儿园、托儿所对幼儿的看护义务等场合,均属于"为的债务"(给付义务)中以实现一定的结果为内容的情形,债务人虽有履行行为却未使特定结果实现的,构成给付义务的不完全履行。比如,承租人因保管不善造成租赁物毁损、灭失,承揽人交付的工作成果不符合质量要求,保管人因保管不善造成保管物毁损、灭失等,均属于给付义务的不完全履行。另一方面,如果承揽人在粉刷墙壁的过程中损坏了定作人的家具,借用人返还所借物品时将债权人(出借人)的其他物品损坏场合,尚非给付义务本体的不完全履行,而是构成对于保护义务的违反。[②]

结果债务之给付义务的不完全履行,法律对其法律效果如有特别规定,比如《民法典》

[①] 参见〔日〕奥田昌道:《债权总论》(增补版),悠悠社1992年版,第163—164页。
[②] 参见〔日〕奥田昌道:《债权总论》(增补版),悠悠社1992年版,第164页。

第 714 条、第 781 条、第 823 条第 1 款、第 824 条第 1 款，自应依其规定。如无特别规定，则可适用或类推适用《民法典》第 582 条的规定。如属保护义务的不履行致生附带损害，可依第 583 条赔偿损失。

2. 手段债务场合。以医疗服务合同为典型，医方在合同上的债务并非达成某种结果（疾病的治愈），而是以此为目标而采取与其医疗能力和医疗条件相适应的医疗措施，对患者实施符合医学规范的合理处置（合理处置义务）。[①] 医疗服务合同债务不履行的绝大多数情形都属于不完全履行，所谓医疗事故或者医疗过失，即属于此。此类场合，给付义务与对患者的生命、身体的保护义务密不可分地结合在一起。作为不完全履行的效果，除拒绝支付报酬或减少报酬以及解除合同之外，最主要的是损害赔偿。为了请求损害赔偿，患者方面必须举证证明医方的诊疗债务的不完全履行，而对于医疗机构的过错，《民法典》第 1222 条在特定情形下推定医疗机构有过错，这虽是对侵权责任作的规定，相同的精神也应适用于合同诉讼，否则，如仍由患者方面就医疗机构的过错负举证责任，由于双方在信息、能力等方面的不对称，极易产生不公平的结果。

第七节　拒绝履行

一、拒绝履行的语义

拒绝履行，是债务人能履行而违法地对债权人表示不履行合同。这种表示一般是明示的，也可以是默示的。例如，债务人将应交付的特定物处分给第三人，即可视为拒绝履行。《民法典》第 578 条的规定，即指此类违约行为。

二、拒绝履行的性质

（一）具有违法性的意思通知

拒绝履行，是不履行合同意思的通知，虽然与通常所谓意思通知同其内容，但拒绝履行属于一种债务不履行（违约），具有违法的性质。在有履行拒绝权场合，债务人拒绝履行的意思通知是合法的，二者显然不同。

（二）与其他债务不履行形态的比较

1. 拒绝履行与不能履行。拒绝履行是能够履行而表示不予履行，而不能履行则是无能力履行，与当事人的意思无关。在拒绝履行场合，债权人的履行请求权原则上不因此而受影

---

① 参照梁慧星：《中国民法典草案建议稿》，法律出版社 2003 年版，第 262 页。

响；而在不能履行场合，债权人的履行请求权归于消灭（参照《民法典》第580条第1款第1项）。不过，债务人故意使自己陷于履行不能场合，仍可构成拒绝履行。

2. 拒绝履行与迟延履行。一方面，拒绝履行不同于迟延履行，因为迟延履行是于履行期限届满时仍未履行，而拒绝履行的发生与履行期无关，只要在债务到期前表示即可。另一方面，拒绝履行一直持续，及至债务到期，符合迟延履行的构成要件，同时构成迟延履行。

3. 拒绝履行与不完全履行。拒绝履行是根本没有履行行为，归入"不履行合同义务"之列；不完全履行则是有履行行为，只是履行不完全，归入"履行合同义务不符合约定"之列。

三、拒绝履行的类型

（一）明示的拒绝履行与默示的拒绝履行

明示的拒绝履行，指当事人一方明确表示不履行合同义务。当事人的意思通知既可以是口头的，也可以是书面的。

默示的拒绝履行，指当事人一方以自己的行为表明不履行合同义务。默示的拒绝履行与不能履行的关系，不易厘清。在房屋买卖合同订立后，房屋烧毁场合，属于嗣后客观不能，与当事人的意思无关，不构成默示的拒绝履行；如果是于房屋买卖合同订立后，出卖人再将该房屋出卖于他人并办理了登记过户手续，此时一方面符合嗣后主观不能的要件，同时因该行为系出自出卖人的意思，第二次的出卖行为便构成对于第一个买卖合同中出卖人债务的默示拒绝履行。这一现象的发生，原因在于拒绝履行是自债务人意思角度确立的概念，而不能履行则是不问债务人的意思如何，纯从客观角度确立的概念。

（二）先期拒绝履行与届期拒绝履行

拒绝履行本与履行期限无关，在任何阶段均可发生，若与履行期限结合观察，本可以出现先期拒绝履行和届期拒绝履行。先期拒绝履行（anticipatory repudiation），又称先期违约（anticipatory breach），是指债务人在债务到期前明示或者默示地表示拒绝履行；届期拒绝履行，是指债务人在债务已经到期的情况下明示或者默示地拒绝履行，属于现实违约（a present breach）。

从《民法典》第578条规定的法律后果，即"对方可以在履行期限届满前请求其承担违约责任"来看，其规范的主要是先期拒绝履行。其中，"履行期限届满"之表达，宜理解为既包括履行期间的情形，也包括履行期限为一时间点的情形。

拒绝履行（先期违约）所直接标示的，并非履行期届满时的现实违约，而是履行期到来前的履行成为不可期待。它所直接侵害的权利，不是效力齐备的完全债权，而是请求力不足的不完全债权，是期待权色彩浓厚的债权，也可以说是债权期待。它所直接违反的义务，不是给付义务本身，而是不危害给付实现的不作为义务。[1] 这种不作为义务，并非直接依当事人的意思而产生，而是基于由法律所肯定的义务。《民法典》第 578 条及第 563 条第 1 款第 2 项允许债权人在债务到期前即可采取救济手段，便已肯定了债务人的这种不作为义务的存在。

但应看到，侵害完全债权与侵害债权期待，违反给付义务与违反不危害给付实现义务，联系十分紧密，致使先期违约与现实违约具有质的同一性。因为如果侵害债权期待得不到改变，持续到履行期届满时便成为侵害完全债权；如果违反不危害给付实现义务得不到矫正，持续到履行期届满时便成为违反给付义务，成为现实违约。正因为先期违约与现实违约在质的方面具有同一性，所以，先期违约适用违约责任的补救方式。

四、拒绝履行的要件

（一）存在有效的债务

如果债务不成立，或者债务人有其他否认债务的正当理由，当然没有理由履行，不构成此处的拒绝履行。

（二）不履行的意思表示

此时的意思表示，是明示的抑或默示的，在所不问。惟其拒绝须是清楚的和确定的。

（三）债务人没有正当事由

债务人有权拒绝履行时，如有同时履行抗辩权、先诉抗辩权、不安抗辩权、时效完成抗辩权、条件不成就、履行期未到等，行使这些权利，因其具有正当性，不构成拒绝履行，不属于违约，亦不引起违约责任。

五、拒绝履行的效力

（一）不安抗辩权

如债权人所负的对待给付义务属于应当先履行的，债务人明示的或者默示的拒绝履行均使债权人有权中止履行（《民法典》第 527 条第 1 款）。

（二）合同解除权

在履行期限届满前，当事人一方明确表示或者以自己的行为表明不履行主要债务（《民

---

[1] 参见韩世远、崔建远：《先期违约与中国合同法》，载《法学研究》1993 年第 3 期。

法典》第 563 条第 1 款第 2 项），相对人可以解除合同。此项法定解除权，一经发生，即可主张，而不论主张时债务履行期是否到来。

（三）受领拒绝权

债务人拒绝履行的意思通知到达债权人后，从一般原理言之，只要债权人尚未依法解除合同，合同对于双方当事人依然具有拘束力，债务人事后改变主意，主动提交履行时，债权人仍应受领。但是，债权人合理地信赖债务人拒绝履行的意思通知，虽未及时解除合同，却实际采取补救措施，比如另行购入合同标的物，此类做法，时常有之。此时若单执合同尚有拘束力一端而令债权人受领标的物或承担受领迟延的责任，有欠公允，且与《民法典》保护合理信赖的精神不符，故解释上应当认为债权人有受领拒绝权。[1]

（四）履行请求权

当事人一方未支付价款、报酬、租金、利息，或者不履行其他金钱债务的，对方可以请求其支付（《民法典》第 579 条）。当事人一方不履行非金钱债务的，对方可以请求履行，除非法律上或者事实上不能履行，或者债务的标的不适于强制履行或者履行费用过高，或者债权人在合理期限内未请求履行（参照《民法典》第 580 条第 1 款）。此项履行请求权，在先期拒绝履行场合，虽可先期主张，但原则上仅在债务到期时才可兑现，否则发生令债务人提前履行债务的效果，有欠公允。债务人不为自愿履行的，作为履行请求权效力的表现，债权人可以请求法院强制履行。

（五）损害赔偿请求权

因债务人拒绝履行，债权人对于债务人的自愿履行已不可期待时，可请求损害赔偿。债权人的损害赔偿请求权的行使不因债务是否已到期而受影响，只是在债务到期前令债务人支付赔偿金时，应合理扣减与债务提前清偿相当的金额。

损害赔偿的衡量标准，以履行利益为准；惟在履行利益难以证明场合，比如电视剧的主角演员拒绝履行演出合同场合，可由债权人选择以信赖利益为标准请求赔偿。在赔偿履行利益场合，其中既有填补赔偿（作为债务人给付义务的替代），又可"包括合同履行后可以获得的利益；但是，不得超过违约一方订立合同时预见到或者应当预见到的因违约可能造成的损失"（《民法典》第 584 条）。

债权人因履行拒绝而受有利益的，亦得适用损益相抵规则，自损害赔偿额中扣除其利益，例如负有装上煤炭一万吨于债权人之船的债务，因拒绝履行，其船未载货而出发，然此老朽之船，路遇风险，因此而幸免于难。[2]

合同解除与损害赔偿可以并用，解除合同时，债权人的对待给付义务因此而归于消灭

---

[1] 同旨参见史尚宽：《债法总论》，台北自刊本 1990 年版，第 395 页；郑玉波：《民法债编总论》（第十五版），三民书局 1996 年版，第 285 页。
[2] 参见史尚宽：《债法总论》，台北自刊本 1990 年版，第 396 页。

（债务解放），计算损害赔偿时须考虑作出与之相当的扣减。

非违约方应遵循诚信原则，负有减轻损害的义务，采取适当措施，防止损失的扩大。否则，不得就扩大的损失请求赔偿（《民法典》第591条第1款）。比如，在对方毁约后，非违约方能够立即安排替代交易，却一直等到履行期到来才这么做，则非违约方对于其本可通过立即安排替代交易而避免的损失，不得要求赔偿。[①]

（六）违约金请求权

如果当事人约定有违约金，且依违约金条款的规范意旨可涵盖拒绝履行，债务人拒绝履行，债权人自可请求债务人支付违约金，且该违约金通常解释为赔偿性违约金，作为预定的损害赔偿额，此时债权人不得再请求损害赔偿或强制履行。如依违约金条款的规范意旨，此项违约金属惩罚性违约金，则在请求违约金之外，尚可请求强制履行或损害赔偿。另外，违约金请求权不因合同解除而归于消灭（参照《民法典》第567条）。

第八节　债权人迟延

一、债权人迟延的语义及问题点

债权人迟延，或称受领迟延，是指债权人对于债务人已提供的给付，未为受领或未为其他给付完成所必要的协助的事实。

债务的履行，因作为债务内容的给付性质不同，有时可以无须债权人协助配合，仅债务人单方即可以完成，比如不作为债务（竞业禁止之遵守），只要债务人不为义务违反，即可完成债务的履行，不会出现债权人迟延。[②] 然除此之外，更多的情形则要求债权人的积极配合，债务人才能够完成债务的履行。比如，加工由债权人提供材料的场合债权人应提供材料、居室装修作业期间债权人应容许债务人进入其居室、诊疗债务场合患者应配合医生的医疗检查并按医生的指示行为、依劳动合同发生劳动给付债务场合使用者对劳动者提供劳动所须作出的必要指示或提供劳动场所、依买卖或承揽合同债务人交付标的物或所完成作业的场合买受人或定作人的受领等，诸此场合，债务人如欲完成其债务履行，均需债权人的协助和配合，尽管这些协助和配合的具体内容会因事而异。在这些场合债务人因得不到债权人的协助和配合，进而无法实现或完成履行，如不为债务人提供某种债务解放的途径，又使债务人不得不承担履行迟延所生负担或不利益，对于债务人未免过苛。为了调整债权人和债务人之间的利害关系，对债务人有必要创设合理的救济制度，这便是债权人迟延制度。[③]

[①] See E. Allan Farnsworth, *Contracts*, 4th ed., Aspen Publishers, 2004, p.590.
[②] Vgl. *Dieter Medicus*, Schuldrecht I, Allgemeiner Teil, 17. Auflage, Verlag C.H. Beck, 2006, S.160.
[③] 参见［日］於保不二雄：《债权总论》（新版），有斐阁1972年版，第117页。

关于受领迟延，《民法典》第589条新增一般规定，殊值注目。存有争议的是：受领是债权人的权利抑或义务？债权人迟延通常会发生一定的法律效果（称为债权人迟延责任），这种法律效果在性质上属于什么？对此学说历来存有分歧，大致分为三类：法定责任说、债务不履行责任说和折中说。

法定责任说通常认为，债权人迟延并不以债权人的归责事由为构成要件，苟有迟延的事实，即发生迟延责任，这种责任是法律为了救济诚实的债务人、公平调整债权人与债务人之间的利害关系而规定的责任，属法定责任。德国民法解释论多持此说。

债务不履行责任说认为，债权人负有一般性的受领义务，以此为前提，在债权人具有归责事由的情况下，即发生债务不履行责任。日本学者多主张此说。[1]

折中说认为，尽管债权人并非一般性地负有受领义务，但在一些例外场合可根据合同或者诚信原则认有受领义务，主要表现在买卖和承揽场合，仅于此例外的场合，可发生债务不履行责任的效果（损害赔偿或解除）。[2]

法定责任说与债务不履行责任说的对立主要表现在要件和效果两个方面。在要件方面的对立表现在债权人迟延的构成上是否要求债权人的归责事由，法定责任说作否定的回答，而债务不履行责任说则作肯定的回答。在效果上，法定责任说所认有的责任相对较弱，通常包括债务人的不履行责任的免除、注意义务的减轻、约定利息发生的停止、收益收取义务的免除、对价风险的移转、增加费用的赔偿等；与此不同，债务不履行责任说则认有更强的责任效果，包括损害赔偿和合同解除。

二、履行过程中债权人的受领义务与协助义务

（一）受领：权利抑或义务

关于"受领"的法律性质，素有争论。在罗马法，一派学者绝对承认债权人有受领义务；一派学者认为惟于债务人有特别利益时承担此义务；第三派学者则认为受领为债权人的权利，而非义务。[3]

债权的本质体现为一种利益、一种自由，受领是债权效力的直接表现。问题在于债权是否同时附有义务，债权人是否有依诚信原则协助、配合的义务？如作肯定回答，那么这种义务的性质如何？违反这种义务的性质及效果如何？

（二）受领义务与协助义务

在许多场合，债务人如欲完成履行，需要债权人的受领与协助。《民法典》第509条第2款规定了若干附随义务，其中的"协助义务"当然可包括履行协助义务。债权人"受领"给

---

[1] 参见[日]我妻荣：《新订债权总论》，岩波书店1964年版，第235页以下。
[2] 参见[日]远田新一：《因债权人受领迟延的债务人解除权》，载《契约法大系I》，有斐阁1962年版，第286页。
[3] 参见史尚宽：《债法总论》，台北自刊本1990年版，第407页。

付是否亦为一种义务？《民法典》第589条规定了债权人受领迟延的法律后果，诸此法律后果的发生，实应以承认债权人负有受领义务为前提。

债权人有受领、协助、配合等义务，这种义务的根据在于诚信原则，在这点上与附随义务相像，但附随义务的义务人为债务人（从附随义务的语义分析来说，既言"附随"，当然是以"基本"义务为前提，可知附随义务的主体应为债务人，而非债权人），而受领义务的义务人则为债权人，因而这种义务尚不便归入附随义务，而应归入"不真正义务"范畴。

受领义务作为一种不真正义务，[①]其存在是债权效力的体现，那么，受领迟延应否作为一种债务不履行形态或者违约形态呢？不真正义务作为一种强度较弱的义务，其主要特征在于相对人通常不得请求履行，而其违反并不发生损害赔偿责任，仅使负担此项义务者遭受权利减损或丧失的不利益而已。[②]因此，如果说债权人迟延是一种债务不履行，那么充其量不过是对于这种不真正义务的不履行，是对于这种强度较弱的义务的不履行，虽然逻辑上并没有什么不当，但是也应当明白，不真正义务的特征在于没有真正的权利人，债权人不受领给付，债务人虽然可以通过提存、抛弃占有等方式消灭债务，但不能够说其拥有要求债权人须予受领的权利，换言之，债务人不能够请求法院强制债权人受领给付；债务人虽可在因债权人受领迟延而受有损失场合请求损害赔偿，但这种损害赔偿与因债务不履行或违约之损害赔偿尚有不同，从义务违反的效果上看，此种不真正义务的不履行与真正的债务不履行仍有不同。故此，似乎不以之为债务不履行为妥，如果非得称其为一种债务不履行，那么它也是一种不真正债务不履行。总之，原则上说债权人迟延的责任是一种法定责任而非债务不履行责任；但是，如果法律另有特别规定（比如《民法典》第778条）或者当事人有特别约定，使债权人迟延负债务不履行的后果（比如损害赔偿、合同解除等），则应承认在这些特别场合的债权人的债务不履行责任，此时的受领迟延便属于一种违约行为。不论受领义务或协助义务不履行是否作为《民法典》合同编中的"违约"，均属于合同履行的障碍。

三、债权人迟延的构成要件

（一）债权人协助的必要性

债务内容的实现以债权人的受领或其他协助为必要。债权人的协助，可以是在给付行为之初需要由债权人协助，如须待债权人供给材料或发出指示，债务人始得进行工作；可以是给付行为中途需要债权人协助，如须经债权人检查工程，债务人才能继续工作；也可以是给付行为终了时需要债权人协助，如需要由债权人验收货物或提供卸货场所。

[①] 同旨参见石宏主编：《〈中华人民共和国民法典〉释解与适用［合同编］》（上册），人民法院出版社2020年版，第243页。

[②] 王泽鉴：《债法原理》，北京大学出版社2009年版，第36页。

（二）债务人依债务本旨提供了履行

这一要件事实是以履行可能为当然前提，若以不能的给付提供履行，则无由发生债权人迟延的问题。为使债权人陷于迟延，须债务人依债务本旨提供了履行，亦即以适当的方式、于适当的时间、在适当的场所提供了履行。

此所谓"提供"，并非法律行为，而是事实行为。为履行提供之人通常是债务人，但也可以是其代理人或拥有给付权限的第三人。提供的对方通常是债权人，也可以是拥有受领权限的代理人，在向第三人履行的合同场合，则为该第三人。如欲构成债权人迟延，原则上以现实提供为必要，但也有例外场合，比如言语上的提供即为已足之场合和不需要提供之场合。

现实提供，即指实际开始履行行为。在什么情况下可称为现实提供，因债务种类的不同而有差异：在赴偿债务中，债务人须将标的物送至债权人；在送付债务场合，仅仅发送标的物尚未为足，而须该物到达债权人，惟其如此，债权人始得决定是否受领。因而，运输途中的延误，并不引发受领迟延。[1] 在往取债务场合，现实提供并非必要，有言语的提供即为已足。

言语提供，指债权人预示拒绝受领之意思或给付兼需债权人的行为时，债务人可以准备给付之事情通知债权人，而要求债权人协助，以代替现实提供。换言之，即仅以给付准备通知债权人，而催告其受领或协助。但是在言语提供，所谓准备给付之情事，若与实际情形，显不相符，仍不能指债权人为受领迟延。例如，依合同约定，买受人须前往领取买卖物，且经出卖人通知其领取，而仍等闲视之，此时买受人固属受领迟延；然若出卖人虽曾为领取之通知，实则尚未占有其买卖物，无从为交付，于此情形，买受人即使未前往领取，亦不构成迟延。只是此时的举证责任，应由债权人负担。[2] 言语提供被认为是一种与法律行为相类似的行为（意思通知），[3] 故可类推适用民法有关意思表示的规定。言语提供既可采书面形式，也可采口头形式。能够作出言语提供的人通常只限于债务人，而言语提供的相对人却并不限于债权人，对于已被授予受领权限的代理人为言语的提供，亦发生有效提供的效力。

无须提供的场合，指由于债权人于既已确定的时期内未为必要的协助行为，则债务人便没有必要为履行的提供（现实提供或言语提供），债权人即陷于受领迟延。比如在催收债务场合，债权人于既定时日未为催收。不过，如果债权人日后作出了协助行为，则受领迟延终了，债务人便负有了现实提供之义务。

（三）债权人受领拒绝或受领不能

从上述要件（二）的立场出发，因履行不能而致受领不能的，应按"履行不能"处理。然而，何者为"履行不能"？何者为"受领不能"？对此区分，非无困难。比如雇佣人的工

---

[1] Vgl. *Dieter Medicus*, Schuldrecht I, Allgemeiner Teil, 17. Auflage, Verlag C.H. Beck, 2006, S.161.
[2] 参见梅仲协：《民法要义》，中国政法大学出版社1998年版，第241页。
[3] 参见郑玉波：《民法债编总论》（第十五版），三民书局1996年版，第304页。

厂被火烧毁之场合，或者请人画像之场合定作人却生病。履行不能和受领不能的区别，与双务合同上的风险负担问题相关，具有重大意义。对此问题的讨论，德国以前的多数说及判例采所谓"领域说"，① 认为因属于债务人支配领域的事由而致不能者为"履行不能"，因属于债权人支配领域的事由而致不能者为"受领不能"。该说亦为日本学者通说。② 如此，因债务人生病或交通障碍而不能够履行时，即被作为履行不能；因债权人生病或工厂被焚毁而不能够履行之场合，则作为受领迟延。时至今日，"领域说"已颇受置疑，现今德国通说认为，关键在于（如同区分履行不能及履行迟延时那样）所负担的履行是否还可以补做。③ 无论如何，债权人迟延得因长期的履行不能而被排除。④

不能受领，指债权人不能为给付完成所必需之协助的事实，包括受领行为不能及受领行为以外的协助行为不能。不能受领，指就该提供的给付不能受领，比如债权人下落不明（《民法典》第570条第1款第2项），债权人死亡未确定继承人、遗产管理人或者丧失民事行为能力未确定监护人（《民法典》第570条第1款第3项），纵令债权人于其他时间或在其他条件下得受领该给付，仍不失为不能受领。但给付无确定期限或债务人于清偿期前得为给付者，除其给付提供由于债权人的催告或债务人已于相当期间前预告债权人外，债权人就一时不能受领之情事，不负迟延责任，因为此时不能强迫债权人预先完成受领的准备以待随时之给付提供。一时的不能受领，例如仓库为所购物品之贮藏应先行清出，再如出外散步、休养、旅行、事务繁忙、一时的场所不足，也可以成为一时不能受领的事由。⑤

拒绝受领，指对于已提供的给付，债权人拒绝受领，则自提供时起负受领迟延责任。拒绝受领，是指债权人不为受领或协助的消极状态，其基于债权人意思与否，在所不问。

四、债权人迟延的法律效果

《民法典》第589条就债权人受领迟延及其法律效果新增一般规定，另外，针对合同的消灭以及个别合同类型仍有一些具体规定。在内容上，或在减免债务人的责任，或免其债务。受领迟延的法律效果自债务人提出给付时起发生。

（一）债务人债务不履行责任的免除

债权人迟延后，原则上并不发生债务人债务不履行的责任，即不发生损害赔偿请求权、违约金、迟延利息，担保权不实行，合同解除权亦不发生。对于此一法律效果，学说上有见解指出，严格言之，与其以之作为受领迟延的效果，尚不如以之作为清偿提供的效果更严

---

① BGHZ 24, 91, 96. Vgl. *Dieter Medicus*, Schuldrecht I, Allgemeiner Teil, 17. Auflage, Verlag C.H. Beck, 2006, S.162.
② 参见[日]於保不二雄：《债权总论》（新版），有斐阁1972年版，第119页；奥田昌道：《债权总论》（增补版），悠悠社1992年版，第229页。
③ Vgl. *Brox/Walker*, Allgemeines Schuldrecht, 31. Auflage, Verlag C.H. Beck 2006, S.304; *Jauernig / Stadler*, Jauernig BGB Kommentar, 12. Auflage, Verlag C.H. Beck 2007, S.312.
④ Vgl. *Dieter Medicus*, Schuldrecht I, Allgemeiner Teil, 17. Auflage, Verlag C.H. Beck, 2006, S.162.
⑤ 参见史尚宽：《债法总论》，台北自刊本1990年版，第419页。

密。① 因为在提供与受领迟延的发生时间一致场合，作为哪方面的效果都可以；但在往取债务场合，债务人为言语的提供，债权人再前去催收（受领），提供与受领之间会有若干时间差存在，此间债权人尚未陷于受领迟延，而提供的效果却已发生。

（二）债务人自行消灭债务的权利发生：提存、自助卖却与抛弃占有

债权人迟延后，债务人可以将标的物提存，使合同的权利义务终止（《民法典》第557条，第570条第1款）；标的物不适于提存或者提存费用过高的，债务人依法可以拍卖或者变卖标的物，提存所得的价款（《民法典》第570条第2款）。另依一般学理，标的物为不动产的，债务人可抛弃占有，以消灭债务。但不动产占有的抛弃，债务人应通知债权人，除非不能通知。能通知而未为通知，造成标的物损害时，债务人应负赔偿责任。

（三）约定利息的停止

在债权人受领迟延期间，债务人无须支付利息（《民法典》第589条第2款）。此系因债权人受领迟延，债务人的债务并不消灭，债务人仍应随时准备履行，已不能利用该项金钱取得收益。故自受领迟延发生时起，债权人即不得请求嗣后的利息。②

（四）孳息返还范围的缩小

债务人应返还由标的物所生孳息或偿还其价金的，在债权人迟延中，以已收取的孳息为限，负返还义务。保管人负有孳息归还义务（《民法典》第900条），受托人负有财产转交义务（《民法典》第927条），自债务人提出返还标的物，而债权人不为受领后，则其义务以事实上已收到的孳息为限度；纵因债务人的故意或重大过失导致未收取，其亦不负赔偿责任，因为债务人此时已不负收取的义务了。③

（五）债务人注意义务的减轻

在债权人迟延中，债务人仅就故意或重大过失负其责任。我国法律虽未作明确规定，亦应如此解释。虽依债务关系的内容，本应负较重义务的（比如有偿保管场合保管人的善管注意义务，参照《民法典》第892条，第897条），在债权人迟延中，亦仅就故意或重大过失负责，亦即仅尽一般人的注意义务。④

（六）增加费用的赔偿

债务人按照约定履行债务，债权人无正当理由拒绝受领的，债务人可以请求债权人赔偿

---

① 参见［日］奥田昌道：《债权总论》（增补版），悠悠社1992年版，第227页；［日］水本浩：《债权总论》，有斐阁1989年版，第66页。
② 参见张广兴：《债法总论》，法律出版社1997年版，第193页。
③ 参见史尚宽：《债法总论》，台北自刊本1990年版，第421页。
④ 参见郑玉波：《民法债编总论》（第十五版），三民书局1996年版，第308页。

增加的费用(《民法典》第 589 条第 1 款)。故债务人可以请求标的物的保管费用和因受领迟延而增加的必要费用。增加的必要费用包括提存费用、货物往返运送费用、履行债务所支出的路费、通知费用、对不宜保存的标的物的处理费用等。

(七)向债权人的风险移转

针对买卖合同,从《民法典》第 605 条可以看出,风险负担的移转是从买受人违反约定时起发生的。

(八)对债务人遭受的上述第六项以外的其他损害的赔偿

债务人因履行所受到的除必要费用以外的损害,债权人是否应予赔偿,原《加工承揽合同条例》第 23 条采肯定说。学说上有见解认为,实际生活中,因债权人受领迟延而造成债务人损害的情形并不少见,例如装饰公司为债权人调制好特种涂料,因债权人迟延致其性能变化而不能使用等。在此情形,债务人的损害系因债权人的受领迟延所致,自应由债权人承担赔偿责任。[1]《民法典》第 778 条规定了定作人的协助义务,此协助义务已不单纯是不真正义务,因为该协助义务是否履行,会直接影响到承揽人的利益,故不妨认为此种场合的协助义务已具有附随义务甚至从给付义务的性质,因此其违反会发生损害赔偿责任。

(九)债务人解除合同

债权人受领迟延,原则上债务人并不因此取得解除权,除非法律另有特别规定或者当事人有特别约定,比如《民法典》第 778 条。

(十)其他效果

《民法典》第 513 条后段规定,"逾期提取标的物或者逾期付款的,遇价格上涨时,按照新价格执行;价格下降时,按照原价格执行"。

五、债权人迟延的终了

(一)债权的消灭

债务因免除、清偿、履行不能等使债权消灭之场合,债权人迟延亦随之消灭。

(二)受领迟延的免除

债务人对受领迟延免除时,债权人迟延即终了。

---

[1] 参见张广兴:《债法总论》,法律出版社 1997 年版,第 194 页。

（三）迟延的涤除

债权人对先前拒绝受领的履行提供，作出承认迟延中的一切的效果、转而为受领的意思表示时，或者准备了履行的必要协助并作出受领催告时，迟延即被除去。

至此，关于履行障碍，我们分析了不可抗力、情事变更以及诸种违约形态。违约是《民法典》中使用的一个重要概念，实应深入发掘其内涵，整理其类型，分析其效果，构造其体系。本书暂将其整理图示如下（参照图 6.8.1）。

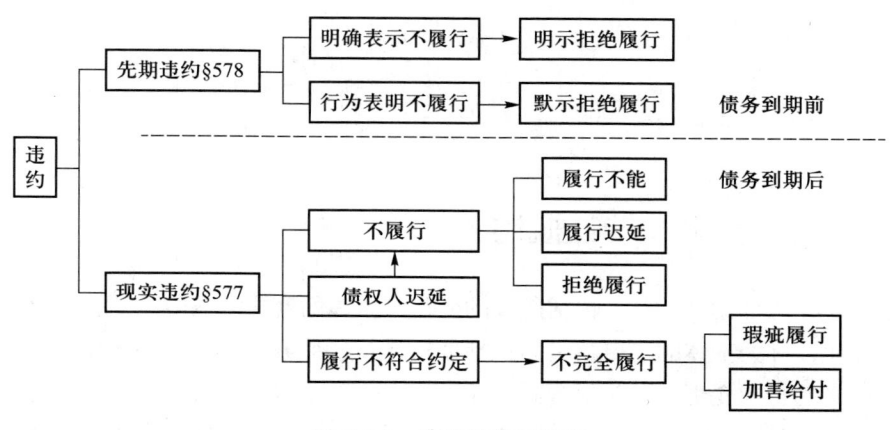

```
                    ┌─明确表示不履行 ──→ 明示拒绝履行
      ┌先期违约§578─┤
      │            └─行为表明不履行 ──→ 默示拒绝履行      债务到期前
      │   ─ ─ ─ ─ ─ ─ ─ ─ ─ ─ ─ ─ ─ ─ ─ ─ ─ ─ ─ ─ ─ ─
违约 ─┤                              ┌─履行不能
      │            ┌─不履行─────────┼─履行迟延          债务到期后
      │            │   ↑            └─拒绝履行
      └现实违约§577┤债权人迟延
                   │                                    ┌─瑕疵履行
                   └─履行不符合约定 ──→ 不完全履行 ──┤
                                                        └─加害给付
```

图 6.8.1　违约的体系构造

第七章　合同的变更和转让

第一节　合同的变更和转让概述

合同的变化（参照图 7.1.1），包括内容的变化与主体的变化。内容的变化，称为合同的变更。主体的变化，称为主体的变更，具体包括债权让与、债务承担与合同地位（债权债务）的概括移转。广义的合同变更，既包括合同主体的变更也包括合同内容的变更，然此种语义上的"合同变更"并没有被我国法律采用。《民法典》合同编第六章"合同的变更和转让"中的合同变更，仅指狭义的合同变更，即专指合同内容变更。合同主体的变更被称为合同的转让。

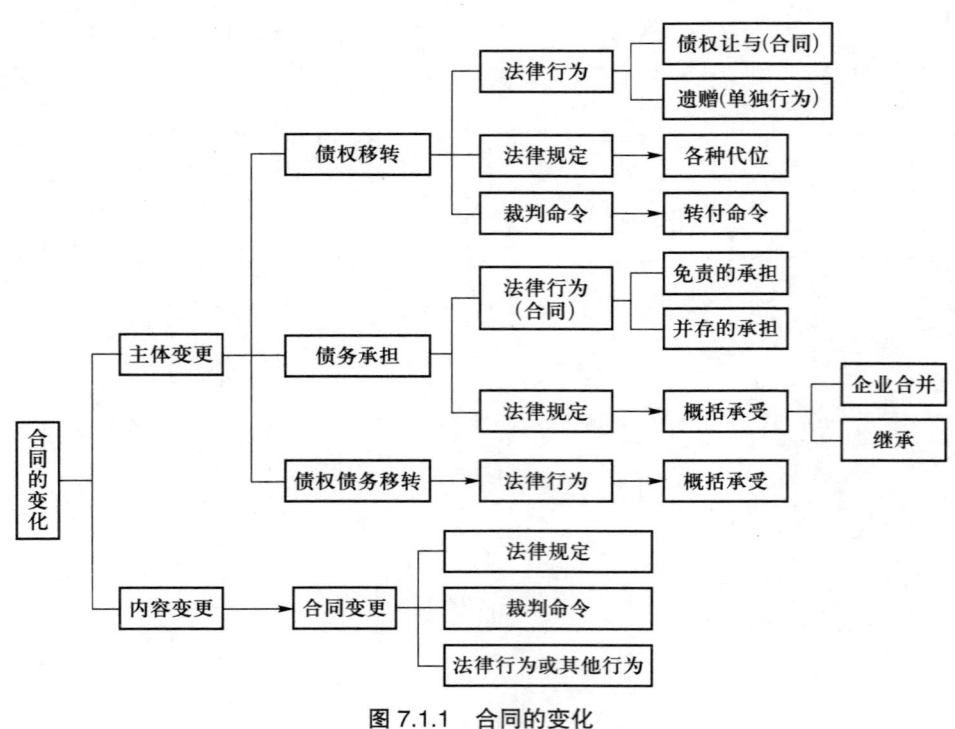

图 7.1.1　合同的变化

近现代法承认债权让与，其根据大多出于经济上的考虑。其一，债权作为财产权，具有利用价值，从而被认为是一种具有经济价值的财产，可以用作交易。其二，现代社会一切财产都被视为资本，债权资本化已成为一般观念。因而债权可以作为资本而被用来投资，这在客观上需要债权具有较大的流通性，以前仅局限于当事人之间内部关系的债权，逐渐脱离其主体而成为客观的、独立的权利，成为资本的体现和交易的客体。因此，许多国家出现了债权证券化的现象，使债权具有无因性和流通功能。[①]

第二节 合同的变更

一、合同变更概述

（一）合同变更的语义

合同的变更，指不改变合同的主体而仅改变合同内容的情形，它是在合同成立以后，尚未履行或尚未完全履行以前，基于法律规定、法院或仲裁机构的裁判行为或者当事人的法律行为等，使合同内容发生变化的现象。

（二）合同变更与合同更改

更改是消灭旧债成立新债的手段，对于旧债而言是一种债务消灭的原因。正因为旧债消灭，所以旧债上所附着的利益与瑕疵一并消灭。与此不同，合同的变更仅指合同内容的变更，并不是合同之债的消灭原因；而且，合同经变更后仍不失其同一性，故合同上所附着的利益与瑕疵依然存在，只是加重债务的，未经保证人书面同意，保证人对加重的部分不承担保证责任（《民法典》第695条第1款）。

我国民法上没有合同更改的概念。故学说上认为，我国法律上所谓合同的变更，与德国民法所称合同的变更相似，而与法国、日本民法所称的更改或更新不同。[②]

《民法典》未规定更改制度，但奉行合同自由原则，因而更改仍不妨由当事人依其自由意思加以约定。

二、合同变更的类型

（一）法定变更

法律规定的情形出现时，合同的内容当然地发生变更。例如债务不能履行，如债务人

[①] 参见张广兴：《债法总论》，法律出版社1997年版，第233页。
[②] 参见张广兴、韩世远：《合同法总则》（下册），法律出版社1999年版，第2页。

不具有免责事由，原债务变更为损害赔偿债务；又如迟延履行场合，如债务人不具有免责事由，则在本来的给付义务之外，作为本来给付义务的延长，尚发生有迟延赔偿。

（二）裁判变更

指基于裁判命令（法院判决或仲裁机构的裁决等）使合同的内容发生变更。在原《合同法》中，对于因重大误解订立的合同、在订立合同时显失公平的合同一方以欺诈、胁迫的手段或者乘人之危，使对方在违背真实意思的情况下订立的合同等，当事人可以请求人民法院或者仲裁机构撤销或者变更合同（原《合同法》第 54 条）。《民法典》修正上述规则，在法律效果上仅规定撤销，不再规定变更。如此，基于裁判命令变更合同的情形相对减少，但并非完全没有。比如因情事变更，受不利影响的当事人可以请求法院或者仲裁机构变更合同内容（《民法典》第 533 条）。

（三）依法律行为或其他行为变更

1. 依单方行为变更。《民法典》一方面强调合同的法律约束力（第 119 条），同时也承认了若干例外，而这些例外又可区别为两种类型。第一类，是一方可以依自己的意思变更合同的内容，且不必承担法律责任或者其他不利后果。例如依选择权（形成权）的行使，使选择之债变为单纯之债（《民法典》第 515 条及第 516 条）。第二类，是法律虽不支持单方变更合同内容，但如果当事人一方执意变更，法律亦不否定其效果，只是令该当事人负担法律责任或者其他不利后果。比如定作人中途变更承揽工作的要求，造成承揽人损失的，应当赔偿损失（《民法典》第 777 条）。

2. 依双方行为（合同）变更，又称协议变更，指由合同双方当事人达成新的协议变更合同。《民法典》合同编第六章所规定的合同变更，即指此种变更。

三、合同变更的要件

（一）原已存在有效的合同关系

既存的合同关系为合同变更的基础，这是合同变更的前提条件。如果根本没有合同关系的存在，则仅为合同关系的发生问题而非合同变更。另外，如果债务人履行债务时多为给付，则对于债权人构成不当得利，它是独立于原合同关系的新的债之关系，亦非合同的变更。

无效的合同，自其成立时起即不具有法律效力，并不发生变更问题。至于所谓"无效行为的转换"，本身是新的合同关系的发生问题，而非既存合同关系的变更问题。

可撤销的合同（民事法律行为），如果被撤销，由于合同自始没有法律约束力，自无再行变更的余地；如果撤销权人没有请求撤销合同，此时的合同仍然有效，仍然可以成为变更的对象。如果当事人合意变更了合同，则合同撤销权人的撤销权因此归于消灭。

效力未定的合同，由于合同的效力取决于追认权人的追认，在追认之前合同效力处于待定状态，追认仅为发生合同效力的前提条件，而非对于合同的变更；另外，在合同被追认之前，当事人对其合意的内容进行变更，亦属可能，只不过事后如果得不到追认，仍然不能发生效力；如果追认以后，当事人又对合同的内容进行变更，通常这一变更仍需取得追认，否则，不发生变更的效力，当事人仍受原合同内容的约束。

（二）合同的内容须有变更

我国法上的合同变更即属狭义的合同变更，仅指合同内容的变更，故合同的内容发生变化，自属合同变更题中应有之义。

合同内容的变更应包括以下类型：①

1. 合同标的物的变更，包括标的物种类的更换、数量的增减、品质的改变、规格的更改等。

2. 合同履行条件的变更，包括履行期限、履行地点、履行方式以及结算方式的改变等。

3. 合同价金的变更，即合同价款或者酬金的增减，以及利息的变化等。

4. 合同所附条件或期限的变更，例如所附条件的除去或增加，所附期限的延长或提前等。

5. 合同担保的变更，例如基于当事人的意思表示或者法律的规定，使合同担保消灭或新设等。

6. 其他内容的变更如违约责任的变更、争议解决方式的变更等。

合同的变更应使变更后的合同关系与原合同关系保持同一性，否则，便不成其为合同的变更，而属于合同的更改。

（三）变更本身的有效性

合同的变更如系依法定方式或依裁判方式进行，则此种变更当然具有法律效力。此处所谓变更本身的有效性，专指协议变更。协议变更，本身是以新的合意来变更原来的合同，是意思自治的体现。此种变更协议，属于另外一个新合同，应符合《民法典》有关合同成立及生效的规定。

另外，按照《民法典》第502条第3款的规定，依照法律、行政法规的规定，合同的变更等情形应当办理批准等手续的，其合同的变更须办理该手续。

（四）变更本身的明确性

合同的变更会改变当事人之间的权利义务关系，直接关系到当事人的切身利益，为避免日后发生争议，要求合同变更本身应当是明确的。当事人对合同变更的内容约定不明确的，推定为未变更（《民法典》第544条）。

---

① 参见崔建远主编：《合同法》（第七版），法律出版社2021年版，第144页。

四、合同变更的效力

（一）合同变更的效力仅向将来发生

合同的变更，原则上仅对合同未履行的部分发生效力，对已履行的部分没有溯及力，但法律另有规定或当事人另有约定的除外。这样，既已履行的债务不因合同的变更而失去法律根据。

（二）合同变更对权利义务关系的影响

1. 合同的变更以原合同关系的存在为前提，变更部分不超出原合同关系之外，原合同关系有对价的仍保有同时履行关系。

2. 合同变更的效力，在于使合同内容发生改变，成为债务履行的新的根据。合同的变更对当事人均有约束力。

3. 原合同债权所有的利益或瑕疵继续存在，但"债权人和债务人未经保证人书面同意，协商变更主债权债务合同内容，减轻债务的，保证人仍对变更后的债务承担保证责任；加重债务的，保证人对加重的部分不承担保证责任"（《民法典》第695条第1款）。"债权人和债务人变更主债权债务合同的履行期限，未经保证人书面同意的，保证期间不受影响"（《民法典》第695条第2款）。

第三节　债权让与

一、债权让与概述

（一）债权让与的语义

债权让与，指不改变债权的内容而将它移转于他人的合同。[1] 申言之，债权让与是在保持债权同一性的前提下以移转该债权为目的的让与人与受让人之间的诺成、不要式的合同，属于具有债权处分行为性质的准物权行为。[2] 债权让与合同的当事人分别称为让与人和受让人。《民法典》称债权让与为债权"转让"（第545条以下）。

---

[1] 参见［日］我妻荣：《新订债权总论》，岩波书店1964年版，第509页。Vgl. auch *Brox/Walker*, Allgemeines Schuldrecht, 41. Auflage, Verlag C.H. Beck, 2017, S.405.

[2] 参见［日］北川善太郎：《债权总论》（第2版），有斐阁1996年版，第251页。

（二）债权移转与债权让与

1. 债权移转及其类型。债权移转，是指在保持债权同一性的前提下使债权主体变动的现象。债权移转的类型（参照图 7.3.1）主要有：

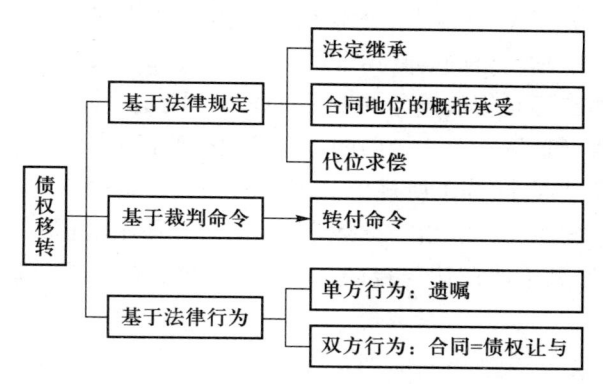

图 7.3.1　债权移转的类型

（1）基于法律规定而发生债权移转。主要包括：继承、合同上地位的概括承受以及代位求偿等（连带债务人、保证人、物上保证人、保险人等场合）。比如《民法典》第 524 条第 2 款规定，"债权人接受第三人履行后，其对债务人的债权转让给第三人，但是债务人和第三人另有约定的除外"。

（2）基于裁判命令而发生债权移转。依据《民诉法解释》第 499 条第 1 款，人民法院执行被执行人对他人的到期债权，可以作出冻结债权的裁定，并通知该他人向申请执行人履行。这一规定称为"转付命令"，是典型的基于法院裁判命令而发生的债权移转。

（3）基于法律行为而发生债权移转。这是债权移转最常见的情形，又可区分为依单方法律行为及依双方法律行为而发生的债权移转，前者指的是遗嘱，后者指的是以合同方式发生的债权移转，亦即此处所谓的"债权让与"。

2. 债权让与。通过上述债权移转发生原因的分析可以看出，债权让与仅指以合同方式发生的债权移转，因而是债权移转的一种形式。《民法典》第 545—550 条所规定的债权的"转让"，实际上就是此处所说的债权让与，尽管法条用语多为"债权人转让债权"，似可给人以包括单方行为在内的表象。

（三）债权让与的法律性质

1. 债权让与的处分行为性。债权让与既属于直接发生债权移转效果的合同，它便不属于债务发生行为（负担行为），而是属于处分行为，是像动产或不动产那样，将债权作为一项财产通过转让而处分。学者为了表示此种性质，便将债权让与定位为准物权合同。[①] 债权

[①] 参见［日］我妻荣：《新订债权总论》，岩波书店 1964 年版，第 519 页。Vgl. auch *Brox/Walker*, Allgemeines Schuldrecht, 31. Auflage, Verlag C.H. Beck, 2006, S.393.

让与既属处分行为，因而让与人须有处分权，否则属于无权处分。

将债权让与作为一种处分行为，亦符合《民法典》第545条以下的规定。其一，法条使用的"债权人转让债权"（第546条第1款、第547条第1款）表述，表明这是基于法律行为的债权变动。其二，作为使债权发生变动的法律行为，主要是指双方法律行为（合同）。其三，作为《民法典》合同编"通则"分编第六章中的规定，此处的合同，有别于"典型合同"分编中的买卖合同、赠与合同等具体合同，而是一种抽象的合同。其四，关于这种抽象的合同，法律规范的重点不是债权债务的发生及履行，而是债权的变动及其法律后果。原因在于，前者已由合同编"通则"关于合同的订立、履行等部分以及"典型合同"中的具体合同（比如买卖合同、赠与合同等）所规范。正因为如此，我们从《民法典》关于债权让与的规定（第545—550条）中，看到的是债权变动问题，而不是债权债务问题；换言之，我们看到的只是债权的处分（债权让与合同），而不是债务的负担（债权让与约定，参照图7.3.2）。

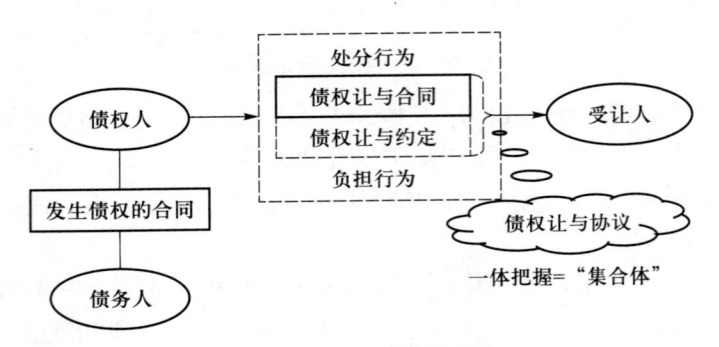

图 7.3.2 债权让与的结构

2. 债权让与的独立性。为了发生债权移转的效果，在发生债权移转义务的原因行为（买卖、赠与等）之外，作为其义务的履行是否以作为处分行为的债权让与合同为必要？这便是债权让与的独立性问题。[1] 由于债权让与合同是仅以发生债权移转为内容的合同，故与使出卖人或赠与人负担移转债权之债务的债权买卖或赠与合同（原因行为），在理论上显然属于各别的事物；而该理论上各别存在的事物作为处分行为，与其原因行为加以区分，且以准物权行为把握其性质，固属正当。[2] 在逻辑上，对于作为义务负担行为的侧面（债权行为）与变更权利归属之处分行为的侧面（准物权行为）加以区分是可以的，而民法对于债权让与的规范，亦是以后者（处分行为）的侧面为对象的。[3]

具有独立性的债权让与，被学说称为债权让与合同，而其原因行为则称为债权让与之约定，二者有显著的区别。后者仅使该约定的义务人负担订立债权让与合同的债务，而该约定的权利人，并不因此即取得债权，债权买卖或债权赠与合同均属于债权让与的约定。[4]

---

[1] 参见［日］西村信雄编集：《注释民法（11）》，有斐阁1965年版，第340页。
[2] 参见［日］我妻荣：《新订债权总论》，岩波书店1964年版，第526页。
[3] 参见［日］奥田昌道：《债权总论》（增补版），悠悠社1992年版，第424页。
[4] 参见梅仲协：《民法要义》，中国政法大学出版社1998年版，第284—285页。

3. 债权让与的有因无因问题。在承认债权让与为独立的处分行为的前提下，在原因行为无效或被撤销的场合，便会发生债权让与之处分行为是否亦随之归于无效（债权当然地复归）的问题，这便是债权让与的无因性或有因性问题。[①] 债权让与是有因行为抑或无因行为，这从《民法典》合同编的规定中反映不出来，在学说上存在不同见解。

就我国学说而言，大致分为相对的无因行为说和有因行为说两类。相对的无因行为说认为，债权让与为（相对的）无因行为，原因的有效与否并不影响债权让与的效力，债权让与的原因无效时，债权人可依不当得利的规定请求受让人返还因受让取得的利益。[②] 并认为债权让与的无因性不是绝对的，可由当事人的意思表示予以排除，当事人可以约定使债权让与合同与其原因行为相关联，原因行为无效，其让与行为亦无效。

有因行为说亦不完全统一，其中一种观点是将债权让与理解为事实行为，它与基础行为之间的关系不能笼统地以无因性关系予以说明。其基本观点有二：一是因债权让与自债权让与合同生效时完成，故讨论有因、无因在我国法上大多是债权让与合同是否有因；二是应该类型化，不可一概而论。[③]

本书认为，在我国法的框架下，对于债权让与在解释上原则上宜采有因说，原因行为无效或被撤销场合，债权让与不生其效力；在作为原因行为的合同被解除场合，债权自动复归于让与人。惟对于票据债权及其他证券化债权，例外地承认债权让与的无因性。

4. 债权让与是让与人与受让人之间的诺成、不要式合同。债权让与属于法律行为中的合同，已如前述。该债权让与合同，依学者通常见解，属于诺成的不要式的合同，仅依当事人的合意即生效力。债权让与合同与原因行为（让与债权的约定）虽然在观念上属于各别独立的存在，却非谓债权让与须在原因行为之外另行作出，而是可以看作是在同一个意思表示中包含了这两者的内容。

债权让与合同仅依当事人的意思表示即可以发生效力。因而，债权让与合同一旦有效成立，债权即移转于受让人，债权让与合同的成立、履行及其法律效力同时发生。另外，债务人并不是债权让与合同的当事人，债务人对债权让与同意与否，并不影响债权让与合同的成立和生效，只不过债权让与如欲对债务人发生效力，尚须通知债务人（《民法典》第546条第1款）。

5. 债权让与的效果是在不改变其同一性的前提下使之移转于受让人。由于债权让与并未使债权丧失其同一性，因而附从于该债权的利息债权、违约金债权、担保权、保证债权、债权人撤销权等从权利（而且质权与留置权等要以"占有"的移转为必要），除非法律有特别规定或当事人有特别约定者外，当然移转于受让人而无须再要求让与行为，而且只要对主

[①] 参照［日］西村信雄编集：《注释民法（11）》，有斐阁1965年版，第341页。
[②] 参见张广兴：《债法总论》，法律出版社1997年版，第235页；崔建远主编：《新合同法原理与案例评释》（上册），吉林大学出版社1999年版，第380—381页；李永军：《合同法原理》，中国人民公安大学出版社1999年版，第374页。
[③] 参见崔建远主编：《合同法》（第四版），法律出版社2007年版，第204—205页。

债权的让与已经通知债务人，其从权利的移转亦无须再行通知。[①]由于债权是在保持其同一性的前提下移转的，债权所附随的抗辩（比如同时履行抗辩）以及债务人对让与人所享有的抵销权，仍可由债务人向受让人主张。

（四）普通债权让与与特别债权让与

普通债权，是指债权人特定、债权的成立和让与等不以证书的作成和交付为必要的债权，在此处是与证券化债权相对称的债权，在日本法学中被称为"指名债权"。《民法典》第545条以下的规定，虽未特别指明，均系针对普通债权让与。然而除普通债权之外，尚有一些特别债权，对其让与的要件有特别的要求，比如票据作为债权证券，其让与无须通知票据债务人，也不必其承诺，仅仅通过背书方式（参见《票据法》第27条以下），甚至个别情况下仅仅依交付即可转让。另外也有一些特别债权，其让与的要件反而限定得严格，比如电话使用权的让与，则以办理过户手续为必要。总之，特别债权的让与，往往有特别法上的特殊要求，超出了本书所要讨论的范围，以下论述，如无特别说明，均系以普通债权让与为对象。

二、债权的让与性及其限制

（一）让与自由原则及其界限

债权原则上可以自由让与（参照《民法典》第545条第1款主文），是为债权让与自由原则。然而，此原则亦有其界限，所谓债权的让与性，其着眼点在于债权的财产性，纵将特定债权人和债务人的结合关系的个性予以舍弃，该债权仍有其意义，而这一点正是承认债权具有可处分性的基础。然债权当中，有的特别强调以特定人之间的个人因素或个人信赖关系为依据，有的则是出于某种社会政策考虑而要求给付须向特定债权人作出，在这些场合，如仍强调债权的财产属性而承认对其处分的自由，则难免不生与债权实现所呈之利益状态相左的事态。因而，在这些场合，债权的让与性须受限制。

（二）债权让与性的限制

1. 因债权性质而不得让与的债权。

（1）债权人变更会导致给付的内容完全变更，则债权不得让与。比如对画家享有的为自己画像的债权，对某人享有的请求做家庭教师的债权，如允许让与，将使债务人给付的内容完全变更，使债的同一性丧失。此种场合，能否因债务人的承诺而允许债权的让与，学说上有肯定与否定两类见解，以否定说为当，因为此时债的同一性已丧失，宜视为债的更改，而不再是债权让与。

---

① [日] 於保不二雄：《债权总论》（新版），有斐阁1972年版，第295—296页。

（2）因债权人的变更会使权利的行使发生显著的差异，则债权不得让与。比如承租人所享有的债权、雇主所享有的债权等不允许让与，对此，有的解释认为限制此类债权的让与性是出于在继续性合同关系中对债务人进行保护的目的。有解释认为此等债权均以债权人与债务人间的信赖关系为基础，债务人仅限于对该债权人始愿负给付义务，且以对该债权人为给付之目的而订立合同，如债权人变更，则行使债权的方法势必发生变更。无论如何，其特点在于，向特定的债权人给付，或由特定的债权人行使债权，其本身具有重要的意义。虽然如此，如果债务人予以承诺，则解释上宜认为此类债权仍然是可以让与的。①

（3）出于保障债权人生活的目的而使之享有的债权，不得让与。比如退休金债权，由他人代为行使尚可，让与他人则为其性质所不许。

（4）应当于特定当事人之间互为计算的债权，不得让与。当事人约定以其相互间的交易所发生的债权债务为定期计算，互相抵销而仅支付其差额的合同，称为"交互计算"。列入交互计算的债权债务不得由当事人之一方将其排除于计算之外，因而此项债权在性质上属于不可让与的。这便是所谓交互计算不可分原则。②

（5）属于从权利的债权原则上不得让与。从权利应随主权利的移转而移转，若与主权利分离而让与，则有悖于其性质，比如保证债权等。但从权利可与主权利分离而单独存在的，可以转让，例如已经产生的利息债权可与本金相分离而单独让与。

（6）不作为债权不得让与，例如竞业禁止的约定。由于不作为债权只是为了特定债权人的利益而存在，如允许债权人让与债权，无异于为债务人新设义务，故不作为债权，原则上不得让与。然得例外的附属于其他关系一同移转，例如竞业禁止的债权可与营业一同让与。

2. 按照当事人约定不得转让的债权。

（1）禁止债权让与的意思表示。债之关系的当事人可通过特别约定禁止债权让与。禁止让与的约定属于意思表示，应当适用意思表示的相关规定。这种约定既可以在债权发生时为之，也可以在债权发生后为之，但须在债权让与之前为之。禁止让与的第三人（受让人）的范围，既可以是泛指的，即约定不得让与一切他人；也可以是特指的，即禁止让与特定人；当事人还可以约定于一定时期内禁止债权的让与。

（2）禁止债权让与特约的效力。《民法典》第545条第1款第2项将"按照当事人约定不得转让"作为"除外"，对于其效力，于同条第2款专门作出规定，即"当事人约定非金钱债权不得转让的，不得对抗善意第三人。当事人约定金钱债权不得转让的，不得对抗第三人"。该规定系新增规定，力图兼顾保护善意第三人和交易安全。该款区分非金钱债权与金钱债权而异其规则，以下分别说明。

首先，当事人约定非金钱债权不得转让的，不得对抗善意第三人。故受让人善意场合，并不受让与禁止特约的拘束，受让人可有效地取得债权，这种规则意在保护交易安全。另外，从恶意的受让人处善意受让的转得人亦属于"善意第三人"，故该转得人仍可有效地取

---

① 参见［日］我妻荣：《新订债权总论》，岩波书店1964年版，第522页。
② 参见孙森焱：《民法债编总论》（下册）（修订版），台北自刊本2009年版，第942页；［日］潮见佳男：《债权总论》，信山社1994年版，第454—455页。

得债权。① 对于第三人，除了善意的要件之外，是否进一步要求须无过失，值得探讨。《日本民法典》第 466 条第 2 项仅要求善意的要件，但日本通说则进一步要求以无过失为必要。此乃对于表见现象的信赖保护，一般均以善意、无过失为要件之故。因而，只要第三人有过失，不论是重过失还是轻过失，均不予保护。② 日本通说见解，可资借鉴。

其次，当事人约定金钱债权不得转让的，不得对抗第三人。故无论受让人善意与否，均不受禁止债权让与特约的拘束。换言之，对于金钱债权，采可不受限制的自由让与立场。立法的特别规定，意在促进金钱债权的流通，即使牺牲债务人的微弱利益，也不至给债务人带来太多不利。③

另外，值得注意的是，《民法典》第 696 条第 2 款规定，"保证人与债权人约定禁止债权转让，债权人未经保证人书面同意转让债权的，保证人对受让人不再承担保证责任"。

综上，在非金钱债务场合，如受让人善意且无过失，债权让与合同有效，债权人和债务人之间禁止让与的特约不得对抗善意受让人；债务到期时，受让人有权请求债务人清偿。不过，债务人可以追究债权人的违约责任。在受让人恶意场合，或者受让人虽属善意但有过失场合，此时的债权不具有让与性，债权让与相对无效，即仅债务人可以主张该债权让与无效。如果债务人同意债权让与，不论该同意是在债权让与之前还是在此之后，债权让与仍得有效。

3. 依照法律规定不得转让的债权。如《民法典》第 445 条第 2 款前段规定，"应收账款出质后，不得转让，但是出质人与质权人协商同意的除外"。

（三）若干特殊债权的让与性

1. 罹于诉讼时效的债权。罹于诉讼时效的债权常被称为"自然债权"，因其效力不齐备，故又称为不完全债权。此类债权虽不具有诉求国家强制力保护的效力，如果债务人任意履行，债权人依然可以受领并保有受领结果，此类债权仍有财产价值，故不妨其为让与的对象，仍有让与性。

2. 因可撤销行为所发生的债权。可撤销合同在被撤销之前，在实际效果上与有效合同无异，且撤销权亦会因除斥期间的届满或撤销权人弃权等行为而消灭，从而使合同完全有效，基于此种行为发生的债权，当然不能完全否定其财产价值的现实存在，故不妨作为让与的对象，仍有让与性。

3. 将来的债权。将来的债权，只要债权在将来的发生属于可确定，而非尚无踪影之事，此种债权仍然具有财产价值，可成为让与的对象，具有让与性。

4. 集合债权。债权让与的对象并不局限于单一的债权，集合的债权亦可在整体上构成让与的对象。集合债权中既可以有现实存在的债权，亦可以包括将来的债权。集合债权的让

---

① 参见［日］我妻荣：《新订债权总论》，岩波书店 1964 年版，第 524 页。
② 参见［日］我妻荣：《新订债权总论》，岩波书店 1964 年版，第 524 页。
③ 庄加园：《〈合同法〉第 79 条（债权让与）评注》，载《法学家》2017 年第 3 期；朱广新、谢鸿飞主编：《民法典评注：合同编·通则 2》，中国法制出版社 2020 年版，第 91 页。

与，作为一种担保方式，在日本等国被广泛运用，属于一种有着广泛运用前途的担保方式，值得关注。

三、债权让与的对内效力

债权让与的效力，有的发生在让与人与受让人之间，称为债权让与的对内效力；有的发生在当事人与债务人或其他第三人之间，称为债权让与的对外效力。

就具有可让与性的债权，有处分权的让与人与受让人达成让与的合意，便成立债权让与合同，原则上同时发生效力，债权即行移转，不再有履行的问题。依照法律、行政法规所规定，合同的转让等情形应当办理批准等手续的，适用《民法典》第502条第2款的规定（《民法典》第502条第3款）。

（一）债权由让与人转移于受让人

债权让与因当事人达成合意即可发生效力，故其合同一旦成立，债权即随之移转，原债权人脱离债权人的地位，而新债权人承继其地位，亦即取得同一债权（债权的同一性并不丧失）。债权部分让与时，让与人和受让人共同享有债权。

被转让的债权如系由双务合同所生，该债权在被让与后并不因此丧失与反对债权的牵连性，合同一旦被解除，被让与的债权亦随之消灭。[①] 比如甲对乙（建筑公司）享有20万元的债权，乙与丙签订有建筑施工合同，是该合同的施工人，设若乙将自己对丙拥有的报酬请求权转让给甲，以抵偿其对甲所负债务；后来，该建筑施工合同被丙依法解除，则乙转让给甲的债权（报酬请求权）亦应因此而归于消灭。

如果让与人与债务人达成过合意，裁判上的主张须在仲裁机构进行，受让人也可以援用该合意，且须承受（反过来由债务人作出的）相应抗辩。这一点被大多数国家所承认。[②] 该规则在我国最高人民法院的裁判文书中亦有体现。[③]

债权让与场合，债权的内容、样态并不变更。就此点而言，如果所让与的是赴偿之债的债权，债务人应在原债权人的住所清偿抑或应在新债权人的住所清偿？在日本判例上，债务人应到新债权人的住所清偿，但因此增加的费用应由债权人负担。此项规则，可资借鉴。

（二）债权的从权利随同移转

债权人转让债权的，受让人取得与债权有关的从权利，但是该从权利专属于债权人自身的除外（《民法典》第547条第1款）。从权利以与主权利同其命运为原则（"从随主"原则，参照《民法典》第559条），故主债权让与时，其从权利原则上也随同移转于受让人。所谓

---

① 参见［日］西村信雄编集：《注释民法（11）》，有斐阁1965年版，第344页。
② 参见［德］Hein Kötz：《欧洲契约法 I》，［日］潮见佳男等译，法律文化社1999年版，第517页。
③ 中华人民共和国最高人民法院民事裁定书"法公布（2000）44号"中国有色金属进出口河南公司与辽宁渤海有色金属进出口有限公司债权转让协议纠纷上诉案。

从权利，指担保（物的担保、人的担保及金钱担保）权利及其他从属权利（利息债权、违约金请求权、损害赔偿请求权）而言，此等从权利的移转，属于当然，毋庸特别约定。当事人不欲其随同移转的，须于合同中订明。另外，抵押权、质权等从权利随着主债权转让而转让，但受让人对这些从权利的取得是否以办理转移登记手续或者转移占有为前提，是个问题。《民法典》第 547 条第 2 款新增规定，"受让人取得从权利不因该从权利未办理转移登记手续或者未转移占有而受到影响"。即债权受让人取得这些从权利是基于法律的规定，并非基于法律行为的物权变动，从而有利于保障主债权顺利实现。在债权转让前，这些从属性的担保权利已经进行了公示，公示公信的效果已经达成，因此没有进一步保护第三人进而维护交易安全的必要。这也与其他国家和地区的立法例基本保持了一致。①

对于从权利随同主债权一并移转规则并非没有例外，《民法典》第 547 条第 1 款后段规定"但是该从权利专属于债权人自身的除外"，指的便是与让与人有不可分离关系的权利，典型的例子是解除权、撤销权等形成权。之所以如此，在法政策上的考虑是多方面的，其中很重要的一点是，许多场合让与人所让与者系基于双务合同所生的债权，且让与人并未因让与其债权而丧失其为合同当事人的地位。此种场合解除权、撤销权等形成权的行使，关系合同的存废，惟合同当事人始得行使，由于债权的让与人并未丧失其为合同当事人的地位，自不随同债权移转。②

（三）证明文件的交付与必要情形的告知

让与人应当将证明债权的文件交付受让人，并应告知关于行使该债权所必要的一切情形。严格以言，这不算是债权让与的对内效力，而是债权让与的原因行为（债权让与之约定）中的从给付义务及附随义务；不是准物权行为效力的体现，而是债权行为（负担行为）效力的体现。因而，《民法典》合同编对此未在第六章予以规定，有其道理。只是此等义务的履行，关乎债权让与目的的达成，确有论述的必要，于此论述，实属出于便宜上的考虑。《民法典》合同编第六章未作特别规定，并不构成法律漏洞，因为第四章"合同的履行"第 509 条第 2 款规定了当事人的通知、协助等附随义务，"典型合同"分编第九章"买卖合同"第 599 条规定了出卖人交付有关单证和资料的从给付义务，因而至少在有偿让与债权之场合，该条规定可以发挥上述规则的规范功能。

所谓债权证明文件，包括债务人出具的借据、票据、合同书、账簿等。所谓主张债权所必要的一切情形，一般指履行期、履行地、履行方式、债务人的住所、债权担保的方式以及债务人可能主张的抗辩等。债权的担保既随同债权移转于受让人，则让与人所占有的担保物也应当交付受让人。③

---

① 石宏主编：《〈中华人民共和国民法典〉释解与适用［合同编］》（上册），人民法院出版社 2020 年版，第 163 页。
② 参见孙森焱：《民法债编总论》（下册）（修订版），台北自刊本 2009 年版，第 946 页。
③ 参见孙森焱：《民法债编总论》（下册）（修订版），台北自刊本 2009 年版，第 948 页；崔建远主编：《合同法》（第四版），法律出版社 2007 年版，第 213 页。

（四）让与人对让与债权的担保义务

让与人所负的担保义务即权利瑕疵担保义务。严格以言，这也不算是债权让与的对内效力，而是债权让与的原因行为（债权让与之约定）中给付义务的应有内容。因而，《民法典》合同编对此未在第六章予以规定，有其道理。这种担保义务虽未在《民法典》合同编第六章"合同的变更和转让"中规定，尚不能认为构成法律漏洞，因为合同编第九章"买卖合同"及第十一章"赠与合同"中有关瑕疵担保的规定（第612条，第662条）是可以"参照"适用的。另外，违反上述担保义务，在我国法上发生违约责任，除此之外，不存在独立的或者相对独立的权利瑕疵担保责任。

在有偿让与场合，让与人的担保义务只是及于被让与债权的"真实性"，并不及于其"信用性"；换言之，让与人所担保者仅为债权的存在，并不及于债务人的支付能力。[1]

四、债权让与的对外效力

（一）对于债务人的效力

1. 对债务人生效的要件：让与通知。

（1）总说。债权让与合同因让与人与受让人之间的合意而发生债权移转的效力，此一让与的事实并不当然为债务人或第三人所知晓，为了避免债务人误为清偿，或第三人误自原债权人再次受让债权，因而蒙受损害，自然应该设有保护规定。《民法典》第546条第1款规定："债权人转让债权，未通知债务人的，该转让对债务人不发生效力。"因而，对于债务人的通知是债权让与对债务人发生效力的关键。

（2）让与通知的性质。债权让与通知的性质为观念通知，[2] 不需要有发生债权让与效力的法效意思，却可类推适用民法关于意思表示的规定，比如其效力的发生适用意思表示的"到达主义"规则，而不过问债务人对此是否真的知晓；让与人的代理人亦可代为通知，但无权代理人的通知属于无效。另外，通知有无效或可撤销原因时，依民法关于无效或可撤销的规定处理。

（3）为让与通知的主体。债权让与虽以由债权人通知债务人居多，但可为让与通知的主体并非仅以债权人为限，受让人也无妨可作此通知。当然，从保护债务人履行安全的角度考虑，受让人为让与通知时，必须提出取得债权的证据。[3] 例如，债权让与的基础合同（买卖合同、赠与合同等）、让与公证书等，否则债务人可以拒绝履行。

（4）受让与通知的主体。通知的对方为债务人，具体地应依具体法律关系的性质加以判

---

[1] 参见［德］Hein Kötz：《欧洲契约法 I》，［日］潮见佳男等译，法律文化社1999年版，第518页。
[2] 参见梁慧星：《民法总论》（第三版），法律出版社2007年版，第63页。
[3] 参见崔建远主编：《合同法》（第四版），法律出版社2007年版，第216页。

断。其一，不可分债务场合，须向不可分债务人全体通知。其二，连带债务场合，亦须向全体债务人通知。其三，一般保证债务场合，向主债务人作了通知，即可以此对抗保证人（保证债务的附从性）。

（5）让与通知的方法。《民法典》对此未予规定，宜认为可由让与之当事人自由选择。在让与人进行通知场合，通知既可是口头的，也可是书面的。在受让人通知场合，其要求自应严格，单纯的口头形式尚未为足，一般应要求出示书面证明，比如让与人让与其债权所立字据。

（6）让与通知的时期。我国法律对此没有规定，依通常学理，通知的时期并不要求须与让与同时，让与之后所作的通知为有效。债权让与之前作出的预先通知，鉴于债权让与是否发生尚不明确，如承认其效力，则难免给债务人造成不利益，故通说以之为无效。[1] 另外，债权让与通知的时间不得晚于债务履行的时间，自不待言。

（7）让与通知的撤销。债权让与的通知，一旦到达，即生效力，此时是否得由让与人一方撤销？《民法典》第 546 条第 2 款规定："债权转让的通知不得撤销，但是经受让人同意的除外。"债权让与通知的撤销，以受让人的同意为必要，这是因为撤销能使受让人的利益受到侵害之故。通知如未经有效撤销，让与人未经受让人同意，则不能够请求债务人为给付。债务人在法律上的地位并不因让与通知的撤销而恶化，而在撤销通知之前，如债务人向受让人表示了以反对债权相互抵销的意思，则纵撤销通知后，原债权人（让与人）的债权亦因此抵销而归于消灭。然如让与通知自始无效，或因撤销之结果为无效，则得以无效的事实通知债务人。此时为新事实的通知，而非撤销。

（8）依次让与之让与通知与中间省略之通知。债权依次让与，例如甲将其债权让与乙，乙又让与丙。如第一次的让与尚未通知债务人，就第二次的让与已通知债务人时，债务人在受第一次的让与通知前，可以否认第二次的让与。如果补充第一次让与的通知，则第二次让与的通知亦与之同时发生效力。依次让与时，由第一让与人让与于第二受让人，所谓中间省略之通知，是否有效。就债权让与，以通知为对债务人的生效要件，意在使债务人确知债权属于何人，虽不通知真实让与的过程，其通知应当解释为有效。

（9）让与通知与诉讼时效。债权让与的成立是否构成诉讼时效的中断，立法例中通常并无明确规定。问题的关键取决于对让与通知的具体分析，如果通知纯粹是事实的通知，别无他意，比如让与人所为的通知，或受让人通知时明确告知债务人当时不请求履行，何时请求日后另定，则尚不能认为具有中断诉讼时效的效力；如果通知同时含有请求履行的意思，则不妨认为其通知具有中断诉讼时效的功能。

2. 对债务人效力的内容。

（1）让与通知前。让与通知前，其让与行为仅对于债务人不生效力，对于让与人、受让人以及其他第三人，仍然是有效力的。

在受让与通知前，债务人对于原债权人（让与人）所作的清偿或其他免责行为，或让与

---

[1] 参见［日］我妻荣：《新订债权总论》，岩波书店 1964 年版，第 531 页。

人对于债务人为免除或抵销的,均为有效。债权受让人所为的时效中断行为,不生效力。但其中断行为可认为同时含有让与通知效用的,例如提示债权让与的字据,则可解释为有中断的效力。受让人对于债务人所为的抵销或免除的意思表示,以此项意思表示同时含有让与通知的效用时,可解释为有效。债权设有担保的,于让与通知前,纵担保物权有移转的登记,该债权对于债务人的关系,仍不生移转的效力。[1]

（2）让与通知后。其一,债务人一经通知,债权让与即对之生效。自此以后,债务人即应向新债权人履行。其二,抗辩的援用。债务人接到债权转让通知后,债务人对让与人的抗辩,可以向受让人主张(《民法典》第548条)。因为债权让与并未改变债权的同一性,债权之上所附着的瑕疵亦随同移转。

首先来看时间的范围。以什么时点界定债务人所可主张的抗辩,乃是关键。《民法典》第548条的用语为"接到债权转让通知后",语义似有模糊感,因为没有指明截止的时点究竟是何时。自比较法观察,大多界定为"债务人受通知时",有鉴于此,对《民法典》第548条在解释适用时亦应当作相同的限定,截止于债务人受通知时。

通常并不要求在债权让与之时,抗辩的事实已经发生,只要债权让与时在债权关系的内容中该抗辩的发生原因已存在,或者抗辩事由发生的基础已存在,即为已足。比如诉讼时效的抗辩,在债权让与之时时效可能正在进行,在让与后不久时效期间届满,这时,债务人仍可向受让人主张时效届满的抗辩;(债权人方面)债务不履行或隐存的瑕疵如在通知时便已存在,纵在通知后,债务人方面仍可解除合同。

其次来看抗辩事由。债务人对让与人的抗辩,不以狭义的抗辩权为限,而包括足以阻止或排斥债权的成立、存续或行使的一切事由在内,因为债权的让与,债务人既不得拒绝,自不宜因债权让与的结果,而使债务人陷于不利地位。就抗辩的种类,可以包括诉讼时效完成的抗辩、债权不发生的抗辩、债权消灭的抗辩（比如清偿、提存、免除等）、基于形成权行使的抗辩（合同被撤销、被解除、被抵销等）、基于双务合同的抗辩（同时履行抗辩、不安抗辩等）以及诉讼上的抗辩（诉讼管辖协议的抗辩、仲裁协议的抗辩等）等。

（3）抵销的抗辩。有下列情形之一的,债务人可以向受让人主张抵销(《民法典》第549条):

第一种情形,债务人接到债权转让通知时,债务人对让与人享有债权,且债务人的债权先于转让的债权到期或者同时到期。这时是以被让与的债权为被动债权,以债务人的反对债权为主动债权,债务人可以抵销为由对抗受让人。此一规则的立法趣旨在于,勿因债权让与而使债务人对于新债权人的地位,较之对于原债权人的地位,变得不利。

此项抵销权的要件包括两点:一是债务人接到让与通知时对让与人享有债权;二是债务人的债权先于让与的债权到期或者同时到期。

债务人应向谁主张抵销权？债务人应当向新的债权人行使抵销权。其理由是,原债权人转让权利后,已从原债权关系中退出,而受让人成为合同新的债权人,因此,债务人应向新

---

[1] 参见史尚宽:《债法总论》,台北自刊本1990年版,第692页。

的债权人行使抵销权。①

第二种情形，债务人的债权与转让的债权是基于同一合同产生。例如，甲作为卖方和乙签订货物买卖合同，甲在交完货之后将其对乙的价款债权转让给丙，并通知了乙。丙向乙请求支付价款时，乙以甲交付的货物有质量瑕疵为由，主张以乙对甲享有的违约赔偿债权抵销该支付价款债权。此时，转让债权与乙对甲的违约赔偿债权都是基于该货物买卖合同产生的，乙可以向丙主张抵销。②

（4）增加的履行费用由让与人负担。因债权转让增加的履行费用，由让与人负担（《民法典》第 550 条）。该规则的立法意旨在于保护债务人的利益，作为默认规则，于当事人无特别约定场合发挥作用。相应地，于此场合，债务人有权在受让人要求履行时主张抵销或者行使履行抗辩权。债务人或者受让人先负担了增加的履行费用的，可以要求让与人最终负担该增加的履行费用。③

（二）对其他第三人的效力

《民法典》除依第 546 条第 1 款规定，以通知债务人为对其生效要件外，对于其他第三人并未另设公示方法，解释上应认为，受让人于让与合同发生效力时，即可对其他第三人主张债权让与的效果。第三人不得以债权让与未向其公示或者未向债务人为通知而不承认受让人取得债权。

债权让与本为一合同，其对于第三人的效力，也就在于第三人应当"尊重"该合同当事人的意思安排，承认他人的自治及其法律效果，这是私法自治的基本要求。因而，第三人承认债权让与效果，这也正是债权让与对于债务人以外的第三人效力的内容。关于债权让与，《民法典》未特别规定其对第三人的效力问题，并非构成法律漏洞，因为基于私法自治理念，它不过是一个不言自明之理。

值得分析的问题有两个：一是债权二重让与的法律效果，二是第三人有利害关系时应如何清偿。

1. 债权的二重让与。债权让与为让与人与受让人之间的内部关系，缺少公示性，因此让与人将债权让与受让人后，还可能向他人为重复让与。《民法典》没有规定债权的二重让与，在解释上宜认为，《民法典》没有采取法、日等国的通知对抗主义做法，受让人于让与合同发生效力时，也就是双方当事人达成合意时，即可以对于其他第三人主张债权让与的效果，成为债权人。对于债权二重让与问题，应依让与时间先后顺序为标准，以时间在先者优先，这可称为"先来后到"规则，是一项基本规则。

另一方面，由于其让与对债务人发生效力的关键取决于让与通知，而并非当然地对债务人具有拘束力，则上述规则可能会遭遇保护债务人之要求的挑战。从债权让与的角度看，保护债务人也就是保护交易安全或者善意第三人，符合事理，保护的措施便是使之可通过清偿

---

① 参见胡康生主编：《中华人民共和国合同法释义》，法律出版社 1999 年版，第 137 页。
② 石宏主编：《〈中华人民共和国民法典〉释解与适用 [合同编]》（上册），人民法院出版社 2020 年版，第 166 页。
③ 石宏主编：《〈中华人民共和国民法典〉释解与适用 [合同编]》（上册），人民法院出版社 2020 年版，第 166 页。

或提存等方式免责。这样，如果两次的债权让与均通知了债务人，则以先到达债务人的通知优先。如果第二次让与的通知先到达债务人，同样也使第二受让人可以受领清偿，虽然按照"先来后到"之规则他并非真正的债权人，这纯粹是出于保护债务人的考虑，所谓债权"表见让与"法理，实即此理。如果两个通知同时到达债务人，则应当按照受让的时间顺序解决；债务人如无法判断谁是真正的债权人，则可通过提存的方法使自己免责。如果两次的债权让与均未通知债务人，此时债务人当然仍应向原债权人履行债务或为其他免责行为（如提存）。

在二重让与场合，债务人有效地向第二受让人为清偿或其他免责行为时，因受让人间以第一受让人为真正债权人，第一受让人对于第二受让人得依不当得利的规定，请求返还。[①] 如果原债权人在第一次让与后，又以加害于第一受让人的意思而为第二次让与，进而构成侵害债权之侵权行为，第一受让人也可以此为由请求赔偿。

2. 利害关系人的清偿。虽非债务人而就债之履行有利害关系的第三人，例如连带债务人或保证人，于债务人受让与通知前，对于债权人（让与人）为清偿时，也应当解释为有效。[②]

第四节 债务承担

一、债务承担的语义

债务承担，指不改变债务的同一性而依合同将债务移转的现象，原债务人因此而免负债务，仅承担人（新债务人）作为债务人，属于债务人的替换，此种债务承担是本来的债务承担。与此不同，另外也有场合并不发生债务的移转，只是承担人与原债务人一起承担债务，这种情形也可将它纳入广义债务承担的范畴。前者本来的债务承担通常被称为免责的债务承担，后者称为并存的债务承担。一般所说的债务承担从狭义，仅指免责的债务承担。《民法典》第551条规定了免责的债务承担；第552条系新设规定，规定了并存的债务承担。

债务承担，有时被用作债务关系的简易结算方法。比如，甲对乙有10万元债权，丙对乙负有10万元的债务，丙通过承担乙对甲负担的债务，作为自己对乙负担债务的清偿（参照图7.4.1）。另外，实务中营业或者企业整体转让或者附有担保权的物的转让（比如乙对甲负有6万元的债务，乙对此债务以时价10万元的不动产设定抵押场合，将该不动产以4万

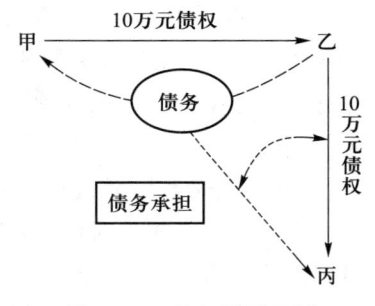

图7.4.1 债权承担示例

[①] 参见史尚宽：《债法总论》，台北自刊本1990年版，第698页。
[②] 参见史尚宽：《债法总论》，台北自刊本1990年版，第698页；郑玉波：《民法债编总论》（第十五版），三民书局1996年版，第479页。

元的价格让与丙，同时约定乙对甲的债务由丙承担）等场合，多有债务承担现象的发生。

二、免责的债务承担

（一）要件

免责的债务承担如欲有效发生，以债务具有可移转性以及存在债务移转合同为必要。

1. 债务的可移转性。作为债务承担对象的债务，须是由债务人以外的第三人也可以实现的债务（此点对于并存的债务承担以及履行承担，均属相同）。通常的债务原则上都具有可移转性，但存在例外，以下分别说明。

（1）依债务的性质不许移转的情形。比如著名画家绘制肖像的债务，歌手登台演出的债务，重视债务人的个性、技能、熟练程度等，通常不许移转。

（2）依当事人的反对意思而不许移转的情形。在当事人作出了禁止债务承担的特别约定场合，便不得进行债务承担。因而，即使是在金钱债务或者以给付不特定物为标的的债务场合，如有禁止债务承担的特别约定，亦不认有债务的可移转性，纳入交互计算的债务即属其例。

关于附有禁止债务承担特别约定的债务，债权人如果同意债务承担，则该债务具有了可移转性。债务承担如系在债务人与第三人之间进行，则应当经债权人同意（参照《民法典》第551条第1款）。一旦有债权人的同意，便意味着对债务可移转性限制的解除。

（3）依法律的规定不许移转的情形。如果法律禁止某种债务的债务承担，则该债务便不具有可移转性。就此虽然没有见到法律的直接规定，但有些法律规定可以间接地解释出禁止债务承担的精神，比如保管人原则上不得将保管物转交第三人保管（《民法典》第894条第1款主文），这一规定虽然直接地是限制使用履行代行人，在解释上该规定亦当然地含有限制债务承担的趣旨。[①]

2. 债务承担合同的存在。债务承担效果的发生，以存在以原债务人免责、仅承担人作为债务人为目的的合同为必要。此种合同固然可以由第三人（承担人）、债务人和债权人三方当事人共同缔结，成问题的是两方当事人之间缔结的债务承担合同。债务承担合同为不要式合同，书面或者口头形式，均无不可，但双方当事人的意思表示须为明示。另外，根据《民法典》第502条第3款，依照法律、行政法规的规定，合同的转让（包括债务移转）等情形应当办理批准等手续的，适用同条第2款规定。

（1）债权人与第三人（承担人）缔结债务承担合同场合。债权人与第三人缔结的债务承担合同，《民法典》对此并没有直接规定。此种合同虽没有债务人参与，仍得有效，因为债务人因该合同只是享受利益（原债务人因其合同的成立而免除责任）。

第三人能否反于债务人的意思承担其债务，法无明文，可类推适用《民法典》第524条。另外，在解释上可认为，无利害关系的第三人，不得反于债务人的意思承担其债务。

[①] 同旨参见［日］本城武雄、宫本健藏编著：《债权法总论》（第二版），嵯峨野书院2001年版，第225页。

（2）债务人与第三人（承担人）缔结债务承担合同场合。债务人与第三人缔结的债务承担合同，由于债权人没有直接参与，如径以该合同为有效，常会导致债权人利益遭受损害（以新债务人责任财产不足为典型），因而《民法典》第551条第1款规定，"债务人将债务的全部或者部分转移给第三人的，应当经债权人同意"。一经债权人同意，便溯及自债务承担合同成立的时点发生效力。[1] "债务人或者第三人可以催告债权人在合理期限内予以同意，债权人未作表示的，视为不同意。"（《民法典》第551条第2款）。

债务人与承担人订立的债务承担合同，对于债权人而言，便是对其债权的处分（或者是与处分相类似的干涉），属于无权处分行为，其效力并非当然有效，而属于效力未定的行为，故有《民法典》第551条第1款的规定。

债权人的同意，可以向债务人或者承担人作出。如同通常的意思表示，它既可以是明示的，也可以依推断的行为表示之。[2] 例如对于承担人为抵销、起诉或为催告或通知解约。债权人的同意也可以附以条件，例如以保证人同意为条件。同意无须特定的方式。相继的债务承担，例如乙承担甲的债务，丙又承担乙的债务，以债权人对于最后的同意为已足。在债权人承认之前，解释上当事人（承担人与债务人）得以合意变更或撤销承担合同。[3]

（二）效果

1. 债务承担本体的效力。经过债务承担，债务不改变其同一性，按债务承担当时的状态由债务人移转于承担人，因此使原债务人免于债务，而由承担人负担该债务。此外，与被承担的债务相关联，承担人尚有以下法律地位。

2. 从债务和从权利。

（1）从债务。由于债务的移转并未改变其同一性，因而从债务原则上亦随同移转。故《民法典》第554条规定，"债务人转移债务的，新债务人应当承担与主债务有关的从债务，但是该从债务专属于原债务人自身的除外"。比如，利息债务或者违约金债务，通常要一同移转。不过，既已具体地发生的利息债务已具有独立性，并不当然地移转。已发生的违约金，除视为因不履行而生损害的赔偿总额外，如无另有订定，不当然移转于承担人。

（2）从权利。原债务的担保原则上随同移转，具体地，承担人或原债务人自己设定的担保物权，应推定为当事人有使其继续存在的意思；法定担保物权，如留置权，不问担保所有人的意思如何，依法律规定为债权特别的效力，当然发生，债务不失其同一性，因承担而移转于承担人时，应解释为继续有效。"主债务被分割或者部分转移，债务人自己提供物的担保，债权人请求以该担保财产担保全部债务履行的，人民法院应予支持；第三人提供物的担保，主张对未经其书面同意转移的债务不再承担担保责任的，人民法院应予支持"（《担保制度解释》第39条第2款）。对于保证债务，"债权人未经保证人书面同意，允许债务人转移

---

[1] 参见［日］我妻荣：《新订债权总论》，岩波书店1964年版，第568页；梅仲协：《民法要义》，中国政法大学出版社1998年版，第293—294页。

[2] Vgl. *Brox/Walker*, Allgemeines Schuldrecht, 31. Auflage, Verlag C.H. Beck, 2006, S.411.

[3] 参见史尚宽：《债法总论》，台北自刊本1990年版，第707—708页。

全部或者部分债务，保证人对未经其同意转移的债务不再承担保证责任，但是债权人和保证人另有约定的除外"（《民法典》第 697 条第 1 款）。这是因为债务承担，信用关系发生变更，不应使保证人受其影响。

3. 对债权人的关系（抗辩事由）。

（1）原债务人的抗辩事由。由于债务人的替换并未使债权人的债权改变其同一性，故附着于原债权的抗辩，亦即由债权人与原债务人之间的法律关系所发生的抗辩，均得由新债务人向债权人主张。《民法典》第 553 条前段规定，"债务人转移债务的，新债务人可以主张原债务人对债权人的抗辩"。故新债务人可以就债务未成立、被撤销、债务部分清偿、同时履行抗辩权等，向债权人主张。

另一方面，"原债务人对债权人享有债权的，新债务人不得向债权人主张抵销"（《民法典》第 553 条后段）。因为这会构成对他人权利的处分。同时，债务承担的目的，原在使承担人以自己的财产，代位债务人而为清偿。另外，合同的撤销权、解除权应当由合同当事人保持，故此类权利亦不随同移转，承担人不得行使此等权利。

（2）对原债务人的抗辩事由。新债务人可否以其与原债务人之间原因关系发生的事由对抗债权人？比如原债务人乙与新债务人丙之间有房屋买卖合同，丙出于清偿自己价款债务的目的，承担乙对债权人甲负担的债务。于此场合，丙可否以买卖合同无效、被撤销等事由对抗甲？对此宜分别情形讨论。

首先，债务承担如系依甲丙之间的合同作出，原则上丙不得对甲主张上述事由，亦即买卖合同无效等事由，并不能够影响到债务承担合同。不过，如果债务承担合同是以买卖合同的有效存在为条件时，则不在此限。其次，债务承担如系依乙丙之间的合同作出时，原因关系的瑕疵原则上当然地影响债务承担的效果，丙可以对甲主张。[①]

4. 对原债务人的关系（求偿权）。承担人于承担后对债权人为清偿或其他免责行为时，对于原债务人有无求偿权，取决于承担人与原债务人间对内的法律关系。如债务承担是出于承担人清偿其对于债务人债务的目的，仅发生该债务消灭的效果，并不发生承担人的求偿权。如果不是这种情形，承担人原则上可向债务人求偿；另外，债务承担如系基于债务人的委托，作为对预付处理委托事务费用的请求（参照《民法典》第 921 条前段），也可认有事前求偿。[②]

三、并存的债务承担

（一）要件

并存的债务承担，亦如同免责的债务承担，以债务的可移转性和债务承担合同的存在为

[①] 参见［日］我妻荣：《新订债权总论》，岩波书店 1964 年版，第 570—571 页。
[②] 参见［日］奥田昌道：《债权总论》（增补版），悠悠社 1992 年版，第 475 页。

必要。惟并存的债务承担场合，原债务人并不免于负担债务，只不过是承担人被追加为新的债务人而已，对于债权人没有什么不利益，故其要件比免责的债务承担有所松缓。

1. 债务的可移转性。并存的债务承担并不发生债务的移转，不过，作为承担对象的债务，须为可由债务人以外的第三人实现的债务，故在并存的债务承担场合，仍要求债务具有可移转性。

2. 债务承担合同的存在。并存的债务承担，须有以承担人与原债务人一起负担原债务为目的的合同存在。此种合同在由承担人、债务人和债权人三方当事人共同缔结的场合，合同自然有效。成为问题的是两方当事人之间订立的债务承担合同，以下分别分析。

（1）债务人与承担人订立债务承担合同场合。此种债务承担合同为《民法典》第552条所明确承认，即"第三人与债务人约定加入债务并通知债权人"，具有使债权人对承担人取得债权的效果，故为一种利益第三人的合同（向第三人履行的合同）。因而，尽管债权人没有参与，该债务承担合同仍得有效。之所以不以债权人的参与为必要，是因其法律地位因承担人的加入而获优化。[1] 尽管只是提到"通知债权人"，如从利益第三人合同法理出发，为使债权人对承担人取得债权，通常仍以债权人受益的意思表示为必要。

（2）债权人与承担人缔结债务承担合同场合。《民法典》第552条规定的第二种情形是"第三人向债权人表示愿意加入债务，在合理期限内明确拒绝的"，对此存在"第三人单方允诺说"[2] 和"合同说"[3] 的不同解释，虽各有所据，以后者符合法意，故本书亦采此立场。

债务人虽未参与，承担合同仍得有效。纵在违背债务人意思场合，债权人与承担人也可有效缔结债务承担合同，这点与免责的债务承担不同。就并存的债务承担，并不发生债务人免责的效果，亦不属于第三人清偿。此种场合的债务承担实质上是一种担保，与保证（特别是连带责任保证）相类似，[4] 故可类推适用保证的相关规定。[5]

（二）效果

1. 并存的债务承担本体的效力。并存的债务承担，使债权人对承担人取得了债权，承担人与债务人负担同一内容的债务，原债务人并不因此而免负债务。

需要追问的是债务人的债务与承担人的债务之间的关系。依我国学者通说，在并存的债务承担场合，债务人与第三人之间成立连带关系，他们共为连带债务人。[6]《民法典》第552条后段规定，"债权人可以请求第三人在其愿意承担的债务范围内和债务人承担连带债务"，

---

[1] Vgl. *Brox/Walker*, Allgemeines Schuldrecht, 31. Auflage, Verlag C.H. Beck, 2006, S.415.
[2] 朱广新、谢鸿飞主编：《民法典评注：合同编·通则2》，中国法制出版社2020年版，第112页。
[3] 黄薇主编：《中华人民共和国民法典合同编释义》，法律出版社2020年版，第203页；石宏主编：《〈中华人民共和国民法典〉释解与适用［合同编］》（上册），人民法院出版社2020年版，第169页。
[4] Vgl. *Brox/Walker*, Allgemeines Schuldrecht, 31. Auflage, Verlag C.H. Beck, 2006, S.415–416.
[5] 参见［日］本城武雄、宫本健藏编著：《债权法总论》（第二版），嵯峨野书院2001年版，第227页。
[6] 参见王家福主编：《中国民法学·民法债权》，法律出版社1991年版，第87页；王利明：《合同法研究》第2卷，中国人民大学出版社2003年版，第254页。

明确了其为连带债务的关系,当然连带债务的范围限制在该第三人(承担人)愿意承担的债务范围内。如此,《民法典》关于连带债务的规定应当在债务加入中被适用。[①] 债务人债务的诉讼时效的效果,因其属于绝对的效力,故亦及于承担人的债务。[②]

2. 从债务和从权利。承担人对于从债务也要承担责任,而从权利(债务的担保)不发生移转或消灭的问题,这是由于原债务人的债务依然由债务人负担之故。

3. 对债权人的关系(抗辩事由)。在债务承担时债务人具有的所有可以对抗债权人的事由,均可以由承担人向债权人主张,这是由于承担人负担的债务与原来债务人的债务具有同一性之故。

4. 对债务人的关系(求偿权)。依承担人与债务人为连带债务关系的立场,"连带债务人之间的份额难以确定的,视为份额相同"。"实际承担债务超过自己份额的连带债务人,有权就超出部分在其他连带债务人未履行的份额范围内向其追偿,并相应地享有债权人的权利,但是不得损害债权人的利益。其他连带债务人对债权人的抗辩,可以向该债务人主张"(《民法典》第519条第1款和第2款)。

第五节 合同权利义务的概括移转

一、合同权利义务概括移转的语义

合同权利义务的概括移转,指合同当事人一方的权利义务一并移转给第三人,由该第三人取而代之成为合同当事人的现象,又称合同地位的移转。合同权利义务的概括移转,可以是基于法律行为而产生(意定概括移转),也可以基于法律规定而产生(法定概括移转)。《民法典》第555条的规定属于前者,第67条第1款的规定则属于后者。

意定概括移转,可以是基于单方行为(比如遗嘱),更多的则是基于双方行为(合同)。通过合同将合同权利义务(合同当事人的地位)一并转让,称为合同权利义务的一并让与,或合同地位的让与(合同承受)。

合同权利义务的概括移转,特点在于使合同当事人所有的权利义务一并移转,与以移转单个的债权或债务为目的的债权让与或债务承担,有所不同。在后者场合,只能由合同当事人享有的权利,如撤销权、解除权,并不移转于受让人或承担人。而在前者场合,债权债务的承受人完全取代原当事人的法律地位,成为合同当事人,因此,依附于原当事人的全部权利义务均移转于承受人。

---

① 黄薇主编:《中华人民共和国民法典合同编释义》,法律出版社2020年版,第203页。
② [日]近江幸治:《民法讲义Ⅳ 债权总论》(第三版),成文堂2007年版,第282页。

二、合同承受

（一）要件

作为合同承受的要件，与债权让与以及债务承担相对应，以合同地位的可让与性（可移转性）以及合同地位让与合同的存在为必要。

1. 合同地位的可让与性。在近现代社会，经济交易客观化，与注重合同债权人、债务人个人特质的时代相比，更多的时候则是注重由合同发生的经济方面的基础，因而就合同上的地位，只要不给对方造成不当的不利益，便允许自由地移转，而为了防范上述不当的不利益，要求须经对方同意，即为已足。[①]《民法典》第555条规定，当事人一方经对方同意，可以将自己在合同中的权利和义务一并转让给第三人。这一规定正体现了上述精神，可以说，《民法典》原则上承认合同地位的可自由让与性。

不过，合同地位的可让与性，在若干场合会受到限制，而这种限制，或是由于合同关系的性质，或是由于当事人禁止让与的特别约定，或是由于法律规定。

2. 让与合同的存在。合同地位的让与合同，在由让与人、受让人以及相对人三方达成三方合同场合，即可有效地移转合同地位，不生疑义。

合同地位的让与合同，在由让与人与受让人双方达成时，则须经对方的同意（《民法典》第555条）。因为合同地位的让与，既包括合同权利的移转，也包括合同义务的移转，因而需要取得对方的同意。一经对方同意，合同承受生效，承受人完全取代让与人的法律地位，成为合同当事人，让与人脱离合同关系。

（二）效果

作为合同承受本体的效力，一方合同当事人在合同中的权利义务，一并转让给第三人（承受人）。根据《民法典》第556条，涉及合同权利转让的部分，适用有关债权转让的有关规定，涉及合同义务移转的，则适用债务转移的有关规定。因而，债权让与和债务承担产生的法律效果，例如从权利或从义务的移转、抗辩的移转等，也适用于合同承受。

由于合同承受是由承受人完全取代原当事人的合同地位，因而在债权让与及债务承担场合并不移转的与当事人合同地位紧密相连的解除权、撤销权等，自然随之一并移转。

由于是合同地位的让与，故让与人原则上从合同关系中脱离出来。

[①] 参见［日］我妻荣：《新订债权总论》，岩波书店1964年版，第581页。

三、法定的概括移转

（一）当事人（法人或非法人组织）的合并

1. 语义。当事人（法人或非法人组织）的合并，或称企业合并，指原存的两个或两个以上的企业合并为一个企业。《公司法》第172条规定的公司合并，包括两种情形：一为吸收合并；二为新设合并。"一个公司吸收其他公司为吸收合并，被吸收的公司解散。两个以上公司合并设立一个新的公司为新设合并，合并各方解散。"其他企业的合并通常也表现为这两种形式。

2. 债权债务的移转

法人合并的，其权利和义务由合并后的法人享有和承担（《民法典》第67条第1款）。法人或非法人组织合并后，原法人或非法人组织债权债务的移转，属于法定移转，因而通常不须取得相对人的同意，依合并后企业的通知或者公告发生效力。通知的方式可以是单独通知，也可以是公告通知。公告通知的，应当保证在一般情形下能为相对人所知悉。通知到达相对人或公告期满时，原债权债务即移转于合并或者分立的新企业，该企业成为合同关系的当事人，享有一切债权，承担一切债务。[①]

（二）其他的法定概括移转

1. 按照《城市房地产管理法》第42条的规定："房地产转让时，土地使用权出让合同载明的权利、义务随之转移。"这也是一种权利义务概括移转的情形。

2.《民法典》第725条规定，租赁物在承租人按照租赁合同占有期限内发生所有权变动的，不影响租赁合同的效力。据此，基于"买卖不破租赁"的原则，买受人在取得标的物所有权的同时，还承受该标的物上原已存在的租赁合同关系中出租人的合同地位，此种合同地位的移转，并非基于当事人的意思，而是基于法律的规定，故属于合同权利义务法定的概括移转。

法定的合同权利义务概括移转的法律效果，可参照合同承受的法律效果。

[①] 参见崔建远主编：《合同法》（第四版），法律出版社2007年版，第230页。

第八章　合同的权利义务终止

第一节　合同的权利义务终止概述

一、何谓"合同的权利义务终止"

《民法典》合同编第七章名为"合同的权利义务终止",规定了合同的权利义务终止的一些主要原因及其效果。由于《民法典》未设"债法总则"编,作为权宜之计使"合同编"兼具"债法总则"功能,便在该章汇集了本属于债法总则的"债的消灭"及合同法中的"合同解除"两部分内容。

在传统的"债法总论"中,由于立法"提取公因式"的结果,债权与债务均是作为单独的存在,不过问是基于当事人的意思而发生抑或是基于法律规定而发生,与其发生原因相隔离。而在"合同总论"中,与"债法总论"适成对照,对于债权与债务则侧重彼此的牵连。"债法总论"与"合同总论"二者各具特点,不可不察。正因为如此,在"债法总论"中所谓债务或债权的消灭,其着眼点是单个的债务或债权的消灭;而在"合同总论"中,所谓合同上权利义务的消灭,则是合同关系的消灭,是合同权利义务关系全体的消灭,主要是合同的解除。

《民法典》合同编第七章规定的内容既包括单个的债权债务的消灭,又包括合同权利义务的消灭,这样就使得其所谓"合同的权利义务终止"用语,颇为含混。对该章的解释适用,应注意区分是单个的权利义务的消灭还是整体的权利义务关系的消灭。

正如《民法典》第557条两款所表征的,本章内容由两部分构成:一部分是单个的债务或者债权的消灭(终止,第557条第1款);另一部分则是合同解除(第557条第2款)。另外,债的消灭原因中,最主要的有五种:清偿、抵销、提存、免除、混同。其中,清偿问题已在本书第四章"合同的履行"中论述,故此处略去。

二、后合同义务

（一）语义及性质

债权债务终止后，当事人应当遵循诚信等原则，根据交易习惯履行通知、协助、保密、旧物回收等义务（《民法典》第558条）。该等义务由于是在合同关系终了后发挥作用，故被统称为"后合同义务"。比如房屋租赁合同终了后，房屋出租人应当容许承租人在租赁房屋的适当位置张贴迁移启事。另外，合同终了后的竞业禁止义务也属于后合同义务。旧物回收的义务系"绿色原则"（《民法典》第9条）的应有要求，可以表现为包装物的回收。

后合同义务不仅在合同的权利义务终止后会发生，在其他法定之债（比如无因管理）的债权债务终止后，也同样可以发生协助、保密等义务，法条使用"债权债务终止后"的表达，而非"合同的权利义务终止后"，也有此用意。[1] 在当事人之间属于一种"法定债之关系"，对其内容通常根据交易习惯确定，但也不排除当事人可以具体约定。

（二）构成要件

《民法典》第558条属于不完全法条，没有明确规定违反后合同义务的构成要件和法律效果。在既往的司法规则中承认了相应的法律后果，亦即赔偿责任，具有进步意义。惟对于该责任的构成要件，仍未具体明确。本书认为，违反后合同义务的赔偿责任的构成要件如下：

1. 违反后合同义务的行为。
2. 过错。作为违反法定义务的民事责任，参照《民法典》第500条（缔约上过失的赔偿责任）以及第1165条第1款（侵权赔偿责任），仍应要求违反后合同义务人具有过错。
3. 损害后果。损害后果既可以是财产损害，也可以是人身损害。原则上是对于相对人固有利益的损害。
4. 因果关系。

（三）法律效果

当事人一方违反后合同义务，给对方当事人造成损失，依既往的司法规则，对方当事人请求赔偿实际损失的，人民法院应当支持。

---

[1] 石宏主编：《〈中华人民共和国民法典〉释解与适用［合同编］》（上册），人民法院出版社2020年版，第181页。

三、从权利同时消灭

（一）语义

《民法典》第 559 条明确规定了债权的从权利在消灭上的从属性，即"债权债务终止时，债权的从权利同时消灭，但是法律另有规定或者当事人另有约定的除外"。另依《民法典》第 393 条第 1 项，主债权消灭，担保物权消灭。

（二）例外

第 559 条但书表明，从权利在消灭上的从属性并不绝对，而是存在例外情形，其一是法律另有规定，比如《企业破产法》第 124 条的特别规定；[①] 其二是允许当事人另有约定。

第二节　解除

一、解除概述

（一）解除的语义

合同解除，是指在合同成立后，因一方或双方当事人的意思表示，使合同关系终了，未履行的部分不必继续履行，既已履行的部分依具体情形进行清算的制度，它是合同特有的终了原因。

（二）解除的类型

1. 法定解除、约定解除、合意解除与司法解除（终止）。解除为根据一方或双方当事人的意思表示使合同关系终了的制度。因一方的意思表示且不必对方承诺而使合同解消、清算的场合，以该方当事人具有解除合同的权利（解除权）为必要。依解除权发生根据的差异，亦即是依合同保留解除权（约定解除权）抑或依法律规定发生的解除权（法定解除权），相应地可将解除区分为两类：约定解除和法定解除。因双方的意思表示（合意）使合同归于消灭场合，不以解除权的存在为必要，称为合意解除。除此之外，解除虽基于一方的意思发动，但解除与否须取决于裁判者的裁判，亦属有之，本书称之为司法解除（终止）（参照图 8.2.1）。

[①]《企业破产法》第 124 条规定："破产人的保证人和其他连带债务人，在破产程序终结后，对债权人依照破产清算程序未受清偿的债权，依法继续承担清偿责任。"

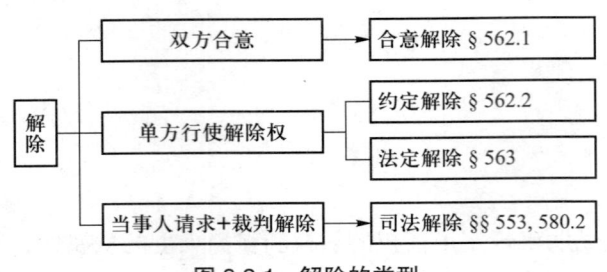

```
         ┌── 双方合意 ──────→ 合意解除 §562.1
         │                  ┌── 约定解除 §562.2
解除 ─────┼── 单方行使解除权 ─┤
         │                  └── 法定解除 §563
         └── 当事人请求+裁判解除 → 司法解除 §§553, 580.2
```

图 8.2.1　解除的类型

《民法典》对合同解除采广义理解，包括合意解除、单方行使解除权及司法解除三种情形。不过也应注意，此三者存在相当的差异，因而在学说上亦有将合意解除及司法解除排除在解除概念之外的见解，认为解除即依一方的意思表示（行使解除权）使合同归于消灭。[①] 另外，《民法典》合同编就合同解除的一般规定虽开始区别一时的合同与继续性合同，但仍统一地称为解除。

2. 全部解除与部分解除。根据解除的效果是针对合同的全部发生抑或仅就其部分发生，将解除分为全部解除与部分解除。《民法典》合同编第七章没有明确规定合同的部分解除问题，不过，在该编其他章节有部分解除的规定，比如第九章"买卖合同"第 631—633 条的规定，便涉及部分解除。

（三）解除与类似的制度

1. 解除条件。在附条件的民事法律行为中，有所谓解除条件。附解除条件的民事法律行为，自条件成就时失效（《民法典》第 158 条后段）。就这点来看，两者有共性。但两者有着如下不同：

（1）解除条件，原则上可以附加于一切民事法律行为（不论单方行为还是双方行为）或意思表示；而合同解除仅在合同场合适用。

（2）解除条件是行为人为了限制自己民事法律行为的效力所加的附款；但合同解除通常不是合同的附款，而且解除权也不仅是基于当事人的约定发生的，很多情形是基于法律规定发生的。

（3）解除条件成就，附解除条件的民事法律行为当然且自动失效，不需要当事人再有什么意思表示；但合同解除（法定解除与约定解除），仅仅具备解除的要件还不能使合同当然且自动地消灭，须有解除合同的意思表示（解除权的行使）才行。

（4）解除条件成就时，如无特别约定，法律行为一般是向将来失去效力，不涉及恢复原状问题；合同解除，除继续性合同外，通常会涉及恢复原状或采取其他补救措施问题。

2. 撤销。解除与撤销，虽均为消灭合同的制度，二者仍有如下不同：

（1）就适用范围而言，撤销首先并不限于合同领域，还适用于有瑕疵的意思表示及其

---

① 参见［日］我妻荣：《债权各论》上卷，岩波书店 1954 年版，第 129 页；［日］星野英一：《民法概论 IV 契约》，良书普及会 1986 年版，第 67 页。

他民事法律行为（包括婚姻等）场合，甚至无效的民事行为尚有撤销的可能；解除仅限于合同。

（2）就发生原因而言，撤销权的发生通常基于法律规定（《民法典》第147条以下）；解除权的发生，既可基于法律规定（法定解除权，《民法典》第563条），又可基于当事人的约定（约定解除权，《民法典》第562条第2款）。除单方行使解除权外，解除还有合意解除的方式（《民法典》第562条第1款）及司法解除（《民法典》第553条、第580条第2款）。

（3）就程序而言，撤销权人应当请求人民法院或者仲裁机构撤销民事法律行为；合同解除基本上在当事人之间可以完成，仅司法解除须经法院或者仲裁机构裁判。

（4）就效力而言，被撤销的民事法律行为自始没有法律约束力（《民法典》第155条），当事人之间纵有给付，但在法律上权利未曾变动，返还财产亦是以此为前提，故有成立所有物返还请求权的余地；解除并非使合同"自始没有法律约束力"，当事人之间如有给付并引发权利变动，其权利变动并非当然无效，故有回归的权利变动问题。

3. 无效。合同解除与民事法律行为无效均为民法上的两项重要制度，其区别在于：

（1）无效制度的规范对象不独合同，而是所有欠缺有效要件的民事法律行为。解除制度仅以合同为其适用对象。

（2）无效属于当然无效，不问当事人意思如何当然不生效力，既不需要当事人主张其无效，也无须经过任何程序。解除则须依当事人的意思表示，不论其为单方行为抑或双方行为，甚至兼需裁判行为。

（3）无效的民事法律行为自始没有法律约束力（《民法典》第155条），当事人之间纵有给付，但在法律上权利未曾变动，返还财产亦是以此为前提，故有成立所有物返还请求权的余地；解除并非使合同"自始没有法律约束力"，当事人之间如有给付并引发权利变动，其权利变动并非当然无效，故有回归的权利变动问题。

（四）合同解除制度的目的与功能

1. 解除制度的目的。《民法典》强调合同的法律约束力（第119条），要求当事人依约履行合同债务，不得擅自变更或解除合同。另一方面，合同有效成立后，有时会因主观或客观情况的变化，使合同履行成为不必要或不可能，使当事人一方甚或双方的合同目的无法实现，如仍固守合同约束力，不但于一方甚或双方当事人没有好处，于社会整体利益也没有任何增益。因而，通过法律手段让合同提前终了，并处理善后事宜，诚属必要。为此目的，法律创设了合同解除制度。

2. 解除制度的功能。

（1）法定解除场合。《民法典》第563条规定的一般法定解除包括三类情形：因不可抗力致使不能实现合同目的而解除、因违约而解除与继续性合同的"普通终止"（随时解除）。

首先，"因不可抗力致使不能实现合同目的"（《民法典》第563条第1款第1项），允许当事人通过行使解除权的方式将合同解除。由于有了解除程序，当事人双方能够互通情况，互相配合，积极采取救济措施，因此具有优点。[①]

其次，因违约而发生解除权，将合同解除作为违约的补救手段。就其本来的功能而言，在于非违约方"合同义务的解放"，由此而派生的功能尚包括非违约方"交易自由的恢复"及违约方"合同利益的剥夺"。以买卖合同为例，虽然《民法典》规定的双务合同的履行抗辩权（第525—528条），可资援用，然在出卖人不履行合同场合，买受人始终负有对待给付义务（支付价款）；如果买受人转而向他人购买，仍会面临出卖人给付货物（因此消灭买受人的履行抗辩权）并请求支付价款的可能；如买受人先行支付了价款，后来出卖人丧失了履行能力，则最明智的选择是尽可能早地索回价款。所有这些，都只有借助于合同解除制度才能实现。换言之，买受人行使法定解除权解除合同，首先使自己支付价款的义务归于消灭，由此使自己恢复了从别处作替代购买的自由；同时，索回已付价款或不再履行其他义务，也使得出卖人期待的合同利益落空（一种制裁）。

最后，对于不定期的继续性合同，赋予任何一方当事人在合理期限之前通知对方以解除合同的权利，可使之根据实际需要，从合同义务中获得解放。

（2）约定解除场合。因当事人约定保留解除权的理由不同，约定解除的功能可以是多种多样的。不过，多数场合当事人是为了防备一方违约而约定解除权的，其功能体现在对于法定解除的要件和效果进行修正、缓和或补充，并使当事人在观念上对此明确化，比如约定可以不经催告直接解除合同，约定解除合同后的损害赔偿额或其计算方法，甚至可约定合同履行完了后仍可解除合同（比如买回）等。

（3）合意解除场合。合同解除，因目的各异，具体功能也有不同。通常表现为当事人"合同义务的解放"和"交易自由的恢复"。

（4）司法解除（终止）场合。虽然借助于司法裁判手段达到解除的目的，但解除的功能，仍无外乎当事人"合同义务的解放"和"交易自由的恢复"。

（五）合同解除的法律属性

1. 合同解除通常以有效成立并继续存在的合同为标的。合同解除制度的目的已如上述，尚未成立的合同，当然不发生解除的问题；已经成立尚未生效的合同，对当事人还没有发生效力，并不生违约等问题，故通常无从提出解除；因不可抗力致使不能实现合同目的场合，合同虽已成立但尚未生效的，仍可依《民法典》第563条第1款第1项解除合同，惟须注意，此时的解除，并非因违约而生。有效成立的合同，如因清偿、混同等原因已归于消灭，则没有再行解除的余地。因而，合同解除制度，通常以有效成立并继续存在的合同为标的。

2. 合同解除必须具备解除的条件。合同本应严守，这是社会经济流转秩序的当然要求；合同解除制度仅在特别的情形下始予适用，因而，应有一定的要件以为限定，以免因滥施合同解除而影响社会经济流转秩序。《民法典》第563条规定了一般法定解除条件，另外，第631条至第634条、第711条等规定了仅适用于特别合同（如买卖、租赁等）的解除条件，

[①] 参见崔建远主编：《合同法》（第三版），法律出版社2003年版，第194页。

称为特别法定解除的条件。

3. 合同解除必须有解除行为。我国法并不采当然解除主义，具备合同解除的条件不过是具备了合同解除的前提，要想使合同解除，须有解除行为。解除行为，有的是当事人双方的合意解除行为，即当事人双方协商一致；有的是当事人一方的行使解除权的行为。诸此场合，解除行为是当事人的行为，当事人是解除行为的主体。此外，情事变更等场合的司法解除，当事人所享有的只是形成诉权，据此可请求人民法院或者仲裁机构解除合同，裁判者通过裁判行为，最终解除合同的，该解除行为可以理解为当事人与裁判者合力的结果。

4. 解除的结果是使合同关系终了。合同解除后，尚未履行的，终止履行；已经履行的，根据履行情况和合同性质，当事人可以请求恢复原状或者采取其他补救措施，并有权要求赔偿损失（《民法典》第 566 条第 1 款）。

二、解除权的发生

（一）约定解除权的发生

当事人可以约定一方解除合同的事由。解除合同的事由发生时，解除权人可以解除合同（《民法典》第 562 条第 2 款）。这种依当事人的合意发生的解除权，称为约定解除权。其中，保留解除权的合意，称为解约条款。解除权既可以保留给当事人一方，也可以保留给当事人双方。保留解除权，不以在拟解除的合同中约定为必要，也可后来另订合同保留解除权。另外，关于解除权的行使方法及效果，虽可由当事人特别约定，如无特别约定，则可适用法律关于解除的一般规定。

（二）法定解除权的发生

1. 语义。根据法律规定发生的解除权，称为法定解除权。法定解除权的发生，既有各种合同共通的解除权发生原因，又有若干合同独自的解除权发生原因，前者称为一般法定解除原因，《民法典》第 563 条的规定即属于此；后者称为特殊法定解除原因。此处主要讨论一般法定解除原因。

在《民法典》第 563 条第 1 款规定的一般法定解除中，又可区分因客观原因的解除与因违约行为的解除。第 563 条第 2 款规定了继续性合同的"普通终止"（die ordentliche Kündigung），即"以持续履行的债务为内容的不定期合同，当事人可以随时解除合同，但是应当在合理期限之前通知对方"。但是，关于定期继续性合同，该法欠缺与该款对应的继续性合同"特别终止"（die außerordentliche Kündigung）的规定。《民法典》就继续性合同的特别解除存在法律漏洞，则应类推适用保管合同的"特别事由"解除，或者类推适用婚姻关系"感情确已破裂"规则，由当事人请求人民法院解除。[①]

---

① 韩世远：《继续性合同的解除：违约方解除抑或重大事由解除》，载《中外法学》2020 年第 1 期。

2. 因不可抗力而发生的解除权。因不可抗力致使不能实现合同目的，当事人可以解除合同（《民法典》第 563 条第 1 款第 1 项）。

不可抗力，作为一种客观原因，造成合同不能履行时，该合同应该消灭。但通过什么途径消灭，各国立法并不一致。德国 2002 年以前的民法、日本民法等是基于双务合同双方债务存续上的牵连性，采取合同自动消灭的原则，原则上由债务人承担风险。中国合同法则允许当事人通过行使解除权的方式将合同解除，学说上认为该做法具有优点。[①] 而且，风险负担与不可抗力之法定解除权仍然是并行不悖的。这种做法并非中国法独有，在《国际商事合同通则》第 7.1.7 条（不可抗力）第 4 款，便规定了合同解除权不受不可抗力规定的影响，依《国际商事合同通则》起草人的解释，未获得履行方当事人的合同解除权是取决于不履行属根本性的，而不取决于不履行属不获免责的。[②]

不可抗力的发生尚不足以发生解除权，尚须因此而不能实现合同目的。不可抗力对当事人的履行能力及条件的影响有大小之别，如不可抗力导致合同完全不能履行，合同目的根本不能实现，则可发生解除权；如不可抗力只是导致合同部分不能履行，可导致合同的变更，但部分履行已严重影响当事人所追求的合同目的时，应承认有解除权的发生；如不可抗力只是暂时阻碍了合同的履行，债务人可延期履行，但延期履行已严重影响当事人所追求的合同目的的，亦应承认解除权的发生。

3. 因拒绝履行而发生的解除权。拒绝履行，即债务人能够履行却不法地向债权人表示不履行。在履行期限届满前，当事人一方明确表示或以自己的行为表明不履行主要债务（《民法典》第 563 条第 1 款第 2 项），相对人便可解除合同，且没有要求催告。这一规定参考了英美普通法上的先期违约（antycipatory breach）制度。另外，此一规定包括两类情形，一是"明示"拒绝履行，二是"默示"拒绝履行，均可发生合同解除权。

因拒绝履行的解除权，其构成要件包括：（1）债务人拒绝履行，其前提是合同能够履行，债务人有履行能力，否则属于履行不能问题；（2）债务人拒绝履行行为违法，如果债务人拒绝履行有正当理由，比如行使同时履行抗辩权或者不安抗辩权，则债权人不能以此为由解除合同。至于债务人是否有过错，不必过问，因为解除的本来功能，在于使债务人从其合同义务中解放出来，因而，《民法典》在解除权的行使上，不以违约人具有过错为必要。

4. 因迟延履行而发生的解除权。《民法典》第 563 条第 1 款区分了普通的履行迟延与定期行为场合的履行迟延，相应地，解除权的发生要件并不相同。在前者场合要求经过催告（第 3 项）；在后者场合无须催告（第 4 项前段）。

（1）须经催告的解除。因普通的履行迟延而发生解除权，其要件有以下三点：一是债务人构成履行迟延；二是债权人定合理期限以为履行催告；三是债务人在合理期限内未履行债务。对于以上要件，当事人可依特别约定减轻。

应注意的是，第一，第 563 条第 1 款第 3 项要求迟延履行的是"主要债务"，主要指双

---

① 崔建远主编：《合同法》（第三版），法律出版社 2003 年版，第 194 页。
② M. P. Furmston, "Breach of Contract", *The American Journal of Comparative Law* 40 (1992), pp. 671, 672.

务合同中立于对价关系的债务，即给付义务。至于附随义务，虽有迟延履行，通常并不因此发生解除权。第二，对于因履行迟延而发生解除权，并不以债务人的归责事由（过错）为必要，但履行迟延的构成要求债务人没有正当事由（违法性），债务人具有同时履行抗辩权场合，债权人须先提供履行以使对方的抗辩权消灭，才可能使之陷于迟延。第三，从法条的用语"经催告后在合理期限内仍未履行"来看，并未要求催告须定有合理期限，其所谓合理期限，实际上是一个可由法官依客观情况具体判断的因素。第四，催告期间的经过，只是使解除权发生，此后，在债权人实际解除合同之前，如债务人依债务的本旨（加上迟延赔偿）履行，则宜解为解除权消灭，[①] 对此须予以注意。

（2）无催告的即时解除。就无催告即时解除，《民法典》吸收了《联合国国际货物销售合同公约》中根本违约制度的思想，强调因迟延履行债务致使不能实现合同目的。论其类型，主要指定期行为，其中，由合同的性质决定的定期行为，称为绝对的定期行为（absolutes Fixgeschaeft）；依当事人的意思表示决定的定期行为，称为相对的定期行为（relatives Fixgeschaeft）。[②] 前者如中秋月饼的订购合同、葬礼用花圈的订购合同等，其特点在于，由给付的客观性质决定，如不于一定的时日或一定的期间内履行，便不能够达到合同目的；后者如海外旅行用西服订购合同、赠送归国友人版画订购合同等，其特点在于，仅从给付的客观性质并不能断定其为定期行为，而是要从债权人的主观动机来看，如不于一定的时日或一定的期间内履行，便不能达到合同目的。于此场合，以债权人将其动机告知对方并获得其谅解为必要，单纯地在合同中表示应严守履行期尚不充分；[③] 当然，即使没有告知对方自己的特殊动机，如在合同中约定，如不于特定时日履行合同即发生解除权，也是可以的。

除定期行为之外，《民法典》第563条第1款第4项的规定还可以包括其他的无催告即时解除的情形。

5. 因不能履行而发生的解除权。因不可抗力而不能履行，发生解除权（第563条第1款第1项），其他场合的不能履行（包括自始不能），不论债务人是否有过失，都可以作为违约行为，因此使合同目的不能实现，债权人当然可以解除合同（第563条第1款第4项后段），且无须催告（无催告解除）。

此时所谓的不能，应当是指确定的、继续的不能，一时的不能构成履行迟延问题。再有，履行不能并不以物理的不能（标的物理的灭失）为限，也含有经济上的、社会观念上的不能，比如不动产二重买卖且向第三人为转移登记，如不能依买回等方法自第三人恢复所有权并转移给买主，即应为履行不能。在部分不能场合，如果仅履行剩余部分无法实现合同目的，则债权人可以解除整个合同。

6. 因不完全履行而发生的解除权。不完全履行，即债务人虽以适当履行的意思进行了履行，但其履行不符合法律的规定或合同的约定。就不完全履行的合同解除，则可作为《民

---

① 参见［日］我妻荣：《债权各论》上卷，岩波书店1954年版，第152页。
② 参见［日］我妻荣：《债权各论》上卷，岩波书店1954年版，第169页。Vgl. auch *Jauernig/Stadler*, Jauernig GBG Kommentar, 12. Auflage, Verlag C.H. Beck, 2007, S.424–425.
③ 参见［日］我妻荣：《债权各论》上卷，岩波书店1954年版，第169页。

法典》第 563 条第 1 款第 4 项规定的"有其他违约行为致使不能实现合同目的",可以发生解除权。其中,在追完可能场合,解除权的发生以催告为要件;在追完不能场合,则无须催告即可解除。

7. 不安抗辩场合的催告解除权。依法行使不安抗辩权中止履行的当事人,应当及时通知对方。对方在合理期限内未恢复履行能力且未提供适当担保的,视为以自己的行为表明不履行主要债务,中止履行的一方可以解除合同并可以请求对方承担违约责任(《民法典》第 528 条)。

中止履行的当事人应当及时通知对方中止履行的事实,这既是不安抗辩权人的附随义务(通知义务),同时,也构成一种催告,对方在合理期限内未恢复履行能力且未提供适当担保的,即发生解除权。

应当注意,《民法典》第 528 条规范的情形与第 563 条第 1 款第 2 项中"以自己的行为表明不履行主要债务"的情形,会存在重合的现象。而按照第 528 条,实质上对解除权的发生要求了"催告",而在第 563 条第 1 款第 2 项的字面上,却没有这种要求,二者出现了分歧。就此问题,宜采体系解释方法,对于第 528 条第 1 款第 2 项中"以自己的行为表明不履行主要债务"的情形,在解释上应参照第 528 条,进一步要求解除权的发生以"催告"为前提。

8. 附随义务违反与解除权。附随义务的违反,通常并不因此发生相对人的解除权。但如果附随义务成了合同的要素,其不履行会导致合同目的不能达到,可例外承认解除权的发生。比如在租赁等继续性合同中,如附随义务的违反使信赖关系遭受破坏,可因此发生解除权。另外,法院认为,"在客运合同中,明白无误地向旅客通知运输事项,就是承运人应尽的附随义务。只有承运人正确履行了这一附随义务,旅客才能于约定的时间到约定的地点集合,等待乘坐约定的航空工具"。显然此附随义务的违反会导致合同目的的无法实现,法院认为航空公司应承担履行附随义务不当的过错责任,负责全额退票,并对旅客为抵达目的地而增加的支出进行赔偿。[①]

9. 债权人迟延与解除权。我国法原则上不允许以债权人迟延为由解除合同,惟于特别情形(比如《民法典》第 778 条),始予允许。

10. 缔约上过失与解除权。缔约阶段,进入合同交涉关系的当事人之间依诚信原则,会发生先合同义务,违反此等义务,不论日后合同是否成立、生效及履行,均可发生损害赔偿责任。如果是在合同成立的场合,一些日本学者强调对消费者受害的救济,主张在访问贩卖、通信贩卖等场合,允许以合同解除权的发生作为缔约上过失的法律效果。我国学说对此多不予承认。此类问题,在我国随着市场经济的发展,将会越来越多,作为对策,当然可以由消费者以欺诈为由主张撤销合同,应否承认以缔约上过失为由的合同解除权,尚待进一步探讨。

[①]《杨艳辉诉南方航空公司、民惠公司客运合同纠纷案》,载《中华人民共和国最高人民法院公报》2003 年第 5 期(总第 85 期),第 26 页以下。

三、解除权的行使

（一）解除的意思表示

1. 解除的意思通知。合同解除权是一种形成权，依其性质不需要对方当事人的同意，只有解除权人一方的意思表示就能将合同解除。无论是约定解除权，还是法定解除权，其行使需要解除权人通知对方，解除的通知就是解除权人解除合同的意思表示，是一种需要相对人受领的意思表示。解除合同之通知原则上到达对方时发生合同解除的效力（《民法典》第565条第1款中段）。

解除权的行使，只须向对方当事人作出解除的意思表示，不必请求法院为宣告解除的形成判决。对方对解除合同有异议的，任何一方当事人均可以请求人民法院或者仲裁机构确认解除行为的效力（《民法典》第565条第1款后段）。法院或者仲裁机构认为解除行为有效的，所作出的应是确认判决或裁决，解除的效力，仍于此项意思表示到达对方时即已发生，而非自判决确定时始行发生。

解除的意思表示在具体方式上表现为裁判外抑或裁判中的意思表示、书面的抑或口头的甚至默示的意思表示，均无不可。当事人一方未通知对方，直接以提起诉讼或者申请仲裁的方式依法主张解除合同，人民法院或者仲裁机构确认该主张的，合同自起诉状副本或者仲裁申请人副本送达对方时解除（《民法典》第565条第2款）。当然，该判决或者裁决是确认判决或者裁决，而非形成判决或裁决。在实务上，为了防范日后发生纠纷，选择解除意思表示的方法时，应注意保留证据。

2. 不可撤销性。解除的意思表示不得撤销，以免法律关系流于复杂。《民法典》对此虽未规定，亦如此解释。惟须注意的是，对此规则存有例外，对于解除的意思表示应允许以无能力或欺诈胁迫为由加以撤销。作为一般规则，不允许撤销解除的意思表示，实是为了保护相对人的合理信赖，盖因解除的意思表示生效即生解除效果。当然，如经相对人同意，自然也可以撤销解除的意思表示，但其撤销的效果，不得对抗第三人。[①]

3. 附条件或附期限问题。解除的意思表示可否附条件或附期限？在理论上，如以相对人的特定行为为条件，则可以附加。比如条件与催告同时作出，相对人于催告期间内不履行，解除的意思表示便生效，合同因而解除。这是以催告期间内的不履行为停止条件的解除的意思表示，自属可以，实践中也颇为常见。《民法典》第565条第1款中段对此作了专门规定，解除合同的"通知载明债务人在一定期限内不履行债务则合同自动解除，债务人在该期限内未履行债务的，合同自通知载明的期限届满时解除"。但是，一般来说，解除权是仅根据一方的意思表示即发生合同解除效果的形成权，如果对其行使附以条件，通常会对相对人不利，故不应允许（《民法典》第568条第2款规定抵销不得附条件，其道理与此相通）。

[①] 参见［日］我妻荣：《债权各论》上卷，岩波书店1954年版，第184页。

至于期限，只要是确定期限，便不会引发相对人的不利益，实际上等于使解除的后果（恢复原状、损害赔偿）的义务履行延期，因而，对解除的意思表示可附确定的始期，《民法典》第565条第1款中段也体现了解除通知附确定期限。

（二）解除权的不可分性

一方合同当事人有数人时，不论是由有数人的一方行使解除权，还是对有数人的一方行使解除权，解除权只能够由全体对全体行使。否则，其解除不生效力。[1]这便是解除权的不可分原则。《民法典》虽未明文规定，亦应作如此解释。

1. 解除权不可分原则的理由。合同的当事人一方有数人的情形，最普通的例子如数人共买一物、共有人全体出卖共有物、数人共同承揽等，其中，数人负担的债务以连带债务、不可分债务最为常见，可分债务的情形亦非没有。不论哪种场合，解除均须由全体或者对全体作出。解除权不可分原则的理由基本上在于，若非如此，不但使法律关系复杂化，而且有悖于一般场合当事人的意思。[2]比如数人共同承揽场合，承揽人完成工作的债务通常属于不可分债务，《民法典》要求共同承揽人对定作人承担连带责任（第786条主文），且定作人在承揽人完成工作前可以随时解除承揽合同（第787条），定作人解除合同场合，或承揽人因定作人不支付报酬解除合同场合，如把共同承揽人分开来，一部分的合同关系解除，另外一部分继续保持合同关系，换言之，如解除权可分开来行使或不行使，无疑将使法律关系变得极为复杂，也有悖于一般场合当事人的意思。

2. 非强行规定性。解除权不可分原则，实系一种便宜规范，并非基于公益上的理由，不属于强行规范，因而，当事人可依特别约定排除其适用。

3. 多数当事人场合的解除权的行使。连带之债场合，享有连带债权的债权人，均可以请求债务人履行债务；连带义务场合的债权人，可以请求部分或者全部债务人履行全部债务（《民法典》第518条第1款），而且，一人的履行请求或者对于一人的履行请求，对于其他人亦生其效力。这时，作为解除要件的催告，以及解除的意思表示，应当如何作出呢？在学说解释上宜认为，一旦对于一人作出，即可对于全体生其效力。[3]不过，这只是解除权行使上的特别之处，并非解除权不可分原则的例外，因为解除的效力仍及于其他连带债权人或连带债务人。

在多数人的可分之债或不可分之债场合，则须由全体或者对全体进行催告，由全体或者对全体为解除的意思表示。

由全体或者对全体为解除的意思表示，并不以同时作出为必要，异时作出，也没有什么不妥，惟解除的意思表示到达每个成员时，或者由每个成员作出的意思表示均到达时，始发生其效力。[4]

---

[1] Vgl. *Jauernig / Stadler*, Jauernig BGB Kommentar, 12. Auflage, Verlag C.H. Beck, 2007, S.458.
[2] 参见［日］我妻荣：《债权各论》上卷，岩波书店1954年版，第186页。
[3] 参见［日］我妻荣：《债权各论》上卷，岩波书店1954年版，第187页。
[4] 参见［日］我妻荣：《债权各论》上卷，岩波书店1954年版，第187页。

4. 解除权消灭的特则。一方当事人为多数人场合，解除权对于其中一人消灭时，对于其他人亦归于消灭。其中可包括两类情形：一是多数当事人中一人所拥有的解除权归于消灭；二是对于多数当事人中一人的解除权归于消灭。至于解除权消灭的原因，并不在考虑之列，放弃权利亦得包括在内。

四、解除的效果

《民法典》第566条对解除效果作了规定，解除的效果在法理上如何构成，素有争论。

（一）解除效果的理论构成

解除的法律效果在理论上如何构成，在德国及日本大致有四类解除学说，即直接效果说、间接效果说、折中说和债务关系转换说。[1]

1. 直接效果说。该说认为，合同因解除而溯及地归于消灭，尚未履行的债务免于履行，已经履行的部分发生返还请求权（参照图8.2.2）。

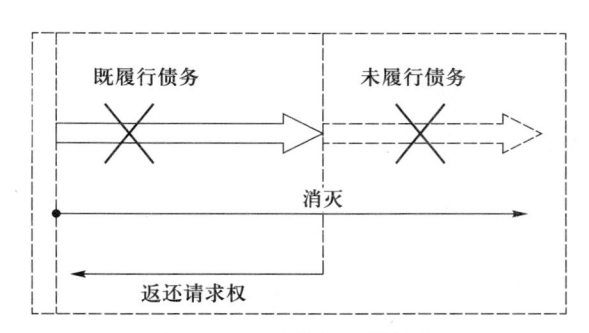

图 8.2.2 直接效果说示意

关于恢复原状义务的性质，有的认为属于不当得利返还义务（债权性质）；有的认为是所有物返还义务（物权性质）。后者中，有的是不承认物权行为独立性与无因性的，由于合同（债权合同）的溯及失效，物权效果也随之一起消灭，故又称"物权的效果说"。与此相对，另有以承认物权行为独立性和无因性为前提的见解，认为解除只是使债权合同消灭，如欲使物权变动亦归于消灭，仍以新的复归行为为必要，故被称为"债权的效果说"。

关于损害赔偿的范围，一种见解认为，由于解除是使当事人恢复至合同订立前的状态，因而赔偿的范围应限于信赖利益。[2] 另一种见解认为，虽然解除使合同溯及地归于消灭，但在赔偿问题上应当对溯及效力加以限制，仍应当赔偿履行利益。还有一种见解认为，不仅应当赔偿期待利益，也还应包括因解除合同所发生的损害。

---

[1] 参见［日］我妻荣：《债权各论》上卷，岩波书店1954年版，第190页；［日］星野英一：《民法概论Ⅳ 契约》，良书普及会1986年版，第94页；［日］水本浩：《契约法》，有斐阁1995年版，第103页以下；［日］近江幸治：《民法讲义Ⅴ 契约法》（第三版），成文堂2009年版，第91—93页。

[2] ［日］柚木馨：《债权各论（契约总论）》，青林书院1956年版，第320页以下。

直接效果说是源自 20 世纪初期德国的理论，它以合同溯及消灭为中心，在理论上简洁明快，是其优点，故为我国理论所继受。但它一方面强调溯及效力的贯彻，另一方面，在损害赔偿问题上又主张赔偿履行利益，在逻辑上不无矛盾之处。另外，依我国《民法典》，合同的权利义务关系终止，不影响合同中结算和清理条款的效力（第 567 条）。对此，从直接效果说的立场便难以作出具有说服力的解释。

2. 间接效果说。该说认为，合同本身并不因解除而归于消灭，只不过是使合同的作用受到阻止，其结果对于尚未履行的债务发生拒绝履行的抗辩权，对于已经履行的债务发生新的返还债务（参照图 8.2.3）。

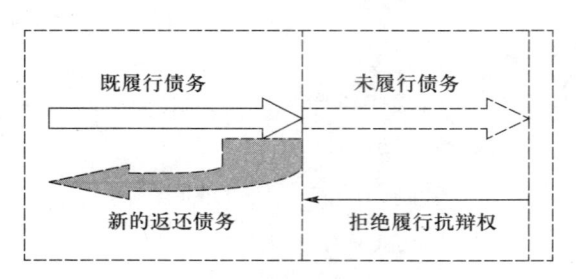

图 8.2.3 间接效果说示意

恢复原状义务，并非基于合同的溯及消灭，而是基于解除的本质，特别是有偿双务合同给付与对待给付等价交换的均衡，合同债权关系并非因解除而消灭，而是变形为恢复原状的债权关系。原状恢复请求权被视为是一种居于物权请求权与不当得利返还请求权中间的、混合性质的特殊权利。[①]

关于损害赔偿的范围，通常在解释上是以履行利益作为赔偿的范围。

对于未履行的债务，间接效果说在理论构成上是通过抗辩权拒绝履行，由于债务并没有消灭，在理论上存有作为自然债务及抗辩权永久性等问题的余地，债务人如任意履行，相对人的受领仍属有效，不可否认地，会让人感到这是一种无用的法律构成。[②] 另外，《民法典》第 566 条第 1 款已明定，合同解除后，尚未履行的，"终止履行"，并没有采间接效果说的构成。

3. 折中说。或称清算说，该说认为，对于尚未履行的债务自解除时归于消灭（与直接效果说相同），对于已经履行的债务并不消灭，而是发生新的返还债务（与间接效果说相同，参照图 8.2.4）。

本书持此学说，具体地在后述展开。

4. 债务关系转换说。该说认为，由于解除使原合同债权关系变形、转换为原状恢复债权关系，原合同上的未履行债务转化为原状恢复债权关系的既履行债务而归于消灭，原合同上的既履行债务转化为原状恢复债权关系的未履行债务，经过履行后始行消灭（参照图 8.2.5）。

---

① 参见 [日] 水本浩:《契约法》, 有斐阁 1995 年版, 第 107 页。
② 参见 [日] 水本浩:《契约法》, 有斐阁 1995 年版, 第 107 页。

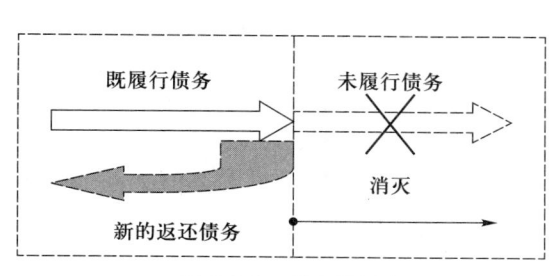

图 8.2.4 折中说示意

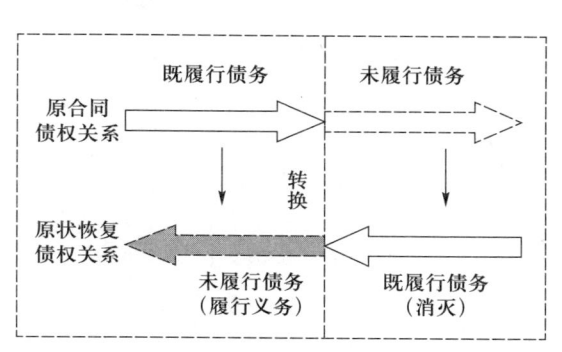

图 8.2.5 债务关系转换说示意

该说以债务关系转换为核心,将未履行的债务转换成所谓既履行的债务,纯属人工拟制,且与中国《民法典》的规定不符,因而让人难以接受。

5. 对《民法典》解除效果的解释论构成。关于合同解除的效果,以前我国学说主流采"直接效果说";[①] 另外,也有学者采"折中说",对有关法律规定尝试作新的解释论构成。[②]

作为《民法典》合同编编纂基底的原《合同法》,最初起草时所采纳的是"直接效果说",但其第 97 条实系立法者从实际出发,"借鉴国外经验,遵循经济活动高效的原则,对合同解除的效力作了比较灵活的规定"。[③] 比如第 98 条便可以溯源至《联合国国际货物销售合同公约》。起草过程中,就合同解除问题,既然参考了《联合国国际货物销售合同公约》《国际商事合同通则》和《欧洲合同法原则》的规定,因而对于我国法规则的解释适用,上述国际公约和模范法的规定最值参照。

《联合国国际货物销售合同公约》《国际商事合同通则》和《欧洲合同法原则》均没有采纳合同解除的"直接效果说",合同仅向将来消灭,不具有溯及力,从这点上来看,应当属于或者近于折中说。受此影响,《民法典》第 566 条第 1 款规定,合同解除后,尚未履行的,终止履行;已经履行的,根据履行情况和合同性质,当事人可以请求恢复原状或者采取其他补救措施,并有权请求赔偿损失。该款规定并没有言及合同自始归于消灭。对此,显然很难依"直接效果说"得出具有说服力的解释。综合言之,应认为《民法典》采纳了折中说的立场。

(二)未履行的债务:终止履行

合同解除后,尚未履行的,终止履行(《民法典》第 566 条第 1 款前段)。此所谓"终止履行",宜理解为债务免除,并非相对人取得抗辩权。解除的相对人所负的债务,如仍有尚未履行的,当然也因解除而归于终结。

[①] 参见崔建远主编:《合同法》(第四版),法律出版社 2007 年版,第 250 页;王利明:《合同法研究》第 2 卷,中国人民大学出版社 2003 年版,第 301 页以下;谢怀栻等:《合同法原理》,法律出版社 2000 年版,第 253 页以下。
[②] 参见韩世远:《合同法总论》,法律出版社 2004 年版,第 620 页以下。
[③] 胡康生主编:《中华人民共和国合同法释义》,法律出版社 1999 年版,第 162 页。

（三）已履行的债务：恢复原状

1. 恢复原状义务的发生。合同解除后，已经履行的，根据履行情况和合同性质，当事人可以请求恢复原状或者采取补救措施（《民法典》第566条第1款中段）。这样，由于解除合同，在当事人之间发生有恢复原状义务，恢复原状的实现，便取决于这种义务的履行。以买卖合同为例，出卖人出卖的机器不能正常运转，使买受人的合同目的无法实现，买受人解除合同，首要目的在于退货并索回已支付的价款，正是为了实现这一目的，法律规定了恢复原状义务。

所谓"恢复原状义务"，有广义和狭义之分。狭义的恢复原状义务也就是学者所说的"给付物为动产时仅仅指'有体物的返还'，给付物为不动产且已经办理了移转登记时，则为先将受领人的登记注销，使登记恢复到给付人的名下"，没有包括"所提供劳务的恢复原状""受领的标的物为金钱时的恢复原状""受领的有体物消失时的恢复原状"等类型，因为后者被概括为"采取其他补救措施"了。[1] 广义上的恢复原状义务则是包括后者在内。本书所谓已履行的债务转化为恢复原状的债务，指的便是广义的恢复原状义务，包括了"采取补救措施"的情形。上述两种不同的恢复原状，可以分别称为实物形态的恢复原状和价值形态的恢复原状。所谓"采取补救措施"，也就相当于"价值形态的恢复原状"。

2. 恢复原状义务的性质。

（1）直接效果说的认识。我国目前的"直接效果说"是基于所有物返还请求权作的说明，以不承认物权行为独立性和无因性理论为前提，认为给付人请求受领人返还给付物的权利是所有物返还请求权，它优先于普通债权得到满足。在范围方面，它以给付时的价值额为标准进行返还，受领人获得利益多少，在所不问。[2]

（2）解除的效果：物权立即变动抑或回归变动。我国的"直接效果说"立足于"物权立即变动说"，认为因解除溯及性地消灭合同，给付标的物的所有权立即复归于给付人。自解释论出发，问题是："物权立即变动说"在我国现行法上有根据吗？至少到目前为止，没有看到其主张者给出什么明确的法条根据。既无明确的法条根据，此一问题在我国法上是否属于法律漏洞呢？不是的。

首先，给付物是否发生了物权变动？一个有效的买卖合同或者类似的合同，正常地被当事人履行，依合同交付了动产或者办理了不动产的移转登记，没有人会怀疑这里发生了物权的变动。人们不会怀疑是因为：其一，这里的合同是一个有效的合同，而不是相反；其二，这里的履行行为符合了《民法典》关于物权变动的规定（第209条、第224条等）。如果因为一方违约而解除合同，就带来了问题：既已发生变动的物权是否当然地自动复归了呢？不是的。

其次，为何不是当然复归？按照《民法典》第155条，"无效的或者被撤销的民事法律

---

[1] 参见崔建远：《解除权行使的法律效果》，载韩世远、[日]下森定主编：《履行障碍法研究》，法律出版社2006年版，第262页。
[2] 参见崔建远主编：《合同法》（第三版），法律出版社2003年版，第201页。

行为自始没有法律约束力"。在这些场合，合同自始没有法律约束力，意味着从一开始就不会按照当事人的意思发生债权债务、发生物权变动（因为我国法不承认物权行为无因性）。因而，物权在法律上没有发生变动，不成问题。但是，在合同解除场合，问题的性质截然相反，被解除的合同通常从一开始就是有效的，这是解除制度得以适用的前提。既然按照有效的法律行为发生了物权变动，这种物权变动符合《民法典》规定的物权变动规则并受法律保护，为什么因为解除合同便一下子复归于给付人了呢？是基于什么特别的法律规定而否定了《民法典》关于物权变动一般规则的效力了呢？我国现行法关于合同解除不存在类似于《民法典》第155条的规定，是合乎法理逻辑的，在法政策上也不宜将解除的效果完全与无效或者被撤销相等同。

最后，在我国现行法的框架下，应当承认回归的物权变动说。只要我们承认合同解除场合存在过给付物的物权变动，就必然承认后来的回归的物权变动，即使按照"物权立即变动说"，也是一样。这种回归的物权变动，也仍然是一种物权变动。《民法典》物权编中的物权变动，无外乎两类，一类是基于法律行为的物权变动，另一类是基于法律规定的物权变动。"物权立即变动说"当然不会接受这里的回归的物权变动是基于法律行为的，于是乎就说它是"基于法定原因的物权变动"。可是，基于法定原因的物权变动，在我国法上恐怕目前主要体现为《民法典》第229条至第232条，并没有见到哪个法条规定它还包括因行使解除权发生的物权变动。由此只能表明，"物权立即变动说"是一种脱离现行法的"解释论"。而按照回归的物权变动说，行使解除权（形成权）的行为是一种法律行为，相应的物权变动是基于法律行为的物权变动，同样需要经过交付或者登记手续，最终方能实现物权的复归。

（3）折中说的认识。自折中说的立场出发，合同并不因解除而溯及地消灭，解除前的受领仍然具有相应的法律上的原因，故恢复原状义务并非不当得利返还义务。至于恢复原状义务的法律性质，见解并不统一，较有影响的学说认为，有偿双务合同中给付与对待给付应具有等价交换的均衡，恢复原状义务便是基于这种要求由合同上的债权关系变形而来。除此之外，还有其他各种各样的学说。另外，由于解除前的合同关系仍然有效，因履行合同所发生的权利变动，显然并不当然地复归。只是依据法律的规定，可因解除而发生恢复原状的义务和请求权，有的理解为是以"恢复原状"为目的的债权关系。[①] 以恢复原状为目的的请求权，并非物权请求权，故应为债权，只是通过这种债权来实现"恢复原状"的结果，实现权利的逆变动（复归）。在恢复原状完全实现前，原合同关系依然存在。

就我国法而言，合同解除场合的"恢复原状"通常被理解成为恢复到当事人之间原来的法律关系状态，而有别于有体物遭受损坏场合将该物修复到原来的状态，并认为原《民法通则》第134条规定的"恢复原状"指的是后一种意义上的恢复原状（属于损害赔偿范畴）。[②] 原《民法通则》第134条规定的"返还财产"则被认为"也包括民事行为无效或被撤销、解

[①] 参见［日］近江幸治：《民法讲义 契约法》（第三版），成文堂2009年版，第95页。
[②] 参见崔建远：《绝对权请求权抑或侵权责任方式》，载《法学》2002年第11期。

除时，占有人基于该民事行为而取得的对方财产"①。这一认识也可以从《民法典》第 157 条前段的规定获得印证。合同解除场合的"恢复原状"既然可理解为"返还财产"，而"返还财产"依《民法典》第 179 条属于一种民事责任方式，依大陆法系的观念，属于债权债务范畴，因而，至少目前在我国法上，将恢复原状请求权解释成为债权的请求权，有其实证法的根据。

3. 恢复原状义务与本来债务的关系。在债务人和债权人之间，因有效成立的合同，而发生一种利益衡平关系，该利益衡平关系是合同正义的一种表现。债权人不可以因债务人违约而获取额外的利益，也不应当因其违约而额外丧失利益。法律立足公道，追求的是如何公平地保障债权人的应有或既有利益，为此可以采用多种法律手段，比如返还财产和赔偿损失，或者继续履行和赔偿损失等。此时法律赋予债权人以选择权，由其决定是将合同进行到底，还是改弦更张。无论如何选择，法律均要努力保障债权人的利益。以因违约发生合同履行障碍为典型，得发生债务关系的转换或者变形。在债权人选择将合同进行到底、要求债务人继续履行合同场合，这时的继续履行虽然表现为对于本来债务的履行，实际上也发生了转换或者变形，即由第一性义务变为第二性义务，或者说由债务变成了责任。同样的道理，如果债权人选择不将合同进行到底，则本来的债之关系就转换为当事人之间基于有效合同的清算关系，恢复原状义务便是本来债务的转换形态。无论债权人是否选择将合同进行到底，当事人之间基于有效合同发生的债之关系则是一样的，债权人的选择结果都是基于有效的债之关系而发生运动轨迹的转变，而这种转变是应对因债务人制造的履行障碍所必要的，故谓之保持了债的同一性。

由于解除并非使合同溯及既往地归于消灭，因而，恢复原状义务被认为与本来的债务具有同一性。② 合同解除时所生恢复原状之义务，是一种次给付义务（第二次义务），亦系根基于原来债之关系，债之关系的内容虽因之而有所改变或扩张，但其同一性仍维持不变。③

4. 恢复原状义务的内容。恢复原状义务的内容，根据具体的合同、双方当事人履行的状况等，也是多种多样的。恢复原状义务在性质并非一种单纯的以不当得利为基础的债务，因而返还并非现存利益的返还，而应是全面返还，因合同取得的物、权利或利益，在解除后，应相互返还；必要的场合，还包括办理相关的批准、登记等手续。

（1）标的物的返还。特定物场合，如果原物存在，自然要求返还原物；原物不存在场合，可按解除当时该物的价款返还。代替物场合，只要返还同种、同等、同量的物即可。在提供劳务或作出其他无形的给付场合（性质上无法原物返还），作价返还。

（2）利息、果实及使用利益。在受领金钱场合，自受领时起的利息亦应计算返还。在受领金钱以外的物的场合，返还之前占有使用该物所获得的利益，亦应返还。受领的物产生果实时，也应当返还果实。

（3）原物返还不能场合——风险负担问题。在原物返还不可能的场合，原则上应负价

---

① 陈国柱主编：《民法学》（修订本），吉林大学出版社 1987 年版，第 459 页。
② [日] 山中康雄：《解除的效果》，载《民法》（10），有斐阁 1958 年版，第 193 页。
③ 参见王泽鉴：《债法原理》，北京大学出版社 2009 年版，第 30 页。

格返还义务。不过，造成原物返还不能的原因可能是多种多样的，是否应当统一地按照价格返还义务来处理，值得探讨。在我国法上，因标的物质量不符合质量要求，致使不能实现合同目的的，买受人可以拒绝接受标的物或者解除合同。买受人拒绝接受标的物或者解除合同的，标的物毁损、灭失的风险由出卖人承担（《民法典》第 610 条）。

（4）投入费用。受领人保管给付物所支出的必要费用，在其返还给付物时有权请求给付人偿还。

5. 担保人的债务。主合同解除后，担保人对债务人应当承担的民事责任仍应承担担保责任，但是担保合同另有约定的除外（《民法典》第 566 条第 3 款）。

（四）赔偿损失

合同解除后，当事人仍有权请求赔偿损失（《民法典》第 566 条第 1 款后段）。合同解除与损害赔偿可以并存，而非像原来的德国民法那样仅能二者择一。惟对于损害赔偿请求权的性质及范围，仍需阐明。

1. 损害赔偿请求权的性质。合同解除时，只是使合同债务向将来消灭，使双方当事人从将来的债务中解放出来。解除场合的"恢复原状"，只不过单纯地是在本来的给付方面的归还，并没有涵盖履行利益，因而出于对解除人的周全保护，还须认有履行利益的赔偿（并不限于信赖利益的赔偿）。简言之，解除人在通过"恢复原状请求权"恢复自己已给付的物之外，对于并不能由此而获涵盖的因债务不履行所生损害，还须允许请求赔偿。[①] 合同解除场合的损害赔偿，依然是因违约而发生的损害的赔偿，以履行利益（包括合同履行后可以获得的利益）为主，在不发生重复填补问题的前提下，也可以包括其他损害的赔偿（信赖利益、固有利益）。"合同因违约解除的，解除权人可以请求违约方承担违约责任"（《民法典》第 566 条第 2 款主文），当然包括违约损害赔偿在内。

2. 损害赔偿的范围。履行不能场合，债权人可以请求填补赔偿；履行迟延场合，债权人可以请求迟延赔偿；其他债务不履行（违约）场合的损害赔偿项目，可分别参照本书履行障碍部分的论述，此处不赘。合同解除场合，这些损害项目的赔偿请求并不受影响，惟须注意的是，由于债权人自己债务的解放而获取的利益，须从中扣除（损益相抵规则的具体运用）。

下面以不完全履行场合为例，具体分析可以请求赔偿的损害的范围。设若出卖人甲向买受人乙出售一台机器，交付时付一半的价款，安装运转正常后一个月内再付另一半。后来交付的机器经安装试用，无法正常运转，乙解除合同。乙可以不再支付剩余部分的价款，另外可将机器退还甲，要求退还已经支付的价款及利息。如果乙受有损害，比如为了安装机器而支出费用若干（信赖利益损害）、如果机器正常运转可以生产出来产品盈利若干（履行利益损害）、因为机器运转不正常造成乙的其他财产损毁（固有利益损害），乙如何请求损害赔偿呢？如果上述三方面的利益均予赔偿的话，会发生重复填补的问题，有所不当，故应区

[①] 参见［日］四宫和夫：《请求权竞合论》，一粒社 1978 年版，第 205 页。

分情形，分别判断是否适于赔偿。首先，如果乙可以证明自己遭受的履行利益损害，便可以请求履行利益损害的赔偿，这部分赔偿的数额通常会大于信赖利益损害的赔偿；又由于固有利益损害并非买受人乙获取履行利益必要的代价，故乙也可以同时请求赔偿，与履行利益的赔偿并行不悖，且会相得益彰；由于乙获取履行利益，要以支出相应的信赖利益为前提或代价，故在请求赔偿履行利益损失的场合，便不应再允许其请求信赖利益损害的赔偿。其次，如果乙难以证明自己遭受的履行利益的损害，则可选择请求信赖利益损害的赔偿；于此场合，也可以同时请求固有利益损害的赔偿。

（五）同时履行

双务合同同时履行抗辩权的规定，可以准用于合同解除的场合（参照《德国民法典》第348条、《日本民法典》第533条、我国台湾地区"民法"第261条），《民法典》对此虽未明确规定，解释上亦应作相同解释。[①] 这样，由于合同解除，双方当事人互负的原状恢复义务及损害赔偿义务，立于同时履行关系。

（六）主合同解除后的担保责任

担保本来就为保障主债务的履行而设立，在合同因主债务未履行而被解除的，合同解除后所产生的债务人的责任也同样是因主债务未履行而导致的，因此担保人对债务人应当承担的民事责任仍应当承担担保责任，这也并不违反担保人的通常意思。担保合同中约定保证责任随主合同的解除而免除或者变更的，基于自愿原则，应承认此种约定的效力。[②]

（七）结算和清理条款的效力

《民法典》第567条规定："合同的权利义务关系终止，不影响合同中结算和清理条款的效力。"本条所规定的结算条款和清理条款，和第507条规定的"合同中有关解决争议方法的条款"不应等同，如何理解第567条？

"结算"，是指把一个时期的各项经济收支往来核算清楚，有现金结算和非现金结算（只在银行转账）两种。所谓"结算条款"，也就可以理解为有关结算方式方法的合同条款。"如果当事人在合同中约定了结算方式，合同终止后，应当按照约定的方式结算。"[③] "清理"，是指彻底整理或处理。所谓"清理条款"，也就可以理解为有关彻底整理或处理的主体、范围、方法等事项的合同条款。违约金条款或者关于因违约产生的损失赔偿额计算方法的条款、定金条款性质上属于清理条款。

按照直接效果说，由于"皮之不存，毛将焉附"，为了解释结算和清理条款在解除后仍然存在，只好借助于"拟制"手段。但是，按照折中说，根本不用拟制。

---

① 石宏主编：《〈中华人民共和国民法典〉释解与适用［合同编］》（上册），人民法院出版社2020年版，第198页。
② 石宏主编：《〈中华人民共和国民法典〉释解与适用［合同编］》（上册），人民法院出版社2020年版，第200页。
③ 胡康生主编：《中华人民共和国合同法释义》，法律出版社1999年版，第165页；石宏主编：《〈中华人民共和国民法典〉释解与适用［合同编］》（上册），人民法院出版社2020年版，第201页。

在我国法上，解除与无效法律效果上的最大差异在于，无效的民事法律行为（合同）"自始没有法律约束力"（《民法典》第 155 条），《民法典》关于合同解除没有一处规定"自始没有法律约束力"。"合同因解除而自始消灭"，这实在是一个具有相当迷惑力的比喻。所谓合同解除，不过是使遇到了障碍的合同借此制度而改变运行的轨迹，正所谓"此路不通、改行他路"。解除制度绝非"机器猫"的"任意门"，其启用可使人一下子回到出发点。解除制度的启用，实际上是使既有的债之关系转换为清算关系，借此制度使当事人既存的关系善始善终（虽非通过清偿）。"清算关系"既为原来的债之关系转换而来，实质上是第二次的债之关系。违约金、预订的损害赔偿或者定金，无论其为原来债之关系的变形或延长，均得为"清算关系"内容的组成部分，应无障碍。清算未了，此类条款的使命未了，自然不因解除而当然归于消灭。

五、解除权的消灭

（一）行使期限届满未行使

法律规定或者当事人约定解除权行使期限，期限届满当事人不行使的，该权利消灭（《民法典》第 564 条第 1 款）。在此情形，无须对方当事人催告，只要该期限经过，解除权就绝对地消灭。

（二）罹于除斥期间或经催告在合理期限内未行使

法律没有规定或者当事人没有约定解除权行使期限，自解除权人知道或者应当知道解除事由之日起一年内不行使，或者经对方催告后在合理期限内不行使的，该权利消灭（《民法典》第 564 条第 2 款）。其中，解除权一年除斥期间的规则是《民法典》新增规则，立法者考虑到其他形成权的一般除斥期间，在该条明确作此规定。[①]

解除权因行使期限届满或者催告期限届满而消灭场合，债权人请求本来的给付（履行迟延场合）或者填补赔偿（履行不能的场合）的权利并不丧失，自不待言。

（三）其他事由

1. 解除权的抛弃。解除权人抛弃解除权的，其解除权消灭。解除权亦得预先放弃。
2. 违约方的补救。解除权人行使解除权之前，违约之债务人依债务本旨履行或者提交履行的，解除权消灭。
3. 权利失效。解除权发生后，在相当长的期间内未经行使，使得对方对于解除权之不被行使发生合理信赖场合，依据诚信原则（《民法典》第 7 条）或者禁止权利滥用（《民法

[①] 石宏主编：《〈中华人民共和国民法典〉释解与适用［合同编］》（上册），人民法院出版社 2020 年版，第 195 页。

典》第 132 条），可以认为解除权人不得再行使其解除权（权利失效原则）。[①]

六、合意解除

合意解除，亦称为协议解除，是当事人双方通过协商同意将合同解除的行为。它不以解除权的存在为必要，解除行为也不是解除权的行使。合意解除，实质是一种消灭既存合同之效力的合同，故又称"解除合同"或者"反对合同"，其成立及生效要适用《民法典》关于法律行为及合同的相关规则。

只要法律未作特别的限定，依据合同自由原则，这种解除合同的合意便应有效。《民法典》第 562 条第 1 款规定，当事人协商一致，可以解除合同。合意解除的特点在于，解除合同取决于当事人双方的意思表示一致，而不是基于当事人一方的意思表示，并且也不需要有解除权，完全是以一个新的合同来解除既有的合同。合同解除的时间点应依当事人的合意或者法律的特别规定而定。

第三节 抵销

一、抵销概说

(一) 抵销的语义与类型

抵销，是一种使合同的权利义务终止的原因，从广义上讲，是指二人互负债务场合，依一方意思表示或者双方的合意，使彼此债务全部或者部分地归于消灭。比如甲对乙负有 6 万元价金债务，乙对甲负有 10 万元借款的债务，均届清偿期，可以根据任何一方的意思表示使双方的债务在 6 万元的范围内因抵销而消灭，乙仅负偿还 4 万元及利息的债务。其中，依发生的根据不同，抵销可分为法定抵销与合意抵销。狭义的抵销，仅指前者。

法定抵销，又称法律上的抵销，是符合法律规定的构成要件时，依一方当事人的意思表示而使当事人互负的到期债务归于消灭（参照《民法典》第 568 条）。其中，依单方意思表示即可发生抵销效果的权利称抵销权，是一种形成权。抵销人的债权，称为主动债权或抵销债权。被抵销的债权，称为被动债权。此种抵销，是由债务人一方的意思表示（单方行为）而使债务归于消灭的独立制度，故无须将它作为代物清偿等其他制度的变形。

[①] 参见王泽鉴：《权利失效》，载《民法学说与判例研究》(第一册)，台北自刊本 1975 年版。我国裁判实务业已出现承认权利失效的案例，参见山东省青岛市崂山区人民法院民事判决书 (2009) 崂民二商初字第 415 号 (一审) 以及山东省青岛市中级人民法院民事判决书 (2010) 青民二商终字第 562 号。朱铁军：《合同解除权不应滥用》，载《人民司法·案例》2011 年第 12 期；韩世远：《权利失效：诚信原则对解除权的限制》，载倪寿明、柳福华主编：《法律规则的提炼与运用：〈人民司法案例〉重述（商事卷）》，法律出版社 2017 年版，第 159—162 页。

合意抵销，又称合同上的抵销，是按双方当事人的合意使当事人互负的债务归于消灭（参照《民法典》第 569 条）。合意抵销是当事人意思自治的体现，可不受法律规定的抵销构成要件的限制，其互负的债务是否到期、债务的标的物种类、品质是否相同，均不妨碍合意抵销。当事人为此目的订立的合同称抵销合同。

法定抵销与合意抵销在构成要件、适用对象等方面均有差异，然二者在使双方债务归于消灭这点上则是共同的。

（二）抵销制度的目的与功能

抵销制度的目的在于避免双方当事人分别请求以及分别履行所会带来的不便甚至不公平。抵销制度的应用，则可以体现如下功能：

1. 便利功能。通过抵销，双方当事人不必亲自履行各自的债务即达债权获偿的效果，并因此节省履行费用，降低交易成本，故为人们普遍采用。

2. 保持公平的功能。如果甲方当事人清偿了自己的债务，而乙方当事人所负的债务均因其陷于无资力或破产而全部不能清偿或者不能全部清偿，则甲以其全额清偿却无法获取乙的全额清偿，就会发生不公平，抵销制度恰好能够回避这种不公平。

3. 担保功能。设若银行一方面有贷款债权 X，另一方面对借款人又负有存款债务 Y，在借款人的存款债权被扣押或被让与场合，在符合法定抵销或合意抵销的条件下，允许银行将 X 与 Y 抵销，在效果上使自己的债权受偿，如同为自己的债权设立了担保，称为抵销的担保功能。

当然，此种担保功能在主张抵销的双方当事人之间固然很稳妥，但仍有其限度。尤其因抵销欠缺公示方法，且因当事人一方的意思表示，足使债权归于消灭，对于善意第三人易造成不测损害。例如债务人濒临破产时，对于该债务人负有债务的人，竟以低价收买破产债权，并与债务人主张抵销，则债务人的责任财产，也就是将来的破产债权即相对减少，其他的破产债权受偿的比率因而降低，这当然是不公平的。[①]《企业破产法》第 40 条第 1 项对此已有规制，债务人的债务人在破产申请受理后取得他人对债务人的债权的，不可以向管理人主张抵销。

二、法定抵销

（一）法定抵销的要件

法定抵销是行使抵销权的抵销，须符合一定的要件始能发生抵销权。依传统学理，法定抵销的要件有二：第一，须有抵销之适状（积极要件）；第二，须无抵销之禁止（消极要

[①] 参见孙森焱：《民法债编总论》（下册）（修订版），台北自刊本 2009 年版，第 1101 页。

件)。① 从《民法典》第568条的规定来看，可以认为已将上述消极要件经过角度转换，统合进积极要件，统一地以抵销适状的构成为标准。

抵销适状，是指适合抵销的状态。在什么条件下始可谓"抵销适状"呢？依《民法典》第568条第1款，可以分析出如下几项条件：第一，须二人互负债务；第二，须双方债务的给付种类及品质相同；第三，须主动债权已到期；第四，须双方债务均为适于抵销的债务。

1. 须二人互负有效存在的债务。二人互负债务，亦即双方债权的对立状态。

主动债权原则上要求是抵销人自己对于被抵销人的债权。个别例外场合，允许以第三人享有的债权进行抵销，比如，连带债务人中的一人，对于债权人有债权的，其他债务人以该债务人应当分担的部分为限，可以主张抵销。

被动债权应是被抵销人对于抵销人拥有的债权，被抵销人不得以对于第三人具有的债权进行抵销。② 另外，虽然允许第三人清偿，但不允许第三人为债务人抵销，换言之，第三人不得以自己对于债权人所有的债权，来为债务人主张抵销。因此，一般认为，即使抵押不动产的第三取得人恰好对抵押债权人具有债权，抵押债权人仍不能以该债权与其对债务人拥有的债权抵销。③ 不过，晚近学说上对此亦有反对意见，认为此时许第三人为抵销，实际上是第三人清偿，因而主张应允许抵押不动产的第三取得人为抵销。④

抵销的效果是使对立的债权在相当额度范围内归于消灭，故以双方债权的有效存在为前提。其中，主动债务须具有强制履行的效力，不完全债权若属于丧失执行力，则不得由债权人用作主动债权主张抵销，否则将无异于强制债务人履行不完全债务。这样，罹于诉讼时效的债权，其债务人可拒绝履行，债权人不能以之为主动债权主张抵销，除非债务人抛弃时效利益。

2. 双方债务的给付种类及品质相同。如给付的种类不同，不论其客观价值是否相同，都不得抵销。因而，能够进行抵销的只限于种类之债，其中主要是金钱之债。其他的种类之债，如果双方债的标的物种类相同，而品质不同，比如一级酒与二级酒，原则上亦不许抵销。只要是标的种类及品质相同，债的发生原因不必相同，债权额亦不必相等。另外，两个债权的履行地也不必相同。⑤

3. 须主动债权已到期。主动债权必须已到期，因为如果允许将未到期的债权作为主动债权抵销，相对人就丧失了期限利益。主动债权未定清偿期的，只要债权人给债务人必要的准备时间（《民法典》第511条第4项），该段时间经过后，即可抵销。特殊情况下，法律拟制未到期的债权到期，当然可以抵销，比如《企业破产法》第46条第1款规定："未到期的债权，在破产申请受理时视为到期。"对被动债权并不绝对要求已到期。抵销人如放弃

---

① 参见郑玉波：《民法债编总论》（第十五版），三民书局1996年版，第558—566页；[日]水本浩：《债权总论》，有斐阁1989年版，第149页。
② Vgl. *Brox/Walker*, Allgemeines Schuldrecht, 31. Auflage, Verlag C.H. Beck, 2006, S.142.
③ 参见[日]於保不二雄：《债权总论》（新版），有斐阁1972年版，第416页。
④ 参见[日]内田贵：《民法 III 物权总论》，东京大学出版会1996年版，第227页；[日]大村敦志：《基本民法 III 债权总论·担保物权》，有斐阁2008年版，第62页。
⑤ Vgl. *Brox/Walker*, Allgemeines Schuldrecht, 31. Auflage, Verlag C.H. Beck, 2006, S.143.

期限利益，自可抵销。《民法典》第 568 条第 1 款所谓"将自己的债务与对方的到期债务抵销"，实即要求主动债权到期，未要求被动债权到期。

4. 双方债务均为适于抵销的债务。债务以可以抵销为原则，然有例外。《民法典》第 568 条第 1 款但书规定了三种例外。

（1）根据债务的性质而不得抵销的情形。"根据债务性质"不得抵销，是指如许抵销，即反于成立债务的本旨。其典型事例如下：

第一，比如互不竞争之不作为债务、相互提供劳务的作为债务之类债权（同种目的债权），如不经相互实际履行，就无法实现债权目的，因而在性质上属于不能抵销。

第二，附有抗辩权的债权不得抵销，否则等于凭空剥夺债务人的抗辩权，使法律设定此种抗辩权以保护债务人的立法意旨无法实现，损害债务人的利益。不过，如果是被动债权上附有抗辩权时，抵销人可以放弃此种抗辩利益，进而主张抵销。

第三，对于因侵权行为而发生的损害赔偿债权，多数立法例限制其抵销，此项制度的趣旨有二：其一是侵权人应现实且迅速地填补受害人的损害；其二是防止诱发侵权行为。《民法典》对此未作明文规定，在理论上宜认为，如允许故意侵权行为人对受害人主张抵销，实有诱发侵权行为的可能。比如债权人甲长期向债务人乙讨债未果，遂故意将乙的双腿打断，转而主张以其债权与受害人的损害赔偿请求权抵销。因而，大多立法例不许此种抵销。不过，对于因故意侵权行为而发生的债权，虽不得作为被动债权而由侵权人主张抵销，如系受害人主张抵销（作为主动债权），则不应不许。而因过失侵权行为发生的债权，则不妨侵权行为人主张抵销，这是因为过失的侵权行为人不会是以抵销的意思而为侵权行为，许其主张抵销，不致诱发侵权行为。

第四，约定应向第三人为给付的债务，第三人请求债务人履行时，债务人不得以自己对于他方当事人享有债权而主张抵销；他方当事人请求债务人向第三人履行时，债务人也不得以第三人对自己负有债务而主张抵销。此种禁止抵销的情形，在理论解释上仍应作为债务性质上不宜抵销。

（2）按照当事人约定不得抵销的场合。当事人禁止抵销之特别约定的效力如何，虽在原《合同法》中未予规定，但在既往的司法规则中获得承认，《民法典》对此予以吸收。因而，如果当事人之间有上述特别约定，在当事人之间自然应受该约定的拘束。

在甲乙之间有上述约定场合，甲方将其债权让与第三人丙，如果丙不知道甲乙之间的上述禁止抵销特别约定，能否以其受让的甲对乙的债权主张与乙对丙的债权抵销呢？换言之，此时乙方能否以其与甲方之间的特别约定对抗善意的受让人丙呢？《民法典》就此并不明确。自比较法观察，日本及我国台湾地区"民法"均规定禁止抵销特别约定不得对抗善意第三人（《日本民法典》第 505 条第 2 项；我国台湾地区"民法"第 334 条第 2 项），可资参考。[1] 上述规则的趣旨在于保护认为能够抵销的债权受让人。[2]

---

[1] 韩世远：《合同法总论》（第四版），法律出版社 2018 年版，第 707 页。
[2] [日] 大村敦志：《基本民法 III 债权总论·担保物权》，有斐阁 2008 年版，第 60 页。另外参见孙森焱：《民法债编总论》（下册）（修订版），台北自刊本 2009 年版，第 1107 页。

（3）按照法律规定不得抵销的情形。比如《民事诉讼法》第 250 条第 1 款和第 251 条第 1 款中有所谓"应当保留被执行人及其所扶养家属的生活必需费用"或者"生活必需品"的规定，此处法律虽未明言禁止抵销，既然意在保障被执行人及其所抚养家属的基本生活，因而属于所谓禁止扣押的被动债权范围，不许相对人对之主张抵销，这是大多数国家的通例。违反此类规定而为抵销时，应以其抵销无效，债权依然存在。又如《信托法》第 18 条、《合伙企业法》第 41 条、《企业破产法》第 40 条、《证券投资基金法》第 6 条等，也规定了若干不得抵销的情形。

（二）法定抵销的方法

当事人主张抵销的，应当通知对方。通知自到达对方时生效。抵销不得附条件或者附期限（《民法典》第 568 条第 2 款）。就其要点分述如下：

1. 抵销由抵销人以意思表示进行。符合抵销的要件即为抵销适状，此时不过发生抵销权而已，由于《民法典》并未采当然抵销主义，故双方互负的债务并不当然消灭。所谓当事人"主张抵销"，实即行使抵销权，应由抵销人以意思表示进行；所谓"通知"，实即行使抵销权的意思通知。另外，由于仅凭抵销人单方的意思表示即可使法律关系发生变动，使债务消灭，故抵销权为一种形成权。进行抵销意思表示的时间不必与抵销适状的时间相同，且通常要晚于抵销适状的时间。在言辞辩论终结前有适于抵销的债权，在判决确定后仍可抵销，以债务消灭为原因，提起债务人异议之诉。抵销的意思只要通知给对方即可，并无方式上的限制，在诉讼上或诉讼外均可进行。意思通知的生效采"到达主义"。不过，主动债权是票据债权的场合，主张抵销时，尚以票据的呈示和交付为必要。

2. 抵销权的行使属单方行为。抵销因抵销人单方的意思表示而发生效力，因而属于单方行为。又因行使抵销权系属处分债权的行为，抵销人须有处分债权的权限始得为之。出质人对于为质权标的物之权利的处分权，受有限制，非经质权人的同意，不得为抵销。另外，抵销权虽属形成权，尚不属于专属权，故可成为代位权行使的标的。诉讼代理人虽未受特别委托，也可在诉讼上代理本人主张抵销。

3. 抵销须由抵销人以意思表示向对方作出。抵销是由抵销人向相对人作出抵销意思的通知，其相对人为被动债权的债权人，因此，在被动债权被让与他人场合，抵销人的意思通知应向受让人作出。被动债权为第三人扣押时，抵销意思表示的相对人，除对方债务人外，尚包括该实施扣押的债权人。例如甲、乙二人互负债务，甲的债权人丙请求执行法院对乙发禁止命令，乙既不得向甲清偿，甲亦不得受领清偿。这时如乙以其对甲的债权为主动债务，以甲对乙的被扣押债权为被动债权，只要主动债权并非发生在扣押命令之后，仍可主张抵销，其抵销的意思表示自得向丙作出。[①]

---

① 参见孙森焱：《民法债编总论》（下册）（修订版），台北自刊本 2009 年版，第 1113 页；同旨参见［日］奥田昌道：《债权总论》（增补版），悠悠社 1992 年版，第 592 页，此亦为日本判例立场。

抵销的意思表示以表明消灭二人互负债务的意思为已足，并不绝对要求明确说明抵销，也不要求必须说明债务的发生日期、发生原因、数额等，当然须足以确定所要抵销的两项债务。以票据债务为抵销时，因票据为缴回证券，当然需要交出票据。抵销的意思表示于发生效力后不得撤销；在裁判上主张抵销的，因兼具私法行为的性质，自然不得再以诉讼行为撤销。[①]

另外，在既往的司法规则中，当事人对债务抵销虽有异议，但在约定的异议期限届满后才提出异议并向人民法院起诉的，人民法院不予支持；当事人没有约定异议期间，在债务抵销通知到达之日起三个月以后才向人民法院起诉的，人民法院不予支持。[②]

4. 抵销不得附条件或附期限。抵销不得附条件或者附期限（《民法典》第568条第2款后段），这是因为附有条件则足以引起法律关系的纷扰，以单方的意思使对方的法律地位陷于不安定状态；附有期限则使抵销的溯及效力失去意义。为了意思表示受领人的利益，抵销首先应创造一个清楚的关系，对方应该知道他身在何处。[③]若在诉讼上声明自己是否负有债务，尚有争执，法院如认为债务确属存在，则主张抵销，称为预备的抵销抗辩。

（三）法定抵销的效力

1. 二人互负的债务按照抵销数额而消灭。当事人双方的债务在相同数额范围内归于消灭。双方债权数额不等时，数额多的债权仅留其余额。被抵销人有数个适于抵销的被动债权时，如不足以消灭全部主动债权，则按照清偿抵充的相关规则决定被抵销的债权，称为抵销的抵充。对于全部消灭的债权，债务人有权请求返还债权凭证；对于部分消灭的债权，债务人有权请求变更债权凭证。

2. 抵销的溯及效力。债之关系溯及最初得为抵销时消灭，称抵销的溯及效力，为许多立法例肯定。《民法典》虽没有明确规定这一效力，在解释上亦应作相同解释。抵销为法律行为，法律行为的效力，原本不溯及既往。然鉴于当事人以为随时可以抵销，因而往往难免有怠于抵销的情形，若其抵销的意思表示仅向将来发生效力，容易发生不公平的结果。此种不公平，在两债权的迟延损害赔偿金的比率不同的场合，尤为突出。有鉴于此，一旦出现了抵销适状，即使没有作出抵销的意思表示，由于当事人对于抵销已经发生了期待，对此则是应当予以保护的。

所谓最初得为抵销时，也就是抵销权发生时。在二人互负债务的履行期有先后时，由于在被动债权未到期时主张抵销，可认为抵销人抛弃其期限利益，有学者主张应当以抛弃期限利益之时为准，债之关系归于消灭。[④]个见以为，为了避免复杂化，不妨认为主动债权到期时，使债的关系归于消灭。

---

① 参见孙森焱：《民法债编总论》（下册）（修订版），台北自刊本2009年版，第1113页。
② 原《合同法司法解释（二）》第24条。
③ Vgl. *Brox/Walker*, Allgemeines Schuldrecht, 31. Auflage, Verlag C.H. Beck, 2006, S.145.
④ 参见孙森焱：《民法债编总论》（下册）（修订版），台北自刊本2009年版，第1114页。

由于抵销使债务人之间的债之关系溯及最初得为抵销时消灭，因而发生以下效果：

（1）自抵销适状发生时起，就消灭的债务不再发生支付利息的债务。如果在抵销适状发生后一方债务人已向对方支付利息，嗣后因抵销而使债之关系消灭，则对方所受领的利息即属不当得利，可请求返还。

（2）自抵销适状发生时起，就消灭的债务不发生债务人迟延责任，如为债务人迟延而给付迟延利息，可依不当得利之规定请求返还；债务人的违约金债务也归于消灭。比如甲乙双方在买卖合同中约定，如果乙迟延付款则按日千分之五支付违约金。如果乙自5月2日起对于8万元的价款债务履行迟延，而自5月10日起，乙对甲享有的一笔10万元的金钱债权到了履行期，则自5月10日起，出现抵销适状的情形，发生了抵销权。如果乙主张抵销，则自5月10日起，不再对8万元价款发生履行迟延的违约金，5月2日到5月9日的违约金，仍须支付。如果乙是在8月1日才主张抵销，而应对方的要求，已经对自己的迟延付款支付了违约金时，则对于5月10日以后的违约金部分，因为乙主张抵销且抵销具有溯及既往的效力，则构成不当得利，可请求甲返还。

（3）自抵销适状发生时起，再发生的一些变化，比如后来的债权让与、后来主动债权罹于诉讼时效、后来被动债权被扣押，均不妨碍抵销权人主张抵销。①

（4）由于为抵销的意思表示时，以抵销权的存在为必要，如果因清偿等原因消灭了抵销适状，则纵然再为抵销的意思表示，亦不发生抵销的效力。② 比如，甲乙虽一度互负金钱债务20万元，且均届履行期，如果甲履行了债务，则其债务已因此而归于消灭，双方的抵销权也因此而消灭，乙便无权再主张抵销。

3. 履行地不同的债务抵销时的损害赔偿。债务的履行地不同，虽无妨其抵销，却可能因此而发生损害。比如甲公司在广州向乙公司购买特定种类和品质的有色金属10吨，乙公司则在北京向甲公司购买相同种类和品质的有色金属8吨。假如广州该有色金属的价格为每吨10万元，北京的价格为每吨10.5万元。如由甲公司主张抵销，两公司互免给付该种有色金属8吨，由于两公司的债之关系中，甲公司8吨有色金属应付给乙公司80万元，乙公司8吨有色金属应付给甲公司84万元，如双方的价金均已支付，则由于抵销已使乙公司多支付4万元，对此可否作为乙公司因甲公司主张抵销而遭受的损害从而由乙公司向甲公司请求赔偿呢？《民法典》对此没有具体规定。从比较法来看，我国台湾地区"民法"规定，清偿地不同之债务，亦得为抵销。但为抵销之人，应赔偿他方因抵销而生之损害。这一规则值得借鉴。这样，上述4万元就可作为损害而应由甲公司负责赔偿。反之，如果是乙公司主张抵销，则甲公司并未受损害，自然不发生赔偿问题。

4. 抵销的抵充。在因主动债权不足抵销数宗被动债权时，就会发生抵销的抵充问题，可准用债之清偿的抵充规则。

---

① Vgl. *Brox/Walker*, Allgemeines Schuldrecht, 31. Auflage, Verlag C.H. Beck, 2006, S.145.
② 参见［日］奥田昌道：《债权总论》（增补版），悠悠社1992年版，第596页。

三、合意抵销

（一）语义

当事人互负债务，标的物种类、品质不相同的，经协商一致，也可以抵销（《民法典》第569条）。这便是合意抵销，即由债权人与债务人订立抵销合同消灭相互债务。

抵销合同，为双方当事人以消灭互负的债务为目的而订立的合同，属于诺成合同及不要式合同；又由于抵销合同是互相以免除对方所负债务为目的而订立的，故属于双务合同及有偿合同；另外，如一方的债务有无效或不成立的原因，则对方所为免除债务的意思表示即归无效，抵销合同也随之消灭。实务中，商人间的交互计算便属于建构于抵销合同之上的制度。

（二）抵销合同的要件

抵销合同的成立，应依《民法典》合同编第二章关于合同订立及第569条关于合意抵销的规定。原则上，只要互负债务的当事人协商一致，该合同便可有效；依单方行为所为抵销场合所要求的抵销适状，在抵销合同场合并非必要。就其要点，略举如下：

1. 抵销合同的成立原则上要以二人互负债务为要件。《民法典》第569条明定有"当事人互负债务"的限定，故自解释论的立场，宜认为抵销合同的成立，原则上以二人互负债务为要件。

2. 二人互负债务的标的物种类、品质可以不同。此点亦系《民法典》第569条所明定，例如，以给付金钱以外的物为标的的债务与给付金钱为标的的债务，在对物进行价格评定后，经双方当事人合意抵销，并非无效。另外，即便是禁止抵销的债务，也并非不能够依抵销合同使之消灭。但订立抵销合同的结果影响第三人的利益时，自然不得为之。例如为质权标的物的债权，其债权人不得与债务人合意，将其消灭。

3. 双方的债权或一方的债权，虽未届清偿期，仍得以合同为抵销。自动债务虽附有抗辩，亦同。因为依抵销合同，得解为当事人抛弃期限利益或抗辩。

4. 当事人不但可以依抵销合同减轻法律上抵销的要件，也可以依合同加重其要件。例如约定双方债权虽具备法律上抵销的要件，非达于一定的数额后，不得为抵销。

（三）抵销合同的效力

抵销合同的效力于当事人意思一致时发生，如非特别约定，原则上并没有溯及效力，这在互负的债务以不同种类的物为标的时更应当如此，这点与法定抵销有所不同。

第四节　提存

一、提存概述

广义的提存，是指将金钱、有价证券及其他财产寄存于提存部门，再由他人自提存部门领取该财产，进而达到特定目的的制度（参照图 8.4.1），包括清偿提存、担保提存（出于担保债权的目的，使特定的债权人对于债务人提存的金钱、有价证券等享有优先受偿权）、执行提存、保管提存等。作为提存的标的物的财产称为"提存物"，向提存部门寄存提存物的人称为"提存人"，应当从提存部门领取提存物的人称为"被提存人"。《民法典》第 570 条以下所规定的提存是狭义的提存，仅指清偿提存。

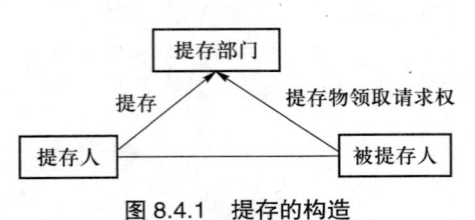

图 8.4.1　提存的构造

清偿提存，是指以提存作为清偿的代用，它在一定的要件下（《民法典》第 570 条）使债务人暂时地或者终局地获得解脱。提存人（债务人）通过将标的物提存，达到使债权债务终止的效果（参照《民法典》第 557 条第 1 款）。

以提存为一种清偿代用，是基于公平观念而生，即债务的履行，有只需债务人的行为者，有尚需债权人协助者，如需债权人的协助，而债权人不为协助，或协助困难，纵使债权人负债权人迟延的责任，债务人的债务依然存在，债权人一为请求，即非履行不可，债务人的债务既依然存在，则从属于债务的违约金条款等，仍继续有效，这样债务人实处于不利的地位，殊非公平，而以提存为清偿的代用，即债务人无须债权人的协助，便可消灭其债务。近现代民法一般将提存规定为一种债的消灭原因。

二、提存的法律性质

（一）向第三人履行的保管合同

提存是债务人与提存部门之间缔结的一种向第三人履行的保管合同。

（二）私法关系说与公法关系说的对立

由于提存部门成为提存的一方当事人，就提存的法律性质存在着"私法关系说"与"公法关系说"的对立，并由此引发出一系列后序问题的分歧，这些问题包括：提存纠纷是作为民事诉讼还是作为行政诉讼的程序问题，围绕时效期间等会发生实体关系上的差异等。

在我国，对于提存的法律性质，有持"私法上的行为"说者（私法关系说）；[①]有的主张提存是一种需要共同参与的行政行为，由此产生的提存关系是一种公法上的保管关系（公法关系说）；[②]有的认为提存是一种特殊的法律关系，提存人与债权人的关系为私法关系，他们与提存机关的关系则为公法关系（折中说）。[③]以上诸说，以私法关系说为当。

三、提存的原因

（一）债权人拒绝受领

债权人无正当理由拒绝受领清偿场合，债务人可以提存清偿的标的物以免除自己的债务，然作为其前提，是否要求债权人陷于债权人迟延呢？

《民法典》虽然也没有像《德国民法典》和《瑞士债务法》那样明确要求以债权人迟延为提存的前提，但通说针对《民法典》第570条第1款第1项"债权人无正当理由拒绝受领"，解释认为构成该提存原因，必须是债务人现实地提出了给付，个别情况下是以言词提出给付。如果债务人未现实地提出给付（包括允许以言词提出给付），则不构成提存原因。债务人通过提存而消灭自己的债务，以债权人构成受领迟延为前提。将提存作为债权人迟延的一项后果，亦没有什么不当之处，故应赞同我国通说见解。

债权人于债务履行期前表示拒绝受领的意思场合，是否允许债务人即时提存？值得探讨。虽然《民法典》第570条第1款第1项所说"无正当理由拒绝受领"，从字面上看，并不限于债务到期后的拒绝受领，也可包括到期前的拒绝受领。但考虑到提存可能对债权人带来的不利，如风险转移、提存费用的负担等，加之在债务到期前，债务人本来就有保管给付标的物的义务，故从利益衡量角度，宜认为原则上以不许债务人期前提存为当。[④]另外，从上述要求债务人提存以债权人迟延为前提的角度，债务到期前，原则上债权人并不陷于受领迟延，亦不应允许债务人期前提存。即使债权人期前拒绝受领，债务人亦须等到债务到期后才能提存。

（二）债权人不能受领

债权人不能受领，既包括"事实上的不能受领"，比如债权人下落不明或者失踪，或者由于交通中断债权人不能够赶赴履行场所，或者赴偿债务场合债权人不在，也包括"法律上的不能受领"，比如债权人丧失民事行为能力未确定监护人。

赴偿债务场合，不能受领包括债权人不在、住所不明等情形。债权人"不在"原则上亦

---

① 参见王利明：《合同法新问题研究》，中国社会科学出版社2003年版，第573页。
② 参见张谷：《论提存》，载许章润主编：《清华法学》第二辑，清华大学出版社2003年版，第186页。
③ 参见王家福主编：《中国民法学·民法债权》，法律出版社1991年版，第208—209页；崔建远主编：《合同法》（第四版），法律出版社2007年版，第267页。
④ 参见张谷：《论提存》，载许章润主编：《清华法学》第二辑，清华大学出版社2003年版，第192页。

得包括一时的不在,不过,未依诚信原则采取合理的手段寻找债权人场合,径以一时的不在为由作为受领不能而为提存,应当解为无效。

往取债务场合,履行期到来后,债权人没有往取,是否允许立即以不能受领为由进行提存?于此场合,原则上作为提存的前提,以口头的提供为必要。

(三)债权人不确知

所谓债权人不确知,是指清偿人虽尽善良管理人的注意(无过失),亦不能够确切知道谁是债权人。债权人不确知既可表现为"事实上的理由",比如债权人死亡未确定继承人(此时可以"某债权人的继承人"作为被提存人进行提存)或继承人不清,也可表现为"法律上的理由",比如债权人甲与债权的受让人乙之间就债权让与的有无及其效力发生争议,到底哪个是真正的债权人,暂无从确知(此时可以"甲某或乙某"作为被提存人进行提存)。

四、提存的方法

(一)提存的当事人

提存既属向第三人履行的保管合同,则所谓提存的当事人,实即提存合同的当事人,具体地是指提存人(清偿人)与提存部门。债权人并非提存合同的当事人,只不过是作为第三人而得主张提存的某些效果而已。学说上或以提存当事人有三方,将债权人(被提存人)亦作为一方当事人,似有所不辨。

1. 提存人。提存人通常为债务人。值得探讨的是,提存人是否仅限于债务人?《日本民法典》(第494条)及我国台湾地区"民法"(第326条)均规定为"清偿人",并不以债务人为限,可得为清偿之人亦得为提存。我国《民法典》第570条虽然只提到债务人,但由于《民法典》第524条承认第三人代为履行,于此场合,应承认有权代为履行的第三人亦得为提存。

2. 提存部门。提存部门为国家设立的接收并保管提存物,并应债权人的请求而将提存物发还债权人的机构。在我国,提存被作为一种公证业务而由债务履行地的公证机构管辖。

(二)提存的标的物

提存的标的,为债务人依约应交付的标的物。提存应依债务的本旨进行,否则就是违约,而非提存,不发生合同权利义务终止的效力。《提存公证规则》规定,提存标的物与合同标的(物)不符或者在提存时难以判明两者是否相符的,提存部门应告知提存人,如提存受领人因此原因拒绝受领提存标的物,则不能产生提存的效力(第13条第2款)。

《提存公证规则》第7条规定:"下列标的物可以提存:(一)货币;(二)有价证券、票据、提单、权利证书;(三)贵重物品;(四)担保物(金)或其替代物;(五)其他适宜提存的标的物。"实践当中,金钱的提存占压倒的多数。

不动产能否作为提存的标的物？我国学说有否定说与肯定说，以"肯定说"较为可采。

提存的标的物原则上为清偿的标的物，并且要求提存全部标的物。仅提存一部分能否消灭与该部分相当的债务，应依《民法典》第531条以为判断。

标的物不适于提存或者提存费用过高的，债务人依法可以拍卖或者变卖标的物，提存所得的价款（《民法典》第570条第2款）。或谓之"自助卖却"。所谓"标的物不适于提存"，大致区分为两类，其一是像易燃易爆物品、木材或者建筑材料，因其物的性质或形状或体积而不适于提存；其二是清偿的标的物易于毁损灭失，比如果品、鲜鱼。所谓"提存费用过高"，比如牛马等牲口，与标的物的价值相比，其保存费用过高。

（三）提存的成立

提存既属向第三人履行的保管合同，依《民法典》第890条，原则上保管合同自保管物交付时成立，故可知提存原则上自提存物交付时成立。《民法典》吸收司法规则，于第571条第1款明确规定，债务人将合同标的物或者将标的物依法拍卖、变卖所得价款交付提存部门时，提存成立。其法理原因，即如上述。

（四）提存的通知及提存书的交付

标的物提存后，债务人应当及时通知债权人或者债权人的继承人、遗产管理人、监护人、财产代管人（《民法典》第572条）。提存人还应当将记载受理提存的提存书交付债权人。以清偿为目的的提存或提存人通知有困难的，公证处应自提存之日起七日内，以书面形式通知提存受领人，告知其领取提存物的时间、期限、地点、方法（《提存公证规则》第18条第2款）。提存受领人不清或下落不明、地址不详无法送达通知的，公证处应自提存之日起六十日内，以公告方式通知。公告应刊登在国家或债权人在国内住所地的法制报刊上，公告应在一个月内在同一报刊上刊登三次（《提存公证规则》第18条第3款）。

提存的通知及提存书的交付，并非提存的有效要件（提存从向提存部门提存时起发生效力），因此不履行此项义务并不影响提存的效力，但怠于此种行为而给债权人造成损害时，提存人应负赔偿责任。

五、提存的效力

（一）债务消灭

清偿提存的效果，与清偿一样，使债务消灭。"提存成立的，视为债务人在其提存范围内已经交付标的物"（《民法典》第571条第2款）。

提存如何使债务消灭？由于提存后尚允许取回提存物，取回权的存在，构成了可得影响提存效力的不确定因素。对此，在法理构造上大致有两种不同的方法。其一为"停止条件说"，认为提存物取回权消灭时，与在提存时向债权人履行给付一样，债务人因提存而免除其债务（债务免除具有溯及效力）；提存物取回权尚未消灭时，债务人可以要求债权人就提存物获取清偿，这只是赋予债权人一项延期的抗辩权，称为提存抗辩权。采此方法者为德国民法（《德国民法典》第378条和第379条）。其二为"解除条件说"，认为债务虽因提存即行归于消灭，如有提存物的取回，债权便溯及既往地不消灭（债务复活）。采此方法者为《瑞士债务法》（第94条第2款）及日本民法（《日本民法典》第494条及判例通说）。[①]

依《民法典》第571条第2款，提存成立后，并非产生提存抗辩权，而是拟制为发生债务清偿的效果，[②]因而可以说，采取的是"解除条件说"。

（二）债权人提存物领取请求权

提存既属"向第三人履行的保管合同"（参照《民法典》第522条），作为该合同的效力，使第三人（债权人）取得对提存部门请求领取提存物的权利（提存物领取请求权），债权人可以随时领取提存物。债权人的提存物领取请求权（向提存部门主张）与本来的给付请求权（向债务人主张）二者究竟是什么关系（参照图8.4.2）？

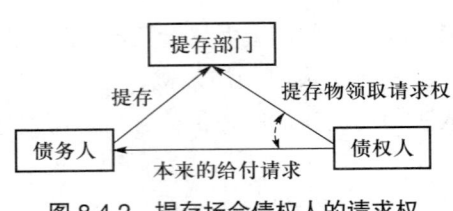

图8.4.2 提存场合债权人的请求权

提存物领取请求权既基于提存合同发生，故属于新发生的请求权，与本来的给付请求权应属两事；又在我国物权变动模式背景下，提存物领取请求权只是债权的请求权，而非物权的请求权。债权人的提存物领取请求权是本来的给付请求权的替代物，因而，其权利的性质及范围应当与本来的给付请求权相同。债权人可以随时领取提存物。但是，债权人对债务人负有到期债务的，在债权人未履行债务或者提供担保之前，提存部门根据债务人的要求应当拒绝其领取提存物（《民法典》第574条第1款）。

债权人领取提存物的权利，自提存之日起五年内不行使而消灭，提存物扣除提存费用后归国家所有。但是，债权人未履行对债务人的到期债务，或者债权人向提存部门书面表示放弃领取提存物权利的，债务人负担提存费用后有权取回提存物（《民法典》第574条第2款）。上述五年之期间的性质，依既往的司法规则，为"不变期间"，不适用诉讼时效中止、中断或者延长的规定。综合观之，难以认定该五年期间为诉讼时效期间，而应认定为与除斥期间相近。有观点认为该期间为除斥期间，[③]由于除斥期间适用的对象是形成权，故该观点亦有所不当。

五年的"不变期间"届满后，提存物扣除提存费用后归国家所有，其理论构成的基础在

---

① 参见韩世远：《合同法总论》（第四版），法律出版社2018年版，第722—723页。
②《民法典》第571条第2款使用了"视为"二字，是典型的拟制，是否妥适，尚值推敲。无论是"停止条件说"还是"解除条件说"，在提存消灭债务的效果上都是有条件的、暂定的。前一"视为"二字具有终局的色彩（故又称"不可推翻的推定"），提存人一旦取回提存物，则"视为未提存"；后一"视为"推翻了前一次的"视为"，显然它不是终局性的，替换为"推定"或许更好。
③ 参见最高人民法院研究室编著：《最高人民法院关于合同法司法解释（二）理解与适用》，人民法院出版社2009年版，第179、181页。

于"无主物归国家所有"之规则，认为债务人因提存而使其债务归于消灭，因而债务人已无权取回，故提存物无人领取后属于无主物。这种理论构成固然有其道理，不过，第 574 条第 2 款"但书"已然表明，债务人在特定条件下有权取回提存物。此种债务人取回权有两种情形：其一，债权人未履行对债务人的到期债务，且债务人负担提存费用；其二，债权人向提存部门书面表示放弃领取提存物的权利，且债务人负担提存费用。

（三）提存标的物所有权的移转

提存标的物所有权自何时移转，因提存标的物不同而有差异，故应分别考察。

1. 货币或其他可替代物。提存标的物为货币或其他可替代物时，提存就是一种向第三人履行的消费保管合同，自提存时起，提存物的所有权归属于提存部门，债权人自提存部门领取相同种类、数量的货币或相同种类、品质、数量的物品时（务请参考《民法典》第 901 条），其所领取物品的所有权转归债权人。

2. 特定物。提存标的物为特定物（包括不动产）时，由于我国对于所有权移转，在动产以交付为标志（《民法典》第 224 条），在不动产以登记为生效要件（《民法典》第 209 条第 1 款），如何解释物权变动的过程，宜审慎分析。提存虽有清偿代用功能，但提存只相当于债务人履行的"提供"，就清偿而言，尚需要债权人的"受领"。动产物权的移转所需要的交付，只能由履行的提供与受领结合而成，仅有其一端，尚不得谓为交付，故不应认为一旦提存即应视为标的物已经交付。而应当解释为债权人对于提存表示为承诺时（不必等到由提存部门现实交付时）或者向提存部门请求领取提存物时，已有该物的返还请求权的移转（自提存人移转给债权人），依《民法典》第 227 条（返还请求权的让与），使债权人取得间接占有。在不动产，须经登记始发生物权变动效力，提存的事实本身可视为提存人已有对于登记的承诺，故可由债权人单独请求登记。

（四）提存标的物的风险负担

"标的物提存后，毁损、灭失的风险由债权人承担"（《民法典》第 573 条前段），债权人负担的是对价风险，如果标的物在提存部门毁损、灭失，债务人不仅从其给付义务中解放，他仍然享有对待给付的请求权（比如买卖价款）。[①] 风险移转的时期是提存时。须注意的是，在以债权人迟延为提存原因的场合，买受人应当自违反约定（债权人迟延）时起承担标的物毁损、灭失的风险（《民法典》第 605 条）。因而，《民法典》第 573 条前段的规定仅在受领迟延以外的其他提存原因场合，有其意义。

作为债权人负担风险的效果，提存物在提存部门处且在取回权消灭前被烧毁的场合，债务人对自己的债务免责，且不丧失对待给付请求权，已如上述。另外，恶化的风险，比如对于提存中发生的提存标的物价值降低，也由债权人负担。提存部门将提存物交付与非权利人的风险，（如果只能分摊）在债权人与债务人之间，亦由债权人负担（这点在以债权人不确

---

① Vgl. *Brox/Walker*, Allgemeines Schuldrecht, 31. Auflage, Verlag C.H. Beck, 2006, S.138.

知为提存原因的场合具有特别的意义）。

（五）提存期间的孳息与提存费用的负担

"提存期间，标的物的孳息归债权人所有。提存费用由债权人负担"（《民法典》第573条后段）。

此处的孳息，包括天然孳息和法定孳息。孳息收取义务由提存部门负担。具体地，提存的存款单、有价证券、奖券需要领息、承兑、领奖的，公证处应当代为承兑或领取，所获得的本金和孳息在不改变用途的前提下，按不损害提存受领人利益的原则处理。无法按原用途使用的，应以货币形式存入提存账户（《提存公证规则》第22条第2款）。定期存款到期的，原则上按原来期限将本金和利息一并转存。股息红利除用于支付有关的费用外，剩余部分应当存入提存专用账户（《提存公证规则》第22条第3款）。提存的不动产或其他物品的收益，除用于维护费用外剩余部分应当存入提存账户（《提存公证规则》第22条第4款）。

提存费用包括：提存公证费、公告费、邮电费、保管费、评估鉴定费、代管费、拍卖变卖费、保险费，以及为保管、处理、运输提存标的物所支出的其他费用（《提存公证规则》第25条第2款）。提存费用由债权人负担，这是由于如果债权人正常地受领了给付，债务人就不会再将标的物提存，也就不会支出提存费用，债权人既有此可归责性，由其负担提存费用，自属公平合理。提存受领人（债权人）未支付提存费用前，公证处有权留置价值相当的提存标的物（《提存公证规则》第25条第3款）。

（六）提存标的物的取回

关于提存物的取回权，各国立法多有规定（《法国民法典》第1261条、《德国民法典》第376条、《瑞士债务法》第94条、《日本民法典》第496条），其性质一般认为是撤回权。《民法典》第574条第2款"但书"规定了债权人领取提存物权利消灭场合债务人的取回权，除此之外，债务人是否一般性地享有取回权，值得进一步讨论。

首先，提存是一种向第三人履行的保管合同，如无特别规定，可适用《民法典》关于保管合同的一般规定。依《民法典》第899条第1款，寄存人可以随时领取保管物。这样，如将提存人的取回权理解为寄存人的保管物领取权，则在《民法典》中并非不承认提存人的一般取回权。其次，提存既是以保护清偿人为目的的法律制度，只要没有对债权人或第三人造成损害或不利益，就应允许提存人取回提存标的物。

对于取回的法律性质，通常认为在对债权人的关系上属于第三人约款的特别取消，而在对提存部门的关系上则属于保管合同的解除。[①] 另外宜注意的是，此处的取回苟有相应的意思表示到达提存部门，即发生法律效果，并不以现实取回提存物为必要。

由于提存标的物的取回仅限于没有对债权人或第三人形成不当迷惑的场合而例外地允许，因而当质权或抵押权因提存而消灭时，从一开始就不允许取回。另外，债权人受诺提存

[①] 参见［日］於保不二雄：《债权总论》（新版），有斐阁1972年版，第411页。

后，或宣告提存有效的判决被确定后，也不允许取回。通常认为，提存人放弃取回权后，也不能再取回提存标的物。

提存人取回提存物的，就视为未提存。因此产生的费用由提存人承担。提存人未支付提存费用前，公证处有权留置价值相当的提存标的（《提存公证规则》第26条第3款）。提存物被取回场合，提存的法律效果均视为未发生，亦即提存抗辩权、时效停止、风险的债权人负担、利息支付义务的消灭等，均因而消除；因提存通知而被中断的时效仍视为未曾中断，但因债权人迟延而发生的效果，并不因提存的取消而受影响。在这种场合，共同债务人或保证人的债务成什么样子便是一个问题。我国法律对此欠缺明确规定，在实践中不妨借鉴《法国民法典》第1261条的做法，使共同债务人及保证人承担责任。

上述提存标的物的取回系取决于提存人的意思，除此之外，还可能发生提存错误或提存原因消灭等情形，于此场合，也应由提存人取回提存标的物，《提存公证规则》第26条第1款的规定，可认为属于此类情形。

第五节　免除

一、免除概述

（一）免除的语义

免除，是债权人为抛弃债权而对债务人为一方意思表示进而发生债务消灭效力的单方行为。就债权人而言，是债权的抛弃；就债务人而言，则因此而免其给付义务，因而免除是从债务人角度使用的用语。

（二）免除的性质

1. 免除为单方行为。免除为债务消灭的原因，为各国民法所承认。但对免除的性质，则存有不同的立法及学说。仅就大陆法系而言，欧陆国家多将债务免除规定为契约行为，债权人不得单方放弃其债权请求权；[1] 而东亚的立法例，如日本民法、韩国民法及我国台湾地区"民法"，则将其规定为单方行为。原《合同法》第105条并未要求双方对免除形成合意，采取了单方行为说。《民法典》第575条新增"但书"，即"但是债务人在合理期限内拒绝的除外"。此项修正，殊值注意。其一，我国法仍维持了免除为单方行为的基本立场，没有改采契约行为说。其二，基于自愿原则，债务人有拒绝的机会，但应在合理期限内拒绝。其三，如果债务人在合理期限内拒绝了，则"免除效力自始不发生"。[2] 当然，除了债权人依单

---

[1] Vgl. *Brox/Walker*, Allgemeines Schuldrecht, 31. Auflage, Verlag C.H. Beck, 2006, S.150.
[2] 石宏主编：《〈中华人民共和国民法典〉释解与适用［合同编］》（上册），人民法院出版社2020年版，第212页。

方行为免除债务外，按照合同自由原则，债权人与债务人也可有效成立免除合同。

2. 免除为处分行为。免除是使债权消灭的处分行为。因而，和解合同或赠与合同中债权人负担使债务免除的义务的行为（债权行为），与履行该义务而作出的免除（单方行为、处分行为）本身，是应当注意区分的。

免除是决定债权命运的行为，是对债权的抛弃，如欲发生免除的法律效力，须以行为人有处分权（处分能力）为前提，因而，免除行为原则上只能由债权人作出。若非由债权人为免除的意思表示，且事先未经其同意，即属无权处分，其处分效力待定。另外，由于免除并不以债务人的协助为必要，债务人纵为限制行为能力人，亦不生任何妨碍。

3. 免除为无偿行为。免除为单方行为，其原因可能有偿，也可能无偿，但这与免除的效力没有关系，免除本身是无偿的，即使为让债权人免除债务而约定对待给付，也不因此而使免除具有有偿性。

4. 免除为不要式行为。免除应由债权人向债务人以意思表示作出，故为有相对人的单方行为。免除的意思表示不需特定方式，其为书面抑或口头、明示抑或默示，均不影响其生效。

另外，在和解合同、赠与合同之类合同中，债权人的意思表示里可得视为包含有免除的意思表示的场合，亦多属有之。这时，有些类似于买卖合同中债权行为与物权行为（以物权移转本身为目的的意思表示）的关系。

5. 免除为无因行为。免除仅依债权人表示免除债务的意思而发生效力，免除的原因或是赠与，或是和解，可能各种各样，若其原因有无效或消灭的情形，免除行为是否随之受到影响，是一项重大问题。我国学者解释多肯定免除为无因行为，其原因无效或不成立，并不因此影响免除的效力。

二、免除的方法

（一）免除应以意思表示作出

免除为单方行为，由债权人向债务人作出免除债务的意思表示，方能发生债务消灭的效果。免除为不要式行为，故其意思表示无须履行一定的方式，比如将债权证书退还或者销毁，即可以解释为是默示的免除意思表示。不过，在票据债务场合，由于票据属于缴回证券，故票据债务的免除要求票据权利人交出票据。由于免除以意思表示为要素，属于单方法律行为，故民法关于法律行为的规定，均适用于免除。

（二）免除应由债权人作出

免除为对债权的处分行为，因而对于债权有处分权的人始得为免除的意思表示。债权人得为免除的意思表示，是为原则。在例外的情形，例如债权人经法院宣告破产，或债权经法院发禁止令或债权为质权的标的时，债权人即不得任意处分其债权，当然不能够免除债务。免除可由债权人的代理人代理为之；债权人依信托行为让与债权给第三人时，该第三人也可以免除债务。

（三）免除须向债务人作出

免除为有相对人的单方行为，以向债务人作出为必要。如果只是向第三人作出免除的意思表示，债之关系并不消灭。

（四）免除可以附条件或始期

免除虽为单方行为，也可以附停止条件或始期。比如表示债务人如在某一期限内还本，利息债务即予以免除，就是附停止条件的免除。又如表示债务人的债务在三个月以后免除，则是附始期的免除。另外，在学者通说上认为，免除也可以附解除条件或者终期。

三、免除的效力

《民法典》第575条主文规定："债权人免除债务人部分或者全部债务的，债权债务部分或者全部终止。"依其规范功能，其所谓"债权债务"当指狭义债之关系。免除发生债务绝对消灭的效力，由于免除也使债权消灭，因而债权的从权利，比如利息债权、保证债权、担保物权等，也随之一同消灭。仅免除部分债务的，债之关系部分终止。

除普通债务外，附条件或附期限的债务也可以免除。至于将来的债务是否可以免除，学说不一，通常采肯定说。另外，如果债权不具有可以放弃的性质，其债权人也不能够免除相对人的债务，比如股本缴纳债务，按照资本维持原则，就属于不得免除的。

免除不得损害第三人的合法权益。如因免除的结果对第三人发生不利益，比如以债权为质权的标的，债权人如免除债务，就会对质权人造成损害，自然不许任意免除，其处分权限受有限制。如有违反，并非免除无效，仅不得以其免除对抗第三人而已。

保证债务的免除不影响主债务的存在，主债务的免除则使保证债务随之消灭。

债务被全部免除后，如有债权证书，债务人可以请求返还债权证书。

第六节　混同

一、混同的语义与性质

混同，是指债权与债务同归于一人的现象（确切地说，是就一个债权，其债权人的地位与债务人的地位同归于一个）。债务人继承债权人的遗产、债权人公司与债务人公司合并、债务人自债权人受让债权等，可得发生混同现象。混同是债之关系终止的原因（《民法典》第557条第1款第5项；第576条主文）。

混同作为一种法律事实，本身并非行为。债务人受让债权场合，混同显然指的是作为债权让与结果的事实。混同作为法律事实，性质上属于事件。

二、混同的效力

（一）原则

混同原则上使债权债务归于消灭（《民法典》第 576 条主文），债权的从属权利或担保物权等也随之消灭。惟须注意，债权与保证债务混同时，保证债务固然消灭，主债务仍继续存在。

（二）例外

虽然债权与债务同归于一人，如该债权的继续存在具有特别的经济意义或法律意义，则例外地认为该债权并不因混同而消灭。《民法典》第 576 条"但书"所规定的"但是损害第三人利益的除外"，即指此而言。

1. 债权成为第三人的权利标的时该债权不消灭。比如甲以对乙的债权为丙设定权利质权，此后甲乙之间的债权债务即使混同，为了保护质权人的利益，作为权利质权之标的的债权并不消灭。再如，债权人甲请求执行法院扣押债务人乙对第三人丙的债权，此后乙丙之间的债权债务关系虽发生混同，但为了保护甲的利益，被扣押的债权并不消灭，甲仍可继续请求法院就该债权强制执行。

2. 具有流通性的证券化债权。票据转让中，对受让人无限制，票据再转让到以前的票据债务人（发票人、承兑人或其他票据债务人）也可以（回头背书），而且此时票据上的权利义务关系不因混同而消灭。[①] 另外，无记名债权、公司债等证券化债权，由于可以作为独立的有价物交易，自然不因混同而消灭。[②]

[①] 参见谢怀栻：《票据法概论》，法律出版社 1990 年版，第 104、126—127 页。
[②] 参见［日］於保不二雄：《债权总论》（新版），有斐阁 1972 年版，第 433 页。

第九章　违约责任

第一节　违约责任概述

一、合同债务与违约责任

（一）概说

债务与责任（Schuld und Haftung），是民法学的两个基本范畴，正确把握两者的关系是理解违约责任的一个前提。债权在法上的构造，可分为对债务人的请求力和对债务人财产的掴取力。由此种理解出发，与对债务人的请求力相对应者为债务，而与掴取力相对应者为"责任"。[①]

我国法严格区分债务与责任，从《民法典》第118条、第176条、第577条和第1165条等规定中可明显反映出来。债是按照合同的约定或依照法律的规定，在当事人之间产生的特定的权利和义务关系。而责任是民事主体违反合同或不履行其他义务时国家强制债务人继续履行或承担其他负担的法律后果。强制债务人继续履行或承担其他负担，这些责任方式是对债务的"替代"，责任是债务的转化形态，这是两者具有同一性的表现。二者的不同在于，债务"并不包含任何对债务人的强制。当债务人不履行债务时，强制其履行或赔偿损害则属于民事责任问题"。[②]《民法典》不仅严格区分民事义务与民事责任，而且对责任法进一步作了总、分规定，即在第一编第八章一般性地规定"民事责任"，在第三编第八章规定"违约责任"，在第七编规定"侵权责任"，独具特色。一方面，违约责任以合同债务的存在为前提，无合同债务即无违约责任；另一方面，有时虽有合同债务，也不产生违约责任，这

[①] [日]奥田昌道：《债权总论》（增补版），悠悠社1992年版，第94页。
[②] 梁慧星：《民法总论》（第五版），法律出版社2017年版，第84页。

也就是债务和责任的分离问题。

(二)债务和责任的分离

1. 无责任之债务(Schuld ohne Haftung)。此即学者通常所说的"自然债务"问题。所谓自然债务,亦称不完全债务(unvollkommene Schuld),指因欠缺强制性,不得强制执行的债务。就其效力,债权人虽不得以诉请求命债务人履行,然债务人一旦任意履行,其履行仍然有效,不得本于不当得利法则请求返还。

我国民法没有关于自然债务的规定。《民法典》第192条第2款规定:"诉讼时效期间届满后,义务人同意履行的,不得以诉讼时效期间届满为由抗辩;义务人已经自愿履行的,不得请求返还。"对此规定在学理解释上,或认为此处诉讼时效期间届满后的请求权,因诉权消灭,变为不可诉请求权,即罗马法上所谓自然债。此种请求权,只是不能诉请法院强制履行,如义务人自愿履行,其履行有效,不得再以不知诉讼时效期间经过为由请求返还。[①] 债权人的债权在效力上虽丧失了对债务人财产的捆取力,然对于债务人的请求力并未一同丧失。

2. 有限责任(beschraenkte Haftung)。有限责任是近代为限制企业经济上的风险而产生的制度,又可分为"人的有限责任"与"物的有限责任"。前者指以一定金额为应负责任的限度,比如有限责任公司的股东仅以其认缴的出资额为限对公司承担责任,不对公司的债权人负责。[②] 再如对于他人之债务,以一定金额为保证的限度。后者则指以特定财产为应负责任的限度,比如限定继承(《民法典》第1161条第1款)。另外,根据合同自愿原则,当事人也可约定物的有限责任。

3. 无债务之责任(Haftung ohne Schuld)。所谓无债务之责任,非谓全然没有债务而仅有责任,而是指债务的主体与责任相分离,由债务人之外的其他人单纯地负担责任,如物上保证人、担保不动产的第三取得人等。保证人与主债权债务之间的关系,可作为责任关系与债务关系异其主体的例证。

二、违约责任的概念与性质

(一)违约责任的概念

违约责任,是合同当事人不履行合同义务或者履行合同义务不符合约定时产生的民事责任。

[①] 梁慧星《民法总论》(第五版),法律出版社2017年版,第254页。
[②] 参见王保树、崔勤之:《中国公司法原理》(第三版),社会科学文献出版社2006年版,第36—37页。

（二）违约责任的性质

1. 违约责任是民事责任。法律责任有民事责任、行政责任、刑事责任等不同类型，违约责任是因违反合同义务而发生的民事责任，有别于其他类型的法律责任。

2. 违约责任是财产责任。在罗马古代，把债的关系视为人身关系，债务人不履行债务，债权人可拘押债务人，从而以人身作为债的担保。① 在古德意志法上亦曾有过人格责任。② 中国封建律典用刑罚保障债权，凡"欠负"及不出举的"负债"违契不偿，除赔偿外还要处刑（比如《唐律疏议·杂律》"负债违契不偿"条，《宋刑统》有相同规定）。唐、宋律允许债权人对违契不偿采取"牵掣"和"役身折酬"的办法取得补偿。其中"役身折酬"指拘禁债务人本人及其户内男口，以劳务代偿债务，但须以家资已尽，无法偿清为前提（《唐杂令》）。③ 随着社会的发展和进步，这类人身责任渐次消失，在现代法中已无处觅其踪影。

《民法典》合同编规定的违约责任包括强制履行、赔偿损失、违约金、退货、减少价款或者报酬等方式。解除合同被规定在"合同的权利义务终止"章中，而没有规定在"违约责任"章中，自解释论立场，便不宜将解除合同作为违约责任方式。退货本身并不等于解除合同，而是债权人行使受领拒绝权的表现。上述违约责任方式均可引起债务人财产上的变化，故可归入"财产责任"范畴。《民法典》第 996 条承认了因违约损害对方人格权并造成严重精神损害场合的精神损害赔偿，对精神损害予以金钱赔偿，仍然属于财产责任。

违约责任是财产责任，是与合同的基本特性分不开的。在现代法上，合同是最常用的财产流转的法律形式，合同关系是财产关系而非人身关系，合同内容通常具有财产价值，或可用金钱衡量；而违约责任作为第二次给付义务（sekundare Leistungspflicht），作为合同债务的转化形式或替代品，与合同债务具有同一性，故表现为财产责任。

明确违约责任的财产责任属性，并在法律上予以强调，有其重大意义。日常生活中以"人质"索债的事件仍有发生，其原因是多方面的，如行为人法律意识的淡薄、诉讼成本的高昂及"产出"与之不成比例等，均使得一些人选择了私力救济。这一局面的扭转及这一现象的杜绝，需要做很多方面的工作，而强调违约责任的财产责任属性，则是其基本的前提和出发点。

3. 违约责任是合同义务的转化形态。首先，违约责任以存在有效的合同债权债务关系为前提，否则无从谈及违约及其责任。其次，违约责任的发生以违约为前提。侵权责任是行为人不法侵害他人人身或者财产权益而依法产生的民事责任；缔约上过失责任，是缔约人在缔约阶段违反先合同义务导致对方损害而依法所应承担的民事责任。它们与违约责任均有不同。最后，合同义务属于第一次给付义务，该义务不履行转化为违约责任，因而，违约责任便成为合同义务的转化形态或替代品，它或是原合同义务的变形，或是原合同义务的延伸。

---

① 参见周枏：《罗马法原论》（下册），商务印书馆 1994 年版，第 628 页。
② Vgl. *Otto Friedrich von Gierke*, Schuld und Haftung im aelteren deutschen Recht, Marcus, 1910, S.50 ff.
③ 参照陈盛清：《违契不偿》，载《中国大百科全书·法学》，中国大百科全书出版社 1984 年版，第 618 页。

三、违约责任与相关概念辨析

(一)违约责任与债务不履行责任

"债务不履行"的内涵比"违约"广泛,其不仅包括合同债务的不履行,也包括其他非合同债务的不履行,比如侵权之债不履行、无因管理之债不履行以及不当得利之债不履行。另外,违约属于一种定性的界定,其并没有具体区分违反何种合同义务;而债务不履行则能够进行量的界定,可以具体区分是给付义务、附随义务等的不履行,进而明确其相应的法律后果。从这一角度来说,"债务不履行"是一种比"违约"更科学的用语。

违约责任的语义背景是有效的合同关系的存在;而债务不履行责任的语义背景是有效的债之关系的存在,并不限于合同之债(约定之债),其他的依法律规定而发生的债(法定之债)以及依单方意思表示发生的债亦包括在内。

违约责任既以合同关系的存在为前提,故得有一些合同特有的责任方式,比如违约金责任、减价责任等。除违约责任以外的其他债务不履行责任,通常并不涉及违约金责任及减价责任。

(二)违约责任与合同责任

合同责任是合同法上的民事责任,它是违反合同法上的义务而发生的民事责任,其既包括因违反合同义务而发生的违约责任,也包括因违反先合同义务而发生的缔约上过失责任,以及因违反后合同义务而发生的民事责任。因而,合同责任是违约责任的上位概念。

(三)违约责任与违约救济

违约救济(remedies for breach of contract),是英美法常用的一个概念,与债务不履行的法律后果比较相近。违约救济是一个比违约责任外延更大的概念,违约责任均可纳入违约救济范畴,而违约救济又包含有一些无法纳入违约责任范畴的内容,比如合同解除、双务合同的履行抗辩权等,因而违约救济是违约责任的上位概念,二者是包容关系。

第二节 违约责任的归责原则

一、归责、归责事由、归责原理与归责原则

一项损害发生后,如果该损害不由受害人自己承担,就会面临由其他人承担的问题。这时,法律将赔偿损害作为一项法律责任,归于某人承担,便是在归责。

人之相与,利害得失,事关重大,法律确定责任由甲而非乙或丙承担便要基于一定的理

由，比如，"有偿的委托合同，因受托人的过错造成委托人损失的，委托人可以请求赔偿损失"（《民法典》第929条第1款前段）。此处，法律是基于受托人的过错加以归责，这种归责时所依据的理由，便称为归责事由。

《民法典》合同编中的归责事由包括：过错（第824条第1款、第841条、第929条第1款前段）、故意或重大过失（第660条第2款、第929条第1款后段）、保管不善（=过失，第784条、第897条）、应当告知而未告知（=过失，第893条）等，以上可总括为"过错"。此处的归责原理是：有过错，则有责任。因而，学说称此种归责原理为"过错责任主义"。

然而，上述诸情形，对于《民法典》合同编来说，并不具有普遍性，毋宁说属于例外情形。《民法典》合同编第577条所确立的是另外一种归责原理，"这里的逻辑是，只要违约就应当承担违约责任，责任的构成仅以不履行为要件，被告对于不履行是否有过错，与责任无关。被告免责的可能性在于证明有免责事由"。[①] "违约责任是由合同义务转化而来，本质上出于当事人双方约定，……合同相当于当事人双方为自己制定的法律。法律确认合同具有拘束力，在一方不履行时追究其违约责任，不过是执行当事人的意愿和约定而已。因此，违约责任与一般侵权行为责任比较，应该更严格。质言之，违约责任出于当事人自己的约定，这就使违约责任具有了充分的合理性和说服力，此外无须再要求使违约责任具有合理性和说服力的其他理由。"[②] 这种归责原理被称为"无过错责任主义"或者"严格责任主义"。

如上所示，《民法典》合同编总体上规定了两类违约责任：过错责任与无过错责任（严格责任），二者各有其归责的原理。在《民法典》内部，两类责任及两种归责原理各有其适用对象和作用领域，适用法律时各依其规定，不生问题。问题在于，在《民法典》外部，换言之，对于非典型合同，一旦违约，适用法律时，如何确定相应的归责原理？因而，当存在不同的归责原理可供选择场合，作为思想指南，指示应当以何者为思考问题的出发点、以何者为一般性立场者，便是归责原则。其实，归责原则所表征者正是不同的归责原理中的一种，而且是"头号原理"或者"原理之首"，是适用法律遇有疑问时被默认应予适用的归责原理。因而，"归责原则"不是纯粹的理论上的构造，也不是学者任意的配置，更不是可有可无的摆设，实有其法学方法论上的意义。

二、我国法上违约责任的归责原则问题

《民法典》第577条规定："当事人一方不履行合同义务或者履行合同义务不符合约定的，应当承担继续履行、采取补救措施或者赔偿损失等违约责任。"这个条文中并没有出现"但当事人能够证明自己没有过错的除外"的字样，被认为是采取了严格责任原则。

[①] 梁慧星：《从过错责任到严格责任》，载梁慧星主编：《民商法论丛》第8卷，法律出版社1997年版，第5页。
[②] 梁慧星：《从过错责任到严格责任》，载梁慧星主编：《民商法论丛》第8卷，法律出版社1997年版，第7页。

当然，《民法典》合同编同时也规定了若干过错责任，已如上述。虽然如此，却不应以之为与严格责任原则相并列的过错责任原则。

第三节　第三人的行为或原因与债务人的责任

《民法典》第 523 条规定了由第三人履行的合同，第 593 条规定了"因第三人的原因造成违约"，这两条规定涉及一个特殊的问题，即第三人的行为或原因与债务人的责任，可称为"为第三人负责"。这一问题因法律对于债务不履行责任或违约责任所采的归责原理的不同而有不同的表现，以下分别阐述。

一、过错责任原理背景下：为履行辅助人负责的法理构成

（一）问题的所在

"私法自治原则"要求自己的社会生活关系由自己的意思决定，相应地，"过错责任原理"要求仅对基于自己意思的行为负责（自己责任原则）。在个人主义责任论的立场上，由于对他人的过错不负责任，当债务人为履行债务而使用履行辅助人时，于辅助人的行为所生不履行场合，如果债务人对辅助人的选任监督做到了充分的注意，对债务人不能认有故意、过失，债务人便不负责任。对此，可以通过比较法及法律史的考察窥知。

早在罗马法上，对于债务不履行系采过错责任原则，债务人仅就故意或过失负责，因此债务人亦仅就选任、指示或监督履行辅助人具有过失时始负责任。对此，仅于若干特殊之债设有例外。罗马法的这一原则对后世产生了深远影响。

及至近代资本主义时代，经济的发展带来了社会分工的发达和企业组织的大规模化，债务人使用辅助人履行债务在交易上司空见惯，前述个人主义责任论对于使债权人负担损害之结果已难以维持。至此，对债务人认有对履行辅助人的过失负绝对责任的时机到来，最初是对于运输业、仓库业等商事债务的履行，在诸国的商法中规定了债务人对履行辅助人过失的绝对责任；随后，《德国民法典》第 278 条、《瑞士债务法》第 101 条等关于一般民事债务的履行，规定履行辅助人的故意、过失视同债务人自己的故意、过失。

使债务人为债务履行辅助人负责（Haftung für Erfüllungsgehilfen），已为多数国家的立法、判例及学说所肯定，惟对于债务人所承担责任的性质、法理依据、履行辅助人的范围等问题，见解未必一致。

（二）履行辅助人过失责任的性质

债务人应对其履行辅助人之故意过失负责，由此发生一项疑问：债务人责任的性质究为过失责任抑或为无过失责任？这一问题在采过错责任原则的体制下是一项重大争点。

在民法学说上，对债务人为履行辅助人承担责任的性质存有两种不同的见解。一种见解

认为，债务人所负之责任属过失责任，乃系将履行辅助人之故意或过失扩大及于债务人，使之负责，性质上为过失责任之扩大化，而非无过失责任。[1] 另一种见解认为，债务人所负之责任为无过失责任，性质上属于法定担保责任。此项严格责任是基于当事人间之利益衡量。首先，债务人使用他人履行债务，通常提高给付障碍之危险性；在债务之关系（尤其是合同关系）中，债权人所信赖者，系债务人本人，而非其履行辅助人。债务人因分工役使他人而受益，理应承担其危险性，何况债权人对于债务人之选任辅助人通常多无影响力。其次，使债务人负担保义务亦可促其慎于选任、监督履行辅助人。[2]

由于《民法典》就违约责任采严格责任原则，债务人原则上对其违约承担严格责任，不要求过失要件，使得为履行辅助人承担责任的性质问题不突出，"第三人不履行债务或者履行债务不符合约定"，债务人便要承担违约责任，根本不再过问第三人是否有过错，也不问债务人是否有过错，故属于一种无过错责任。在对违约责任采过错责任的个别场合，债务人对于履行辅助人的责任，性质上仍应认定为无过错责任。

（三）履行辅助人

所谓履行辅助人（Erfüllungsgehilfe），得分为代理人与使用人二类。由于代理人中的"意定代理人"系依债务人的意思而履行债务，可归入"使用人"的范畴，故此处的代理人实际上仅指法定代理人。而使用人则指依债务人的意思事实上为债务履行之人。

就使用人而言，通常凡依债务人的意思事实上充当债务履行者的均为债务人的使用人，至于当事人间有无合同关系，一时或继续，有无报酬，使用人是否知悉其为债务人履行债务，均非所问。债务人的家属、客人甚至债权人派来催债之人，倘债务人托其顺便将给付物带回时，于赴偿债务情形，亦属债务人的使用人。[3]

另外，使用人是否以受债务人指示或监督为必要？对此存有"干涉可能性必要说"和"干涉可能性不要说"两类学说。"干涉可能性必要说"认为，成为履行辅助人，尽管不以辅助人和债务人之间存在支配、从属关系为必要，但要求债务人对履行辅助人应有干涉可能性。这种学说在20世纪初的德国民法学说上有相当大的影响力。在日本传统见解上，该学说居于通说地位。我国台湾地区通说亦认为，债务人对于履行辅助人之行动可得干涉为必要，否则非为履行辅助人。"干涉可能性不要说"的要义在于，对干涉可能性要件加以否定，主张将邮电、铁路等垄断性企业也包括在履行辅助人之内。

履行辅助人范围问题在过错责任原则体制下虽突出，然在《民法典》就违约责任采严格责任原则体制下，已不具有多少重要性，因为债务人对于"通常事变"亦要负责，第三人的范围已没有什么限制。在对违约责任采过错责任的个别场合，从债务人为履行辅助人负责为

---

[1] 参见林诚二：《民法理论与问题研究》，中国政法大学出版社2000年版，第354页。
[2] 参见王泽鉴：《民法学说与判例研究》（第六册）（第五版），台北自刊本1991年版，第71—72页；[德] 罗伯特·霍恩、海因·科茨、汉斯·G.莱塞：《德国民商法导论》，楚建译，中国大百科全书出版社1996年版，第124页。
[3] 参见郑玉波：《民法债权总论》（第十五版），三民书局1996年版，第273页；王泽鉴：《民法学说与判例研究》（第六册）（第五版），台北自刊本1991年版，第77页。

无过错责任（担保责任 Garantiehaftung）的性质出发，此种责任并非基于指示或监督的过失。自规范目的以言，此种情形不以使用人对于债务人居于从属地位为必要，故宜采"干涉可能性不要说"。

依我国司法解释，因旅游辅助服务者的原因导致旅游经营者违约，旅游者仅起诉旅游经营者的，人民法院可以将旅游辅助服务者追加为第三人（《旅游纠纷解释》第4条）。

二、严格责任原理背景下：为"通常事变"负责的法理构成

《民法典》第593条一方面体现了合同相对性原则，另一方面也确立了为通常事变负责的规则。

（一）合同相对性

《民法典》第593条强调了合同相对性原则，立法者是想通过该条防止在审判实践中动辄将第三人拉来参加诉讼。法院依职权把一些合同以外的当事人拉进案件，最后纠纷双方没有承担责任，判决由别的人承担责任，这种判决违反了合同的相对性，没有合理性。①

当然，合同相对性原则并非没有例外，如果法律规定因第三人原因造成违约由第三人承担责任，第三人自然要承担责任，比如《民法典》第834条。

（二）为通常事变负责

《民法典》合同编对违约责任采纳了严格责任原则，第593条对"第三人"未作任何字面限制，可见对为第三人负责场合的"第三人"并没有局限于履行辅助人，尚包括其他的第三人，亦即大陆法系传统理论上所说的"通常事变"情形亦由债务人负责。②因第三人的原因造成当事人违约的，比如第三人迟延交货造成一方当事人迟延履行，依《民法典》第593条，即应由当事人承担违约责任。该当事人承担违约责任后，可向第三人追偿。在这类场合，债务人本人并没有过失，却要承担违约责任，实属为通常事变负责。当然，依大陆法系传统理论，债务人对通常事变本不负责任，《民法典》突破这一禁区，实为扩张违约责任的一个表现。

---

① 参见四川省高级人民法院经济审判第二庭、四川省高级人民法院知识产权审判庭：《梁慧星教授谈合同法》，四川省高级人民法院印，川新出内（98）字第174号，第150—151页。
② 相较原《合同法》第121条，《民法典》第593条增加了"依法"二字，另将"解决"修改为"处理"。立法者解释称，"在合同法规则的基础上，本法对因第三人原因造成违约所应承担的违约责任作了适当限缩，给司法实践留下空间"，参见黄薇主编：《中华人民共和国民法典合同编释义》，法律出版社2020年版，第307页。本书认为，仅靠增加"依法"二字，在一般法定免责事由只有不可抗力而未扩张的前提下，恐难以实现限缩违约责任的目的，故"为通常事变负责"的基本立场并未改变。

第四节 强制履行

一、强制履行的概念分析

(一) 强制履行的含义

强制履行 (enforced performance),作为与"任意履行"相对的概念,《民法典》称为"继续履行"(第 179 条第 1 款第 7 项; 第 577 条),指在债务人不自动履行债务时,债权人借助于国家之力,使债权之本来的内容强制地获得实现。[①] 强制履行可以通过强制执行制度而具体化,强制履行是实体法上的概念,而强制执行是程序法上的概念。理解"强制履行"这一概念,应注意以下要点:

1. 强制性。作为一种违约责任,强制履行具有强制性,是借助于国家公权力的强制。近代法所确立的自力救济禁止原则,在我国法上同样适用,债务人不自动履行其债务时,债权人原则上不能够以自力救济的方式维护自己的权利,而应通过国家的裁判机关强制债权内容的实现。在借助于国家公权力的强制之前,不发生强制履行责任问题;债权人直接请求违约人履行合同义务,而没有借助于国家公权力的,仍属于第一次给付义务范畴,而非第二次给付义务(参照图 9.4.1)。

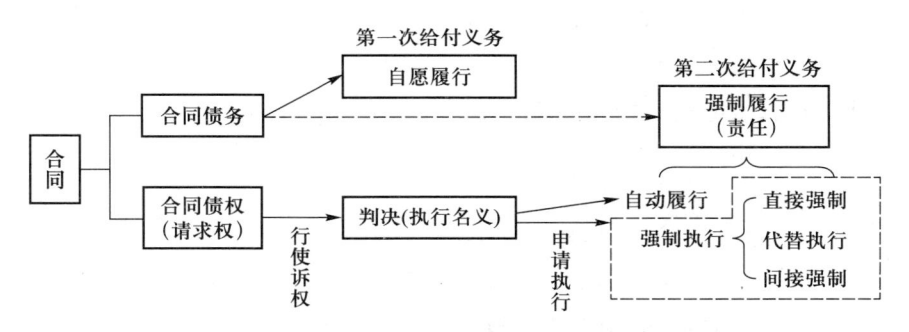

图 9.4.1 履行与强制履行的关系构造

国家公权力的强制有不同的体现。获得胜诉判决后,请求法院强制执行,固然体现了强制性,即使没有进展到强制执行阶段,败诉的违约方自动履行判决的,也仍然体现了强制性,这时的强制性虽未现实表现出来,一经裁判,具备了执行名义(法院判决、仲裁裁决),也就意味着实际获得了公权力的肯定和支持,可以随时发动强制力。被赋予强制执行力的公证债权文书具有特殊性,一旦债务人不履行债务,债权人请求其履行时便已进入"强制履行"范畴,因为这种债权文书事先已经过公证审核,成了执行名义,无须再经裁判。

---

① [日] 中田裕康:《债权总论》(新版),岩波书店 2011 年版,第 74 页。

2. 实际性。强制履行之所以被称为"强制实际履行"或"继续履行",就是因为其内容是继续履行本来的债务,作出本应作出的给付。实际履行的作出,并不局限于债务人本人,责任的目标是使债权人实现债权目的,手段是使债务人承受相应的不利后果:或由债务人亲自履行,或由他人代为履行而由债务人负担其代价。

《民法典》规定的"强制履行"责任与程序法中的执行措施有着天然的紧密联系。作为强制执行措施,可以有直接强制、代替执行和间接强制。(1)直接强制,通常适用于交付金钱、财物、票证、房屋土地等(属于所谓"与的债务"范畴)情形。(2)代替执行,是指由债权人或第三人代替债务人履行债务,使债权内容获得实现,相关的费用由债务人负担的方法,主要适用于"为的债务"中可由第三人代为的债务。(3)间接强制,是指若债务人于一定的期间内未履行债务,则法院命令之支付一定的金钱或承担其他不利益,以此对债务人的心理施加压力,间接地使债权的内容获得实现的方法。这部分内容在《民事诉讼法》中已有体现(第249—251条、第256—257条、第259条、第260条、第262条)。无论是直接强制还是代替执行抑或间接强制,对于违约诉讼而言,[①]其目的均是"使守约方尽可能地取得约定的标的",均是落实"强制履行"责任的手段。

(二)性质

强制履行属于违约责任,而不是单纯的合同债务的履行。强制履行虽是合同履行的继续,但仍然是履行原合同债务,它同一般的债务履行行为的不同体现在:一是履行时间不一致,强制履行的时间晚于履行原合同债务的时间;二是作为违约责任方式,强制履行增加了国家强制性,多了一层法律对违约行为的否定性评价。

二、强制履行的构成要件

(一)存在违约行为

强制履行作为一种违约责任,当然要以违约行为的存在为前提。否则仅为债务履行问题,属第一次给付义务阶段,谈不上作为第二次给付义务的强制履行。

就违约形态而言,通常是迟延履行、不完全履行以及先期违约中的拒绝履行,如将债权人迟延作为一种违约看待,尚包括债权人迟延。履行不能场合不适用强制履行责任。

(二)违约方能够继续履行合同

强制履行的另一个前提是合同能够履行。如合同已不能履行,则无论是事实上的不能还是法律上的不能,都不再适用强制履行责任。

[①] 应该指出的是,诸此强制执行手段并不仅限于违约场合的"强制履行"责任有其适用,物权、亲属(例如交付子女)、继承均有强制执行问题。由此可知,这些问题放在程序法规定,有其合理性。

（三）守约方请求继续履行合同

强制履行以守约方的请求为前提，如守约方不请求违约方继续履行，而是将合同解除，便不可能成立强制履行责任。质言之，强制履行责任要求须守约方选择，法院不能以职权代当事人作此选择。

三、强制履行的方法及其具体形态

（一）直接强制

直接强制，指不管债务人意思如何，借助于国家公权力，直接实现债权内容的强制方法。这种方法就债权的保护而言效果最佳，不过，法律在保护债权人利益的同时，也不能无视债务人人格尊严，协调这二者的方法便是区分债务的类型以决定是否适用直接强制。

就国外的立法与学说而言，一般是将直接强制限定于"与的债务"（金钱债务或者交付财产的债务）。从我国《民事诉讼法》第21章"执行措施"的规定看，基本上也是如此，第249—251条、第254条、第256—258条规定的强制措施所针对的，显然都是交付金钱、财物、票证、房屋土地等的情形，都属于"与的债务"范畴。

（二）代替执行

代替执行，是指债务人对判决、裁定和其他法律文书指定的行为，未按执行通知履行的，人民法院可以强制执行或者委托有关单位或者其他人完成，费用由被执行人承担（参照《民事诉讼法》第259条）。当然，这是程序法在执行阶段的具体措施。另外，在实体法上甚至在产生判决以及执行判决之前，赋予债权人以采取替代履行措施并使债务人负担其费用的权利（《民法典》第581条、第713条第1款等）。一般将代替执行限定于"为的债务"。

对于以法律行为为目的的债务，比如，在以同意之意思表示作为债务目的的场合（一种作为债务），债权人获准令债务人为意思表示的判决，便可以该判决代替债务人的意思表示，是为"判决代用"，这也是一种代替执行。这种方法对于准法律行为也可以适用。

在上述情形中，债务的目的是作为；如果债务的目的是不作为，比如债务人违反在某一特定场所不搭设建筑物影响交通这种不作为债务，也可通过由债务人负担费用让其他人具体拆除建筑物，这也是一种代替执行。不过，如不作为债务违反的结果最终不是表现为某种有形状态的继续时，比如违反不于特定时段弹钢琴的债务时，便不适合代替执行，而只能采取间接强制的方法。

（三）间接强制

间接强制，与直接强制不同，是采取对债务人施加心理压力以促使之履行债务的强制方法。依《民事诉讼法》第260条、第262条，加倍支付迟延期间的利息、支付迟延履行金、限制出境、在征信系统记录、通过媒体公布不履行义务信息以及法律规定的其他措施，可以起到间接强制债务人履行债务的作用。

（四）直接强制、代替执行与间接强制是否有应用上的顺序限制？

在日本民法上，由于直接强制的方法就保护债权而言效果最佳，故可以采取直接强制的场合，便不允许采取其他的强制方法。就代替执行与间接强制的关系而言，可以认有代替执行的场合，一般间接强制也是可能适用的，但在日本法上，则明确地将间接强制限定于代替执行无法实现目的的场合（日本《民事执行法》第172条第1项）。[①] 换言之，在日本法上，直接强制、代替执行与间接强制三者有着适用上的先后顺序关系。

在我国法上，尚看不出有这种适用顺序的限制，而是采取比较灵活的处理方法：一方面，债权人可以选择；另一方面，法院也可以根据法律规定及公平理念酌情处理。

（五）强制履行的具体形态

1. 继续履行。如果债务人不履行合同义务或者履行合同义务不符合约定，不论是属于迟延履行、拒绝履行还是不完全履行，债权人均可以请求法院强制债务人履行其债务。在金钱债务场合，可直接强制金钱的给付；在非金钱债务场合，则依据债务的具体特点，决定是直接强制、代替执行还是间接强制。

2. 采取补救措施。如果债务人履行合同义务不符合约定，亦即不完全履行，则应当承担采取补救措施等违约责任（《民法典》第577条）。如果是金钱债务的不完全履行，则可通过法院直接强制债务人给付不足部分的金钱，已如上述，非此所谓"采取补救措施"问题；如果是非金钱债务的不完全履行，《民法典》于第582条具体规定了相应的违约责任方式，其中可纳入强制履行范畴的包括修理、重作、更换，可称为"补救的履行请求"（其对应的概念称"本来的履行请求"），属于《民法典》第577条规定的"采取补救措施"的一个组成部分，并属于强制履行范畴。

修理，是指交付的合同标的物不合格，有修理可能并为债权人所需要时，债务人消除标的物缺陷的补救措施。重作，是指在承揽、建设工程等合同中，债务人交付的工作成果不合格，不能修理或者修理所需要的费用过高，由债务人重新制作工作成果的补救措施。更换，是指交付的合同标的物不合格，无修理可能，或修理所需要费用过高，或所耗时间过长，债务人交付同种类同质量同数量的标的物的补救措施。在民法理论上，更换和重作又叫另行给付，修理又称消除缺陷。[②]

四、不适用强制履行的情形

对于金钱债务，不生不能履行问题，是为各国通例，故理论上总能适用强制履行责任。

---

① 参见［日］三和一博、平井一雄编：《债权总论要说》，青林书院1990年版，第41页以下。
② 崔建远：《合同责任研究》，吉林大学出版社1992年版，第180—181页。

而对于非金钱债务，依《民法典》第580条第1款的规定，以下几种情形不适用强制履行。

（一）不能履行

不能履行包括法律上的不能履行与事实上的不能履行，已如前述。无论哪种不能履行，如果强要债务人履行其债务，实即强人所难，故这种场合只能使债务人承担其他的违约责任。

（二）债务的标的不适于强制履行或者履行费用过高

债务的标的不适于强制履行，是指根据债务的性质不宜直接强制履行。比如委托合同、技术开发合同、演出合同、出版合同等发生的主给付义务，通常具有人身专属性，不能由他人代替履行，其性质决定了不适于直接强制履行。不过，这类债务虽不宜直接强制，却有采取代替执行或间接强制的余地。

履行费用过高，是指有时候标的物要强制履行，代价太大。基于此一规定，如果一辆待售汽车，因为有一处小小的油漆瑕疵而使其价值减少值为购买价格的0.01%，而重新油漆所需费用是购买价格的0.5%，那么，要求修理的权利便被排除；但是，买受人有权要求减价。履行费用过高的比较标准既可以是与另外一种补救履行所需费用相比（相对的不合理），也可以是与债权人通过该特定的强制履行所获得的利益相比（绝对的不合理）。[①]

（三）债权人在合理期限内未请求履行

该规则背后的法政策是要以此督促债权人及时主张权利，行使履行请求权。如债权人并不积极行使其履行请求权，待一段很长的时间后始主张强制履行，对于债务人未免不公。从利益衡量的立场出发，对债权人主张强制履行的权利应作一适当限制，以尽早结束债务人责任承担方式不确定的状态。从这种立场出发，该规定不能不说有其合理性。

"合理期限"是一个不确定概念，既非诉讼时效（尽管此处被排除的是"履行请求权"），亦非除斥期间。究竟何谓"合理期限"，需要结合这一规则的规范目的，由法官在实际案件中具体地加以判断，有的案件中可能短些，而在有的案件中则可能长些。[②] 换言之，"合理期限"是一个应当在审判实践中不断充实完善的概念。

所谓"未请求履行"，包括一切主张履行请求权的方式，无论是诉讼上的还是诉讼外的，均未由债权人采取，债权人既没有向法院起诉，也没有直接向债务人请求履行。

除以上由《民法典》明文规定的不适用强制履行的情形外，我国学说解释认为，还有一些情形不适用强制履行，具体包括：（1）法律明文规定不适用强制履行而责令违约方只承担违约金责任或赔偿损失责任。比如货运合同场合，承运人对运输过程中货物的毁损、灭

[①] See Reinhard Zimmermann, *The New German Law of Obligation: Historical and Comparative Perspectives*, Clarendon Press, 2005, p.102.

[②] See Ole Lando and Hugh Beale edited, *Principles of European Contract Law*, Parts I and II, Kluwer Law International, 2000, p.399.

失承担损害赔偿责任（参照《民法典》第 832 条前段），而不负强制履行责任。(2)因不可归责于当事人双方的原因致使合同履行实在困难，如果实际履行则显失公平。比如适用情事变更原则场合，往往不成立强制履行。(3)对方当事人可以合理地从其他渠道获得替代履行。

作为"补救措施"的修理、重作、更换，当然也要适用《民法典》第 580 条第 1 款"但书"的限制。值得探讨的是，除此之外，对于补救的履行请求权是否还应有特别的限制规则？《民法典》第 582 条的规定是"受损害方根据标的的性质以及损失的大小，可以合理选择"。假设买卖的标的物属于种类物，在给付的标的物有瑕疵的场合，如果修理的费用超过了标的物本身的价值，则应当允许出卖人主张更换，买受人执意修理便属于不合理。另外，如履行不符合约定是由于设计错误所致，该类产品均为一样，更换即丧失其意义，如不能修理或不宜修理，则可退货或减价；再如所售商品如果已停产，并且在发现其不符合约定时市场上也找不到了（典型的是有隐蔽瑕疵的场合），则不宜更换；出售特定物场合（二手汽车或独一无二的艺术品），也不应要求出卖人更换。

五、不得请求履行场合的司法终止

（一）规范目的

《民法典》第 580 条第 2 款是全新的规定，它接续同条第 1 款"但书"，规定了不得请求履行场合的司法终止，即"有前款规定的除外情形之一，致使不能实现合同目的的，人民法院或者仲裁机构可以根据当事人的请求终止合同权利义务关系，但是不影响违约责任的承担"。其规范目的在于为履行过程中出现的所谓"合同僵局"的打破提供破解之道。

（二）基本的构成要件

1. 非金钱债务之不得请求履行。第 580 条第 2 款已经限定在"有前款规定的除外情形之一"，即非金钱债务之不得请求履行的情形。故对于金钱债务，本款规定的司法终止并不适用。比如在有固定期限的房屋租赁合同中，如果承租人想提前终止合同，由于其主给付义务是支付租金（金钱债务），故并不能适用本款（关于此类定期继续性合同的解除问题，请阅读本书第八章第二节之二"解除权的发生"）。

2. 不能实现合同目的。这意味着如果不能请求继续履行的仅仅是非主要的债务，则不履行一般不会导致不能实现合同目的，那么无论是哪一方当事人都不能申请终止。[①]

3. 当事人的请求。双方当事人均有权请求人民法院或者仲裁机构终止合同。如果当事人未提出请求，人民法院或者仲裁机构不宜依职权主动终止合同。[②] 当然，由于在不能实现

[①] 黄薇主编：《中华人民共和国民法典合同编释义》，法律出版社 2020 年版，第 273—274 页。
[②] 黄薇主编：《中华人民共和国民法典合同编释义》，法律出版社 2020 年版，第 274 页。

合同目的场合，往往守约方有一般法定解除权，这时本可以直接行使解除权解除合同，没有必要通过提起诉讼或者仲裁来利用司法终止，因而，本款的规定通常仅对违约方有意义。

（三）司法终止的裁判

1. 司法终止权与形成诉权。《民法典》第 580 条第 2 款赋予了人民法院或者仲裁机构一种新的权力——终止合同权利义务关系的权力。通过司法权而终止合同关系，对于私法关系具有形成力。当然，这只是从裁判者角度的认识。如果从当事人角度看，司法终止的发动在于当事人，特别是违约方，该款允许此种"当事人的请求"，不仅是在程序法上允许其提起诉讼或者仲裁（诉权），同时在实体法上也是在赋予当事人一种实体权利，该权利的实质是作为形成诉权的终止请求权。

2. 慎用司法终止权。《民法典》第 580 条第 2 款只是指了一个方向，并未提供具有可操作性的构成要件，而构成要件的提炼，须在个案中慢慢积累。从一般学理角度，它属于以追求个案妥当性为目的的特别规定，须严格限制其适用。以下具体说明。

"合同僵局"之事实在法律上可以归属于三个不同的法作用空间：不可抗力——情事变更——商业风险。从合同解除来看，在第一层不可抗力，法律赋予双方当事人以解除权，其解除的正当性最为充足。在第二层情事变更，法规则不再直接赋予当事人以解除权，而只是赋予变更或者解除诉权，由裁判者决定是否解除（《民法典》第 533 条），这样解除的正当性显形衰减。在第三层商业风险，债务人客观上不履行便面临债权人选择违约救济，包括是否解除合同，而债务人自己没有解除权。由违约方来主张解除，其正当性几近于零，裁判者轻易允许，交易安全当然就受到破坏。所以，裁判者运用司法终止权一定要慎之又慎。

3. 考量因素。并非当事人提出请求后，人民法院或者仲裁机构就必须终止合同，而是要结合案件的实际情况，根据诚信和公平原则决定是否终止合同。此时，可以考虑债务人是否已经进行了部分履行、债务人是否是恶意违约、不能继续履行的原因、债务人是否因合同不终止而遭受了严重损失、债权人是否能够以成本较低的方式获得替代履行、债务人是否对他人有赔偿请求权、债权人拒绝解除合同是不是为获得不相当的利益而违反诚信原则、合同不终止是否会导致双方的权利义务或利益关系明显失衡等因素。[①]

（四）法律效果

《民法典》第 580 条第 2 款"但书"明确规定了司法终止"不影响违约责任的承担"。此所谓违约责任，排除强制履行后，主要是指违约金、赔偿损失之类替补责任。由此可见，本款所规定的司法终止，其主要功能在于帮助当事人完成债务转型：由第一性义务转变为第二性的替补责任（以金钱赔偿替代实际履行），并由此实现合同的终了。裁判文书中应当记载具体的违约责任内容。

[①] 黄薇主编：《中华人民共和国民法典合同编释义》，法律出版社 2020 年版，第 274 页。

六、强制履行与其他救济方式的关系

（一）强制履行与赔偿损失

《民法典》合同编在"违约责任"一章，并列地规定了强制履行、赔偿损失、违约金等责任方式，在它们之间，尚不能以法律规定的先后次序而认为有适用上的先后次序，它们是并列关系，可以由债权人进行选择。

强制履行与赔偿损失能否并用，问题的关键是不要因为二者的并用而使非违约方获得重复填补。填补赔偿具有替代实际履行的功能或目的，故而二者不能同时并存。迟延赔偿，意在使受害人免受因迟延而实际遭受的损失，比如利息损失，它并不具有替代实际履行的功能，故而在保护受害人方面，与强制履行可并行不悖，同时存在。如因违约造成非违约方固有利益的损失，对该损失的赔偿与强制履行并用，并不产生冲突。因而《民法典》第583条规定，违约方"在履行义务或者采取补救措施后，对方还有其他损失的，应当赔偿损失"。

（二）强制履行与合同解除

强制履行与合同解除，制度目的相悖，是不可兼得的救济方法。

（三）强制履行与价格制裁

价格制裁，是对执行政府定价或者政府指导价的合同当事人，因其迟延履行遇到政府价格调整，应在原价格和新价格中选择对违约方不利的那种价格的责任方式（参照《民法典》第513条）。构成价格制裁，需要有迟延履行的事实，同时需要恰逢政府价格调整。价格制裁类似于惩罚性违约金，它与强制履行目的、性质不同，故可并存。

第五节 赔偿损失

一、赔偿损失概说

（一）概念

赔偿损失，亦称损害赔偿，在《民法典》合同编中是指当事人一方不履行合同义务或者履行合同义务不符合约定时以金钱填补债权人所受损失的责任。

（二）赔偿方法

我国法对于损害赔偿采金钱赔偿主义。《民法典》第179条规定承担民事责任的方式，其中包括了"恢复原状"和"赔偿损失",显然并没有把前者作为后者的一种方法,而是与后者并列的一种独立的民事责任方式。

作为违约责任的赔偿损失,是以支付金钱的方式,使非违约方因违约而遭受的损失获得填补,原则上使之状如合同获得履行(to be placed in the same situation as if the contract had been performed[①]),换言之,赔偿其履行利益。惟于履行利益不易证明场合,作为替代方案,非违约方亦得请求赔偿信赖利益。[②]

(三)违约损害赔偿的分类

1. 约定赔偿、一般法定赔偿与特别法定赔偿。

(1)约定赔偿,指依当事人的意思而定的损害赔偿。比如《民法典》第585条第1款提到的"约定因违约产生的损失赔偿额的计算方法"。

(2)一般法定赔偿,指依法律的一般规定确立的损害赔偿。比如《民法典》第577条、第583条等规定的损害赔偿,它对于因违约造成的损害赔偿具有普遍适用性。

(3)特别法定赔偿,指由法律基于特殊的立法政策而特别规定的损害赔偿。比如《消费者权益保护法》第55条规定的惩罚性赔偿。

2. 填补赔偿、迟延赔偿与单纯赔偿。

(1)填补赔偿,或称为替代履行的赔偿(damages in lieu of performance),以履行不能场合产生的损害赔偿为典型,是代替本来给付的损害赔偿。相应地,债务人的履行义务由损害赔偿义务所替代。

(2)迟延赔偿(damages for delay of performance),产生于履行迟延场合,是与本来的给付一并请求的损害赔偿,这种迟延赔偿被解释为本来给付的扩张。亦即,在履行迟延这样的一时的违约场合,对履行请求权附加上了赔偿请求权。

(3)单纯赔偿("simple" damages),产生于加害给付场合,是因违约造成债权人的固有利益(比如人身或者财产)遭受损害时的赔偿。

(四)债的同一性理论

由于违约损害赔偿系转换的损害赔偿之债,通常认为它与原来的债权或履行请求权具有同一性。具体来说,"债务不履行之损害赔偿请求权,为本来之债权的扩张(迟延赔偿之场合)或者内容的变更(填补赔偿之场合),与本来的债权具有同一性"。[③] 损害赔偿请求权与履行请求权具有法的同一性。履行请求权与各种损害赔偿请求权的同一性是指,在人的担保、物的担保以及时效期间等方面,在法上同一对待,其实益在于:附属于履行请求权的人

[①] See Parke B in *Robinson v. Harman* (1848) 1 Ex 850, 855.
[②] 关于合同法中损害赔偿所参照的利益结构及其间关系的经典分析,see L. L. Fuller, William R. Perdue, "The Reliance Interest in Contract Damages", *Yale L. J.* 46(1936—1937), pp.52, 373. 中文可参照:[美]L. L. 富勒、小威廉 R. 帕杜:《合同损害赔偿中的信赖利益》,韩世远译,中国法制出版社2004年版。
[③] [日]我妻荣:《新订债权总论》,岩波书店1964年版,第101页。

的担保、物的担保同样及于损害赔偿请求权。在解除前既已迟延、债务因解除而变为填补赔偿之场合，由于其债务业已陷于迟延，填补赔偿债务当然陷于迟延，而无须再经催告。[①]

违约损害赔偿问题在总体上分为三个方面：责任构成、赔偿范围及赔偿计算（参照图9.5.1）。本节以下循此顺序阐述。

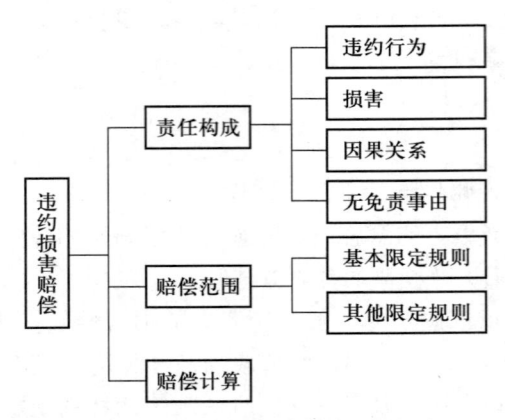

图 9.5.1 违约损害赔偿问题的构成

二、赔偿损失责任的构成

赔偿损失责任的构成要件包括以下几点：违约行为、受害人受有损害、违约行为与损害之间有因果关系、违约人没有免责事由。由于本书第六章"合同履行的障碍"已对违约行为及不可抗力作过专门分析，以下仅分析损害及因果关系问题。

（一）损害的概念

1. 损害差额说。损害差额说（Differenzhypothese，亦称利益说）得区分为广义与狭义两种。前者认为损害是指在法益的世界中发生的全部的不利益的变更。这种损害概念，并不区分财产损害和非财产损害，乃是统一的损害概念，以加害事件发生前后法益的差来定义损害。后者指始于德国学者蒙森（Mommsen）经由温德沙伊德（Windscheid）而被德国民法典接受了的差额说，大意是损害即被害人对该特定损害事故的利害关系。换言之，即被害人因该特定损害事故所损失的利益。该项利益即被害人的财产状况，于有损害事故的发生与无损害事故下所发生的差额。

差额说虽为迎合完全赔偿制度之旨趣而为德国百年来的权威学说，对其批判却如影随身从未间断。[②] 差额说的抽象决定方法，对于非财产损害、因原状恢复之赔偿、应予比较的状态难以确定的情形，损害只得依推定暧昧地进行；而在小损害场合亦要计算二财产状况的差额，显露出了非实用性。

[①] 参见韩世远：《违约损害赔偿研究》，法律出版社1999年版，第10页以下。
[②] 参见曾世雄：《损害赔偿法原理》，中国政法大学出版社2001年版，第120页以下。

2. 统一损害概念的分解：现实的损害说的提出。在力求克服差额说弊病的新学说中，现实的损害说（组织说）被认为是最为引人注目的。主张现实的损害说的学者，彼此之间在观点上并不完全一致，用语也不统一，但仍具有共同构成现实的损害说（组织说）的共通之处，表现在：其一，他们均认为，因特定物体毁损所生的损害（以下统称"客观损害"）为损害观念中的一个构成成分。该一成分具有观念上的独立性。故可看出，损害观念是由客观损害的成分及其他整体上所受损害的成分所组成。客观损害应客观估定，并应于任何情形之下予以填补，换言之，纵使赔偿权利人就该特定被毁损物体所有的利益小于客观价值，赔偿权利人仍得请求赔偿客观价值。其二，现实损害说虽攻击差额说关于损害等于利益（即二财产状况之差额）的观点为不当，但组织说并不绝对摒弃利益说；二财产状况所发生的差额，仍得获得赔偿，但其赔偿在损害的观念中居次要地位，且以其差额大于客观损害为前提。财产差额若小于客观损害，则损害即等于客观损害，利益说乃不发生作用。[1]

3. 我国法及学说的回应。在我国学说上，对损害概念究竟是采何种学说，似乎并不十分鲜明。如果从通常所接受的直接损害与间接损害之分类上看，我国的损害概念与差额说仍保持有相当的距离；在实务上对损害也多是从损害项目的角度进行累积计算，这样似乎更为接近现实的损害说。

（二）损害的种类

1. 财产上损害与非财产上损害（Vermoegens- und Nichtvermoegensschaden）。此种分类也有人称为物质损害（materieller Schaden）与非物质损害（immaterieller Schaden）。[2] 财产上损害，是指于赔偿权利人财产上所发生的损害，凡一切财产上不利的变动均属之，它不但包括财产的积极减少，也包括财产的消极不增加。非财产上损害，是指赔偿权利人财产外所受的损害。关于非财产上损害的赔偿，各国立法不一；至于对违约是否得提起非财产上损害赔偿的请求，见解更是分歧，大多数立场态度慎重，因为这类损害十分主观，又无市场价值，此外也有非财产法益（如人格权、名誉等）被过度"商业化"而漫无边际，以至无法予以规范控制的危险。[3]

---

[1] 参见曾世雄：《损害赔偿法原理》，中国政法大学出版社2001年版，第127—128页。

[2] Vgl. *Brox/Walker*, Allgemeines Schuldrecht, 31. Auflage, Verlag C.H. Beck, 2006, S.327; *Karl Larenz*, Lehrbuch des Schuldrechts，Ⅰ. Band, Allgemeiner Teil, 14. Auflage., Verlag C.H. Beck, 1987, S.428. 在我国的司法解释中使用的一对概念是"物质损害赔偿金"和"精神损害抚慰金"（参见法释〔2003〕20号）。"精神损害"未如"非物质损害"（或者"非财产损害"）恰当，原因在于只有自然人才会有"精神"，法人或者其他组织均没有"精神"能力，所以会出现法释〔2001〕7号第5条规定："法人或者其他组织以人格权利遭受侵害为由，向人民法院起诉请求赔偿精神损害的，人民法院不予受理。"谓法人或者其他组织没有精神损害尚可，谓法人或其他组织没有"非财产损害"，则不免极端，步入误区。作为例证，比如针对因新闻的诽谤记事而遭受名誉毁损的法人（医疗法人）请求损害赔偿的案件，日本最高裁判所认为《日本民法典》第710条中的"财产以外的损害"并非仅指精神上的痛苦，亦包含有其他的"无形的损害"，承认了对于原告法人的损害赔偿。最判昭和39·1·28民集18·1·136。参照〔日〕吉村良一：《不法行为法》（第二版），有斐阁2000年版，第86页。如今，《民法典》第996条使用了"精神损害"，将来如何应对类似上述日本判例所呈现的事件，很值得观察。

[3] 参见马维麟：《损害赔偿法之原理》，载《法学丛刊》1996年第161期，第42页。

我国原来通说对违约得否请求非财产损害赔偿或曰精神损害赔偿持否定态度。不过，在司法实践中，有的判决似应说承认了债务不履行时的非财产损害赔偿，或者至少可以自客观立场作这样的解释。[①] 如此，在学说上逐渐开始承认对违约场合非财产上损害的赔偿，[②] 并进而在解释论上对其谋求正当化和系统化。[③] 如今，《民法典》第996条规定，"因当事人一方的违约行为，损害对方人格权并造成严重精神损害，受损害方选择请求其承担违约责任的，不影响受损害方请求精神损害赔偿"。此条规定虽规定在人格权编第一章"一般规定"，实质上亦属于违约责任的法律规范。在此之前，立法及司法解释就因违约所致精神损害可否请求赔偿，采保守立场。如今，立法者参考比较法及判例学说的新进展，作突破性规定，实属一项重大进步。

第996条作为违约精神损害赔偿的请求权基础，其构成要件包括以下几点：（1）存在违约行为；（2）损害对方人格权；（3）造成严重精神损害；（4）精神损害与违约行为之间存在因果关系。上述四点，以人格权遭受损害为关键。如果未损害人格权，比如旅游合同中，旅游组织者违约只是导致旅游者无益地度过假期，违约损害赔偿的计算虽然可以考虑此类以精神上满足为目的的特殊性，但并不适用《民法典》第996条。[④]

2. 履行损害与信赖损害

（1）履行损害（Erfüllungsschaden），是一方当事人因另一方没有履行而遭受的损害。此处须使被害人处于如同债务被履行场合他所会处的状态。[⑤]《民法典》第584条所规定的当事人一方不履行合同义务或者履行合同义务不符合约定，给对方造成的损失，便属于履行损害。

（2）信赖损害（Vertrauensschaden），是一方当事人由于信赖法律行为的有效性而遭受的损害。此处须使被害人处于如同他未听说该行为时所会处的状态。[⑥] 依《民法典》第157条，合同无效或者被撤销后，有过错的一方应当赔偿对方因此受到的损失。此处的损失便属于信赖损害，比如邮费或者电话费等。

信赖损害的赔偿并非仅限于合同无效、被撤销等场合（作为缔约上过失的损害赔偿）适

[①] 参见《艾新民诉青山殡仪馆丢失寄存的骨灰损害赔偿纠纷案》，载最高人民法院中国应用法学研究所编：《人民法院案例选》总第5辑，人民法院出版社1993年版；《马立涛诉鞍山市铁东区服务公司梦真美容院美容损害赔偿纠纷案》，载最高人民法院中国应用法学研究所编：《人民法院案例选》总第7辑，人民法院出版社1994年版；《肖青、刘华伟诉国营旭光彩色扩印服务部丢失交付冲印的结婚活动照胶卷赔偿纠纷案》，载最高人民法院中国应用法学研究所编：《人民法院案例选》总第11辑，人民法院出版社1995年版；《王青云诉美洋达摄影有限公司丢失其送扩的父母生前照片赔偿案》，载最高人民法院中国应用法学研究所编：《人民法院案例选》总第26辑，时事出版社1998年版。

[②] 韩世远：《非财产上损害与合同责任》，载《法学》1998年第6期；崔建远：《论违约的精神损害赔偿》，载《河南省政法管理干部学院学报》2008年第1期；崔建远：《精神损害赔偿绝非侵权法所独有》，载《法学杂志》2012年第8期。

[③] 韩世远：《合同法总论》（第二版），法律出版社2008年版，第555页；韩世远：《合同法学》，高等教育出版社2010年版，第321—322页。

[④] 石宏主编：《〈中华人民共和国民法典〉释解与适用 [人格权编侵权责任编]》，人民法院出版社2020年版，第18—19页。

[⑤] Vgl. *Brox/Walker*, Allgemeines Schuldrecht, 31. Auflage, Verlag C.H. Beck, 2006, S.331.

[⑥] Vgl. *Brox/Walker*, Allgemeines Schuldrecht, 31. Auflage, Verlag C.H. Beck, 2006, S.331.

用，在违约损害赔偿场合，亦得由债权人选择主张，以代替履行损害的赔偿。① 需要探讨的是，此时的请求权基础何在？《民法典》第577条中的"赔偿损失"，并不以履行损害赔偿为限，尚包括第583条提到的"其他损失"，更进一步，在解释上也可以包括信赖损害。

在德国法上，信赖损害的赔偿以履行利益为最高限额。② 我国法未明确规定相似的规则。积极利益与消极利益的分类仅适用于合同，侵权行为则不适用。

另外应注意的是，积极利益、消极利益与积极损害和消极损害的不同。积极损害是既存利益灭失的现象，消极损害则是指因妨碍将来财产的增加而遭受的损失，又称可得利益，可表现为物的使用利益、转卖利益、营业利益等。

3. 所受损害与所失利益。所受损害（reale Vermögenseinbusse），又称积极损害，是指因损害事故的发生赔偿权利人现有财产所减少的额数。所失利益（entgangener Gewinn），又称消极损害，指因损害事故的发生赔偿权利人财产应增加而未增加的额数。这种分类具有一般适用性。特别于法律明文揭示限制仅赔偿客观损害时，所受损害与所失利益，应严予分别。此情形下，仅所受损害始可获得填补。所失利益，纵实际上应予填补，但形式上已丧失原有所失利益的性质而被所受损害吸收。③

4. 直接损害与间接损害。直接损害（unmittelbarer Schaden）指的是对于受侵害的法益本身的损害；间接损害（mittelbarer Schaden）指的则是结果损害（Folgeschaden）。例如，直接损害指的是对于身体的侵害，与之相对，间接损害指的是没有挣得工资之类减少的收入。医疗费如何归类，尚有争议。④

至于作为或者不作为是直接地或者间接地导致损害的发生，这对于损害赔偿义务的发生而言，是没有什么差异的。⑤ 换言之，不应认为损害事故直接引发的损害为直接损害，非直接引发而系因其他媒介因素的介入所引发的损害则为间接损害。

（三）因果关系

1. 合同法上的因果关系问题的存在价值。此处所说的合同法上的因果关系问题，是指有关赔偿损失违约责任的因果关系。

因果关系问题在民法上的存在价值，大致体现在两个方面：一是责任的成立；二是责任的范围。针对合同法而言，同样如此。

然而，因果关系问题在合同法上的存在意义与其在侵权法上的存在意义，又表现出不同的侧重点。在合同法上，其存在意义更多地反映在责任范围上；而侵权法上，其存在意义更多地体现在责任的成立上。之所以如此是因为：其一，合同关系是当事人之间特别的结合关

---

① 可参见韩世远：《违约损害赔偿研究》，法律出版社1999年版，第八章第六节之四"以信赖利益为标准计算损害赔偿"。
② 参见《德国民法典》第122条及第179条，原第307条亦有相似限制，不过，该条已被2002年1月1日生效的《德国债法现代化法》修正；另外值得注意的是，新修正的第284条对于信赖利益的赔偿，未再作上述限制。
③ 参见曾世雄：《损害赔偿法原理》，中国政法大学出版社2001年版，第136页。
④ Vgl. *Brox/Walker*, Allgemeines Schuldrecht, 31. Auflage, Verlag C.H. Beck, 2006, S.332.
⑤ Vgl. *Brox/Walker*, Allgemeines Schuldrecht, 31. Auflage, Verlag C.H. Beck, 2006, S.332.

系，违约与损害之间的因果关系问题比较简单，也比较直观；而侵权行为人与受害人之间通常并不要求具有这种特别的结合关系，侵权行为人所违反的通常不是当事人之间约定的特别义务，而是一般的社会注意义务。其二，就损害赔偿而言，侵权法上的损害赔偿通常是对固有利益的赔偿，而合同法上的损害赔偿则通常是对期待利益的赔偿，如此，在赔偿范围上后者更具复杂多样性。

不过，这么主张绝对不是说合同法上的因果关系问题在责任成立方面意义不大；恰恰相反，在许多场合，尤其是在医疗过失、医药品事故、公害等被作为债务不履行问题而发生争论的场合，这种事实的因果关系的存否会成为重要的争点。

2. 因果关系的二分法。按照因果关系二分法（a bifurcated approach to problems of causation），被告的行为（或应由其负责的事件）在法律上不得被作为造成原告损害的一个"原因"，除非事先已将其确认为至少是损害发生的一个"条件"。由此引发了两方面的考察，第一个方面意在确定被告的行为在带来原告的损害上是否发挥了某些作用。由于这方面的考察主要是专注于发现事实究竟是什么、究竟发生了什么，这方面的讨论多冠以"事实上的原因"（cause in fact）、"自然科学的原因"（scientific cause）等。第二个方面的考察是基于如下信念：并非所有的"条件"均能够（或应当）在法律上作为损害发生的原因。正如有人所说，"在变化多端的事态网中，法律须抽取一些相关的结果，并非基于纯粹的逻辑，只不过是出于实践的原因"。[1] 这种选择应如何作出，对此虽存有不少的理论分歧，但可被普遍接受的一点是，这主要是一个法政策问题。

因果关系二分法的提出意义重大，殊值重视。德国通说认为在判断"责任成立"因果关系时尺度可以较为宽松，以条件说来判断，亦即将损害发生的所有原因事实都列为与"责任成立"有因果关系；至于后者则需以较严苛的标准来判断，如相当因果关系、规范保护目的等，因为若将所有具有因果关系的损害皆归由加害人负担的话，将使损害赔偿责任过于泛滥，故在此应探求加害人的行为对所发生的损害有无客观可归责处，以合理地限制其责任范围。因果关系二分法，使得原来混在一起的因果关系问题区别开来，各自有着不同的职能。事实因果关系（责任成立的因果关系），主要解决责任的"定性"问题，亦即责任是否成立；法的因果关系（责任范围的因果关系），主要解决责任的"定量"问题，亦即责任人在多大程度上承担责任。

3. 事实因果关系。

（1）事实因果关系的语义。事实的因果关系，是指"被告（被评价为合同不履行或者侵权行为）的行为事实与被评价为（被请求赔偿的）损害的事实之间存在的必要条件规则（conditio sine qua non）。也就是说，德国的因果关系论（其中之一的相当因果关系说）上作为前提的哲学的、自然的因果关系概念；以及被格林作为因果关系加以规定的今日美国侵权行为法上所谓的事实上的原因。"[2] 这里的事实因果关系不包含法的价值判断，而是对纯粹的

---

[1] *Liesbosch Dredger* v. *Edison Steamship*［1933］A. C. 449 at 460.
[2]［日］平井宜雄：《损害赔偿法的理论》，东京大学出版会1971年版，第135—136页。

事实过程的认识。"因果关系中惟一的'事实上的'或者独立于法政策或规范的因素是 sine qua non 关系",[1] 但实际上仍有一定的价值判断包含其中。

（2）事实上因果关系的检验方法。检验两个事实之间是否存在事实因果关系，最基本的方法是必要条件规则，或称"要是没有"检验法（the "but for" test）。此外，法学上（尤其是侵权行为法学）对一些特殊问题还发展出了一些特殊的检验方法。

必要条件规则，在拉丁文中表达为 conditio sine qua non，指的是一种"无彼即无此"的关系，"如若没有义务违反，损害就不会发生，则义务之违反就是损害的发生原因"[2]。必要条件规则在具体操作上有剔除法和代换法两种更为具体的方法。

对于剔除法的要义在于，如果没有被告的行为，原告的损害还会发生吗？如肯定，则被告的行为并非造成损害的原因。这种检验的最大优点在于，它能够将不相关的因素排除在因果关系讨论范围之外。

剔除法对于积极行为（作为）比较适合，但对于消极行为（不作为）并不适宜，代换法正是为了弥补这种缺陷而提出来的，它不是把被告从案情中剔除出去，而是假设在其他条件不变的情况下，如果他在那里合理合法地作为，情况会是如何。如果损害结果仍然发生，则被告的不作为就不是损害的事实上原因；反之则是。

三、违约损害赔偿的范围

（一）概说

财产上损害赔偿范围大致区分为：（1）约定赔偿范围；（2）一般法定赔偿范围；（3）特殊法定赔偿范围。依当事人的意思而定的，称为约定赔偿范围。依法律之一般规定的，称为一般法定赔偿范围。对于特殊关系设有特别规定的，称为特殊法定赔偿范围。此处主要讨论一般法定赔偿范围问题。

由违约造成的损失，有时原因与结果的链环一环扣一环，就会像滚雪球一样越滚越大，这就出现一个问题：究竟要赔多大范围的损失？这便是赔偿范围问题。对此，需要采取某种措施或标准，将因果的链环拦腰斩断，在范围以内的给予赔偿，在范围之外过分远隔的损害，不给予赔偿。究竟采取什么样的措施或标准，不同的国家解决这个问题时候，采取的办法并不一样，有的按因果关系，有的按照可预见性，有的按照过错程度。由于这类规则，对于违约损害赔偿案件具有普遍适用性，故称之为"基本的限定规则"。与之相对，尚有一些规则，仅在个别的违约损害赔偿案件中会被用来确定具体的赔偿范围，并非在每个违约损害赔偿案件中都会出现这种问题、应用这样的规则，故称之为"其他的限定规则"或者"特别的限定规则"，比如与有过失规则、减轻损害规则、损益相抵规则。就我国法上违约损害赔

---

[1] See H. L. A. Hart and Tony Honoré, *Causation in the Law*, 2nd ed., Oxford University Press, 1985, p.110.
[2] See P J Cooke & D W Oughton, *The Common Law of Obligations*, 2nd ed., Butterworths, 1993.p.235.

偿范围的构成，可图示如下（图 9.5.2）：

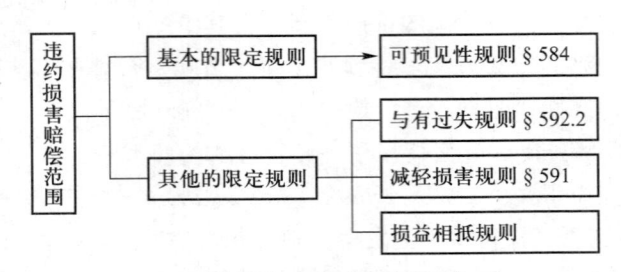

图 9.5.2　确定违约赔偿范围的规则

（二）违约损害赔偿范围的基本限定规则

1. 我国法的基本规定。《民法典》第 584 条是目前我国法关于违约损害赔偿责任的基本规定。

2. 完全赔偿原则。当事人一方不履行合同义务或者履行合同义务不符合约定，造成对方损失的，损失赔偿额应当相当于因违约所造成的损失，包括合同履行后可以获得的利益（《民法典》第 584 条主文）。这是一条原则性规定，称为完全赔偿原则。所谓完全赔偿原则，即指与违约行为具有因果关系的一切损害，都应赔偿，这是保护非违约方利益的当然要求。

3. 可预见性规则的理论构成。《民法典》第 584 条"但书"就损害赔偿范围采可预见性规则。从比较法的立场而言，可预见性规则占居主流地位，法国法、英国法、美国法、日本法、《联合国国际货物销售合同公约》、《国际商事合同通则》及《欧洲合同法原则》均采纳了可预见性规则。然对于可预见性规则的构成，并不完全统一。可预见性规则的构成主要表现在预见的主体、时间、内容以及判断的标准四个方面。

（1）预见的主体。《民法典》第 584 条明确规定可得利益的赔偿"不得超过违约一方订立合同时预见到或者应当预见到的因违约可能造成的损失"，确立了预见的主体为违约方。

（2）预见的时间。就此存有"合同订立时说"与"债务不履行时说"的对立。英美法是以合同订立时为准，日本判例及通说则赞同债务不履行时。《民法典》第 584 条确立了预见的时间点为"订立合同时"，较具合理性，因为合同是以双方缔约时所了解的情况为基础对日后的风险所作的一种分配，并在此基础上讨价还价形成合同对价关系。如以日后变化了的情况加之于违约方，且又未使之有机会通过提升价格或作其他适当安排防范风险，对他而言，有失公平。至于日后出现的为双方了解到的新的情况，双方本可通过合同变更的方式加以解决，而在合同变更之前，随意地确立规则使任何一方单方面承受不利的风险，则未免武断。

（3）预见的内容。存在两种不同的主张，一种以英国法为代表，认为只要被告本可预见到损害的类型或种类（the type or kind）即可，无须预见到损害的程度或数额（the extent or quantum）；另一种主张则以法国法的现代规则为代表，要求损害的类型与程度均应是可预见的。《民法典》第 584 条并未特别言明是否要求预见到损害的程度或数额，解释上宜将预见的内容确立为,只要求预见损害的类型而无须预见损害的程度。

(4) 判断可预见性的标准。通常采客观标准,也就是以抽象的"理性人""常人""善良家父"之类的标准进行判断。对于抽象的损害,法律推定属于违约方可得预见范围之内;对于具体的损害,应由受害人对具体的情事进行举证,在此基础上,法院再依此一抽象的"理性人"标准进行判断,以确定是否属于当事人应当预见范围之内。

此种判断是一个法律问题而不是一个事实问题,其中涉及法律的价值判断,最终是要确定归责与否及责任的公平分摊。

另须注意,违约可发生于无限多样的情形中,没有哪个成文立法可以为所有的可能情形确立详尽的损害赔偿计算规则。所有能够做的以及所有需要做的,便是表述规制违约赔偿的基本原理。[①] 法律所能做的只是规定一些抽象的条文,而赋予这些抽象的法律条文以生命的,要依靠法官的裁判。这也就要求赋予法官一定的裁量权。也正是在这种意义上,《国际商事合同通则》第 7.4.4 条的注释指出:"无论怎样,可预见性是一个弹性概念,它给法官留下了一个较宽的自由裁量的范围。"

以上是对赔偿范围的基本的限制手段。除此之外,在赔偿范围论中,还有一些特殊的规则,会对赔偿范围发生影响,具体包括与有过失规则、减轻损失规则和损益相抵规则。

(三) 违约损害赔偿范围的其他限定规则之一:与有过失规则

1. 总说。《民法典》第 592 条第 2 款吸收既往的司法规则,规定"当事人一方违约造成对方损失,对方对损失的发生有过错的,可以减少相应的损失赔偿额"。该规则称为与有过失 (contributory negligence),或称过失相抵,是公平原则及诚信原则的具体化。

与有过失在过错责任领域有其适用,不生疑问;纵在无过错责任领域及过错推定责任领域,亦非不能适用。惟应注意的是,在这些场合,用以比较的不再是过错的大小,而是原因力的强弱。《民法典》就违约损害赔偿责任采严格责任原则,与有过失规则在合同法领域适用,首先需要突破仅于过错责任领域始有其适用之观念。

2. 与有过失的要件。与有过失的构成要求有二:其一,受害人须有过失;其二,受害人的行为须助成损失的发生。以下分别说明。

(1) 受害人须有过错。受害人的行为虽是损失发生的共同原因,如受害人没有过错,仍不得减轻责任。就受害人的过失而言,一般来说,受害人的行为虽无须为违法,然就其为自己的利益或在伦理观点上,应为不当的行为。故阻却违法的行为(如正当防卫、紧急避险),应不适用与有过失。此外,受害人与有过失并不限于积极作为,也可包括消极的不作为。

首先来看受害人过失的要件。

其一,受害人的能力。受害人应有识别能力。此能力非指被害人对于违法行为负责的责

[①] John O. Honnold, *Uniform Law for International Sales under the 1980 United Nations Convention*, Kluwer Law and Taxation Publishers, 1987, p. 408.

任能力，而应解为如被害人具有避免发生危险的识别能力或注意能力，即可过失相抵。

其二，损失的回避、缩减的可能性。要将某行为评价为受害人的过失，该行为的危险性应是可以预见的，且存在对这种被预见到的危险加以回避或缩减的可能性。①

再来看受害人侧的过失问题。受害人之外的他人与有过失场合，能否适用与有过失规则？受害人就自己的过错承受减轻赔偿额的后果，固有其道理，体现了在过失责任主义下的自己责任原则。然如彻底贯彻这一思想，实践上难免有失公平，因此，在若干特殊情形，宜权衡当事人的利益状态，将他人的过失作为受害人自己的过失，使受害人就他人的与有过失亦负责任，是为学说上的通常见解，称受害人侧的过失。

其一，法定代理人与使用人与有过失。在我国司法实践上，无论受害人与行为人之间有无债之关系存在，受害人均就其法定代理人的过失及使用人的过失负责。②

针对违约而言，受害人就其使用人与有过失，应当负责，成立过失相抵，这点与债务人就因其使用人所致之违约亦负责任（为履行辅助人负责）之法理，同其理由。受害人对于其法定代理人的过失，亦应负责。无民事行为能力人或限制民事行为能力人可通过其法定代理人订立合同，参与民事活动，如对于损失的发生既有违约方的原因，也有受害人的法定代理人的原因或过失，则同样应构成过失相抵。如强调对未成年人的保护而否定过失相抵的构成，必将破坏交易秩序。

其二，直接受害人与有过失。在我国审判实践中，通常认为死者对其死亡与有过失场合，其间接受害人请求损失赔偿时，适用过失相抵。③之所以如此，"盖间接受害人之请求权，自理论言，虽系为固有之权利，但其权利既系基于侵害行为整个要件而发生，实不能不负担直接被害人之过失也。"④

其三，受害人与第三人共同与有过失。对损失的发生，受害人与第三人共同与有过失时，如与有过失的程度可以确定，原则上受害人应仅就自己与有过失部分负责。在受害人与第三人中一人与有过失已明，但其中谁与有过失无法确定时，在第三人为受害人的使用人时，因受害人原应就其使用人的与有过失负责，故不生问题。在其他情形，则可参照适用准共同侵权之法理，即为减轻加害人的责任，关于与有过失不能澄清的不利益，须由受害人负担。⑤

（2）受害人的行为须助成损失的发生。所谓助成，指赔偿权利人的过错行为须是损失发

---

① 参见《林启梁诉漳州市供销合作社电梯事故致伤赔偿纠纷案》，载最高人民法院中国应用法学研究所编：《人民法院案例选》（总第17辑），人民法院出版社1996年版，第101页以下。
② 参见最高人民法院（81）民他字第32号《关于李桂英诉孙桂清鸡啄眼赔偿一案的函复》；《张林慧诉太原粮食局新城仓库、太原铁路分局太原北站因铁路道口无人看守造成火车撞毁汽车损害赔偿纠纷案》，载最高人民法院中国应用法学研究所编：《人民法院案例选》（总第7辑），人民法院出版社1994年版，第86页以下。
③ 参见《黄学琼、黄卫诉四川希旅游乐城公司交通事故致人死亡损害赔偿并负担死者生前扶养的人及遗腹子生活费纠纷案》，载最高人民法院中国应用法学研究所编：《人民法院案例选》（总第7辑），人民法院出版社1994年版，第79页以下；《彭清海等诉彭长春从事抽水作业时未停机离去致人触电身亡赔偿纠纷案》，载最高人民法院中国应用法学研究所编：《人民法院案例选》（总第17辑），人民法院出版社1996年版，第107页以下。
④ 王泽鉴：《民法学说与判例研究》（第一册），台北自刊本1975年版，第72页。
⑤ 参见王泽鉴：《民法学说与判例研究》（第一册），台北自刊本1975年版，第74页。

生的共同原因，至于哪个在先，哪个在后，抑或同时存在，在所非问。例如，尽管受害人存有过错，在其过错对损失的发生未产生任何影响场合，受害人仍得请求全额赔偿。相反，如受害人的过错是惟一的原因，由于赔偿义务人的行为和结果间欠缺因果关系，故并不发生赔偿责任。所谓受害人与有过失，应包括助成损失原因事实的成立在内，并非仅以损失本身的发生为限。

3. 与有过失的效果。

（1）一般规则。通常，法院对双方的过错进行比较衡量。在债权人的过错过大时，法院既可以使债务人免责，也可以减轻债务人的赔偿额。① 另外，过失相抵具备要件时，法院可以不待当事人主张，以职权减轻赔偿额或免除之。债务人可就此提起确认之诉。

（2）特别规定。比如《民法典》第 823 条第 1 款、第 832 条以及《铁路法》第 18 条等，这些规定将受害人的过错作为运输人的免责事由，而不适用过失相抵的一般规则。

4. 与有过失与双方违约。

在与有过失场合，通常仅发生一个损害，惟对其发生，受害人与有过失或与有原因。在双方违约场合，合同双方当事人彼此违反了各自的债务，并可能相互造成损害。这样，就存在两个违约行为，且由此发生两项损害。

《民法典》第 592 条第 1 款的规定被称为"双方违约"。尽管在实践中存有滥用"双方违约"的情形，双方违约所指射的案型无法完全以行使同时履行抗辩权、不安抗辩权等的案型所涵盖或取代，理论上应承认存在独立的双方违约案型。

（四）违约损害赔偿范围的其他限定规则之二：减轻损失规则

当事人一方违约后，对方应当采取适当措施防止损失的扩大；没有采取适当措施致使损失扩大的，不得就扩大的损失请求赔偿（《民法典》第 591 条第 1 款）。这一规则称为减轻损失规则，简称减损规则（Mitigation），系限制赔偿权利人可获得的赔偿数额的规则。

1. 减损义务。减损规则，亦称"减损义务"（the duty to mitigate the damage）。在这里"义务"一词的使用自然是不严格的，这种义务充其量只不过是一种强度较弱的义务，属于"不真正义务"，相对人通常不得请求履行，而其违反一般认为并不发生强制执行或赔偿损失之后果，只是发生义务人权利或利益的减损或丧失。

2. 减损规则与与有过失。对于可避免之损失在我国法上固然可以看作是赔偿权利人的过失，从这个意义上也可以将减损规则看作是一种与有过失，但减损规则与与有过失针对可避免之损失而言，其效果存有差异，两规则发挥作用的内在机理也有不同。减损规则的运作逻辑是"要么全有，要么全无"（all or nothing），而现代的与有过失规则的运作逻辑则是按过错程度及原因力确定责任的大小范围并在当事人之间进行分摊，因此不应简单地将二者等同。在英美学者看来，"在区别与有过失和减轻损失时，记住下面一条是会有帮助的，即原

---

① ［日］於保不二雄：《债权总论》（新版），有斐阁 1972 年版，第 148 页以下；［日］奥田昌道：《债权总论》（增补版），悠悠社 1992 年版，第 213 页。

告的减损义务的产生系后于违约而且后于原告意识到被告的不法行为已造成了损失；原告的与有过错的发生系先于或同于损失的发生，关键的区分事实是时间"。[1] 这种差异同样存在于我国《民法典》合同编的减损规则与与有过失之间。

3. 适当措施。减损规则直接影响非违约方所可获得的损害赔偿的范围，其关键在于如何判断非违约方行为的"合理性"。《民法典》第 591 条第 1 款所谓"适当措施"，是开放的不确定概念，其内涵不确定，但外延是开放的，在适用于具体案件之前，须由法官作价值补充，使其具体化。

（1）行为"合理性"标准之定位。减损规则的目的是要促使非违约方采取合理措施减轻损失，避免社会资源的浪费，因而，非违约方的行为合理性标准一是要在其行为时或应为行为时加以判断，而不应以事后的情况来衡量先前的行为是否合理；二是要看行为人的主观方面而不应拘于行为的客观结果，只要行为人在当时已经尽心尽力，纵使客观上没有减轻损失甚或增加了损失（在并不过分的限度内），仍可获取全面赔偿。

（2）减损措施的类型化。减轻损失的措施可类型化为以下四种：

一是停止工作。一旦当事人一方确切知道对方将不会作出对待给付，便应停止履行以避免进一步的花费。停止工作方式是减损规则最基本、最初级的要求，它还只是要求受害人消极地不作为，下面的几种措施则进入了要求受害人积极作为的阶段。

二是替代安排。很多时候受害人不仅应停止工作以避免更进一步的花费，还应采取合理的和断然的措施，作适当的替代安排以避免损失，作替代安排也就是要订立替代合同。

三是变更合同。违约方提出变更原合同的要约时，如只有非违约方接受该要约才合理，变更合同就成为减轻损失的合理措施。在衡量拒绝接受变更合同的要约是否合理时，第一应注意合同的性质，第二应注意变更的程度。对于第一点，"在一些私人服务案件中，要让原告考虑业已严重伤害了他的对方当事人所提出的要约，这会是不合情理的；但是，在商事合同，接受拖欠债务当事人的要约一般来说则是合乎情理的"。[2] 对于第二点，一般来说只要变更的程度不是特别大，受害人就应接受变更以减轻损失。

四是继续履行。减损规则通常要求受害人在对方违约之后停止工作以避免进一步的花费，但这并不排除在有些场合，继续履行可以作为比较合适的减损措施。在有些情况下，以实际履行作为减损措施是完全可行且合情合理的。设想在海鲜买卖合同中，出卖人所交货物与合同有违，买受人固然有权拒绝受领；但由于海鲜属于易腐烂货物，此时依据减损规则，买方就应继续履行合同，将海鲜接收并以适当价格在市场上卖掉，然后再向对方请求损害赔偿。

（五）违约损害赔偿范围的其他限定规则之三：损益相抵规则

1. 损益相抵的语义、性质及依据。

（1）损益相抵，指赔偿权利人基于损害发生的同一原因获得利益时，应将所获利益由所

---

[1] Harvin D. Pitch, *Damages for Breach of Contract*, Carswell. 1985, p. 150.
[2] F. H. Lawson, *Remedies of English Law*, 2nd ed., Butterworths, 1980, p. 68.

受损害中扣除以确定损害赔偿范围的规则。损益相抵规则是一个具有普遍适用性的规则,这里所说的"同一原因",可以是侵权行为、违约行为、其他债务不履行行为以及其他法律规定的原因。《民法典》虽未规定损益相抵规则,但在司法解释中承认有该规则。[1] 这里只讨论违约责任中的损益相抵问题。

(2)损益相抵,属于赔偿责任的范围确定问题,而不是两个债权的相互抵销,因此不适用抵销的规则。损益相抵,是确定受害人因对方违约而遭受的"净损失"的规则,是计算受害人所受"真实损失"的法则,而不是减轻违约方本应承担的责任的规则。

(3)损益相抵的法理依据在于,赔偿责任制度的目的,在于补偿受害人因违约而遭受的损失,并非使受害人因此获得不当得利,受害人不得因损害赔偿较损害事故发生前更为优越。

2. 损益相抵的要件。损益相抵的要件应包括损害赔偿之债的成立、受害人获有利益以及损害事实与利益之间存在因果关系。

3. 应予扣除的利益。应予扣除的利益种类繁多,情况复杂,需类型化。

(1)中间利息。在受害人本应陆续获得而加害人一次性支付赔偿总额之场合,应扣除依法定利率计算的中间利息,再以各时期的总额由加害人一次性支付。

(2)税务。税务上包含三个税种:一是所得税。计算损害赔偿额应否扣除所得税,学说上有不同的主张。在我国,以采不扣除说为当。二是房屋及地价税。行为人若为其占有的房屋缴纳房屋及地价税,从而使受害人不需为此缴税时,亦可就此部分在受害人请求损害赔偿时,予以扣抵。三是营利事业所得税。如果甲承租乙的小吃店,出租人乙阻扰甲营业,甲请求乙赔偿此间无法营业的损害,则法院在允准甲就营业利益损失的请求时,应当扣除成本及税金。

(3)保险金。受害人在遭受损害后如果获得保险金或者其他的给付请求权,这些利益应否从加害人的赔偿责任中扣除呢?这便是重复填补的调整问题。损害赔偿权利人若事先为受到毁损的物订立保险合同,则该保险给付请求权与所发生的损害事故并非出于同一原因,故赔偿义务应不得请求扣减。[2] 保险公司理赔后,将产生保险人的代位请求权,这时赔偿义务人可以主张扣除保险金。惟对其扣除原因的说明不无疑问:扣除的理由是在于损益相抵法理呢?抑或是保险人代位之理论呢?损益相抵属于赔偿额算定的方法,亦即将赔偿义务额在受益的范围内缩减;与此不同,在代位场合,赔偿义务额并不变更,只不过是作为在受害人、保险人及赔偿人之间分配的结果,将受害人取得的金额扣除而已。因而,在这里扣除的原因在于代位法理,而非损益相抵。[3]

(4)关于有瑕疵的标的物的价值。在债务人给付的标的物有瑕疵,却被债权人受领的情

---

[1]《买卖合同司法解释》第23条规定:"买卖合同当事人一方因对方违约而获有利益,违约方主张从损失赔偿额中扣除该部分利益的,人民法院应予支持。"

[2] 参见史尚宽:《债法总论》,台北自刊本1990年版,第302页;曾世雄:《损害赔偿法原理》,中国政法大学出版社2001年版,第252页。

[3] 参见[日]下森定:《债权法论点笔记》,日本评论社1990年版,第302—303页。

况下，债权人请求赔偿损失时，应当扣除该标的物的价值，除非他已按质论价地支付了标的物的价款。

（5）第三人给付。设若某丙的房屋被债权人乙误认为债务人的财产而予以拍卖，并由甲拍得，今所有人提出异议之诉而使标的无效，甲对乙请求赔偿损失（甲因支付价款而遭受损失），但执行法院曾将该拍得之屋点交与甲，并接管完毕，故应斟酌甲的损益情形加以计算。

4. 损益相抵的限制。违约损害赔偿的计算分为抽象的计算与具体的计算。有人认为运用抽象的方法计算损害赔偿时，不适用损益相抵。但事情并非如此简单，损益相抵既为损害赔偿上的课题，在以抽象的方法计算损害赔偿时仍有其适用的余地，只不过是要受有特别的限制：一则以利益因普通因素构成为必要，再则须与法规意旨相符合。如果利益系因特别因素构成，或者其扣减与法规意旨有违，则不应构成损益相抵。[①] 具体的损害赔偿又称主观损害赔偿，此类案件中的损益相抵并无不许考虑赔偿权利人具体情事及特别利益的限制；而利益是否应自损害中扣除，一律根据被违反的合同的内容或被违反法规的意旨（目的）加以判断，说到底是要取决于具体的解释，针对解释各方的见解即可能不一致，因而损益相抵是否构成，常生争议，具体损害赔偿案件中的损益相抵便常是个难题。依规范目的，认为不应扣减的利益，其情形颇多，大体包括：

（1）基于造成利益者的意思而不得扣减。例如第三人对于赔偿权利人的赠与，损害事故发生后，第三人是否对受害人赠与，全以该第三人的意思为断。第三人倘为赠与，必有其动机：或基于同情心，或为使受害人渡过困难，或出于其他事由。在一般情形下，第三人对受害人为赠与的，无不以使受害人受惠为旨趣；如准予损益相抵，则受惠人将不是受害人而成为赔偿义务人，这将有悖于赠与人原意，故不应成立损益相抵。再如因继承所得的利益，被继承人将其财产遗留给继承人，其中不可否认寓有使继承人受惠，而不在于使加害人免责，则继承所得的利益不应与损害相抵，否则即与被继承人的意思有违。

（2）基于法律规定受害人受有利益，而依该法律规定意旨不得扣减。例如因损害事故的发生，扶养义务人发生变更（即无扶养义务人因而变为有扶养义务人的情形），如父甲赖子乙为生，乙遇害后扶养甲之义务遂落在家属丙身上；甲因乙的遇害而生活失去凭借，受有损害，然复对丙取得扶养请求权，受有利益。此处，利益的形成是基于法律的强制规定，且可能与扶养义务人的意思完全有违。此处之所以不发生损益相抵，是因为若非如此，则等于加害人可将其责任转嫁于该他扶养义务人，自非法律详加规定扶养义务人顺序的本意。同属此类的还可包括退休金、抚恤金等，法律之所以给予此等利益，旨在使该具有一定身份的受害人及其遗属获得相当限度的保障，其中本无免除加害人责任的意思，自然不应允许损益相抵。

另外，可以扣除的利益有：

（1）因物的毁损而致新生异种利益。如房屋毁坏所留的木板等、汽车全毁时所存的可用

---

① 参见曾世雄：《损害赔偿法原理》，中国政法大学出版社 2001 年版，第 246 页。

零件等，此为损害事故所致新生异种利益，自应从损害额中扣除。

（2）以新替旧。依规范目的说，损害赔偿所应填补者为实际损害，新旧间的差额为超过实际损害的部分，自应予以扣除。

（3）原应支出但因损害事故而免于支出的费用，如因无须继续履行合同而免于支出进一步的费用。

（4）原本无法获得因损害事故的发生而获得的利益，如赛马时骑手策马致死却因而获取奖金。

四、违约损害赔偿的计算

（一）概说

赔偿损失的计算既是个事实问题，又是个法律问题。说它是事实问题，是因为违约等造成损失如何，本质上为一种事实；称它为法律问题，是因为探讨这一事实，必须借助法律方法。计算大小，虽然应尽量与数学原则相符合，但在特别情况下为顾及利益衡量等因素，并无绝对与数学原则相一致的必要，有时也无法遵循数学原则。

损害赔偿的目的既在于填补受害人所遭受的损害，为此目的，损害赔偿的计算应依损害的性质加以决定，而单一的一以贯之的计算方法并不存在。由于损害性质的差异，损害赔偿计算方法也会表现出不同。在侵权行为造成损害场合，损害赔偿的计算多采用具体的计算方法；而在违约行为造成损害的场合，损害赔偿的计算在不同的法系会表现出不同的特征，以德国法为代表的大陆法系，崇尚具体的计算方法，而以英国法为代表的英美法系则多采抽象的计算方法。对于财产损害尚可能进行精确的计算，而对于非财产损害（精神损害）则仅能由法官裁量估定而无法进行精确的计算。另外，随着人们的损害观念的演变，损害赔偿的计算方法也会随之发生相应的变化。而在现代社会中，随着危险责任的大量出现，对于空难事故等造成的损害更有赔偿定型化之趋势。

损害的构成因素也影响计算的方法，损害的构成因素可区分为普通因素（客观因素）与特别因素（主观因素）。前者是指某类损害共通存在的因素，不因被害人的不同而有差别。后者则指因被害人的不同而会存在差异的因素。这一区分的意义在于，便于探讨构成损害的特别因素可否影响损害赔偿的计算。关于特别因素，最为常见的是被害人与第三人的关系。例如出卖人违约不为给付，买受人与第三人订定的次买卖合同可能使损害的范围扩大；惟次买卖合同是否存在，因买受人而不同，故为特别因素。第二类型的特别因素为被害人的经济状况或社会地位。鉴于被毁物品于被害人财产中占有特殊地位，因该物品与被害人整体财产的经济关系而致损害扩大，例如运送整套机器，有一箱零件被单独处理而迟延运送，因该零件尚未到达致整套机器无法安装，损害大小不可以零件箱的迟延单独计算，应以整套机器因而迟延动工为准而计算。被害人的社会地位通常是指其职业等，也可以对损害的大小产生影响。第三类特别因素为被害人的智力上或身体上的特征。①

（二）履行利益赔偿计算的基础：价值差额与修复费用

违约损害赔偿的计算通常以履行利益为基础，亦即以履行利益计算为原则。在非违约方请求恢复至"处于如同合同得到履行然"时，存有两种完全不同的计算基础：价值差额（difference in value）和修复费用（cost of cure）。②对不同计算基础的选择，有可能对赔偿的金额产生重大影响。比如，G 煤炭公司租赁 P 农场采矿，约定在合同到期时对土地恢复原状；然而这么做所需的费用为 29 000 美元，而不这么做使该土地价值的降低仅为 300 美元。③此事如发生在我国，P 可否依《民法典》第 581 条请求 G 负担由第三人恢复土地原状的费用？

1. 价值差额。以货物买卖合同为典型，计算违约损害赔偿的初始规则（a prima facie rule）是价值差额标准，在出卖人没有货物或者交付的货物质量与约定不符场合，损害赔偿通常会以价值差额为基础进行计算。之所以如此，是因为买受人负有减损义务，在出卖人没有交付货物时，买受人应到市场上从事替代交易，其所能请求的赔偿主要是替代交易价格与合同价格之间的差额。④当然，这只是初始规则，如果货物瑕疵可通过合理的成本予以补救，无疑也可判予这种修复费用。

2. 修复费用。以建设工程施工合同为典型，初始规则是违约之承包人在"修复费用"的基础上承担责任，承包人应支付改正瑕疵或完成工作所需的费用。可是，如果改正瑕疵的费用与由此带给发包人的益处相比显不相称，比如与合同特别要求不相符的材料被建造在建筑物结构中，而对之加以改正则需要作很大的拆除，甚至修复的费用比整个建筑物的价值还要多。在这种情形下，价值差额（而非修复费用）则构成了通常的计算基础。当然，对于商品房买卖合同，司法解释也有条件地承认了修复费用（《商品房买卖合同解释》第 10 条第 2 款）。

到此为止，一直假定两种计算基础会导出不同的结果，但事实未必尽然。价值差额有可能就是修复费用。比如，出卖人没有交付标的物，买受人主张赔偿，无论是作为价值差额，还是作为修复费用，二者之间并没有什么差别。

3. 《民法典》第 581 条及其适用条件。此条是新增规定，针对性质上不得强制履行的债务，在债务人不履行或者不完全履行场合，赋予债权人以实体法上的请求权，请求债务人负担由第三人替代履行的费用（replacement cost）。此处的替代履行，与强制执行环节的"代替执行"尚有不同，"该请求权是实体法上的请求权，且以根据债务的性质不得强制履行为前

---

① 参见曾世雄：《损害赔偿法原理》，中国政法大学出版社 2001 年版，第 162 页以下。
② G. H. Treitel, Edwin Peel, *The Law of Contract*, 12th ed., Sweet & Maxwell, 2007, p. 1013; Ewan McKendrick, *Contract Law*, 6th ed., Oxford University Press, 2014, p.817. 另外可参考韩世远：《违约损害赔偿研究》，法律出版社 1999 年版，第 429 页以下。
③ *Peevyhouse v. Garland Coal Co.* 382 P. 2d 109（1962）.
④ Harvin D. Pitch, *Damages for Breach of Contract*, Carswell, 1985, p.17.

提，同时不以进入执行程序为前提"。①

第三人替代履行，作为救济手段，居于强制履行与损害赔偿之间，或称之具有混血儿性质（the hybrid character），② 第 581 条在《民法典》中的位置也体现出了这一特点。相应的费用请求权，显然可从损害赔偿的角度把握。本书将它作为违约损害赔偿的一种计算基础。

该条的适用前提之一，是债务的性质不得强制履行。另外，债权人安排替代交易，虽说债权平等以及可以订立多个合同，但从避免麻烦的角度，还应先解除其与违约方的合同，再订立替代合同。除此之外，自裁判者的角度，尚应注意如下两点：

（1）合理性。当修复费用或者履行费用与财产价值的降低相比不具合理性时，裁判者便不应根据修复费用计算损害赔偿。在判断修复费用是否合理时，通常应考虑如下因素：第一，比较债权人请求的所需修复费用的金额与若不改正瑕疵则会使该财产降低的价值；第二，如果债权人提出的瑕疵或不便乃是与审美相关的问题，而非与建筑物的安全及功能相关时，裁判者便应采用价值差额标准而非修复费用标准；第三，在出于安全之需要必须对建筑物进行修复时，则会采用修复费用标准。再有，债权人的身份往往也是考虑因素之一，比如在债权人占有标的物自用场合，裁判者便可判予基于修复费用的损害赔偿。③

（2）债权人从事修复工作的意图。如有证据表明，即使判予债权人基于修复费用的损害赔偿，其也不会真的进行修复工作，裁判者则可不采用修复费用而改采价值差额作为标准。在判断债权人是否真有修复意图时，裁判者可考虑如下因素：诉讼时建筑物是否仍为债权人所有或占有，如果没有，则可根据价值差额判予损害赔偿；债权人是否积极准备从事修复工作等。④

（三）损害赔偿的计算方法

1. 语义。损害赔偿的计算方法得分为具体的计算方法（concrete assessment）与抽象的计算方法（abstract assessment），又可称为主观的计算方法与客观的计算方法。计算损害时，如仅斟酌普通因素，其计算方法称为客观计算方法；如兼而斟酌普通因素及特别因素，其计算方法称为主观计算方法。在出卖人没有交付货物场合，具体的计算方法考量的是买受人作替代交易时实际支出的费用，而抽象的计算方法则是以可以获取的替代品的市场价格为基础。⑤

2. 运用。抽象计算方法的一个前提条件是，存在抽象计算依据的标准，而这一客观存

---

① 石宏主编：《〈中华人民共和国民法典〉释解与适用［合同编］》（上册），人民法院出版社 2020 年版，第 227 页。
② Solène Rowan, *Remedies for Breach of Contract: A Comparative Analysis of the Protection of Performance*, Oxford University Press, 2012, p.116. 韩世远：《合同法总论》（第四版），法律出版社 2018 年版，第 763 页。
③ Harvin D. Pitch, *Damages for Breach of Contract,* Carswell, 1985, pp. 20—25.
④ Harvin D. Pitch, *Damages for Breach of Contract,* Carswell, 1985, pp. 25—27.
⑤ See G. H. Treitel, *Remedies for Breach of Contract: A Comparative Account*, Clarendon Press, 1988, p. 111.

在的标准通常表现为市场价格，因而，抽象计算法的普遍适用以市场以及市场价格的存在为基础。

具体计算方法的运用，通常是在不存在市场价格或者当事人愿意选择它的情况下。具体的计算方法最能体现保护债权人的作用，其存在价值不容忽视。

对于两种计算方法，考虑到诸多复杂因素的介入，应以多元说较为妥当，不要一律地以哪一者为原则，另者为例外，而应具体地加以辨别。在计算方法的最终确定上，一方面，由债权人选择；另一方面，可适当地、有条件地赋予法官以裁量权，惟此种裁量权必须有相当的限制。[①]

（四）损害赔偿计算的标准时

损害赔偿问题最终是原告（债权人、受害人）能够取得多少损害赔偿金的问题，对现实发生的损害须进行金钱的换算（the loss must be valued into monetary terms；金钱评价）。损害表现为直接的金钱支出或金钱的丧失场合，尚不成问题，由给付或给付标的物的丧失构成损害（损害事实）时，为了具体地算定损害额，则须对给付或给付标的物的丧失进行金钱评价。这时，除了依什么标准衡量的问题外，依什么时点的价格为标准进行金钱评价，便是问题之所在。[②]在成本和价值波动时期，知道根据什么时点进行损害赔偿的计算，实是件重要的事情。法院计算违约损害赔偿的标准时有四种可能的选择：一是缔约日，二是违约日，三是裁判日，四是违约和裁判之间的某一时日。

如何认定损害赔偿计算的标准时应属实体法问题，而不应作为一个诉讼法问题。在这个问题上，存在一元说与多元说的对立。一元说是指以某种特定的时点作为标准时的学说。然事实也已表明：一方面，任何一种计算标准时都不可能包打天下，由此决定计算标准时必然是多种多样的；另一方面，多样的标准时不应存在原则和例外的关系，而应由债权人进行选择。因为对不同的违约形态可能会有相应的不同的标准时，这样，很难说应以何者为原则，何者为例外。因而多元说值得赞同。应由债权人选择以什么时点作为计算损害赔偿的标准时，而且会因违约形态的不同而有不同的特点。不过，一般来说，如果从合同缔结时到诉讼口头辩论终结时，标的物的价格呈上涨趋势，则债权人会选择"口头辩论终结时"；反之，如果从合同缔结时到诉讼口头辩论终结时，标的物的价格呈下降趋势，则债权人通常会选择"债务不履行时"；而如果从合同缔结时到诉讼口头辩论终结时，标的物的价格一度上涨后又下降，呈现"中间最高价格"的情形，则在债权人对具有转卖可能性的"可得利益"的确实性进行举证成立时，可以将中间最高价格时作为计算的标准时。[③]

[①] 韩世远：《违约损害赔偿研究》，法律出版社1999年版，第445页以下。
[②] 参见[日]奥田昌道：《债权总论》（增补版），悠悠社1992年版，第182页。
[③] 参见韩世远：《违约损害赔偿研究》，法律出版社1999年版，第475页。

第六节 违约金

一、违约金的概念与意义

（一）违约金的概念

违约金（Vertragsstrafe; payment of a fixed sum on breach），是由当事人约定或法律规定的、在一方当事人不履行或不完全履行合同时向另一方当事人支付的一笔金钱或其他给付，支付违约金是一种民事责任方式（《民法典》第 179 条第 1 款第 9 项）。分析如下：

1. 违约金的客体是金钱或其他给付。违约金的客体通常是金钱，但也有约定以金钱以外的其他给付充当的，如以物、权利、行为充当。

2. 违约金须于违约时支付。违约包括履行不能、拒绝履行、履行迟延、不完全履行等情形，违约金究竟是针对何种违约类型约定或规定的，应解释当事人的意思或法规目的而定。支付违约金的是债务人，此点与定金有差异，因为交付定金者既可以是债权人，又可以是债务人。违约金通常是向债权人支付，但也不排除当事人可特别约定，一方违约时向第三人支付违约金，比如约定向慈善机构支付。

3. 违约金合同为诺成合同。由《民法典》第 585 条第 1 款前段可见，违约金须在当事人违约时支付，并非于订立合同时支付，此点与定金不同，故违约金合同虽为从合同，但非要物合同，而是诺成合同。

债务人违反合同时，须支付违约金，因而，违约金债务是以主债务的违反为停止条件，故为附条件的债务（bedingte Verbindlichkeit）。[1]

（二）违约金的意义

1. 压力手段。通过违约金，债权人掌握有一种压力手段（Druckmittel）：债务人为避免支付违约金，便会竭力履行其债务。[2]

2. 简单易行。违约金对于债权人而言，尚有另外一个长处：于债务人违反合同债务场合，债权人无须就其所遭受的损害逐个举证，而得直接主张违约金。因而，违约金之约定于竞业禁止及其他不作为义务场合尤为常用。另外，于不得主张金钱损害赔偿场合（比如对于特定的非财产损害），亦不妨作为违约金而由当事人约定金钱的给付。[3]

---

[1] Vgl. *Brox/Walker*, Allgemeines Schuldrecht, 31. Auflage, Verlag C.H. Beck, 2006, S.105—106.
[2] Vgl. *Brox/Walker*, Allgemeines Schuldrecht, 31. Auflage, Verlag C.H. Beck, 2006, S.105. 同旨参见黄立：《民法债编总论》，中国政法大学出版社 2002 年版，第 509 页。
[3] Vgl. *Brox/Walker*, Allgemeines Schuldrecht, 31. Auflage, Verlag C.H. Beck, 2006, S.105.

二、违约金的种类

（一）惩罚性违约金与赔偿性违约金

1. 惩罚性违约金。惩罚性违约金，又称固有意义上的违约金，是当事人对于违约所约定的一种私的制裁，故又称违约罚。此种情况下，债务人除须支付违约金外，其他因债之关系所应负的一切责任，均不因之而受影响；债权人除得请求违约金外，还可以请求债务履行或不履行所生之损害赔偿。[1]

2. 赔偿性违约金。赔偿性违约金，是当事人双方预先估计的损害赔偿总额，又叫作损害赔偿额的预定（pauschalierter Schadensersatz）。由于债权人于对方违约而请求损害赔偿时，须证明损害及因果关系，而此类举证，不但困难，且易产生纠纷，因而当事人为避免上述困难及纠纷，预先约定损害赔偿额或其计算方法，不失为良策。一方面，可以激励债务人履行债务；另一方面，如发生违约，则其责任承担简单明了。此种损害赔偿额的预定，也是一种违约金。此种违约金，如相当于履行之替代，则请求此种违约金之后，便不能够再请求债务履行或不履行的损害赔偿。

（1）作为损害赔偿总额的违约金。《民法典》第585条规定的违约金，属于赔偿性违约金，即使第3款所规定的"就迟延履行约定违约金"，可与"履行债务"并用，亦不过是对于迟延赔偿的赔偿额预定，仍属于赔偿性违约金。如此解释，并不等于否定惩罚性违约金在我国法上的地位。由于《民法典》奉行自愿原则（第5条），当事人仍可明确约定惩罚性违约金，只要此种条款不违反法律的强制性规定，便仍属有效。当然，我国法以赔偿性违约金为原则，如当事人无约定或者约定不明确，推定为赔偿性违约金。[2]

在我国法上，赔偿性违约金原则上推定为对于损害赔偿总额的预定。《民法典》第585条第2款针对约定的违约金低于造成的损失情形，允许人民法院或者仲裁机构根据当事人的请求予以增加，其背后的法理逻辑，即在于此。

（2）作为最低赔偿额的违约金。我国法虽默认违约金为损害赔偿总额的预定，不过，如果当事人约定其违约金系对于最低损害赔偿额的预定，对违约所造成的损害如违约金不能足额填补，不足部分仍得请求损害赔偿，此种约定仍得有效。[3]

---

[1] 参见郑玉波：《民法债编总论》（第十五版），三民书局1996年版，第341页；同旨参见孙森焱：《民法债编总论》（下册）（修订版），台北自刊本2009年版，第716—717页。对于惩罚性违约金的语义辨析，可参阅韩世远：《违约金的理论问题——以合同法第114条为中心的解释论》，载《法学研究》2003年第4期。

[2] 石宏主编：《〈中华人民共和国民法典〉释解与适用［合同编］》（上册），人民法院出版社2020年版，第235页。

[3] 比如约定，"乙方除应按合同总额的20%向甲方支付违约金外，甲方实际经济损失超过乙方支付的违约金时，实际经济损失与违约金的差额部分由乙方据实赔偿"。

（二）约定违约金与法定违约金

依违约金的不同发生原因，可以将其分为约定违约金和法定违约金。约定违约金，是指由当事人在合同中约定的违约金（参照《民法典》第585条第1款）。法定违约金，是由法律法规直接规定固定比率或数额的违约金。[①] 法定违约金作为立法者衡诸相关交易形态和种类情势所预设的违约救济方案，其合理性问题或者债务人负担过重问题应视为在立法时已有所考量，故不能适用《民法典》第585条第2款规定的司法调整。[②] 在我国学理上，通常将约定违约金视为合同的一项明示条款，而将法定违约金视为合同的一项默示条款。

三、违约金责任的成立

首先，违约金责任，作为一种从债务，成立的前提是存在有效的合同关系。如果主债务不成立、无效、不被追认或被撤销时，违约金债务也就不成立或无效。[③] 另外，应当注意的是，在因违约而解除合同场合，合同中的违约金条款，仍可援用。道理在于，这类条款性质上属于"合同中结算和清理条款"，依《民法典》第567条，并不因合同的权利义务终止而影响其效力。

其次，要有违约行为，至于违约行为的类型，应视当事人的约定或法律的规定。

再次，违约金责任的构成是否要求违约人具有过错？应当区分类型，作具体分析。（1）如果当事人约定违约金的成立以一方当事人有过错为要件的，依其约定。（2）在《民法典》合同编"典型合同"分编以及单行法规中特别规定违约责任为过错责任场合，违约金的成立应当要求过错要件。（3）在惩罚性违约金场合，由于其目的在于给债务人心理制造压力，促使之积极履行债务，同时，在债务不履行场合，表现为对过错的惩罚，因而，应要求以债务人的过错作为其承担惩罚性违约金的要件。（4）在赔偿性违约金场合，除前述特别情形外，不要求以过错为成立要件。原因在于，其性质上是作为损害赔偿额的预定，强调的是对因违约造成的损害的补偿，不必要求过错之归责事由，这也符合《民法典》合同编所采严格责任原则。

最后，是否要求证明损害的存在及其大小？就惩罚性违约金而言，由于非为损害赔偿，所以违约金的发生不以损害的发生为必要，不成问题。容易发生争论的是赔偿性违约金的构成要否以损害为要件。如单自逻辑推理看，既然赔偿性违约金性质上为损害赔偿额的预定，当然要求有损害的存在，即使不必证明其大小，至少也应证明其存在。不过，当事人约定违约金的目的之一即在于避免证明损害的麻烦，因而，在解释上不应以损害的存在及其大小的证明为要件。同样地，以上仅为当事人没有特别约定的场合，如果当事人有特别约定，自应

[①] 比如《中华人民共和国电信条例》第31条和第34条第1款。
[②] 石宏主编：《〈中华人民共和国民法典〉释解与适用［合同编］》（上册），人民法院出版社2020年版，第235页。
[③] Vgl. auch *Brox/Walker*, Allgemeines Schuldrecht, 31. Auflage, Verlag C.H. Beck. 2006, S.108.

四、违约金数额的调整

就当事人约定的违约金，无论是赔偿性违约金还是惩罚性违约金，都应严格遵守，这是合同严守原则的当然要求。但过分的合同自由，也会带来不适当的结果，会使违约金条款异化成为一方压榨另一方的工具，因而，对于违约金的数额，不应完全放任，《民法典》第585条第2款正是这种精神的体现。

（一）赔偿性违约金的调整

赔偿违约金作为赔偿损失额的预定，虽不要求其数额与损失额完全一致，但也不宜使两者相差悬殊，否则，会使违约金责任与赔偿损失的一致性减弱乃至丧失，而使两者的差别性增大，以至于成为完全不同的东西。因此，违约金的数额过高或过低时允许调整是适宜的。再者，违约金的数额与损失额应大体一致，这是商品交换等价原则的要求在法律责任上的反映，是合同正义的内容之一，是合同法追求的理想之一。既然如此，违约金的数额过高或过低时予以调整，就有其根据。[1] 其具体的判断标准是过高或过低达到了显失公平的程度。

1. 违约金高低的比较标准。《民法典》第585条所规定的比较标准，是因违约"造成的损失"。此处的损失是指因违约造成的实际损失（actual loss），而非指依照《民法典》第584条或其他特别法规定的可赔损失（recoverable loss）。显而易见的是，并非所有的因违约造成的实际损失（并不限于所受损失，亦得包括所失利益或者合同履行后可以获得的利益）都可以获取赔偿，因而通常情况下，实际损失会大于可赔损失。

2. 违约金的增加。赔偿性违约金既属损害赔偿额的预定，理应是在充分估计因违约所会造成的损失基础上作出的。如违约金低于因违约造成的损失，该违约金在实际效果上就相当于限责条款。

《民法典》第585条第2款前段的规定，字面上只是限定为"低于"，而没有像该款后段那样使用"过分"低于这样的措辞。立法者想以此"体现对债权人或者守约方的强保护，因此，至少酌增的标准不应比酌减的标准更严苛"，[2] 但它很容易让人认为，只要违约金比违约造成的损失低，法院或仲裁机构就应予增加。其实，债权人虽有增额请求权，但是否增额，最终取决于法院或仲裁机构的裁量权。而由原《合同法》第114条第2款到《民法典》第585条第2款的句式转换，即主语由原来的"当事人"转换成为"人民法院或者仲裁机构"，也可以说突显了该款的裁判规范属性。既赋予裁判者以裁量权，而这种裁量权的行使，自应有所节制，否则，只要有差额，均准予增额，必然使违约金的规范目的落空，这种效果并不妥当。

---

[1] 参见崔建远：《合同责任研究》，吉林大学出版社1992年版，第251页。
[2] 石宏主编：《〈中华人民共和国民法典〉释解与适用［合同编］》（上册），人民法院出版社2020年版，第236页。

3. 违约金的适当减少。约定的违约金过分高于造成的损失的，人民法院或者仲裁机构可以根据当事人的请求予以适当减少（第585条第2款后段）。对于因违约所造成的实际损失，应由请求减额的债务人负证明责任。

法院或仲裁机构在对是否减额进行裁量时，可将违约金与实际损失之间的差额作为重要的考量因素，但不应作为惟一的考量因素；还应考虑债权人的其他合法权益，比如寻求替代交易的难易程度，是否信赖该合同会依约履行而签订连环合同；另外，也可考虑债务人是否属于故意违约等因素。最后，在综合衡量的基础上，对是否减额作出一个恰当的判断。

我国既往的司法规则也已采纳上述"综合衡量"的立场，当事人主张约定的违约金过高请求予以适当减少的，人民法院应当以实际损失为基础，兼顾合同的履行情况、当事人的过错程度以及预期利益等综合因素，根据公平原则和诚信原则予以衡量，并作出裁决。当事人约定的违约金超过造成损失的30%的，一般可以认定为法律规定的"过分高于造成的损失"。该司法规则所采取的是综合方案，是以参考相关司法裁量重要因素为主，以一定比例为辅。① 对此，在尚未出台更为具体的规范之前，实务中仍可承认其具有习惯法之效力。

关于减额的幅度，《民法典》第585条第2款的用语是"适当减少"。法院或仲裁机构干涉的，应限于不合理的合同条款，而在判断的时候，必须综合考虑，比如应考虑当事人之间的交涉能力是否平等，是否使用格式合同条款等。如双方的交涉能力相当（比如在两个商人之间），对其约定的违约金条款就不宜过多干预；如是经营者与消费者、用人单位与劳动者等经济弱者缔结的违约金条款，通常就可以考虑变更。

另外，还应注意部分履行与违约金减额的问题。《法国民法典》第1231条规定，主债务已经一部履行者，审判员得酌量减少违约金。我国台湾地区"民法"第251条亦规定了"一部履行之酌减"，其"立法理由"谓："谨按当事人以契约预定违约金者，于债务人不履行债务时，应即支付违约金，此属当然之事。然债务人已为一部之履行时，如仍使照约支付违约金，则债务人备受不测之损害，殊失情理之平。故法院得比照债权人因一部履行所受之利益，减少违约金，以期得公平之结果。此本条所由设也。"《民法典》虽没有明确的规定，但可以认为第585条第2款后段可以包含此种情形。

有见解主张，"在此种情况下，只是根据违约造成的实际损失来调整违约金数额，而并不是说，应当根据已经履行的比例来进行扣减"。② 此种见解，值得赞同。

赔偿性违约金在性质上既属于损害赔偿额的预定，因而，有关限定损害赔偿范围的特别规则，包括过失相抵、减损规则及损益相抵规则，对赔偿性违约金也应适用。道理在于，作为损害赔偿额预定的违约金，只是当事人为了避免就损害的发生及其数额的举证而事先达成的合意，并没有因此排除适用过失相抵、减损规则或损益相抵规则的意思。

---

① 参见最高人民法院研究室编著：《最高人民法院关于合同法司法解释（二）理解与适用》，人民法院出版社2009年版，第212页。
② 王利明：《违约责任论》（修订版），中国政法大学出版社2000年版，第587页。

（二）惩罚性违约金的规制

在我国，惩罚性违约金原则上可由当事人自由约定。依通常学理见解，此种违约金于债务不履行时，债务人除须支付违约金外，其他因债之关系所应负的一切责任，均不因此而影响。此类条款，属于私人之间的惩罚，我国法律虽未禁止，但绝非意味着完全放任。可以援用的法律规范至少包括《民法典》总则编"民事法律行为"章规定的民事法律行为无效或可撤销等制度规范此类条款的效力。另外，鉴于依《民法典》第586条第2款的规定，同样属于"私的制裁"的定金，其数额不得超过主合同标的额的20%。基于相似的利益状况（二者除了性质差异外，其差异主要体现在是否预付上面），该法的立法精神也应体现于惩罚性违约金上，故对于惩罚性违约金，可类推适用《民法典》第586条第2款，不得超过主合同标的额的20%。[①]

（三）违约金可否免除

违约金责任能否由法院或仲裁机构决定免除？对此《民法典》没有直接规定，宜分别情形具体分析。在惩罚性违约金场合，该违约金不以损失的发生为必要，因而不管有无损失发生，违约金都不得被免除。

在赔偿性违约金场合，能否免除，立法例及学说见解不一。作为一个学理问题，当然还可以再讨论。本书认为实务上可以保守一些，不应全部免除。[②]

（四）调整违约金的方式

《民法典》第585条第2款明确要求人民法院或者仲裁机构可以"根据当事人的请求"调整违约金，这一规定是合理的。有鉴于原来我国立法尤其是民事诉讼法中已有超职权主义之流弊，故此不采职权主义，法院只有基于当事人的请求，始得予以调整。对于仲裁机构来说，也是如此。

当事人请求法院或者仲裁机构调整违约金的方式可以是多样的，包括通过反诉或者抗辩的方式，我国既往的司法规则对此予以了肯定。

五、违约金与其他违约救济方式

（一）违约金与强制履行

惩罚性违约金可与其他的因债务不履行所发生的责任并用，强制履行自不例外。以下主要分析赔偿性违约金能否与强制履行并用。

违约金如是针对履行不能、履行拒绝这种完全不履行的情形约定的，是作为替代债务不

[①] 参见韩世远：《违约金的理论问题——以合同法第114条为中心的解释论》，载《法学研究》2003年第4期。
[②] 参见韩世远：《违约金的理论争议与实践问题》，载《北京仲裁》第68辑，中国法制出版社2009年版，第39页。

履行的损害赔偿（填补赔偿）的赔偿额预定，违约金的约定并不使履行请求权消灭。在实际发生履行不能的场合，履行请求权归于消灭，只能请求违约金。在履行拒绝场合，则出现履行请求权与违约金请求权并存的局面，由于两项请求权实际指向的对象是相同或相当的，故只应由债权人选择其一，不能二者兼得，否则，就等于让债权人获取双份利益。

违约金如是针对履行迟延约定的，只要当事人没有特别表明其属于惩罚性违约金，即应推定为对迟延赔偿的赔偿额预定。在债务人履行迟延场合，一方面，债权人仍享有履行请求权；另一方面，又享有违约金请求权。由于两项请求权指向的对象并不相同，故可同时主张，并行不悖。《民法典》第585条第3款的规定，正是这种精神的体现。

违约金如是针对不完全履行约定的，只要当事人未特别言明，宜推定为对于因不完全履行所造成的损害的赔偿额预定。在债务尚属可能履行场合，可比照履行迟延处理，此时的违约金可推定为对于迟延损害的赔偿额预定，甚至更进一步，推定为对于迟延损害、因不完全履行（加害给付）造成的债权人固有利益遭受的损害的概括的赔偿额预定。债权人在主张违约金的同时，仍不妨请求继续履行，《民法典》第582条所规定的修理、重作、更换均属于强制履行范畴，可与此处的违约金并用。在债务已经不能履行，或其履行对于债权人而言已失去意义而不再主张继续履行，当事人所约定的违约金如推定为此部分填补赔偿的赔偿额预定，结果就会是只能请求违约金，不能再请求损害赔偿，与前一情形相较，尽管二者利益状态相当，处理结果却有实质差异，难谓公平合理。所以，应比照前种情形，将违约金推定为对于给付本身之外的其他合法利益遭受损害的概括的赔偿额预定，可与不完全履行部分的填补赔偿一并请求；在部分履行对债权人无意义场合，则可与全部的填补赔偿一并请求。

（二）违约金与损害赔偿

惩罚性违约金可与损害赔偿并用，此处重点分析赔偿性违约金与损害赔偿的关系。赔偿性违约金又可区分为作为最低数额的赔偿损失（又称抵销性违约金）与作为总额的赔偿损失（又称排他性违约金）。对于前者，《民法典》虽未规定，但不妨当事人特别约定。于此场合，如在违约金之外还有损失，则仍可请求赔偿。《民法典》第585条所规定的违约金属于对损害赔偿总额的预定，其与损害赔偿的关系，较为复杂。

由于违约损害赔偿得有不同类型，相应地，违约金也可区分为对不同类型损害赔偿的预定。

首先，对于同一种损害，比如履行不能场合的给付本身的损害，如事先约定了违约金，该违约金即是此部分损害赔偿额的预定。债权人虽有填补赔偿请求权，由于违约金请求权与损害赔偿请求权并非立于债权人可自由选择的地位，而是有违约金请求权场合必须行使违约金请求权，这时，作为优先适用违约金的反射效力，债权人的损害赔偿请求权实际上停留在不得行使的状态。在这种场合，如允许债权人在请求违约金的同时，继续获取填补赔偿，就会出现债权人双重获益的结果。

其次，如违约金请求权与损害赔偿请求权所指向的损害不是同一损害，比如一个指向给付本身的损害，另外一个指向迟延损害或固有利益的损害，二者目的不同，不但并行不悖，而且相得益彰。此时，违约金虽与损害赔偿并用，仍是作为损害赔偿额预定的赔偿性违约金，而不应机械地认为它是惩罚性违约金。

（三）违约金与合同解除

在合同因一方违约而被解除场合，非违约方还有没有违约金请求权，值得探讨。依合同解除的"直接效果说"，合同因解除而溯及地消灭。皮之不存，毛将焉附？所以违约金条款也丧失所附丽的基础，违约金请求权自当归于消灭，不得再行请求。[①]《民法典》并未采此立场，而是仿照《联合国国际货物销售合同公约》第 81 条第 1 款后段，于第 567 条规定，"合同的权利义务关系终止，不影响合同中结算和清理条款的效力"。因而，合同解除场合，合同中的结算和清理条款仍得有效。"关于违约责任的违约金和定金的约定也可以被认为是结算和清理条款"，故其效力并不因合同解除而受影响。

第七节　违约定金

一、定金的含义、种类及性质

（一）定金的含义

定金（Arrha，Angeld，Draufgabe，earnest money），指依约定一方在履行前向对方给付的金钱或者其他之代替物。为此目的而订立的合同称为定金合同（pactum arrale）。关于定金的语义，可作如下分析：

其一，定金通常是由一方合同当事人交付；其二，定金交付的时期，通常是在合同订立时，然并非绝对，但应在履行之前；其三，交付的客体通常是金钱，然为其他有价物亦无不可，惟须为代替物；其四，所谓交付，不必为现实交付，即简易交易、改定占有及指示移转，亦无不可；[②] 至定金的交付，同时即为其所有权的移转，自不待言。[③]

（二）定金的种类

定金依时代、地点及交易上目的而有不同的种类，主要包括：

1. 证约定金（Arrha Confirmatoria），为证明合同的成立所交付的定金。
2. 成约定金（Arrha Constitutiva），作为合同成立的要件而交付的定金。
3. 违约定金（Arrha poenalis），指作为债权的担保（预防及制裁违约），依定金罚则而

[①] 可参见左觉先：《论契约解除后违约金之请求权是否存在》，载郑玉波主编：《民法债编论文选辑》（中册），五南图书出版公司 1984 年版，第 855 页以下。
[②] 胡长清：《契约法论》，商务印书馆 1931 年版，第 42 页；史尚宽：《债法总论》，台北自刊本 1954 年版，第 493 页。
[③] 郑玉波：《民法债编总论》（修订二版），陈荣隆修订，中国政法大学出版社 2004 年版，第 312 页。

支付的定金，定金罚则即指定金给付方如不履行债务或者履行债务不符合约定的，无权请求返还定金；定金收受方不履行债务或者履行债务不符合约定的，应当双倍返还定金。《民法典》第586条及第587条规定的定金，实为违约定金，较之此前的立法，第587条就定金罚则的适用明确要求了"致使不能实现合同目的"。

"出卖人通过认购、订购、预订等方式向买受人收受定金作为订立商品房买卖合同担保的，如果因当事人一方原因未能订立商品房买卖合同，应当按照法律关于定金的规定处理"（《商品房买卖合同解释》第4条前段）。此种定金被称为"立约定金"。[①] 立约定金可以被认为是预约的违约定金。[②]

4. 解约定金（Arrha poenitentialis），指作为保留解除权的代价而支付的定金。此种定金，给付方得抛弃定金，而解除合同；收受方亦得双倍返还其定金，以解除合同。法国民法、日本民法以此种定金为原则。

（三）定金的性质

在原《民法通则》（第89条）、原《担保法》（第89条至第91条）等中，均规定了定金，作为债务履行的一种担保方式，属于违约定金，且通常兼有证约定金之目的。《民法典》生效后，原《民法通则》和《担保法》等废止，其中关于定金的规定被安置在合同编（在原《合同法》基础上）"违约责任"章。由此带来一项疑问：定金究竟是债务履行的担保方式、违约责任方式抑或兼而有之？

首先，《民法典》第586条明确规定，当事人可以约定一方向对方给付定金"作为债权的担保"，显示其对于原《担保法》定金规定的继受，作为债之担保依旧是定金的首要目的。其次，无论是原《担保法》还是《民法典》，所规定的定金均是违约定金，"当事人违约时，定金起着制裁违约方并补偿损害方的作用"。[③] 如今在民法典中的体系位置是在合同编"违约责任"章，紧邻违约金。无可否认，违约定金与违约金虽有差异，也有诸多相似之处：其一，二者均主要以约定为基础，属于约定的违约救济手段；其二，违约定金与违约金，同样有间接的强制债务履行的效力；[④] 其三，违约定金为履行之制裁而交付，有预付违约金之性质。[⑤] 因而，学者也有直接称"定金罚则也是一种违约责任方式"的。[⑥] 综上，应承认违约定金在功能上兼具债务担保方式及违约责任方式双重属性。

违约定金既属预付的违约金，依违约金的类型区分逻辑，总体上不妨将违约定金区分为两类。（1）与违约罚具有相同的性质的情形，依其趣旨，当事人一方因债务不履行而发生的损害赔偿的请求，并不因定金的丧失或双倍返还而受影响，而得与之一并行使。（2）与损害

---

① 最高人民法院民事审判第一庭编著：《最高人民法院关于审理商品房买卖合同纠纷案件司法解释的理解与适用》，人民法院出版社2003年版，第62页。
② 黄薇主编：《中华人民共和国民法典合同编释义》，法律出版社2020年版，第294页。
③ 孙礼海主编：《中华人民共和国担保法释义》，法律出版社1995年版，第118页。
④ 史尚宽：《债法总论》，台北自刊本1990年版，第491页。
⑤ 史尚宽：《债法总论》，台北自刊本1990年版，第494页。
⑥ 郭明瑞：《合同法通义》，商务印书馆2020年版，第236页。

赔偿额的预定具有相同性质的情形，依其趣旨，丧失或双倍返还的定金是对于债务不履行之损害赔偿额的预定，因而，不许另外再请求损害赔偿。[①]为了表述方便，将违约定金区分为"惩罚性违约定金"与"赔偿性违约定金"。[②]由于违约定金存在不超过主合同标的额20%的上限，故就赔偿性违约定金尚可认定为预付的最低限度的损害赔偿。

二、定金合同

定金的成立须有定金合同，定金合同属于民事法律行为之一种，故适用民事法律行为的相关规定。此外，关于定金合同，仍有特别之处，分述如下：

1. 定金合同自实际交付定金时成立（《民法典》第586条第1款后段）。可见，定金合同为要物合同，仅有定金的合意，尚未为足。然交付无须为现实交付，已如前述。

2. 定金合同不再是要式合同，而是诺成合同。依原《担保法》第90条，定金应当以书面形式约定。如今，《民法典》就定金未再要求须以书面形式，故依该法典第135条的一般规定，可以采用书面形式、口头形式或者其他形式。

3. 定金合同为从合同。关于定金合同，应参照《民法典》第682条第1款的规定，主债权债务合同无效、被撤销或者确定不发生效力，定金合同也随之无效或不发生效力。但是，在主合同因违约而被解除后，根据《民法典》第566条第2款，解除权人仍有权依据定金罚则请求违约方承担责任。[③]

4. 定金的数额由当事人约定，但不得超过主合同标的额的20%（《民法典》第586条第2款前段）。定金应起到担保的作用，不同于预付款，无须太高数额。所以，法律中应当对定金的数额作出限制。根据实践经验，不超过主合同标的额的20%比较合理。同时，对防止利用高额定金获取不正当利益起到抑制作用。[④]若不如此，则有可能使得守约方获得的损害赔偿过分地高于其实际损失额。[⑤]约定定金数额超过20%的，超过部分不产生定金的效力，应当予以返还或者抵作价款。另外，实际交付的定金数额多于或者少于约定数额的，视为变更约定的定金数额（第586条第2款后段）。

三、违约定金的效力

（一）债务人履行债务场合

债务人履行债务的，定金应当抵作价款或者收回（第587条前段）。上述规定基于定金

[①] [日]柚木馨、高木多喜男：《注释民法（14）》，有斐阁1966年版，第109—110页。
[②] 韩世远：《合同法总论》（第四版），法律出版社2018年版，第838页。
[③] 石宏主编：《〈中华人民共和国民法典〉释解与适用［合同编］》（上册），人民法院出版社2020年版，第239页。
[④] 孙礼海主编：《中华人民共和国担保法释义》，法律出版社1995年版，第119页。
[⑤] 唐德华等编著：《最新担保法条文释义》，人民法院出版社1995年版，第189页。

客体为金钱而展开,"收回"容易使人误以为定金支付后其所有权仍保留在定金给付人手中。事实上,定金与任何金钱给付行为一样,一经支付,其所有权必将转移,主债务履行后,当事人可以收回的只是原定金的数额,而不是原来的定金本身。定金客体为其他替代物,亦应做同样解释。①

（二）债务人违约场合

1. 定金罚则的触发。关于定金罚则的触发,《民法典》第587条后段规定了两项要件,即违约及不能实现合同目的。是否具备这两项要件就绝对触发定金罚则？原《担保法司法解释》第122条曾规定不可抗力或意外事件致使主合同不能履行的不适用定金罚则。如今应如何看待这一问题？就定金罚则的触发要件,可作如下理解：

（1）当事人不履行债务或者履行债务不符合约定。债务人的违约既可以是不能履行、迟延履行或者拒绝履行,也可以是不完全履行。

（2）致使不能实现合同目的。此项要件是吸收了既往司法规则,当事人有违约行为是适用定金处罚的必要条件,但仅此还不够,还须有违约行为致使合同目的落空的结果,违约行为和合同目的落空两个条件缺一不可。致使合同的直接目的和主要目的落空的违约行为即根本违约。② 在当事人违反从给付义务或附随义务时,往往没有导致合同目的落空,所以,从给付义务或附随义务的违反一般不适用定金罚则。③

（3）如同违约金,有的情形要求主观要件（详见本章第六节之三）,这是违约定金具有预付违约金属性的当然推论。

（4）无免责事由。第一,不可抗力当然构成免责事由。"违约方必须要因违约行为承担违约责任的,才能适用定金罚则。如果违约方因不可抗力而免责,则也不能适用定金罚则。"④ 不可抗力是法定的违约责任免责事由,违约定金既兼具违约责任的基本属性,当然适用不可抗力免责。第二,意外事件（通常事变）不再构成免责事由。担保法司法解释规定意外事件可以免除定金处罚被视为是对意外事件作为免责事由的一次尝试,⑤《民法典》显然没有将该尝试作为成功经验予以吸收,故仍应基于《民法典》的统一规定：一般免责事由仅指不可抗力,不包括意外事件。在严格责任原则下,为通常事变负责仍是其基本立场。

上述仅为一般立场,值得注意的是,依司法解释规则,"因不可归责于当事人双方的事由",导致商品房买卖合同未能订立的,出卖人应当将定金返还买受人（《商品房买卖合同解释》第4条后段）。"因不可归责于当事人双方的事由"未能订立商品房担保贷款合同并导致商品房买卖合同不能继续履行的,当事人可以请求解除合同,出卖人应当将收受的购房款本金及其利息或者定金返还买受人（《商品房买卖合同解释》第19条后段）。不可归责于当

---

① 高圣平：《担保法论》,法律出版社2009年版,第607页。
② 曹士兵：《中国担保制度与担保方法》,中国法制出版社2008年版,第374页。
③ 崔建远主编：《合同法》（第六版）,法律出版社2016年版,第163页。
④ 石宏主编：《〈中华人民共和国民法典〉释解与适用［合同编］》（上册）,人民法院出版社2020年版,第241页。
⑤ 曹士兵：《中国担保制度与担保方法》,中国法制出版社2008年版,第378页。

事人双方的事由固然可以包括不可抗力，但又不限于此，属于特别规定。

2. 不完全履行场合定金罚则的适用。《民法典》第587条后段肯定了"履行债务不符合约定"（不完全履行）致使不能实现合同目的场合可适用定金罚则，但具体如何适用，并未进一步明确。首先，不完全履行构成根本违约的，方可能适用定金罚则；否则，在从给付义务或者附随义务违反场合，并不触发定金罚则。其次，在构成根本违约并触发定金罚则的情况下，是否按未履行部分所占合同约定内容的比例适用定金罚则？《民法典》并未吸收既往司法规则中的按比例处罚定金的做法，故对于根本违约的判断及相应的定金罚则的适用，原则上应坚持"要么全有、要么全无"的模式。当然，在像出卖人分批交付标的物的场合（《民法典》第633条），违约定金所针对的是全部的标的物，而违约仅致使其中一批标的物不能实现合同目的，则可比照"部分解除"的立法精神，按比例原则仅承认相应部分的定金。

3. 违约定金与赔偿损失。定金不足以弥补一方违约造成的损失的，对方可以请求赔偿超过定金数额的损失（《民法典》第588条第2款）。显然，此处的"定金"是以弥补因违约造成的损失的赔偿性违约定金。由于有数额限制，故赔偿性违约定金宜理解为预付的最低限度的损失赔偿额。立法承认就未获弥补的部分损失，非违约方仍有损失赔偿请求权。

如果当事人明确约定了惩罚性的违约定金，则依其本旨，违约方应承担的其他违约责任不因此而受影响，故无碍于赔偿损失请求权，自不待言。

4. 违约定金与违约金。

首先，惩罚性违约定金由于是作为对违约的惩罚，对于违约责任不生任何影响，故可与违约金（不论惩罚性还是赔偿性的）并用。《民法典》第588条第1款将违约金与定金立于二者择一的关系，并没有充分考虑违约定金类型及其规范目的的复杂多样性，简单划一，殊有不当，宜作限缩解释。其中的"定金"，实际上指的是违约定金，这是自体系解释获得的结论，并且应通过限缩解释，将惩罚性违约定金排除在第588条第1款之外。

其次，赔偿性违约定金，本身可被理解成为对于损害赔偿额的预定（对于收受方而言则是"预付"），它与同样相当于损害赔偿额预定的违约金，规范目的相同，自然不应并用，只宜二者择一。如合同中约定的属于惩罚性违约金，由于此种违约金并不妨碍另外主张损害赔偿，因而，赔偿性违约定金与惩罚性违约金并不冲突，可以并用。

最后，以上系以违约定金与违约金均系针对同类型的违约行为加以约定为模型，如当事人明确约定定金以拒绝履行、不能履行为罚则的生效要件，而约定违约金所针对的是逾期履行或不完全履行的违约金时，那么，当逾期履行导致不能履行时，或不完全履行导致不能履行时，定金与违约金的目的与功能已有所不同，因而两者可以并罚。在拒绝履行导致逾期履行时，基于同样的道理，违约金和定金也可以并罚。①

以上关于违约定金的类型区分及其与违约金的关系，是以当事人在合同中有明确约定为前提，如当事人未在合同中明确其违约定金是哪种类型，在我国法上应确立什么样的解释

---

① 崔建远：《关于制定合同法的若干建议》，载《法学前沿》第2辑，法律出版社1997年版，第49页。

规则？在日本判例及通说上，对于违约定金究属惩罚性的还是赔偿性的分不清楚时，则解释为后者。[1] 本书认为，在区分惩罚性违约定金和赔偿性违约定金的基础上，在当事人未明确究竟为哪种时，作为一般性解释规则，宜采纳上述日本判例通说的立场，即原则上解释为赔偿性违约定金。不过，有所区别的是，日本通说所解释的损害赔偿额预定，是作为全部的赔偿额的预定，但在我国，应该解释为最低额的损害赔偿额预定，违约定金仅作为填补损害之用，不足部分，仍允许债权人请求损害赔偿。

第八节 减价

一、减价的概念分析

（一）减价责任的含义

减价责任，是指在当事人一方履行合同义务不符合约定场合，根据受损害方的选择，在接受不完全的履行的基础上依"按质论价"的评定而使价款或者报酬相应减少的违约责任。

"减价"是"减少价款或者报酬"的简称。其中，"减少价款"以买卖合同为典型，针对以给付标的物为对象场合；"减少报酬"以承揽合同为典型，针对以提供劳务为对象场合。

（二）减价责任的性质

减价在《民法典》中是一种违约责任，而非有别于违约责任的其他责任。

将减价责任作为一种违约责任，在我国立法由来已久，减价的规定可以追溯到1978年《农药质量管理条例（试行）》第17条和第21条，其中的"按质论价"，似可寓含"减价"责任。1981年《中华人民共和国经济合同法》第39条（1993年修正后的第34条）、第40条（1993年修正后的第35条）亦规定了减价责任。《民法典》第582条规定了减价责任，自体系以言，该条规定位于《民法典》合同编"通则"中，减价被作为一种违约责任，而没有作为特别的物的瑕疵担保责任，宜特别注意。另外，《民法典》"典型合同"中亦有关于减价责任的规定。[2]

"减价"责任在受罗马法传统影响的法制下，属于买卖合同中物的瑕疵担保责任的一项重要内容；但在我国法上，出卖人的物的瑕疵担保责任已被统合进了违约责任，这一点与许多传统的大陆法系立法有差异。与不采独立的物的瑕疵担保责任的英国普通法相比，我国法肯定减价责任有别于损害赔偿责任，故与英国普通法亦不一样。德国债务法现代化法生效以来，瑕疵担保责任虽被统合进了一般履行障碍法，但减价责任仍被保留在"买卖合同"中，

---

[1] [日] 我妻荣：《债权各论》中卷一，岩波书店1957年版，第261页。
[2] 关于承揽合同及建设工程合同，参见《民法典》第781条、第800条。

与我国《民法典》合同编在"通则"中规定减价，仍有差异。以上诸端，均反映出我国法上"减价"责任的独特性。

二、减价权的性质

减价作为一种债权人的救济手段或者违约责任，自债权人的立场分析，显然是赋予债权人一种主张减价的权利，称为减价权。惟此种权利的性质如何，颇有分歧。"请求权说"认为减价权是一项纯粹的请求权，称为"减价请求权"，经出卖人同意，始生效力。"形成权说"主张减价权是一项形成权，在法理构造上，是将它设计成"部分解除"，"减少价金"是以单方意思表示为之。

以上两种学说，以"形成权说"较为可采。但既有的形成权说，大抵建构在"部分解除"思想之上，减价权被解释成为一种解除权（即部分解除权），因为权利人行使这种权利，便当然发生减价的结果。在我国法背景下，对于减价权，与其建构在"部分解除"思想之上，不如建构在"合同变更"思想之上。

减价权是一种单纯形成权，是依单方意思表示减少价款或者报酬的权利。减价权人行使这种形成权的行为同样是一种单方法律行为，其法律后果自然要向行为人的意思表示（效果意思）中寻找，法律是按照行为人的意思表示赋予法律效果。这样，就会出现形成权说反对者的担忧：合同的具体内容岂不由一方当事人决定？

其实，减价是从公平原则出发而求"按质论价"，"价"之论非出于减价权人的恣意，而须按照一定的标准，亦即"质"。在减价权人的"形成意思"中，纵有减价数额的提示，该数额不过是基于减价权人对于"质"的评价，此项评价未必准确，因而其"形成意思"中的减价数额提示亦未必准确，这时则可类推适用《民法典》第565条第1款后段。对方有异议的，任何一方当事人均可以请求人民法院或者仲裁机构确认减价的效力；如果没有异议，自当按照减价权人的形成意思赋予效果。

既然对方有可能会对减价有异议，这时裁判者就应当有应对的方法。有两种可能的构成：其一，如果能够确立一种具有普遍适用性的计算公式，只要提出减价问题，就可以直接适用该计算公式得出减价结果，将会非常理想，相关的问题就转化为举证责任负担的问题（比如由哪一方负责证明交付的标的物的实际价值及应有价值）。其二，如果上述一点做不到，典型的是对于有瑕疵的买卖标的物不存在市场价格的场合，德国实务通常是依据消除瑕疵所必需的金额来确定价值的降低。[①] 德国的这一做法值得借鉴。

减价权作为一种形成权，对此还应注意与另外一种权利的区分，即《民法典》第582条规定的"选择权"，受损害方可以合理"选择"请求对方承担修理、重作、更换、退货、减少价款或者报酬等违约责任。这种选择权性质上是一种形成权，其行使（比如选择减价）常与被选择的权利的行使紧密地结合在一起，因而容易混淆。此项选择权既为一项形成权，因

---

① Vgl. *Dieter Medicus*, Schuldrecht II, Besonderer Teil, 13. Auflage, Verlag C.H. Beck, 2006, S.21.

其行使而归于消灭，因而，权利人无从再度行使。申言之，受损害方一旦选择减价，便不可以再改择其他与减价相冲突的救济方法。

三、减价权的成立

（一）履行不符合约定

"履行不符合约定"是否要求须达到一定的严重程度（比如《民法典》第563条第4项"致使不能实现合同目的"）呢？从《民法典》中看不出有什么特别的要求，故在解释论构成上不必要求须达到相当的严重程度。

《民法典》第582条修正原《合同法》第111条"质量不符合约定"为"履行不符合约定"，语义范围不仅包括标的物的品质，亦可包括标的物数量不足、履行的时间不符以及标的物具有权利瑕疵等情形，是否均可以适用减价，需要分析。

"品质不符"之所以被作为减价适用的对象，似可从以下方面说明：品质决定标的物的价值，价值决定价格；次品质只能对应于低价格。由此可以看出，对于某一标的物能否适用减价，需要通过标的物"价值"这一逻辑桥梁加以判断。

1. 数量不足。《民法典》第531条第1款规定，债权人可以拒绝债务人部分履行债务，但部分履行不损害债权人利益的除外。问题在于，如果债权人受领了债务人的部分履行，债务人未再履行剩余部分进而构成违约，债权人是否有权主张减价呢？对此宜作肯定回答。另查比较法，在《欧洲合同法原则》中，如对方当事人的履行不完整或有其他不符合合同的情形，则受损害方有权减价。不论履行不符合约定所关涉者是数量、质量、交付的时间抑或其他，此项救济均得成立，[1]可作佐证。

依《民法典》第525条后段，一方在对方履行债务不符合约定时，有权拒绝其相应的履行请求。显然，该条所规定的同时履行抗辩权只能在价款或报酬未付时发挥作用，拒绝支付相应部分的价款或报酬，却对已付价款或报酬的情形无能为力，无法据以要求返还多付部分的价款或报酬。此时，则须借助减价权，以为救济。

2. 时间不符。

（1）提前履行。《民法典》第530条第1款规定，债权人可以拒绝债务人提前履行债务，但提前履行不损害债权人利益的除外。如果债权人受领了提前履行，是否可以主张减价呢？就提前履行，立法规定给债权人"增加的费用"由债务人负担（第530条第2款）已可解决问题，此时不必借助于减价责任。

（2）迟延履行。债权人可因此请求迟延损害的赔偿，固不待言。通常言之，迟延履行并不影响标的物本身的品质和价值，如因此受有损害，属于迟延损害范畴，可通过损害赔偿解

---

[1] See Ole Lando and Hugh Beale ed., *Principles of European Contract Law*, Parts I and II, Kluwer Law International, 2000, p. 430.

决问题。不过,《民法典》第 800 条关于勘察、设计合同的规定,肯定了未按照期限提交勘察、设计文件拖延工期场合的"减收或者免收勘察、设计费"的责任,实属特别规定。

3. 权利瑕疵。关于权利瑕疵,《民法典》第 612—614 条作了规定,惟对其法律后果未作充分的规定,特别是未像第 617 条那样规定依第 582—584 条的规定请求承担违约责任。能否适用减价,似不明确。

自法制史与比较法的立场观察,在罗马法时代的"减价之诉"就是仅对物的瑕疵适用的,并不适用于权利瑕疵。这一立场基本被大陆法系立法维持着,应无疑义。

2002 年德国新债务法生效之后,德国学说亦有见解主张,因权利瑕疵亦得发生减价之问题,比如土地买卖场合,土地上存在买受人无法除去的役权负担。[①]殊值注意。有人认为,自法律政策以言,值得追求的是对于权利瑕疵亦许予减价,以免在个别场合难以区分物的瑕疵和权利瑕疵。[②]

作为我国法的解释论,首先,买受人可以依照《民法典》合同编"违约责任"章的规定,请求出卖人承担违约责任。其次,在标的物的部分权利属于他人的情况下,也可以认为出卖人的行为构成根本违约,买受人可以解除合同;如果买受人不想解除合同,则可以请求出卖人减少标的物的价款。[③]

(二)在检验期间内将标的物的数量或者质量不符合约定的情形通知债务人

《民法典》针对买卖合同于第 620 条和第 621 条规定了买受人的检验和通知义务及其期限,超过检验期限始发现问题,是否还能请求减价?第 621 条用语是"视为"标的物数量或者质量符合约定,自不许推翻,不应再成立减价。对于买卖合同以外的其他有偿合同,依《合同法》第 174 条,"参照买卖合同的有关规定"。

上述"检验期限",性质上为"瑕疵发现期间"(或称"质量异议期间"),而非"权利行使期间"。前者作用的对象是债权人"权利是否存在",后者作用的对象则为债权人"权利是否行使"。申言之,检验期间的徒过,"视为"标的物的数量或者质量符合约定,债务人的责任并未成立,债权人所得发生的诸权利自无从发生,尚不得谓诸此权利业已发生,惟因检验期间的经过而被消灭。同样,说检验期间适用的对象含请求权和形成权,亦不够准确。

(三)债权人同意接收

债权人发现标的物质量等不符合约定,可有不同的救济手段,包括拒绝受领、解除合同,或者请求修理或更换,这时债权人不愿意接收不符合要求的标的物。如债权人认为标的物虽不符合约定,但仍不妨利用,并愿意接收利用,债权人还可以请求赔偿,也可以要求减少价款或者报酬。减价作为一种违约救济手段,其适用必须以债权人同意接收不符合约定的

[①] Vgl. *H. P. Westermann*, Muenchener Kommentar zum BGB, Band 3, 4. Auflage, Verlag C.H. Beck, 2004, § 441 RdNr. 1; *Huber/Faust*, Schuldrechtsmodernisierung: Einfuehrung in das neue Recht, Verlag C.H. Beck, 2002, S.346.

[②] Vgl. *Peter Schlechtriem*, Internationales UN-Kaufrecht, 2. Auflage, Mohr Siebeck Tübingen, 2003, S.132.

[③] 石宏主编:《〈中华人民共和国民法典〉释解与适用[合同编]》(上册),人民法院出版社 2020 年版,第 285 页。

标的物为前提。

（四）债务人的救治权优先？

在我国法学理论中本无所谓债务人的"救治权"（right to cure, Recht zur zweiten Andienung, Maengelbeseitigungsrecht），这一概念大抵来源于《联合国国际货物销售合同公约》（第37条和第48条）、《国际商事合同通则》（第7.1.4条）及《欧洲合同法原则》（第8：104条），意指在债务人不履行债务或违反义务场合，债务人可以马上修正自己的违约行为，重新提交履行，债权人不得拒绝或反对。这一概念虽在我国既有的学理中尚不存在，但我国民法规定了诚信原则，基于该原则，在法理上可以而且应当承认债务人的救治权。

债务人的救治，也就是对于不符合约定的履行的修正，并重新提交履行。它的特点是强调继续履行，因而它具体体现为《民法典》规定的修理、重作与更换。在债务人履行合同义务不符合约定场合，债权人固然可依《民法典》第582条请求修理、重作或更换，问题是，如果债权人主张减价，债务人主张修理、重作或更换，这时应当支持谁的主张？这一点在现行法上没有直接的答案，而在上述《公约》与模范法中则有规定，即债务人的救治权优先。针对我国法，在解释上可基于诚信原则（《民法典》第7条）肯定债务人的救治权，以此为前提，也应肯定债务人救治权的优先地位。换言之，债务人对于修理、重作或更换的主张，应优先于债权人对于减价的主张。

与此相关，如果债权人主张减价，而债务人主张损害赔偿，此时支持谁的主张呢？损害赔偿已不属于债务人救治的范畴，故不具有优先地位，此时的选择权不在于债务人，而在于债权人，故应支持债权人的主张。

（五）价款或报酬是否已付无关紧要

减价权作为一种形成权，不同于抗辩权，尽管它在诉讼中可以作为一种抗辩而提出。一旦债权人主张了减价权，就可以因此而主张减价利益，在价款未付时可因此拒绝支付相应的部分，在价款已付时可因此主张返还相应的部分。总之，减价权的成立及其行使，与价款是否已付，均无关系。

（六）不要求债务人具有过错

自历史渊源来看，减价本身是物的瑕疵担保责任的一项内容，而瑕疵担保责任的发生，是基于买卖等价关系遭受破坏，不要求债务人具有过错。《民法典》已将减价作为一种违约责任，这也正是瑕疵担保责任被统合进违约责任的一个表现，惟须注意的是，这种统合的基础是不要求债务人具有过错，是一种无过错责任。

《施工合同解释（一）》第12条规定："因承包人的原因造成建设工程质量不符合约定，承包人拒绝修理、返工或者改建，发包人请求减少支付工程价款的，人民法院应予支持。"在既往的司法规则中相应的表述为"承包人的过错"，作为了发包人请求减少支付工程价款的前提条件，受到批评，[①] 如今的司法解释已修正为"承包人的原因"。

上述立场对于结果债务，不成问题；对于手段债务，是否适用无过错责任原则，则值得分析探讨。归责原则主要是针对损害赔偿责任而言的，对于强制履行责任并不适用，对于减价责任也不适用，道理在于减价的成立基础不在于债务人是否有过错，而在于有偿合同的均衡关系因履行不符合约定而遭受破坏，或者说减价的成立基础在于公平原则（《民法典》第6条）。基于这一认识，对于手段债务，如果适用减价责任，自不必要求债务人具有过错。

四、减价权的程序构造

（一）减价的程序展开

设若杭州的甲公司向北京的乙公司出售特级西湖龙井新茶100公斤，价格为每公斤1000元。如后来乙发现甲交付的并非特级西湖龙井，而是一级品。乙决定受领，但主张减价。此事在程序上如何展开呢？

面对买受人的减价主张，出卖人可以主张更换，其更换属于救治权范畴，且优先于买受人的减价权。但就设例而言，出卖人如考虑到要负担相应的运输费用等因素，更换可能在经济上不合理，不具有可行性。而可行的办法便是减价，也就是通常所说的"削价处理"。

根据《民法典》第582条，买受人可以选择要求对方承担减少价款的违约责任。此项违约责任的主张，以买受人行使其减价权为前提，减价权作为一种形成权，其行使并不以提起诉讼为必要，在诉讼外也可以主张。关于减价权的行使，《民法典》未作规定，可以类推适用《民法典》第565条第1款关于解除权行使方式的规定，以通知的方式作出；减价结果的形成自通知到达对方时发生。

关于减价数额的确定，债权人在向债务人表达行使减价权的意思时，其中可以带有具体减价数额的内容，减价的效果是否必然依此发生呢？如果减价的意思中表达的是减少一半的价款，而实际价值的减少仅有1/4，裁判者又该如何处理呢？

如果减价权人只会在仅须支付一半的价款的条件下才减价，由于形成权的行使原则上不得附条件，因而此项形成的意思表示并不发生形成的效力。如果减价权人的意思表示的重点在于减价，则可推定他具有"按质论价"的意思，最终应"按质论价"。

从上述分析也反映出来，减价权的行使，与其说是"部分解除"，不如说是"合同变更"，是变更合同相应的内容。依《民法典》第543条，合同变更应当由当事人协商一致。如果无法协商一致，则请求法院帮助确定减价的数额。

[①] 韩世远：《减价责任的逻辑构成》，载《清华法学》2008年第1期；韩世远：《民法的解释论与立法论》，法律出版社2015年版，第276页。

（二）减价的诉讼对应

1. 确认之诉抑或形成之诉。因为减价而提起诉讼，首先就要明确该诉讼是确认之诉抑或形成之诉？其答案则取决于减价权人行使减价权的方式：是作为单纯的形成权抑或作为一项形成诉权？

在我国法上，减价权被规定为一项单纯的形成权，法律并没有要求该权利的行使必须采用诉讼的方式（或者仲裁的方式）。如果减价权人通过向相对人发出减价通知方式，主张减价，随着通知到达相对人，减价权的行使便发生其效力。相对人提出异议，请求法院或者仲裁机构确认减价的效力的（类推适用《民法典》第565条第1款），这里的诉讼就应该是确认之诉，而不是形成之诉。

减价权虽为一项单纯的形成权，却并不妨碍减价权人通过提起诉讼（或仲裁）的方式行使（参照《民法典》第565条第2款），这里的形成权便被权利人当作一项形成诉权加以利用，法院（或仲裁机构）受理的，则应作为一项形成之诉。

2. 抗辩抑或反诉。在实务中，一方当事人主张给付工程欠款，而另一方当事人称工程有质量问题要求减少给付工程欠款的数额。那么，主张减少工程款的一方应作为是对主张给付工程款一方的抗辩事由提出，还是应另行提起反诉？[①]

反诉应由被告提起，如被告没有提起，自然不成立反诉。同时，反诉的提起是有成本的，所以，在诉讼中，如被告没有特别提出，其在诉讼中提出的减价的主张，就应作为一项抗辩，而不应作为一种反诉，更不应进一步要求被告继续缴纳反诉的诉讼费。

五、减价的标准

关于减价的标准，《民法典》未作明确的规定。通常的做法是依瑕疵物于买卖时（或实际交付时）应有的实际价值，与无瑕疵时应有的价值的比例，计算应减少的价格。其理由在于，请求减少价金是维持原有合同关系，故其计算亦应维持买卖双方当事人在缔约时就给付与对待给付加以约定所形成的均衡关系，以免嗣后因为请求减少价金而加以影响。[②] 关于减价的标准时点，一种做法是缔约时，另外一种做法是交付时。前者以德国法为代表（《德国民法典》第441条第3款），后者以《联合国国际货物销售合同公约》为代表（第50条）。《民法典》就此未作明确规定，构成法律漏洞。鉴于我国是《联合国国际货物销售合同公约》的缔约国，如无特别理由，对于国内法的解释，应采该公约的立场，以实际交付时为计算减价数额的标准时点。

例如，无瑕疵的标的物的价值为1000元，合同约定的价格为1200元，标的物有瑕疵时

[①] 最高人民法院民事审判一庭编著：《最高人民法院建设工程施工合同司法解释的理解与适用》，人民法院出版社2004年版，第117页。

[②] 参照黄立主编：《民法债编各论》（下），中国政法大学出版社2003年版，第82页。

的价值为 800 元，计算的公式应为：800÷1000×1200=960 元，亦即债权人可以主张减价的数额为 1200-960=240 元。反之，如果其他条件不变，合同约定的价格为 900 元，计算公式为：800÷1000×900=720 元，债权人可以主张减价的数额为 900-720=180 元。

六、减价与损害赔偿

减价作为一种违约救济手段，与损害赔偿颇有相近之处，易使人将二者混为一谈，故有必要作些比较，以便区分。同时也应注意，《民法典》本身是区分了减价与损害赔偿责任的（第 781 条、第 800 条）。

减价与损害赔偿的联系在于不符合约定的履行本身价值的降低，减价正是要解决作为对待给付的履行的价格问题，而相较于符合约定的履行而言，对于实际提交的履行，将其价值的降低作为一种损害看待也是可以的。因而，对于实际提交的履行的价值降低，作为救济手段，债权人既可以选择减少价款，也可以主张赔偿，惟因一手段的采用，另一手段亦会因达其目的而不能再行主张。

从理念上讲，减价的功能在于按质论价，以维持合同的均衡。损害赔偿则是使债权人遭受的损害获得填补，体现有损害即有赔偿的精神。

在不可抗力场合，债务人的损害赔偿责任可以免除，但减价的责任仍得由债权人主张。[①] 这一点只要参考一下《联合国国际货物销售合同公约》第 79 条第 5 款，即不难理解。

减价有其固定的计算公式，因而其数额通常易于计算得出，亦无是否适用可预见性规则之问题。在我国，依《民法典》第 584 条，违约损害赔偿将可得利益损失包括在内，且要受可预见性规则的检验。

由于减价的计算标准与违约损害赔偿的计算标准并不相同，因而，二者所得具体数额亦常有差异。另外，在传统理论上，减价是针对特定物买卖的特别规则，按照"特别法优先适用"原则，通常应优先适用。而在《民法典》的框架下，瑕疵担保责任已被统合进入违约责任，减价责任成为一项违约责任，且不区分特定物与种类物，甚至在劳务场合，亦得适用减价规则。因而，其与损害赔偿的关系，已由传统的优先适用转变成为得由债权人"合理选择"主张的关系。

主张减价之后，还能不能主张损害赔偿呢？损害赔偿与减价并非一回事，减价只是解决了合同的均衡问题，债权人可能还遭受其他的损害，比如可得利益的损害，故仍不妨继续就其他的损害请求赔偿。《民法典》第 781 条及第 800 条也肯定了减价责任与赔偿损失的并用。

[①] See G.H. Treitel, *Remedies for Breach of Contract*: A Comparative Account, Clarendon Press, 1988, p.108; vgl. auch *Peter Schlechtriem*, Internationales UN-Kaufrecht, 2. Auflage, Mohr Siebeck Tübingen, 2003, S.133.

第十章 合同解释

第一节 合同解释概述

一、总说

解释，就是主体对具有某种意义的客体（某种"表示"）的真意的发现和描述，是一种技巧或者过程。解释的对象（客体）可以是成文立法，可以是意思表示或者法律行为（合同、遗嘱），可以是其他的事物。民法学所关注的解释主要为"法律的解释"和"法律行为的解释"（参照图 10.1.1），合同的解释属于一种法律行为的解释。

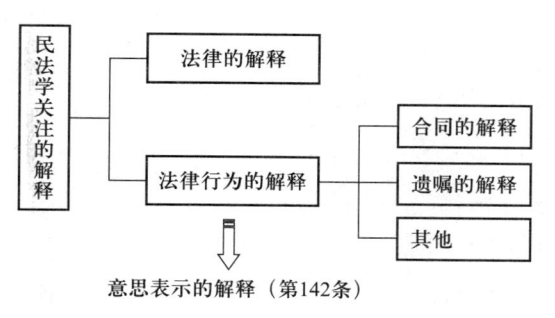

图 10.1.1 民法学关注的解释

民法学上所谓"法律的解释"，简言之，是指在裁判等场合，就具体的事实关系在判断是否适用某个民法法律条文时，对法律条文的含义进行确定的作业。这里的解释不仅是要对立法者对该条文赋予了什么意义进行探求，同时是带有应当对该法条赋予什么意义的价值判断作业。与此相对立的，在"合同的解释"或"遗嘱的解释"场合，均属对于私人作出的"表示"所作的"确定其含义"的作业。在合同与遗嘱中，并不拘于像法律条文的文言那样使用定型的表达，由于其制作者生活的地域或社会不同，具体的表达也会存在差异。这样，在合同的解释、遗嘱的解释场合，当事人对于其"表示"是在什么含义上使用的？在其社会中对于其"表示"一般是怎样理解的？这类事实的探求占很大的比例。当然，在合同或遗嘱的解释中，亦非仅有单纯的事实问题，对于某个表达应怎样理解？这种价值判断也是比较多的（比如"表示"不足场合的补充解释或对"表示"进行限制的解释场合）。由于合同或遗嘱均属法律行为，因而确定它们的含义的作业便可称作是"法律行为的解释"。不过，由于对于合同与遗嘱是依有着相当差异的方法和标准进行解释的，所以抽象地谈论"法律行为解释"的方法没有多大意义，应将二者分开来分别考察。[①]

在"合同的解释""遗嘱的解释"之外，还会见到"意思表示的解释"（《民法典》第142条）这样的表达。对于作为单独行为的遗嘱而言，无相对人的意思表示的解释和遗嘱的解释是一样的，[②] 没有将其二者分别讨论的必要。可是，对于合同而言，仅有双方当事人的意思表示尚不成其为合同，须有意思表示的合致始成立合同，故"意思表示的解释"，在判断合同是否成立的时候，便有其特别的用场，是为其特征（参照图10.1.2）。

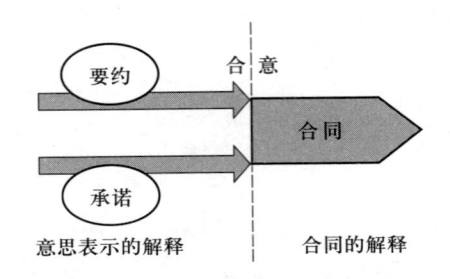

图 10.1.2　从意思表示的解释到合同的解释

二、合同的解释

（一）合同的成立、合同的内容与错误的关系[③]

所谓合同的解释，是对于既已成立的合同确定何为其内容的一种作业。自逻辑以言，首要的问题便是合同是否成立，就此所作的判断便是对双方当事人的"意思表示的解释"。在判断双方当事人的意思是否合致时，则应分别解释各自的意思表示。比如顾客 A 到金银珠宝商 B 处订做结婚戒指，他所希望的材料是"白金"（platina，铂，其符号为 Pt），却误以为"K 白金"[它的代号：WG（White Gold），人造白金，金与镍的合金，称为"K 白金""白色金"或"白金"，比铂便宜]就是真正的"白金"，便订做了"K 白金"的戒指；B 用人造白金制作了戒指场合，合同是否成立呢？A 的意思表示在主观上的含义是订做"白金戒指"，

[①] 参见［日］四宫和夫、能见善久：《民法总则》（第五版增补版），弘文堂2001年版，第157—158页。
[②] 立法者就无相对人的意思表示所举事例即遗嘱，石宏主编：《〈中华人民共和国民法典〉释解与适用［总则编］》，人民法院出版社2020年版，第264页。
[③] 参见［日］四宫和夫、能见善久：《民法总则》（第五版增补版），弘文堂2001年版，第158—159页。

相反，B的认识上则是制作"人造白金戒指"，对于合同是否成立的意思表示如在主观的意义上进行判断（有人称此为"关于合同成立的意思主义"），由于没有意思表示的合致，故合同不成立。可是，如此对于意思表示作主观上的解释，合同不成立的情形将大量存在，不仅害及交易的安全，民法上的"错误"制度能够发挥作用的情形便基本上不存在了（因为能够作为错误的场合都会作为合同不成立来处理）。故此，现在判断合同是否成立时，其意思表示的解释被认为应当是客观地进行（关于合同成立的表示主义）。依此立场，上例中在"K白金戒指"这一客观的表示上是一致的，故合同成立。

接下来的问题，便是成立了什么样内容的合同，这便是合同解释问题。关于合同解释，通常认为对于经合意的表示应作客观的解释（此称为"关于合同解释的表示主义"）。在前例中，"K白金"这一表述一般在社会中是理解为什么含义？这便是解释的标准。由于对"K白金"的一般理解便是"金与镍的合金"，所以该合同便是指人造白金戒指的加工合同。

这种内容的合同的成立之结果与自己的意图相左，对该方当事人的保护便是第三个问题，该问题是作为"错误"（重大误解）问题加以处理的。

（二）狭义的解释、补充的解释和修正的解释

在合同解释中，首先是要确定当事人赋予其表示行为的含义。这样，对于表示行为含义的阐明，便是"狭义的解释"。然当事人表示行为的含义纵经阐明，由于当事人专注于其所欲达到的经济的或者社会的结果，对于各个具体的问题未作详尽的约定，此类情形亦多有发生，对当事人的表示未尽之部分，为确定当事人的权利义务，法官须补充合同的内容（此为"补充的解释"）。比如买卖合同场合，当事人就标的物及价款一旦达成合意，合同便可有效成立，至于履行期为何时、履行地为何处、标的物有瑕疵时发生什么效果等等，未予阐明场合，便需要裁判者作补充的解释。再有，如按当事人表示的原样赋予法律效果，则会有悖事理，于此场合，裁判者官不能不对合同的内容予以修正（是为"修正的解释"）。上述补充及修正，均系借"合同的解释"之名作出的，其与狭义的合同解释自有不同，它们并非纯粹的"含义的确定"，而应认为进行了"含义的带入"。

综上，本书所谓合同的解释，仅指合同既已成立场合的解释，不包括对合同订立阶段意思表示的解释。另外，本书所谓合同的解释，不仅包括确定合同含义的狭义解释，也包括合同有漏洞时的补充解释以及合同内容不适当时的修正解释。这样，所谓合同解释，可认为是把握合同所使用语言、文字等的意义，以阐明当事人真意，从而确定、补充或修正合同内容的作业。

（三）合同解释的原因、主体与客体

1. 合同解释的原因。最根本的原因在于语言文字的多义性。另外，当事人也可能在合同中用词不当，使双方真实意思难以明确表达。也可能有当事人出于规避法律或其他不正当目的，故意使用不适当的文字词句，掩盖当事人的真实意思。于意思合致有关事项的表示，

有时难免疏漏,非借解释而补充合同的内容难以圆妥。

2. 合同解释的主体。对合同及其相关资料进行分析和说明,固然任何人都可进行。本书所谓合同解释,专指有权解释,即受理合同纠纷的法院或仲裁机构对合同及其相关资料的含义所作的有法律拘束力的分析和说明。这是由于在诉讼或仲裁中当事人双方往往提出各自不同的解释,但最终作为裁判事实依据的,是法庭或仲裁庭所作出的解释。

3. 合同解释的客体。合同解释的客体,也就是合同解释的对象。解释的对象只能是表示行为,即外在可识别的表示事实,而不是内在意思。表示行为以具有行为意思的行为为前提。解释的对象只能是表示行为本身,亦即一个被有意作出的带有表示意义的行为,而非为揭示表示的意义所要借助的相关情况的全部,所有其他需要考虑的情况并不是解释的对象,而只不过是解释的线索和辅助手段罢了。① 这些情况如:先前进行的谈判、迄今为止这些当事人之间的交易惯例(如果他们之间业已存在业务联系)、表意人或表示受领人以前的表达内容(表示明显地与这些内容相关)、为受领人所熟知的表意人的特殊的语言用法;此外还有表示的地点、时间及附随现象,只要从这些因素中可以推导出表意人所表达的意义,即如在拍卖会上举手,用手指向展销的商品等。②

作为合同解释的对象,是可用来确定合同含义的资料,在解释学上称为"文本"。合同解释的客体除书面合同(特别是合同书)之外,当然也应包括口头合同及其他形式的合同。

合同解释的客体不仅仅是"发生争议的合同中使用的语言文字",没有争议的合同文字也同样需要解释。首先,合同解释有整体解释方法,强调不能孤立地看合同条款,而应把合同看作一个有机整体,显未囿于争议条款、就事论事。其次,在实际审判中,当事人双方对于某条款都没有争议,但能否就此无争议的条款作正确妥适的解释,成为判决结果对错的关键,此种情形亦不乏其例。

(四)合同解释的目的

合同解释的目的,在于探求合同当事人的真意。但是,究竟什么是合同当事人的真意?换言之,应依什么标准探求当事人的真意,则素有分歧,大别为两派:意思主义(主观方法)与表示主义(客观方法),两派解释的重点不同,前者重点在于主观的内在意思,后者重点在于客观的外在表示。

在《民法典》中,合同解释被立法者当作典型的"有相对人的意思表示的解释"。对此,既需要考虑表意人的内心真实意思,即主观想法;更要考虑相对人的信赖利益,即客观情况。将二者结合起来考虑,学理上也称为主客观相结合解释主义。③

---

① Vgl. *Larenz/Wolf*, Allgemeiner Teil des Buergerlichen Rechts, 9. Auflage, Verlag C.H. Beck, 2004, S.515.
② 参见 [德] 卡尔·拉伦茨:《德国民法通论》(下册),王晓晔等译,法律出版社 2003 年版,第 464—465 页。
③ 李适时主编:《中华人民共和国民法总则释义》,法律出版社 2017 年版,第 442 页;石宏主编:《〈中华人民共和国民法典〉释解与适用 [总则编]》,人民法院出版社 2020 年版,第 264 页。

第二节　狭义的合同解释

一、文义解释

合同的解释，应从文义解释入手。所谓文义解释，指通过对合同所使用的文字词句含义的解释，以探求合同所表达的当事人真实意思。但由于语言文字本身具有多义性，及当事人语言程度和法律知识的不足，难免可能使用不准确、不适当之词句，以致表示于外部的意思与当事人真实意思不一致，甚至可能有的当事人基于不正当目的，故意用不当词句隐蔽其真实意思。因此进行文义解释，不应仅满足于对词语含义的解释，不应拘泥于所使用的不当词句。民法关于文义解释，要求解释合同时，应探求当事人共同的真实意思，不得拘泥于所使用的词句。《民法典》第142条第1款中规定的"按照所使用的词句"确定条款（意思表示）的真实意思，指的就是文义解释。

对合同条款作文义解释时，须确定其"表示的客观的意义"，是为"合同解释的表示主义原则"。须注意的是，对此原则，可得存在例外，如果当事人对于合同所使用的词句赋予了共通的意义（主观的意义），就应当首先予以确定。[①] 比如"K白金"虽在一般社会观念上指"金与镍的合金"，而与铂相异，如买卖双方悉以"K白金"为铂，而在合同书上写下"购买K白金一千克"的词句，就应依当事人共通的意思，解释为是铂的买卖合同，而不应再依一般社会观念解释为是人造白金的买卖合同。

二、整体解释

所谓整体解释，或称体系解释，指把全部合同条款和构成部分看作一个统一的整体，从各个合同条款及构成部分的相互关联、所处的地位和总体联系上阐明当事人系争合同用语的含义。整体解释不仅是狭义的合同解释的方法，也是补充解释的方法。《民法典》第142条第1款中规定的结合"相关条款"确定意思表示的含义，指的就是整体解释。另外，第510条关于合同生效后当事人就质量、价款或者报酬、履行地点等内容没有约定或者约定不明确的可"按照合同相关条款"确定的规定，也反映了整体解释的思想。

合同是一个整体，要理解其整体意思须准确理解其各个部分的意思；反之，要理解各个部分的意思，也须将各个部分置于整体之中，使之相互协调。如将某条款单独解释，或许能作不同的理解，但只要将该条款与其他条款相联系，相互印证和补充，即不难确定合同当事人的真实意思。

---

① ［日］四宫和夫、能见善久：《民法总则》（第五版增补版），弘文堂2001年版，第160页。

三、目的解释

所谓目的解释,指解释合同时,如合同所使用的文字或某个条款可能作两种解释时,应采取最适合于合同目的的解释。《民法典》第 142 条第 1 款肯定了结合"行为的性质和目的"确定意思表示的含义方法。

当事人订立合同必有其目的,该目的是当事人真意之所在,为决定合同内容的指针。因此,解释合同自应符合当事人所欲达成的目的。如果当事人意思表示的内容前后矛盾或暧昧不明,应通过解释使之协调明确,以符合当事人的目的。合同所使用的文字或某个条款有两种相反的意思,自应采取其中最适合于当事人目的的意思。[①]

合同目的,首先是合同的"典型交易目的"(Typische Verkehrszwecke),即给与(Zuwendung)欲实现的法律效果,这些法律效果并且决定了给与的法律性质及对其所适用的法规。[②] 这种典型交易目的在每一类合同中是相同的,不因当事人订立某一具体合同的动机不同而改变。所以,依据符合合同目的的原则解释,在确定被解释合同的典型交易目的后,就可以锁定合同的性质、种类,进而确定出适用于被解释合同的法律规范。[③]

不过,依据典型交易目的解释合同,尽管在某些个案中可能一揽子地解决了问题,但由于它在许多情况下还只是确定了解释的大方向,对于不少合同用语和条款的含义尚无力界定,只有根据特定当事人订立特定合同的"主观目的",才能完成明确合同用语、条款的含义的任务。所以,依据合同目的的解释原则,还需要根据当事人的主观目的解释合同。所谓当事人的主观目的,就是当事人订立合同的动机。惟应注意,当事人的主观目的,常隐藏于其内心,他人无从知晓,通常自不得作为解释合同的依据;若以之为解释合同的依据,须受有特别的限制,至少须符合下列条件之一:(1)该主观目的(动机)须是当事人双方在合同中通过合意而确定的目的,换言之,构成了双方当事人共同的目的;(2)是对方当事人已知或应知的一方当事人目的。[④]

目的解释还可推导出有效解释的原则,即合同可以被解释为有效、无效、可撤销、不成立时,应当按照合同有效来解释。因为对于合同作无效、可撤销或者不成立的解释,不符合当事人订立合同的目的。

四、习惯解释

所谓习惯解释,指合同所使用的文字词句有疑义时,应当参照当事人的习惯加以解释。《民法典》第 142 条第 1 款中规定的结合"习惯"确定意思表示的含义,指的就是习惯解释。

[①] 梁慧星:《民法学说判例与立法研究》(第二册),国家行政学院出版社 1999 年版,第 262 页。
[②] 王泽鉴:《民法学说与判例研究》(第一册),台北自刊本 1975 年版,第 279 页。
[③] 崔建远主编:《合同法》,法律出版社 2007 年版,第 355 页。
[④] 梁慧星:《民法学说判例与立法研究》(第二册),国家行政学院出版社 1999 年版,第 262 页。

习惯解释的依据在于，人们的行为除受法律的支配外，往往还受习惯的支配。各地有各地的习惯，各行业有各行业的习惯，如不违反法律强行性规定和公序良俗，习惯应可作为解释法律行为当事人真实意思的依据。例如，在合同内容有歧义时，应依据习惯予以明确；在合同约定不完全致使权利义务难以确定时，应依据习惯予以补充。此为各国法律及国际公约所共认的解释方法。惟应注意，采为解释依据的习惯，应是当事人双方共同遵守的习惯，如仅为一方的习惯，除非订立合同时已将该习惯告知对方并获得对方认可，否则不应采为解释的依据。此外，不论地方习惯或行业习惯，其是否存在及为对方所认可，应由主张一方举证。[①]

在运用交易习惯解释合同条款时应当注意：首先，必须在当事人双方均知悉交易习惯时，才可参照该交易习惯。其次，以当事人在合同中没有排斥该交易习惯的适用为前提。最后，在当事人没有明确约定的情况下，解释合同条款应当采用当事人之间的交易习惯优先于特别交易习惯（在特定地区或者特定行业通行的交易习惯），特别交易习惯优先于一般交易习惯（在全国范围内通行的交易习惯）的适用顺序。[②]

五、诚信解释

所谓诚信解释，指解释合同应遵循诚信原则。这种解释方法为国外立法例及国际公约所明定，《民法典》第142条第1款也肯定了这种解释方法。

依诚实信用原则，合同所使用文字词句有疑义时，应依诚实信用原则确定其正确意思。法官运用诚信原则解释有争议的合同用语时，应当根据一个诚实守信的人所应当理解的含义来解释合同，需要平衡当事人双方的利益，公平合理地确定合同内容。例如，对无偿合同应按对债务人义务较轻的含义解释，对有偿合同则应按对双方都较为公平的含义解释。[③] 最后所得解释结果均不得违反诚实信用原则。经解释仍不能与诚实信用原则相协调的，合同内容应无效。[④]

第三节 补充的合同解释

一、合同漏洞及其补充

合同漏洞，即合同欠缺条款，是指合同应对某事项加以规定却未予规定。造成合同漏洞的原因主要有两种：其一，当事人对于非必要之点（常素）未予协商，例如买卖合同场合未

[①] 梁慧星：《民法学说判例与立法研究》（第二册），国家行政学院出版社1999年版，第263页。
[②] 张广兴、韩世远：《合同法总则》（下册），法律出版社1999年版，第246页。
[③] 王利明：《合同法研究》第1卷，中国人民大学出版社2002年版，第443—444页。
[④] 梁慧星：《民法学说判例与立法研究》（第二册），国家行政学院出版社1999年版，第265页。

约定运输费用由谁承担。其二，当事人对非必要之点虽经协商，但未达成协议，约定留待日后商定。例如，国有土地使用权出让合同约定，定金交付的时间另行约定。

合同漏洞的构成必须是就合同的非必要之点欠缺条款或约定，如欠缺必要条款，比如合同欠缺当事人或者标的，则依具体情况，分别按照合同不成立或无效处理。

合同有漏洞，须经过补充方能履行。合同漏洞的填补方法，按《民法典》第510条和第511条等的规定，包括协议补充、整体解释补充、交易习惯补充与法律的任意规定补充。其中须特别注意的是，协议补充属于合同当事人的行为，不属于此处的合同解释范畴；法律的任意规定补充属于适用法律，亦不属于合同解释范畴。属于合同解释（补充的合同解释）范畴者，只是其中的整体解释补充和交易习惯补充。

二、补充的合同解释总说

合同生效后，当事人对于质量、价款或者报酬、履行地点等内容没有约定，或约定不明确，通过狭义的合同解释未能使之明确场合，当事人又没有达成补充协议的，为了解决纠纷，法院或仲裁机构就须对合同内容空白的部分进行"补充"，这种作业便是"补充的合同解释"。

补充的合同解释，指对合同的客观规范内容加以解释，以填补合同的漏洞。其所解释的，是当事人所创设的合同规范整体；其所补充的，为合同的个别事项，故学说上认其性质仍属合同的解释。在补充的合同解释，其所探求的当事人真意，不是事实上经验的意思，而是"假设的当事人意思"，即双方当事人在通常交易上合理所意欲或接受的意思。假设的当事人意思是一种规范性的判断标准，以当事人于合同上所作的价值判断及利益衡量为出发点，依诚信原则并斟酌交易惯例加以认定，期能实现合同上的平均正义。补充的合同解释，旨在补充合同的不备，而非在为当事人创造合同，故应采最少介入原则，不能变更合同内容，致侵害当事人的私法自治。[①]

补充的合同解释已不再是对于"表示"所作的"含义的确定"，而是属于合同漏洞的填补，属于"含义的带入"。由此便引发了一项疑问：何以允许法院对合同作"含义的带入"？在我国，法官享有的权利中包括"履行法官职责应当具有的职权"（《法官法》第8条第1项），法官审理合同纠纷案件，首先须确定合同的内容及当事人的分歧点（查明事实），法官在履行此项职责时，便应当有解释合同的职权，《民法典》第142条第1款便是在赋予法官以解释合同的职权，至于对合同的内容作"含义的带入"，《民法典》第510条中已经蕴含着有条件地赋予法官此项职权的精神。

补充的合同解释既属"含义的带入"，须严格界定其适用条件，体现"最少介入原则"，谨防滥用。这便提出第二项疑问：法官应依什么标准作"补充的合同解释"？依《民法典》第510条的规定，即"按照合同相关条款或者交易习惯确定"。

[①] 王泽鉴：《债法原理》，北京大学出版社2009年版，第171—172页。

补充的合同解释与"法律的任意规定"的适用是什么关系？这是第三项疑问。当事人就有关合同内容约定不明确，没有协议补充，又没有按照合同有关条款或者交易习惯确定的，依法律的任意规定（《民法典》第 511 条）。这时是在适用任意规定，正如法条字面反映了，是"适用下列规定"，并不算通过合同解释进行的补充（补充的合同解释）。如果认为《民法典》第 510 条所规定者即系合同漏洞的填补，而其中的"按照合同相关条款或者交易习惯确定"即为合同解释的话，那么，这种合同解释自然就属于补充的合同解释；再结合《民法典》第 511 条的规定，明言"依据前条规定仍不能确定的"，始适用下列（任意）规定，就其间的逻辑关系已给出明确的答案：在我国"按照合同相关条款或者交易习惯确定"（补充的合同解释）优先于"适用法律的任意规定"。

三、补充的合同解释的方法

就补充的合同解释的方法，依《民法典》第 510 条，计有两项，即整体解释补充方法和依交易习惯补充方法；此外，《民法典》第 142 条第 1 款目的解释、诚信解释方法，对于补充的合同解释，亦有发挥作用的余地。

（一）整体解释补充

不能达成补充协议的，按照合同相关条款补充欠缺的条款（《民法典》第 510 条），这是整体解释合同的原则要求。之所以通过整体解释原则补充欠缺的条款，是因为：其一，合同条款经当事人双方协商认定，自需平等对待，视同一体。其二，表达和传递当事人合同意图所使用的语言文字，在合同的整个内容中是有组织的，而不是毫无联系、彼此分离的词语排列。因而，可从这种有组织的排列中找出欠缺的条款。[①]

比如在 A 与 B 缔结的合同中，对于因 A 违约 B 所可请求的损害赔偿的范围，明文限定于直接损害，而对于因 B 违约 A 所可请求的损害赔偿的范围，在合同中未作约定。如果实际是 B 违约，则应当如何处理呢？一种方法是，由于当事人在合同中没有特别约定，故可以适用法律关于损害赔偿的任意规定（《民法典》第 584 条）；不过，不要马上依任意规定处理，而应以合同有关条款为线索，对合同的空白部分进行补充，比如在该事例中，对于因 A 违约造成的损害赔偿的范围，有明确的合同条款限定于直接损害，则以该条款为线索，推测当事人的意思，对于因 B 违约造成的损害赔偿的范围，以当事人没有特别区别对待为前提，也限定于直接损害，这样解释也是可能的，这便是补充的合同解释。[②] 从中也可以反映出补充的合同解释与适用任意规定之间的差异。

[①] 崔建远：《关于合同欠缺条款的处理》，载《人民法院报》1999 年 9 月 30 日，第 3 版。
[②] ［日］四宫和夫、能见善久：《民法总则》（第五版增补版），弘文堂 2001 年版，第 163—164 页。

（二）依交易习惯补充

采用整体解释原则也不能补充欠缺的条款时，需按照交易习惯确定（《民法典》第510条）。对于"交易习惯"的认定，法律并未作明确的规定。依既往的司法规则，下列情形不违反法律、行政法规强制性规定的，人民法院可以认定为合同法所称"交易习惯"：（1）在交易行为当地或者某一领域、某一行业通常采用并为交易对方订立合同时所知道或者应当知道的做法；（2）当事人双方经常使用的习惯做法。对于交易习惯，由提出主张的一方当事人承担举证责任。

这里所说的交易习惯，首先，必须适法，不能够与法律、行政法规的强制性规定相冲突。其次，上述既往的司法规则承认了两种类型的交易习惯：其一，是交易行为地或者某一领域、某一行业的交易习惯；其二，是当事人的习惯做法。前者大体相当于英美法上的 trade usage，后者大体相当于英美法上的 course of dealing。前者并不局限于合同当事人之间，因而具有客观属性；后者仅限于合同当事人之间，故呈现主观色彩。再次，司法规则对于第一类交易习惯（地域习惯、领域习惯或者行业习惯）要求了客观要件和主观要件。客观要件体现了交易习惯的地域性和行业性的特点；[1]主观要件即要求"为交易对方订立合同时所知道或者应当知道"。司法规则对于第二类交易习惯（当事人的习惯做法）未作进一步的要求，可以借鉴英美法"系列交易理论"，以该交易行为具有"规则性"以及"一致性"为要件。所谓"规则性"是指当事人频仍地、继续地为当事人营业种类的法律行为。所谓"一致性"是当事人缔结合同所采用的合同条款内容均相同。[2]最后，交易习惯的存在及其范围，作为事实问题予以确定，[3]应由主张者进行证明。

第四节 修正的合同解释

依狭义的合同解释所确定的合同内容如果不合理，则通过修正其内容使之变得合理，此种情形亦属有之，被称为"修正的合同解释"。

上述作业，虽以"修正的合同解释"称之，然其实质已属对于合同条款的修正。换言之，它是依据一定的标准，对合同条款的效力予以否定，并对因此发生的空白部分以合理的内容予以补充的作业。[4]有人甚至指出，此项作业，严格言之，已非合同的解释，而系合同的创设、变更或消灭；虽名其曰"解释"，充其量亦仅假借解释法则之形式，掩盖法院之法律创造活动之假象而已。[5]

---

[1] 最高人民法院研究室编著：《最高人民法院关于合同法司法解释（二）理解与适用》，人民法院出版社2009年版，第67页。
[2] 刘宗荣：《定型化契约论文专辑》，三民书局1988年版，第22页。
[3] Restatement (Second) of Contracts §222 (1979); Bryan A. Garner, *Black's Law Dictionary*, 10th ed., Thomson Reuters, 2014, p. 1774.
[4] ［日］四宫和夫、能见善久：《民法总则》（第五版增补版），弘文堂2001年版，第167页。
[5] 邱聪智：《民法研究（一）》（增订版），中国人民大学出版社2002年版，第38页。

修正的合同解释的典型事例是对于格式条款或者免责条款的解释。就修正的合同解释，主要有两方面的问题需要探讨：一是修正的合同解释的前半部分，即对于合同条款效力的否定；二是修正的合同解释的后半部分，即因无效而发生的空白部分的填补。

比如依《民法典》第506条，有两类免责条款属于无效：一是免除造成对方人身损害责任的条款；二是免除因故意或者重大过失造成对方财产损失责任的条款。另依《民法典》第497条第2项，以格式条款不合理地免除或者减轻格式条款使用人责任、加重对方责任、限制对方主要权利的，该条款无效。依同条第3项，提供格式条款一方排除对方主要权利的，该格式条款无效。此类条款的无效，在我国法上属于法有明文，不生太大问题。问题是，该类条款无效后的空白的填补。上述合同条款的无效，属于合同部分无效，由此发生的合同漏洞，如当事人自愿达成新的补充协议，固然可以；如达不成补充协议，则可直接适用法律的任意规定（甚至个别场合可能是强制规定）。比如免除人身伤害责任的条款无效后，可由当事人就人身伤害赔偿纠纷达成协议；如无法达成，则法官可直接依据《民法典》第1165条第1款及第1179条或其他特别法的特别规定，判令责任人承担赔偿责任。

第十一章　合同法及其周边

第一节　合同法与侵权法的交错：责任竞合

一、责任竞合概说

现代法律均为抽象规定，并从各种不同角度规范社会生活，因而时常发生同一事实符合数个规范的要件，致使这些规范都可以适用的现象，学者称为"规范竞合"。

规范竞合有的发生在不同的法律领域，比如酒后驾车，撞人致死，一方面构成刑事责任，同时又成立民事责任。这两种责任在目的、作用等方面均有差异，两者互不排斥，均可适用。《民法典》第187条即明定其旨。

规范竞合有的则发生在同一法律领域，比如行为人实施的行为符合多种民事责任的构成要件，从而导致多种民事责任或责任方式的成立。其中，有的是多种民事责任方式可以并存，受害人均可以向行为人请求，称为"民事责任聚合"。比如当事人就迟延履行约定违约金的，违约方支付违约金后，还应当履行债务（《民法典》第585条第3款）。《民法典》就承担民事责任的方式，规定"可以单独适用，也可以合并适用"（第179条第3款），即明定其旨。与上述民事责任聚合不同，另有所谓"民事责任竞合"，是指同一行为虽符合多种民事责任的构成要件，可成立几种民事责任，但受害人只能选择其一而为请求。民事责任竞合在实践中最常见的当属违约责任与侵权责任的竞合。这两种责任都以赔偿损失为内容，因此债权人不能双重请求，只能主张其一，以防其获得不当得利，这种现象称为违约责任与侵权责任的竞合。《民法典》第186条即是关于违约责任与侵权责任竞合的规定。

二、违约责任与侵权责任的差异

违约责任与侵权责任存有诸多差异，这些差异使得对这两种责任竞合问题进行探究具有价值和实际意义。

（一）成立要件

首先，原《合同法》采严格责任原则，违约责任构成上总的来说并不要求违约人具有过错，只要没有免责事由，就要承担违约责任。而对于侵权行为责任，我国法上有过错责任与无过错责任两类（《民法典》第1165条和第1166条），在过错责任场合，受害人要对侵权行为人的过错进行举证，仅在法律有特别规定场合适用举证责任倒置。这样，如发生责任竞合，可以看出违约责任在其举证上更为容易。

其次，在我国法上的无过错侵权责任场合，如发生与违约责任的竞合，则两类责任均不要求举证过错，不过，两者在其他方面仍存差异。

侵权行为虽然有时并不需要损害这个要素，但在通常情况下，只有存在损害后果才能构成侵权行为，所引起的侵权责任也自然以损害为构成要件。与此不同，违约责任不以损害为构成要素，违约责任的成立不一定以损害为要件，只有赔偿损失才以损害为成立要件，而违约金责任、强制履行责任等均不以损害为构成要件。

（二）举证责任

就违约责任而言，如属过错责任，通常对过错采用举证责任倒置的办法；如属严格责任，只要债权人证明债务不履行，即为已足，至于债务人是否具有免责事由，则是由债务人负责举证。就侵权责任而言，如属过错责任，则要求受害人举证加害人具有过错。我国侵权法上的过错推定仅为个别现象（比如《民法典》第1253条规定的建筑物责任[①]）。

（三）赔偿范围

当事人一方不履行合同义务或者履行合同义务不符合约定，造成对方损失的，损失赔偿额应当相当于因违约所造成的损失，包括合同履行后可以获得的利益；但是，不得超过违约一方订立合同时预见到或者应当预见到的因违约可能造成的损失（《民法典》第584条）。

在侵权责任的赔偿范围上，我国立法并没有采纳可预见性规则。

（四）诉讼时效

因侵权行为所产生的请求权，以及因违约而产生的请求权，虽通常情况下均适用《民法典》第188条规定的三年诉讼时效期间，但"因国际货物买卖合同和技术进出口合同争议提起诉讼或者申请仲裁的时效期间为四年"（《民法典》第594条）。

[①] 韩世远：《建筑物责任的解释论》，载《清华法学》2011年第1期；韩世远：《民法的解释论与立法论》，法律出版社2015年版，第284页以下。

（五）责任方式

侵权责任既包括财产责任，如赔偿损失；也包括非财产责任，如消除影响、恢复名誉、赔礼道歉。违约责任主要是财产责任，有强制履行、支付违约金、赔偿损失、减价等。

（六）免责条款的效力

法律一方面允许当事人就其民事责任以特别约定加以排除或限制，另一方面，又对当事人约定的免责条款加以规制，以期在当事人之间实现相对的实质公平。相对而言，免除违约责任的条款较之免除侵权责任的条款更易被法律所承认。

（七）法院管辖

因合同纠纷提起的诉讼，由被告住所地或者合同履行地人民法院管辖（《民事诉讼法》第 24 条）。因保险合同纠纷提起的诉讼，由被告住所地或者保险标的物所在地人民法院管辖（《民事诉讼法》第 25 条）。因铁路、公路、水上、航空运输和联合运输合同纠纷提起的诉讼，由运输始发地、目的地或者被告住所地人民法院管辖（《民事诉讼法》第 28 条）。

因侵权行为提起的诉讼，由侵权行为地或者被告住所地人民法院管辖（《民事诉讼法》第 29 条）。因铁路、公路、水上和航空事故请求损害赔偿提起的诉讼，由事故发生地或者车辆、船舶最先到达地、航空器最先降落地或者被告住所地人民法院管辖（《民事诉讼法》第 30 条）。

三、三种基本理论

违约责任与侵权责任的竞合，从受害人享有的请求行为人承担责任的权利角度看，也是请求权竞合。这个问题是民法学上数百年来争论不休的著名问题，因时而别，因国而异，如何解决，至今仍无定论。

（一）法条竞合说

法条竞合的概念，最先在刑法学上确立，指对于同一事实均具备数个规范的要件，这些规范之间具有位阶关系，或为特别关系，或为补充关系，或为吸收关系，而仅能适用其中之一种规范。这一概念后被引用到民法学上，认为债务不履行是侵权行为的特别形态，侵权行为是违反权利不可侵犯这一一般义务，而债务不履行是违反基于合同而产生的特别义务。因此，同一事实具备侵权行为及债务不履行时，依特别法优先于普通法的原则，只能适用债务不履行的规定，因而仅发生合同上的请求权，无主张侵权行为请求权的余地。[①] 法国的判例学说至今仍倾向法条竞合说，这与法国民法关于侵权责任采概括规定，具有密切关系。

---

① 参见王泽鉴：《民法学说与判例研究》（第一册），台北自刊本 1975 年版，第 402 页。

(二)请求权竞合说

请求权竞合说认为,一个具体事实,具备侵权行为与债务不履行的要件时,应就各个规范加以判断,所产生的两个请求权独立并存。请求权竞合说中又有两种理论,一为请求权自由竞合说,一为请求权相互影响说。

1. 请求权自由竞合说。该说认为,基于侵权行为及债务不履行所生的两个请求权独立并存,无论是成立要件、举证责任、赔偿范围、抵销、时效等,均就各个请求权加以判断。对这两个请求权,债权人不妨择一行使,其中一个请求权若已达目的而消灭时,则另一请求权固随之消灭,但若其中一个请求权因已达目的以外之原因而无法行使,例如因时效而消灭,则另一请求权(时效较长者),仍然存在。另外,由于两个请求权彼此独立,故债权人可以分别处分,或让与不同的人,或自己保留其中之一而将另外一个让与他人。[①]

请求权自由竞合说的论据,除了罗马法以来沿革的理由之外,尚包括:

(1) 某事实关系一旦具备一个构成要件,便应发生相应的法律效果;

(2) 侵权行为法上的义务并非因合同的存在而被排除,只不过是被具体化和强化而已;

(3) 给予受害人两个武器,有助于对受害人的保护;

(4) 当事人在不同的场合如果是发生两个请求权,当这两个资格集中于一个人身上时,仍应视为拥有两个请求权;

(5) 两个请求权的属性、范围可以不同,故有承认两个请求权的实益。[②]

2. 请求权相互影响说。德国判例、学者通说虽采请求权竞合说,但却认为两个绝对独立的请求权的理论不合实际,有违法规目的,从而采相互影响的见解,认为两个请求权可以相互作用,合同法上的规定可以适用于基于侵权行为而发生的请求权,反之亦然。其根本思想在于克服承认两个独立请求权相互作用所发生的不协调或矛盾。[③]

(三)请求权规范竞合说

该说认为"如果同样的一个请求,既可以根据合同责任的规定,也可以根据侵权行为的规定,还可以根据危险责任的规定提出的话,这主要是由于存在多种债法上的请求权基础,这时,应该不说是多种请求权,从而不说是请求权竞合,而说是一个单一的、建立在多种基础上的请求权,把它称为多数请求权基础,或请求权规范竞合。"[④] 换言之,该说强调一个具体生活事实符合债务不履行及侵权行为两个要件时,并非产生两个独立的请求权。本质上只产生一个请求权,但有两个法律基础,一为合同关系,一为侵权关系。[⑤]

---

① 参见王泽鉴:《民法学说与判例研究》(第一册),台北自刊本1975年版,第402—403页。
② 参见[日]四宫和夫:《请求权竞合论》,一粒社1978年版,第52页。
③ 参见王泽鉴:《民法学说与判例研究》(第一册),台北自刊本1975年版,第403页。
④ [德]卡尔·拉伦茨:《德国民法通论》(上册),王晓晔等译,法律出版社2003年版,第354—355页。
⑤ 参见王泽鉴:《民法学说与判例研究》(第一册),台北自刊本1975年版,第404页。

四、对《民法典》第186条的理解

1. 不采"法条竞合说"。《民法典》第186条规定受损害方"有权选择",肯定了竞合的存在,没有采纳法条竞合说。

不采法条竞合说是合理的,因为法条竞合说过于偏重逻辑推演,而忽视价值判断及当事人之间的利益衡量,其所得出的违约责任排斥侵权责任的结论,往往不利于受害人。而在这种场合,应该侧重保护的恰恰是受害人。《民法典》不把违约行为一律视为侵权行为的特别形态,故我们也不能把合同法看作侵权法的特别法,因而不能依据"特别法优先于一般法"的原则来解决违约责任与侵权责任的竞合问题,剥夺受害人的选择权。

另外应该指出,有些法院在处理责任竞合案件时,过于僵硬,并不符合责任竞合的处理精神。例如,对交通事故、医疗事故以及产品责任案件都按侵权责任案件处理,不允许受害人主张违约责任。这不符合利益衡量的要求,应予修正。

2. 是否采纳了"请求权规范竞合说"。从《民法典》第186条规定的"受损害方有权选择请求其承担违约责任或者侵权责任"来看,"选择"的对象是"请求其承担违约责任或者侵权责任",其实是承认受损害方可以有两个请求权。另外,在原《合同法司法解释(一)》解释七的标题"请求权竞合"更是反映得明白无误,立法者及最高人民法院并没有采纳请求权规范竞合说,学说通常亦持相同见解。

3. 《民法典》第186条采纳的是"请求权竞合说"。《民法典》第186条采纳的是"请求权竞合说",已属无疑。《民法典》是否采纳了请求权相互影响说呢?

首先,就责任要件言,比如就无偿保管合同,依《民法典》第897条"但书",保管人就故意或者重大过失始负责任,此项责任限制是否适用于侵权行为,使行为人仅具故意或重大过失时始成立侵权责任,突破《民法典》第1165条第1款"因过错"(不仅故意或者重大过失)侵害他人民事权益的限定,殊值怀疑。

其次,就损害赔偿范围言,侵害他人造成人身损害的,《民法典》第1179条规定了具体的损害赔偿项目,是否当然适用于基于违约而生的请求权呢?在债务人不完全履行场合,特别是在加害给付场合,债权人当然拥有对固有利益损害或瑕疵结果损害的赔偿请求权,此项请求权并非由侵权损害赔偿请求权影响而来。《民法典》并没有采请求权相互影响说。

最后,请求权相互影响说作为对自由竞合说的修正,试图在违约责任与侵权责任两个相互冲突的场合,寻其可行的途径,借功能的观念,斟酌当事人的利益及法律目的,个别检讨冲突的所在,排除不调和之处,使竞合的两个请求权互相修正,但既承认两个请求权得互相作用,则事实上已放弃两个请求权独立并存的概念。[①]

4. 《民法典》第186条的解释构造。对《民法典》第186条作解释论构成时,可以在修正请求权自由竞合说的基础上进行。本来的请求权自由竞合说含有"债权人可以分别处分两

[①] 参见王泽鉴:《民法学说与判例研究》(第一册),台北自刊本1975年版,第410页。

个请求权,或让与不同之人,或自己保留其中一个而将另一个让与他人"的内容,对违约方来说不堪重负。因此,我国应当对请求权自由竞合说加以修正,这就是不允许受害人分别处分两个请求权。[1] 这一立场,不妨称为"请求权有限自由竞合说",一方面,表示与请求权自由竞合说有所不同;另一方面,也表示与请求权相互影响说有异。

总之,就违约责任与侵权责任竞合,本书立场如下:(1)责任竞合也就是请求权竞合。(2)一个事实同时符合违约责任和侵权责任的构成要件,分别发生两个请求权(有别于请求权规范竞合说),这两个请求权是相互独立的存在,原则上彼此不生影响(有别于请求权相互影响说)。同时基于《民法典》第186条允许竞合的规范目的(保护请求权人而非允许他滥用权利),不允许请求权人分别处分两个请求权,或让与不同的人,或自己保留其中一个而将另一个让与他人。(3)债权人依照《民法典》第186条的规定向人民法院起诉时作出选择后,在一审开庭以前又变更诉讼请求的,人民法院应当准许。对方当事人提出管辖权异议,经审查异议成立的,依既往的司法规则,人民法院应当驳回起诉。(4)请求权竞合的所有请求权是指向同一给付的,而对这个给付,只能请求一次。如果其中一个请求权得到满足而消灭,由于它和其他请求权在内容上是重叠的,则其他请求权亦随同消灭。(5)我国法律承认违约责任与侵权责任的竞合,并不意味着完全放任当事人选择请求权而不作任何限制。如果法律直接规定在特定情形下只能产生一种责任,排除责任竞合的发生,那么就应遵守法律的这种规定。

第二节 合同法与消费者法的交错

一、消费者合同

(一)概说

消费者合同,是指合同当事人的一方是消费者,另一方是经营者的合同。

《民法典》不采消费者合同单独立法的模式,而统一规定商事合同和民事合同(包括消费者合同)。按照立法指导思想,合同当事人一方为消费者、劳动者的场合,应当优先考虑对消费者和劳动者利益的特殊保护,亦即对生产者和经销者一方的合同自由予以某种程度的限制。同时以《消费者权益保护法》中关于消费者合同的规定,作为《民法典》的特别法,在适用上处于优先地位。因此,中国不存在单独的消费者合同法;有关消费者合同,应当适用《民法典》和《消费者权益保护法》。[2]

《民法典》本不以"身份"而异其效果,但在现代社会,"消费者"这一特殊的身份需

---

[1] 参见崔建远:《合同责任研究》,吉林大学出版社1992年版,第166页。
[2] 参照梁慧星:《为中国民法典而斗争》,法律出版社2002年版,第211—212页。

要特殊的保护，已是共识。如果说今天的"消费者合同"有什么不同，也就是在消费者和经营者之间订立的合同中，会因保护消费者的特别政策而使其内容及法律效果（与普通合同相比）有特别之处。

(二) 消费者合同与惩罚性赔偿

1. 原则与例外。合同损害赔偿的一项一般原则便是，损害赔偿是补偿性的，该原则的内涵包括：以原告的损失为标准、损害赔偿不超过损失、不允许惩罚性损害赔偿、原告须受有损失。[1]《民法典》在合同编违约损害赔偿上是遵循这些原则的，同时又于第179条第2款规定，"法律规定惩罚性赔偿的，依照其规定"。对于上述一般原则的例外便是《消费者权益保护法》第55条，"经营者提供商品或者服务有欺诈行为的，应当按照消费者的要求增加赔偿其受到的损失，增加赔偿的金额为消费者购买商品的价款或者接受服务的费用的三倍；增加赔偿的金额不足五百元的，为五百元。法律另有规定的，依照其规定"。"经营者明知商品或者服务存在缺陷，仍然向消费者提供，造成消费者或者其他受害人死亡或者健康严重损害的，受害人有权要求经营者依照本法第四十九条、第五十一条等法律规定赔偿损失，并有权要求所受损失二倍以下的惩罚性赔偿。"这一规则引入了惩罚性赔偿。

所谓惩罚性赔偿，可以理解成为是依据法律的规定由不法行为（违约、侵权或其他不法行为）人向受害人支付一定数量的金钱，它是以"赔偿"的名义对不法行为的一种惩罚，其目的一方面是要惩罚和抑制不法行为人的不法行为，另一方面是警示和教育其他人不要出现类似的情况。惩罚性损害赔偿在我国主要是一种法定的责任，其发生基础是基于法律的规定，其数额或是由法律确定，或是由法院裁量。其效果亦有特殊性，即不法行为人除须支付惩罚性赔偿金之外，其他因债之关系或法律规定所应负的一切责任，均不因之而受影响，比如对于受害人遭受的其他损害，仍得请求赔偿性的损害赔偿，或在约定有赔偿性违约金场合，仍可请求支付违约金。换言之，惩罚性赔偿是责任人在承担通常的法律责任之外的额外负担。

2. 消费者惩罚性损害赔偿请求权的发生要件。从《消费者权益保护法》第55条的规定可以看出，消费者惩罚性损害赔偿请求权的发生须具备两项要件：一是须是消费者合同，二是须有欺诈行为。

（1）消费者合同。对消费者合同的界定，关键在于双方当事人，一方须为消费者，依《消费者权益保护法》第2条，消费者是"为生活消费需要购买、使用商品或者接受服务"。另外，消费者应当界定为自然人。[2]另外一方当事人须为经营者，《消费者权益保护法》对经营者未作出定义，学者常强调，经营者从事活动须是以营利为目的，这样，医患之间的医疗服务合同便不属于消费者合同，这一立场今天宜予修正。

（2）欺诈行为。关于"欺诈行为"的语义，《消费者权益保护法》未作特别界定，自应

---

[1] 参见韩世远：《违约损害赔偿研究》，法律出版社1999年版，第27—28页。
[2] 同旨参见梁慧星：《为中国民法典而斗争》，法律出版社2002年版，第214页、第234页；王利明：《合同法研究》第2卷，中国人民大学出版社2003年版，第680页。

与《民法典》中的欺诈概念作相同的解释。

是否要求消费者必须因受欺诈而遭受损失呢？从《消费者权益保护法》第55条第1款的用语上看，的确提到了增加赔偿其受到的"损失"，据此学者肯定须以消费者受到损失为要件。如果这种见解正确，那么消费者在主张惩罚性损害赔偿请求权时，须证明自己因经营者的欺诈行为而遭受了损失，接下来的问题是：如果经营者能够证明消费者没有遭受损失，是否就可以免责呢？果如此，显与《消费者权益保护法》第55条的规范目的不符。惩罚性损害赔偿的目的不在于填补损失，而在于惩罚不法行为。由这一观念出发，应当认为，不必要求消费者遭受损失的要件。对于《消费者权益保护法》第55条出现的"损失"概念，应注意它并非出现在法条的要件部分，而是出现在法条的效果部分。换言之，法条并未将"损失"作为要件，故消费者无须证明自己实际遭受了损失，纵然实际损失为零，仍不妨消费者主张惩罚性损害赔偿。

3. 依《消费者权益保护法》第55条惩罚性赔偿场合合同的命运[①]。

（1）合同因撤销而终了。既然经营者构成"欺诈行为"，人们很自然地会想到《民法典》关于欺诈的规定。对于消费者的诉讼请求，法官可以相应地解释为主张撤销合同。合同如因消费者请求而被撤销，则该消费者合同自始没有法律约束力（《民法典》第155条），可发生缔约上过失责任（《民法典》第500条）。此时撤销的规范基础不在《消费者权益保护法》（该法第55条只是惩罚性赔偿请求权的基础），而在《民法典》第148条或者第149条。

不过，经营者的欺诈行为并不全然是在缔结合同时发生，有些欺诈行为可能是在履行合同过程中发生的，比如"张志强诉徐州苏宁电器有限公司侵犯消费者权益纠纷案"，[②] 在订立买卖合同时经营者并没有欺诈行为，此后因作为买卖标的物的冰箱存在质量问题进行调换，被告用旧冰箱冒充新机器予以调换，被认定为存在欺诈行为。这种合同履行过程中的欺诈行为，在性质上有别于订立合同过程中的欺诈行为，不存在诱使消费者作出错误意思表示的问题。合同既已有效缔结，履行中的欺诈，性质上属于一种特别的违约行为，发生违约责任。[③] 对于这种情形，合同的终了便无法再构筑在因欺诈而撤销合同之上，其基础又该是什么呢？

（2）合同因解除而终了。对于欺诈行为发生在订立合同过程中的情形，如消费者明示不请求撤销，该消费者合同实质上与有效的合同无异，特别是在撤销权消灭场合（《民法典》第152条），更是确定有效无疑。对于消费者请求退货及返还价款，法官可以解释为解除合同。如果欺诈行为发生在履行合同过程中，没有因欺诈发生撤销权的余地，消费者主张退货及返还价款，只应解释成为解除合同。

在上述两类情形，法官应审查解除权是否成立，应该结合《民法典》第563条等，具体判断。总之，在合同有效场合，可发生合同不完全履行的法律效果（《民法典》第582条、第563条等），消费者可请求对方承担违约责任（比如违约金、赔偿损失、修理、重作、更

[①] 韩世远：《消费者合同三题：知假买假、惩罚性赔偿与合同终了》，载《法律适用》2015年第10期。
[②] 《张志强诉徐州苏宁电器有限公司侵犯消费者权益纠纷案》，载《中华人民共和国最高人民法院公报》2006年第10期，第32—36页。
[③] 韩世远、邢军：《彩票合同四题》，载《清华大学学报（哲学社会科学版）》2005年第3期。

换、减价等)。

(3) 惩罚性赔偿的责任性质。《消费者权益保护法》第 55 条第 1 款规定的赔偿既属惩罚性赔偿,其发生根据在于法律的直接规定,又由于它是一种额外的负担,因而与合同的某种命运没有必然的联系。因此,不应认为它在合同被撤销场合便是缔约上过失责任;在合同被解除场合,便是违约责任。《消费者权益保护法》所规定的惩罚性赔偿,以其法定性而具有独立性,无论合同如何终了,均不影响其特殊的性质。上述缔约上过失责任或违约责任,与依《消费者权益保护法》第 55 条第 1 款的惩罚性赔偿,并用不悖。

二、格式条款及其规制

(一) 格式条款及其引发的社会问题

格式条款是当事人为了重复使用而预先拟定,并在订立合同时未与对方协商的条款(《民法典》第 496 条第 1 款)。格式条款是随着社会化大生产成为社会的主导生产方式后在合同实务中出现并被普遍使用的,它由使用者单方事先拟定,突出的特点是"要么接受、要么走开"。

另外,社会经济生活中经济实力雄厚的大企业与广大消费者对峙,双方交涉能力不平等,大企业(比如保险、水电、运输、邮政、电信等)多滥用经济优势,在格式合同中订入有利于自己单方的交易条款,免责条款即其著例。"此种交易条件,就其形式言,有的与契约结合在一起;有的成为单独文件。就其范围言,有的印成细密文件,长达数页;有的则以粗体字或毛笔字书写,悬挂于营业场所。至其目的,则均在使这些交易条件成为当事人所订契约的条款。"[①] 而"一般消费者对此类条款多未注意,不知其存在;或虽知其存在,但因此种契约条款甚冗长,且以细小字体写成,不易阅读;或虽加阅读,因文义艰涩,难以理解其真义;且纵能理解其真义,知悉对己不利条款的存在,亦多无讨价还价的余地,只能在接受与拒绝间加以选择。然而,或由于某类企业具有独占性,或由于各企业使用类似的契约条款,消费者并无选择之机会。因此,如何在契约自由之体制下,维护契约正义,使经济上的强者不能假借契约自由之名,压榨无组织的消费大众,当是现代法律所面临的艰巨任务。"[②]

(二) 规制格式条款的目的、对象及方法

规制格式条款的目的在于在社会利益的天平上平衡合同自由与合同正义、平衡效率与公平、维护消费者权益。

格式条款成为一个社会问题和法律问题并引起人们的广泛关注,主要是由于格式不公

---
① 王泽鉴:《民法学说与判例研究》(第三册),台北自刊本 1991 年版,第 21—22 页。
② 王泽鉴:《民法学说与判例研究》(第三册),台北自刊本 1991 年版,第 22 页。

平条款被订入消费者合同并损害消费者权益。考察外国对不公平条款的规制，其规制的对象主要是格式合同，尤其是格式消费者合同中的不公平条款（典型的为不公平免责条款）。比如说免责条款，本身只不过是掌握在人们手中的一种工具，如同一柄"双刃剑"，既能发挥良好功效，也会带来不良后果，因而我们所要控制的是免责条款的不合理内容，而不是免责条款的形式，对免责条款不加区分一概敌视的态度显然是片面而有害的。从《民法典》第496条第2款前段规定亦反映出，立法所要规制的主要是没有遵循公平原则的不公平格式条款。

规制格式条款的方法，各国法制不一，总体有四种途径，分别是：（1）增强立法规定（立法控制）；（2）建立事先核准制度（行政控制）；（3）加强司法控制（司法控制）；（4）消费者组织及舆论的压力（社团控制），此处不赘。

自法理以言，格式条款既欲作为对当事人有约束力的合同条款，对其规制自有以下环节，进行审查：（1）该格式条款是否订入了合同？（2）如果该条款已经订入合同，该条款是否属于有效的合同条款？（3）如该条款属于有效的条款，惟就其含义理解不同，则仍有合同解释问题，以下分别展开。

（三）格式条款是否订入合同

1. 提示注意义务。提供格式条款的一方（以下统称为"格式条款使用人"）应当"采取合理的方式提示对方注意免除或者减轻其责任等与对方有重大利害关系的条款"（《民法典》第496条第2款第1句中段），是为格式条款使用人的提示注意义务。

格式条款使用人有义务提示对方注意的是"与对方有重大利害关系的条款"，并非所有的格式条款。这是一个新的表达，原《合同法》第39条第1款中的表达是"免除或者限制其责任的条款"。新的表达较原来的表达扩大了内涵，《民法典》第496条是受到《消费者权益保护法》第26条第1款的启发。[①] 两者构成一般法与特别法的关系，并据此确定法律适用关系。

依既往的司法规则，提供格式条款的一方对格式条款中免除或者限制其责任的内容，在合同订立时采用足以引起对方注意的文字、符号、字体等特别标识，并按照对方的要求对该格式条款予以说明的，人民法院应当认定符合法律所要求的"采取合理的方式"。提供格式条款一方对已尽合理提示及说明义务承担举证责任。

"提供格式条款的一方未履行提示或者说明义务，致使对方没有注意或者理解与其有重大利害关系的条款的，对方可以主张该条款不成为合同的内容"（《民法典》第496条第2款第2句）。这是《民法典》新增的规定，遵循了通常学理，相应的免责条款被认为没有订入

---

① 《消费者权益保护法》第26条第1款规定："经营者在经营活动中使用格式条款的，应当以显著方式提请消费者注意商品或者服务的数量和质量、价款或者费用、履行期限和方式、安全注意事项和风险警示、售后服务、民事责任等与消费者有重大利害关系的内容，并按照消费者的要求予以说明。"列举了十项与消费者有重大利害关系的内容，经营者的提示注意及说明义务并不以此为限，实践中可以根据具体的交易类型和合同性质进行判断。参见李适时主编：《中华人民共和国消费者权益保护法释义》，法律出版社2014年版，第112页。

合同，不构成合同内容的组成部分，[①]值得肯定。另外，依立法者所作解释，第 496 条第 2 款规定的"该条款不成为合同的内容"，只能由相对方主张，格式条款提供方无权主张，这也是从制度设计上对相对方所作的倾斜性保护。[②]《消费者权益保护法》第 26 条第 1 款未就法律后果作出规定，当然适用作为一般法的《民法典》第 496 条第 2 款。

在判断格式条款使用人是否采取合理的方式提示对方注意免责条款时，当然须结合个案具体判断，可结合文件的外型、提示注意的方法、清晰明白的程度、提示注意的时间、提示注意的程度等，综合判断。

（1）文件的外型。文件外型须予人以该文件载有足以影响当事人权益的条款的印象，而非单纯的"收据"，否则相对人收到该文件根本不予阅读，使用人的提示注意（通知或公告）即不充分。

（2）提示注意的方法。提示相对人注意的方法，依特定交易种类的具体环境，可采取个别提示注意或者公开张贴公告两类基本方法。"个别提示注意"是原则，"公开张贴公告"是例外。

（3）清晰明白的程度。提示注意所使用的语言文字须清楚明白。如果文件表面上没有让人注意与对方有重大利害关系条款的文句，或者上面的文句被日期戳掩盖而难以辨认，或者该条款被大片的广告所遮盖，通常便认为该与对方有重大利害关系的条款不成为合同的内容。

（4）提示注意的时间。就与对方有重大利害关系的条款若非在合同成立之前充分地提示了相对人注意，使用人便不得主张该条款来保护自己。

（5）提示注意的程度。原则上，提示注意应达到足以令相对人注意与其有重大利害关系条款的程度。特定条款越是不同寻常或出乎意料，将其订入合同所需要的提示注意的程度也就越高。

2. 说明义务。格式条款使用人应"按照对方的要求，对该条款予以说明"（《民法典》第 496 条第 2 款第 1 句后段）。格式条款使用人此项"说明义务"的发生，是以"对方的要求"为前提，对方没有要求，自然不再有此说明义务。如使用人没有履行说明义务（拒绝说明），将发生什么效果？依《民法典》第 496 条第 2 款第 2 句，因未履行说明义务而致对方没有理解与其有重大利害关系的条款的，对方可以主张该条款不成为合同的内容。

3. 签字即为同意。如文件被签了字，要否认它的合同性特征通常是不可能的，或至少是困难的。而且提示注意之举证，已均无必要。在不存有欺诈或错误陈述的情况下，某人就要受其已签字的文件的拘束，而不论他是否已阅读其内容，或是决意束之高阁、不予过问。[③]这便是"签字即为同意"规则，《民法典》对此虽未明文规定，然在解释上通常肯定其存在。

[①] 参见崔建远:《合同责任研究》，吉林大学出版社 1992 年版，第 135 页；韩世远:《免责条款研究》，载梁慧星主编:《民商法论丛》第 2 卷，法律出版社 1994 年版，第 484 页以下；王利明:《合同法研究》第 1 卷，中国人民大学出版社 2002 年版，第 393 页以下。

[②] 黄薇主编:《中华人民共和国民法典合同编释义》，法律出版社 2020 年版，第 86—87 页。

[③] See Cheshire, Fifoot and Furmston's *Law of Contract*, 14th ed., Butterworths, 2001, p. 179.

一经在文件上签字，便认定格式条款成为合同的组成部分，这似乎对消费者过苛，其实不然，因为相对人签字时应当注意、了解格式条款的内容，他未做到这一点，便不值得特别加以保护。再说，格式条款成为合同的组成部分，并不意味着它一定能拘束相对人，如果格式条款有显失公平等问题时，尚有立法控制和司法控制等环节阻止它生效。[①]

（四）无效的格式条款

1.《民法典》第497条。《民法典》第497条特别规定了格式条款无效的情形，具体如下：

（1）与其他民事法律行为通用的无效情形（《民法典》总则编第六章第三节和合同编第506条）。

（2）提供格式条款一方不合理地免除或者减轻其责任、加重对方责任、限制对方主要权利（《民法典》第497条第2项）。此类格式条款，均属于违背公平原则的情形，故立法使之无效。应注意的是此项规定中的限定词"不合理地"，裁判者因此有了相应的裁量权。

（3）提供格式条款一方排除对方主要权利（《民法典》第497条第3项）。此处未再出现前项中"不合理地"限定词，系因为立法者以此项情形本身即严重违背了公平原则，故可以直接认定格式条款无效。

2.《消费者权益保护法》第26条第2款和第3款。依《消费者权益保护法》第26条第2款，"经营者不得以格式条款、通知、声明、店堂告示等方式，作出排除或者限制消费者权利、减轻或者免除经营者责任、加重消费者责任等对消费者不公平、不合理的规定，不得利用格式条款并借助技术手段强制交易"。又依同条第3款，"格式条款、通知、声明、店堂告示等含有前款所列内容的，其内容无效。"

（五）格式条款的解释

《民法典》第498条针对格式条款的解释作了特别规定，在法律适用上，这些特别规则应当优先于关于合同解释的一般规定（《民法典》第142条第1款）。

1. 按通常理解解释。"对格式条款的理解发生争议的，应当按照通常理解予以解释"（《民法典》第498条第1句）。此所谓"通常理解"，是指社会上一般人的理解。当然，当事人如能证明条款用语确有"技术性或特殊性"意义的不在此限。

2. 作不利于提供格式条款一方的解释。"对格式条款有两种以上解释的，应当作出不利于提供格式条款一方的解释"（《民法典》第498条第2句）。"不利解释规则"渊源于罗马法"有疑义应为表意者不利益之解释"原则，其后为法学界所接受，故法谚有所谓"用语有疑义时，应对使用者为不利益的解释"。

该解释规则适用的前提是，"对格式条款有两种以上解释"，这两种解释均属格式条款语义可能范围之内，而非超越或背离语义范围的任意解释。

[①] 参见崔建远：《合同责任研究》，吉林大学出版社1992年版，第140页。

3. 非格式条款优先。"格式条款和非格式条款不一致的,应当采用非格式条款"(《民法典》第498条第3句)。此所谓"非格式条款",通常称为个别商议条款。个别商议条款与格式条款共同构成合同的一部分时,个别商议条款的效力均较格式条款的效力优越。这一规则渊源自法律解释原则"特别规定优先于普通规定"(special provisions override general norms),但这一规则并不排斥法律解释学上的主要法则"合同的每个条款都须被考虑"。因此,合同中的个别商议条款虽然具有优先效力,仍须考虑合同书的上下文而为解释。此种解释方法常导致下述结论:格式条款补充个别商议条款,而非与个别商议条款冲突,惟二者调和不可能时,格式条款就不能调和部分始应该被摒弃。这样,约定于"特定日期"交付货物的合同中,出卖人不得主张"格式免责条款有关出卖人未于约定日期交付货物不负赔偿责任的条款",因为"特定日期"是个别商议条款,应具有优先效力。[①]

[①] 参见刘宗荣:《定型化契约论文专辑》,三民书局1988年版,第139页。

第十二章 买卖合同

第一节 买卖合同概述

一、买卖合同的语义

买卖合同（Kaufvertrag），是出卖人转移标的物的所有权于买受人，买受人支付价款的合同（《民法典》第595条）。其合同主体分别称为出卖人（Verkaeufer）和买受人（Kaeufer），前者负转移标的物所有权于买受人的义务，后者负支付价款的义务。

二、买卖合同的性质

（一）典型合同

《民法典》合同编第二分编"典型合同"于第九章专门规定"买卖合同"，因而，买卖合同当然是一种典型合同。

（二）债权合同（schuldrechtlicher Vertrag）

《民法典》第215条采纳了"区分原则"（Trennungsprinzip），区分物权变动与其基础关系（原因关系）。该基础关系主要是合同，它属于债权法律关系的范畴，成立以及生效应依据合同法来判断；该合同是物权变动的原因行为，[1]或者说是债权合同。债权合同与物权合同不同。前者合同成立后，当事人仅因此而取得债权或者负担债务，日后尚有履行的问题。后者合同成立的同时，即已实现其成果，不再有履行的问题。买卖的成立，出卖人仅生转移标

---

[1] 石宏主编：《〈中华人民共和国民法典〉释解与适用［物权编］》，人民法院出版社2020年版，第24页。

的物所有权的义务，而买受人亦仅生支付价款的义务，换言之，买卖双方只发生债之关系，并不发生物权变动的结果，故日后尚须有履行行为，以实行转移或支付。[1]

（三）双务合同（gegenseitiger Vertrag）

依据有效成立的买卖合同，出卖人须移转标的物所有权于买受人，买受人须向出卖人支付价款，当事人互负具有对价意义的债务，构成双务合同，由于双方债务之间的牵连性（gegenseitigen Abhaengigkeit），[2]故可适用双务合同履行抗辩规则（《民法典》第525条至第528条）。

（四）有偿合同

买卖合同的一方当事人享有合同规定的权益，是以其向对方偿付相应的代价为前提，因而买卖合同为有偿合同。

（五）诺成合同

买卖合同的成立仅依当事人的合意即可，无须交付标的物或者完成其他现实给付，因而，买卖合同为诺成合同。

（六）不要式合同

买卖合同的成立法律原则上并不要求特定的方式，故属不要式合同。法律如另有特别要求的，自然应依其要求。比如《城市地产管理法》第41条规定："房地产转让，应当签订书面转让合同，合同中应当载明土地使用权取得的方式。"

三、买卖合同的种类

（一）一般买卖与特种买卖

依《民法典》合同编"买卖合同"章的规定，可将买卖区分为一般买卖与特种买卖。一般买卖，即《民法典》第595条规定的买卖。特种买卖，在《民法典》中规定的或者提及的有分期付款买卖（第634条）、凭样品买卖（第635—636条 Kauf nach Muster）、试用买卖（第637—640条 Kauf auf Besicht; Kauf auf Probe）、招标投标买卖（第644条）、拍卖（第645条）以及易货交易（第647条）。

---

[1] 郑玉波：《民法债编各论》（上册），三民书局1981年版，第13页。
[2] Vgl. *Brox / Walker*, Besonderes Schuldrecht, 41. Auflage, Verlag C.H. Beck, 2017, S.4.

(二) 自由买卖与竞争买卖

依其成立是否依竞争方式，可将买卖区分为自由买卖与竞争买卖。自由买卖，指双方当事人依其自由意思且没有第三人竞争参与缔约过程的买卖，一般买卖大抵属于自由买卖。竞争买卖，是指有多数主体参与缔约过程竞争的买卖，包括招标投标买卖和拍卖。

(三) 即时清结的买卖与非即时清结的买卖

即时清结的买卖，又称即时买卖、现实买卖（Realkauf, Handkauf, Naturalkauf），指合同的成立与履行完毕同时发生的买卖。比如菜市场上一手交钱、一手给菜的买卖，或如通过自动贩卖机的买卖。非即时清结的买卖，指买卖合同的成立与履行存在时间差的情形。

关于即时清结的买卖的性质，存在债权合同说与非债权合同说的分歧。我国台湾学者通说以之为债权行为与物权行为并存。[1] 通常，合同应先有订立、生效，再有履行，即便是在即时清结的买卖场合，在逻辑上也应认为如此。债权合同是有效发生债权债务的根据，合同债务的履行须以此为前提。如此，法律人理应能够区分合同的效力（权利义务关系）与合同的履行，前者称为债权合同；在履行过程中，如果涉及基于意思表示的权利变动，为了区别，称为物权行为或者准物权行为，并无不妥。区分原则（Trennunsprinzip，独立性）与抽象原则（Abstraktionsprinzip，无因性）是两个概念，[2] 承认前者，并不等于一同接纳了后者。

四、买卖合同的成立

转移标的物的所有权和支付价款，属于买卖合同的两项要素，只要当事人就此二者达成合意，原则上合同即可成立。至于履行时间、履行地点等，只要当事人未将此等事项作为买卖的要素，就此即使欠缺合意，亦无碍买卖合同成立。[3] 又价款虽未具体约定，而依其情形可得而定者，视为有价款，以便买卖合同易于成立。所谓依其情形可得而定者，比如约定依市价或由第三人指定。[4]

(一) 买卖的标的

1. 物。《民法典》第 595 条所言"标的物"既包括动产，也包括不动产；既可以是特定物（比如某二手房），也可以是种类物（比如某型号的汽车）。"买卖合同"章的规定原则上

---

[1] 参见史尚宽：《债法各论》，台北自刊本 1986 年版，第 7 页；郑玉波：《民法债编各论》（上册），三民书局 1981 年版，第 15 页；林诚二：《民法债编各论》（上册）（修订二版），瑞兴图书股份有限公司 2003 年版，第 85 页。
[2] Jauernig/Chr. Berger, (2007) §433 Rn 4.
[3] 参见[日]柚木馨、高木多喜男编集：《新版注释民法（14）》，有斐阁 1993 年版，第 144 页。
[4] 参见郑玉波：《民法债编各论》（上册），三民书局 1981 年版，第 21—22 页。

仅限于物的买卖，而不包括权利的买卖。①《民法典》立法者限定买卖的客体为物，使规范对象单纯化，便于设立相应的规范；也不排除另外一种可能性，即原《合同法》起草人当年重点参考了《联合国国际货物销售合同公约》，而该公约所规范的对象就是货物的买卖（sales of goods）。

就物之买卖而言，出卖人是否必须为物的所有人或者处分权人？原《合同法》第132条第1款曾规定："出卖的标的物，应当属于出卖人所有或者出卖人有权处分。"《民法典》在吸收学说意见及司法实践经验的基础上，删除了上述规定，代之以第597条第1款，即"因出卖人未取得处分权致使标的物所有权不能转移的，买受人可以解除合同并请求出卖人承担违约责任"。立法不再要求出卖人须为物的所有人或者处分权人，实为一重大进步。

未来的物（eine zukuenftige Sache），亦即在订立合同之时尚未存在之物，能否作为买卖的标的？对此宜作肯定的回答。② 在合同规定的交付期限到来之时，该标的物仍未存在的，按履行不能处理。③

2. 权利。权利能否成为买卖的客体？一项权利，如果不是专属性的而是可转让的，自然可以成为交易的对象，比如债权（应收账款）、不动产担保物权（抵押权）、地上权、专利权、商标权等，这类交易在有些立法例中被直接称为"权利买卖"（比如《德国民法典》第453条），尽管有呼吁关注"权利买卖"，④ 但我国《民法典》终归没有直接将"权利"作为买卖的客体，这一点从第595条可以清楚地反映出来，权利并非"物"，权利人亦非权利的"所有权"人。不过，在我国既有的法律中，也可以见到未将"买卖"局限于物品买卖的例子，比如《拍卖法》第3条规定："拍卖是指以公开竞价的形式，将特定物品或者财产权利转让给最高应价者的买卖方式。"无论如何，有关权利的交易，不妨作为一项有偿合同，依据《民法典》第646条的规定，可以"参照适用买卖合同的有关规定"。比如，建设用地使用权出让合同（《民法典》第348条）作为一种"权利买卖"，对欠缺规定的事项，便可参照适用买卖合同的有关规定。

3. 其他财产。有一些客体，既非物亦非权利，比如电或者通用软件（standard software），亦可成为交易的对象。对于前者，《民法典》特别规定有"供用电合同"，具体内容容于后述。对于后者，严格以言，软件（比如"瑞星杀毒软件"）的购买者所购买的并非软件的载体（光盘），而是其中的程序；此种合同是否属于《民法典》第595条所谓的"买

---

① 与此形成对照的是我国台湾地区"民法"以及日本等的民法，比如我国台湾地区"民法"第345条第1项规定："称买卖者，谓当事人约定一方移转财产权于他方，他方支付价金之契约。"而此所谓"财产权"，依学者解释，指具有经济利益而得为让与权利，包括物权（所有权及地上权等）、债权、智慧财产权、占有等。参见王泽鉴：《民法概要》，北京大学出版社2009年版，第258页；郑玉波：《民法债编各论》（上册），三民书局1981年版，第6页；黄立主编：《民法债编各论》（上），元照出版公司2002年版，第6页。另外可参阅［日］柚木馨、高木多喜男编集：《新版注释民法（14）》，有斐阁1993年版，第146页；［日］山本敬三：《民法讲义Ⅳ-1·契约》，有斐阁2005年版，第236页，略谓作为买卖标的的财产权包括物权、债权、知识财产权等。

② Vgl. *Brox/Walker*, Besonderes Schuldrecht, 41. Auflage, Verlag C.H. Beck, 2017, S.4.

③ 参见唐德华、孙秀君主编：《合同法及司法解释新编教程》（上），人民法院出版社2004年版，第480页。

④ 韩世远：《买卖法的再法典化：区别对待消费者买卖与商事买卖》，载《交大法学》2017年第1期。

卖合同"，虽有分歧，但《买卖合同解释》第 2 条显然已承认"无需以有形载体交付的电子信息产品"可作为买卖合同的标的物。如果是专用软件，则可以归入承揽合同范畴，适用承揽合同的规定。

（二）买卖的价款

买受人支付价款当然是以货币的形式，如果不是采用货币的形式而是以其他的物，这时的合同在性质上就属于"互易"（Tausch），《民法典》称之为"易货交易"，亦是要"参照适用买卖合同的有关规定"（第 647 条），严格地说，"互易"并非买卖。如果是以物与权利交换，虽非第 647 条所谓的"易货交易"，仍不失为有偿合同，依第 646 条，仍得参照适用买卖合同的有关规定。

如果一项合同尽管转移标的的权利，但是作为其报酬并非支付价款，而是提供某种劳务（Dienstleistung），那么它并非是买卖合同，而属于一种混合合同（ein gemischter Vertrag）。[①] 依据《民法典》第 467 条，"本法或者其他法律没有明文规定的合同，适用本编通则的规定，并可以参照适用本编或者其他法律最相类似合同的规定"。

（三）买卖的形式

买卖合同的形式通常是自由的（formlos），可以是书面的，也可以是口头的或者其他方式（比如自动贩卖机上的买卖）。法律法规对于特定的买卖有特别要求时，则应依其要求。比如《城市房地产管理法》第 41 条要求房地产转让（包括买卖）"应当签订书面转让合同"。

五、买卖合同的内容

合同的内容由当事人约定，一般包括以下条款：（1）当事人的名称或者姓名和住所；（2）标的；（3）数量；（4）质量；（5）价款或者报酬；（6）履行期限、履行地点和方式（包装方式、检验标准和方法）；（7）违约责任；（8）解决争议的方法、合同使用的文字及其效力等条款（《民法典》第 470 条第 1 款、第 596 条）。当事人可以参照各类合同的示范文本订立合同（《民法典》第 470 条第 2 款），比如关于商品房买卖就有专门的合同示范文本。

六、我国买卖法的特色

1. 以物的买卖为中心。《民法典》"买卖合同"章的规范模型是物的买卖，不包括权利买卖。对于物之外的其他标的，约定价款而转让其权利者，虽非原《合同法》所谓的"买卖"，但作为一种有偿合同，仍得参照适用买卖合同的有关规定（第 646 条）。

2. 不区分种类物买卖（Gattungskauf）与特定物买卖（Stueckkauf）而统一规制，且以种

[①] Vgl. *Brox/Walker*, Besonderes Schuldrecht, 41. Auflage, Verlag C.H. Beck, 2017, S.6.

类物买卖为规制的重点（日本民法原则上是以个别的、特定的买卖为基本而加以构成[1]）。

3. 不区分动产与不动产而统一规制。

第二节　买卖合同的效力

一、对于出卖人的效力

（一）给付义务

1. 转移标的物所有权的义务。转移标的物的所有权属于出卖人的"合同类型上义务"（《民法典》第 595 条），或称所有权供与义务（Pflicht zur Eigentumsverschaffung），是出卖人的主给付义务。判断出卖人是否履行了上述义务，首先应当明了我国法上所有权转移的基本规则以及所有权供与义务的内涵。

关于物权变动在原《物权法》之前原《合同法》"买卖合同"章第 133 条先行作了规定（未特别规定不动产物权变动，仅以"但书"中的"法律另有规定"交待），[2] 后来原《物权法》区分不动产和动产作了进一步的规定。如今《民法典》整合原《物权法》与原《合同法》，分别在第 209 条和第 224 条规定。以下分别阐述。

（1）动产（bewegliche Sache）。"动产物权的设立和转让，自交付时发生效力，但是法律另有规定的除外"（《民法典》第 224 条）。因而，对于动产所有权的转移，原则上是以"交付"作为标志，且不区分特定物与种类物。此处的"交付"，不仅包括"现实交付"（出卖人将其对于动产的直接管领力现实地转移给买受人，即动产占有的实现转移，此属常态），也包括"观念交付"（本非真正的交付，不过是动产占有在观念上的转移，是法律顾及交易便捷而采取的变通方法，又称"交付的代替"）。[3] 后者具体包括简易交付（《民法典》第 226 条）、指示交付（或称"让与返还请求权"，《民法典》第 227 条）和占有改定（《民法典》第 228 条）。

（2）不动产。不动产物权的设立、变更、转让和消灭，经依法登记，发生效力；未经登记，不发生效力，但法律另有规定的除外（《民法典》第 209 条第 1 款）。不动产物权的设立、变更、转让和消灭，依照法律规定应当登记的，自记载于不动产登记簿时发生效力（《民法典》第 214 条）。

因而，在不动产场合，出卖人转移标的物所有权的义务，除了要交付相应的不动产（移转占有）之外，还包括协助登记的义务，此属题中应有之义。否则，无法达到转移所有权的

---

[1] 参见［日］远藤浩编：《基本法コンメンタール・債権各論 I 契約》（第四版），日本评论社 2003 年版，第 76 页。

[2] 原《合同法》第 133 条规定："标的物的所有权自标的物交付时起转移，但法律另有规定或者当事人另有约定的除外。"

[3] 参阅谢在全：《民法物权论》（上册），中国政法大学出版社 1999 年版，第 99—100 页。

目的。

2. 交付标的物的义务。交付标的物的义务（Pflicht zur Uebergabe），意指出卖人（或者由其指定的第三人）须使买受人直接占有买卖标的物。当事人当然也可以约定，不是向买受人而是向第三人交付（比如转卖场合）。另外，交付标的物的义务也可以通过约定加以排除，并不因此使该法律行为丧失买卖合同的性质。[①] 依《民法典》第 598 条前段，出卖人应当履行向买受人交付标的物或者交付提取标的物的单证的义务。这便是我国法关于出卖人交付标的物义务的规定。具体从以下几点阐述：

（1）交付期限。出卖人应当按照约定的时间交付标的物。约定交付期限的，出卖人可以在该交付期限内的任何时间交付（《民法典》第 601 条）。

当事人没有约定标的物的交付期限或者约定不明确的，适用《民法典》第 510 条、第 511 条第 4 项的规定（《民法典》第 602 条）。

（2）交付地点。出卖人应当按照约定的地点交付标的物。当事人没有约定交付地点或者约定不明确，依《民法典》第 510 条的规定仍不能确定的，适用下列规定：（1）标的物需要运输的，出卖人应当将标的物交付给第一承运人以运交给买受人；（2）标的物不需要运输的，出卖人和买受人订立合同时知道标的物在某一地点的，出卖人应当在该地点交付标的物；不知道标的物在某一地点的，应当在出卖人订立合同时的营业地交付标的物（《民法典》第 603 条）。

（3）多交标的物的后果。出卖人多交标的物的，买受人可以接收或者拒绝接收多交的部分。买受人接收多交部分的，按照约定的价格支付价款；买受人拒绝接收多交部分的，应当及时通知出卖人（《民法典》第 629 条）。根据上述规定，买受人拒绝接收多交部分标的物的，可以代为保管多交部分标的物。买受人主张出卖人负担代为保管期间的合理费用的，人民法院应予支持（《买卖合同解释》第 3 条第 1 款）。买受人主张出卖人承担代为保管期间非因买受人故意或者重大过失造成的损失的，人民法院应予支持（《买卖合同解释》第 3 条第 2 款）。

以上属于关于动产交付的一般规定，除此之外，还应当注意关于动产所有权移转的特别规定。"船舶、航空器和机动车等的物权的设立、变更、转让和消灭，未经登记，不得对抗善意第三人。"（《民法典》第 225 条），于此场合，出卖人转移标的物所有权的义务，除了要求交付之外，自然还包括协助登记的义务。

3. 无瑕疵供与义务。基于买卖合同双务、有偿的性质，并出于维持合同均衡的考量，我国法尚要求出卖人负有保证买卖标的物不具有权利瑕疵或者物的瑕疵的义务，前者称为权利瑕疵担保义务，后者称为物的瑕疵担保义务，合称为"瑕疵担保义务"或者"无瑕疵供与义务"（Pflicht zur mangelfreien Verschaffung），此类义务亦属出卖人主给付义务范畴。[②] 出卖人违反此类义务，构成违约，发生违约责任。我国法实现了瑕疵担保责任与违约责任制度的

---

① Vgl. *Brox/Walker*, Besonderes Schuldrecht, 41. Auflage, Verlag C.H. Beck, 2017, S.9.
② Vgl. *Brox/Walker*, Besonderes Schuldrecht, 41. Auflage, Verlag C.H. Beck, 2017, S.8—9.

统合，① 在违约责任之外，不再另设一套特别的"瑕疵担保责任"规则。或者说，我国法实行的是违约责任"单轨制"，而不是违约责任与瑕疵担保责任并存的"双轨制"。这是我国法有别于传统大陆法系民法（罗马法传统）的特别之处，宜特别注意（参照图 12.2.1）。

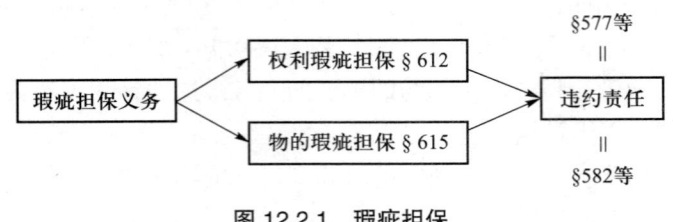

图 12.2.1 瑕疵担保

（1）权利瑕疵担保义务。

第一，含义与性质。出卖人就交付的标的物，负有保证第三人对该标的物不享有任何权利的义务，但是法律另有规定的除外（《民法典》第 612 条）。这是一项法定义务，即使当事人在合同中未曾提及，出卖人仍负有此项义务。

第二，权利瑕疵的情形。第三人向买受人主张的权利，首先，可能是物权，包括所有权（出卖他人之物或者共有物而未经其他共有人同意）以及他物权（比如抵押权、地役权等）。其次，第三人的权利可能是其他的绝对权，比如人格权（出卖的衣物未经名人授权而使用其肖像或者姓名）、知识产权（以盗版软件冒充正版出售）。最后，第三人的权利可能是债权（比如租赁权）。

买卖标的物上存在买受人订立合同时不知道且不应知道的第三人的权利，也就构成了权利瑕疵。权利瑕疵得有如下情形：其一，出卖人无法向买受人提供所有权，因为出卖人自己不是所有权人而且所有权亦无法从所有人处获取；其二，出卖人无法向买受人提供无负担的所有权（lastenfreies Eigentum），因为该物上负载有第三人的物权（dingliche Rechte eines Dritten），对此出卖人无法除去；其三，出卖人无法使买受人不受干扰地行使所有权的权能（die ungestoerte Ausuebung der Eigentumsbefugnisse），因为第三人对于该物有一种强制性的利用权或者禁用权（ein obligatorisches Nutzungs-oder Verbietungsrecht），此种权利可以有效地向买受人主张。②

第三，判断标准时点。就判断权利瑕疵的标准时点（der massgebende Zeitpunkt），学说存在分歧：一种观点主张以买卖合同成立时为准，③ 另外一种观点则主张以权利移转时为准。④ 从《民法典》第 612 条规定看，"出卖人就交付的标的物"负有保证第三人不得向买受人主

---

① 这种"统合"，并非彻底否定、根除或者抛弃瑕疵担保责任，而是扬弃瑕疵担保责任。这表现在仍然可以利用一些有用的元素：比如瑕疵概念、一些责任构成上的特别要件等。当然，在独立的瑕疵担保责任制度中，"瑕疵"本身是核心概念；而在统合进违约责任的体系中，通过将"无瑕疵供与义务"作为给付义务的组成部分，"瑕疵"不再是核心概念，核心概念是"违约"，"瑕疵"成为判断违约与否的工具性概念。
② Vgl. Karl Larenz, Lehrbuch des Schuldrechts II. Band: Besonderer Teil, 1. Halbband, 13. Auflage, Verlag C.H. Beck, 1986, S.28–29.
③ 参见崔建远主编：《合同法》（第七版），法律出版社 2021 年版，第 228 页。
④ 此为德国通说见解（allgemeiner Ansicht）。Vgl. H. P. Westermann, Muechener Kommentar zum BGB, Band 3, 4. Auflage, Verlag C.H. Beck, 2004, § 435, RdNr. 6. 另外参见黄立主编：《民法债编各论》（上），元照出版公司 2002 年版，第 41 页。

张任何权利的义务，实质上已经表明判断的时点是"交付时"，而非"订立合同时"（比如《民法典》第613条的用语），故具体判断是否存在权利瑕疵时，动产应以交付时为准，不动产则以登记时为准。

第四，权利瑕疵担保义务的排除。权利瑕疵担保义务的排除虽属法定义务，但既可由当事人依意思表示加以排除，也可由法律依特别规定加以排除（此即《民法典》第612条"但书"用意所在）。

首先，权利瑕疵担保义务可由当事人约定排除。《德国民法典》第435条前段规定：就物而言，第三人不能对买受人主张任何权利，或只能主张在买卖合同所接受的权利的，该物无权利瑕疵。我国《民法典》第612条规定出卖人就交付的标的物"负有保证第三人对该标的物不享有任何权利的义务"，相当于《德国民法典》第435条前段的前半句，后半句的情形在我国法上如何处理呢？我国法虽未明文规定"在买卖合同所接受的权利"，但从第613条规定依"举重以明轻"来推理，可知如果当事人在买卖合同中约定了买卖标的物上可存在的第三人的权利（比如买卖的房屋已有第三人的租赁权），自然排除了出卖人的权利瑕疵担保义务，此时自然不构成权利瑕疵。

其次，权利瑕疵担保义务可因法律另有规定而排除。比如《民法典》第613条规定，买受人订立合同时知道或者应当知道第三人对买卖的标的物享有权利的，出卖人不承担第612条规定的义务。其理由在于买受人放弃其权利或承担所生风险，不值得保护。[①]

第五，权利瑕疵担保与善意取得制度的衔接点。权利瑕疵担保所要规范的是买卖合同当事人的债权债务关系问题，至于买卖标的物权利最终的归属，则要依物权法规则解决。《民法典》规定了善意取得制度，在无权处分场合，如果受让人受让该不动产或者动产时是善意的；以合理的价格转让；转让的不动产或者动产依照法律规定应当登记的已经登记，不需要登记的已经交付给受让人的，除法律另有规定外，受让人取得该不动产或者动产的所有权（《民法典》第311条第1款）。此时，买受人是依善意取得规定取得买卖客体的权利，其乃原始取得，第三人无从对买受人主张任何权利，故无权利瑕疵问题。[②]

第六，违反义务的后果。关于违反权利瑕疵担保义务的法律后果，法律有特别规定的，自然依其规定；没有特别规定的，由于权利瑕疵担保义务的违反属于一种违约，故发生一般违约的法律后果。

其一，中止支付价款权利的发生。买受人有确切证据证明第三人对标的物有权利的，可以中止支付相应的价款，但是出卖人提供适当担保的除外（《民法典》第614条）。

其二，作为一般的违反权利瑕疵担保义务的情形，可发生一般的违约后果，具体包括违约责任（违约金、损害赔偿等）、合同解除等。

（2）物的瑕疵担保义务。

第一，含义与性质。出卖人应当按照约定的质量要求交付标的物。出卖人提供有关标的

[①] 参见黄立主编：《民法债编各论》（上），元照出版公司2002年版，第44页。
[②] 参见黄立主编：《民法债编各论》（上），元照出版公司2002年版，第42页。

物质量说明的，交付的标的物应当符合该说明的质量要求（《民法典》第 615 条）。

物品买卖的买受人所追求的合同目的，除了获取标的物及其所有权外，当然还要包括标的物的质量符合要求。因而，出卖人应当保障标的物的品质符合要求，这一义务今天在解释论上亦应纳入出卖人给付义务的范畴。出卖人违反此项义务，属于给付义务的违反，可以发生相应的违约责任。

第二，义务的内容：其一，品质担保义务。当事人对标的物的质量要求没有约定或者约定不明确，依照第 510 条的规定仍不能确定的，适用第 511 条第 1 项的规定（《民法典》第 616 条）。即质量要求不明确的，按照强制性国家标准履行；没有强制性国家标准的，按照推荐性国家标准履行；没有推荐性国家标准的，按照行业标准履行；没有国家标准、行业标准的，按照通常标准或者符合合同目的的特定标准履行。

其二，包装方式担保义务。出卖人应当按照约定的包装方式交付标的物。对包装方式没有约定或者约定不明确，依据第 510 条的规定仍不能确定的，应当按照通用的方式包装；没有通用方式的，应当采取足以保护标的物且有利于节约资源、保护生态环境的包装方式（《民法典》第 619 条）。

第三，检验期间与责问义务。买受人收到标的物时应当在约定的检验期限内检验。没有约定检验期限的，应当及时检验（《民法典》第 620 条）。

当事人约定检验期限的，买受人应当在检验期限内将标的物的数量或者质量不符合约定的情形通知出卖人。买受人怠于通知的，视为标的物的数量或者质量符合约定（《民法典》第 621 条第 1 款）。当事人没有约定检验期限的，买受人应当在发现或者应当发现标的物的数量或者质量不符合约定的合理期限内通知出卖人。买受人在合理期限内未通知或者自收到标的物之日起二年内未通知出卖人的，视为标的物的数量或者质量符合约定；但是，对标的物有质量保证期的，适用质量保证期，不适用该二年的规定（《民法典》第 621 条第 2 款）。

出卖人知道或者应当知道提供的标的物不符合约定的，买受人不受前两款规定的通知时间的限制（《民法典》第 621 条第 3 款）。

第四，违反义务的后果。出卖人交付的标的物不符合质量要求的，买受人可以依据《民法典》第 582—584 条的规定请求承担违约责任（《民法典》第 617 条）。

（二）从给付义务

出卖人应当按照约定或者交易习惯向买受人交付提取标的物单证以外的有关单证和资料（《民法典》第 599 条）。

这些单证和资料，主要应当包括保险单、保修单、普通发票、增值税专用发票、产品合格证、质量保证书、质量鉴定书、品质检验证书、产品进出口检疫书、原产地证明书、使用说明书、装箱单等（《买卖合同解释》第 4 条）。

（三）附随义务

出卖人的附随义务既可以是基于法律规定而发生，也可以是基于合同解释而认定。比如为交付标的物而支出费用场合（履行费用），如其负担不明确，则由履行义务一方负担（《民法典》第 511 条第 6 项前段）；履行方式不明确的，按照有利于实现合同目的的方式履行（《民法典》第 511 条第 5 项）。[①]

二、对于买受人的效力

（一）给付义务

买受人负有支付价款的义务（《民法典》第 595 条后段，Pflicht des Kaeufers zur Kaufpreiszahlung），这是买受人的"合同类型上义务"，是其主给付义务。

买受人应当按照约定的数额和支付方式支付价款。对价款的数额和支付方式没有约定或者约定不明确的，适用《民法典》第 510 条、第 511 条第 2 项和第 5 项的规定（《民法典》第 626 条）。即价款或者报酬不明确的，按照订立合同时履行地的市场价格履行；依法应当执行政府定价或者政府指导价的，依照规定履行。履行方式不明确的，按照有利于实现合同目的的方式履行。

买受人应当按照约定的地点支付价款。对支付地点没有约定或者约定不明确，依据《民法典》第 510 条的规定仍不能确定的，买受人应当在出卖人的营业地支付，但约定支付价款以交付标的物或者交付提取标的物单证为条件的，在交付标的物或者交付提取标的物单证的所在地支付（《民法典》第 627 条）。

买受人应当按照约定的时间支付价款。对支付时间没有约定或者约定不明确，依据《民法典》第 510 条的规定仍不能确定的，买受人应当在收到标的物或者提取标的物单证的同时支付（《民法典》第 628 条）。

合同约定或者当事人之间习惯以普通发票作为付款凭证，买受人以普通发票证明已经履行付款义务的，人民法院应予支持，但有相反证据足以推翻的除外（《买卖合同解释》第 5 条第 2 款）。

（二）受领义务

《民法典》虽未如《德国民法典》第 433 条第 2 款后段明确规定买受人的受领义务（Abnahmepflicht des Kaeufers），但《民法典》第 509 条第 2 款规定，"当事人应当遵循诚信原则，根据合同的性质、目的和交易习惯履行通知、协助、保密等义务"。其中的"协助义务"在买卖合同场合就可以体现为"受领义务"，性质上属于一种附随义务。另外，《民法典》第 589 条第 1 款规定了债权人受领迟延场合的赔偿责任，这在买卖合同场合也意味着买受人负"受领义务"。当然，买受人的受领义务最好是由当事人特别约定，在违反约定场合自然可发生相应的违约责任。

[①] 参见韩世远：《合同法总论》（第四版），法律出版社 2018 年版，第 346 页。

（三）附随义务

买受人的附随义务亦得基于法律规定（比如《民法典》第509条第2款）或者合同解释而发生。出卖人多交标的物的，买受人可以接收或者拒绝接收多交的部分。买受人接收多交部分的，按照约定的价格支付价款；买受人拒绝接收多交部分的，应当及时通知出卖人（《民法典》第629条，通知义务）。在特殊情况下，买受人虽作出拒绝接受交付的意思表示，但有暂时保管并应急处置标的物的义务[①]（保管义务）。因标的物不符合质量要求，致使不能实现合同目的的，买受人可以拒绝接受标的物或者解除合同。买受人拒绝接受标的物或者解除合同的，标的物毁损、灭失的风险由出卖人承担（《民法典》第610条）。此时的风险（价款风险）虽由出卖人负担，但买受人仍有保管义务，如因买受人保管不善，未达到与处理自己事务同样的注意程度，仍得发生损害赔偿责任。

（四）不真正义务

在买受人未依《民法典》第610条作出拒绝接受标的物或者解除合同的意思表示时，按照减损规则，仍有采取适当措施防止损失扩大的义务（《民法典》第591条第1款）。（事例详见第九章第五节三（四）3.（2）减损措施的类型化之继续履行部分）惟此时的处置义务性质上属于"不真正义务"，与附随义务尚有区别。

三、对于买卖双方的效力

（一）风险负担

1. 风险负担的语义。风险负担（Gefahrtragung），如无特别说明，通常是指"价款风险"（或称"对价风险""价金风险""对待给付风险"，Verguetungsgefahr, auch Preis-oder Gegenleistungsgefahr）的负担问题，是在像买卖合同这样的双务合同中，一方的债务由于不可归责于债务人的事由变得不能履行而消灭场合，与之构成对价关系的对方的债务是否消灭的问题。比如，在买卖合同订立后，因作为标的物的房屋被烧毁使得出卖人交付房屋的债务消灭时，买受人支付价款的债务是否因此消灭，便是典型事例。如果对方的价款债务也消灭，损失（风险）就变成由消灭了债务的债务人（出卖人）负担，故称为债务人主义。反之，如果对方的价款债务仍继续存在，风险便是由债权人（买受人）承担，便称为债权人主义。[②] 对于这种在狭义上理解风险负担有不同意见，认为如果只把风险视为价款风险，则风险这一法律概念的真正特征就没有揭示出来。该意见从广义上看待风险，不仅包括当事人未违反合同的情形，还包括一方当事人违反合同情形的风险承担（尽管它可能表现为违约方承

[①] 参见崔建远主编：《合同法》（第七版），法律出版社2021年版，第292页。
[②] [日] 我妻荣编集：《新版新法律学辞典》，有斐阁1983年版，第183页。

担的违约责任）。[1]《民法典》在此问题上兼受《联合国国际货物销售合同公约》及美国《统一商法典》的影响，采商业现实主义进路，于第604条至第611条集中规定了买卖合同中的风险负担相关问题，不仅包括狭义风险负担的情形，也包括了一方当事人违约场合的风险负担问题（比如第610条），对于风险负担采广义立场。虽然如此，理解风险负担的相关规则，仍有必要从狭义风险负担的理论入手。此种意义上的风险负担，是双务合同（买卖、租赁、承揽、运输、仓储等）所特有的问题。

为了明确狭义风险负担概念的含义，应当注意以下几点：

（1）风险负担是针对双务合同而言的概念。民法奉行权利本位，为求权利关系处理的简略化，从技术的角度要求一个法律关系中有数个权利关系时应当分别处理，具体考察各个权利的存续或变动。按照这种观念，在双务合同中，一方债务的消灭并不必然影响对方债务的命运。然而，双务合同中双方的债务，是在互为对价意义上成立的，一方负担债务乃是对方负担债务的前提，双方的债务之间具有牵连关系；这样，如果一方的债务的消灭对对方债务的命运根本不产生任何影响，则有失妥当。风险负担制度，正是围绕着双务合同中一方债务的消灭，对一般性的"债务的独立性"与双务合同中的"债务的牵连性"这两种性格进行调和而发展出来的制度。[2] 债务的牵连性是双务合同特有的问题，具体区分为债务"成立上的牵连性""履行上的牵连性"与"存续上的牵连性"，风险负担制度正是因应双方债务存续上的牵连性、处理相关问题的法律制度。

与此相对，尚有所谓"履行风险"或称"给付风险"（Leistungsgefahr）的负担问题。给付风险，是指给付的标的物灭失、毁损之场合，债务人是否依然负担有给付义务之问题。价款风险，则是指尽管债权人没有取得作为债务之标的的给付，是否依然不免除其支付价款的义务之问题，它是风险负担问题的中心。[3] 给付风险并不限于双务合同，而是一个对于所有债务普遍适用的概念，给付风险通常是由物的所有人负担（casum sentit dominus），此即"灾害归所有人承受"原则。[4] 价款风险则是双务合同特有的问题，单务合同中并不存在。给付风险所涉及的是一般性的债务的消灭及其效果问题，与此处所言风险负担不应混同。以下主要分析价款风险负担问题。

（2）风险负担是围绕着债务的履行不能而展开的。风险负担原来是仅就嗣后不能而言的，自始（客观）不能场合合同无效。不过，中国现行法并没有明确采纳自始不能合同无效的规则，而是区分情形分别判断合同效力。在合同有效场合，如果债务人对于履行不能具有免责事由，仍会存在风险负担问题。

---

[1] ［英］施米托夫：《国际贸易法文选》，赵秀文选译，中国大百科全书出版社1993年版，第324—325页。
[2] 参见［日］山本进一：《危险负担》，载《契约法大系Ⅰ》，有斐阁1962年版，第253页。
[3] 参见［日］半田吉信：《买卖契约上的危险负担之研究》，信山社1999年版，第8页。
[4] 《民法典》第604—609条所规定的风险负担，在解释上应当限定于"价款风险"，并不解决"给付风险"问题，尽管法条用语表述为"标的物毁损、灭失的风险"，所指者并非"物的风险"（给付风险），而是价款风险。如果在解释上以之同时规范二者，则会产生问题。比如在附保留所有权买卖场合，标的物已经交付，价款风险自然转归买受人承担；如果以"交付"而非"所有权人"判定"给付风险"的负担，给付风险（物的风险）就会由买受人负担。而依"所有人主义"，给付风险仍应由出卖人负担。

（3）风险负担中所谓的不能须为因不可归责于债务人的事由所致。因可归责于债务人的事由，或者说在债务人不具备免责事由之场合，发生嗣后履行不能，债务人的债务并不当然消灭，而是应当承担违约责任（《民法典》第 577 条），主要是损害赔偿责任（《民法典》第 580 条第 1 款第 1 项已排除了这种场合强制履行的适用）。这里的赔偿责任性质上属于填补赔偿，如果债权人对于履行不能与有过失，可以按照与有过失规则处理（《民法典》第 592 条第 2 款）。债权人的对价债务并不受任何影响，仍须按债务的本旨履行。当然，在这种场合，债权人也可以不请求填补赔偿而主张解除合同（《民法典》第 563 条第 1 款第 4 项），使自己从合同关系中解放出来，不再履行对待给付。无论如何，这种情形不属于风险负担问题。

因不可归责于债务人、但可归责于债权人的事由，发生嗣后不能，应当由债权人承担标的物毁损、灭失的风险，是为当然自明之理，大概各国均会如此，我国法也有相应的规定（《民法典》第 605 条）。

因不可归责于双方当事人的事由发生不能之场合，该风险让哪方当事人负担始称公平，这是一个其结论本身极难得出的问题，因而，风险负担制度的功能在这种场合最能发挥其实效性，[①]风险负担理论的考察主要集中在这种场合。

2. 价款风险负担的基本规则：交付主义。标的物毁损、灭失的风险，在标的物交付之前由出卖人承担，交付之后由买受人承担，但法律另有规定或者当事人另有约定的除外（《民法典》第 604 条）。

《民法典》没有采纳"所有人主义"，而是采纳了"交付主义"，依是否交付决定风险的承担。这一点从《民法典》第 609 条的规定也可以反映出来。出卖人按照约定未交付有关标的物的单证和资料的，不影响标的物毁损、灭失风险的转移（《民法典》第 609 条）。由于不采"所有人主义"，因而，对于不动产买卖，风险负担的判断仍然是依"交付"，而非依"登记"（所有权变动的标志）。"交付主义"可以说成为"占有主义"，这里与标的物的"所有"并没有必然的联系，尽管交付在动产买卖场合意味着所有权的移转。另外，在房屋买卖场合，风险也是随着占有的移转而移转，只要出卖人向买受人交付了钥匙，即使尚未办理房屋过户手续，风险也已转归买受人负担。

《民法典》第 604 条采纳了"交付主义"，实际上是将风险负担与"占有"联系在一起（links the burden of risk with possession），这与《联合国国际货物销售合同公约》及《国际贸易术语解释通则》（INCOTERMS）是一致的。之所以通过"交付主义"将风险与"占有"联系在一起，是因为标的物的实际占有人对标的物具有管领力，最有可能防范标的物毁损、灭失的风险，而且，在必要的场合最易于控制不利后果和计算损害的大小。交付主义的基础或出发点在于"风险应归最易管理风险的人负担"。有的学者称之为"风险支配之思想"，认为在因不可抗力或事变而发生损害时，风险归由较有优势实力运用之人负担，这样对于损害

---

① 参见[日]山本进一：《危险负担》，载《契约法大系Ⅰ》，有斐阁 1962 年版，第 256 页。

的发生或其程度，得期减轻至最小限度，具有合理性。[1]"风险支配之思想"为交付主义找到良好的论据。[2]

交付主义与所有人主义在很多场合会有相同的外观，这是因为在很多立法例中动产所有权转移的标志是交付。但二者仍有不同，具体体现在虽已交付但所有权没有移转的场合，比如附所有权保留的买卖场合，两种主义在风险的负担上就会有不同的结论。

3. 价款风险负担的特别规则。买卖合同在很多场合会涉及货物的运输，如果运输不是由债权人或者债务人自己完成的话，就必然要由第三方介入，通常是独立的运输人。在独立运输人介入的场合，作为买卖标的物的货物就会一度由独立运输人掌握控制，出卖人与买受人均不实际占有标的物。特别是，在近几十年间，"集装箱革命"（the container revolution）带动了多式联运（multimodal transport）的迅猛发展，集装箱封起来后可以采用多种不同的方式运输，包括公路、铁路、水路等，这期间的可能发生的风险问题如何解决呢？

（1）在途标的物买卖。出卖人出卖交由承运人运输的在途标的物，除当事人另有约定的以外，毁损、灭失的风险自合同成立时起由买受人承担（《民法典》第606条）。

买卖已在运输途中的标的物时，标的物的风险负担问题主要有两类解决方法：其一是贯彻第一承运人规则，风险自"交付承运人时"起由买受人负担；其二是自"合同成立时"起，风险由买受人负担。第一类解决方法以1964年《国际货物买卖统一法》（ULIS）为代表，[3] 依该法第99条，买受人溯及地自货物交付承运人时起的风险。我国法采纳了第二类解决方法（《民法典》第606条），这是部分借鉴《联合国国际货物销售合同公约》第68条的结果。另外值得注意的是，依《联合国国际货物销售合同公约》的这一规定，是不能按照有的国内法上规定的自始不能使合同无效的规则处理的。[4] 换言之，在《联合国国际货物销售合同公约》中，自始不能的合同仍然可以有效。

《民法典》第606条对在途标的物买卖风险负担采"合同成立时"规则，买受人负担风险并不具有溯及效力，这在逻辑上是合适的。但也应当看到，由于这一规则对运输风险割裂开来分别由出卖人和买受人负担，而在使用集装箱运输的场合，标的物毁损、灭失的风险到底在什么时点发生，通常不易证明，一如前述，这一结果是非常不理想的。换言之，用贸易的经验来衡量，"合同成立时"规则是其不足之处。

当然，《民法典》第606条明确规定了"合同成立时"规则适用的前提："除当事人另有约定的以外"，明确允许当事人可以另行约定，这也是风险负担规则的非强行法属性的当然结论。这样，富有经验的合同当事人，如果想减少发生纠纷的可能，就不妨约定在途标的物的风险溯及地自货物交付承运人时起由买受人负担。

---

[1] 故德国以及我国台湾地区立法例在此场合采取交付主义。
[2] 参见苏俊雄：《契约原理及其实用》，中华书局1978年版，第153—154页。
[3] 参见王泽鉴：《民法学说与判例研究》（第一册），台北自刊本1975年版，第111页以下。
[4] 比如《德国民法典》原第306条、《法国民法典》第1601条。See P. Schlechtriem, *Commentary on the UN Convention on the International Sale of Goods（CISG）*, 2nd ed. Oxford University Press, 1998, p.510; Nicholas in Bianca & Bonell, *Commentary on the International Sales Law: the 1980 Vienna Sales Convention*, Fred B Rothman & Co., 1987, p.501.

在途标的物买卖场合，如果出卖人已经知道标的物在运输途中毁损、灭失的事实却隐瞒该事实与买受人签订买卖合同，风险负担应当如何处理，《民法典》对此并没有专门规定。如果适用"合同成立时"规则，一方面，因运输风险的割裂，相应地会造成举证上的困难，前已述及；另一方面，如能证明风险系发生在由出卖人负担的阶段则罢，倘若不能证明，不论依据什么规则，都不免由买受人承担全部或者部分风险的可能，这一结果显然是非常不公正的。《联合国国际货物销售合同公约》第68条后段规定："如果卖方在订立合同时已知道或理应知道货物已经遗失或损坏，而他又不将这一事实告之买方，则这种遗失或损坏应由卖方负责。"《民法典》虽无类似规定，但《买卖合同解释》第10条已有规定，买受人主张出卖人负担标的物毁损、灭失的风险的，人民法院应予支持。

（2）第一承运人规则（the "first carrier" rule）。当事人没有约定交付地点或者约定不明确，依据《民法典》第603条第2款第1项的规定标的物需要运输的，出卖人将标的物交付给第一承运人后，标的物毁损、灭失的风险由买受人承担（《民法典》第607条第2款）。《民法典》第603条第2款第1项规定的"标的物需要运输的"，是指标的物由出卖人负责办理托运，承运人系独立于买卖合同当事人之外的运输业者的情形（《买卖合同解释》第8条前段）。

在标的物需要运输的场合，分配风险的基本理念就要适当地作出调整。《民法典》第607条第2款的规定显然是参考了《联合国国际货物销售合同公约》第67条第1款前段，确立了"第一承运人规则"。

这里有两点需要注意，一是"标的物需要运输的"含义，二是"交付"的含义。

《民法典》第607条第2款提到了依据第603条第2款第1项"需要运输的"，而第603条并没有明确何谓"需要运输的"。大多数的买卖合同都会涉及标的物的运输问题，不管是由谁负责运输。显然，不是所有的标的物涉及运输的合同都适用《民法典》第607条第2款的规定，在解释适用时需要加以限制。首先，买受人自行负责运输的要排除在外，因为法条中言明是"出卖人"将标的物交付给第一承运人；如果是买受人负责运输，其前提当然是已经交付了标的物，风险也已经转移归买受人承担。其次，出卖人以自己的车辆送货上门的（赴偿债务）情形要排除在外，在这里"第一承运人"必须是独立于合同当事人之外的主体，[①] 出卖人自己的司机并不是这种独立的主体，而是出卖人一侧的履行辅助人，出卖人必须为其履行辅助人的行为负责，在货物送交买受人之前，风险并没有转移。这样，《民法典》第607条第2款所适用的情形，只能是由出卖人负责办理托运，承运人是独立的专门的运输业者。如果出卖人将货物交付给这种真正意义上的承运人之前，需要以自己的运输工具先行搬运的，按照"第一承运人规则"，风险只有在将货物交付给真正的承运人时起，才发生

[①] 正如Hager教授所指出的，关键标准在于出卖人将货物交付给一个独立的主体（an independent entity）以运交买受人的事实。See P. Schlechtriem, *Commentary on the UN Convention on the International Sale of Goods*, 2nd ed., Oxford University Press, 1998, p.506.

转移。①

"交付"一词，在《联合国国际货物销售合同公约》英文本中所用的对应词为"hand over"，该词所指的是移转占有的实际行为。只要作出了交付的行为，风险就相应地发生了转移，不论所交付的标的物是否完全符合要求。②

"第一承运人规则"实质上是让买受人负担整个运输过程中可能发生的风险，它的长处在于无须证明损害发生的时间，而在货物以集装箱运输的情形下，要对此加以证明通常是不可能的。这一规定背后的逻辑是，通常买受人所处的地位有利于确定因运输所发生的损害，进而减轻损害后果、采取补救措施以及主张保险理赔。

（3）特定地点规则（the "particular place" rule）。如果出卖人有义务在某一特定地点把货物交付给承运人，比如长春的出卖人应在大连将货物交付给某船运公司运至广州，而长春至大连之间则是铁路运输，那么风险应当按照什么样的规则负担呢？原《合同法》对此并未规定，由此形成法律漏洞。《联合国国际货物销售合同公约》第67条第1款中段对此作了规定，即"在货物于该地点交付给承运人以前，风险不移转到买方承担"。该规则被称为"特定地点规则"。本书一版曾建议采用比较法的解释方法采用该"特定地点规则"，填补合同法的漏洞。③此后，《买卖合同解释》（原第12条，现第9条）吸收该规则作了补充规定，填补了法律漏洞，并最终为《民法典》第607条第1款所吸收，即"出卖人按照约定将标的物运送至买受人指定地点并交付给承运人后，标的物毁损、灭失的风险由买受人承担"。就上例而言，风险负担不再适用"第一承运人规则"，④即风险不是在出卖人将货物交付给长春的铁路运输人时转移，而是在大连交付给约定的船运公司时发生转移。

当然，依《民法典》第607条第1款，适用特定地点规则的前提之一是"买受人指定地点"。衡诸规范目的，此处的关键是有既定的地点，至于该地点是由买受人指定、双方共同约定、第三人指定抑或其他，无关紧要，故《联合国国际货物销售合同公约》第67条第1款的表述是"卖方有义务在某一特定地点"交付，并不涉及该地点的确定主体或确定方式。如此，在适用中仍有必要对《民法典》第607条第1款作目的性扩张，使之涵盖上述其他可能的情形。

---

① 当然，这里也可能发生问题。因为整个运输过程中的风险是割裂开来，前段由出卖人承担，后段由买受人承担，而在集装箱运输的情形下，如果货物毁损的确切时点无法确定（这也正是集装箱运输的通常情形），风险负担的确定就比较困难，留下发生纠纷的隐患。因而，伴随着集装箱革命和多式联运，在政策上抵制这种风险的割裂是至关重要的，换言之，运输的风险宜完全由一方当事人承担。在这方面，《联合国国际货物销售合同公约》确立的"第一承运人规则"尚不彻底，我国原《合同法》同样也存在这一问题。针对这种情况，合同当事人最好事先约定，整个运输过程中的风险由某一当事人完全承担。
② 在《联合国国际货物销售合同公约》之前的《国际货物买卖统一法》与此有所不同，第97条第1款规定货物的风险随"交付"（delivery）而转移，而依第19条的规定，交付（delivery）意指移交相符的货物。如果所交的货物有瑕疵，则不构成"交付"。使用这一概念来确定风险移转的时点，自然有其问题，正因如此，该法第97条第2款不得不作出特别规定，结果，《国际货物买卖统一法》关于风险负担的规则便人为地复杂化了。
③ 韩世远：《合同法学》，高等教育出版社2010年版，第400页。
④ 按照《民法典》第607条的规定，"第一承运人规则"适用的前提之一是"当事人没有约定交付地点或者约定不明确"，而此处当事人已经约定要在特定地点交付运输。

当事人有特别约定，这是当事人意思自治的表现。但同时也应当看到，适用该规则的结果是使运输过程中的风险割裂开来，一段由出卖人负担，一段由买受人负担。这一结果在采用集装箱运输的场合，容易发生争议，因为损害发生的具体时点不易确定，相应的风险由哪一方当事人承担便发生困难，不值得推广。

（4）债权人过错场合。因买受人的原因致使标的物不能按照约定的期限交付的，买受人应当自违反约定时起承担标的物毁损、灭失的风险（《民法典》第605条）。

出卖人按照约定或者依据《民法典》第603条第2款第2项的规定将标的物置于交付地点，买受人违反约定没有收取的，标的物毁损、灭失的风险自违反约定时起由买受人承担（《民法典》第608条）。

（5）出卖人根本违约场合。因标的物不符合质量要求，致使不能实现合同目的的，买受人可以拒绝接受标的物或者解除合同。买受人拒绝接受标的物或者解除合同的，标的物毁损、灭失的风险由出卖人承担（《民法典》第610条）。本条规定系仿自美国《统一商法典》第2—510条（Effect of Breach on Risk of Loss），[1]而又有所变动。

4. 未经特定的货物的风险承担问题。在实际贸易当中，常有出卖人一次托运一批未经特别分开的货物以履行数份合同的情形，或者一次托运超量的货物去履行既已签订的合同。针对这类情况，应当如何确定相应的风险负担规则，在原《合同法》中欠缺规定。

值得注意的是，《联合国国际货物销售合同公约》同样没有区分种类物与特定物而分别赋予不同的效力，但在风险负担问题上，该公约则一再明确规定，买卖标的物未经特定（not identified）时，风险不能由买受人负担（第67条第2款、第69条第3款）。确立这种规则无疑是至关重要的，该规则背后的政策是，在所托运的货物毁损、灭失之场合，防止出卖人谎称毁损、灭失的货物正是买受人所购买的货物。[2]对此，显然在我国法上也应参照该公约规定，确立以标的物的特定为买受人承担风险之前提的规则。《买卖合同解释》第11条规定，"当事人对风险负担没有约定，标的物为种类物，出卖人未以装运单据、加盖标记、通知买受人等可识别的方式清楚地将标的物特定于买卖合同，买受人主张不负担标的物毁损、灭失的风险的，人民法院应予支持"。填补了法律漏洞。该规则列举了使货物特定化的一些方法，而没有给特定化的方法下一个统一的定义，当然，其列举并未穷尽。有的学者指出，按照这一规定的目的，任何识别方法（identification）只要能够防范出卖人的滥行，按照规定都应当是充分的。[3]这一主张应该说是比较妥当的。

5. 违约救济与风险负担。当事人应当按照约定全面履行自己的义务，如果一方不履行合同或者履行合同不符合约定，就应当承担违约责任。如果债务人的履行与合同债务的要求不符，交付债权人或者承运人的标的物有瑕疵，这时风险负担应当按照什么样的规则处理

---

[1] 黄薇主编：《中华人民共和国合同编释义》，法律出版社2020年版，第345页。

[2] See John O. Honnold, *Uniform Law for International Sales under the 1980 United Nations Convention,* 2nd ed., Kluwer Law International, 1991, p.371.

[3] See John O. Honnold, *Uniform Law for International Sales under the 1980 United Nations Convention,* 2nd ed., Kluwer Law International, 1991, p.371.

呢？这是一个比较复杂的问题，应当区分不同情况分别探讨。

设若买卖双方约定买卖 1000 袋一级大豆，出卖人代办托运且约定运输途中的风险不由出卖人负担，故依《民法典》第 607 条第 2 款，出卖人将标的物交付给第一承运人后，标的物毁损、灭失的风险由买受人承担。①如果出卖人托运的货物中有 999 袋符合要求，仅 1 袋是二级大豆（亦即不构成根本违约）。在运输途中，有 500 袋大豆遭海水浸泡而毁损，买受人可否以 500 袋大豆到达时未达到一级标准而主张赔偿损失（或者减价）？买受人可否以 500 袋大豆毁损构成根本违约而主张解除合同？②如果出卖人交付托运的货物中有 600 袋存在质量问题，除了可作饲料，别无他用（假设这一点构成了整个合同的根本违约）；而其余的 400 袋中，有 150 袋在运输中因海水浸泡而严重受损。买受人可否就运输时未达到一级标准的部分主张赔偿损失（或者减价）？买受人可否以出卖人交付第一承运人时根本违约而解除合同？抑或买受人不得解除合同，因为依约定运输途中的毁损、灭失应由其负担，且买受人无法按托运时的原样返还？①

（1）根本违约与风险负担。《民法典》第 610 条规定："因标的物不符合质量要求，致使不能实现合同目的的，买受人可以拒绝接受标的物或者解除合同。买受人拒绝接受标的物或者解除合同的，标的物毁损、灭失的风险由出卖人承担。"

这里涉及依照《民法典》第 604 条以下规则发生价款风险的转移，与因标的物不符合质量要求买受人所能采取的救济手段之间的关系问题，对此须从体系角度对二者作不矛盾的解释。就此，可作如下理解：如果在风险移转之后发生标的物不符合质量要求是因出卖人义务违反所致，致使不能实现合同目的（根本违约），则买受人有权拒绝接受，或者依《民法典》第 563 条第 1 款第 4 项有解除权。如果买受人拒绝接受并要求交付替代货物，则一时性地中止其价款支付义务的履行；如果买受人解除合同，则从合同的约束力中解放出来，永久性地免于价款支付义务。在这里，关于价款风险的分配，因买受人拒绝接受标的物或者解除合同而使此种救济优先于《民法典》第 604 条以下的风险负担制度。此外，如果符合其各自要件，买受人当然可以采取其他救济手段（损害赔偿请求权、代替物请求权、修补请求权、减价权），自不待言。②就上述案例②中的问题，若非违约，依《民法典》第 607 条第 2 款风险由买受人承担；然而，600 袋大豆不达标构成了对于整个合同的根本违约，故买受人可以解除合同（或者拒绝接受并要求交付替代货物）。而该项违约的成立是在出卖人交付托运时，故严格以言，解除权的基础应为《民法典》第 563 条第 1 款第 4 项，而与风险负担规则无涉（第 610 条前段可以理解为第 563 条第 1 款第 4 项在买卖合同章中的具体表述，第 610 条后段才是一条具体的风险负担规则）。由于解除合同，买受人无须支付价款，这是解除制度作用的结果。从广义角度理解风险，也可以算是由出卖人负担了相应的风险，故第 610 条后段明示，"风险由出卖人承担"。

---

① See John O. Honnold, *Uniform Law for International Sales under the 1980 United Nations Convention*, 4th ed., Wolters Kluwer, 2009, p.380, 381.
② 同旨参照［日］潮见佳男等主编：《〈联合国国际货物销售合同公约〉精解》，［日］小林正弘、韩世远译，人民法院出版社 2021 年版，第 113 页。

（2）非根本违约与风险负担。我国法采"交付主义"处理风险负担，标的物毁损、灭失的风险是否转移，关键在于标的物是否已经交付。惟须注意的是，此处的"交付"，如前所述，仅具物理意义，指的是实际的移转占有的行为。如果债务人交付的标的物不符合约定，但尚未构成根本违约的，买受人无权解除合同，这时的价款风险因标的物的交付而移转，由买受人负担，买受人仍应依约支付价款；违约责任是因债务人的违约行为而引发，但并不因此而免除买受人负担风险。《民法典》第611条规定："标的物毁损、灭失的风险由买受人承担的，不影响因出卖人履行义务不符合约定，买受人请求其承担违约责任的权利。"意旨即在于此。就上述案例①中的问题，由于自出卖人将货物交付第一承运人运输时起风险转移到了买受人，故运输中的风险应由买受人承担，他不得以500袋大豆到达时未达到一级标准而主张赔偿损失（或者减价），亦无权以500袋大豆毁损构成根本违约而主张解除合同；不过，对于出卖人轻微违约的部分，仍可由买受人主张相应的违约责任。

6. 风险移转的法律效果。

（1）对待给付请求权的丧失。因不可归责于债务人的事由标的物毁损、灭失，造成合同履行不能，不论是部分不能还是全部不能，在履行不能的范围内，负担风险的当事人丧失相应的对待给付的请求权。

（2）不当得利的返还。在已经履行了对待给付的场合，因目的消灭而构成不当得利；在不知道履行不能的事实既已发生而作出了对待给付的场合，则可构成非债清偿的不当得利。不论哪种情形，相对人都可以请求不当得利的返还。

（3）代偿请求权。我国法对此虽未规定，但参考外国的立法例，① 以及从担保物权上的物上代位及损害赔偿人的代位的趣旨出发，没有负担风险的相对人如因物的灭失、毁损而取得代偿利益，负担风险的当事人可向相对人请求让与代偿利益或代偿请求权。

（二）利益承受

标的物在交付之前产生的孳息，归出卖人所有；交付之后产生的孳息，归买受人所有。但是，当事人另有约定的除外（《民法典》第630条）。

（三）费用负担

履行费用的负担不明确的，由履行义务一方负担。

（四）解除

因标的物的主物不符合约定而解除合同的，解除合同的效力及于从物。因标的物的从物不符合约定被解除的，解除的效力不及于主物（《民法典》第631条）。

标的物为数物，其中一物不符合约定的，买受人可以就该物解除，但该物与他物分离使

---

① 参见《法国民法典》第1303条、《德国民法典》第281条等。

标的物的价值显受损害的,买受人可以就数物解除合同(《民法典》第 632 条)。①

出卖人分批交付标的物的,出卖人对其中一批标的物不交付或者交付不符合约定,致使该批标的物不能实现合同目的的,买受人可以就该批标的物解除。出卖人不交付其中一批标的物或者交付不符合约定,致使之后其他各批标的物的交付不能实现合同目的的,买受人可以就该批以及之后其他各批标的物解除。买受人如果就其中一批标的物解除,该批标的物与其他各批标的物相互依存的,可以就已经交付和未交付的各批标的物解除(《民法典》第 633 条)。

第三节　特种买卖

一、分期付款买卖

(一)分期付款买卖的语义

分期付款买卖(instalment sale),是附有分期支付价款条款的买卖。其要点如下:

1. 分期付款买卖是一特种买卖。《民法典》就此作了特别规定(第 634 条),此外,由于它亦具有买卖的属性,故仍可适用买卖的一般规定。

2. 分期付款买卖是附有分期支付价款条款的买卖。《民法典》第 634 条第 1 款规定的"分期付款",系指买受人将应付的总价款在一定期限内至少分三次向出卖人支付(《买卖合同解释》第 27 条第 1 款)。分期付款买卖的特点,在于价款支付方式的不同,其余则与一般买卖无异。

此种买卖的标的物多为动产(如家电),也可以是不动产(如房屋)。在通常情形下,标的物于合同成立时,即行交付于买受人使用收益,而价款则陆续支付,使购买者不感到有过重负担,而可以有新式生活上的享受。故学者谓此一制度,实具有刺激消费,促进生产,繁荣社会的功能。②

(二)分期付款买卖的附款

分期付款买卖是赊欠买卖的一种方式,出卖人没有现实收到价款,故冒有一定的风险,基于这一考虑,出卖人或索要高价(例如将价款的利息暗计其中),或附加其他于己有利的条款。附加的条款,有时不免过于苛刻,故法律上为保护买受人(多为一般消费大众),常设有限制。分期付款买卖中的附款,常有以下表现形式:

---

① 原《合同法》第 165 条规定"当事人"可以就数物解除合同,实践中对"当事人"是否包括违约方有争议,立法者为避免此种争议,将"当事人"改为"买受人"。石宏主编:《〈中华人民共和国民法典〉释解与适用 [合同编]》(上册),人民法院出版社 2020 年版,第 314 页。

② 郑玉波:《民法债编各论》(上册),三民书局 1981 年版,第 102 页。

1. 期限利益丧失条款。即当事人约定，如果买受人支付价款迟延，则出卖人可以请求支付全部价款。本来，分期付款的期限，属于买受人的利益，因附有上述条款，使买受人的上述期限利益有被剥夺的可能。如果一有迟延（不论何种类型）即须支付全部的价款，未免过于苛刻，故《民法典》第634条第1款规定，分期付款的买受人未支付到期价款的数额达到全部价款的1/5的，经催告后在合理期限内仍未支付到期价款的，出卖人可以请求买受人支付全部价款或者解除合同。此项限制，属于法律强制性规定。"分期付款买卖合同的约定违反民法典第六百三十四条第一款的规定，损害买受人利益，买受人主张该约定无效的，人民法院应予支持"（《买卖合同解释》第27条第2款）。当然，《民法典》第634条第1款限制的目的在于保护买受人的利益，如果当事人在合同中的约定对保护买受人更有利，则并不违反上述法律规定。①

此一规定的特点在于，强调迟延须达到一定程度，而对此程度的掌握，是通过迟延金额占价款总额的比例，即须达到总价的1/5；另外，新增了要求催告及合理期限的经过。

2. 解约扣价条款。所谓解约扣价条款，又称失权条款，即当事人约定出卖人解除合同时可以扣留其受领的价款的条款。

出卖人解除合同，须基于解除权，其解除权的发生，既可以是基于法律的规定，比如《民法典》第563条或者第634条第1款，也可以是基于合同的约定。合同解除的法律后果，本应依《民法典》第566条的规定，但出卖人往往约定解除合同时，可以扣留其已受领的价款。而此类约定，有时对于买受人不免过于苛刻，立法政策上宜施以限制。

《民法典》第634条第2款规定，出卖人解除合同的，可以向买受人请求支付该标的物的使用费。此款规定，仅从字面上看，是在肯定出卖人使用费请求权，而未对可以扣留的价款加以限制。不过，结合立法目的，应当认为其目的不仅仅是赋予出卖人一种请求权，更重要的是为解约扣价示以限制的津梁。因而，分期付款买卖合同约定出卖人在解除合同时可以扣留已受领价金，出卖人扣留的金额超过标的物使用费以及标的物受损赔偿额，买受人请求返还超过部分的，人民法院应予支持（《买卖合同解释》第28条第1款）。当事人对标的物的使用费没有约定的，人民法院可以参照当地同类标的物的租金标准确定（《买卖合同解释》第28条第2款）。

3. 所有权保留条款。

（1）所有权保留及其适用范围。当事人可以在买卖合同中约定买受人未履行支付价款或者其他义务的，标的物的所有权属于出卖人（《民法典》第641条第1款）。此种出卖人保留所有权的特别约定，即称为所有权保留条款，具有担保作用，并被作为一种非典型担保。

《民法典》第641条关于标的物所有权保留的规定不适用于不动产（参照《买卖合同解释》第25条）。这是因为，依我国民法确立的不动产物权变动模式，除买卖双方达成合意外，还要经依法登记，自记载于不动产登记簿时发生效力（《民法典》第209条第1款、第214条）。在此模式下，未对不动产所有权的保留预留空间；另外，不动产物权交易已有相

---

① 石宏主编：《〈中华人民共和国民法典〉释解与适用［合同编］》（上册），人民法院出版社2020年版，第317页。

对成熟的制度及做法，亦无借助保留所有权的必要。

所有权保留作为一种非典型担保，在交易实践中，经常与分期付款买卖结合在一起。"出卖人对标的物保留的所有权，未经登记，不得对抗善意第三人"（《民法典》第641条第2款）。在保留所有权的分期付款买卖中，买受人在条件成就前，享有所有权的期待权。

（2）出卖人的取回权。出卖人基于其保留的所有权享有取回权，依《民法典》第642条第1款，当事人约定出卖人保留合同标的物的所有权，在标的物所有权转移前，买受人有下列情形之一，造成出卖人损害的，除当事人另有约定外，出卖人有权取回标的物：①未按照约定支付价款，经催告后在合理期限内仍未支付；②未按照约定完成特定条件；③将标的物出卖、出质或者作出其他不当处分。

出卖人在符合上述条件场合固然享有取回权，然对于出卖人的取回权在我国法上仍有相应的限制。其一，买受人已经支付标的物总价款的75%以上，出卖人主张取回标的物的，人民法院不予支持（《买卖合同解释》第26条第1款）。[①] 其二，在《民法典》第642条第1款第3项情形下，第三人依据《民法典》第311条的规定已经善意取得标的物所有权或者其他物权，出卖人主张取回标的物的，人民法院不予支持（《买卖合同解释》第26条第2款）。这意味着，此时出卖人无法行使取回权，只能向买受人请求赔偿损失。

出卖人如何行使取回权？出卖人可以与买受人协商取回标的物；协商不成的，可以参照适用担保物权的实现程序（《民法典》第642条第2款）。申言之，协商不成，当事人请求参照民事诉讼法"实现担保物权案件"的有关规定，拍卖、变卖标的物的，人民法院应予准许（《担保制度解释》第64条第1款）。出卖人请求取回标的物，符合《民法典》第642条规定的，人民法院应予支持；买受人以抗辩或者反诉的方式主张拍卖、变卖标的物，并在扣除买受人未支付的价款以及必要费用后返还剩余款项的，人民法院应当一并处理（《担保制度解释》第64条第2款）。

出卖人取回标的物，只是导致买受人占有的丧失，并不是立即解除当事人之间的买卖合同。否则，有违鼓励交易原则，也不利于保护买受人的合法权益。[②]

（3）买受人对标的物的回赎。出卖人依据《民法典》第642条第1款的规定取回标的物后，买受人在双方约定或者出卖人指定的合理回赎期限内，消除出卖人取回标的物的事由的，可以请求回赎标的物（《民法典》第643条第1款）。是为买受人的回赎权。回赎制度的目的是尽量维护买受人的期待利益。

买受人在回赎期限内没有回赎标的物，出卖人可以以合理价格将标的物出卖给第三人，出卖所得价款扣除买受人未支付的价款以及必要费用后仍有剩余的，应当返还买受人；不足

[①] 设若买受人已支付75%的价款，后未按照约定支付剩余价款，经催告后在合理期限内仍未支付，依《民法典》第642条第1款第1项，出卖人仍有取回权。立法者已注意到司法解释规则总价款75%的限制，但并没有采纳该规则，而是依催告加合理期限的方式，来平衡当事人之间的利益。石宏主编：《〈中华人民共和国民法典〉释解与适用［合同编］》（上册），人民法院出版社2020年版，第332页。《买卖合同解释》起草人似未充分关注上述立法意旨，于第26条第1款仍坚持总价款75%的限制。将来如何适用，仍有待观察。

[②] 石宏主编：《〈中华人民共和国民法典〉释解与适用［合同编］》（上册），人民法院出版社2020年版，第334页。

部分由买受人清偿（《民法典》第 643 条第 2 款）。该权利是为出卖人的再出卖权。

（三）分期付款买卖与侵权责任

依《最高人民法院关于购买人使用分期付款购买的车辆从事运输因交通事故造成他人财产损失保留车辆所有权的出卖方不应承担民事责任的批复》（法释［2000］38 号），采取分期付款方式购车，出卖方在购买方付清全部车款前保留车辆所有权的，购买方以自己名义与他人订立货物运输合同并使用该车运输时，因交通事故造成他人财产损失的，出卖方不承担民事责任。

二、凭样品买卖

（一）凭样品买卖的语义

凭样品买卖（sale by sample），又称货样买卖（sample sale），是依样品而定标的物的一种买卖合同。

1. 凭样品买卖是一种特种买卖。一方面，《民法典》对之设有特别规定（第 635 条、第 636 条），以资适用；另一方面，凭样品买卖仍具有买卖的一般属性，故可以适用买卖的一般规定。

2. 凭样品买卖是依样品而定标的物的买卖。样品是指当事人选定用以确定标的物质量的物品。至于图样或模式是否包括在内，解释上如能显示出标的物的各类及品质，也是可以的。

此种买卖的特点，在于依样品而确定标的物，借以确保标的物的种类及质量，既非以符合样品为停止条件的买卖，亦非以不符合样品为解除条件的买卖，仍属一种无条件的买卖。此种买卖，其标的物不问为动产还是不动产，也不问为种类物或特定物，均得为之，但最为常见的还是动产的种类买卖。至于样品的提出，通常多由出卖人为之，但由买受人提出者亦无不可。[①]

另外，凭样品买卖的要点在于依样品决定标的物，这一点必须构成买卖合同的一部分。如果仅在买卖合同成立前，提示样品作要约邀请，则尚不成为凭样品买卖。

（二）凭样品买卖的效力

凭样品买卖与一般买卖的不同之处，在于加重出卖人的瑕疵担保义务，其他问题（如风险负担、价款支付等），仍应适用关于一般买卖的规定。

1. 质量保证。凭样品买卖的当事人应当封存样品，并可以对样品质量予以说明。出卖人交付的标的物应当与样品及其说明的质量相同（《民法典》第 635 条）。

合同约定的样品质量与文字说明不一致且发生纠纷时当事人不能达成合意，样品封存后

[①] 郑玉波：《民法债编各论》（上册），三民书局 1981 年版，第 99 页。

外观和内在品质没有发生变化的，人民法院应当以样品为准；外观和内在品质发生变化，或者当事人对是否发生变化有争议而又无法查明的，人民法院应当以文字说明为准（《买卖合同解释》第29条）。

2. 隐蔽瑕疵。凭样品买卖的买受人不知道样品有隐蔽瑕疵的，即使交付的标的物与样品相同，出卖人交付的标的物的质量仍然应当符合同种物的通常标准（《民法典》第636条）。

三、试用买卖

（一）试用买卖的语义

试用买卖（sale on approval; Kauf auf Probe），是一种附条件的买卖，是指当事人双方约定由买受人试用或者检验标的物，以买受人认可标的物为生效条件的买卖合同。此时所附的条件，取决于一方（买受人）是否满意，故属于"纯粹随意条件"[1]，为我国法律所认可，自得有效。附生效条件的合同，自条件成就时生效（《民法典》第158条中段）。因而，在买受人认可标的物之前，买卖合同尚不生效。但是，自双方当事人就买卖的基本内容（标的、价款等）达成合意时，即已成立。

（二）试用

1. 含义。试用，或称试验、试味，是由买受人对于买卖标的物先行使用，获得直接的体验和感受，以便确定是否满意，如汽车的试开、钢化玻璃的试用等。

是否属于试用买卖，应依具体的合同解释而定。另依《买卖合同解释》第30条，买卖合同存在下列约定内容之一的，不属于试用买卖。买受人主张属于试用买卖的，人民法院不予支持：①约定标的物经过试用或者检验符合一定要求时，买受人应当购买标的物；②约定第三人经试验对标的物认可时，买受人应当购买标的物；③约定买受人在一定期限内可以调换标的物；④约定买受人在一定期限内可以退还标的物。

关于试用的方法、程度或者范围，法律没有规定，应就具体当事人的约定、合同解释、交易习惯等具体决定。

2. 试用期限。试用买卖的当事人可以约定标的物的试用期限。对试用期限没有约定或者约定不明确，依据《民法典》第510条的规定仍不能确定的，由出卖人确定（《民法典》第637条）。

3. 试用期间买受人的注意义务与风险负担。试用期间，买卖合同已经成立，惟于条件成就（买受人的认可）前不生效力。于标的物交付买受人试用场合，买受人依诚信原则的要求，应尽善良管理人的注意义务，妥善保管标的物。如因买受人违反上述善良管理人的注意义务而致标的物毁损、灭失，自得发生损害赔偿责任。

---

[1] 参见梁慧星：《民法总论》（第五版），法律出版社2017年版，第190页。

如非因可归责于买受人的原因而发生标的物毁损、灭失，相关损失如何承担？《民法典》第 640 条规定，标的物在试用期内毁损、灭失的风险由出卖人承担。此项新增规定借鉴自美国《统一商法典》，[①] 是在广义上使用的风险概念，明确的是标的物的风险，由于标的物的所有权并没有变动，故物的风险仍由其所有权人负担。当然，从试用买卖合同角度而言，由于合同尚未生效，故严格以言，尚不发生履行过程中的给付风险与对待给付风险问题。从不严格的意义上说，以该条兼发挥规范给付风险的功能，亦无不妥，即给付风险由所有人（出卖人负担）。是否发生对待给付风险（价款风险）负担问题呢？应当注意的是，于此场合，标的物虽经交付，但合同尚未发生效力，不发生价款债务履行问题，自然也就不发生价款风险负担问题。即使事后买受人表达愿意购买的意思，依我国法的规定，该买卖合同并不发生溯及效力，给付风险已由出卖人负担，故出卖人仍须另行给付标的物；在此前提下，买受人支付价款，系属合同履行行为，并非承担价款风险。

（三）试用买卖的认可（购买）

1. 买受人的认可。买受人的认可（Billigung），或称"承认"，是一种观念通知，为准法律行为（其法律效果系依法律规定），[②] 其方法以口头或书面、明示或默示，均无不可。

2. 法律拟制的认可。试用买卖的买受人在试用期内可以购买标的物，也可以拒绝购买。试用期限届满，买受人对是否购买标的物未作表示的，视为购买（《民法典》第 638 条第 1 款）。

试用买卖的买受人在试用期内已经支付部分价款或者对标的物实施出卖、出租、设立担保物权等行为的，视为同意购买（《民法典》第 638 条第 2 款）。

买受人的认可或法律拟制的认可，均为生效条件的成就，试用买卖生效。惟此效力究竟自何时发生？《民法典》第 158 条中段已明定，附生效条件的民事法律行为，自条件成就时生效。当然，当事人可例外约定溯及于法律行为成立时发生，果如此，则应解释为溯及于试用买卖成立时发生效力。[③]

（四）拒绝购买

买受人试用后明确表示不满意的，或者表示拒绝购买的，试用买卖合同生效条件不成就，合同不生效力。试用的标的物仍属出卖人所有，自应物归原主。

试用买卖的当事人对标的物使用费没有约定或者约定不明确的，出卖人无权请求买受人支付（《民法典》第 639 条）。至于返还标的物的费用，应依合同解释以及交易习惯具体判断，是由哪一方负担。

---

① See UCC § 2-326（1）(a)。
② 参见郑玉波：《民法债编各论》（上册），三民书局 1981 年版，第 94 页以下；林诚二：《民法债编各论》（上册），瑞兴图书股份有限公司 2003 年版，第 184 页；相反意见认为，认可（承认）的对象不限于标的物，且承认其已成立的买卖合同，即以合同效力的发生为表示的内容，实为法律行为，且有权利形成的性质。参见史尚宽：《债法各论》，台北自刊本 1986 年版，第 83 页；另外参见黄立主编：《民法债编各论》（上），元照出版公司 2002 年版，第 179 页。
③ 郑玉波：《民法债编各论》（上册），三民书局 1981 年版，第 95 页。

四、竞争买卖

竞争买卖是在合同成立的过程中引入了竞争机制的买卖,包括招标投标买卖和拍卖。《民法典》第 644 条和第 645 条对于相应的买卖合同当事人的权利和义务以及程序,只是规定"依照有关法律、行政法规的规定",没有更多实质性的规定。

（一）招标投标买卖

依据《招标投标法》,招标投标买卖的程序及法律责任如下:

1. 招标。招标分为公开招标和邀请招标。公开招标,是指招标人以招标公告的方式邀请不特定的法人或者其他组织投标。邀请招标,是指招标人以投标邀请书的方式邀请特定的法人或者其他组织投标（第 10 条）。

招标人采用公开招标方式的,应当发布招标公告。依法必须进行招标的项目的招标公告,应当通过国家指定的报刊、信息网络或者其他媒介发布（第 16 条第 1 款）。招标公告应当载明招标人的名称和地址、招标项目的性质、数量、实施地点和时间以及获取招标文件的办法等事项（第 16 条第 2 款）。

招标人采用邀请招标方式的,应当向三个以上具备承担招标项目的能力、资信良好的特定的法人或者其他组织发出投标邀请书（第 17 条第 1 款）。投标邀请书应当载明本法第 16 条第 2 款规定的事项（第 17 条第 2 款）。

招标人可以根据招标项目本身的要求,在招标公告或者投标邀请书中,要求潜在投标人提供有关资质证明文件和业绩情况,并对潜在投标人进行资格审查；国家对投标人的资格条件有规定的,依照其规定（第 18 条第 1 款）。招标人不得以不合理的条件限制或者排斥潜在投标人,不得对潜在投标人实行歧视待遇（第 18 条第 2 款）。

2. 投标。投标人应当在招标文件要求提交投标文件的截止时间前,将投标文件送达投标地点。招标人收到投标文件后,应当签收保存,不得开启。投标人少于三个的,招标人应当依照本法重新招标（第 28 条第 1 款）。在招标文件要求提交投标文件的截止时间后送达的投标文件,招标人应当拒收（第 28 条第 2 款）。

投标人在招标文件要求提交投标文件的截止时间前,可以补充、修改或者撤回已提交的投标文件,并书面通知招标人。补充、修改的内容为投标文件的组成部分（第 29 条）。

投标人不得相互串通投标报价,不得排挤其他投标人的公平竞争,损害招标人或者其他投标人的合法权益（第 32 条第 1 款）。投标人不得与招标人串通投标,损害国家利益、社会公共利益或者他人的合法权益（第 32 条第 2 款）。禁止投标人以向招标人或者评标委员会成员行贿的手段谋取中标（第 32 条第 3 款）。

投标人不得以低于成本的报价竞标,也不得以他人名义投标或者以其他方式弄虚作假,骗取中标（第 33 条）。

3. 开标、评标和中标。开标应当在招标文件确定的提交投标文件截止时间的同一时间公开进行；开标地点应当为招标文件中预先确定的地点（第34条）。开标由招标人主持，邀请所有投标人参加（第35条）。开标时，由投标人或者其推选的代表检查投标文件的密封情况，也可以由招标人委托的公证机构检查并公证；经确认无误后，由工作人员当众拆封，宣读投标人名称、投标价格和投标文件的其他主要内容（第36条第1款）。招标人在招标文件要求提交投标文件的截止时间前收到的所有投标文件，开标时都应当当众予以拆封、宣读（第36条第2款）。开标过程应当记录，并存档备查（第36条第3款）。

评标由招标人依法组建的评标委员会负责（第37条第1款）。依法必须进行招标的项目，其评标委员会由招标人的代表和有关技术、经济等方面的专家组成，成员人数为五人以上单数，其中技术、经济等方面的专家不得少于成员总数的三分之二（第37条第2款）。前款专家应当从事相关领域工作满八年并具有高级职称或者具有同等专业水平，由招标人从国务院有关部门或者省、自治区、直辖市人民政府有关部门提供的专家名册或者招标代理机构的专家库内的相关专业的专家名单中确定；一般招标项目可以采取随机抽取方式，特殊招标项目可以由招标人直接确定（第37条第3款）。与投标人有利害关系的人不得进入相关项目的评标委员会；已经进入的应当更换（第37条第4款）。评标委员会成员的名单在中标结果确定前应当保密（第37条第5款）。招标人应当采取必要的措施，保证评标在严格保密的情况下进行（第38条第1款）。任何单位和个人不得非法干预、影响评标的过程和结果（第38条第2款）。评标委员会可以要求投标人对投标文件中含义不明确的内容作必要的澄清或者说明，但是澄清或者说明不得超出投标文件的范围或者改变投标文件的实质性内容（第39条）。评标委员会应当按照招标文件确定的评标标准和方法，对投标文件进行评审和比较；设有标底的，应当参考标底。评标委员会完成评标后，应当向招标人提出书面评标报告，并推荐合格的中标候选人（第40条第1款）。招标人根据评标委员会提出的书面评标报告和推荐的中标候选人确定中标人。招标人也可以授权评标委员会直接确定中标人（第40条第2款）。国务院对特定招标项目的评标有特别规定的，从其规定（第40条第3款）。

中标人的投标应当符合下列条件之一：（1）能够最大限度地满足招标文件中规定的各项综合评价标准；（2）能够满足招标文件的实质性要求，并且经评审的投标价格最低；但是投标价格低于成本的除外（第41条）。评标委员会经评审，认为所有投标都不符合招标文件要求的，可以否决所有投标（第42条第1款）。依法必须进行招标的项目的所有投标被否决的，招标人应当依照本法重新招标（第42条第2款）。在确定中标人前，招标人不得与投标人就投标价格、投标方案等实质性内容进行谈判（第43条）。评标委员会成员应当客观、公正地履行职务，遵守职业道德，对所提出的评审意见承担个人责任（第44条第1款）。评标委员会成员不得私下接触投标人，不得收受投标人的财物或者其他好处（第44条第2款）。评标委员会成员和参与评标的有关工作人员不得透露对投标文件的评审和比较、中标候选人的推荐情况以及与评标有关的其他情况（第44条第3款）。中标人确定后，招标人应当向中标人发出中标通知书，并同时将中标结果通知所有未中标的投标人（第45条第1款）。中标通知书对招标人和中标人具有法律效力。中标通知书发出后，招标人改变中标结果的，或者中标人放弃中标项目的，应当依法承担法律责任（第45条第2款）。招标人和中标人应当自中标通知书发出之日起三十日内，按照招标文件和中标人的投标文件订立书面合同。招标人和中标人不得再行订立背离合同实质性内容的其他协议（第46条第1款）。招标文件要求中标人提交履约保证金的，中标人应当提交（第46条第2款）。依法必须进行招标的项目，招标人应当自确定中标人之日起十五日内，向有关行政监督部门提交招标投标情况的书面报告（第47条）。中标人应当按照合同约定履行义务，完成中标项目。中标人不得向他人转让中标项目，也不得将中标项目肢解后分别向他人转让（第48条第1款）。中标人按照合同约定或者经招标人同意，可以将中标项目的部分非主体、非关键性工作分包给他人完成。接受分包的人应当具备相应的资格条件，并不得再次分包（第48条第2款）。中标人应当就分包项目向招标人负责，接受分包的人就分包项目承担连带责任（第48条第3款）。

4. 法律责任。招标人与中标人不按照招标文件和中标人的投标文件订立合同的，或者招标人、中标人订立背离合同实质性内容的协议的，责令改正；可以处中标项目金额5‰以上10‰以下的罚款（第59条）。

中标人不履行与招标人订立的合同的，履约保证金不予退还，给招标人造成的损失超过履约保证金数额的，还应当对超过部分予以赔偿；没有提交履约保证金的，应当对招标人的损失承担赔偿责任（第60条第1款）。中标人不按照与招标人订立的合同履行义务，情节严重的，取消其二年至五年内参加依法必须进行招标的项目的投标资格并予以公告，直至由工商行政管理机关吊销营业执照（第60条第2款）。

（二）拍卖

《拍卖法》对拍卖的程序和当事人的权利义务作了详细的规定。拍卖（auction sale; a sale by auction），是指以公开竞价的形式，将特定物品或者财产权利转让给最高应价者的买卖方式（第3条）。拍卖标的应当是委托人所有或者依法可以处分的物品或者财产权利（第6条）。

1. 拍卖合同的当事人。《拍卖法》第三章"拍卖当事人"包括：拍卖人、委托人、竞买人和买受人。这些实质上是拍卖程序的参与人，而拍卖程序展开的目的是要达成交易、成立买卖合同，那么该买卖合同的当事人是谁呢？该问题直接决定着发生纠纷场合谁可以作为原告、谁是被告，须审慎判断。方案一是委托人和买受人；[1] 方案二是拍卖人和买受人；方案三是委托人、拍卖人和买受人三方；[2] 方案四是上述方案一和方案二的结合，依具体情形作类型

---

[1] 比如我国台湾学者大抵采此立场。这可能与其对"拍卖"采广义理解有关，即拍卖可以由出卖人自己拍卖，也可以委托他人为拍卖人。参见黄立主编：《民法债编各论》（上），元照出版公司2002年版，第205页。在前者场合，拍卖人与出卖人为同一人，在后者场合二者则异。不论哪种情形，他们认为，拍卖为出卖人与出价最高之应买人订约之竞争买卖。拍卖经拍卖人表示卖定而成立后，双方当事人基于契约所生之权利义务，与一般买卖并无不同，故出卖人应交付标的物、移转财产权，并对标的物负瑕疵担保责任；相对地，拍定人则负有受领标的物与支付价金之义务。参见黄立主编：《民法债编各论》（上），元照出版公司2002年版，第201页，第206—207页。我国《拍卖法》所称"拍卖"，并非上述广义的拍卖，没有包括自行拍卖，而仅指出卖人委托拍卖人实施的拍卖（委托拍卖）。如无特别说明，本书亦在此意义上使用"拍卖"概念。
[2] 比如孙礼海、赵杰主编：《拍卖法全书》，中国商业出版社1997年版，第93页。不过，该书不同执笔者观点并不统一，比如在第124页则直言了"买受人与拍卖人之间的买卖合同关系"，在第130页称"买受人与委托人并不直接发生法律关系"。

化判断。① 这一问题的答案直接影响民事诉讼当事人的选定，而对于后一问题，在实务中显然做法并不统一（参照图12.3.1）。

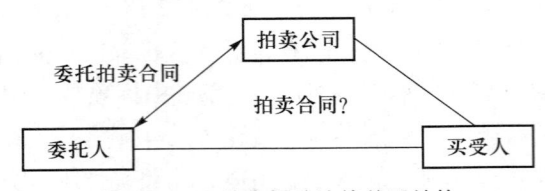

图12.3.1 拍卖相关法律关系结构

（1）默认规则。在委托拍卖场合，或谓此际拍卖人究为出卖人，或只是代理人，视拍卖人是否表明代理意旨而定。当其表明代理意旨，拍卖人即非出卖人，其委托人方始为出卖人。反之，如未表明代理意旨，拍卖人即为出卖人。② 尊重当事人意思固然不错，如仅因此而止步于类型的区分及罗列，尚有不足。法律的学习首应知当事人没有特别表示场合何为法律上的默认规则（default rule）。以下分析，即意在揭示我国法上的相关默认规则。在拍卖人直接代理出卖人场合（比如拍卖公司受某地国资委的委托，以其名义拍卖某国有公司整体资产及土地使用权），拍卖成交后的买卖合同由买受人与国资委直接签订，此时的拍卖虽形为委托拍卖，实与自行拍卖无异，③ 当事人之间的法律关系依直接代理规则确定，买卖合同关系无须依《拍卖法》规范。这种情形显然并非《拍卖法》默认的规范对象。另外，强制拍卖（人民法院对被执行人财产强制执行的拍卖）性质有别于任意拍卖，虽然法院也可以委托拍卖公司进行，但《拍卖法》并没有将强制拍卖纳入其调整范围。④《拍卖法》默认的规范对象，可以拍卖公司以自己的名义拍卖他人委托拍卖的字画古董作为典型。

拍卖合同，即以拍卖方式成立的买卖合同，其当事人也就是该合同的权利人和义务人，在默认规则上应当是拍卖人和买受人。支持得出这一认识的理由在于《拍卖法》的规定。

其一，委托人与拍卖人之间是委托关系（签订委托拍卖合同），属于间接代理（参照《民法典》第925条和第926条）。⑤ 委托人要求对其身份保密的，拍卖人应当为其保密（参照《拍卖法》第21条）。这样，外在表现出的买卖行为只是发生在拍卖人与买受人之间。在诸如字画古董拍卖场合，竞买人通常知道且理应知道拍品属于委托人所有，在委托人身份保密场合，不应依《民法典》第925条主文使该拍卖"合同直接约束委托人和第三人"，因为第925条适用的条件之一是第三人清楚地知道委托人即被代理人是谁。⑥

其二，拍卖成交后，拍卖人应当按照约定向委托人交付拍卖标的的价款，并按照约定将

---

① 比如武腾：《拍卖中的合同关系和代理效果》，载《法学家》2015年第3期。
② 黄茂荣：《买卖法》（增订第六版），台北自刊本2004年版，第903页。
③ 关于拍卖的分类，参照郭明瑞：《合同法通义》，商务印书馆2020年版，第299页以下。
④ 孙礼海、赵杰主编：《拍卖法全书》，中国商业出版社1997年版，第53—54页。
⑤ 同旨参见［日］大塚龙儿：《委托贩卖契约》，载［日］远藤浩、林良平、水本浩监修：《现代契约法大系》第4卷，有斐阁1985年版，第26页。我国另有学者主张委托拍卖合同性质上属于行纪合同，参见殷少平：《拍卖人在拍卖关系中的法律地位》，《人民法院报》2006年7月19日第5版。
⑥ 石宏主编：《〈中华人民共和国民法典〉释解与适用［合同编］》（下册），人民法院出版社2020年版，第805页。

拍卖标的移交给买受人（《拍卖法》第 24 条）。可见，拍卖标的的移交义务人是拍卖人，而非委托人，而其所依的"约定"，应当是拍卖人与买受人之间的约定（拍卖合同）。[①] 当然，委托人与拍卖人之间也可以有其约定，比如"按照约定由委托人移交拍卖标的的，拍卖成交后，委托人应当将拍卖标的移交给买受人"（《拍卖法》第 31 条）。委托人按照其与拍卖人的约定移交拍卖标的的，只不过是充当拍卖人与买受人之买卖合同的履行辅助人而已，本身并非买卖合同的当事人。拍卖标的需要依法办理证照变更、产权过户手续的，委托人、买受人应当持拍卖人出具的成交证明和有关材料，向有关行政管理机关办理手续（《拍卖法》第 55 条）。此处委托人的身份仍然是履行辅助人，而非买卖合同的当事人（出卖人）。另外，在委托人移交拍卖标的、证照变更、产权过户手续过程中，买受人虽能知道委托人具体信息，由于该"知道"并非发生在"订立合同时"，故不发生《民法典》第 925 条规定的"该合同直接约束委托人和第三人"的效果。

其三，竞买人的最高应价经拍卖师落槌或者以其他公开表示买定的方式确认后，拍卖成交（《拍卖法》第 51 条）。拍卖成交后，买受人和拍卖人应当签署成交确认书（《拍卖法》第 52 条）。所谓成交确认书，是对于既已成立的交易（买卖合同）的确认，由交易（买卖合同）的主体进行确认，实属顺理成章之事。

其四，《拍卖法》第 61 条第 1 款规定："拍卖人、委托人违反本法第十八条第二款、第二十七条的规定，未说明拍卖标的的瑕疵，给买受人造成损害的，买受人有权向拍卖人要求赔偿；属于委托人责任的，拍卖人有权向委托人追偿。"至为显然，买卖合同的当事人是拍卖人与买受人，委托人属于买卖合同外的第三人。

容易让人产生疑问的是，《拍卖法》第 40 条第 1 款的规定："买受人未能按照约定取得拍卖标的的，有权要求拍卖人或者委托人承担违约责任。"要求拍卖人承担违约责任，理固宜然；买受人本不应要求委托人承担违约责任，只能要求拍卖人承担违约责任，拍卖人再向委托人追偿。要求委托人承担违约责任，道理何在呢？①上述规定，针对的是未能取得拍卖标的的情形，拍卖人是真正的责任人，委托人只不过是履行辅助人，法条中出现"或者委托人"字样，不排除有意指履行辅助人在拍卖标的的需要依法办理证照变更、产权过户手续的场合，协助办理相关手续。惟此时的履行辅助人并非真正买卖合同主体，故非真正的责任人。②也不排除买受人可以借助《民法典》第 535 条第 1 款规定的债权人代位权，代位行使拍卖人与委托人在委托拍卖合同中的权利，要求委托人承担相应的违约责任。③由于委托拍卖合同性质上属于间接代理，根据《民法典》第 926 条第 2 款，受托人因委托人的原因对第三人不履行义务，受托人应当向第三人披露委托人，第三人因此可以选择受托人或者委托人作为相对人主张其权利，但是第三人不得变更选定的相对人。④还有一种可能性，就是委托人通过与拍卖人的特别约定（委托拍卖合同）承担了拍卖人的债务，因其债务不履行，进而承担违约责任。

[①] 或谓在拍卖人与买受人之间另有中介合同，然纵依此立场，仍无法认为移交拍卖标的的物的义务是中介合同的给付义务，而非买卖合同的给付义务。

拍卖人是指依照《拍卖法》和《公司法》设立的从事拍卖活动的企业法人（《拍卖法》第 10 条），其设立须符合一定的条件（《拍卖法》第 12 条、第 13 条），且要经主管部门审核许可，并向工商行政管理部门申请登记，领取营业执照（《拍卖法》第 11 条）。

买受人作为竞买人之一员，是参加竞购拍卖标的的公民、法人或者其他组织（《拍卖法》第 32 条），可以自行参加竞买，也可以委托其代理人参加竞买（《拍卖法》第 34 条）。

（2）特别约定。拍卖人可以通过拍卖规则，事先表明与上述默认规则不同的交易模式，使拍卖成交后的买卖合同直接约束委托人和买受人。①

2. 拍卖的标的。拍卖的标的是"物品或者财产权利"（《拍卖法》第 6 条），除了有形的物品之外，还可以是权利（比如土地使用权、商标专用权、著作权、专利权中的财产权等），甚至是其他的财产，比如以企业作为拍卖的标的，这在我国拍卖实务中也是可以见到的。这一点与《民法典》合同编将买卖标的限定于物有所不同。因而可以说，在广义上我国的买卖法中，买卖标的并不以物为限。

3. 拍卖的程序。

（1）拍卖委托。委托人委托拍卖物品或者财产权利，应当提供身份证明和拍卖人要求提供的拍卖标的的所有权证明或者依法可以处分拍卖标的的证明及其他资料（《拍卖法》第 41 条）。拍卖人应当对委托人提供的有关文件、资料进行核实。拍卖人接受委托的，应当与委托人签订书面委托拍卖合同（《拍卖法》第 42 条）。故该合同属要式合同，比如拍卖标的的保留底价定为多少等，有书面记载，便于防范纠纷。

委托拍卖合同是委托贩卖合同的一种，委托贩卖合同是指在委托人与受托人之间约定，由受托人对委托人提供的商品（或其他财产），以受托人的名义，但却基于为委托人的计算，向第三人贩卖，并由委托人为此向受托人支付报酬的合同。该种合同属于委托合同的一种类型，②且为有偿委托。

（2）拍卖公告与展示。拍卖人应当于拍卖日七日前发布拍卖公告（《拍卖法》第 45 条）。拍卖公告应当载明下列事项：①拍卖的时间、地点；②拍卖标的；③拍卖标的展示时间、地点；④参与竞买应当办理的手续；⑤需要公告的其他事项（《拍卖法》第 46 条）。拍卖公告应当通过报纸或者其他新闻媒介发布（《拍卖法》第 47 条）。

拍卖人应当在拍卖前展示拍卖标的，并提供查看拍卖标的的条件及有关资料。拍卖标的的展示时间不得少于两日（《拍卖法》第 48 条）。

（3）拍卖的实施。拍卖方式一般包括有保留价拍卖与无保留价拍卖两种。有保留价拍卖，又称有底价拍卖，是指在拍卖前将拍卖标的进行估价，确定底价即保留价，该底价根

---

① 比如 2013 北京保利春季拍卖会《拍卖规则》第 45 条规定，竞买人的最高应价经拍卖师落槌或者以其他公开表示买定的方式确认时，即表明该竞买人与委托人之间达成了关于该拍卖品的买卖合同。中国嘉德香港 2013 秋季拍卖会《买家业务规则》第 1 条便表明拍卖人的代理人身份，"除另有约定外，中国嘉德（香港）国际拍卖有限公司作为卖家之代理人。拍卖品之成交合约，则为卖家与买家间的合约"。

② 参见［日］大塚龙儿：《委托贩卖契约》，载［日］远藤浩、林良平、水本浩监修：《现代契约法大系》第 4 卷，有斐阁 1985 年版，第 25 页。

据委托人的要求予以保密。无保留价拍卖，即拍卖标的不设定底价，由竞买人自相报价。《拍卖法》未对采取何种拍卖方式进行规定，在拍卖活动中，由拍卖人根据拍卖标的状况决定。

拍卖师应当于拍卖前宣布拍卖规则和注意事项（《拍卖法》第49条）。拍卖标的无保留价的，拍卖师应当在拍卖前予以说明（《拍卖法》第50条第1款）。拍卖标的有保留价的，竞买人的最高应价未达到保留价时，该应价不发生效力，拍卖师应当停止拍卖标的的拍卖（《拍卖法》第50条第2款）。

竞买人的最高应价经拍卖师落槌或者以其他公开表示买定的方式确认后，拍卖成交（《拍卖法》第51条）。拍卖成交后，买受人和拍卖人应当签署成交确认书（《拍卖法》第52条）。

拍卖人进行拍卖时，应当制作拍卖笔录。拍卖笔录应当由拍卖师、记录人签名；拍卖成交的，还应当由买受人签名（《拍卖法》第53条）。拍卖人应当妥善保管有关业务经营活动的完整账簿、拍卖笔录和其他有关资料。前款规定的账簿、拍卖笔录和其他有关资料的保管期限，自委托拍卖合同终止之日起计算，不得少于五年（《拍卖法》第54条）。

拍卖标的需要依法办理证照变更、产权过户手续的，委托人、买受人应当持拍卖人出具的成交证明和有关材料，向有关行政管理机关办理手续（《拍卖法》第55条）。

4. 佣金。拍卖企业以提供拍卖服务为业，以向客户收取佣金为目的。《拍卖法》借鉴国外拍卖业的通行做法，并根据我国拍卖业的实际情况，对私物拍卖和公物拍卖区别对待，在私物拍卖场合，拍卖企业可以向委托人、买受人双方收取佣金（《拍卖法》第56条）；在公物拍卖场合，只向买受人单方收取佣金（《拍卖法》第57条），不向委托人收取佣金。后者理由在于，公物拍卖委托方是国家机关，拍卖所得价款上缴国家财政，委托人在拍卖活动中无利可得，故不适合向其收取佣金。[①]

关于佣金的规定，立法规定虽有所据，然在法理上仍不无探讨的空间。所谓"佣金"，也就是委托合同中的报酬。佣金的支付义务人自然应当是委托合同中的委托人。因而，拍卖人可以向委托人收取佣金，其基础是他们之间的委托拍卖合同；如果没有明确的约定，则另依合同解释等手段加以确定。至于拍卖人与买受人之间，通常在拍卖之前签署登记文件（或称"竞买合同"），竞买人交纳保证金并领取竞投号牌，由于二者之间并没有委托合同或者中间合同存在，本不存在向买受人收取佣金的基础，因而，有拍卖机构《拍卖规则》称之为"酬金"，以有别于"佣金"。[②] 酬金，即酬劳的钱，是对出力之人的酬谢。拍卖场合买卖合同的成立，其典型情形是拍卖人与买受人充当合同当事人，因而有别于媒介居间，本无适用《民法典》第963条的余地，因而，《拍卖法》第56条由拍卖人向买受人收取佣金，于法理似有不通。不过，依现实主义的路径，恐怕只能说拍卖人向买受人收取"佣金"或者酬金，是作为买受人利用拍卖人所提供缔约信息及缔约机会的对价，其性质有些类似于中介费，在

[①] 孙礼海、赵杰主编：《拍卖法全书》，中国商业出版社1997年版，第122页。
[②] 比如2013北京保利春季拍卖会《拍卖规则》第47条：买受人应支付本公司相当于落槌价15%的酬金，同时应支付其他各项费用。买受人承认本公司可根据本规则第21条的规定向委托人收取佣金及其他各项费用。

拍卖人与买受人之间，并不存在一个严格意义上的中介合同。

5. 违约责任

（1）标的物有权利瑕疵场合。最具争议性的问题是他人物之买卖。依据《拍卖法》第58条，委托人违反该法第6条的规定，委托拍卖其没有所有权或者依法不得处分的物品或者财产权利的，应当依法承担责任。拍卖人明知委托人对拍卖的物品或者财产权利没有所有权或者依法不得处分的，应当承担连带责任。此处的"依法承担责任"，既可以是民事责任，也可以包括其他责任（比如行政责任、刑事责任）。

就民事责任而言，比如委托人委托拍卖人拍卖某特定物，在拍卖成交前，委托人已将该物出卖给他人，他人取得了所有权。此时的拍卖，实际是在处分他人之物，因为委托人已非物的所有人。拍卖成交，拍卖人不能够交付标的物，买受人起诉拍卖人违约，实务中法院予以支持，判令拍卖人向买受人承担违约责任。[①] 因而，出卖他人之物而不能交付时，宜认为买卖仍得有效，惟标的物具有权利瑕疵，买受人因无法实现合同目的，故可以解除合同，并请求拍卖人承担违约责任（赔偿损失等）。又《民法典》合同编对于违约损害赔偿采无过失责任原则，此时的赔偿责任，并不要求拍卖人具有过失。

另外根据《拍卖法》第18条第2款，拍卖人应当向竞买人说明拍卖标的的瑕疵。此处的"瑕疵"，并不以物的瑕疵为限，尚得包括权利瑕疵在内。拍卖人的此项"说明义务"，是一项法定义务，且发生在拍卖合同成立之前，故属于先合同义务。违反此项义务，得构成缔约上过失，并发生相应的法律责任。此时的赔偿责任属于过失责任。于此场合，可以发生缔约上过失责任与上述违约责任的竞合，二者构成要件及赔偿范畴均存在差异，宜予注意。《拍卖法》第61条只是规定拍卖人违反"瑕疵说明义务"，"未说明拍卖标的的瑕疵，给买受人造成损害的，买受人有权向拍卖人要求赔偿"，并未明示此种赔偿责任的性质。如上所述，此种赔偿责任，既可能是基于违约，也可能是基于缔约上过失。

（2）标的物有物的瑕疵场合。拍卖标的物存在物的瑕疵，通常是指标的物质量不符合要求（有约定时依约定，无约定时依法律的一般规定）。上述权利瑕疵场合可得出现的违约责任与缔约上过失责任竞合的局面，在物的瑕疵场合，同样可以出现。惟不以此为限，在"因拍卖标的存在缺陷造成人身、财产损害"场合，仍有发生产品责任的可能，具体要依据《产品质量法》的规定判断。一旦可以构成产品责任，这样的竞合现象就更加复杂，包括了侵权责任。作为侵权责任的损害赔偿请求权，其诉讼时效期间适用《产品质量法》和其他法律的有关规定（参照《拍卖法》第61条第4款）。

（3）出卖人的其他违约行为。出卖人其他的违约行为，比如履行不能、履行迟延等，与普通买卖中的同类违约行为相比，并无特别之处，不再特别论述。

（4）买受人违约。买受人应当按照约定支付拍卖标的的价款，未按照约定支付价款的，应当承担违约责任，或者由拍卖人征得委托人的同意，将拍卖标的再行拍卖。拍卖标的再行

---

① 参见上海市黄浦区人民法院民事判决书（2000）黄经初字第673号"上海大竹工贸有限公司诉上海金植商品拍卖有限公司拍卖纠纷案"，资料来源：《北大法宝》。

拍卖的，原买受人应当支付第一次拍卖中本人及委托人应当支付的佣金。再行拍卖的价款低于原拍卖价款的，原买受人应当补足差额(《拍卖法》第 39 条)。

买受人未能按照约定取得拍卖标的的，有权要求拍卖人或者委托人承担违约责任。买受人未按照约定受领拍卖标的的，应当支付由此产生的保管费用(《拍卖法》第 40 条)。

第十三章　供用电、水、气、热力合同

第一节　继续性供给合同

一、继续性供给合同的语义

继续性供给合同（Sukzessivlieferungsvertrag），指当事人约定一方于一定或不定的期限内，向对方继续供给定量或不定量的一定种类及品质的物，而由对方按一定的标准支付价款的合同。这种类型的合同具有四个特点：（1）单一的合同；（2）定期或不定期；（3）给付的范围与各个供给的时间，可自始确定或依买受人的需要加以决定；（4）当事人自始欠缺分期履行一个数量上自始业已确定给付的认识。继续性供给，包括煤气、自来水、报纸或鲜奶等的供给。[1]《民法典》合同编第十章所规定的"供用电、水、气、热力合同"即属于典型的继续性供给合同。

二、继续性供给合同的问题点

（一）与同时履行抗辩权的关系

在继续性供给合同中，各期的给付（标的物和价款的给付）分割开来，各自具有独立的

---

[1] 参见王泽鉴：《债法原理》，北京大学出版社 2009 年版，第 103—104 页。另外可参阅：Creifelds Rechtswoerterbuch, 18. Auflage, Verlag C.H. Beck, 2004, S. 1285.［日］三岛宗彦：《继续的供给契约》，载《契约法大系 II》，有斐阁 1962 年版，第 274 页；［日］柚木馨、高木多喜男：《注释民法（14）》，有斐阁 1966 年版，第 48 页；［日］广中俊雄：《债权各论讲义》（第六版），有斐阁 1994 年版，第 88 页；［日］稻本洋之助等：《民法讲义 5 契约》，有斐阁 1978 年版，第 17、第 143 页；［日］土田哲也：《电力、煤气供给契约》，载［日］远藤浩、林良平、水本浩监修：《现代契约法大系》第 7 卷，有斐阁 1984 年版，第 291 页以下。

价值，认为各期相互对立的给付具有履行上的牵连关系，自属当然。另外，继续性供给合同是单一的合同，亦即被继续性地提供的各个给付合起来在总体上构成一方当事人的债务，它与对方的全体上的债务之间成立对价关系，因而，买受人没有作出前一期的给付，出卖人以此为理由，拒绝作出这一期或者下一期的对待给付，被认为是可能的。①

（二）企业破产法的适用

《企业破产法》第18条规定："人民法院受理破产申请后，管理人对破产申请受理前成立而债务人和对方当事人均未履行完毕的合同有权决定解除或者继续履行，并通知对方当事人。管理人自破产申请受理之日起二个月内未通知对方当事人，或者自收到对方当事人催告之日起三十日内未答复的，视为解除合同。""管理人决定继续履行合同的，对方当事人应当履行；但是，对方当事人有权要求管理人提供担保。管理人不提供担保的，视为解除合同。"用电人一旦被申请破产，将会面临供电人是否继续履行供用电合同的问题。继续性供给合同既属单一的合同，故有上述《企业破产法》第18条的适用。

（三）与解除权的关系

继续性供给合同的解除具有特殊性，在法律没有特别规定场合，依据《民法典》第646条的规定，"参照适用买卖合同的有关规定"，故《民法典》关于买卖合同的第633条，自有适用的余地。依据该条，出卖人分批交付标的物的，出卖人对其中一批标的物不交付或者交付不符合约定，致使该批标的物不能实现合同目的的，买受人可以就该批标的物解除。出卖人不交付其中一批标的物或者交付不符合约定，致使之后其他各批标的物的交付不能实现合同目的的，买受人可以就该批以及之后其他各批标的物解除。买受人如果就其中一批标的物解除，该批标的物与其他各批标的物相互依存的，可以就已经交付和未交付的各批标的物解除。

三、法律适用

《民法典》合同编关于继续性供给合同的规范，实以供用电合同为模型，于第656条规定："供用水、供用气、供用热力合同，参照适用供用电合同的有关规定。"以下重点论述供用电合同，供用水、气、热力合同从略。

---

① 参见［日］来栖三郎：《契约法》，有斐阁1974年版，第137页；［日］三岛宗彦：《继续的供给契约》，载《契约法大系Ⅱ》，有斐阁1962年版，第278页；［日］土田哲也：《电力、煤气供给契约》，载［日］远藤浩、林良平、水本浩监修：《现代契约法大系》第7卷，有斐阁1984年版，第292—293页。

第二节　供用电合同

一、供用电合同的语义与性质

（一）供用电合同的语义

供用电合同（Elektrizitaetslieferungsvertrag），是供电人向用电人供电，用电人支付电费的合同（《民法典》第 648 条第 1 款）。该合同的当事人分别称为供电人和用电人，交易的标的是电。合同通常采用格式文本。[①]

（二）供用电合同的性质

1. 单一的合同（ein einheitlicher Vertrag），[②] 而非多个合同的集合。[③]
2. 双务、有偿合同。供电人有供电义务，用电人有付费义务，因而供用电合同属于双务合同。供电与付费，彼此互为对价，因而供用电合同属于有偿合同。
3. 继续性供给合同。供用电合同属于继续性供给合同，[④] 已如前述，此处不赘。
4. 承揽合同抑或买卖合同？在德国学说上有以供用电合同为一特殊类型的承揽合同（ein Werkvertrag eigener Art）的见解，[⑤] 不过依现今德国判例和学说，电及热力（Fernwaerme）既非物又非权利，而是另外一类特别的买卖标的（Kaufobjekte sui generis）。[⑥] 就我国《民法典》合同编而言，"典型合同"的编排有一定的规律，最初的四章（买卖合同，供用电、水、气、热力合同，赠与合同以及借款合同）属于移转物的所有权或者其他财产权的合同。依此规律可知，供用电合同在我国法上与其说近于承揽合同，不如说近于买卖合同。供用电合同虽类似于买卖合同，同时它又具有特殊性，故《民法典》合同编在买卖合同之外，另设专章予以

---

① 参见《电力工业部关于印发〈供用电合同〉文本，依法加强合同管理的通知》（1997 年 10 月 6 日　电综［1997］553 号）。为依法建立供用电合同制度，做好供用电合同的签订、履行和管理工作，实现规范化管理，电力工业部制订了统一的供用电合同格式文本，提供各地电力部门使用。

② Vgl. *Artur Kaumanns*, Beitraege zum Problem des Elektrizitaetslieferungsvertrags und Untersuchung der Rechtsstellung des Elektrizitaetsunternehmers im Konkurs des Abnehmers, Dissertationsdruckerei und - Verlag Konrad Triltsch, 1933, S. 25.

③ 林诚二教授针对"继续性供给契约"有谓："虽然各个给付及价金之支付有时间上之划分，但性质上乃属一个契约，并非为多数契约之集合。"林诚二：《民法债编各论》（上册）（修订二版），瑞兴图书股份有限公司 2003 年版，第 214 页。相反见解认为，继续性供给契约非如租赁系单一契约而长期存续，而系单次之买卖契约继续地被反复缔结。参见黄立主编：《民法债编各论》（上），元照出版公司 2002 年版，第 211 页。

④ Vgl. *Artur Kaumanns*, Beitraege zum Problem des Elektrizitaetslieferungsvertrags und Untersuchung der Rechtsstellung des Elektrizitaetsunternehmers im Konkurs des Abnehmers, Dissertationsdruckerei und - Verlag Konrad Triltsch, 1933, S. 25.

⑤ Vgl. *Artur Kaumanns*, Beitraege zum Problem des Elektrizitaetslieferungsvertrags und Untersuchung der Rechtsstellung des Elektrizitaetsunternehmers im Konkurs des Abnehmers, Dissertationsdruckerei und - Verlag Konrad Triltsch, 1933, S. 14—15, 25.

⑥ Vgl. *Peter Schlechtriem*, Schuldrecht Besonderer Teil, 6. Auflage, Mohr Siebeck, 2003, S. 15.

规范。供用电合同实际上可以作为一种"准买卖合同",依据第 646 条,对于该章没有规定的,参照适用买卖合同的有关规定。

二、供用电合同的成立、内容、类型与履行

(一)成立

电力为国计民生所必需,而供电人往往居于或者事实上居于垄断地位,[①] 如果任由供电人依合同自由决定是否向某一相对人供电,难免产生不良后果,故法律使供电人负有强制缔约义务,根据《电力法》第 26 条第 1 款,"供电营业区内的供电营业机构,对本营业区内的用户有按照国家规定供电的义务;不得违反国家规定对其营业区内申请用电的单位和个人拒绝供电"。

根据《电力供应与使用条例》第 23 条,"申请新装用电、临时用电、增加用电容量、变更用电和终止用电,均应当到当地供电企业办理手续,并按照国家有关规定交付费用;供电企业没有不予供电的合理理由的,应当供电。供电企业应当在其营业场所公告用电的程序、制度和收费标准"。

在上述规定基础上,《民法典》第 648 条第 2 款新增规定,"向社会公众供电的供电人,不得拒绝用电人合理的订立合同要求",以在更广范围内指引社会、经济生活。

(二)内容

供用电合同的内容包括供电的方式、质量、时间,用电容量、地址、性质,计量方式,电价、电费的结算方式,供用电设施的维护责任等条款(《民法典》第 649 条)。

关于供电的质量,《电力供应与使用条例》第 19 条规定:用户受电端的供电质量应当符合国家标准或者电力行业标准。第 22 条规定:用户对供电质量有特殊要求的,供电企业应当根据其必要性和电网的可能,提供相应的电力。

供电企业应当按照国家有关规定实行分类电价、分时电价(《电力供应与使用条例》第 25 条)。供电企业应当按照国家核准的电价和用电计量装置的记录,向用户计收电费(《电力供应与使用条例》第 27 条第 1 款)。

(三)类型

电力工业部于 1997 年编制的供用电合同格式文本对供用电合同作了分类,其目的是便于管理。因为电力是一种网络化、连续供应的商品,合同标的异常特殊,而且供电户数多,用电需求各异,所以供用电合同的签约内容较为复杂。供用电合同应根据供电方式、用电需

[①] 根据《电力供应与使用条例》第 8 条第 2 款,"供电营业区的划分,应当考虑电网的结构和供电合理性等因素。一个供电营业区内只设立一个供电营业机构"。可见,用电人对于供电人是没有选择余地的。

求等因素进行科学分类，区别不同用户分别签订，分类管理。根据我国的实际情况并考虑不同用户的特点，将供用电合同分为六类：

1. 高压供用电合同：适用于供电电压为 10 kV（含 6 kV）及以上的高压电力用户。
2. 低压供用电合同：适用于供电电压为 220/380 V 低压普通电力用户。
3. 临时供用电合同：适用于短时、非永久性用电的用户。
4. 趸购电合同：适用于以向供电企业趸购电力，再转售给用户购电的情况。
5. 委托转供电协议：适用于公用供电设施未到达地区，供电方委托有供电能力的用户（转供电方）向第三方（被转供电方）供电的情况。这是在供电方分别与转供电方和被转供电方签订供用电合同的基础上，三方共同就转供电有关事宜签订的协议。
6. 居民供用电合同：居民用户用电需求类同，供电方式简单，且基本一致，考虑到居民用户的数量占了供电用户总数的 95% 以上，对居民用户的供用电合同，可以采用背书的方式处理。

（四）履行

供用电合同的履行具有一定的特殊性：电力系统呈网络状分布，电力的供应通过供电设施进行，电力的生产、供应与使用同时完成，并且具有连续性。相应地，判断合同是否履行或者是否完全履行，需要在供电设施的网状结构中确定一个参照点，这个点也就是供用电合同的履行地点。

供用电合同的履行地点，按照当事人约定；当事人没有约定或者约定不明确的，供电设施的产权分界处为履行地点（《民法典》第650条）。对此，有见解主张，在用电人为单位时，供电设施的产权分界处通常为该单位变电设备的第一磁瓶或开关；在用电人为散用户时，供电设施的产权分界处通常为进户墙的第一个接收点。[①] 本书认为，不论用电人是什么类型，均应以电表（用电计量装置）作为供电设施的产权分界处，并以之为履行地点。电流通过电表，即已交付；否则，即未履行。判断电力的质量，也应以用电人的电表为参照点，而不能以电力的发出点为参照点。

三、供用电合同的效力

（一）对供电人的效力

1. 安全供电义务。供电人应当按照国家规定的供电质量标准和约定安全供电。供电人未按照国家规定的供电质量标准和约定安全供电，造成用电人损失的，应当承担损害赔偿责任（《民法典》第651条）。

[①] 参见唐德华、孙秀君主编：《合同法及司法解释条文释义》（下册），人民法院出版社2004年版，第1025页；石宏主编：《〈中华人民共和国民法典〉释解与适用［合同编］》（上册），人民法院出版社2020年版，第347页。

此项义务有两项要点：其一，供电人有"供电"的义务，这是其主给付义务。其二，供电人应"安全"供电。这里的"安全供电"，是指按照国家有关安全供电的规章制度供应电力，电压要稳，频率要达到标准，输电线路要安全畅通等。[①] 此项"安全"义务当然也可以独立归入"保护义务"范畴，惟因其重要且通常与供电义务并行存在，故仍合称为安全供电义务。

供电人违反上述义务，自然可以发生违约责任，比如用电人可以请求供电人继续供电（履行请求权）。如果当事人特别约定了违约金，也可以要求支付违约金。如果给用电人造成了损害，还要承担损害赔偿责任。如果同时符合侵权责任的构成要件，当然可以发生违约责任与侵权责任的竞合。

2. 断电通知义务。供电人因供电设施计划检修、临时检修、依法限电或者用电人违法用电等原因，需要中断供电时，应当按照国家有关规定事先通知用电人；未事先通知用电人中断供电，造成用电人损失的，应当承担赔偿责任（《民法典》第652条）。《电力供应与使用条例》第28条规定："除本条例另有规定外，在发电、供电系统正常运行的情况下，供电企业应当连续向用户供电；因故需要停止供电时，应当按照下列要求事先通知用户或者进行公告：（一）因供电设施计划检修需要停电时，供电企业应当提前7天通知用户或者进行公告；（二）因供电设施临时检修需要停止供电时，供电企业应当提前24小时通知重要用户；（三）因发电、供电系统发生故障需要停电、限电时，供电企业应当按照事先确定的限电序位进行停电或者限电。引起停电或者限电的原因消除后，供电企业应当尽快恢复供电。"

供电人的断电通知义务，属于附随义务，并具有保护功能。因此项义务违反而造成用电人损失的，供电人应承担赔偿责任。作为违约责任的赔偿责任，其范围既包括实际损失，也包括可得利益损失。

3. 及时抢修义务。因自然灾害等原因断电，供电人应当按照国家有关规定及时抢修；未及时抢修，造成用电人损失的，应当承担损害赔偿责任（《民法典》第653条）。及时抢修义务的存在是为了辅助供电义务的履行，进而确保用电人的利益能够获得最大限度的满足，可以归入供电人的从给付义务范畴。对于此项义务，用电人享有履行请求权；供电人不履行及时抢修义务的，用电人能够独立以诉请求履行；如供电人仍不履行，法院则可以采取代替执行的强制履行方法。造成用电人损失的，比如工厂无法生产，供电人应当赔偿相应的损失。

（二）对用电人的效力

1. 交付电费义务。用电人应当按照国家有关规定和当事人的约定及时交付电费。用电人逾期不交付电费的，应当按照约定支付违约金。经催告用电人在合理期限内仍不交付电费和违约金的，供电人可以按照国家规定的程序中止供电（《民法典》第654条第1款）。另外，根据《电力供应与使用条例》第27条第2款和第39条，用户应当按照国家批准的电

[①] 石宏主编：《〈中华人民共和国民法典〉释解与适用［合同编］》（上册），人民法院出版社2020年版，第348页。

价，并按照规定的期限、方式或者合同约定的办法，交付电费。违反上述规定，逾期未交付电费的，供电企业可以从逾期之日起，每日按照电费总额的1‰至3‰加收违约金，具体比例由供用电双方在供用电合同中约定；自逾期之日起计算超过三十日，经催交仍未交付电费的，供电企业可以按照国家规定的程序停止供电。

首先，此处的违约金，原则上应为约定违约金，由当事人事先在供用电合同中约定，法规只是为之提供了参照标准；如果当事人对于违约金欠缺约定，事后又达不成补充协议，法院可以参照上述法定标准，裁定一个合理的标准，此时也可以认为是以法定违约金作为补充，而不宜认为只要当事人没有特别约定，就不适用违约金责任。

其次，关于中止供电权利的发生，《民法典》第654条第1款和《电力供应与使用条例》第39条的规定并不完全一致，按照"上位法优于下位法"原则以及"新法优于旧法"原则，自应优先适用《民法典》第654条第1款。其要件有二：其一是催告；其二是经过合理期限。催告的内容既包括电费，也包括违约金（《电力供应与使用条例》未包括此项）。只要有一项未足额交付，即算是符合要件。关于合理期限，《民法典》未具体规定，仍可参照《电力供应与使用条例》，自逾期之日起计算超过三十日，即算超过合理期限；如果供电人在此期限过后始行催告，则自催告时起，即可作为超过合理期限，这是因为"期限代人催告"。

最后，供电人依据前述规则中止供电的，应当事先通知用电人（《民法典》第654条第2款）。这是新增规则，强化了对中止供电前的通知程序，以免因未通知而给用电人造成损失。

2. 安全、节约和计划用电义务。用电人应当按照国家有关规定和当事人的约定安全、节约和计划用电。用电人未按照国家有关规定和当事人的约定安全用电，造成供电人损失的，应当承担赔偿责任（《民法典》第655条）。另外按照《电力供应与使用条例》第30条和第40条，用户不得有下列危害供电、用电安全，扰乱正常供电、用电秩序的行为：（1）擅自改变用电类别；（2）擅自超过合同约定的容量用电；（3）擅自超过计划分配的用电指标的；（4）擅自使用已经在供电企业办理暂停使用手续的电力设备，或者擅自启用已经被供电企业查封的电力设备；（5）擅自迁移、更动或者擅自操作供电企业的用电计量装置、电力负荷控制装置、供电设施以及约定由供电企业调度的用户受电设备；（6）未经供电企业许可，擅自引入、供出电源或者将自备电源擅自并网。违反上述规定，违章用电的，供电企业可以根据违章事实和造成的后果追缴电费，并按照国务院电力管理部门的规定加收电费和国家规定的其他费用；情节严重的，可以按照国家规定的程序停止供电。

用电人应"安全"用电，此项义务可以独立归入"保护义务"范畴，在我国属于附随义务的一种类型。电力的供应与使用不同于一般买卖，其特点在于电力系统具有网络性，不仅影响合同双方当事人，并且会影响其他用户，关系社会公共安全，[1]故立法予以特别强调。因此项义务的违反，可得发生如下法律后果：（1）造成供电人损失的，用电人应当承担损害赔偿责任，《电力供应与使用条例》所谓"追缴电费"，相当于此处的损害赔偿责任；（2）"按

---

[1] 石宏主编：《〈中华人民共和国民法典〉释解与适用［合同编］》（上册），人民法院出版社2020年版，第353页。

照国务院电力管理部门的规定加收电费和国家规定的其他费用",供电企业尽管常居于垄断地位,但却仍属民事主体,而非行政管理部门,故无行政处罚权限,《电力供应与使用条例》的上述规定,可以理解为一种法定的"惩罚性违约金",而得与损害赔偿责任并用;(3)情节严重的,可以按照国家规定的程序停止供电。停止供电,本属一种变形的行使同时履行抗辩权的情形,惟供电人的供电义务与用电人的安全用电之附随义务,二者本不居于同时履行关系,《电力供应与使用条例》的规定,强调"情节严重"的情形,例外地可以认有同时履行抗辩权的发生。

用电人的"节约和计划"用电义务是《民法典》新增内容,意在体现《民法典》第 9 条绿色原则。

第十四章　赠与合同

> **案例 14.1**
>
> 叔叔甲向读大学的侄子乙表示，愿将自己开了五年的小轿车赠与给乙，乙欣然同意，双方签订书面合同，并约定若甲不履行，则支付违约金2万元。①该约定对于双方是否有约束力？②如果甲届时没有交车，乙可否向其主张2万元违约金？③如果甲给付违约金后反悔，称自己可以撤销该赠与，主张撤销赠与并请求返还违约金，应否获得支持？

第一节　赠与合同概述

一、赠与合同的语义

赠与合同（Schenkung），是赠与人将自己的财产无偿给予受赠人，受赠人表示接受赠与的合同（《民法典》第657条）。合同的当事人分别称为赠与人（Schenker）和受赠人（Beschenkter），赠与的客体是财产。关于赠与合同的概念，应注意把握两项要点：其一是给予财产（Zuwendung），意指财产的终局转移；其二是指财产转移的无偿性（Unentgeltlichkeit）。

（一）给予财产

通过财产的给予，须使一方当事人（赠与人）的财产减少而另外一方当事人（受赠人）因此获得利益。

赠与人财产的减少（Vermoegensminderung）可以表现为物的交付或者权利的移转，也可以表现为免除对方当事人的债务，使对方当事人从对第三人所负债务中解放或者为他在某物上设立物权。① 仅言赠与合同以转移赠与物的所有权给受赠人为目的，② 实不准确。

赠与人方面财产的减少并非必须要求赠与的标的事先归属于赠与人的财产，只要赠与人依靠其办法可以从他人处获取该赠与标的（间接给予），即为已足。比如儿子赠与母亲一台洗衣机，而由出卖人直接向她交付（借助于利益第三人合同）。③

如非给予财产，即使满足无偿性，亦非属赠与合同。比如无偿为人提供劳务，并不涉及财产的转移，故不属于赠与合同。如果涉及财产转移，但并非终局性的转移，即使是无偿的，比如无偿地将汽车借给别人开，他日归还，亦非赠与合同，而是无偿借用合同。又比如无偿借钱，虽有转移财产权利，却非赠与合同。

赠与人方面财产的减少尚须使受赠人方面获益（Bereicherung），是否存在财产的增加，则需要比较此项给付前后的实际财产状况，加以查明。④

（二）无偿性

赠与合同的无偿性，表现在受赠人并不因赠与的给付而有对待给付的义务，如果受赠人虽亦有给付的义务，但其给付并非对待给付，而是负担，并不影响其赠与合同的性质。如果只是赠与人主观地希望通过赠与而期待对方有所回报，或给予其他好处，此只是赠与的动机，并不影响赠与合同的成立。⑤ 当事人关于给予财产的无偿性应当达成合意，如果当事人就给付与对待给付的相互依存达成了合意，它就是有偿的，而非赠与。⑥

二、赠与合同的性质

（一）单务合同

赠与合同仅赠与人负（主）给付义务，受赠人不负义务或者不负主给付义务，故属于单务合同。因而，对于赠与合同通常并不发生同时履行抗辩权、风险负担、合同解除等问题，惟对于附负担赠与，可例外地承认同时履行抗辩权的发生。⑦

（二）无偿合同

赠与合同只有赠与人作出给付，或者虽然是双方作出给付但双方的给付不具有对价意义，故属于无偿合同。

---

① Vgl. *Brox/Walker*, Besonderes Schuldrecht, 31. Auflage, Verlag C.H. Beck, 2006, S.140.
② 比如唐德华、孙秀君主编：《合同法及司法解释条文释义》（下册），人民法院出版社 2004 年版，第 1044 页；石宏主编：《中华人民共和国民法典》释解与适用［合同编］（上册），人民法院出版社 2020 年版，第 359 页。
③ Vgl. *Brox/Walker*, Besonderes Schuldrecht, 31. Auflage, Verlag C.H. Beck, 2006, S.140.
④ Vgl. *Brox/Walker*, Besonderes Schuldrecht, 31. Auflage, Verlag C.H. Beck, 2006, S.141.
⑤ 参见黄立主编：《民法债编各论》（上），元照出版公司 2002 年版，第 257 页。
⑥ Vgl. *Brox/Walker*, Besonderes Schuldrecht, 31. Auflage, Verlag C.H. Beck, 2006, S.141.
⑦ 参见韩世远：《合同法总论》（第四版），法律出版社 2018 年版，第 78 页。

（三）诺成合同

赠与合同仅依当事人的意思表示一致即可认定成立，属于一诺即成的合同，这一点可以从《民法典》第 658 条第 1 款获得佐证，不以赠与合同为要物合同。

（四）不要式合同

关于赠与合同，西欧国家多以之为要式行为，[①] 在东亚地区多以之为不要式行为。[②] 我国《民法典》对于赠与合同没有要求采取特定的方式，故属于不要式合同。不要式合同不排斥合同采用书面、公证等形式，只是合同的形式不影响合同的成立。[③]

第二节 赠与合同的效力

一、赠与人的给付义务与受赠人的履行请求权

依法成立的合同，对于当事人具有法律约束力（《民法典》第 119 条）。就赠与合同而言，表现在赠与人有给付义务，受赠人有履行请求权（Erfuellungsanspruch）。赠与人不交付赠与的财产，只要赠与合同未经赠与人撤销，受赠人依据赠与合同就可以请求交付。[④]"经过公证的赠与合同或者依法不得撤销的具有救灾、扶贫、助残等公益、道德义务性质的赠与合同，赠与人不交付赠与财产的，受赠人可以请求交付"（《民法典》第 660 条第 1 款，以下简称此类赠与为"不得任意撤销的赠与"）。此处的"请求交付"，通常解释为"受赠人可以向人民法院起诉要求其履行赠与义务"，[⑤] 学说谓之"诉请履行力"。[⑥] 其他的赠与合同，受赠人虽然也可请求赠与人交付，赠与人不履行时，在法律上则欠缺此种"诉请履行力"（对照案例 14.1 之 1）。因在赠与财产的权利转移之前赠与有被撤销的可能，故学说上多认为其效力薄弱；不过，一旦赠与财产的权利转移，该赠与合同仍得成为受赠人保有该财产权利的根据，不因无偿而成为不当得利，当属无疑。

赠与人给付义务的履行，依赠与财产的不同形式而有不同的表现。比如：赠与的财产为动产的，表现为赠与人将动产交付给受赠人并表达转移所有权的意思。赠与的财产为不动产

[①] 比如《法国民法典》第 931 条和第 932 条第 2 款、《德国民法典》第 518 条、《瑞士债务法》第 243 条。
[②] 比如《日本民法典》第 549 条和第 550 条、《韩国民法典》第 554 条和第 555 条、我国台湾地区"民法"第 406 条。
[③] 石宏主编：《〈中华人民共和国民法典〉释解与适用［合同编］》（上册），人民法院出版社 2020 年版，第 360 页。
[④] 或谓得任意撤销的赠与，赠与人等于无给付义务，盖受赠人如行请求，则赠与人即可撤销了事。影响所及受赠人虽非无请求权，但其效力未免薄弱。易言之，因此种赠与所发生之债务，相当于自然债务。郑玉波：《民法债编各论》（上册），三民书局 1981 年版，第 151 页。又或谓此时，赠与人纵不履行，受赠与虽亦有请求给付之权利，但因赠与人有撤销权，其效力极为薄弱，几等于无。
[⑤] 黄薇主编：《中华人民共和国民法典合同编释义》，法律出版社 2020 年版，第 443 页。
[⑥] 王泽鉴：《债法原理》，北京大学出版社 2009 年版，第 16 页。

的，表现为赠与人将赠与财产移交受赠人占有并办理移转所有权的登记手续，《民法典》第659条规定，"赠与的财产依法需要办理登记或者其他手续的，应当办理有关手续"。主要指此类手续而言。赠与的财产为权利的，赠与专利申请权或者专利权的（当事人应当订立书面合同），当事人应当向国务院专利行政部门登记，由国务院专利行政部门予以公告。权利的转让自登记之日起生效（参照《专利法》第10条第3款）。赠与标的为注册商标的，当事人应当共同向商标局提出申请。转让注册商标经核准后，予以公告。受赠人自公告之日起享有商标专用权（参照《商标法》第42条第1款和第4款）。著作权中的财产权可以部分或者全部转让（参照《著作权法》第10条第1款和第3款），自然可以通过赠与的方式转让，但应当以书面合同的形式（参照《著作权法》第27条第1款），我国法律对其未如对专利权和注册商标那样有特别的手续上的要求，故可以认为自赠与合同生效时起，著作财产权转移给受赠人。赠与债权的，赠与合同生效，债权即移转，赠与人的给付义务即已履行完毕，惟未通知债务人的，该转让对债务人不发生效力（《民法典》第546条第1款）。此通知义务，可以理解为赠与人的一项附随义务。

二、赠与人违约及其法律后果

（一）赠与人违约

赠与人违约可以表现为赠与人不能履行、迟延履行、拒绝履行，也可以表现为赠与人不完全履行（瑕疵履行等）。《民法典》中的"违约"概念，包括了赠与的财产有瑕疵的情形。

（二）赠与人的责任

赠与合同为无偿合同，如完全按照适用于有偿合同的规则严格适用，有失公允，易滋生不良后果，挫伤赠与人赠与财产的积极性，故一般立法通例均设法减轻或者免除赠与人责任，并因此构成赠与合同的特色。我国《民法典》亦不例外，原则上不使赠与人负"与出卖人相同的责任"。

1. 对故意或者重大过失致赠与财产毁损、灭失的责任。在不得任意撤销的赠与场合，因赠与人故意或者重大过失致使赠与的财产毁损、灭失的，赠与人应当承担损害赔偿责任（《民法典》第660条第2款）。赠与人仅对故意（Vorsatz）或者重大过失（grobe Fahrlaessigkeit）负责，这是因为赠与合同具有无偿合同性质，上述规则在一般场合符合当事人的意思。[①] 这与《民法典》合同编关于一般的违约损害赔偿责任采无过失责任（严格责任）形成鲜明的对照。

2. 有限的瑕疵担保责任。赠与的财产有瑕疵的，赠与人不承担责任（《民法典》第662条第1款前段）。瑕疵担保本属有偿合同的特色，无偿合同无瑕疵担保问题。赠与的财产纵

---

① 参见［日］来栖三郎：《契约法》，有斐阁1974年版，第237页。

有瑕疵，基于赠与使受赠人纯获利益的特点，亦不应使赠与人承担什么责任。正所谓"人赠驽马，不察其齿"（Einem geschenkten Gaul schaut man nicht ins Maul）。①

附义务的赠与，赠与的财产有瑕疵的，赠与人在附义务的限度内承担与出卖人相同的责任（《民法典》第662条第1款后段）。附义务的赠与具有特殊性，受赠人所负担的义务虽非对待给付义务，亦不可否认，赠与合同的无偿特色因此而降低，可以认为它实属居于无偿与有偿之间的特殊类型，故赠与人只负担有限的瑕疵担保责任。其相关内涵，有待解明。（1）此时赠与人的责任属无过失责任。（2）就责任形式而言，法条指引向了"与出卖人相同的责任"，由此可知其为《民法典》合同编第八章规定的"违约责任"的方式，而非其他特别的责任方式。此所谓"瑕疵担保责任"，已经统合入违约责任，不是独立的或者相对独立的责任。责任方式包括强制履行（包括修理、更换、重作）、损害赔偿、违约金等。（3）就责任范围（主要是赔偿范围）而言，法条限定为"在附义务的限度内"，如系指所附义务的金钱价值，则赔偿责任（包括赔偿性违约金）的最高数额以上述金钱价值额为限。惟所附义务非必均有金钱价值，或者均得作金钱评价，此时如何使赠与人承担责任，似值疑问。另外，既言使赠与人负"与出卖人相同的责任"，对于附义务赠与似有必要作进一步的区分和限定，区分为所附义务使赠与人受益者和不使之受益者，对于前者使赠与人负"与出卖人相同的责任"，无可厚非；对于后者，受赠与虽负担了一定的义务，但该义务的履行并不使赠与人获得任何利益，甚至可能是受赠人获得利益（比如受赠人应好好学习一年）。如果仍令赠与人负"与出卖人相同的责任"，实难谓有实质性道理，故对上述法条，宜作进一步的限缩解释，使之仅限于上述前一种情形。

3. 故意不告知瑕疵或者保证无瑕疵时的赔偿责任。赠与人故意不告知瑕疵或者保证无瑕疵，造成受赠人损失的，应当承担损害赔偿责任（《民法典》第662条第2款）。虽然在买卖的场合解除合同并使之赔偿损害多有所在，但在赠与的场合，受赠人因为不存在对待给付义务，即使解除合同也没有什么利益，故仅使之可得请求损害赔偿。②

此时的损害赔偿责任，所赔偿者为受赠人的信赖利益（Vertrauensinteresse，受赠人因不知瑕疵的存在而遭受的损失），而非履行利益（如果瑕疵不存在受赠人所会拥有的利益）。③对于下列损失，赠与人应予以赔偿：因赠与人不告知赠与物为他人之物，受赠人对于他人的权利主张，提起确认之诉所需的诉讼费用；受赠人丧失取得同类物的机会所遭受的损失；相信赠与物没有瑕疵，对赠与物进行改善或利用，因赠与物的瑕疵使该物归于无用所遭受的损失。④

---

① Vgl. *Brox/Walker*, Besonderes Schuldrecht, 31. Auflage, Verlag C.H. Beck, 2006, S.144.
② 参见［日］来栖三郎：《契约法》，有斐阁1974年版，第237—238页；［日］远藤浩编：《债权各论I契约》（第四版），日本评论社1995年版，第73页。
③ 此为德国及日本通说见解，Vgl. *Brox/Walker*, Besonderes Schuldrecht, 31. Auflage, Verlag C.H. Beck, 2006, S.144. 另外参见［日］柚木馨、高木多喜男编集：《新版注释民法（14）》，有斐阁1993年版，第54页；［日］远藤浩编：《债权各论I契约》（第四版），日本评论社1995年版，第73页。
④ 参见史尚宽：《债法各论》，台北自刊本1960年版，第122页；崔建远主编：《合同法》（第七版），法律出版社2021年版，第307页。

由于赔偿的对象是信赖利益，在发生扩大损害场合，如何处理，尚属问题。比如过年的时候赠与人故意赠与掺毒的包子，为了处理此种案子，与其破坏既有的关于损害赔偿范围的原则，不如依侵权行为处理。[1]

4. 履行迟延。赠与人就经公证或履行道德上义务的赠与，既不许赠与人撤销赠与，受赠人自得请求履行。在赠与人履行迟延场合，可否发生迟延损害赔偿？《民法典》对此虽未作规定，鉴于该法原则上不使赠与人负"与出卖人相同的责任"，在解释上仍不妨借鉴比较法（比如我国台湾地区"民法"第409条第1项），使赠与人仅负强制履行之责任，此外不再负迟延损害赔偿责任，不支付迟延利息或者承担其他损害的赔偿责任。

三、赠与人的抗辩权

（一）语义

《民法典》第666条规定："赠与人的经济状况显著恶化，严重影响其生产经营或者家庭生活的，可以不再履行赠与义务。"此条规定在理论上称为"穷困抗辩权"（Notbedarfseinrede，或称紧急需要抗辩权），[2] 学者亦将此条规定的赠与履行的拒绝权（Leistungsverweigerungsrecht）解释为抗辩权。[3]

（二）构成要件

1. 客观上须有赠与人经济状况显著恶化的事实。经济状况的恶化，不仅包括积极的财产减少，消极的支出增加，比如因结婚、收养、非婚生子女的认领、子女的增加等，而且包括负担的增加。[4] 除赠与人具有恶意的情形外（可否发生债权人撤销权，尚属另一问题），原则上并不过问其事实发生的原因。

2. 经济状况恶化须达一定程度，如强要赠与人履行给付义务，会严重影响其生产经营或者家庭生活。

（三）效力

1. 一时的抗辩抑或永久的抗辩。法条所谓可以"不再履行"，是指一时的不履行，抑或永久性地不履行？对此，学理解释存在分歧。永久抗辩说认为，穷困抗辩导致"赠与合同的终止"，[5] 或者说赠与义务即归于消灭。[6] 一时抗辩说则认为，适用穷困抗辩权时，并非完全

---

[1] 参见 [日] 内田贵：《民法 II 债权各论》，东京大学出版会2007年版，第160页。
[2] 石宏主编：《〈中华人民共和国民法典〉释解与适用［合同编］》（上册），人民法院出版社2020年版，第371页。相关比较立法例如我国台湾地区"民法"第418条（赠与人之穷困抗辩——赠与履行之拒绝）。
[3] 亦有以之为解除权者，比如王利明、房绍坤、王轶：《合同法》，中国人民大学出版社2002年版，第356页。
[4] 史尚宽：《债法各论》，台北自刊本1986年版，第129页。
[5] 参见崔建远主编：《合同法》（第七版），法律出版社2021年版，第308—309页。
[6] 谢鸿飞、朱广新主编：《民法典评注：合同编·典型合同与准合同1》，中国法制出版社2020年版，第386页。

解除赠与合同，如果赠与人行使抗辩权仅导致其不履行部分赠与义务，而其事后又因经济状态改善等原因而恢复了经济能力，则应当继续履行其赠与义务。[①]从比较的视角看，以一时抗辩说为通常见解。[②]

2. 是否发生受赠人的返还义务。赠与人的抗辩权，仅系针对受赠人的履行请求权而设，其效力仅向将来发生，并不溯及既往，[③]与《德国民法典》第528条（因赠与人变穷而请求返还）并不相同。对于既已给付的财产，从此种抗辩权无从导出"受赠人的返还义务"（Rueckgabepflicht des Beschenkten），须另外借助后述"赠与合同的撤销"制度，以为救济。

第三节 赠与合同的撤销

鉴于赠与合同的无偿性，我国法针对赠与合同，规定了赠与人或者其他特定主体的撤销权。赠与合同的撤销权（Widerrufsrecht），在性质上属于形成权，其行使方式法律虽未明文规定，解释上宜认为权利人应向受赠人以意思表示为之。赠与人或者其他特定主体通过行使该权利，可以使赠与合同自始归于消灭，如果已有财产的给予，可因此发生受赠人的返还义务。

一、赠与的任意撤销

（一）语义、期限及后果

赠与的任意撤销，是指依赠与人的任意意思即可实施的对于赠与合同的撤销。《民法典》第658条第1款规定，赠与人在赠与财产的权利转移之前可以撤销赠与。因而，赠与的任意撤销也可称作赠与的"财产权利转移之前的撤销"。

赋予赠与人任意撤销赠与合同的权利，背离"君子一言，驷马难追"，缓和赠与对于赠与人的拘束力，一方面是基于赠与的无偿性；另一方面则是鉴于赠与合同为诺成合同，不以书面形式为必要，且不分动产抑或不动产赠与，对赠与人实具有冲动危险，为期平衡，让赠与人在未为履行或未为完全履行之前，有机会再度考虑，是否果真要继续此一对其不利的合同。

任意撤销的期限是"赠与财产的权利转移之前"，立法未采用"交付"之前的表述，以前者较后者涵盖面更宽，更为确切。赠与标的并不以有体物为限，尚得包括权利等无形财产（比如债权）。在赠与权利场合，无所谓交付，但有权利转移问题。

由于赠与财产的权利尚未转移，在动产场合不发生受赠人返还财产的问题；在不动产场合，如果不动产已经移转占有，只是没有办理过户登记手续（不动产权利尚未转移），还可

[①] 王利明：《合同法研究》第3卷，中国人民大学出版社2012年版，第229—230页。
[②] 参见史尚宽：《债法各论》，台北自刊本1986年版，第128页；黄立主编：《民法债编各论》（上），元照出版公司2002年版，第273—274页；王泽鉴：《民法概要》，北京大学出版社2009年版，第278页。
[③] 参见崔建远主编：《合同法》（第四版），法律出版社2007年版，第403页。

能发生受赠人返还不动产的义务。

（二）限制

对于赠与的任意撤销，存在若干限制。首先，应注意：经过公证的赠与合同或者依法不得撤销的具有救灾、扶贫、助残等公益、道德义务性质的赠与合同，不适用《民法典》第658条第2款的规定。为履行道德义务等的赠与，具有伦理性；经过公证的赠与，赠与人当已深思熟虑，无特别保护的必要，故不应允许任意撤销。[1]

此外，其他立法规定的限制。比如《慈善法》第41条第1款。

二、赠与的法定撤销

赠与的法定撤销，是指仅在法律明文规定的特定情形下，才允许赠与人或者其他特定主体作出的撤销。法律规定特定的情形，主要是受赠人有重大的忘恩负义或者背信弃义行为，它是在赠与人任意撤销权无以为济场合（不仅包括财产权利已经转移的情形，也包括任意撤销的例外情形，无论财产权利是否转移）的特别救济手段。

（一）赠与人所为的法定撤销

依据《民法典》第663条第1款，赠与人可以撤销赠与的情形如下：
1. 受赠人严重侵害赠与人或者赠与人近亲属的合法权益。
2. 受赠人对赠与人有扶养义务而不履行。
3. 不履行赠与合同约定的义务。

赠与人的撤销权，自知道或者应当知道撤销事由之日起一年内行使（《民法典》第663条第2款）。赠与人的撤销权为形成权，故此处期间的性质为除斥期间。

（二）其他特定主体所为的法定撤销

因受赠人的违法行为致使赠与人死亡或者丧失民事行为能力的，赠与人的继承人或者法定代理人可以撤销赠与（《民法典》第664条第1款）。应当注意，赠与人的继承人或者法定代理人所可行使的撤销权，是直接基于法律的规定而取得，并非由赠与人继承而来，亦非以代理人身份代为行使。

赠与人的继承人或者法定代理人的撤销权，自知道或者应当知道撤销事由之日起六个月内行使（《民法典》第664条第2款）。此期间的性质亦为除斥期间。

（三）受赠人的返还义务

撤销权人撤销赠与的，可以向受赠人请求返还赠与的财产（《民法典》第665条）。相应

---

[1] 参见王泽鉴：《民法概要》，北京大学出版社2009年版，第276页。

地，受赠人负有返还义务。

第四节　特殊的赠与

一、附义务赠与

赠与可以附义务（《民法典》第 661 条第 1 款）。这种被附了义务的赠与就称为附义务赠与，或称为附负担赠与（Schenkung unter Auflage）。受赠人因为接受赠与的财产而有义务兑现相应的负担（zur Vollziehung der Auflage verpflichtet）。[①] 实际上是在赠与合同中附加一个条款，使受赠人负担为一定给付的债务。

附义务赠与如果表现为现实赠与（Realschenkung），就被认为是仅受赠人一方负担合同（ein den Beschenkten einseitig verpflichtender Vertrag）；如果是约定赠与（Schenkungsversprechen），则被认为是双方负担合同（ein zweiseitig verpflichtender Vertrag），但却并非双务合同（kein gegenseitiger Vertrag）。它之所以不能被作为双务合同，是因为赠与合同中的"负担"（Auflage）不可以具有"报偿"（Entgelt）的意义。[②]

（一）赠与合同所附的"义务"

1. 并非"对待给付义务"。如果一方负担给付义务是为了让另外一方负担对待给付义务，这时的合同就是双务合同，而非单务合同。因而，自理论上讲，附义务赠与所附的"义务"不应构成对待给付义务，不应构成赠与义务的"对价"（Gegenwert）或者"报偿"，否则它就会丧失赠与的基本属性，变成双务合同、有偿合同。

2. 并非"条件"。赠与合同所附的义务，实属一项"负担"，而应当与"条件"相区别。附义务赠与，其赠与合同业已成立生效，亦即负担的履行并非赠与合同的成立或生效要件；此与附条件赠与并不相同，在附条件赠与场合，如果所附的为生效条件，则在条件成就之前，该赠与合同虽然成立，但尚未生效。[③] 比如叔叔与侄子约定，如侄子好好学习一年，叔叔将赠与笔记本电脑一部，此属附生效条件的赠与；如约定赠与笔记本电脑一部，但要好好学习一年，则属附义务赠与。

[①] Vgl. *Karl Larenz*, Lehrbuch des Schuldrechts, Ⅱ. Band, Besonderer Teil, 1. Halbband, Verlag C.H. Beck, 1986, S. 208.

[②] Vgl. *Karl Larenz*, Lehrbuch des Schuldrechts, Ⅱ. Band, Besonderer Teil, 1. Halbband, Verlag C.H. Beck, 1986, S.208-209. 有的学者没有注意区分双方负担合同与双务合同，直接以双方负担合同为双务合同，以至于得出约定的附负担赠与是"双务合同"的结论，比如黄立主编：《民法债编各论》（上），元照出版公司 2002 年版，第 266 页。关于这种区分，可以参阅韩世远：《合同法总论》（第二版），法律出版社 2008 年版，第 248 页。附负担赠与的给付与受赠人的负担义务，并非立于对价关系，性质上仍属无偿、单务合同。参见王泽鉴：《民法概要》，北京大学出版社 2009 年版，第 278 页。

[③] 参见黄立主编：《民法债编各论》（上），元照出版公司 2002 年版，第 265 页。

（二）所附义务的履行及不履行

赠与附义务的，受赠人应当按照约定履行义务（《民法典》第661条第2款）。赠与人有履行请求权，惟此权利的主张是否以赠与人已经履行完毕赠与义务为要件，值得探讨。《德国民法典》第525条第1款规定，附负担而作出赠与的人，在自己方面已履行给付的，可以请求执行负担。显然要求赠与人先行履行。《日本民法典》第553条则规定，关于附负担赠与，除本节规定外，适用关于双务合同的规定。这意味着可以准用同时履行抗辩权的规定。进一步言之，并不以赠与人先履行为要件。我国《民法典》没有明确规定赠与人应当先履行，按照一般债务履行的规则，宜认为赠与人的赠与义务与受赠人负担的义务没有履行的先后顺序。因而，在受赠人请求赠与人履行赠与义务场合，如果赠与人没有依《民法典》第663条第1款撤销赠与，在解释上宜认为可类推适用《民法典》第525条，赠与人可以基于同时履行抗辩权而拒绝给付赠与财产。[①]

附义务的赠与，赠与的财产有瑕疵的，赠与人在附义务的限度内承担与出卖人相同的责任（《民法典》第662条第1款后段）。

受赠人不履行赠与合同约定的义务的，赠与人可以撤销赠与（《民法典》第663条第1款第3项）。

二、公益事业捐赠

（一）公益事业捐赠的含义

公益事业捐赠，是指自然人、法人或者其他组织自愿无偿向依法成立的公益性社会团体和公益性非营利的事业单位捐赠财产，用于公益事业（参照《中华人民共和国公益事业捐赠法》第2条），属于一种目的性赠与。所谓"公益事业"，是指非营利的下列事项：（1）救助灾害、救济贫困、扶助残疾人等困难的社会群体和个人的活动；（2）教育、科学、文化、卫生、体育事业；（3）环境保护、社会公共设施建设；（4）促进社会发展和进步的其他社会公共和福利事业（参照《公益事业捐赠法》第3条）。

（二）公益事业捐赠合同主体

公益事业捐赠的赠与人可以是自然人、法人或者其他组织，可以是境内的主体（境内捐赠人），也可以是境外的主体（华侨以及其他外国人，称为"境外捐赠人"）。受赠人则有限定，指依法成立的公益性社会团体和公益性非营利的事业单位，并不包括自然人。公益性社会团体是指依法成立的，以发展公益事业为宗旨的基金会、慈善组织等社会团体（《公益事业捐赠法》第10条第2款）。公益性非营利的事业单位是指依法成立的，从事公益事业的不

[①] 参见韩世远：《合同法总论》（第二版），法律出版社2008年版，第264页。

以营利为目的的教育机构、科学研究机构、医疗卫生机构、社会公共文化机构、社会公共体育机构和社会福利机构等（《公益事业捐赠法》第 10 条第 3 款）。

在发生自然灾害时或者境外捐赠人要求县级以上人民政府及其部门作为受赠人时，县级以上人民政府及其部门可以接受捐赠，并依照有关规定对捐赠财产进行管理。县级以上人民政府及其部门可以将受赠财产转交公益性社会团体或者公益性非营利的事业单位；也可以按照捐赠人的意愿分发或者兴办公益事业，但是不得以本机关为受益对象（《公益事业捐赠法》第 11 条）。

（三）捐赠协议

捐赠协议是捐赠人与受赠人之间的赠与合同，内容包括捐赠财产的种类、质量、数量和用途等。捐赠人有权决定捐赠的数量、用途和方式。捐赠协议的效力如下：

1. 捐赠人的义务与权利。

（1）给付义务。捐赠协议是诺成合同，因而，"捐赠人应当依法履行捐赠协议，按照捐赠协议约定的期限和方式将捐赠财产转移给受赠人"（《公益事业捐赠法》第 12 条第 2 款）。这是捐赠人的主给付义务。

（2）留名、提名权。捐赠人对于捐赠的公益事业工程项目可以留名纪念；捐赠人单独捐赠的工程项目或者主要由捐赠人出资兴建的工程项目，可以由捐赠人提出工程项目的名称，报县级以上人民政府批准（《公益事业捐赠法》第 14 条）。

（3）查询权。捐赠人有权向受赠人查询捐赠财产的使用、管理情况，并提出意见和建议（《公益事业捐赠法》第 21 条前段）。

2. 受赠人的义务。在公益事业捐赠场合，受赠人依合同约定或者法律规定亦得负有一定的义务，这些义务虽亦得作为合同义务，并不构成捐赠人给付义务的对待给付义务，因而，捐赠合同仍属单务、无偿合同。

（1）收据出具义务。受赠人接受捐赠后，应当向捐赠人出具合法、有效的收据（第 16 条前段）。

（2）善管义务。受赠人接受捐赠后，应当将受赠财产登记造册，妥善保管（第 16 条后段）。公益性社会团体应当严格遵守国家的有关规定，按照合法、安全、有效的原则，积极实现捐赠财产的保值增值（《公益事业捐赠法》第 17 条第 2 款）。对于不易储存、运输和超过实际需要的受赠财产，受赠人可以变卖，所取得的全部收入，应当用于捐赠目的（《公益事业捐赠法》第 17 条第 4 款）。

（3）用途遵守义务。受赠人与捐赠人订立了捐赠协议的，应当按照协议约定的用途使用捐赠财产，不得擅自改变捐赠财产的用途。如果确需改变用途的，应当征得捐赠人的同意（《公益事业捐赠法》第 18 条）。"受赠人未征得捐赠人的许可，擅自改变捐赠财产的性质、用途的，由县级以上人民政府有关部门责令改正，给予警告。拒不改正的，经征求捐赠人的意见，由县级以上人民政府将捐赠财产交由与其宗旨相同或者相似的公益性社会团体或者公益性非营利的事业单位管理"（《公益事业捐赠法》第 28 条）。

（4）如实答询义务。对于捐赠人的查询，受赠人应当如实答复（《公益事业捐赠法》第21条后段）。

（四）捐赠目的

公益事业捐赠属于一种目的性赠与。于"目的性赠与"（Zweckschenkung）场合，赠与人给予财产是为了特定的目的（比如由受赠人开展某项活动），对此受赠人也能够知道。然而与附义务赠与不同的是，根据当事人的协议，并不能够为任何可以诉求的受赠人的义务提供基础。[1] 捐赠目的能否实现，取决于多种因素，有的也并非完全能够由受赠人单方决定。

捐赠目的不能实现或者不能达到时合同该如何处理，是一个问题。学者认为，双方的缔约目的无法达成，构成缔约基础丧失，应容许赠与人依不当得利将该笔钱取回。[2] 捐赠协议是如何终了的呢？是解除抑或撤销？捐赠人可否撤销捐赠协议？由于公益事业捐赠具有社会公益属性，故不适用任意撤销（参照《民法典》第658条第2款）。至于法定撤销，则要看能否符合《民法典》第663条第1款规定的法定撤销的构成要件，特别是能否符合第3项规定的受赠人"不履行赠与合同约定的义务"。如果合同约定了受赠人专款专用义务，而受赠人违反该义务，导致捐赠目的不能达到，当然可以由捐赠人撤销捐赠，由受赠人返还被挪作他用的款项。至于解除，对于赠与合同不具有实际意义，不再分析。

---

[1] Vgl. *Brox/Walker*, Besonderes Schuldrecht, 31. Auflage, Verlag C.H. Beck, 2006, S.146.
[2] 参见黄立主编：《民法债编各论》（上），中国政法大学出版社2003年版，第180页。

第十五章 借款合同

第一节 借款合同概述

一、借款合同的语义

借款合同是借款人向贷款人借款，到期返还借款并支付利息的合同（《民法典》第667条）。借款合同（Gelddarlehensvertrag）的当事人分别为借款人（Darlehensnehmer）和贷款人（Darlehensgeber，比如银行），合同标的物是金钱。

借款合同是借贷合同的一种。借贷合同，分为使用借贷与消费借贷。使用借贷（Leihvertrag）是以使用为目的，将来返还同一标的物，又称借用合同，比如借汽车一辆使用一个月。消费借贷（Darlehensvertrag）是以消费为目的，将来返还相同种类、品质和数量的物，比如借大米一袋。二者的区别在于，消费借贷的借用人之于标的物不仅是使用（Gebrauch），而是要消费（Verbrauch），因而须使之获得标的物的所有权或者金钱。[1] 借款合同属于消费借贷合同，又称金钱消费借贷合同；消费借贷合同的另外一种类型是物品消费借贷合同（Sachdarlehensvertrag）。

与借款合同相对应者尚有存款合同（储蓄合同），存款合同的主要目的在于金钱的保管，《民法典》第901条设有规定，属于一种不规则的保管（unregelmaessige Verwahrung），保管人可以返还相同种类、数量的货币，无须返还储户给付的特定货币。存款合同之为一种保管合同，储户不但无须支付保管费（无偿保管），而且还可以获得利息。储户将金钱存于银行，银行亦获得金钱的所有权，于此点实与借款合同无异。二者的差异在于利益状态：保管合同主要是服务于寄存人的利益（保管），消费借贷合同则主要是服务于借用人的利益

---

[1] Vgl. *Brox/Walker*,Besonderes Schuldrecht, 31. Auflage, Verlag C.H. Beck, 2006, S.221. 消费借贷合同与租赁合同的区别，亦在于是否取得标的物的所有权。

（信用）。①

二、借款合同的类型

（一）金融借款合同与民间借贷合同

我国司法实务中有金融借款合同（或称信贷合同）与民间借贷合同的区分：前者特指以银行、信用社等金融机构为贷款人的借款合同；后者指自然人、法人和非法人组织之间以资金融通为目的的其他借款合同。《民法典》没有作此区分，而是统一称为借款合同。理由在于，尽管金融借款合同和民间借贷合同在放贷主体、监管、利率等方面存在明显区别，但该区别主要存在于行政监管领域，而在民事权利义务的立法内容方面，两者不应有明显区别，否则将有悖于平等原则；同时，民间借贷与政策联系紧密，政策变动性强，与民法典要求的稳定性不符。② 不过，司法解释针对民间借贷已有专门规定，③ 且有一些特别规则，故对此不应忽视。

（二）有息借款合同（Verzinsliches Darlehen）与无息借款合同（Zinsloses Darlehen）

我国法上的借款合同原则上是有息的，这从《民法典》第 667 条借款合同的定义中可以明确地反映出来，也与我国的商业习惯相一致。当然，例外情形是有的。借款合同对支付利息没有约定的，视为没有利息（《民法典》第 680 条第 2 款）。自然人之间借款的，视为没有利息（《民法典》第 680 条第 3 款后段）。比如亲属之间或者朋友之间的借款合同，虽然在法律上可以约定支付利息（第 680 条第 3 款后段中的"视为"实应为"推定为"，并无不许自然人有息借款的意思④），但事实上当事人多不约定支付利息，或者没有明确的约定，此时的借款合同便被视为是无息借款合同，属于借款合同的特别情形。无息借款合同不是双务合同，⑤ 而是单务合同，尽管贷款人负有提供贷款的义务，借款人负有到期返还借款的义务，此二者并不构成对价关系。

三、借款合同的性质

（一）双务合同

《民法典》第 667 条是关于借款合同的一般规定，依此规定，贷款人有向借款人提供借

---

① Vgl. *Brox/Walker*, Besonderes Schuldrecht, 31. Auflage, Verlag C.H. Beck, 2006, S.222.
② 石宏主编：《〈中华人民共和国民法典〉释解与适用［合同编］》（上册），人民法院出版社 2020 年版，第 379 页。
③《最高人民法院关于审理民间借贷案件适用法律若干问题的规定》（法释［2015］18 号，法释［2020］17 号第二次修正）。
④ 参见石宏主编：《〈中华人民共和国民法典〉释解与适用［合同编］》（上册），人民法院出版社 2020 年版，第 404 页。
⑤ Vgl. *Brox/Walker*, Besonderes Schuldrecht, 31. Auflage, Verlag C.H. Beck, 2006, S.229.

款的义务（参照《民法典》第 671 条第 1 款），借款人有到期返还借款并支付利息的义务，因而属于双务合同。惟无息借款合同仍属单务合同，已如上述。

（二）有偿合同

贷款人的贷款义务与借款人支付利息的义务构成给付与对待给付关系，利息构成于特定期间内使用借款的对价，因而，借款合同为有偿合同。当然，无息借款合同属于无偿合同。

（三）诺成合同

借款合同的成立，原则上并不以贷款人给付贷款为前提，不是要物合同（Realvertrag），而是诺成合同（Konsensualvertrag）。[①]

不过，自然人之间的借款合同，自贷款人提供借款时成立（《民法典》第 679 条，修正原《合同法》第 210 条中的合同"生效"为"成立"）。于此场合，构成例外，属于要物合同。另依司法解释，自然人之间的借款合同具有下列情形之一的，可以视为合同成立：（1）以现金支付的，自借款人收到借款时；（2）以银行转账、网上电子汇款等形式支付的，自资金到达借款人账户时；（3）以票据交付的，自借款人依法取得票据权利时；（4）出借人将特定资金账户支配权授权给借款人的，自借款人取得对该账户实际支配权时；（5）出借人以与借款人约定的其他方式提供借款并实际履行完成时（《民间借贷解释》第 9 条）。

（四）要式合同

借款合同应当采用书面形式，但是自然人之间借款另有约定的除外（《民法典》第 668 条第 1 款）。因而，借款合同原则上为要式合同。

（五）继续性合同

借款合同作为一种消费借贷合同属于继续性合同。[②] 贷款人所负的借款提供义务，严格以言，并非一次履行即行完结，毋宁说属于一种须于一定期间内予以维持的状态（状态债务），于此期间内使借款人得以持续性地支配借款，达其合同目的。借款合同必须持续一定的时间，时间因素在合同的履行上居于重要地位，利息的总额取决于合同持续时间的长短。因而，借款合同属于继续性合同。

[①] Vgl. *Brox/Walker*, Besonderes Schuldrecht, 31. Auflage, Verlag C.H. Beck, 2006, S.224. 注意我国台湾地区"民法"第 474 条第 1 项与此不同，其消费借贷属于要物合同。参见戴修瓒：《民法债编各论》（第三版），三民书局 1995 年版，第 142 页。另外，依《日本民法典》第 587 条的规定，其学说亦认为消费借贷合同仅依当事人的合意尚不成立，尚须有标的物的授受，故属要物合同。参见来栖三郎：《契约法》，有斐阁 1974 年版，第 252—253 页。

[②] 参见[日]来栖三郎：《契约法》，有斐阁 1974 年版，第 249 页。

四、借款合同的订立与展期

（一）合同形式

借款合同采用书面形式，但是自然人之间借款另有约定的除外（《民法典》第 668 条第 1 款）。

（二）合同内容

借款合同的内容一般包括借款种类、币种、用途、数额、利率、期限和还款方式等条款（《民法典》第 668 条第 2 款）。

（三）担保

订立借款合同，贷款人可以要求借款人提供担保。担保依照《民法典》的有关规定。

（四）先合同义务

订立借款合同，借款人应当按照贷款人的要求提供与借款有关的业务活动和财务状况的真实情况（《民法典》第 669 条）。借款人的此项义务属于先合同义务，如果违反，得依《民法典》第 500 条（缔约上过失责任）发生损害赔偿责任。

（五）展期

借款人可以在还款期限届满前向贷款人申请展期；贷款人同意的，可以展期（《民法典》第 678 条）。

五、利息预扣之禁止

借款的利息不得预先在本金中扣除。利息预先在本金中扣除的，应当按照实际借款数额返还借款并计算利息（《民法典》第 670 条）。此条规定属强制性规范，立法基于公平原则，防止贷款人利用优势地位确定不公平的合同内容，提前收回利息，损害借款人的合法利益。

六、民间借贷合同的无效事由

具有下列情形之一的，人民法院应当认定民间借贷合同无效：（1）套取金融机构贷款转贷的；（2）以向其他营利法人借贷、向本单位职工集资，或者以向公众非法吸收存款等方式取得的资金转贷的；（3）未依法取得放贷资格的出借人，以营利为目的向社会不特定对象提供借款的；（4）出借人事先知道或者应当知道借款人借款用于违法犯罪活动仍然提供借款的；(5) 违反法律、行政法规强制性规定的；(6) 违背公序良俗的(《民间借贷解释》第13条)。

第二节 借款合同的效力

一、贷款人的义务

贷款人有按照约定的日期、数额提供借款的义务(参照《民法典》第667条、第671条第1款)，称为贷款人的借款提供义务(Ueberlassungspflicht)，属其主给付义务，而非先合同义务，因为它并非成立借款合同的前提，而是合同成立后始行履行的义务。

贷款人借款提供义务的履行，可以有不同的方式。最为常见的方式是由贷款人以银行转账的方式将约定的款项划拨到借款人的账户。自然人之间小金额的借款，则常以给付现金的方式履行。

贷款人未按照约定的日期、数额提供借款，造成借款人损失的，应当赔偿损失(《民法典》第671条第1款)。此属违约损害赔偿，故应适用《民法典》第584条的规定。

二、借款人的义务

(一) 给付义务

1. 利息支付义务(Zinszahlungspflicht)。利息支付义务与借款的供与(Darlehenshingabe)居于双务合同的牵连关系(Gegenseitigkeitsverhaeltnis)，而为借款人的主给付义务(Hauptleistungspflicht)。[①]

(1) 利息是否发生。借款合同对支付利息没有约定的，视为没有利息(《民法典》第680条第2款)。自然人之间借款的，视为没有利息(《民法典》第680条第3款后段)。除此之外其他的借款合同，依其性质，当然要发生支付利息的义务。当事人有明确约定的依其约定，"借款合同对支付利息约定不明确，当事人不能达成补充协议的，按照当地或者当事人的交易方式、交易习惯、市场利率等因素确定利息"(《民法典》第680条第3款前段)。

(2) 利率限制。利率作为借款合同的重要内容，由当事人约定。然而，国家对此并非完全放任，"禁止高利放贷，借款的利率不得违反国家有关规定"(《民法典》第680条第1款)。

中国人民银行就利率等重要事项作出决定，报国务院批准后执行(参照《中国人民银行法》第5条)，由中国人民银行决定的利率称为法定利率。金融机构的存款利率和贷款利率

---

① Vgl. *Brox/Walker*, Besonderes Schuldrecht, 31. Auflage, Verlag C.H. Beck, 2006, S.230.

须在法定利率的上下限之内确定（或称为浮动利率）。应当注意，借助于中央银行制定的利率标准确定的利率均与金融借款相关；与民间借贷相关的利率，中央银行并无相关规定。

关于民间借贷的利率，依司法解释，双方约定的利率超过合同成立时一年期贷款市场报价利率四倍的，人民法院不予支持（参照《民间借贷解释》第25条第1款）。此所称"一年期贷款市场报价利率"，是指中国人民银行授权全国银行间同业拆借中心自2019年8月20日起每月发布的一年期贷款市场报价利率（《民间借贷解释》第25条第2款）。超出此限度的，超出部分的利息不予支持。此处"超出部分的利息不予支持"究竟指什么？对此尚存疑问。自比较法来看，我国台湾地区"民法"第205条规定："约定利率，超过周年百分之二十者，债权人对于超过部分之利息，无请求权。"依该地区学者通说，此所谓"无请求权"，指债权人请求时，债务人对于超过部分得拒绝给付，但已为给付者，却不得依不当得利之规定，请求返还。易言之，超过部分之利息，仅为自然债务而已，尚非无效。① 日本民法本无利息限制，其有关利率限制之见解，因法院立场之推进，由无请求权说发展为不当得利说，再发展到当然抵充说。如是，其超过最高利率部分无效，债权人于给付时当然抵充原本；如有剩余得请求返还。② 比较而言，以后者更具合理性。就我国法而论，超过法定最高利率限制的利息，超过部分无效。民事法律行为部分无效，不影响其他部分效力的，其他部分仍然有效（《民法典》第156条）。如果债务人已经支付了利息，超过的部分抵充本金；如仍有剩余，作为非债清偿，可依不当得利的规定请求返还。

（3）支付期限。借款人应当按照约定的期限支付利息。对支付利息的期限没有约定或者约定不明确，依据《民法典》第510条的规定仍不能确定，借款期间不满一年的，应当在返还借款时一并支付；借款期间一年以上的，应当在每届满一年时支付，剩余期间不满一年的，应当在返还借款时一并支付（《民法典》第674条）。

（4）复利。《民法典》未明确规定复利问题，司法解释对此有所补充。借贷双方对前期借款本息结算后将利息计入后期借款本金并重新出具债权凭证，如果前期利率没有超过合同成立时一年期贷款市场报价利率四倍，重新出具的债权凭证载明的金额可以认定为后期借款本金。超过部分的利息，不应认定为后期借款本金（《民间借贷解释》第27条第1款）。对于金融借贷，可以类推适用该司法解释规则。

2. 还款义务（Rueckerstattungspflicht）。有借有还，理固宜然。借款人负有还款义务，此属借款合同的基本特征，如其不然，则根本不成其为借款合同。借款人的此项义务属于可得诉求的主给付义务（eine einklagbare Hauptleistungspflicht），然而它却并非与贷款人的借款提供义务立于双务合同的牵连关系。③ 借款人负有还款义务，不论是有偿借款合同还是无偿借款合同，均不例外。当然，借款人此项义务要以其实际得到了借款为前提条件。

---

① 参见郑玉波：《民法债编总论》（修订二版），陈荣隆修订，中国政法大学出版社2004年版，第210页。
② 参见日本最高法院昭和43年（1968年）11月13日大法庭判决。其意旨略为："超过法定最高利率之利息，于抵充原本而有剩余者，其剩余部分，性质上为非债清偿，应无利息限制法之适用，得依民法不当得利之规定，请求返还。"
参见邱聪智：《新订民法债编通则》（上），中国人民大学出版社2003年版，第208—209页。
③ Vgl. *Brox/Walker*, Besonderes Schuldrecht, 31. Auflage, Verlag C.H. Beck, 2006, S.230.

（1）有约定期限场合。借款人应当按照约定的期限返还借款（《民法典》第675条）。借款人未按照约定的期限返还借款的，应当按照约定或者国家有关规定支付逾期利息（《民法典》第676条）。此项规则，原则上无论对于有息借款合同还是对于无息借款合同，均得适用。在民间借贷场合，借贷双方对逾期利率有约定的，从其约定，但是以不超过合同成立时一年期贷款市场报价利率四倍为限（《民间借贷解释》第28条第1款）。

借款人提前返还借款的，除当事人另有约定外，应当按照实际借款的期间计算利息（《民法典》第677条）。此项规则属一般规定，既适用于金融借贷，也适用于民间借贷（参见《民间借贷解释》第30条第1款）。由此可见，我国此处立法原则推定履行期限是为债务人利益的。除非当事人有明确的特别约定，否则推定提前还款为借款人的自由，不构成违约。故"借款人提前偿还借款并主张按照实际借款期限计算利息的，人民法院应予支持"（《民间借贷解释》第30条第2款）。

（2）没有约定期限或者约定不明确场合。对借款期限没有约定或者约定不明确，依据《民法典》第510条的规定仍不能确定的，借款人可以随时返还；贷款人可以催告借款人在合理期限内返还（《民法典》第675条后段）。

（二）附随义务

1. 用途遵守义务。借款人未按照约定的借款用途使用借款的，贷款人可以停止发放借款、提前收回借款或者解除合同（《民法典》第673条）。停止发放借款，即贷款人对尚未发放的贷款暂停发放。提前收回借款，是金融机构的通行做法，或称为"加速到期条款"，即贷款人可以将已经贷出的借款提前收回。解除合同，只有当违约情况严重致使不能实现合同目的时才可采取。[①]

2. 资料提供义务。贷款人按照约定可以检查、监督借款的使用情况。借款人应当按照约定向贷款人定期提供有关财务会计报表或者其他资料（《民法典》第672条）。

（三）不真正义务

借款人未按照约定的日期、数额收取借款的，应当按照约定的日期、数额支付利息（《民法典》第671条第2款）。

[①] 石宏主编：《〈中华人民共和国民法典〉释解与适用［合同编］》（上册），人民法院出版社2020年版，第389页。

第十六章　保证合同

> **案例 16.1**
>
> 甲向乙借100万元，甲委请丙、丁为保证人。①就此例说明保证的基本法律关系，保证债务与债务承担的不同。②甲届期不履行债务时，乙得否径向丙请求代负履行责任？何谓先诉抗辩权？③丙得否以甲对乙有50万元债权，而对甲主张抵销？④丙对乙为清偿后，得向甲主张何种权利？⑤设丙、丁分别与乙签订保证合同，此时是否属于共同保证？丙与丁就保证责任的承担是连带责任抑或不真正连带责任？[①]

第一节　保证合同概述

一、保证合同的语义、性质及功能

（一）保证合同的概念

保证合同是为保障债权的实现，保证人和债权人约定，当债务人不履行到期债务或者发生当事人约定的情形时，保证人履行债务或者承担责任的合同（《民法典》第681条）。

保证合同的当事人只是保证人（Bürge）与债权人（Gläubiger）两方，而不包括第三人。[②] 债务人虽是重要的关系人，但并非保证合同的当事人，对于该合同而言，债务人属于第三人。

保证合同虽是保证关系的发生根据，但保证却涉及三方面关系（如图16.1.1所示）：

---

① 此例参考王泽鉴：《民法概要》，北京大学出版社2009年版，第355—356页，并略作改动。
② Vgl. *Brox/Walker*, Besonderes Schuldrecht, 41. Auflage, Verlag C.H. Beck, 2017, S.431.

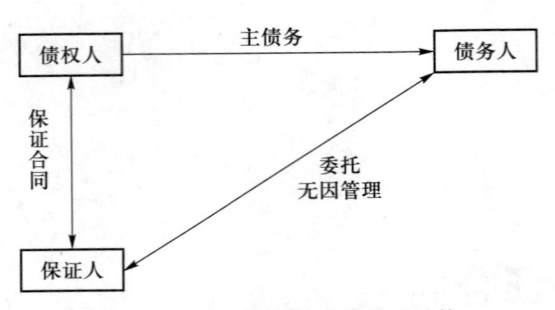

图 16.1.1　保证相关法律关系结构

1. 债权人与债务人之间的主债务（Hauptschuld）关系。该债务关系可以是基于法律行为而发生，也可以是基于侵权行为等原因而发生。

2. 债务人与保证人之间的关系。此即保证人所以愿为保证的原因，有的场合为委托（债务人与保证人之间成立保证委托合同），有的场合保证人并未经债务人委托，甚至可能反于债务人的意思而为保证，[①] 依其情形作具体解释，可能是无因管理或者赠与。

3. 债权人与保证人之间的保证合同关系。

由此可见，保证合同与保证关系并不完全一样，而"保证"一词，有时指保证合同，有时指保证关系，应依其具体语境确定其含义。另外，对于"保证"的这一差异，立法者侧重点不同，立法体例安排有异，比如《日本民法典》将"保证债务"安排在了第三编"债权"第一章"总则"第三节"多数当事人的债权及债务"第五分节"保证债务"，而没再安排在同编第二章"契约"当中。我国《民法典》虽在合同编中规定保证合同，但同时也规定了一些保证合同之外的权利义务关系，比如保证人对于债务人的追偿权及代位权。

基于保证合同发生保证人的义务，称保证债务。应注意，保证债务与债务承担不同（本章例题①）。免责的债务承担，原债务人因此脱离债之关系，仅承担人负担债务；并存的债务承担（债务加入），原债务人虽不脱离债之关系，与连带责任保证相近似，但二者仍不相同，差异在于，债务加入人自始即确定地负担债务，而连带责任保证人承担保证责任则以债务人不履行到期债务或发生当事人约定的情形为前提。学理上虽然如此，但解释具体的意思表示或法律行为时，有时并非界限分明、非此即彼的问题，毋宁说存在同一生活事实充实多个规则（保证、连带债务、并存的债务承担、损害担保合同等）要件的可能性，可由当事人选择主张。

（二）保证合同的性质

1. 保证合同是从合同。"以主契约之存在为前提之附随的契约，为从契约（Nebenvertrag）。独立成立之契约，为主契约（Hauptvertrag）。"[②] 保证合同是主债权债务合同的从合同。主债权债务合同无效，保证合同无效，但是法律另有规定的除外（《民法典》第682条第1款）。这是因为，按照"从随主"原则，主合同无效场合，作为从合同的保证合

---

① [日] 中田裕康：《债权总论》，岩波书店2011年版，第460页以下。
② 史尚宽：《债法总论》，台北自刊本1954年版，第13页。

同因失其目的，继续存在没有意义，故也应无效。

保证合同在效力上的从属性有其"法律另有规定"的例外，典型的事例是独立保证（独立保函，见索即付的保函），在国际贸易中多有运用，就其有效性不存疑问。然而就国内贸易中能否采用，我国司法实务立法有一个转变过程，起初以之为无效，[①] 及至2016年发布司法解释，承认其有效性。[②]《民法典》第682条第1款但书中的"法律"采广义理解，包含法律、行政法规、司法解释等。[③] 故上述司法解释对国内贸易承认独立保函，属于该但书例外范围。

不过，有如下几点需要注意：（1）保证所担保的债权并不限于合同债权，合同以外的原因发生的债之关系，亦得构成保证的对象。比如，甲因乙交通事故而遭受损害，丙对于乙的损害赔偿债务，自愿担当保证人。在此场合，由于不存在主合同，因而，保证合同便是单纯的独立合同，无从谈起从合同。（2）即便是在合同关系场合，保证所担保的仍是具体债务的履行，而不是抽象的合同。实务中有时会出现多方合同，比如甲、乙、丙、丁四方协议，四人均是该合同的当事人，如果戊向丁表示，愿意为甲对丁的债务充当保证人，这时所成立的保证并非泛泛的该四方协议的保证合同。换言之，乙和丙并非保证债权人，保证债权人只有丁一人。由此来看，用主债务与从债务来描述相应的法律关系更为准确，以下具体分析。

保证债务作为从债务，相对于主债务而言，保证债务具有附从性。具体内涵包括：（1）成立上的附从性。如果主债务不成立，保证债务也不成立。比如主债务因合同无效或者条件不成就而不成立，保证债务便也不成立。不过，主债务亦得为将来发生的债务或者将来可增减的债务，并不以现实发生为必要（比如约定最高额保证，《民法典》第690条）。保证债务的成立以主债务的存在或者将来确定存在为前提。（2）消灭上的附从性。主债务消灭场合（比如因清偿、合同被撤销或者解除等），保证债务亦归于消灭。（3）内容上的附从性。保证债务的标的和形态较主债务重时，将其缩减至主债务的限度。比如，主债务为五万元，对此作保的保证债务约定为十万元的，则应缩减至五万元。[④]

2. 保证合同是债权合同及单务合同。保证合同是债权合同（Schuldvertrag），是保证人和债权人的"约定"，依该合同，仅保证人负有义务（保证义务），故该合同属于单务合同（einseitig verpflichtenden Vertrag）。[⑤]

3. 保证合同是要式合同及诺成合同。原《担保法》第13条规定，保证人与债权人应当以书面形式订立保证合同。否则，不能认为保证关系成立。[⑥] 如今，《民法典》的规定虽使

---

① 最高人民法院（1998）经终字第184号二审民事判决书。
② 《独立保函解释》第23条规定："当事人约定在国内交易中适用独立保函，一方当事人以独立保函不具有涉外因素为由，主张保函独立性的约定无效的，人民法院不予支持。"独立保函的内涵，见该司法解释第1条，强调开立人为银行或非银行金融机构。开立人若非银行或非银行金融机构，则应依《担保制度解释》第2条第1款，该有关担保独立性的约定无效。
③ 石宏主编：《〈中华人民共和国民法典〉释解与适用［合同编］》（上册），人民法院出版社2020年版，第411页。
④ ［日］水本浩：《债权总论》，有斐阁1989年版，第202—203页。
⑤ Vgl. *Brox/Walker*, Besonderes Schuldrecht, 41. Auflage, Verlag C.H. Beck, 2017, S.431.
⑥ 孙礼海主编：《中华人民共和国担保法释义》，法律出版社1995年版，第18页。

用了貌似倡导性的表述，"保证合同可以是单独订立的书面合同，也可以是主债权债务合同中的保证条款"（第685条第1款）。"第三人单方以书面形式向债权人作出保证，债权人接收且未提出异议的，保证合同成立"（《民法典》第685条第2款），解释上仍以之为要式合同，此要式为书面形式。①

（三）保证合同的功能

保证在民法典中是一种典型的人的信用担保手段，债权人不仅可以对原始债务人的财产采取行动，也可以对保证人的财产采取行动。② 保证作为人的担保手段，起初是由原《担保法》第二章专门规定，《民法典》颁布后，这部分内容被规定在合同编中，作为一种有名合同。

二、保证合同的成立

（一）保证人的资格

除法律另有特别规定外，对于保证人的资格，原则上并无限制，即便是限制行为能力人，亦得做保证人。法律的特别规定，往往是针对法人或者非法人组织，基于不与其成立目的冲突的考虑而作出的。以下重点分析。

1. 机关法人原则上不得为保证人。机关法人不得为保证人，但是经国务院批准为使用外国政府或者国际经济组织贷款进行转贷的除外（《民法典》第683条第1款）。该规则始见于原《担保法》第8条，其立法理由在于：（1）机关法人的主要职责在于依法行政，进行公务活动，参与经济活动将与此相悖。（2）机关法人的财产和经费来自国家财政划拨，具有特定用途，即维持国家机关的公务活动及日常开支，保障国家机关履行其职责。

上述规则存在例外（《民法典》第683条第1款但书），主要是针对使用外国政府或者国际经济组织贷款进行转贷的情形。

所谓"外国政府或者国际经济组织贷款"，又称"国际金融组织和外国政府贷款"，是指财政部经国务院批准代表国家统一筹借并形成政府外债的贷款，以及与上述贷款搭配使用的联合融资。③ 在对外关系上，财政部作为政府外债的统一管理部门。按照政府承担还款责任的不同，贷款分为政府负有偿还责任贷款和政府负有担保责任贷款。④ 财政部转贷贷款时，应当与省级政府、国务院有关部门、中央企业或者金融机构等签署转贷协议。⑤ 对于财政部转贷的贷款，省级政府负有偿还责任的，省级财政部门应当与下级政府或者有关部门和单位签署执行协议；省级政府负有担保责任的，省级财政部门应当与下级政府或者有关部门和单

---

① 石宏主编：《〈中华人民共和国民法典〉释解与适用［合同编］》（上册），人民法院出版社2020年版，第416页。
② Dieter Medicus, Schuldrecht II, Besonderer Teil, 13. Auflage, Verlag C.H. Beck, 2006, S.189.
③ 财政部《国际金融组织和外国政府贷款赠款管理办法》第3条第1款。
④ 财政部《国际金融组织和外国政府贷款赠款管理办法》第7条第1款。
⑤ 财政部《国际金融组织和外国政府贷款赠款管理办法》第23条第2款。

位签署转贷协议。省级以下（不含省级）政府接受上级政府转贷，比照前款规定签署执行协议或者转贷协议。①

由此可见，《民法典》第 683 条第 1 款但书所规范的"转贷"的贷款人，要么是财政部，要么从省级政府或者有关部门，通常属于机关法人。于此场合，行政等非经济的因素居于突出地位，经济的逻辑已非此种的主导逻辑，因此，法律上特别规定了例外，承认机关法人得为保证人。

2. 公益法人或组织不得为保证人。以公益为目的的非营利法人、非法人组织不得为保证人（《民法典》第 683 条第 2 款）。该规则始见于原《担保法》第 9 条，学校、幼儿园、医院等以公益为目的的非营利法人、非法人组织，因其公益目的的限制，如为保证人，将与此目的相悖，进而影响其公益事业的开展，引发社会问题。

（二）保证合同的内容

保证合同的内容一般包括被保证的主债权的种类、数额，债务人履行债务的期限，保证的方式、范围和期间等条款（《民法典》第 684 条）。该规则沿用了原《担保法》第 15 条的内容。该条规定属于提示性规范，而非强制性规定。换言之，保证合同没有完全具备法律规定的内容的，不影响保证合同的效力。② 不过，基于保证债务的附从性，保证合同以主债务的存在为必要。

1. 主债务的存在。保证债务成立，须主债务成立。主债务不成立、无效或者被撤销场合，保证债务亦不成立或者无效（成立上的附从性）。这与不论主债务存在与否的损害担保合同存在差异。

主债务可以是将来发生的债务或者附生效条件的债务。于此场合，有两种不同的学理构成：其一认为，保证债务也成了将来的债务或者附条件的债务，在主债务实际发生时，保证债务现实地发生；其二认为，保证债务在主债务未发生的阶段仍现实地发生。比较而言以后一学说更为妥当，其好处体现在与最高额保证场合的理论统一、保证人的诈害行为撤销的理论构成、事前求偿权的可能性等方面。③

2. 主债务的内容。主债务是金钱债务的情形比较常见，此外，虽非金钱债务，债务人以外的人也可以履行的以代替性给付为标的的债务（交付大米的债务或者运送货物的债务），亦得成为主债务，对此也没有分歧。与此相对，对于以债务人以外的人不能代替履行的非代替性给付为标的的债务（比如著名音乐家演奏的债务等），可否作为被保证的主债务，存在过学术争论。该问题与给付的同一性是否为保证债务的本质属性相关。④ 在我国法上，欠缺将给付的同一性作为保证债务本质属性的根据，因而，对于能够成为保证债务标的

---

① 财政部《国际金融组织和外国政府贷款赠款管理办法》第 24 条第 2 款和第 3 款。
② 孙礼海主编：《中华人民共和国担保法释义》，法律出版社 1995 年版，第 21 页；黄薇主编：《中华人民共和国民法典合同编释义》，法律出版社 2020 年版，第 490 页。
③ [日] 中田裕康：《债权总论》，岩波书店 2011 年版，第 472 页。
④ [日] 中田裕康：《债权总论》，岩波书店 2011 年版，第 474 页以下。

的主债务，立法并没有特别限定，只是要求订立保证合同时应写明被保证的主债权的种类、数额。

（三）保证合同的形式

保证合同可以有多种表现形式，但总体上应采取书面形式。对保证合同要求书面形式，乃是由于保证的无偿性、情义性以及义务履行的非必然性而对责任的重视程度低，有鉴于此，为了使人慎重作出保证，故作此要求。从外国法来看，为了防止轻率保证，对保证合同课以书面要求者不乏其例。[1] 我国原《担保法》便要求保证合同应当以书面形式订立（第13条）。在民法典中，这一基本立场并未改变。

1. 单独订立的书面合同。保证合同可以是单独订立的书面合同（《民法典》第685条第1款前段）。这是最典型的保证合同形式：其一，由保证人与债权人单独订立；其二，采用了书面形式，使举证容易。

2. 主债权债务合同中的保证条款。保证合同也可以是主债权债务合同中的保证条款（《民法典》第685条第1款后段）。这是一种变通的保证合同形式。所谓"变通"，体现在：其一，将从合同与主合同放在一起，保证的服务对象明确，避免了起草单独书面保证合同的麻烦（比如无须写"鉴于……"等内容）；其二，外在表现形式上的变通，有时该合同表现为三方主体；有时仅两方（比如甲、乙两方的买卖合同），保证人只是以保证人的身份出现。

3. 第三人单方的书面保证。第三人单方以书面形式向债权人作出保证的，债权人接收且未提出异议的，保证合同成立（《民法典》第685条第2款）。第三人向债权人提供差额补足、流动性支持等类似承诺文件作为增信措施，具有提供担保的意思表示，债权人请求第三人承担保证责任的，人民法院应当依照保证的有关规定处理（《担保制度解释》第36条第1款）。

对于保证合同的书面形式要求，如果当事人未遵循，但是保证人已经履行保证义务的，对方接受时，保证合同成立（《民法典》第490条第2款，形式瑕疵因履行而治愈），这在比较法上亦不乏其例（比如《德国民法典》第766条）。

三、保证的方式

（一）一般保证与连带责任保证

保证的方式包括一般保证和连带责任保证（《民法典》第686条第1款）。此种区分的意义在于，当事人在保证合同中对保证方式没有约定或者约定不明确的，按照一般保证承担保证责任（《民法典》第686条第2款）。

---

[1] ［日］中田裕康：《债权总论》，岩波书店2011年版，第469页。

1. 一般保证。当事人在保证合同中约定，债务人不能履行债务时，由保证人承担保证责任的，为一般保证（《民法典》第 687 条第 1 款）。一般保证的特点在于，保证人有先诉抗辩权，在债权人就债务人的财产依法强制执行仍不能履行债务前，有权拒绝承担保证责任（同条第 2 款主文）。

当事人在保证合同中约定了保证人在债务人不能履行债务或者无力偿还债务时才承担保证责任等类似内容，具有债务人应当先承担责任的意思表示的，人民法院应当将其认定为一般保证（《担保制度解释》第 25 条第 1 款）。

2. 连带责任保证。当事人在保证合同中约定保证人和债务人对债务承担连带责任的，为连带责任保证（《民法典》第 688 条第 1 款）。连带责任保证的特点之一在于保证人没有先诉抗辩权，惟其与债务并存的债务承担不易区分，对此，仍应从其为保证之一种出发，连带责任保证人所负担的是保证责任。换言之，相对于主债务而言，是主债务人债务不履行场合始行发生并得主张的"责任"，它与一般保证的不同在于它是第一次的责任，而一般保证属于第二次的责任。

当事人在保证合同中约定了保证人在债务人不履行债务或者未偿还债务时即承担保证责任、无条件承担保证责任等类似内容，不具有债务人应当先承担责任的意思表示的，人民法院应当将其认定为连带责任保证（《担保制度解释》第 25 条第 2 款）。

应注意连带责任保证（简称"连带保证"）要与《民法典》第 699 条规定的共同保证中的多个保证人之间承担连带责任的情形（简称"保证连带"）相区分。连带保证解决的是保证人和债务人之间的关系是否连带的问题；第 699 条解决的是多个保证人之间是否连带负责的问题。[1]

（二）单独保证与共同保证

根据同一债务的保证人人数，可将保证区分为单独保证与共同保证。

1. 单独保证。单独保证是指债务只有一个保证人的情形。如未特别指明，通常所言保证均系指单独保证。

2. 共同保证。共同保证，指就同一主债务有数人负担保证债务的情形。共同保证的成立并不以数个保证人与债权人签订一个保证合同为必要，即便分别签订数个保证合同，仍可构成共同保证。因而，共同保证的基本法律关系得有如下不同类型：其一，数人各自分别充当普通保证人（复数的单纯保证）；其二，数人各自分别充当连带保证人（复数的连带保证）；其三，数人保证人的普通保证人（单纯保证）。[2] 比如，公司的股东甲及股东乙，为公司 100 万元的债务分别与公司的债权人签订保证合同（本章例题⑤）。在共同保证场合，共同保证人与债权人的关系、就共同保证人中一人所生事由的影响关系以及保证人相互间可否追偿，乃是重要问题。

---

[1] 黄薇主编：《中华人民共和国民法典合同编释义》，法律出版社 2020 年版，第 494—495 页。
[2] ［日］淡路刚久：《债权总论》，有斐阁 2002 年版，第 413 页；［日］中田裕康：《债权总论》，岩波书店 2011 年版，第 493 页。

同一债务有两个以上保证人的，保证人应当按照保证合同约定的保证份额，承担保证责任；没有约定保证份额的，债权人可以请求任何一个保证人在其保证范围内承担保证责任（《民法典》第 699 条）。在此基础上，司法解释不限于共同保证，而是就共同担保作了进一步的统一解释。同一债务有两个以上第三人提供担保，担保人之间约定相互追偿及分担份额，承担了担保责任的担保人请求其他担保人按照约定分担份额的，人民法院应予支持；担保人之间约定承担连带共同担保，或者约定相互追偿但是未约定分担份额的，各担保人按照比例分担向债务人不能追偿的部分（《担保制度解释》第 13 条第 1 款）。同一债务有两个以上第三人提供担保，担保人之间未对相互追偿作出约定且未约定承担连带共同担保，但是各担保人在同一份合同书上签字、盖章或者按指印，承担了担保责任的担保人请求其他担保人按照比例分担向债务人不能追偿部分的，人民法院应予支持（《担保制度解释》第 13 条第 2 款）。除前两款规定的情形外，承担了担保责任的担保人请求其他担保人分担向债务人不能追偿部分的，人民法院不予支持（《担保制度解释》第 13 条第 3 款）。

（1）共同保证人与债权人的关系。

首先，保证合同就保证份额有明确的约定，依其约定。比如就 600 万元的主债务，A 和 B 二人分别与债权人签订保证合同，如果均明确约定，各自仅就 300 万元承担保证责任（类型 1），那么，债权人无论向哪个保证人请求承担保证责任时，仅能主张 300 万元；如有超越，保证人可以提出债权人主张超额的抗辩。

其次，如果保证合同就保证的份额没有明确的约定，作为默认规则，保证的范围包括主债权及其利息、违约金、损害赔偿金和实现债权的费用（《民法典》第 691 条前段）。比如就 600 万元的主债务，A 和 B 二人分别与债权人签订保证合同，均未明确约定保证范围（类型 2），则适用上述法定默认规则。换言之，债权人可以向 A 或者 B 中的任何一个就全部的主债务及附带债务，主张保证责任。问题是，A 或者 B 可否依《民法典》第 517 条第 1 款后段，主张共同保证人的"分别的利益"呢？换言之，A 可否称两个共同保证人所负担的保证债务是可分的，理应按份均分，即 A 仅就 600 万元主债务中的 300 万元承担保证责任。就此问题，无论是罗马法以来的比较法，抑或是实务及理论，素有争论。[①] 就此问题，理应自当事人的意思出发，尊重当事人的意思。在 A 和 B 分别与债权人签订保证合同场合，没有明确约定保证范围，则默认各自均就全部主债务及其附带债务承担了保证责任，承认债权人获得双重保障，更符合当事人的真实意思。另外，《民法典》第 517 条第 1 款只是对按份债权和按份债务作了定义，并未明确给付可分场合以按份之债为原则的立场。如果此时教条式地依按份债务人的"分别的利益"处理（尚需作额外的论证），既与保证合同当事人的真实意思不合，也会在实践中削弱保证的效力，实不足取。

最后，在数人保证人为连带保证人的场合，在数人一般保证人之间有连带特约之类保证连带场合，以及在主债务不可分进而共同保证人的保证债务亦不可分场合，共同保证人不具

---

① 参见［日］淡路刚久：《债权总论》，有斐阁 2002 年版，第 413—414 页。

有"分别的利益",均负有全额保证债务。①

（2）就共同保证人中一人所生事由的影响关系。复数的一般保证场合，保证人之间没有连带特约，则彼此不存在影响关系；如果保证人之间有连带特约，则适用关于连带债务的规定。复数的连带债务场合，意见存在分歧。比如，日本判例以之近于前者，以对于共同保证人（连带保证）中之一人的债务免除之效力并不及于其他保证人（相对的效力），② 惟对此存在有力的反对说，主张依对免除之意思表示的解释，宜承认其具有绝对的效力。③

依我国司法解释，"同一债务有两个以上保证人，债权人以其已经在保证期间内依法向部分保证人行使权利为由，主张已经在保证期间内向其他保证人行使权利的，人民法院不予支持"（《担保制度解释》第29条第1款）。此规则并未特别区分共同保证人之间是否存在连带关系，而是统一适用。据此，债权人对于保证人中一人的请求，仅生相对的效力，并不及于其他保证人。关于共同保证之保证期间的这一规则，与连带债务场合对于一债务人的诉讼时效中断事由具有绝对效力（参照《诉讼时效解释》第15条第2款），形成鲜明对照。④

相应地，"同一债务有两个以上保证人，保证人之间相互有追偿权，债权人未在保证期间内依法向部分保证人行使权利，导致其他保证人在承担保证责任后丧失追偿权，其他保证人主张在其不能追偿的范围内免除保证责任的，人民法院应予支持"（《担保制度解释》第29条第2款）。如此，当然会使法律关系复杂化，自立法论以言，是否妥当，不无探讨的余地。

（3）保证人相互间的内部关系。保证人承担保证责任后，固然有权向债务人追偿，然债务人可能有破产或者类似状况发生，导致不能实现追偿目的，此时，承担保证责任的保证人能否要求其他保证人分担向债务人不能追偿的部分，便十分重要，这便是保证人相互间的内部关系问题。

《民法典》对于共同保证人相互间的内部关系并未作明确规定，上述司法解释对此作了补充。依《担保制度解释》第13条，依共同保证的情形，而得有不同的答辩。其一，可以要求其他保证人按约定份额或者按比例分担的情形，包括：（1）保证人之间约定相互追偿及分担份额；（2）保证人之间约定承担连带共同保证；（3）保证人约定相互追偿但是未约定分担份额；（4）保证人之间虽未对相互追偿作出约定且未约定承担连带共同保证，但均在同一份合同书上签字、盖章或者按指印。其二，不可以要求其他保证人分担的情形，即除上述情形之外的其他情形。

---

① [日] 淡路刚久：《债权总论》，有斐阁2002年版，第414页。
② 日本最判昭和43·11·15民集22卷12号2649页。苏联的民法理论似同此立场，谓"不是共同提供保证而是按分别订立的合同提供保证的人，在他们订立保证合同时如果没有作其他规定，他们就不对债权人负连带责任，而只是与债务人一起负连带责任"。В.П.格里巴诺夫、С.М.科尔涅耶夫主编：《苏联民法》（上册），中国社会科学院法学研究所民法经济法研究室译，法律出版社1984年版，第484页。
③ [日] 中田裕康：《债权总论》，岩波书店2011年版，第493—494页。
④ 相关解释，可参照最高人民法院民事审判第二庭：《最高人民法院民法典担保制度司法解释理解与适用》，人民法院出版社2021年版，第300页。

在分别签订保证合同场合，如果甲乙各自只对 100 万元公司债务中的 50 万元承担保证责任，那么，在债权人起诉甲承担保证责任后，又另行起诉乙的，并不构成"一事不再理"。反之，如果甲和乙各自签订保证合同，且均就 100 万元债务承担保证责任，且保证人之间相互有追偿权，在债权人单独起诉甲承担保证责任后，又另行依其与乙的保证合同起诉乙承担保证责任的，则可以构成"一事不再理"，对于重复起诉，法院应予驳回。

(三) 普通保证与最高额保证

到目前为止所分析的保证，均系以其主债务为特定的单一债务为前提。不过，在现实中尚有对不特定的复数债务的保证，比如信用保证、身份保证以及不动产承租人债务的保证。对于后者，或称之为继续的保证，或称之为根保证。继续的保证，其着眼点在于作为主债务发生原因的关系的继续性；而根保证的着眼点在于主债务增减变动不居。[1] 就后者，我国《民法典》择其要者，作为典型，冠以"最高额保证"之名，加以规范。与之相应，前者则被称为"普通保证"。[2]

保证人与债权人可以协商订立最高额保证合同，约定在最高债权额限度内就一定期间连续发生的债权提供保证（《民法典》第 690 条第 1 款）。最高额保证合同除适用保证合同章规定外，参照适用物权编最高额抵押权的有关规定（《民法典》第 690 条第 2 款）。

最高额保证合同界定保证对象得有不同手段，要而言之，可包括：(1) 限定作为保证对象之主债务的范围；(2) 限定被保证金额的上限；(3) 限定主债务的发生期间。[3] 具体如何限定，宜由当事人自由决定。宜注意，《民法典》第 690 条第 1 款提到的"期间"实为主债务的发生期间，而非保证期间。保证合同如定有主债务的发生期间，在该期间内所生约定范围内的债务，只要未超过最高限额，均在保证合同的保证范围之内。如果未约定期间，在保证合同未依《民法典》第 563 条第 2 款解除或有其他消灭原因前，所生约定范围内的债务，亦同。

最高额保证合同对保证期间的计算方式、起算时间等有约定的，按照其约定（《担保制度解释》第 30 条第 1 款）。最高额保证合同对保证期间的计算方式、起算时间等没有约定或者约定不明，被担保债权的履行期限均已届满的，保证期间自债权确定之日起开始计算；被担保债权的履行期限尚未届满的，保证期间自最后到期债权的履行期限届满之日起开始计算（《担保制度解释》第 30 条第 2 款）。前款所称债权确定之日，依照《民法典》第 423 条的规定认定（《担保制度解释》第 30 条第 3 款）。

---

[1] ［日］中田裕康：《债权总论》，岩波书店 2011 年版，第 494—495 页。
[2] 黄薇主编：《中华人民共和国民法典合同编释义》，法律出版社 2020 年版，第 497 页。也有人以"普通保证"与"连带保证"对称，张龙文：《民法债权实务研究》，汉林出版社 1977 年版，第 218 页。故应注意语境不同，语义有别。
[3] ［日］中田裕康：《债权总论》，岩波书店 2011 年版，第 495 页。

四、保证债务的性质

保证合同一经有效成立，便因此发生保证债务。保证债务具有两项重要的属性，即别个债务性和附从性。

（一）别个债务性

别个债务性，指保证债务是有别于主债务的债务，亦称相对的独立性。[1] 其具体内涵如下：[2]

1. 发生原因不同，保证债务人发生原因在于保证合同。
2. 消灭原因可以不同，主债务适用诉讼时效，保证债务同时还会适用保证期间，因而，不排除主债务未罹于诉讼时效但保证债务却已过保证期间的情形。这时，债权人虽不能主张保证债权，但仍不妨其行使主债权。
3. 对于保证债务，可以单独约定违约金或者损害赔偿额的计算方法。
4. 可以单独以保证债务作为主债务，进而约定担保（《民法典》第 689 条）。

（二）附从性

附从性（Akzessoritaet），是指保证债务为担保主债务存在而具有的性质。从狭义上讲，其具体内涵如下：

1. 保证债务以主债务的成立为前提始行成立（成立上的附从性）。
2. 主债务如果消灭，保证债务亦随之消灭（消灭上的附从性）。
3. 保证债务不应较主债务更重（内容上的附从性，可参见《法国民法典》第 2013 条、《德国民法典》第 767 条、《日本民法典》第 448 条等）。

广义的附从性尚包括以下内容：[3]

1. 债权人将全部或者部分债权转让给第三人，通知保证人后，保证人对受让人承担相应的保证责任（《民法典》第 696 条第 1 款，保证债务的伴随性）。债权人未经保证人书面同意，允许债务人转移全部或者部分债务，保证人对未经其同意转移的债务不再承担保证责任（《民法典》第 697 条第 1 款主文）。
2. 对主债务所生事由，其效力亦及于保证债务。比如主债务减轻的情形或者时效相关的问题，不过也有例外。
3. 保证人可以行使主债务人的抗辩权。

---

[1] 梁慧星：《民法》，四川人民出版社 1988 年版，第 276 页。
[2] ［日］中田裕康：《债权总论》，岩波书店 2011 年版，第 466 页以下。
[3] ［日］中田裕康：《债权总论》，岩波书店 2011 年版，第 467 页以下。

（三）其他性质

一般保证债务具有补充性（Subsidiaritaet），亦即当债务人不能履行债务时，由保证人承担保证责任（《民法典》第 687 条第 1 款）。因此，保证人有先诉抗辩权（《民法典》第 687 条第 2 款）。保证人承担保证责任，虽以债务人不能履行债务为停止条件，但保证合同并非附有停止条件，因为保证合同一经成立即同时生效。[①] 不过，在连带责任保证场合，其保证债务并没有补充性，保证人没有先诉抗辩权。[②]

在传统学理上，作为保证债务的性质，尚有给付内容的同一性，[③] 谓保证债务是以与主债务同一内容的给付为目的的债务，如果主债务是交付 300 公斤大米，保证债务便是交付 300 公斤大米的债务。对此，近年有比较强的反对意见。[④] 对此，我国法要求"保证人履行债务或者承担责任"（《民法典》第 681 条），并未将同一性作为保证债务的本质属性。

五、无效保证的后果

保证合同被确认无效后，债务人、保证人、债权人有过错的，应当根据其过错各自承担相应的民事责任（《民法典》第 682 条第 2 款）。保证合同无效，债权人未在约定或者法定的保证期间内依法行使权利，保证人主张不承担赔偿责任的，人民法院应予支持（《担保制度解释》第 33 条）。

第二节 保证责任

一、保证的范围

保证的范围包括主债权及其利息、违约金、损害赔偿金和实现债权的费用。当事人另有约定的，按照其约定（《民法典》第 691 条）。

（一）可约定性及法律的一般规定

保证的范围直接决定着保证责任的具体内容，原则上由当事人在保证合同中具体约定，且不必与法律的一般规定一致。约定的范围较法律的一般规定小，固然没有问题；如果比它大，有见解主张保证人可以依法要求缩减至主限度之内。[⑤] 尽管法律并未明确赋予保证人

[①] 郑玉波：《民法债编各论》（下册），三民书局 1981 年版，第 831 页。
[②] 梁慧星：《民法》，四川人民出版社 1988 年版，第 276 页。
[③] ［日］我妻荣：《新订债权总论》，岩波书店 1964 年版，第 451 页。
[④] ［日］中田裕康：《债权总论》，岩波书店 2011 年版，第 468 页。
[⑤] 孙礼海主编：《中华人民共和国担保法释义》，法律出版社 1995 年版，第 29 页。

此种要求缩减范围的权利，考虑保证债务具有附从性，故对上述见解应予肯定。在没有约定或者约定不明场合，依法律的一般规定确定。上述规则便是法律的一般规定，以下具体说明。

主债权是保证债务的核心内容，其实现也正是保证的根本目的所在。与之相比，其他项目基本上是由此衍生出来的。利息是针对金钱债务而言的，有约定利息及法定利息之别。约定利息原则上以保证合同成立时既存者为限，否则，并不当然纳入保证范围。违约金和损害赔偿金适用的对象，既可以是金钱债务，也可以是非金钱债务。实现债权的费用，比如诉讼费或者仲裁费、律师费、诉讼保全费、公证费等，除非特别不合理的，通常亦在保证的范围之内。

（二）主债务部分履行与部分保证的范围

仅对主债务的一部分作的保证称为部分保证。比如，在100万元的主债务中，仅对70万元进行保证的情形。于此场合，主债务人清偿了40万元，对于保证人而言残存的债务究竟是多少？备选项有二：（1）60万元（100-40=60）；（2）30万元（70-40=30）。这属于保证合同的解释问题，不明确的时候，选择（1）的见解居多且妥当。[1]

（三）合同解除场合的恢复原状

在主合同解除场合，违约金、损害赔偿金可以在保证的范围之内（《民法典》第691条），恢复原状是否也在保证范围之内，值得分析。依《民法典》第566条第3款，主合同解除后，担保人对债务人应当承担的民事责任仍应当承担担保责任，但是担保合同另有约定的除外。依《民法典》第179条第1款，恢复原状是承担民事责任的方式之一。所谓担保合同另有约定，比如明确约定只保证由买卖合同发生的出卖人的第一次的债务（标的物交付义务），那么，在买卖合同因出卖人违约而解除场合，保证人对于出卖人的恢复原状义务（返还价款）并不负保证责任。

二、保证期间

（一）语义与性质

对于保证债权应有时间限制，从债权人角度看，是意在促使债权人及早行使保证债权；从保证人角度看，则是为了尽速从保证债务的束缚中获得解放，故有其合理性及必要性。通常，保证债权既为一项请求权，当然受诉讼时效制度的规范，并无例外。那么，在诉讼时效制度之外，当事人在保证合同中时常专门约定保证期间；另外，在无特别约定场合，法律也

---

[1] ［日］我妻荣：《新订债权总论》，岩波书店1964年版，第467页；［日］奥田昌道：《债权总论》（增补版），悠悠社1992年版，第392页；［日］中田裕康：《债权总论》，岩波书店2011年版，第476页。

有规定保证期间，以为补充。那么，在诉讼时效之外，另设保证期间，其用意何在？其性质如何？保证期间与诉讼时效之间的关系又如何？

保证期间是保证人承担保证责任的期间，不发生中止、中断和延长（《民法典》第692条第1款）。由此可见，保证期间并非诉讼时效，不像诉讼时效那样发生中止、中断和延长问题。另外，由于其规范对象是保证债权（请求权），不同于形成权，故按照通常学理理解，也不应将它划归除斥期间。由于债权人未在保证期间内采取法律要求的行动，其法律后果是"保证人不再承担保证责任"（《民法典》第693条），有的学者认为它具有消灭债权本体的效力，故将它称为"失权期间"。[①] 当然，如不固守除斥期间仅适用于形成权的教条，将保证期间归属于除斥期间，亦未尝不可。总之，保证期间是当事人约定或者法律规定的不同于诉讼时效且与之并行的主张保证责任的时间限制。

与人民法院不得主动适用诉讼时效的规定（《民法典》第193条）不同，人民法院在审理保证合同纠纷案件时，应当将保证期间是否届满、债权人是否在保证期间内依法行使权利等事实作为案件基本事实予以查明（《担保制度解释》第34条第1款）。

（二）约定保证期间

保证期间的长短可以由保证合同当事人约定，不过，如果约定过短以致使债权人无从主张保证责任的，法律予以干涉。"债权人与保证人可以约定保证期间，但是约定的保证期间早于主债务履行期限或者与主债务履行期限同时届满的，视为没有约定"（《民法典》第692条第2款前段）。

保证合同约定保证人承担保证责任直至主债务本息还清时为止等类似内容的，视为约定不明，保证期间为主债务履行期限届满之日起六个月（《担保制度解释》第32条）。将保证期间约定为"直至主债务本息还清时为止"，不是当事人没有约定，严格以言，也不是约定不明，而是指明了"债务本息还清时"，故属于约定了"不确定期限"，它既非"确定期限"，也非"期限不明确"。我国司法政策对此向来持保留态度，故新司法解释亦不承认其效力，而"视为约定不明"，代之以法定保证期间。

（三）法定保证期间

当事人没有约定或者约定不明确的，保证期间为主债务履行期限届满之日起六个月（《民法典》第692条第2款后段）。债权人与债务人对主债务履行期限没有约定或者约定不明确的，保证期间自债权人请求债务人履行债务的宽限期届满之日起计算（《民法典》第692条第3款）。

（四）保证期间的效力

一般保证的债权人未在保证期间内对债务人提起诉讼或者申请仲裁的，保证人不再承担

[①] 崔建远主编：《合同法》（第六版），法律出版社2016年版，第155页。

保证责任(《民法典》第 693 条第 1 款)。一般保证的债权人在保证期间内对债务人提起诉讼或者申请仲裁后,又撤回起诉或者仲裁申请,债权人在保证期间届满前未再行提起诉讼或者申请仲裁,保证人主张不再承担保证责任的,人民法院应予支持(《担保制度解释》第 31 条第 1 款)。债权人撤诉或者撤回仲裁申请本质上意味着其无让债务人先承担责任的意思表示,因此,只要债权人在保证期间内没有再次对债务人提起诉讼或者申请仲裁,保证人就不应再承担保证责任。①

连带责任保证的债权人未在保证期间对保证人主张承担保证责任的,保证人不再承担保证责任(《民法典》第 693 条第 2 款)。连带责任保证的债权人在保证期间内对保证人提起诉讼或者申请仲裁后,又撤回起诉或者仲裁申请,起诉状副本或者仲裁申请书副本已经送达保证人的,人民法院应当认定债权人已经在保证期间内向保证人行使了权利(《担保制度解释》第 31 条第 2 款)。只要连带责任保证的债权人在保证期间请求保证人承担保证责任的,且起诉书副本或者仲裁申请书副本已经送达保证人,则保证期间失去作用,从债权人请求保证人承担保证责任之日起,开始计算保证债务的诉讼时效。②

债权人在保证期间内未依法行使权利的,保证责任消灭。保证责任消灭后,债权人书面通知保证人要求承担保证责任,保证人在通知书上签字、盖章或者按指印,债权人请求保证人继续承担保证责任的,人民法院不予支持,但是债权人有证据证明成立了新的保证合同的除外(《担保制度解释》第 34 条第 2 款)。这与诉讼时效形成鲜明对照(《诉讼时效解释》第 19 条)。

(五)保证期间与诉讼时效的衔接

1. 一般保证场合。一般保证的债权人在保证期间届满前对债务人提起诉讼或者申请仲裁的,从保证人拒绝承担保证责任的权利消灭之日起,开始计算保证债务的诉讼时效(《民法典》第 694 条第 1 款)。由此可知,保证人实享有保证期间与诉讼时效的双重保护。

一般保证的债权人在保证期间届满前对债务人提起诉讼或者申请仲裁,债权人举证证明存在《民法典》第 687 条第 2 款但书规定情形的,保证债务的诉讼时效自债权人知道或者应当知道该情形之日起开始计算(《担保制度解释》第 28 条第 2 款)。

2. 连带责任保证场合。连带责任保证的债权人在保证期间届满前请求保证人承担保证责任的,从债权人请求保证人承担保证责任之日起,开始计算保证债务的诉讼时效(《民法典》第 694 条第 2 款)。就此需要注意:(1)债权人请求保证人承担保证责任的方式,并不限于诉讼与仲裁,还包括其他的非司法途径,比如口头催告、书面通知等,实务中一般采用书面的方式,以其易于举证。(2)债权人请求保证人承担保证责任,始启动保证债务诉讼时效开始,而债权人向债务人请求履行债务,并不构成保证债务诉讼时效的开始。③

---

① 最高人民法院民事审判第二庭:《最高人民法院民法典担保制度司法解释理解与适用》,人民法院出版社 2021 年版,第 311 页。
② 高圣平、谢鸿飞、程啸:《最高人民法院民法典担保制度司法解释理解与适用》,中国法制出版社 2021 年版,第 253 页。
③ 黄薇主编:《中华人民共和国民法典合同编释义》,法律出版社 2020 年版,第 505 页。

三、主合同变更、债之转让与保证责任

（一）主合同变更与保证责任

1. 主合同内容变更场合。

债权人和债务人未经保证人书面同意，协商变更主债权债务合同内容，减轻债务的，保证人仍对变更后的债务承担保证责任；加重债务的，保证人对加重的部分不承担保证责任（《民法典》第 695 条第 1 款）。这并不难理解，对于保证责任的范围，保证合同当事人既已达成合意，有效的合同便具有法律约束力，单方当事人不得擅自变更。因而，加重主债务场合，若未经保证人同意，保证人对于加重的部分当然不用承担保证责任。

2. 主合同履行期限变更场合。债权人与债务人对主债权债务合同履行期限作了变更，未经保证人书面同意的，保证期间不受影响（《民法典》第 695 条第 2 款）。于此场合，尽管主合同仅履行期限变更，其他内容没有变化，该变更对于保证人并没有拘束力，保证人不应因此而遭受不便或者其他不利益。比如，主合同原定债务人于 1 月 30 日之前支付价款，保证合同约定了连带责任保证，保证期间三个月；事后，主合同双方协议变更债务人支付价款的最后日期为 3 月 30 日。如果未经保证人书面同意，保证合同约定的保证期间仍然有效，并不相应地顺延，这意味着在 3 月 30 日债务人未履行时，债权人可以要求保证人承担保证责任的期间仅剩下一个月了，故必须抓紧时间要求保证人承担保证责任。

（二）债权让与与保证责任

1. 债权让与自由与通知生效。债权人将全部或者部分债权转让给第三人，通知保证人后，保证人对受让人承担相应的保证责任。未经通知，该转让对保证人不发生效力（《民法典》第 696 条第 1 款）。

2. 特约除外。保证人与债权人约定仅对特定的债权人承担保证责任或者禁止债权转让，债权人未经保证人书面同意转让全部或者部分债权的，保证人就受让人的债权不再承担保证责任（《民法典》第 696 条第 2 款）。

（三）债务承担、债务加入与保证责任

债权人未经保证人书面同意，允许债务人转移全部或者部分债务，保证人对未经其同意转移的债务不再承担保证责任，但是债权人和保证人另有约定的除外（《民法典》第 697 条第 1 款）。

第三人加入债务的，保证人的保证责任不受影响（《民法典》第 697 条第 2 款）。

四、保证人与债权人的关系

保证人在债务人不履行到期债务或者发生当事人约定的情形时，要履行债务或者承担责任（《民法典》第 681 条），如果保证人有抗辩事由，则可以拒绝债权人的请求。保证人可得主张的抗辩事由有两类，其一是债务人对债权人的抗辩，其二是保证人本身固有的抗辩。

（一）债务人对债权人的抗辩

保证人可以主张债务人对债权人的抗辩。债务人放弃抗辩的，保证人仍有权向债权人主张抗辩（《民法典》第 701 条）。所谓债务人对债权人的抗辩，包括债务人本身所有与主债务的发生、消灭或履行有关的抗辩而言，例如权利不发生之抗辩、权利消灭之抗辩、拒绝给付之抗辩等。[①]

1. 主债务的诉讼时效。主债务诉讼时效期间届满的，义务人可以提出不履行义务的抗辩（《民法典》第 192 条第 1 款）。债权人的债权并不因罹于时效而消灭。无论主债务人是否主张此抗辩，均不妨碍保证人可以向债权人主张此抗辩。即便债务人放弃此项抗辩，保证人仍有权向债权人主张此抗辩。

不过，保证人知道或者应当知道主债权诉讼时效期间届满仍然提供保证或者承担保证责任，又以诉讼时效期间届满为由拒绝承担保证责任或者请求返还财产的，人民法院不予支持（《担保制度解释》第 35 条前段）。诉讼时效期间届满后，义务人同意履行的，不得以诉讼时效期间届满为由抗辩；义务人已自愿履行的，不得请求返还（《民法典》第 192 条第 2 款）。另外，保证人的承认，虽可使保证债务的时效中断，但并不因此使主债务的时效中断。

2. 基于债务人抵销权或撤销权的抗辩。债务人对债权人享有抵销权或者撤销权的，保证人可以在相应范围内拒绝承担保证责任（《民法典》第 702 条）。

就债务人的抵销权，在有的立法例上，规定保证人得以主债务人对于债权人之债权，主张抵销（比如我国台湾地区"民法"第 742 条之 1）。有的规定保证人得依主债务人的债权，以抵销对抗债权人（比如《日本民法典》第 458 条第 2 款）。相应地，在日本民法学说上有抵销权说和抗辩权说，以抗辩权说为通说。[②] 依我国《民法典》第 702 条，只是允许保证人可以债务人对债权人享有抵销权或者撤销权为抗辩事由，[③] 拒绝承担保证责任，并没有承认保证人可以行使债务人的抵销权（对他人债权的处分权）。

就债务人的撤销权（比如在受欺诈的买卖场合），不乏类似立法例（比如我国台湾地区"民法"第 744 条）。另外，日本现在的通说认为，在主债务是否撤销确定之前，保证人可以拒绝履行保证债务（履行拒绝权说）。[④] 此类立法意旨在于，主债务人撤销发生债务的法律行

[①] 王泽鉴：《民法概要》，北京大学出版社 2009 年版，第 358 页。
[②] ［日］中田裕康：《债权总论》，岩波书店 2011 年版，第 483 页。
[③] 黄薇主编：《中华人民共和国民法典合同编释义》，法律出版社 2020 年版，第 516—517 页。
[④] ［日］中田裕康：《债权总论》，岩波书店 2011 年版，第 482 页。

为的权利，不能使保证人直接行使，然为保护保证人的利益，于主债务人可得撤销的法律行为，应给予保证人拒绝清偿保证债务的抗辩权。若保证人不知主债务人有撤销权，履行保证债务，及其后主债务人行使撤销权时，保证人可依不当得利之原则，向债权人请求返还其给付。[①] 在我国法上，可作相似解释。

（二）保证人固有的抗辩

1. 先诉抗辩权。一般保证的保证人在就债务人的财产依法强制执行仍不能履行债务前，有权拒绝承担保证责任（《民法典》第687条第2款主文）。这被称为保证人的先诉抗辩权，或者检索抗辩权（"检索"意指调查搜寻），属于一时性的抗辩，一旦债权人就债务人的财产依法强制执行仍不能履行债务，保证人便不能够再主张此抗辩。不过，有下列情形之一的，保证人不得主张先诉抗辩权（《民法典》第687条第2款但书）：（1）债务人下落不明，且无财产可供执行；（2）人民法院受理债务人破产案件；（3）债权人有证据证明债务人的财产不足以履行全部债务或者丧失履行债务能力；（4）保证人书面放弃先诉抗辩权。

2. 债权人怠惰抗辩权。一般保证的保证人在主债务履行期限届满后，向债权人提供债务人可供执行财产的真实情况，债权人放弃或者怠于行使权利致使该财产不能被执行的，保证人在其提供可供执行财产的价值范围内不再承担保证责任（《民法典》第698条）。该规则起初是由《最高人民法院关于适用〈中华人民共和国担保法〉若干问题的解释》（法释〔2000〕44号，已失效）第24条所规定，民法典予以沿用。

除此之外，基于保证债务的别个债务性，对于保证债务有独立的诉讼时效，如果过了诉讼时效，保证人自然可以主张时效的抗辩。

五、保证人与债务人的关系

保证人与债务人的关系并非直接通过保证合同约定，因为保证合同是保证人与债权人之间的合同，债务人相对于该合同而言是第三人。不过，《民法典》保证合同章对于保证人与债务人之间的关系，仍有若干特别规定。

（一）反担保

保证人可以要求债务人提供反担保（《民法典》第689条）。该条规定意在维护保证人的利益，因其并非完全性法条，保证人提出此项请求，债务人如不提供反担保，且保证合同尚未签订的，可以类推适用委托人应预付费用的规则（《民法典》第921条）及同时履行抗辩规则（《民法典》第525条），保证人可拒绝签订保证合同。如果保证合同既已签订，债务人受此请求却不提供反担保的，保证人并不因此发生损害赔偿请求权，只能通过下述代位权及追偿权维护自己的利益。

[①] 王泽鉴：《民法概要》，北京大学出版社2009年版，第359页。

（二）追偿权与代位权

保证人承担保证责任后，除当事人另有约定外，有权在其承担保证责任的范围内向债务人追偿，享有债权人对债务人的权利，但是不得损害债权人的利益（《民法典》第 700 条）。

1. 保证人的追偿权。《民法典》第 700 条明确赋予了保证人"追偿"的权利，学理上也称保证人的求偿权。该条规定表面上可以作为保证人追偿权的请求权基础，然该追偿权的性质，因保证人与债务人之间的法律关系而异。

保证人所以为债务人担任保证，不外两种情形：（1）因受债务人的委托而为保证，此时保证人与债务人之间的关系属委托关系；（2）未受委托而自动为保证的，此时保证人与债务人之间的关系属于无因管理。惟保证人若以赠与之意思而为保证，则无追偿权可言。[①]

在保证人受债务人之托而为保证场合，两者之间成立保证委托合同，属委托合同之一种。因而，保证人清偿，得作为处理委托事务的费用，委托人应当偿还该费用及其利息（《民法典》第 921 条）。

在保证人未受债务人委托而为保证场合，两者之间的关系为无因管理。在符合受益人（债务人）真实意思场合，可以请求受益人偿还因管理事务而支出的必要费用（《民法典》第 979 条第 1 款）。否则，仍可在受益人获得利益的范围内，请求其支付因管理事务而支出的必要费用。

保证人的追偿权系新生的请求权，其诉讼时效自该权利发生时（承担保证责任完毕时）起算。

2. 保证人的代位权。所谓"享有债权人对债务人的权利"，属于法定代位。保证人固然可以在其承担保证责任的范围内享有债权人对于债务人的债权（法定债权移转），除此之外，还可以包括对债务人的担保物权及其他从属权利。诸此权利的移转，并非基于法律行为，而是在法律上当然移转，故不受债权让与通知规则（《民法典》第 546 条第 1 款）的限制，亦不受不动产抵押登记等规则的限制。当然，此所谓代位权，严格以言，是法律规定的取代债权人地位的资格，与因此而取得的实体权利（债权、担保物权等），并非一回事。不过，由于是法律上当然移转，无须借助于保证人意思的发动，故无由积极行使。因此，从不严格的意义上说，以代位权指代因代位而取得的权利，亦无不可。

保证人承担保证责任后，究竟行使追偿权抑或代位权，得自由选择。其行使代位权时须适用原债权的诉讼时效，较为不利，其优点则系取得债权人对债务人的债权、担保物权及其他从属的权利。[②]

由上述分析可以看出，保证人的追偿权与代位权并不相同，故虽有人将保证人的这两项权利合起来称为"代位追偿权"，但内涵并不确切。而以代位之手段达追偿之目的，究其实质，不过是在竞合的两种请求权中，选择了代位权达到了与追偿权相同的结果而已。

[①] 郑玉波：《民法债编各论》（下册），三民书局 1981 年版，第 849 页；梁慧星：《民法》，四川人民出版社 1988 年版，第 277 页。

[②] 王泽鉴：《民法概要》，北京大学出版社 2009 年版，第 360 页。

六、保证责任诉讼与执行

（一）诉讼当事人、财产保全及附条件判决

一般保证中，债权人以债务人为被告提起诉讼的，人民法院应予受理。债权人未就主合同纠纷提起诉讼或者申请仲裁，仅起诉一般保证人的，人民法院应当驳回起诉（《担保制度解释》第 26 条第 1 款）。

一般保证中，债权人一并起诉债务人和保证人的，人民法院可以受理，但是在作出判决时，除有《民法典》第 687 条第 2 款但书规定的情形外，应当在判决书主文中明确，保证人仅对债务人财产依法强制执行后仍不能履行的部分承担保证责任。

债权人未对债务人的财产申请保全，或者保全的债务人的财产足以清偿债务，债权人申请对一般保证人的财产进行保全的，人民法院不予准许（《担保制度解释》第 26 条第 3 款）。

（二）强制执行

一般保证的债权人取得对债务人赋予强制执行效力的公证债权文书后，在保证期间内向人民法院申请强制执行，保证人以债权人未在保证期间内对债务人提起诉讼或者申请仲裁为由主张不承担保证责任的，人民法院不予支持（《担保制度解释》第 27 条）。

一般保证中，债权人依据生效法律文书对债务人的财产依法申请强制执行，保证债务诉讼时效的起算时间按照下列规则确定：（1）人民法院作出终结本次执行程序裁定，或者依照《民事诉讼法》的规定作出终结执行裁定的，自裁定送达债权人之日起开始计算；（2）人民法院自收到申请执行书之日起一年内未作出前项裁定的，自人民法院收到申请执行书满一年之日起开始计算，但是保证人有证据证明债务人仍有财产可供执行的除外（《担保制度解释》第 28 条第 1 款）。

（三）连带责任保证之诉讼

连带责任保证的债务人不履行到期债务或者发生当事人约定的情形时，债权人可以请求债务人履行债务，也可以请求保证人在其保证范围内承担保证责任（《民法典》第 688 条第 2 款）。这被认为是连带责任保证与一般保证最根本的区别所在，即连带责任保证人不享有先诉抗辩权，与债务人负共同连带责任。债权人在主合同债权到期或者发生当事人约定的情形时，可以直接向连带责任保证人主张债务的履行或者要求其承担责任，而无须先向债务人主张。[①] 因而，债权人直接起诉连带责任保证人，自无不可。

---

① 最高人民法院民法典贯彻实施工作领导小组主编：《中华人民共和国民法典合同编理解与适用［二］》，人民法院出版社 2020 年版，第 1320—1321 页。

第十七章 租赁合同

第一节 租赁合同概述

一、租赁合同的概念

租赁合同（Miet-，Pachtvertrag）是出租人将租赁物交付承租人使用、收益，承租人支付租金的合同（《民法典》第703条），简称为租赁。其中，以物供使用收益之人称为出租人（Vermieter）；使用、收益出租物而支付租金之人称为承租人（Mieter）。所谓租金（Miete），也就是承租人为使用、收益租赁物而支付的报酬或者对价。租赁合同的标的物称为租赁物（Mietgegenstand），动产抑或不动产，均无不可。通过上述定义可以看出，租赁就是一种移转"使用收益"权限的合同，或称"用益提供合同"。在租赁期限内因占有、使用租赁物获得的收益，归承租人所有，但是当事人另有约定的除外（《民法典》第720条）。

二、租赁合同的性质

租赁合同是通过约定使人对物进行使用收益的合同，属于诺成、不要式合同。又因承租人须支付租金，故租赁合同为有偿、双务合同。另外，租赁合同属于继续性合同。

（一）债权合同

租赁合同为债权合同（负担行为），不以出租人对于租赁物有处分权为要件，故出租他人之物或转租，其租赁仍为有效。[1] 租赁合同作为债权合同仅对双方的义务提供根据，如出

---

[1] 王泽鉴：《民法概要》，北京大学出版社2009年版，第281页。

租人并非租赁物的所有权人,这对于该合同的生效并无意义。[1]

(二)诺成合同

租赁合同因双方当事人意思表示一致而成立,无须在意思表示之外,再具备其他现实成分(如物之交付)作为合同的成立要件,因而租赁合同属于诺成合同,而非要物合同。

(三)不要式合同

租赁合同原则上为不要式合同,当事人原则上无须践行一定的方式。惟对此原则得存在例外。

(四)有偿合同

使用收益的提供,可以是有偿的,也可以是无偿的。有偿场合,其合同为租赁;无偿场合,其合同为使用借贷(或称"借用合同")。

(五)双务合同

租赁合同出租人负有使承租人为使用收益的义务,而承租人负有支付租金的义务,且两者互为对价,故租赁合同为双务合同。进而,双务合同特有的履行抗辩权及风险负担的规定,对于租赁合同是可以适用的。

(六)继续性合同

租赁合同双方当事人的义务并非一次给付即可完成,合同内容是在一段时期内继续地实现的,因而属于继续性合同。租赁合同既为继续性合同,则基于继续性合同的共通特色,当事人间的信赖关系,成为合同的重要基础。一旦具有重大事由,造成该信赖基础丧失,而无法期待当事人继续维持其债之关系时,法律多会允许当事人终止合同,使合同关系向将来消灭。[2]

三、租赁合同的种类

(一)动产租赁与不动产租赁

以租赁的标的物的种类为标准,可将租赁合同区分为动产租赁与不动产租赁。前者以动产为标的物,后者以不动产为标的物。

动产租赁,比如衣服、图书、录像带、VCD/DVD、自行车(共享单车)、汽车、建设机

---

[1] Vgl. *Brox/Walker*, Besonderes Schuldrecht, 41. Auflage, Verlag C.H. Beck, 2017, S.171.
[2] 参见黄立主编:《民法债编各论》(上),中国政法大学出版社2003年版,第194页。

械、船舶、航空器、医疗器械等；不动产租赁，比如房屋租赁、土地租赁（1988年《宪法》修正案第2条取消了对于租赁土地的限制）等。

租赁合同在经济生活中发挥着重要功能，其中不动产租赁关系具有特别的意义，尤以对房屋租赁需求量大，不动产租赁成了承租人私人生活形态或者经济存在的基础。此种特殊性要求在多方面要对不动产租赁进行有别于动产租赁的规范（比如合同终了）。[①]

（二）民法典上的租赁与特别法上的租赁

我国《民法典》第三编合同第十四章（第703—734条）对租赁合同作了一般规定，在我国属于一般法。除此之外，比如我国《海商法》对光船租赁有特殊规定，城市房地产管理法规对城市房屋租赁有特殊要求，这些属于特别法上的租赁。此项区分的意义在于，在法律适用上，贯彻"特别法优先适用"的原则。

（三）定期租赁与不定期租赁

以租赁合同是否定有固定的租赁期限，将租赁合同区分为定期租赁与不定期租赁。前者指合同中有明确的固定的租赁期限的情形，后者指合同中没有约定固定的租赁期限的情形。

当事人对租赁期限没有约定或者约定不明确，依据《民法典》第510条的规定仍不能确定的，视为不定期租赁（《民法典》第730条前段）。租赁期限六个月以上，当事人未采用书面形式，无法确定租赁期限的，视为不定期租赁（参照《民法典》第707条）。另外，租赁期间届满，承租人继续使用租赁物，出租人没有提出异议的，原租赁合同继续有效，但是租赁期限为不定期（《民法典》第734条第1款）。

对于不定期租赁，当事人可以随时解除合同，但是应当在合理期限之前通知对方（《民法典》第730条后段）。

第二节　租赁合同的成立、效力评价和存续期间

一、租赁合同的成立

（一）租赁的标的物

关于租赁的标的物，《民法典》第703条明定为"物"，这意味着它是包括不动产和动产的有体物（《民法典》第115条）。如有必要，物的一部分亦得为租赁标的物（比如墙壁之用于广告）。[②] 另外，此"物"原则上应为不可代替物，如果供使用收益的物为金钱或者其他

[①] Vgl. *Brox/Walker*, Besonderes Schuldrecht, 41. Auflage, Verlag C.H. Beck, 2017, S.173.

[②] Vgl. *Brox/Walker*, Besonderes Schuldrecht, 41. Auflage, Verlag C.H. Beck, 2017, S.171.

可代替物，则合同类型将成为消费借贷，而非租赁。

如果租赁的对象是企业或者权利，由于非属于"物"，在日本通说上解释为类似于租赁的非典型合同（无名合同）。[①] 在我国，企业的租赁经营是有的，[②] 权利的租赁也是有的［比如《农村土地承包法》第 36 条规定了承包方可以自主决定依法采取出租（转包）、入股或者其他方式向他人流转土地经营权］。我国台湾地区"民法"第 463 条之一规定了"准租赁"。在我国现行法的框架下，上述合同宜解释为非典型合同，可以类推适用《民法典》关于租赁合同的规定。

（二）租赁合同成立的样态

租赁合同为不要式合同与诺成合同，其成立不以具备特别的方式以及交付租赁物为必要。原则上，只要当事人对于租赁物的使用收益及租金的支付达成合意，合同即告成立。租赁合同甚至可以推定成立（konkludent abgeschlossen）。[③]

关于合同形式，租赁期限六个月以上的，应当采用书面形式（《民法典》第 707 条前段）。但是否采用书面形式，并不影响租赁合同的成立及生效。租赁合同的内容一般包括租赁物的名称、数量、用途、租赁期限、租金及其支付期限和方式、租赁物维修等条款（《民法典》第 704 条）。当事人未采用书面形式，无法确定租赁期限的，视为不定期租赁（《民法典》第 707 条后段）。亦即仅所定之期限，不受法律的保护而已，结果各当事人均不得主张期限利益，亦即均不受期限的拘束，而可依《民法典》第 730 条随时解除合同。[④]

租赁合同的预约也是可行的，通过该预约来成立本约。比如房屋在建阶段，可以先签订租赁的预约。

在国外，尚有承认租赁的时效取得。另外，也有基于法律的特别规定而认有租赁权的情形。

二、租赁合同的效力评价

租赁合同的效力评价适用《民法典》关于民事法律行为以及合同效力的一般规定，此处惟就与租赁合同的效力评价相关的租赁标的物的特别属性、租赁合同的登记备案、多重租赁等问题进行论述。

（一）产权证书与合同效力

以房屋租赁合同为例，合同目的在于使用房屋，并不涉及房屋所有权的转让，因而，原

---

① 参见［日］近江幸治：《民法讲义 V 契约法》（第三版），成文堂 2009 年版，第 188 页。
② 《全民所有制小型工业企业租赁经营暂行条例》第 3 条规定：本条例所称租赁经营，是指在不改变企业的全民所有制性质的条件下，实行所有权与经营权的分离，国家授权单位为出租方将企业有期限地交给承租方经营，承租方向出租方交付租金并依照合同规定对企业实行自主经营的方式。
③ Vgl. *Brox/Walker*, Besonderes Schuldrecht, 41. Auflage, Verlag C.H. Beck, 2017, S.176.
④ 同旨参见郑玉波：《民法债编各论》（上册），三民书局 1981 年版，第 185 页。

则上房屋租赁合同并不以出租人拥有所有权、拥有产权证书为前提。在实务中，认定房屋租赁合同因出租房屋未办理产权证书而无效，缺少法律依据。

（二）建设工程规划许可证与合同效力

针对城镇房屋租赁合同，依我国司法解释，"出租人就未取得建设工程规划许可证或者未按照建设工程规划许可证的规定建设的房屋，与承租人订立的租赁合同无效。但在一审法庭辩论终结前取得建设工程规划许可证或者经主管部门批准建设的，人民法院应当认定有效"（《房屋租赁解释》第 2 条）。此时合同无效的根本原因在于标的物缺陷，即合同的标的物是违法建筑。违法建筑直接损害国家和社会公共利益，并不是在当事人私权范畴内就能解决的问题，人民法院作为公权力的行使者，应当旗帜鲜明地认定就违法建筑物订立的房屋租赁合同无效。[①]

（三）未经批准的临时建筑与合同效力

"出租人就未经批准或者未按照批准内容建设的临时建筑，与承租人订立的租赁合同无效。但在一审法庭辩论终结前经主管部门批准建设的，人民法院应当认定有效"（《房屋租赁解释》第 3 条第 1 款）。"租赁期限超过临时建筑的使用期限，超过部分无效。但在一审法庭辩论终结前经主管部门批准延长使用期限的，人民法院应当认定延长使用期限内的租赁期间有效"（《房屋租赁解释》第 3 条第 2 款）。此时合同无效的原因在于，合同的标的物违法。

（四）未经消防验收合格的房屋与合同效力

关于房屋租赁合同未经消防验收或者经消防验收不合格，是否应认定房屋租赁合同无效的问题，依既往的司法规则，应根据不同情况分别对待：第一，出租《消防法》第 13 条第 3 款规定的必须经过公安消防机构验收的房屋，未经消防验收或者消防验收不合格的，禁止投入使用，故应当认定相应的租赁合同无效。第二，租赁合同涉及的房屋不属于法律规定必须经过公安消防机构验收的，人民法院不应当以该房屋未经消防验收合格为由而认定合同无效。第三，租赁房屋用于开设经营宾馆、饭店、商场等公众聚集场所的，向当地公安消防机构申报消防安全检查的义务人为该企业的开办经营者，但租赁标的物经消防安全验收合格，不是认定房屋租赁合同效力的必要条件。

（五）以划拨方式取得的土地上的房屋与合同效力

作为租赁合同标的物的房屋如果是建筑在以划拨方式取得的土地上，一方当事人如果以《城镇国有土地使用权出让和转让暂行条例》第 44 条等为据，请求确认合同无效，能否获得支持？对此，起初在最高人民法院的判决中认定租赁合同无效；[②] 后来最高人民法院的立场有

[①] 最高人民法院民事审判第一庭编著：《最高人民法院关于审理城镇房屋租赁合同纠纷案件司法解释的理解与适用》，人民法院出版社 2009 年版，第 34、37 页。
[②] 比如最高人民法院民事判决书（2000）民终字第 28 号。

转变，在最高人民法院公布的典型案例中，[①]则并不认定租赁合同无效。依《城市房地产管理法》第 56 条前段，以营利为目的，房屋所有权人将以划拨方式取得使用权的国有土地上建成的房屋出租的，应当将租金中所含土地收益上缴国家。

（六）租赁合同未办理登记备案手续与合同效力

依既往的司法规则，当事人以房屋租赁合同未按照法律、行政法规规定办理登记备案手续为由，请求确认合同无效的，人民法院不予支持。此规则严格言之并非租赁标的物本身有什么问题，而是租赁合同是否经过了按照法律、行政法规要求的登记备案手续。此类手续，通常系出于行政管理目的，故原则上不应以违反此类规定而认定合同无效。故《民法典》第 706 条新增规定，当事人未依照法律、行政法规规定办理租赁合同登记备案手续的，不影响合同的效力。

（七）租赁合同无效的特别效果

1. 基于继续性合同的特别效果。作为一种继续性合同，如果租赁合同无效或者被撤销，其法律后果比较特殊。我国司法解释明确规定，"房屋租赁合同无效，当事人请求参照合同约定的租金标准支付房屋占有使用费的，人民法院一般应予支持"（《房屋租赁解释》第 4 条第 1 款）。

2. 装饰装修的善后。

（1）经出租人同意场合。一是未形成附合场合。承租人经出租人同意装饰装修，租赁合同无效时，未形成附合的装饰装修物，出租人同意利用的，可折价归出租人所有；不同意利用的，可由承租人拆除。因拆除造成房屋毁损的，承租人应当恢复原状（《房屋租赁解释》第 7 条第 1 款）。二是已形成附合场合。已形成附合的装饰装修物，出租人同意利用的，可折价归出租人所有；不同意利用的，由双方各自按照导致合同无效的过错分担现值损失（《房屋租赁解释》第 7 条第 2 款）。

（2）未经出租人同意场合。承租人未经出租人同意装饰装修发生的费用，由承租人负担。出租人请求承租人恢复原状或者赔偿损失的，人民法院应予支持（参见《房屋租赁解释》第 11 条）。

3. 扩建费用的负担。

（1）经出租人同意的扩建。承租人经出租人同意扩建，但双方对扩建费用的处理没有约定的，人民法院按照下列情形分别处理：①办理合法建设手续的，扩建造价费用由出租人负担；②未办理合法建设手续的，扩建造价费用由双方按照过错分担（《房屋租赁解释》第 12 条）。

（2）未经出租人同意的扩建。承租人未经出租人同意扩建发生的费用，由承租人负担。出租人请求承租人恢复原状或者赔偿损失的，人民法院应予支持（参见《房屋租赁解释》第

[①] 参见最高人民法院民事判决书（2002）民一终字第 4 号〔法公布（2003）第 2 号〕。

11条)。

三、租赁合同的存续期间

（一）租赁期限的限制

租赁合同属于继续性合同，可区分为定期租赁与不定期租赁。关于租赁合同的存续期间，《民法典》第705条第1款设有限制，"租赁期限不得超过二十年。超过二十年的，超过部分无效"。

由上述规定可知，永久租赁是法律所不允许的，最长以二十年为限，是担心租期过长，有碍租赁物的改良。[①]另外，这一规定，无论是动产租赁还是不动产租赁，都是适用的。

（二）租赁期限的更新

租赁期限的更新，是就原存租赁仅更新其期限，使之延长，其他内容（比如租金的数额、担保等）原则上不变，租赁合同仍不失其同一性。这与租赁合同本身的更新（作为债的一种消灭原因）是不相同的。租赁期限的更新，有约定更新与法定更新两种类型。

1. 约定更新。或称明示更新，指当事人另外达成合意更新租赁的期限。《民法典》第705条第2款规定，租赁期限届满，当事人可以续订租赁合同；但是，约定的租赁期限自续订之日起不得超过二十年。至于更新的次数，法律并无限制。

2. 法定更新。或称默示更新，即租赁期限届满，承租人继续使用租赁物，出租人没有提出异议的，原租赁合同继续有效，但租赁期限为不定期（《民法典》第734条第1款）。这种更新并非基于当事人的意思，而是法律上当然延长租赁期限。

租赁期限的更新，是在保持合同同一性的前提下延长了租赁期限，租赁合同原有的负担及利益，原则上照旧。但是，如果是第三人提供的人的担保或者物的担保，情况有所不同。依通常学理，在约定更新场合，除该第三人同意约定更新外，其人的担保或者物的担保于原定租赁期限届满时消灭；至于法定更新，第三人提供的人的担保或者物的担保，也应当在原租赁期限届满时消灭，因法定更新是为保护承租人的利益而设的，并非为出租人的利益而设，因而不应使物上保证人或保证人延长其责任。[②]

第三节　租赁合同的效力

租赁合同的效力，首先体现在对于租赁合同当事人的效力；其次，于出租人将租赁物出卖给第三人场合，或者承租人将租赁物转租给第三人场合，还会涉及租赁对第三人的效力。

---

① 参见郑玉波：《民法债编各论》（上册），三民书局1981年版，第184页。
② 参见郑玉波：《民法债编各论》（上册），三民书局1981年版，第185页。

一、出租人的义务

（一）交付租赁物及保持合于用益状态的义务

出租人应当按照约定将租赁物交付承租人，并在租赁期限内保持租赁物符合约定的用途（《民法典》第 708 条）。

出租人须以合于使用收益的租赁物交付给承租人，始可使之就租赁物使用收益。此所谓交付，指的是移转占有，这是使用收益的前提，无论在动产租赁还是在不动产租赁，均是如此。

除了交付租赁物之外，出租人还应当在租赁期限内保持租赁物持续处于合于用益的状态。租赁物在租赁期限内，如有物质上的毁损，或者遇有第三人妨碍，导致承租人无法圆满地使用收益，出租人均应负责予以除去。相应地，《民法典》第 724 条明确规定："有下列情形之一，非因承租人原因致使租赁物无法使用的，承租人可以解除合同：（一）租赁物被司法机关或者行政机关依法查封、扣押；（二）租赁物权属有争议；（三）租赁物具有违反法律、行政法规关于使用条件的强制性规定情形。"

出租人交付租赁物及保持合于用益状态的义务是其主给付义务，与承租人支付租金的义务立于对价关系，并可构成同时履行关系。

（二）维修义务

出租人应当履行租赁物的维修义务，但是当事人另有约定的除外（《民法典》第 712 条）。

所谓维修义务，是租赁物毁损，不能保持租赁物符合约定的用途时，出租人应予修复的义务。该义务是上述保持租赁物合于用益状态义务的一种，又是其具体的手段，原则上应当由出租人负担。但上述规定属于任意性规范，当事人可以依特别约定限制或者排除维修义务，自不待言。

维修义务的成立，应具备以下要件：

1. 维修的必要。所谓维修的必要，即租赁物发生毁损，如不维修，则使承租人处于不能够依合同约定的用途使用收益的状态。比如租赁汽车，汽车发动机有故障不能启动；租赁房屋，屋顶漏雨。这些情形，如不予维修，则或不能使用，或不能圆满地使用，故均有维修的必要。具体判断是否有维修的必要时，应当按照合同目的，并结合一般社会观念，具体地判断。

2. 维修的可能。租赁物虽有维修的必要，如果已不可能维修，则属于租赁物部分或者全部毁损、灭失的问题，应根据情况，由承租人请求减少租金或者不支付租金；如不能实现合同目的，承租人可以解除合同（参照《民法典》第 729 条）。这些均非维修义务问题。至于维修是否可能，并非于物理的或技术的意义，而应依经济的或者交易上的观念，加以判断。① 如果维修房屋的费用相当于新建房屋的费用时，就应当认定不能维修。

3. 通知出租人。在租赁期间租赁物如有修复的必要，除出租人已知的以外，承租人应当及时通知出租人，承租人应为通知而未通知的，出租人可不承担修复的义务。②

承租人在租赁物需要维修时可以请求出租人在合理期限内维修。出租人未履行维修义务的，承租人可以自行维修，维修费用由出租人负担。因维修租赁物影响承租人使用的，应当相应减少租金或者延长租期（《民法典》第713条第1款）。

判断出租人是否有维修义务时，是否应考虑租赁物毁损的原因？原《合同法》对此未作规定。从比较法来看，日本以往通说认为，应肯定出租人的维修义务，同时承认承租人因违反保管义务应负损害赔偿。③ 近时的多数说则认为，此种场合出租人没有维修义务，仅发生其对承租人的损害赔偿请求权而已。④ 此种立场转变，亦符合德、瑞等国的解释论。有鉴于此，《民法典》第713条新增第2款，明确因承租人的过错致使租赁物需要维修的，出租人不承担维修义务。

（三）瑕疵担保义务

租赁合同既为有偿合同，关于出租人的瑕疵担保义务，有规定时依照其规定；没有规定的，参照适用买卖合同的有关规定（参照《民法典》第646条）。故可有权利瑕疵担保及物的瑕疵担保的问题。

1. 权利瑕疵担保。出租人就交付的标的物，负有保证第三人对该标的物不享有任何权利的义务（参照《民法典》第612条前段）。因第三人主张权利，致使承租人不能对租赁物使用、收益的，承租人可以请求减少租金或者不支付租金（《民法典》第723条第1款）。

2. 物的瑕疵担保。租赁物如有瑕疵，出租人仍应对之负责。惟因租赁是继续性的法律关系，故于租赁物交付后，在租赁关系存续中发生瑕疵时，出租人亦应负瑕疵担保责任。⑤ 因而，《民法典》第729条规定："因不可归责于承租人的事由，致使租赁物部分或者全部毁损、灭失的，承租人可以请求减少租金或者不支付租金；因租赁物部分或者全部毁损、灭失，致使不能实现合同目的的，承租人可以解除合同。"另外，《民法典》第731条特别规定："租赁物危及承租人的安全或者健康的，即使承租人订立合同时明知该租赁物质量不合格，承租人仍然可以随时解除合同。"这是因为人的安全或者健康，应当予以特别重视，若其瑕疵已危及承租人或其同居人的安全或健康时，任何情形，亦无强其忍受之理。⑥

---

① [日]能见善久、加藤新太郎编集：《论点体系：判例民法5 契约I》（第二版），第一法规株式会社2013年版，第321页。
② 参见陈小君主编：《合同法学》，高等教育出版社2009年版，第354页。
③ [日]我妻荣：《民法讲义V-2 债权各论》中卷1，岩波书店1957年版，第444页。
④ [日]星野英一：《借地借家法》，有斐阁1969年版，第621页；[日]来栖三郎：《契约法》，有斐阁1974年版，第312页；[日]能见善久、加藤新太郎编集：《论点体系：判例民法5 契约I》（第二版），第一法规株式会社2013年版，第322页。
⑤ 参见郑玉波：《民法债编各论》（上册），三民书局1981年版，第193—194页。
⑥ 参见郑玉波：《民法债编各论》（上册），三民书局1981年版，第194页。

（四）费用偿还义务

承租人在租赁期限内有时会对租赁物进行改善或者增设他物，因此会发生相关费用。及至租赁关系终了，就此类费用，出租人是否负有偿还义务，在法律上应有所准据。《民法典》第715条规定："承租人经出租人同意，可以对租赁物进行改善或者增设他物。""承租人未经出租人同意，对租赁物进行改善或者增设他物的，出租人可以请求承租人恢复原状或者赔偿损失。"据此，我国法规则因是否经出租人同意而有不同。

费用是指一定的开支，大致包括必要费用、有益费用及奢侈费用三种。奢侈费用不在偿还之列。另外，针对城镇房屋租赁合同，我国最高人民法院司法解释已经对装饰装修残值损失的赔偿或者补偿问题作了特别的规定，在功能上已经解决了一些费用偿还义务所要解决的问题，自应依其规定，此处仅对一般租赁的相关问题进行分析。

1. 必要费用。必要费用，是为保持物的适于使用收益的状态而必不可少的费用。我国《民法典》未明文规定对一般必要费用的偿还，仅于第713条规定了维修费用的偿还义务。我国学说认为，出租人应返还的必要费用，不仅限于维修费用，只要是为维持租赁物处于基本适用状态而由承租人支出的费用，都是必要费用，如机器零部件的更换、维修费等费用，本应由出租人承担而承租人已支出的，都构成必要费用。出租人不履行此项义务的，承租人可以相应地减少租金数额或者在租金中扣除。[①]

2. 有益费用。有益费用，是为了对物进行改良而支出的费用。承租人就租赁物支出有益费用因而增加该物的价值的，如出租人知情而不作反对表示，在租赁关系终止时，应当偿还其费用，但以现存的增价额为限。我国《民法典》虽然没有这样的明文规定，然依诚信原则及公平原则，认定出租人负有有益费用偿还义务，也是合适的。另外，有益费用偿还问题，也是有可能依不当得利的规定（《民法典》第985条等）加以构成的。

二、承租人的义务

（一）租金支付义务

承租人支付租金，是其主给付义务（参照《民法典》第703条后句）。租金通常以金钱形式支付（eine Geldleistung），惟不以金钱为限，约定以其他实物或者服务作为租金，亦未尝不可。[②]

租金的数额，原则上由当事人自由约定。租金的支付期限原则上亦由当事人约定，比如对房屋租赁约定于每月的月末支付租金。承租人应当按照约定的期限支付租金。对支付期限没有约定或者约定不明确，依据《民法典》第510条的规定仍不能确定，租赁期限不满一年

[①] 参见崔建远主编：《合同法》（第四版），法律出版社2007年版，第413页。
[②] Vgl. *Brox/Walker*, Besonderes Schuldrecht, 41. Auflage, Verlag C.H. Beck, 2017, S.172.

的，应当在租赁期限届满时支付；租赁期限一年以上的，应当在每届满一年时支付，剩余期限不满一年的，应当在租赁期限届满时支付（《民法典》第 721 条）。承租人无正当理由未支付或者迟延支付租金的，出租人可以请求承租人在合理期限内支付。承租人逾期不支付的，出租人可以解除合同（《民法典》第 722 条）。

在转租场合，承租人拖欠租金的，次承租人可以代承租人支付其欠付的租金和违约金，但是转租合同对出租人不具有法律约束力的除外（《民法典》第 719 条第 1 款）。此所谓"转租合同对出租人不具有法律约束力"，应理解为转租经出租人同意。

（二）用法遵守义务

承租人应当按照约定的方法使用租赁物。对租赁物的使用方法没有约定或者约定不明确，依据《民法典》第 510 条的规定仍不能确定的，应当根据租赁物的性质使用（《民法典》第 709 条）。承租人按照约定的方法或者根据租赁物的性质使用租赁物，致使租赁物受到损耗的，不承担损害赔偿责任（《民法典》第 710 条）。承租人未按照约定的方法或者未根据租赁物的性质使用租赁物，致使租赁物受到损失的，出租人可以解除合同并要求赔偿损失（《民法典》第 711 条）。

（三）租赁物保管义务

承租人应当妥善保管租赁物，因保管不善造成租赁物毁损、灭失的，应当承担损害赔偿责任（《民法典》第 714 条）。对此，应注意以下几点：

1. 承租人违反租赁物保管义务而承担的赔偿责任，属于过错责任。法条明确要求须"因保管不善"所致，宜理解为要求承租人尽善良管理人的注意义务，违反此注意义务，即属有过失。

2. 租赁物保管义务属于合同义务，违反此义务的责任，属于违约责任。

3. 承租人不仅要对自己的行为负责，如因其同居人或被允许为租赁物使用收益的第三人的行为，导致租赁物毁损、灭失的，承租人也应负损害赔偿责任。此时债务人的责任不妨理解为一种法定担保责任，属于无过错责任。[①]

（四）瑕疵通知义务

第三人主张权利的，承租人应当及时通知出租人（《民法典》第 723 条第 2 款）。此项通知义务，属于承租人的不真正义务。

（五）租赁物返还义务

租赁期限届满，承租人应当返还租赁物。返还的租赁物应当符合按照约定或者根据租赁

---

① 参见韩世远：《合同法总论》（第四版），法律出版社 2018 年版，第 754 页；同旨参照郑玉波：《民法债编各论》（上册），三民书局 1981 年版，第 251 页。

物的性质使用后的状态（《民法典》第733条）。因而，承租人原则上负"现状返还义务"。

三、与第三人的关系

（一）租赁物的转租及租赁权的转让

1. 租赁物的转租。租赁物的转租，是指承租人不脱离租赁关系，而将租赁物另行出租给次承租人。例如甲为出租人，乙为承租人，乙将租赁物的一部分或者全部再次出租给丙（次承租人）。这时存在两份租赁合同（参照图17.3.1）。转租在房屋租赁场合颇为常见，其中的转租人俗称"二房东"。

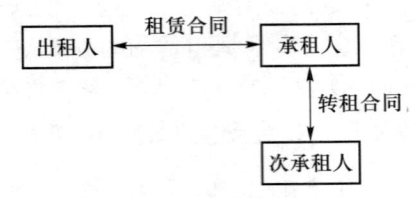

图 17.3.1 转租相关法律关系结构

《民法典》禁止擅自转租，于第716条规定，承租人经出租人同意，可以将租赁物转租给第三人。承租人转租的，承租人与出租人之间的租赁合同继续有效；第三人对租赁物造成损失的，承租人应当赔偿损失（第1款）。承租人未经出租人同意转租的，出租人可以解除合同（第2款）。对此，应注意以下几点：

（1）之所以禁止擅自转租，一方面关乎承租人的人格信用问题，另一方面则在于防止承租人从中渔利。

（2）转租一旦经出租人同意，即为合法转租，出租人不得解除合同，承租人与出租人之间的租赁合同继续有效。此时两份租赁合同虽各自独立，转租期限超过承租人剩余租赁期限的，超过部分的约定对出租人不具有法律约束力，但是出租人与承租人另有约定的除外（《民法典》第717条）。所谓超过部分的约定"对出租人不具有法律约束力"，意味着次承租人的租赁权仅对出租人不产生法律约束力，原租赁合同期限届满后，出租人可以要求次承租人限期返还租赁物，次承租人则可依据转租合同的约定向承租人主张违约责任。[①]

出租人知道或者应当知道承租人转租，但是在六个月内未提出异议的，视为出租人同意转租（《民法典》第718条）。"视为"即法律上的拟制，使出租人的沉默具有意思表示的效力。此系从主观角度所作的规定；然如从客观角度分析，也可以说，该六个月期间的规定，发挥了出租人解除权（第716条第2款）除斥期间的功能。

（3）合法转租场合，出租人与次承租人之间并无合同关系，依合同相对性原则（《民法典》第465条第2款），出租人不得直接向次承租人请求租金；反之，次承租人也无权直接

[①] 黄薇主编：《中华人民共和国民法典合同编释义》，法律出版社2020年版，第546页。

向出租人请求维修租赁物。① 不过，在承租人拖欠租金场合，次承租人可以代为支付租金和违约金（《民法典》第 719 条第 1 款）。次承租人代为支付的租金和违约金，可以充抵次承租人应当向承租人支付的租金；超出其应付的租金数额的，可以向承租人追偿（《民法典》第 719 条第 2 款）。另外，出租人与承租人之间的租赁合同终止时，出租人可以依据租赁物的所有权或其他权利，直接对于次承租人请求返还租赁物。

（4）转租未经出租人同意，即为非法转租，出租人可以解除出租人与承租人之间的租赁合同。如果出租人未行使此解除权，则租赁合同仍继续有效。

（5）非法转租场合，承租人与次承租人之间的转租合同关系，仅涉及债权关系，并未影响出租人对于租赁物的物权（所有权），作为债权合同，仍然是有效的。② 承租人负有使次承租人就租赁物进行使用收益的义务，并应设法取得原出租人的同意。纵使出租人不同意转租，承租人及次承租人均不得依无权处分法理主张转租合同无效。

（6）非法转租场合，如果出租人解除租赁合同，请求承租人返还租赁物，也可以直接向次承租人主张所有物返还请求权。因此导致转租合同不能继续履行的，次承租人可以向承租人主张违约责任，比如请求支付违约金或者请求违约损害赔偿。次承租人因承租人违约而解除转租合同，仍然可以向承租人主张损害赔偿（参照《民法典》第 566 条第 2 款）。

（7）非法转租场合，如果出租人未解除合同，对承租人仍有租金请求权，其可否向次承租人主张返还租赁物或除去妨碍呢？由于承租人仍享有租赁权，故次承租人的占有及使用收益，并非不法。因为次承租人的地位实际上相当于承租人的履行辅助人，故在出租人对承租人解除合同前，不得直接向次承租人请求返还租赁物。③

2. 租赁权的转让。租赁权的转让，是指承租人将其租赁权让与给第三人，承租人自己退出租赁关系。④ 此时既然承租人已退出租赁关系，那么所谓租赁权的转让，其实已不仅限于租赁合同中承租人的债权的转让，实质上相当于承租人合同地位的转让（债权债务的概括移转）。

租赁权可否转让，我国《民法典》没有明文规定，由于债权人的变更会使权利的行使发生显著的差异，因而承租人所享有的债权（租赁权）属于因债权性质而不得转让的债权（《民法典》第 545 条第 1 款但书之一），原则上不具有让与性。如果债务人（出租人）予以承诺，则解释上宜认为此类债权仍然是可以让与的。⑤ 至于不得转让而转让的法律效果，可以参照债权让与部分的论述，此处不赘。

---

① 相反的意见认为，次承租人可以直接向出租人履行承租人应当履行的义务，出租人也得直接向次承租人行使转租人得行使的权利，在这些情况下发生债的第三人履行问题。参见谢怀栻等：《合同法原理》，法律出版社 2000 年版，第 396 页。
② 主张转租合同有效者，国外及我国台湾地区的学说自不待言，就我国学说而言，可参见谢怀栻等：《合同法原理》，法律出版社 2000 年版，第 397 页；王轶编著：《租赁合同、融资租赁合同》，法律出版社 1999 年版，第 38 页；陈小君主编：《合同法学》，高等教育出版社 2009 年版，第 355 页。
③ 参见郑玉波：《民法债编各论》（上册），三民书局 1981 年版，第 250 页。
④ 参见郑玉波：《民法债编各论》（上册），三民书局 1981 年版，第 243 页。
⑤ 参见韩世远：《合同法总论》（第四版），法律出版社 2018 年版，第 602 页。

（二）承租人与第三人的关系

1. "买卖不破租赁"原则。在租赁期间，租赁物所有权可能因买卖、赠与、继承等原因而发生变动，这时，新的所有权人可否依其所有权要求承租人返还租赁物呢？如果贯彻"物权效力优先"原理，势必得出肯定结论，进而使承租人陷于困境。为此，《民法典》第725条规定："租赁物在承租人按照租赁合同占有期限内发生所有权变动的，不影响租赁合同的效力。"民法学说称此为"买卖不破租赁"（Kauf bricht nicht Miete）原则，或谓之"债权被赋予准物权效力（物权化）"，[1] 或称之体现了租赁权的物权化，[2] 此亦为近代立法之通例。

（1）构成要件

其一，"在承租人按照租赁合同占有期限内"。该要件修正了原《合同法》规定的"在租赁期间"的要求。原规定存在一个重大问题，即租赁合同的真实签订时间难以确定，实践中存在倒签租赁合同损害买受人利益的情形，以租赁合同签订的时间点确认承租人和买受人的权利何者优先，存在道德风险。故立法者修法时力求使租赁的时间点显形化，最终确定以承租人占有使用租赁物的时间点作为租赁合同对外公示的起算点。[3] 相应地，首先要求租赁合同成立并生效。因而，租赁合同虽成立但尚未生效场合，原则上并不适用本条；租赁期满的，也不再发生问题。其次要求承租人依租赁合同占有租赁物。租赁物所有权的变动须在承租人占有租赁物之后，且须在承租人继续占有过程中，若承租人已中止占有，虽租赁关系尚未终了，但于此期间出租人若将租赁物所有权转让给第三人，承租人就不可以再主张"买卖不破租赁"之效果了。[4] "抵押权设立前，抵押财产已经出租并转移占有的，原租赁关系不受该抵押权的影响"（《民法典》第405条）。至于租赁物是动产租赁抑或不动产租赁，[5] 不予区别，均得适用。

其二，"发生所有权变动"。此所谓发生所有权变动，通常是指发生所有权移转之结果，其原因可以是买卖（包括一般买卖及特种买卖，如拍卖、买回等）、互易、赠与、遗赠等。租赁房屋在承租人按照租赁合同占有期限内发生所有权变动，承租人请求房屋受让人继续履行原租赁合同的，人民法院应予支持。但租赁房屋具有下列情形或者当事人另有约定的除外：①房屋在出租前已设立抵押权，因抵押权人实现抵押权发生所有权变动的；②房屋在出租前已被人民法院依法查封的（《房屋租赁解释》第14条）。

（2）法律效果。《民法典》第725条的效果为"不影响租赁合同的效力"。此所谓"租赁合同的效力"，当指租赁合同的权利义务关系；"不影响"也就意味着关系继续存在，意指让新所有权人就像原出租人一样，享有租赁合同的权利，承担其义务。此时，新所有权人承

---

[1] 黄茂荣：《买卖法》（增订版），台北自刊本2004年版，第330页。
[2] 石宏主编：《〈中华人民共和国民法典〉释解与适用［合同编］》（上册），人民法院出版社2020年版，第484页。
[3] 石宏主编：《〈中华人民共和国民法典〉释解与适用［合同编］》（上册），人民法院出版社2020年版，第485页。
[4] 韩世远：《合同法学》，高等教育出版社2010年版，第457页。
[5] 《德国民法典》原第571条第1项以及《日本民法典》第650条，均限于不动产租赁始得适用。我国台湾地区"民法"则不区分动产租赁抑或不动产租赁，均得适用。

受出租人的合同地位,此种合同地位的移转,并非基于当事人的意思,而是基于法律的直接规定,故属于合同权利义务法定的概括移转。[1]

2. 房屋承租人的优先购买权。我国法确立了房屋承租人的优先购买权,《民法典》第726条第1款规定,"出租人出卖租赁房屋的,应当在出卖之前的合理期限内通知承租人,承租人享有以同等条件优先购买的权利;但是,房屋按份共有人行使优先购买权或者出租人将房屋出卖给近亲属的除外"。

(1) 房屋承租人优先购买权的性质。就房屋承租人优先购买权性质,虽有请求权说,[2] 然我国通说还是以之为形成权,[3] 即优先购买权人得依一方的意思,形成以义务人出卖与第三人同样条件为内容的合同,无须义务人(出卖人)的承诺。惟此项形成权须俟义务人出卖标的物于第三人时,始得行使。[4] 由于承租人的优先购买权的目的在于建立一定的法律关系,故被归属于"积极形成权"(positive Gestaltungsrechte),而有别于解除权、撤销权等"消极形成权"(negative Gestaltungsrechte)。[5]

(2) 房屋承租人优先购买权的行使要件。

其一,须房屋出租人出卖租赁房屋。在赠与、遗赠和继承的场合,因其不在"出卖"的文义范围之内,承租人不得行使优先购买权。在混合赠与的情况下,虽兼有买卖和赠与的因素,但究其实质仍以赠与的性质为主,与纯粹的买卖终究不同,故而承租人亦不得主张行使优先购买权。[6]

出租人委托拍卖人拍卖租赁房屋的,应当在拍卖五日前通知承租人。承租人未参加拍卖的,视为放弃优先购买权(《民法典》第727条)。另外,在司法拍卖场合,《最高人民法院关于人民法院民事执行中拍卖、变卖财产的规定》第11条规定:"人民法院应当在拍卖五日前以书面或者其他能够确认收悉的适当方式,通知当事人和已知的担保物权人、优先购买权人或者其他优先权人于拍卖日到场。优先购买权人经通知未到场的,视为放弃优先购买权。"第13条规定:"拍卖过程中,有最高应价时,优先购买权人可以表示以该最高价买受,如无更高应价,则拍归优先购买权人;如有更高应价,而优先购买权人不作表示的,则拍归该应价最高的竞买人。顺序相同的多个优先购买权人同时表示买受的,以抽签方式决定买受人。"

另外,《房屋租赁解释》第15条规定:"出租人与抵押权人协议折价、变卖租赁房屋偿还债务,应当在合理期限内通知承租人。承租人请求以同等条件优先购买房屋的,人民法院应予支持。"

---

[1] 参见韩世远:《合同法总论》(第四版),法律出版社2018年版,第639页。
[2] 比如黄薇主编:《中华人民共和国民法典合同编释义》,法律出版社2020年版,第556、560页。
[3] 比如郭明瑞:《合同法通义》,商务印书馆2020年版,第388页;最高人民法院民法典贯彻实施工作领导小组:《中华人民共和国民法典合同编理解与适用[三]》,人民法院出版社2020年版,第1555页;谢鸿飞、朱广新主编:《民法典评注:合同编典型合同与准合同》第2卷,中国法制出版社2020年版,第306页。
[4] 参见王泽鉴:《民法学说与判例研究》(第一册),台北自刊本1975年版,第519—520页。
[5] 参见黄立:《民法总则》,中国政法大学出版社2002年版,第71页。
[6] 参见戴孟勇:《房屋承租人如何行使优先购买权——以〈合同法〉第230条为中心的解释论》,载《清华大学学报(哲学社会科学版)》2004年第4期。

其二，须房屋出租人与第三人缔结了一份房屋买卖合同。这一点虽未从《民法典》第726条的文字中表述出来，但为优先购买权的题中应有之义。因为"优先"一语，必然要有比较的对象，仅出租人愿意卖，承租人愿意买，二人达成合同，属一般的缔约行为，并非借助于行使优先购买权成立合同。即使第三人参与进来，与承租人竞争，参与报价，也并非行使优先购买权成立买卖合同。行使优先购买权成立合同，必须是在第三人与出卖人（出租人）达成买卖合同之场合，才有承租人在同等条件下优先购买的问题。因而应当注意，作为承租人行使优先购买权的条件，要求房屋出租人"出卖"租赁房屋，此"出卖"并非仅指出租人出卖房屋的意愿或者作为要约的意思表示，而应是作为法律行为的买卖合同。

其三，须为"同等条件"。同等条件是指承租人与其他购买人在买卖条件上等同，包括买卖的价格、付款的期限和方式等。[①] 承租人行使优先购买权，必须以"同等条件"为前提。优先购买权作为一项形成权，因其行使而成立合同，惟合同的内容并非优先购买权人单方决定，毋宁说优先购买权人在合同内容上根本没有决定权，他只能够"要么接受，要么走开"，合同的内容则是由出卖人与第三人所缔结的买卖合同所确定。承租人如提出不同的条件缔结合同，如在行使优先购买权之前，属新的要约；如在行使优先购买权之后，则属单方变更合同内容的意思表示。在欠缺出卖人同意的情况下，其提议并不具有拘束力。

其四，须无《民法典》第726条第1款但书之例外。首先，不存在房屋按份共有人行使优先购买权，否则，法律在两个优先购买权中优先保障按份共有人的权利。于此场合，非谓承租人没有优先购买权，只不过依法律和政策房屋共有人优先于房屋承租人受到保护。其次，非属出租人将房屋出卖给近亲属的情形，近亲属包括配偶、父母、子女、兄弟姐妹、祖父母、外祖父母、孙子女、外孙子女。立法者以此种情形具有浓厚的人身色彩，与纯粹的买卖关系有很大区别，比如以低于正常价格出售房屋、延长付款期限等，[②] 于此场合，无从判断"同等条件"。

（3）房屋承租人优先购买权的行使方式。无论是《民法典》还是司法解释，均未对此作明确的规定。鉴于房屋承租人的优先购买权属于一种形成权，故可类推适用《民法典》第565条关于解除权行使方式的规定，房屋承租人行使优先购买权的，"应当通知对方"；合同"自通知到达对方时"成立。

（4）房屋承租人优先购买权的除斥期间。出租人履行通知义务后，承租人在十五日内未明确表示购买的，视为承租人放弃优先购买权（《民法典》第726条第2款）。此处的"十五日"，实为房屋承租人优先购买权的除斥期间。除斥期间过后，作为形成权的优先购买权即归于消灭。

（5）房屋承租人优先购买权的效力。

其一，形成房屋买卖合同。房屋承租人优先购买权最主要的效力，在于依权利人的意愿形成"以同等条件"为内容的房屋买卖合同。这种效果，通常是在出租人通知承租人其出

---

① 参见胡康生主编：《中华人民共和国合同法释义》，法律出版社1999年版，第340页。
② 黄薇主编：《中华人民共和国民法典合同编释义》，法律出版社2020年版，第558页。

卖房屋的事情后，因承租人向出租人作出主张优先购买权的意思而发生。在出租人未通知承租人而径与第三人缔结房屋买卖合同场合，如果承租人未向出租人表达行使优先购买权的意思，而是直接向法院提起诉讼，那么，法院可以将承租人提起诉讼视为对于优先购买权的特别行使方式（以起诉的方式行使形成权），其权利的行使因起诉书送达出租人而生效，进而在出卖人与承租人之间形成了"同等条件"的买卖合同。这时，法院的首要任务，是确认出卖人与承租人之间的买卖合同的有效成立。

其二，优先购买权遭受侵害时的救济。"出租人未通知承租人或者有其他妨害承租人行使优先购买权情形的，承租人可以请求出租人承担赔偿责任"（《民法典》第728条前段）。须注意的是，此时向法院提起的并非侵害优先购买权的侵权诉讼，而是合同诉讼。[1] 此时出租人的赔偿责任不是侵权损害赔偿责任，而是违约损害赔偿责任。出租人所违反的义务是《民法典》第726条第1款规定的"应当在出卖之前的合理期限内通知承租人"的通知义务。优先购买权人此时对于出租人通常享有替代给付的损害赔偿请求权（Anspruch auf Schadensersatz statt der Leistung）。[2] 申言之，承租人因出租人违反通知义务所遭受的损害，得基于如出租人未违反该义务承租人得行使优先购买权所形成的房屋买卖合同主张相应的替代给付的损害赔偿。

其三，出租人与第三人订立的房屋买卖合同的效力不受影响（《民法典》第728条但书）。自规范目的而论，房屋承租人的优先购买权旨在保护承租人、维持社会关系稳定，在达成此目的的前提下，没有必要将出卖人与第三买受人之间的房屋买卖合同彻底否定。因此，《民法典》第728条但书规则，诚属合理。

以前，依原《民通意见》第118条后段规定，"出租人未按此规定出卖房屋的，承租人可以请求人民法院宣告该房屋买卖无效"。由此可见，在我国，以前房屋承租人的优先购买权具有物权的效力，承租人行使优先购买权，不仅发生使出租人向其交付标的物并移转所有权的债务，同时具有否定出租人与第三人合同效力的效力，从而在很大程度上能够确保优先购买权人获得房屋所有权。而依据现在的新规则，房屋承租人行使优先购买权，仅仅发生其与出租人之间的债之关系，且该债之关系与出租人与第三人之间形成的买卖合同债之关系居于平等地位，出租人得依其意愿向优先购买权人或者第三人任意履行，对于另一方负担违约赔偿责任。当然，如果出租人为了避免此不利结果的出现，对于其与第三人缔结房屋买卖合同，可以约定附生效条件，即此合同仅于优先购买权人不主张其权利时生效；或者约定附解除条件，即如果承租人行使优先购买权则本合同失效。

3. 承租人与妨碍其使用收益之人的关系。承租人的目的是就租赁物而为使用收益，如果遭受第三人的妨碍，承租人有什么救济手段呢？

---

[1] 在2008版的《民事案件案由规定》中，"承租人优先购买权纠纷"作为一项独立的案由，被列在第四部分"债权纠纷"之下的"十、合同纠纷"中，而没有被列在"十一、特殊类型的侵权纠纷"中。在2020版《民事案件案由规定》中，虽未再单列"承租人优先购买权纠纷"，相应的案由应为第四部分"合同、准合同纠纷"之下的"十、合同纠纷"111.租赁合同纠纷中的"房屋租赁合同纠纷"。

[2] Vgl. *Dieter Medicus*, Schuldrecht II BT, 13. Auflage, Verlag C.H. Beck, 2006, S. 63.

承租人并非租赁物的所有权人，故无法基于所有权主张排除妨碍。不过，承租人可以基于其对于租赁物的占有而主张物权法上的救济手段，"占有的不动产或者动产被侵占的，占有人有权请求返还原物；对妨害占有的行为，占有人有权请求排除妨害或者消除危险；因侵占或者妨害造成损害的，占有人有权依法请求损害赔偿"（《民法典》第 462 条第 1 款）。

另外，承租人也可以在债权法的框架内寻求救济。租赁权本身为一项债权，尽管我国学者有"租赁权物权化"的提法，租赁权毕竟与物权相去甚远，原则上不具有对世的效力，加之我国法并未如日本民法赋予登记后的租赁权以对抗力，故无法直接承认基于租赁权的妨碍排除请求权，而仅得在租赁合同当事人之间有所主张。具体言之：（1）承租人请求出租人履行保持租赁物合于用益状态的义务，由出租人基于所有权人的身份排除妨碍。（2）承租人可否基于债权人代位权代位行使出租人的妨碍排除请求权呢？这一点在日本判例法上有肯定的答案，特别是针对第三人非法侵占租赁物的情况。[①] 日本判例法这种"转用"债权人代位权以保全特定债权的做法，值得我国司法实务借鉴。（3）可否基于侵害债权而构成妨碍排除请求权？侵害债权制度在我国现行法上欠缺明文规定，作为一种理论探索，如果可以认定第三人侵害债权（租赁权），在法律效果上除损害赔偿之外，宜认为尚得成立妨碍排除请求权。[②]

（三）出租人与第三人的关系

在房屋租赁场合，于租赁关系存续期间，如果承租人死亡，承租人的租赁权作为一种债权，能否构成《民法典》第 1122 条规定的"遗产"而由其继承人继承？对此似应采否定立场，原因在于，租赁权具有人身专属性质，此由我国立法原则上不许转租即可看出。惟在房屋租赁场合，承租人通常非仅为自己一人使用租赁房屋，而是要与其共同居住人、共同经营人等（相对于租赁合同而言是"第三人"）共同使用租赁房屋，自承租人死亡时起，如何处理房屋租赁合同关系，便是问题所在。

"承租人在房屋租赁期限内死亡的，与其生前共同居住的人或者共同经营人可以按照原租赁合同租赁该房屋"（《民法典》第 732 条）。就此规定，学者有不同的理解。（1）称上述规定是"租赁权的法定让与"。[③]（2）认为我国法虽未一般地规定所有的租赁权均具有继承性，但却规定了房屋租赁合同的继承性。上述法律规定是将租赁权的继承性归属于与租赁人生前共同居住的人。[④]（3）认为承租人死亡后，生前与承租人共同居住的人可以继续租赁原住房，但应与出租人办理续租手续，变更承租人；[⑤] 规定共同居住人的继续租赁权，是为了保护承租人共同居住的人的居住利益，法律许可在承租人死亡后与承租人生前共同居住的人可以按照原租赁合同租赁该房屋。[⑥]

---

① 参见钱伟荣：《债权人代位权》，韩世远、[日] 下森定主编：《履行障碍法研究》，法律出版社 2006 年版，第 182 页。
② 参见韩世远：《合同法总论》（第四版），法律出版社 2018 年版，第 904 页。
③ 参见崔建远主编：《合同法》（第六版），法律出版社 2016 年版，第 350 页。
④ 参见谢怀栻等：《合同法原理》，法律出版社 2000 年版，第 407 页。
⑤ 参见胡康生主编：《中华人民共和国合同法释义》，法律出版社 1999 年版，第 345—346 页；黄薇主编：《中华人民共和国民法典合同编释义》，法律出版社 2020 年版，第 565 页。
⑥ 郭明瑞：《合同法通义》，商务印书馆 2020 年版，第 391 页。

如前所述，在我国法上，租赁权原则上不具有继承性，因而，上述第二说不足采。[①] 第一说只是提出了概念，并未详细展开其理论构成，加之"法定让与"具有法律上当然形成法律关系的意味，与《民法典》第732条所规定的共同居住人"可以"按照原租赁合同租赁房屋规定不合，因为共同居住人的租赁合同的形成取决于其意思，而不取决于法律规定。法律于此处赋予共同居住人的不是"租赁权"，而是"选择权"，因而第一说亦不足采。相对而言，上述第三说较为合理，但仍有进一步深化的必要。

房屋租赁合同虽由承租人一人与出租人签订，依交易习惯，共同居住人或者共同经营人当然可以使用作为租赁标的物的房屋。此时，共同居住人或者共同经营人的权利来源，不在于房屋租赁合同兼有"保护第三人的效力"，实质上是由于房屋租赁合同兼具利益第三人合同的属性。共同居住人虽有居住的权利，共同经营人虽有使用的权利，但毕竟不是房屋租赁合同的承租人。原房屋租赁合同本应于清算后终了，立法者出于保护共同居住人或者共同经营人利益、维护社会关系稳定的考虑，规定与承租人生前共同居住的人或者共同经营人可以按照原租赁合同租赁该房屋，不过是使共同居住人或者共同经营人有一种选择权，可以选择概括承受原租赁合同。

第四节 租赁合同的终了

一、租赁合同终了的原因

（一）期限届满

定有租赁期限的合同，租赁期限届满，原则上合同归于终了，故《民法典》第733条规定了承租人此时的租赁物返还义务。

（二）解除合同

1. 不定期租赁的随时解除。依《民法典》第730条，当事人对租赁期限没有约定或者约定不明确，依据《民法典》第510条的规定仍不能确定的，视为不定期租赁。当事人可以随时解除合同，但是应当在合理期限之前通知对方。

租赁期限届满，承租人继续使用租赁物，出租人没有提出异议的，原租赁合同继续有效，但是租赁期限为不定期（《民法典》第734条第1款）。此为租赁合同的默示更新。经默示更新后的租赁合同既为不定期租赁，故其仍得适用上述规则。

---

① 在德国学者通说上，承租人死亡通常发生依《德国民法典》第1922条"概括的权利承受"（Gesamtrechtsnachfolge）这一继承法上的效果，例外是在居住使用租赁（Wohnungsmiete）场合：此时承租人的死亡一般使与承租人共同居住的亲属加入租赁合同中来。这里的加入，与加入者的继承权无关。在居住租赁合同场合发生一种特别承受（Sondernachfolge）。Vgl. *Dieter Medicus*, Schuldrecht Ⅱ, BT, 13. Auflage, Verlag C.H. Beck 2006, S. 84—85.

2. 因租赁物部分或全部毁损、灭失时的租金减额或者合同解除。因不可归责于承租人的事由，致使租赁物部分或者全部毁损、灭失的，承租人可以请求减少租金或者不支付租金；因租赁物部分或者全部毁损、灭失，致使不能实现合同目的的，承租人可以解除合同（《民法典》第 729 条）。附带说明，此条规定同时反映出租赁合同风险负担的规则：租赁物的风险归于出租人（物权人）负担；租金风险亦由出租人负担（风险负担的债务人主义）。此种场合，承租人的租金减少或不付请求权实为一种形成权。另外，不能实现合同目的场合承租人的解除并不以出租人归责事由为要件，原则上亦不发生损害赔偿请求权。①

3. 因租赁物危及承租人的安全或健康而解除。租赁物危及承租人的安全或者健康的，即使承租人订立合同时明知该租赁物质量不合格，承租人仍然可以随时解除合同（《民法典》第 731 条）。

4. 因违约而解除。承租人无正当理由未支付或者迟延支付租金的，出租人可以请求承租人在合理期限内支付；承租人逾期不支付的，出租人可以解除合同（《民法典》第 722 条）。

承租人未按照约定的方法或者未根据租赁物的性质使用租赁物，致使租赁物受到损失的，出租人可以解除合同并要求赔偿损失（《民法典》第 711 条）。

承租人未经出租人同意转租的，出租人可以解除合同（《民法典》第 716 条第 2 款）。

除上述租赁合同终了的原因之外，还可以存在其他原因，比如混同（《民法典》第 576 条），导致租赁合同的终了。

二、租赁合同终了的效力

由于租赁为继续性债之关系，基于过去当事人间长久的密切关联，一旦合同终了后，当事人之间往往产生诸多物品或利益的返还与清算问题，尚待解决。故当事人的关系，系由租赁关系转变为一种清算关系，双方当事人因此皆负有一定的清算义务（Abwicklungspflicht），② 诸如返还租赁物、装饰装修的善后、扩建费用的负担、优先承租权等。择其要者，略述于下。

（一）返还租赁物

出租人在租赁关系终了后，可以基于租赁合同而产生租赁物返还请求权（参照《民法典》第 733 条前段）。租赁合同终了后，原则上承租人继续占有和使用租赁物，属于无权占有。出租人如为物权人，亦可基于物权请求权请求返还租赁物（对照《民法典》第 235 条）。于此场合，租赁物返还请求权与物权返还请求权，可以构成竞合关系，基于请求权竞合说立

---

① [日] 松冈久和、中田邦博编：《新コンメンタール民法（财产法）》，日本评论社 2012 年版，第 887 页。
② 参见黄立主编：《民法债编各论》（上），中国政法大学出版社 2003 年版，第 334 页。

场，出租人可以选择其一而为主张。[①]

（二）装饰装修的善后

1. 经出租人同意场合。
（1）未形成附合场合。在城镇房屋租赁合同场合，租赁期间届满或者合同解除时，除当事人另有约定外，未形成附合的装饰装修物，可由承租人拆除。因拆除造成房屋毁损的，承租人应当恢复原状（《房屋租赁解释》第 8 条）。
（2）已形成附合场合。一是合同解除场合：其一，因出租人违约导致合同解除，承租人可以请求出租人赔偿剩余租赁期内装饰装修的残值损失（参照《房屋租赁解释》第 9 条第 1 项）。其二，因承租人违约导致合同解除，承租人请求出租人赔偿剩余租赁期内装饰装修残值损失的，不予支持。但出租人同意利用的，应在利用价值范围内予以适当补偿（参照《房屋租赁解释》第 9 条第 2 项）。其三，因双方违约导致合同解除，剩余租赁期内的装饰装修残值损失，由双方根据各自的过错承担相应的责任（参照《房屋租赁解释》第 9 条第 3 项）。其四，因不可归责于双方的事由导致合同解除，剩余租赁期内的装饰装修残值损失，由双方按照公平原则分担。法律另有规定的，适用其规定（参照《房屋租赁解释》第 9 条第 4 项）。

二是租赁期间届满场合：承租人请求出租人补偿附合装饰装修费用的，不予支持。但当事人另有约定的除外（参照《房屋租赁解释》第 10 条）。

2. 未经出租人同意场合。承租人未经出租人同意装饰装修发生的费用，由承租人负担。出租人请求承租人恢复原状或者赔偿损失的，人民法院应予支持（参照《房屋租赁解释》第 11 条）。

（三）扩建费用的负担

1. 经出租人同意的扩建。承租人经出租人同意扩建，但双方对扩建费用的处理没有约定的，人民法院按照下列情形分别处理：（1）办理合法建设手续的，扩建造价费用由出租人负担；（2）未办理合法建设手续的，扩建造价费用由双方按照过错分担（《房屋租赁解释》第 12 条）。

2. 未经出租人同意的扩建。承租人未经出租人同意扩建发生的费用，由承租人负担。出租人请求承租人恢复原状或者赔偿损失的，人民法院应予支持（参照《房屋租赁解释》第 11 条）。

（四）优先承租权

1. 含义与性质。租赁期限届满，房屋承租人享有以同等条件优先承租的权利（《民法典》第 734 条第 2 款）。这是《民法典》新增规定，称房屋承租人的优先承租权，一般是指

[①] 可参阅詹森林：《租赁物返还请求权与所有物返还请求权之竞合关系》，载詹森林：《民事法理与判决研究》，中国政法大学出版社 2002 年版，第 131 页以下。

在租赁期限届满之后，出租人未与承租人续租，却与第三人租赁合同，那么在相同的条件下，承租人可以直接与出租人成立一个相同的租赁合同，要求出租人直接将房屋继续出租给自己。优先承租权可被理解为一种形成权。[1]

2. 行使要件。

（1）租赁期限届满。优先承租权是房屋租赁合同期限届满后原承租人享有的权利，因而，作为前提需要既已存在过房屋租赁合同，且该合同期限届满。如果租赁合同的终了不是由于租赁期限届满，而是由于承租人根本违约而被解除，则承租人不享有优先承租权。

（2）出租人出租房屋。租赁合同期限届满后，如果出租人不再出租房屋，而是收回自用，自然无从触发优先承租权。

（3）满足同等条件。作为参照对象，自然要求有第三人有承租房屋的意愿，且租赁的条件已经具体化。其中，租金的金额固然是重要事项，租金支付方式、租赁期限、房屋的用途等，均属判断是否"同等条件"的重要参照事项。

（4）在合理期限内主张。优先承租权的行使理应存在时间限制，否则涉及租赁物的新的租赁法律关系将无法产生及确定，法律关系长期悬而未决会导致更多的法律纠纷，也侵害出租人和第三人的合法权益。[2]

---

[1] 黄薇主编：《中华人民共和国民法典合同编释义》，法律出版社2020年版，第568页。
[2] 黄薇主编：《中华人民共和国民法典合同编释义》，法律出版社2020年版，第569页。

第十八章　融资租赁合同

第一节　融资租赁合同概述

一、融资租赁合同的概念

融资租赁合同是出租人根据承租人对出卖人、租赁物的选择，向出卖人购买租赁物，提供给承租人使用，承租人支付租金的合同（《民法典》第735条）。

融资租赁合同是为了进行融资租赁而订立的合同。所谓融资租赁（finance lease），是指企业所需之机器设备，并非由企业本身购买取得后为使用；而由租赁公司提供资金融通，并以分期收取租金方式收回全部的融资成本。这种新的交易类型20世纪50年代发源于美国，于50年代末期传入德国，60年代初传入日本，并于20世纪70年代传入我国台湾地区，[①]20世纪80年代初期传入中国大陆。

融资租赁在经济上自然是以金融为目的，租赁合同是达成其金融目的而采用的法律手段，[②]与通常的租赁合同相比，融资租赁仍有其无法忽视的特征。比如在租赁物系依承租人选择而由出租人购置场合，出租人往往并不负担保持租赁物合于用益状态义务、维修义务及瑕疵担保义务；另外，依融资租赁合同的本质，通常需要禁止中途解约。

[①] 参见杨淑文：《新型契约与消费者保护法》，中国政法大学出版社2002年版，第242页。另外可参阅梁慧星：《民法学说判例与立法研究》，中国政法大学出版社1993年版，第180页以下；[日]江头宪治郎：《商取引法》（第三版），弘文堂2002年版，第176页以下。
[②] [日]来栖三郎：《契约法》，有斐阁1974年版，第295页。

二、融资租赁合同的性质

（一）融资租赁合同是财产利用型合同

融资租赁合同有别于买卖合同、供用电、水、气、热力合同、赠与合同及借款合同这些财产权让与型合同，与租赁合同一起，可归入财产权利用型合同。这一点从《民法典》合同编典型合同分编的编排次序上可以明显反映出来。

因而，租赁期限届满租赁物的归属问题（参照《民法典》第757条和第759条），应当属于融资租赁合同终了后的清理和结算问题，与融资租赁合同本身及其所要处理的根本问题，尚属两个概念。

（二）融资租赁合同是一种特别的租赁合同

在美国，"一项交易要成为适格的融资租赁，则必须首先是适格的租赁"[①]。依德国通说之见解，融资租赁仍具租赁合同之性质。其理由在于，租赁公司的主要给付义务仍为有偿地将物之使用权限让与承租企业。承租企业按月给付者，即为使用他人物之对价。[②] 德国联邦最高法院亦认为，承租企业基于融资租赁合同并未取得融资物品的所有权，因而应属租赁合同的性质。[③] 同时，也应当注意到，融资租赁合同确有其特别之处。融资租赁因租赁公司同时系以融资目的而取得物品所有权，而分期以租金方式回收全部资本，故与传统租赁相较亦具有特殊性。[④] 如后所述，融资租赁合同本身有许多独特的规则，明显与传统租赁存在区别，故此处称之为一种特别的租赁合同。

（三）融资租赁合同是双务合同、有偿合同、诺成合同及要式合同

融资租赁通常会涉及三方参与，即出卖人（或制造商、供应商 der Hersteller oder Lieferant）、出租人（der Leasinggeber）和承租人（der Leasingnehmer）。在融资租赁场合要区分两个合同关系：出租人自出卖人购置租赁物，与之签订买卖合同；在出租人与承租人之间才存在真正的融资租赁合同（der eigentliche Leasingvertrag）。[⑤] 因而，融资租赁合同的当事人为双方而非三方，即出租人与承租人。尽管融资租赁交易涉及出卖人，但是出卖人并非融资

---

① 美国法学会、美国统一州法委员会：《美国〈统一商法典〉及其正式评述》，孙新强译，中国人民大学出版社2004年版，第260页。
② 参见杨淑文：《新型契约与消费者保护法》，中国政法大学出版社2002年版，第265—266页。与此不同，或谓租金乃租赁公司提供金融与承租人之对价。参见曾隆兴：《现代非典型契约论》（修订七版），台北自刊本1996年版，第114页。此说或过分夸大了"融资"因素，融资租赁虽借助于"融资"，最终的目的并非获得自由支配的流动资金（像借款合同那样），而是获得物以及使用该物。
③ 参见杨淑文：《新型契约与消费者保护法》，中国政法大学出版社2002年版，第267页。
④ 参见杨淑文：《新型契约与消费者保护法》，中国政法大学出版社2002年版，第289页。
⑤ Vgl. Brox/Walker, Besoneres Schuldrecht, 41. Auflage, Verlag C.H. Beck, 2017, S.240—241.

租赁合同的当事人。① 分析《民法典》第 735 条、第 754 条及第 755 条可以看出,《民法典》所谓的"融资租赁合同"有别于出租人与出卖人订立的"买卖合同",其当事人并不包括出卖人。在融资租赁合同纠纷案件中,如果出卖人与案件处理结果有法律上的利害关系,法院可以通知出卖人作为第三人参加诉讼(《融资租赁解释》第 13 条第 1 款)。

融资租赁合同的双方当事人互负义务、互享权利,双方债务具有对价意义,故该合同为双务合同。又由于一方享有权利是以向对方偿付相应的代价为前提,故该合同为有偿合同。由于融资租赁合同的成立除当事人双方意思表示一致之外,无须交付标的物或完成其他现实给付,故该合同为诺成合同。② 在我国法上,融资租赁合同应当采用书面形式(《民法典》第 736 条第 2 款),学者通说因此认为融资租赁合同是要式合同。

(四)融资租赁合同是继续性合同

融资租赁合同是一种继续性合同,③ 合同的内容并非一次给付可以完结,而是继续地实现。此类合同解除的要件及效果具有特殊性,后文再为详述。

三、融资租赁合同的内容及认定

(一)融资租赁合同的内容

《民法典》第 736 条为融资租赁合同示范了较为完备的合同条款,这些提示性的合同条款包括:

1. 有关租赁物的条款。有关租赁物的条款属于合同的主要条款,当事人须在合同中订明租赁物的名称、数量、规格、技术性能以及检验方法。

2. 有关租赁期限的条款。

3. 有关租金条款。包括租金构成及其支付期限和方式、币种等。融资租赁合同的租金,除当事人另有约定外,应当根据购买租赁物的大部分或者全部成本以及出租人的合理利润确定(《民法典》第 746 条)。

4. 有关选择权的条款。在实务中,租赁期满,承租人通常有下述选择权:(1)将租赁物件退还出租人;(2)以预定租金续租;(3)以支付残值为代价购买租赁物件。④ 可以简称

---

① 可以参考日本判例东京地判平 3·8·6 判时 1410·86;[日]北川善太郎:《债权各论》,有斐阁 1995 年版,第 115 页。我国学者多以融资租赁合同当事人为三方,实为误解。另有区分狭义与广义融资租赁合同者,以前者当事人为两方(租赁公司与承租人),后者当事人为三方,比如曾隆兴:《现代非典型契约论》(修订七版),台北自刊本 1996 年版,第 105 页。此种区分有何实益,值得疑问。明确区分融资租赁交易与融资租赁合同,以及后者的当事人仅为租赁公司与承租人,参见梁慧星:《民法学说判例与立法研究》,中国政法大学出版社 1993 年版,第 217 页。
② 要式合同中法律规定的合同方式并非此处的"其他现实给付",诺成合同所对应者为要物合同,要式合同所对应者为不要式合同,诺成合同也可以同时为要式合同。
③ 参见[日]北川善太郎:《债权各论》(第二版),有斐阁 1995 年版,第 117 页。相反见解,参见梁慧星:《民法学说判例与立法研究》,中国政法大学出版社 1993 年版,第 206 页。
④ 参见梁慧星:《民法学说判例与立法研究》,中国政法大学出版社 1993 年版,第 196 页。

为出租人收回、续租和留购。承租人的选择权通常是在合同中约定的，以该条款是用来确定租赁期限届满租赁物的归属。该条款并非融资租赁合同的主要条款，而只能算是合同的普通条款。因而，《民法典》第757条规定，出租人和承租人可以约定租赁期限届满租赁物的归属。即使当事人就此未作约定，依该条的原则规定，租赁物的所有权归出租人。

5. 其他条款。除以上条款外，当事人还可以根据实际需要订入其他条款，比如违约金条款。

（二）融资租赁合同的认定

合同的认定不应仅依其名称，有的合同虽名为融资租赁，却可能实际不构成融资租赁法律关系。认定是否构成融资租赁法律关系时，人民法院应当根据《民法典》第735条的规定，结合标的物的性质、价值、租金的构成以及当事人的合同权利和义务进行判断（《融资租赁解释》第1条）。

承租人将其自有物出卖给出租人，再通过融资租赁合同将租赁物从出租人处租回的，人民法院不应仅以承租人和出卖人系同一人为由认定不构成融资租赁法律关系（《融资租赁解释》第2条）。此种情形被称为"售后回租"（lease back）。依《金融租赁公司管理办法》第5条规定：本办法所称售后回租业务，是指承租人将自有物件出卖给出租人，同时与出租人签订融资租赁合同，再将该物件从出租人处租回的融资租赁形式。售后回租业务是承租人和供货人为同一人的融资租赁方式。

四、融资租赁合同与买卖合同的关系

融资租赁合同之所以有别于普通的租赁合同，因为该合同的履行离不开一个买卖合同的缔结与履行。融资租赁合同与买卖合同到底是什么关系呢（参照图18.1.1）？

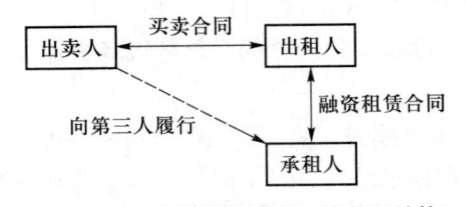

图 18.1.1　融资租赁相关法律关系结构

首先，买卖合同与融资租赁合同是两个相互独立的合同，前者并非后者的一个组成部分，前已述及。因而，原则上讲，一个合同无效、被撤销或者被解除，并不当然使另外一个合同无效、被撤销或者解除，两份合同须分别开来具体分析和判断（《民法典》第754条和第755条）。

其次，也必须充分正视一个现实，两份合同的目的是有紧密联系的，为了融资租赁始有此买卖合同，此买卖合同的履行为的是进行融资租赁。正因为两份合同之间的特殊联系，一个合同出了问题，可能会影响另一个合同，这种合同间的牵连关系，值得注目。比如，买卖

合同解除、被确认无效或者被撤销，且未能重新订立买卖合同的，构成租赁合同的解除事由（《民法典》第 754 条第 1 项）。因出卖人的原因致使融资租赁合同的目的不能实现的，也构成租赁合同的解除事由（《民法典》第 754 条第 3 项）。

第二节　融资租赁合同的成立、生效和效力评价

一、融资租赁合同的成立

(一) 合同主体

在我国，融资租赁合同的出租人是融资租赁企业，比如由中国人民银行审批的金融租赁公司（其性质为非银行金融机构，监管机构是中国人民银行）、中外合资租赁公司（不是金融机构）、外商投资融资租赁公司、内资融资租赁试点企业等。对于从事融资租赁业务的主体，商务部、银保监会、国家税务总局等部委亦有一些规范性文件。

关于承租人，法律并无具体限定，从实践来看，以企业居多。又由于与大企业相比，中小企业在融资渠道上具有劣势，故融资租赁对于中小企业更有吸引力。

(二) 融资租赁交易的过程

首先，承租人（用户）与出卖人（供应商）之间确定交易的对象。之后，承租人与出租人之间缔结融资租赁合同，确定承租人对交易对象之物件的使用和收益期间以及租金。接着，出租人向出卖人购买该物件，出卖人直接向承租人交付该物件；经承租人验收后，出租人向出卖人支付买卖价款。最后，融资租赁期限届满时，承租人通过行使选择权，确定是返还标的物抑或继续使用收益。[①]

应当注意的是，融资租赁交易的过程并非完全由融资租赁合同所涵盖，其中还包括有出租人与出卖人之间的买卖合同，而该买卖合同本质上与一般的买卖合同无异，只不过是当事人在合同中加入了向第三人（承租人）履行的约款，因而，该买卖合同是一个向第三人履行的合同（为第三人利益的合同）。在观念上应该明确，该买卖合同虽然是融资租赁交易的组成部分，却并非融资租赁合同的组成部分。

二、融资租赁合同的生效

融资租赁合同自何时生效，不可不察。在学说上有见解认为，须待用户向租赁公司交付

[①] 参见 [日] 北川善太郎：《债权各论》（第二版），有斐阁 1995 年版，第 115 页；梁慧星：《民法学说判例与立法研究》，中国政法大学出版社 1993 年版，第 217 页。

物件受领证（借受证），并支付第一期租金，租赁合同方才发生法律效力，于是租赁期限开始计算，用户负交付租金义务。① 或者认为，租赁合同自当事人双方签订合同之日起成立，但合同自承租人收到出卖人交付的标的物时起生效。② 这类见解并非空穴来风，而是有比较法的依据的，美国法的规则便是如此。③ 但是，美国法规则之继受应与本国法体系配合无间，始能发挥应有的规范功能。自大陆法系的立场观察，上述规则在法理上存在一些难以说明的问题：出租人基于什么义务要向出卖人购买物件？出租人不履行此义务，承租人又当如何寻求救济？另外，自解释论角度，上述观点在我国现行法上也缺乏依据。

首先，《民法典》合同编第十五章"融资租赁合同"中并没有就该合同的生效作出特别规定，如果当事人没有特别约定，就应当按照《民法典》对民事法律行为生效的一般规定适用，即第136条第1款主文，民事法律行为自成立时生效。对于融资租赁合同而言，由于采取书面形式，合同成立的时间是双方当事人均签名、盖章或者按指印时（《民法典》第490条第1款），故在出租人与承租人在合同上签名、盖章或者按指印时，其融资租赁合同生效。

其次，分析《民法典》第735条对于融资租赁合同的定义，由于是要界定合同关系的类型，故该条中的义务应当是该合同的主给付义务。我们可以看到，出租人的主给付义务是"根据承租人对出卖人、租赁物的选择，向出卖人购买租赁物，提供给承租人使用"。由此，按承租人的要求订立物件买卖合同并履行该合同是出租人的主给付义务之一，并非出租人的先合同义务。出租人不履行该义务，属于违约行为，并非先合同义务不履行行为；相应的责任是违约责任，并非缔约上过失责任。

最后，融资租赁合同生效时间与承租人租金义务的发生时间（起租日）并非一定同时，二者可以同时，也可以不同时，关键要看当事人的意思。

三、融资租赁合同的效力评价

（一）虚构租赁物的融资租赁合同的效力

"当事人以虚构租赁物方式订立的融资租赁合同无效"（《民法典》第737条）。该规则是总则编通谋虚伪表示规定（《民法典》第146条）在合同编融资租赁合同章的具体化。之所以作此具体规定，是因为实践中，当事人可能会为了逃避金融监管（比如不符合金融放贷

---

① 参见梁慧星：《民法学说判例与立法研究》，中国政法大学出版社1993年版，第217页。
② 参见胡康生主编：《中华人民共和国合同法释义》，法律出版社1999年版，第356页。
③ 依融资租赁交易的发源地美国的《统一商法典》第2A–103条（定义与定义目次）(g)项的定义，"融资租赁"指这样一种租赁，就该租赁而言：(i) 出租人不选择、制造或者提供（租赁）货物；(ii) 出租人因租赁而取得货物或者货物的占有权和使用权；(iii) 以下情形之一出现：(A) 承租人在签署租赁合同之前收到出租人据此取得货物或货物的占有权和使用权的合同的副本；(B) 承租人批准出租人据此取得货物或者货物的占有权和使用权的合同系租赁合同生效之条件；……参见美国法学会、美国统一州法委员会：《美国〈统一商法典〉及其正式评述》，孙新强译，中国人民大学出版社2004年版，第256页。

资质的金融机构以融资租赁的名义进行放贷，或者贷款利息违反利率管制的要求等），从而选择以虚构租赁物的形式进行贷款。其主要规范对象是所谓"名为融资租赁实为借贷"的情形，此时，不发生融资租赁的效果，裁判者应适用借款合同的相关法律规范处理纠纷。①

（二）行政许可对融资租赁合同效力的影响

"依照法律、行政法规的规定，对于租赁物的经营使用应当取得行政许可的，出租人未取得行政许可不影响融资租赁合同的效力"（《民法典》第738条）。比如医疗器械的租赁使用，并不以出租人是否取得行政许可作为合同的生效要件。②

第三节 融资租赁合同的效力

一、出租人的义务

（一）按要求购买租赁物的义务

根据《民法典》第735条的规定，出租人的主给付义务有两项内容：一是根据承租人对出卖人、租赁物的选择，向出卖人购买租赁物；二是提供租赁物给承租人使用。因而由第一项内容出发，出租人与出卖人订立买卖合同、购买租赁物，便属于履行融资租赁合同中的合同义务的行为。

出租人按照承租人的要求与出卖人签订买卖合同，出租人是以自己的名义签订合同，并非以承租人的名义签订合同。因而，出租人在买卖合同中是买受人，而非承租人的代理人。

出租人在买卖合同中是自己负担买卖价款，不同于将钱借给承租人（直接融资）由承租人购买物件的行为。因而学者指出，融资租赁与金钱消费借贷的区别在于：前者是以租赁物件为中介，即以"融物"实现"融资"；而后者是不以物为中介的融资。③

（二）租赁物交付义务

1. 基本内容。根据《民法典》第735条的规定，出租人有义务将向出卖人购买的租赁物提供给承租人使用。这是出租人主给付义务的另外一项内容。这部分内容决定了融资租赁合同本身具有租赁合同质的规定性（对照《民法典》第703条关于租赁合同的定义）。

2. 由第三人（出卖人）履行。出租人租赁物交付义务的履行，通常并非由出租人亲自履行，而是由出卖人作为出租人的履行辅助人代为履行。《民法典》第739条规定，"出租人

---

① 石宏主编：《〈中华人民共和国民法典〉释解与适用》（下册），人民法院出版社2020年版，第506页。
② 参见北京市第二中级人民法院民事判决书（2017）京02民终5631号。
③ ［日］岩崎政明：《融资租赁课税的问题点》，《法学家》第861号，第125页。转引自梁慧星：《民法学说判例与立法研究》，中国政法大学出版社1993年版，第206页。

根据承租人对出卖人、租赁物的选择订立的买卖合同，出卖人应当按照约定向承租人交付标的物，承租人享有与受领标的物有关的买受人的权利"。由此可见，自融资租赁合同角度而言，出租人交付租赁物的义务是由第三人（出卖人）履行；而自买卖合同角度而言，该合同则应当附有向第三人（承租人）履行标的物交付义务的约款，该买卖合同便属于向第三人履行的合同（《民法典》第 522 条）。

3. 承租人享有与受领标的物有关的买受人的权利。

（1）普通买卖合同中，标的物由买受人受领，这既是其权利，也是其义务；在融资租赁交易场合，买卖合同标的物的交付及受领一般是在出卖人与承租人之间。因而，就买卖合同而言，承租人受领标的物，是出租人履行买卖合同义务的辅助人。

（2）《民法典》第 739 条 "承租人享有与受领标的物有关的买受人的权利" 应理解为默认规则，当事人可以有不同约定。

（3）作为默认规则，承租人扮演着出租人在买卖合同受领义务的履行辅助人，故普通买卖合同中买受人在受领场合可得主张的权利，承租人均可主张。这与出租人是否特别赋予承租人索赔权没有必然联系。

（4）承租人的受领拒绝权。"出卖人违反向承租人交付标的物的义务，有下列情形之一的，承租人可以拒绝受领出卖人向其交付的标的物：（一）标的物严重不符合约定；（二）未按照约定交付标的物，经承租人或者出租人催告后在合理期限内仍未交付"（《民法典》第 740 条第 1 款）。

（5）承租人拒绝受领场合的通知义务。如果买卖合同出现问题，出租人应当享有知情权。如果由于租赁物交付不成而影响合同正常履行，则出租人也会受到承租人拒绝履行合同义务的影响。[①] 故 "承租人拒绝受领标的物的，应当及时通知出租人"（《民法典》第 740 条第 2 款）。承租人拒绝受领租赁物，未及时通知出租人，或者无正当理由拒绝受领租赁物，造成出租人损失，出租人向承租人主张损害赔偿的，人民法院应予支持（《融资租赁解释》第 3 条）。

（三）保证承租人对租赁物的占有和使用

"出租人应当保证承租人对租赁物的占有和使用。""出租人有下列情形之一的，承租人有权请求其赔偿损失：（一）无正当理由收回租赁物；（二）无正当理由妨碍、干扰承租人对租赁物的占有和使用；（三）因出租人的原因致使第三人对租赁物主张权利；（四）不当影响承租人对租赁物占有和使用的其他情形"（《民法典》第 748 条）。由此可见，法律虽没有要求出租人有积极的保持租赁物合于用益状态的义务，但有消极的保持租赁物合于用益状态的义务。

出租人转让其在融资租赁合同项下的部分或者全部权利，受让方以此为由请求解除或者

[①] 最高人民法院民事审判第二庭编著：《最高人民法院关于融资租赁合同司法解释理解与适用》，人民法院出版社 2014 年版，第 105 页。

变更融资租赁合同的,人民法院不予支持(《融资租赁解释》第 4 条)。该规则对融资租赁合同中的"买卖不破租赁"规则进一步予以明确。①

（四）行使或协助行使对出卖人索赔权利的义务

1. 问题的所在。由于融资租赁的标的物系自出卖人购买而来,如果出卖人违约,则会影响融资租赁合同的正常履行及合同目的的实现,因而,如何行使对出卖人的索赔权利,至关重要。就此,法律未作简单划一的规定,而是允许当事人自由约定。其方式无外乎有二：其一,由于出租人是买卖合同中的买受人,故由出租人对出卖人行使索赔权利。此种方式保持两个合同各自的相对性,《民法典》也承认了此种方式(参见《民法典》第 743 条第 2 款)。其二,约定由承租人对出卖人行使索赔权利。因此,出租人所负的义务是,要么亲自行使对出卖人索赔的权利,要么协助承租人对出卖人行使索赔的权利。以下先就后者进行说明。

2. 赋予承租人索赔权并协助行使该权利。此所谓赋予承租人索赔权,是指使承租人享有对出卖人的履行请求权以及寻求相应救济的权利。此项义务的发生,一方面是基于融资租赁交易的特殊性(有限的瑕疵担保义务以及瑕疵担保免责特约的有效性),另一方面则是基于融资租赁合同当事人的约定。而此项义务的履行,则是由出租人与出卖人在租赁物买卖合同中订入"向第三人履行的约款"以及出卖人债务不履行时第三人(承租人)的救济权利。因而,《民法典》第 741 条前段规定,"出租人、出卖人、承租人可以约定,出卖人不履行买卖合同义务的,由承租人行使索赔的权利。"惟应注意,此处并非必须由出租人、出卖人和承租人共同约定,实务中买卖合同和融资租赁合同常为分别的合同,故而可由出租人与承租人和出卖人分别作出相应的约定。承租人取得权利,是直接由买卖合同发生的,而不是由出租人继受取得,与债权让与自有不同。②

承租人行使索赔权利的,出租人应当协助(《民法典》第 741 条后段)。出租人的协助义务属于附随义务,而且在我国属于一项法定义务。另外,承租人基于买卖合同和融资租赁合同直接向出卖人主张受领租赁物、索赔等买卖合同权利的,人民法院应通知出租人作为第三人参加诉讼(《融资租赁解释》第 13 条第 3 款)。

3. 出租人对承租人向出卖人索赔失败的责任。出租人有下列情形之一,致使承租人对出卖人行使索赔权利失败的,承租人有权请求出租人承担相应的责任：(1)明知租赁物有质量瑕疵而不告知承租人；(2)承租人行使索赔权利时,未及时提供必要协助(《民法典》第 743 条第 1 款)。

---

① 最高人民法院民事审判第二庭编著：《最高人民法院关于融资租赁合同司法解释理解与适用》,人民法院出版社 2014 年版,第 140 页。
② 参见韩世远：《合同法总论》(第四版),法律出版社 2018 年版,第 371 页。关于承租人(用户)对出卖人(供应商)的直接请求权,存在不同的理论根据和法律构成,比如两契约收缩的构成、债务人的交替更改、为第三人的契约、委任、债权让渡、损害担保契约等,可参照梁慧星：《民法学说判例与立法研究》,中国政法大学出版社 1993 年版,第 224—227 页。

4. 行使对出卖人索赔权利的义务。如果出租人未赋予承租人对出卖人的索赔权,则在出卖人违约场合,应为承租人的利益考虑,积极行使对出卖人索赔的权利。"出租人怠于行使只能由其对出卖人行使的索赔权利,造成承租人损失的,承租人有权请求出租人承担赔偿责任"(《民法典》第 743 条第 2 款)。

(五) 不随意变更买卖合同的义务

出租人根据承租人对出卖人、租赁物的选择订立的买卖合同,未经承租人同意,出租人不得变更与承租人有关的合同内容(《民法典》第 744 条)。合同应当严守,本属当然自明之理,自买卖合同的角度观察,当然不成问题。此处的规定,并非自买卖合同角度的观察,而是自融资租赁合同角度所作的观察。此项义务,亦非买卖合同所生义务,而是由融资租赁合同所生义务,是出租人对于承租人的义务。此项不作为义务,乃是为了辅助实现出租人的主给付义务,属于一项附随义务。之所以发生此项义务,是因为买卖合同是依承租人的要求而缔结的,其内容符合承租人的利益要求,其中很多合同内容会与承租人有关,比如主体(出卖人)、标的物的种类及品质、交付时间地点及方式等,如果未经承租人同意而加以变更,一方面违反此处的不作为之附随义务,另一方面也会构成对于主给付义务(即按要求购买租赁物)的违反,可以发生相应的违约责任,甚至发生承租人的解除权。

(六) 有限的瑕疵担保义务

融资租赁合同的特性在于,出租人是以租赁的形式达到近似于融资的效果,[①] 实务中当事人往往也会在融资租赁合同中加入瑕疵担保免责特约。因而,大多数立法例均在减轻出租人的瑕疵担保义务,我国法亦然,[②] 不过,也应当注意我国法自身的特点。一方面,对于物的瑕疵担保义务予以减轻,表现为《民法典》第 747 条,"租赁物不符合约定或者不符合使用目的的,出租人不承担责任。但是,承租人依赖出租人的技能确定租赁物或者出租人干预选择租赁物的除外"。另一方面,对于权利瑕疵担保义务予以了一定的肯定,即第 748 条第 1 款规定,"出租人应当保证承租人对租赁物的占有和使用"。出租人违反这些有限的瑕疵担保义务,要承担相应的违约责任。依司法解释,租赁物不符合融资租赁合同的约定且出租人实施了下列行为之一,承租人依照《民法典》第 744 条、第 747 条的规定,要求出租人承担相应

[①] 在汉语中,"融资"作动词讲,指的是通过借贷、租赁、集资等方式而使资金得以融合并流通。作名词讲,指的是通过上述方式而得以融合并流通的资金。参照中国社会科学院语言研究所词典编辑室编:《现代汉语词典》(第七版),商务印书馆 2016 年版,第 1107 页。在英语中,finance 作动词讲,有"为……筹措资金"的含义;作名词讲,有"财政、金融、资金、资金支援"等含义。在这两种语言中,无论如何,就当事人而言,对承租人进行"融资",就是使之获得资金,用以购买所需要的物件。其结果是使之获得物件的所有权。而通过融资租赁交易,承租人所获得的只是对于物件的占有、使用和收益,并不取得所有权。因而,其所谓"融资"与真正意义上的融资,尚有差距。故此处言"近似于融资的效果",与真正的融资的效果相比,相同点在于使承租人能够在没有钱的情况下实现占有、使用物件的目的,差异在于承租人是否取得了物件的所有权。

[②] 相关理由见石宏主编:《〈中华人民共和国民法典〉释解与适用》(下册),人民法院出版社 2020 年版,第 518—519 页。

责任的，人民法院应予支持：（1）出租人在承租人选择出卖人、租赁物时，对租赁物的选定起决定作用的；（2）出租人干预或者要求承租人按照出租人意愿选择出卖人或者租赁物的；（3）出租人擅自变更承租人已经选定的出卖人或者租赁物的（《融资租赁解释》第8条第1款）。承租人主张其系依赖出租人的技能确定租赁物或者出租人干预选择租赁物的，对上述事实承担举证责任（《融资租赁解释》第8条第2款）。

上述瑕疵，如果不可归责于合同双方当事人，就相当于一种风险，这时按照什么原理进行分配，实有必要加以说明。以物的瑕疵为例，其发生既非由于出租人，也非由于承租人，之所以归由承租人负担，乃是基于承租人的意思发动。换言之，由于承租人主动选择该租赁物，而使之更近于承租人的支配领域，故出租人不承担责任。此处的风险分配原理，可以称为"支配领域原理"。因而，我们也就不难理解《民法典》第747条前段的规定。但是，承租人依赖出租人的技能确定租赁物或者出租人干预选择租赁物场合，居于主动地位者则是出租人的意思。因此，瑕疵之"风险"更近于出租人的支配领域，故有《民法典》第747条后段之但书。

二、承租人的义务

（一）支付租金的义务

融资租赁合同承租人的主给付义务为支付租金的义务（参照《民法典》第735条后段）。

1. 合理拒付租金的事由。

首先应予探讨的是，承租人是否可以合理地拒付租金？进一步，承租人是否能够依同时履行抗辩权而拒付租金？以上问题的分析需要明确一个前提，即融资租赁合同中，与承租人的支付租金义务构成对待给付义务者，是出租人的什么义务？一种观点认为，租金并非融物的对价而为融资的对价。[①] 这样似乎可以推断，其对待给付义务是融资义务。其实，从《民法典》第735条的定义中就可以反映出问题的答案，出租人的对待给付义务就是其主给付义务，包括两个方面的内容：按承租人的要求购买租赁物、提供给承租人使用。这两方面的内容，与其用"融资"概括，不如用"投资"概括，更能反映问题的实质。在融资租赁交易中，承租人所追求的是在资金不足的情况下能够实际使用自己选中的物件，故需要出租人对自己选定的项目进行投资。出租人所追求的是，在将资金投向承租人选中的物件后，能够确保回收所投资金及其相应的利润，故需要承租人缴纳租金。[②] 双方互有追求并为此而互负义务，因而在整个的合同关系中，居于给付与对待给付义务者，一是出租人的投资义务，一是承租人的缴纳租金义务。此二者虽立于给付与对待给付关系，但由于义务本身的性质决定，出租人的投资义务必须先履行，之后才可能履行缴纳租金的义务，故二者不构成同时履行关

---

① 参见王轶：《租赁合同、融资租赁合同》，法律出版社1999年版，第157页。
② 融资租赁交易的制度设计，为了保障出租人对于投资的回收，使之始终享有物件的所有权，而不问其是否能够实际使用该物件。

系。在出租人未履行或未完全履行其投资义务场合，承租人之拒绝履行租金义务，其理由在于义务尚未发生或者未到期，亦不在于同时履行抗辩。

其次，承租人能否以租赁物存在瑕疵而拒付租金？就物的瑕疵，按照支配领域原理，原则上由承租人负担不利益；当然，承租人可以通过其在出租人与出卖人买卖合同中的第三人权利，向出卖人寻求救济。但无论如何，此时承租人不得以此为由而拒付租金。因而，"承租人对出卖人行使索赔权利，不影响其履行支付租金的义务。但是，承租人依赖出租人的技能确定租赁物或者出租人干预选择租赁物的，承租人可以请求减免相应租金"（《民法典》第742条）。就权利的瑕疵，由于《民法典》第748条第1款确立了出租人保证承租人对租赁物占有和使用的义务，故不妨碍承租人据《民法典》第525条的规定而拒付相应的租金。

最后，如果租赁物因不可归责于双方当事人的原因而毁损灭失，承租人可否据此拒付租金？这便是风险负担的问题。此时的分配原理，依然是前述支配领域原理，由于承租人的主动选择（意思居于主动地位），使得风险更近于承租人的支配领域，故应当由承租人负担风险，因而，尽管租赁物已经毁损灭失，承租人仍有义务继续支付租金。

2. 欠付租金的后果。

如果承租人应按照约定支付租金，无正当理由而未支付，将会发生什么法律后果？根据《民法典》第752条的规定，"承租人应当按照约定支付租金。承租人经催告后在合理期限内仍不支付租金的，出租人可以请求支付全部租金；也可以解除合同，收回租赁物"。于此需要注意的是：其一，本条法律后果的发生需要经过催告并给予合理期限，而非不经催告当然发生。其二，就具体后果言，出租人要么请求支付全部租金，意味着承租人丧失租金的期限利益；要么可以解除合同，收回租赁物。如果出租人未作上述催告并留出合理期限，尚不得谓承租人构成根本违约，作为一般的违约，仍可发生相应的违约责任。依司法解释，承租人逾期履行支付租金义务或者迟延履行其他付款义务，出租人按照融资租赁合同的约定要求承租人支付逾期利息、相应违约金的，人民法院应予支持（《融资租赁司法解释》第9条）。

出租人既请求承租人支付合同约定的全部未付租金又请求解除融资租赁合同的，人民法院应告知其依照《民法典》第752条的规定作出选择（《融资租赁解释》第10条第1款）。出租人请求承租人支付合同约定的全部未付租金，人民法院判决后承租人未予履行，出租人再行起诉请求解除融资租赁合同、收回租赁物的，人民法院应予受理（《融资租赁解释》第10条第2款）。

（二）善管善用义务

根据《民法典》第750条第1款，承租人应当妥善保管、使用租赁物。这是由于在融资租赁期间，租赁物的所有权始终归属出租人。此时承租人应当尽善良管理人的注意义务，如果违反此项义务造成租赁物毁损灭失，承租人应承担相应的赔偿责任，且不免除其继续支付租金的义务。

在融资租赁合同履行完毕之前，"承租人未经出租人同意，将租赁物转让、抵押、质押、投资入股或者以其他方式处分的，出租人可以解除融资租赁合同"（《民法典》第753条）。

（三）维修义务

根据《民法典》第750条第2款，承租人应当履行占有租赁物期间的维修义务。对于租赁物的维修是为了保持租赁物处于可得用益的状态，我国法并未如一般租赁合同那样一般性地要求出租人负担用益状态维持义务，而是将此义务在融资租赁合同当事人之间作了分配，对外的部分由出租人负担（排除他人的干涉），对内的部分由承租人负担（租赁物的维修）。

第四节　融资租赁合同的终了

一、融资租赁合同终了的原因

（一）租赁期限届满

融资租赁合同通常会定有租赁期限，期限届满，合同自然终了。

（二）合同解除

1. 无确定租赁期限的融资租赁合同的任意解除。融资租赁合同属继续性合同，如没有确定的租赁期限，即为不定期合同，依《民法典》第563条第2款，当事人随时解除合同，但是应当在合理期限之前通知对方。

2. 因违约而解除。

（1）因承租人违约而解除。承租人应当按照约定支付租金。承租人经催告后在合理期限内仍不支付租金的，出租人可以请求支付全部租金；也可以解除合同，收回租赁物（《民法典》第752条）。

合同对于欠付租金解除合同的情形没有明确约定，但承租人欠付租金达到两期以上，或者数额达到全部租金15%以上，经出租人催告后在合理期限内仍不支付的，出租人可以请求解除融资租赁合同（参照《融资租赁解释》第5条第2项）。承租人违反合同约定，致使合同目的不能实现的其他情形，出租人亦可以请求解除融资租赁合同（参照《融资租赁解释》第5条第3项）。

出租人依照《融资租赁解释》第5条的规定请求解除融资租赁合同，同时请求收回租赁物并赔偿损失的，人民法院应予支持。该损失赔偿范围为承租人全部未付租金及其他费用与收回租赁物价值的差额。合同约定租赁期间届满后租赁物归出租人所有的，损失赔偿范围还应包括融资租赁合同到期后租赁物的残值（参照《融资租赁解释》第11条）。

因承租人违约而解除融资租赁合同场合，为避免使出租人的损失获得重复填补，《民法典》第758条第1款规定，当事人约定租赁期限届满租赁物归承租人所有，承租人已经支付大部分租金，但无力支付剩余租金，出租人因此解除合同收回租赁物，收回的租赁物的价值超过承租人欠付的租金以及其他费用的,承租人可以请求相应返还。

（2）因出租人违约而解除。因出租人的原因致使承租人无法占有、使用租赁物,承租人请求解除融资租赁合同的,人民法院应予支持(《融资租赁解释》第6条)。出租人有保证承租人对租赁物的占有和使用的义务,因违反此义务而致承租人无法占有、使用租赁物,其合同目的无法实现,自应允许承租人解除合同。

3. 因买卖合同解除、被确认无效或者被撤销而解除。出租人与出卖人订立的买卖合同解除、被确认无效或者被撤销,且未能重新订立买卖合同的,出租人或者承租人可以解除融资租赁合同(参照《民法典》第754条第1项)。出卖人、租赁物系由承租人选择的,出租人有权请求承租人赔偿相应损失;但是,因出租人原因致使买卖合同解除、被确认无效或者被撤销的除外(参照《民法典》第755条第1款)。出租人的损失已经在买卖合同解除、被确认无效或者被撤销时获得赔偿的,承租人不再承担相应的赔偿责任(《民法典》第755条第2款)。

4. 因租赁物交付承租人后意外毁损、灭失等不可归责于当事人的原因解除。租赁物因不可归责于当事人原因毁损、灭失,且不能修复或者确认替代物的,出租人或者承租人可以解除融资租赁合同(参照《民法典》第754条第2项)。出租人可以请求承租人按照租赁物折旧情况给予补偿(参照《民法典》第756条)。

5. 因出卖人的原因致使融资租赁合同的目的不能实现而解除。因出卖人的原因致使融资租赁合同的目的不能实现的,出租人或者承租人可以解除融资租赁合同(参照《民法典》第754条第3项)。

二、租赁物的归属

（一）融资租赁期间租赁物的归属:担保功能与登记对抗

在融资租赁期间,租赁物所有权归属于出租人。惟应注意,出租人对于租赁物的所有权主要发挥担保功能,即在承租人迟延支付租金经催告后在合理期限内仍不支付场合,出租人可以解除合同收回租赁物(《民法典》第752条)。原《合同法》第242条曾规定承租人破产的,租赁物不属于破产财产,亦即肯定了出租人有取回权。该规定的问题在于,出租人对租赁物享有的所有权并不对外公示,会给交易安全造成影响,立法者基于实现优化营商环境、消灭隐形担保的目标,规定"出租人对租赁物享有的所有权,未经登记,不得对抗善意第三人"(《民法典》第745条)。[①]

（二）融资租赁期限届满后租赁物的归属

出租人和承租人可以约定租赁期限届满租赁物的归属;对租赁物的归属没有约定或者约

[①] 石宏主编:《〈中华人民共和国民法典〉释解与适用》(下册),人民法院出版社2020年版,第515—516页。

定不明确，依据《民法典》第 510 条的规定仍不能确定的，租赁物的所有权归出租人（参照《民法典》第 757 条）。

当事人约定租赁期限届满租赁物归出租人所有，因租赁物毁损、灭失或者附合、混合于他物致使承租人不能返还的，出租人有权请求承租人给予合理补偿（《民法典》第 758 条第 2 款）。

当事人约定租赁期限届满，承租人仅需向出租人支付象征性价款的，视为约定的租金义务履行完毕后租赁物的所有权归承租人（《民法典》第 759 条）。

（三）融资租赁合同无效场合租赁物的归属

融资租赁合同无效，当事人就该情形下租赁物的归属有约定的，按照其约定；没有约定或者约定不明确的，租赁物应当返还出租人。但是，因承租人原因致使合同无效，出租人不请求返还或者返还后会显著降低租赁物效用的，租赁物的所有权归承租人，由承租人给予出租人合理补偿（《民法典》第 760 条）。

三、租赁物责任

因租赁物件本身及其设置、保管、使用等致第三人遭受损害，通常有四种情形：（1）租赁物件为汽车等交通运输工具，因交通事故致第三人遭受损害，发生交通事故责任；（2）因租赁物件本身具有缺陷而造成他人的人身和财产损害，发生产品责任；（3）租赁物件为建筑物或构成建筑物之一部，因倒塌、脱落等致他人遭受损害，发生建筑物责任；（4）因租赁物件侵犯他人知识产权，发生侵犯知识产权的责任。[①]《民法典》第 749 条明定："承租人占有租赁物期间，租赁物造成第三人人身损害或者财产损失的，出租人不承担责任。"具体的侵权责任的承担主体问题，必须依据我国有效的侵权法规则具体分析确定，此处不再展开。

[①] 参见梁慧星：《民法学说判例与立法研究》，中国政法大学出版社 1993 年版，第 233 页。

第十九章　保理合同

| 案例 19.1 |

X 公司与 Y 银行签订《出口保理业务协议》后，X 向美国 Z 公司发出四批货物，依据其中两批货物金额的 80%，Y 向 X 提供融资。后来，Z 公司以另外两批货物因存在质量问题被美国海关扣留，但已付了货款为由，主张在此问题解决之前，拒付剩下两批货物的货款。据此，Y 从 X 账户上直接扣划了融资款。X 起诉 Y，要求赔偿因违反合同扣款造成的损失，并支付余下的货款。

第一节　保理合同概述

一、保理合同的概念

保理（Factoring），又称托收保付，或者保付代理。以此为目的的合同，即保理合同。

保理合同是应收账款债权人将现有的或者将有的应收账款转让给保理人，保理人提供资金融通、应收账款管理或者催收、应收账款债务人付款担保等服务的合同（《民法典》第761条）。

理解保理合同的概念，应注意把握以下要点：

1. 存在应收账款债权的转让。债权人将其应收账款债权转让给保理人，这是保理人提供保理服务的基本前提。由于有债权转让，保理人成为应收账款债权的新权利人。另外，由于保理合同发生债权转让的法律效果，故其法律适用除《民法典》合同编第十六章"保理合同"的规定外，还应适用该编第六章债权转让的有关规定（《民法典》第769条）。"以应收账款为质押的贷款，不属于保理业务范围"（《商业银行保理业务管理暂行办法》第6条第2款）。债权质押场合，并未发生债权的主体变化，债权人仍是权利人。

应收账款，是指企业因提供商品、服务或者出租资产而形成的金钱债权及其产生的收益，但不包括因票据或其他有价证券而产生的付款请求权（参照《商业银行保理业务管理暂行办法》第8条）。应收账款的转让，是指与应收账款相关的全部权利及权益的让渡（参照《商业银行保理业务管理暂行办法》第9条）。

2. 发生保理人保理服务的义务。保理除了发挥资金融通功能（Kreditfunktion）之外，尚发挥服务提供功能（Dienstleistungsfunktion）：债权人免负账款催收之劳，而由保理人代劳。[1] 保理合同在发生债权让与的前提下，发生保理人提供服务的义务。服务的内容由双方具体约定，但必须有具体的服务内容，否则，便不成其为保理，仅依债权让与的规范处理即可。就服务的内容，依《商业银行保理业务管理暂行办法》第6条第1款的界定，商业银行须向债权人提供下列服务中的至少一项：

（1）应收账款催收：商业银行根据应收账款账期，主动或应债权人要求，采取电话、函件、上门等方式或运用法律手段等对债务人进行催收。

（2）应收账款管理：商业银行根据债权人的要求，定期或不定期向其提供关于应收账款的回收情况、逾期账款情况、对账单等财务和统计报表，协助其进行应收账款管理。

（3）坏账担保：商业银行与债权人签订保理协议后，为债务人核定信用额度，并在核准额度内，对债权人无商业纠纷的应收账款，提供约定的付款担保。

（4）保理融资：以应收账款合法、有效转让为前提的银行融资服务。

保理源自美国，在保理场合，企业家将其对客户的债权交给保理人（factor 在英语中的一种含义便是"垫付并代收账款从中收取佣金的代理商"；factor=Agent，Kommissionaer）。保理人（比如银行）将所转让债权的对等价值扣除佣金后记入企业家项下，给企业家开立借方账户，在债权到期时（必要时通过诉讼）予以催收。从企业家方面讲有如下优点，他可以及时利用金钱，免掉部分记账工作，无须操心债权的催收。而保理人则拥有约定的报酬请求权（保理费 Factoring-Gebuehr）。[2] 像融资租赁，保理也是一种信用的赋予（Kreditgewaehrung）。[3] 在一定程度上，保理有些相似于中国传统的典当，保理人所求者正是债权账面金额与债权人自保理人所获金额的差额，而其所付出者则是相应的金融服务。因而，保理在中国可以无缝对接地引入中国。

二、保理的类型

依《商业银行保理业务管理暂行办法》第10条，保理业务有如下分类：

（一）国内保理和国际保理

按照基础交易的性质和债权人、债务人所在地，分为国内保理（domestic factoring）和国

---

[1] Vgl. *Dieter. Medicus*, Schuldrecht Ⅱ Besonderer Teil, 13. Auflage, Verlag C.H. Beck, 2006, S.224—225.
[2] Vgl. *Brox/Walker*, Besonderes Schuldrecht, Verlag C.H. Beck, 2017, S.150.
[3] Vgl. *Dieter. Medicus*, Schuldrecht Ⅱ Besonderer Teil, 13. Auflage, Verlag C.H. Beck, 2006, S.224.

际保理（international factoring）。

国内保理是债权人和债务人均在境内的保理业务。国际保理是债权人和债务人中至少有一方在境外（包括保税区、自贸区、境内关外等）的保理业务（参照《商业银行保理业务管理暂行办法》第10条）。

（二）有追索权保理和无追索权保理

按照保理人在债务人破产、无理拖欠或无法偿付应收账款时，是否可以向债权人反转让应收账款、要求债权人回购应收账款或归还融资，分为有追索权保理和无追索权保理。《民法典》第766条和第767条明确采用了此种分类。

有追索权保理是指在应收账款到期无法从债务人处收回时，保理人可以向债权人反转让应收账款、要求债权人回购应收账款或归还融资。有追索权保理又称回购型保理（参照《商业银行保理业务管理暂行办法》第10条），或者非纯正保理（unechtes Factoring），其中的债权只是一种预先垫付；如若债权显然不能收回，保理客户则将返还垫付资金。[①]

无追索权保理是指应收账款在无商业纠纷等情况下无法得到清偿的，由保理人承担应收账款的坏账风险。无追索权保理又称买断型保理（参照《商业银行保理业务管理暂行办法》第10条），或者纯正保理（echtes Factoring），其中的客户彻底取得保理人的给付，即便是受让债权在后来证明并未能收回的情况下亦为如此。也就是说，纯正保理合同的保理人承担第三债务人的支付不能风险（保付功能）。[②]

（三）单保理和双保理

按照参与保理服务的保理机构个数，分为单保理和双保理。

单保理是由一家保理机构单独为买卖双方提供保理服务。双保理是由两家保理机构分别向买卖双方提供保理服务。买卖双方保理机构为同一银行不同分支机构的，原则上可视作双保理。商业银行应当在相关业务管理办法中同时明确作为买方保理机构和卖方保理机构的职责。有保险公司承保买方信用风险的银保合作，视同双保理（参照《商业银行保理业务管理暂行办法》第10条）。

（四）公开型保理和隐蔽型保理

按照是否将应收账款转让的事实通知债务人，将保理分为公开型保理和隐蔽型保理。

公开型保理，指将应收账款转让的事实通知债务人的保理，又称明保理。隐蔽型保理，指在保理合同签订后的一定时期内，未将应收账款转让事实通知债务人，仅在约定期限届满或者约定事由出现后，保理人可将应收账款转让事实通知债务人的保理，故又称暗保理。[③]

---

① [德]迪特尔·梅迪库斯：《德国债法分论》，杜景林、卢谌译，法律出版社2007年版，第487页。
② [德]迪特尔·梅迪库斯：《德国债法分论》，杜景林、卢谌译，法律出版社2007年版，第487页。
③ 石宏主编：《〈中华人民共和国民法典〉释解与适用[合同编]》（下册），人民法院出版社2020年版，第542页。

（五）直接保理和间接保理

直接保理，指应直接向保理商履行债务的保理。

间接保理，是指仍向供应商（债权人）履行债务的保理。

三、保理合同的性质

（一）无追索权的保理合同

无追索权的保理合同可理解为债权买卖（Forderungskauf）。保理人以低于债权账面金额的价格，购买应收账款债权。债权买卖，虽未直接为《民法典》合同编第九章"买卖合同"所规范，但作为有偿合同，依《民法典》第646条，可参照适用买卖合同的有关规定。

（二）有追索权的保理合同

有追索权的保理合同，则应理解为附有服务提供的借款合同（ein mit Diensleistungen verbundenes Darlehen）。[1] 债权人自保理人获得保理融资款，债权人将债权转让给保理人，并非终局性的让与，而是作为清偿借款人借款本息债务的间接给付（为清偿之给付，Erfuellungshalber）。[2] 保理人所拥有的仅是为清偿而（转让的）债权（die Forderung nur erfuellungshalber）；保理人若由此未获满足，则允许保理人依借款请求权（Darlehensanspruch）向债权人主张返还。[3] 另外，保理人在借款之外所提供的服务，是有偿处理他人事务，故此部分内容具有有偿委托的属性。

综上，无追索权的保理合同与有追索权的保理合同在性质上存在差异，故应分别说明。本书未就保理合同统一按"附有服务提供的借款合同"说明，[4] 实系有鉴于无追索权的保理合同，作为"准买卖"，具有一时性合同的属性；[5] 有追索权的保理合同则相反，作为借款合同附带部分有偿委托合同内容，具有继续性合同的属性。

---

[1] Vgl. *Larenz/Canaris*, SBT II 2 § 65 II 2a; *Dieter Medicus*, Schuldrecht II Besonderer Teil, 13. Auflage, Verlag C.H. Beck, 2006, S.225.

[2] 关于"间接给付"，请参阅史尚宽：《债法总论》，台北自刊本1954年版，第778页以下；郑玉波：《民法债编总论》（修订二版），陈荣隆修订，中国政法大学出版社2004年版，第485页以下。

[3] Vgl. *Dieter Medicus*, Schuldrecht II Besonderer Teil, 13. Auflage, Verlag C.H. Beck, 2006, S.225.

[4] Vgl. *Dieter Medicus*, Schuldrecht II Besonderer Teil, 13. Auflage, Verlag C.H. Beck, 2006, S.225.

[5] 如果债权人不仅现有一笔应收账款，将来还可能有其他债权，保理人与债权人之间有可能会先签订一个框架协议（eine Rahmenvereinbarung），该框架协议则有继续性债之关系（Dauerschuldverhaeltnis）的属性，自不待言。惟落实该框架协议的履行合同，如为无追索权的保理合同，即便其标的物有将有的应收账款，作为"准买卖"，仍属一时性合同。

四、保理合同的订立

（一）书面形式

保理合同应当采用书面形式（《民法典》第762条第2款）。因而，保理合同属于要式合同。

（二）合同内容

保理合同的内容一般包括业务类型、服务范围、服务期限、基础交易合同情况、应收账款信息、转让价款、服务报酬及其支付方式等条款（《民法典》第762条第1款）。此属倡导性规定，是对于保理合同通常所包含内容的总结。

1. 业务类型，即明确是哪种类型的保理业务（有无追索权及其行使条件等，参考本章开头案例，思考当事人约定不明场合应如何处理）。追索权之有无，直接关系当事人法律关系的性质认定、风险承担和利益结构，故应当明确约定。在约定不明场合，加之保理合同采书面形式的法律要求（《民法典》第762条第2款），则应作为无追索权的保理。

2. 服务范围，即保理人为债权人所提供的服务内容。如前所述，依《商业银行保理业务管理暂行办法》第6条第1款，商业银行须向债权人提供下列服务中的至少一项：（1）应收账款催收；（2）应收账款管理；（3）坏账担保；（4）保理融资。

在无追索权的保理场合，保理人的服务主要是指保理融资。比如保理人以80万元购买100万元应收账款的场合，保理合同约定保理人有向债权人支付80万元的义务。一旦两相交割完毕，保理人便毫无悬念地成为新的债权人，应收账款催收、管理等，均是其自己的事务，不成其为向债权人提供的保理服务的内容，自无须约定。当然，保理人既无追索权，即买断了应收账款债权，也就承担了该债权可能不获清偿的风险，在此种意义上构成了"坏账担保"，也可以说是一种可以换取对价的服务。

在有追索权的保理场合，合同首先应约定保理人向债权人提供保理融资，其次应约定账款催收、管理等。

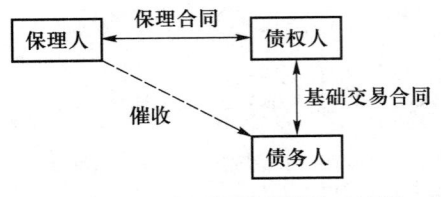

图 19.1.1 保理相关法律关系结构

3. 基础交易合同情况。基础交易合同，即发生应收账款债权的合同（比如买卖合同、借款合同等，参照图19.1.1）。该合同尽管独立于保理合同，由于保理人取代债权人行使的应收账款债权由该合同发生，其具体内容、权利效力、有否权利负担等均与基础交易合同相关，故在订立保理合同时，也应尽可能明确地记载，以便将来发生纠纷时分辨责任。

4. 应收账款信息。应收账款，是保理合同的交易对象，其相关信息自然应详细记载。

5. 转让价款、服务报酬及其支付方式。在无追索权保理场合，100万元的应收账款以80万元转让，这80万元便是转让价款；100万元与80万元的差额20万元，便是服务报酬

（服务表现在使债权人提前获得现金流，并免除坏账风险）。在有追索权保理场合，转让100万元应收账款，获得80万元保理融资款，即此所谓"转让价款"，实为贷款；服务报酬，由双方依保理人服务内容（比如仅负责日常性的应收账款管理和催收）和借款利率具体约定，最终如果少于20万元，则剩余部分应当返还给应收账款债权人（《民法典》第766条后段）。上述价款或者报酬的具体支付方式（现金抑或转账、是否分期、具体期限等），亦属重要，在合同中最好明确约定。

第二节　保理合同的效力

一、虚构应收账款与保理合同效力

（一）虚构应收账款原则上不影响保理合同效力

保理人向债务人核实应收账款真实与否（尽职调查）时，债务人在征询函之类文书上确认该应收账款真实存在，保理人据此与债权人签订保理合同，债权人获得了保理融资款。及至保理人向债务人催收账款，债务人却以应收账款系虚构抗辩，事实上也不存在基础交易合同。如此，便引出一个重要问题，即虚构应收账款是否影响保理合同的效力？

上述问题的回答无法回避一个基本前提，即针对自始不存在的标的物能否发生债。在罗马法上，有所谓"对于不可能的物不产生任何债"（*Impossibilium nulla obligatio est*）之教条，[1] 后世追随该教条的立法，以自始不存在的标的物成立的合同为无效。《民法典》第606条保持了原《合同法》的基本立场，不采纳"自始不能、合同无效"法理，对于虚构应收账款的保理合同，亦秉持相同立场，明定"应收账款债权人与债务人虚构应收账款作为转让标的，与保理人订立保理合同的，应收账款债务人不得以应收账款不存在为由对抗保理人，但是保理人明知虚构的除外"（《民法典》第763条）。

（二）《民法典》第763条的构造

1. 保理人不知虚构应收账款场合。依《民法典》第763条主文，（1）应收账款债权人与债务人虚构应收账款；（2）债权人与保理人订立保理合同，转让该虚构应收账款，则其法律后果为债务人不得以应收账款不存在为由对抗保理人。这意味着，在债务人虚构或者确认债权的范围内，保理人仍有权请求债务人履行如同债权存在时相对应的债务。[2]

2. 保理人明知虚构应收账款场合。依《民法典》第763条但书，保理人明智虚构的除外，意即债务人可以应收账款不存在为由对抗保理人。

---

[1] 详见韩世远：《合同法总论》（第四版），法律出版社2018年版，第524页以下。
[2] 石宏主编：《〈中华人民共和国民法典〉释解与适用［合同编］》（下册），人民法院出版社2020年版，第545页。

（三）保理人可能的救济

1. 以欺诈为由撤销保理合同。虚构应收账款者欺骗保理人的目的通常是获得保理融资款，在保理人不知虚构应收账款场合，自然可以欺诈为由，请求人民法院或者仲裁机构撤销保理合同（《民法典》第148条和第149条），并进而依《民法典》第157条，请求返还财产及赔偿损失。

2. 以违约为由解除保理合同。依保理合同，债权人负有将应收账款转让给保理人的义务。债权人虚构应收账款，自然无从转让应收账款，属于债权人根本违约，保理人亦可依《民法典》第563条第1款第4项，解除保理合同；另外，依《民法典》第566条第1款请求恢复原状或者采取其他补救措施，并有权请求赔偿损失。

二、无追索权的保理

（一）对债权人的效力

1. 债权人转让应收账款的义务。无追索权的保理作为"准买卖"，自然以债权人转让应收账款为其给付义务。依《民法典》第761条，应收账款既可以是现有的，也可以是将有的。

2. 债权人的附随义务。为了有助于保理人向债务人主张债权，债权人应当告知相关注意事项，并提供必要的协助（《民法典》第509条第2款）。

（二）对保理人的效力

1. 给付保理融资款。保理人所给付的保理融资款，虽称为"提供资金融通"服务，实即债权买卖之价款，故此项义务属于保理人的主给付义务。

2. 应收账款债务人付款担保。保理人既买断了应收账款，便负担了该应收账款坏账的风险，债权人因此无须担心债务人的清偿能力。"应收账款债务人付款担保"之服务（《民法典》第761条）实应在此意义上理解，而非保理人缔结保证合同充当债务人的保证人。另外，债权人既已获得债权买卖之价款，其债权已获实现，亦无须担保。

保理人既负担了应收账款坏账风险，当然也应享有相应的收益，因而，"当事人约定无追索权保理的，保理人应当向应收账款债务人主张应收账款债权，保理人取得超过保理融资款本息和相关费用的部分，无需向应收账款债权人返还"（《民法典》第767条）。

三、有追索权的保理

（一）对债权人的效力

1. 债权人转让应收账款的义务。对于有追索权的保理，债权人转让应收账款的义务并非由该合同中"借款合同"部分发生,而是从其"附有服务提供"部分发生。其一,为了使保理人提供保理服务(应收账款管理和催收),债权人应转让应收账款债权;其二,作为预先履行自己还款付息义务的间接给付,同时兼具让与担保之功能。应收账款既可以是现有的,也可以是将有的,已如前述。

2. 还款付息的义务。返还保理融资款本息,是有追索权保理中债权人的主给付义务。还款付息的义务,依当事人合同约定,也有可能表现为回购应收账款债权的价款。

3. 债权人的附随义务。为了有助于保理人向债务人主张债权,债权人应当告知相关注意事项,并提供必要的协助(《民法典》第509条第2款)。

(二)对保理人的效力

1. 给付保理融资款。在有追索权的保理场合,保理人负有"提供资金融通"服务的义务,实即贷款人的借款提供义务,属于保理人的主给付义务。

2. 保理服务义务(应收账款管理和催收)。保理人除了给付保理融资款外,还须有一定的其他服务义务,否则,其合同便只是借款合同。其他服务义务,可以是应收账款管理,或者应收账款催收,或者二者兼而有之。由于保理人有追索权,故保理人没有承担坏账风险,也就不存在"债务人付款担保"之服务内容。

我国目前的保理交易实践中,就有追索权的保理。当事人通常会明确约定,保理人有权而非有义务同时要求应收账款债务人和债权人清偿各自所负债务,并有权自主决定将已受让的应收账款转让给其他第三人,或者明确约定,债权人负有融资款到期后无条件足额偿还的义务。此时,保理人不负有先行请求应收账款债务人履行或以其他方式将应收账款变价的义务,债权人更无权要求保理人先行变价或以保理商未先行变价为由抗辩。[①] 当然,如果保理合同中除提供融资款外,完全没有保理人提供其他保理服务的义务,则会退化成借款合同,自应受借款合同相关的法律规制。

3. 报告义务和转交财产的义务。保理人既属有偿处理他人事务,故作为该事务的受托人,应当按照委托人的要求,报告委托事务的处理情况。合同终止时,应当报告委托事务的结果(《民法典》第924条)。

保理人向应收账款债务人主张应收账款债权,在扣除保理融资款本息和相关费用后有剩余的,剩余部分应当返还给应收账款债权人(《民法典》第766条后段)。

四、保理的外部效力

(一)保理人通知债务人

保理人向应收账款债务人发出应收账款转让通知的,应当表明保理人身份并附有必要凭

[①] 石宏主编:《〈中华人民共和国民法典〉释解与适用[合同编]》(下册),人民法院出版社2020年版,第549页。

证(《民法典》第 764 条)。在保理场合,实践中大多数情形都是保理人发出通知,因为其对此具有重大利益,以避免债务人在转让发生后仍向债权人履行债务,故保理人更有动力主动发出通知。①《民法典》第 764 条即是应此需求所作规定。

(二)基础交易合同的变更或终止

应收账款债务人接到应收账款转让通知后,应收账款债权人和债务人无正当理由协商变更或者终止基础交易合同,对保理人产生不利影响的,对保理人不发生效力(《民法典》第 765 条)。这意味着,保理人仍然可以根据该民事法律行为成立之前的债权状况请求债务人履行。该规定的目的是保护保理人利益,保理人自然可以放弃此种保护,而选择依法解除保理合同并请求债权人承担违约责任。②

(三)应收账款的多重让与

应收账款债权人就同一应收账款订立多个保理合同,致使多个保理人主张权利的,已登记的先于未登记的受偿;均已登记的,按照登记的先后顺序受偿;均未登记的,由最先到达应收账款债务人的转让通知中载明的保理人受偿;既未登记也未通知的,按照应收账款比例清偿(《民法典》第 768 条)。

首先,《民法典》第 768 条仅规范就同一应收账款订立多个保理合同的情形,换言之,应收账款的受让人均为保理人。就其他情形,比如受让人中一个是保理人,另一个则不是保理人的,或者多个受让人均非保理人的,并不当然适用。不过,诸此其他情形,不妨类推适用《民法典》第 768 条。

其次,针对同一应收账款的多个保理合同原则上虽均属有效,该同一应收账款的最终归属则须有一定的规则。《民法典》第 768 条所确立的规则有四个层次,即是否登记、登记先后、通知先后以及按比例分配。

最后,《民法典》第 768 条需要相应的登记制度及机构。《国务院关于实施动产和权利担保统一登记的决定》(国发〔2020〕18 号)第 1 条规定,自 2021 年 1 月 1 日起,在全国范围内实施动产和权利担保统一登记。该决定第 2 条规定,纳入动产和权利担保统一登记范围的担保类型包括:(1)生产设备、原材料、半成品、产品抵押;(2)应收账款质押;(3)存款单、仓单、提单质押;(4)融资租赁;(5)保理;(6)所有权保留;(7)其他可以登记的动产和权利担保,但机动车抵押、船舶抵押、航空器抵押、债券质押、基金份额质押、股权质押、知识产权中的财产权质押除外。该决定第 3 条规定,纳入统一登记范围的动产和权利担保,由当事人通过中国人民银行征信中心(以下简称"征信中心")动产融资统一登记公示系统自主办理登记,并对登记内容的真实性、完整性和合法性负责。登记机构不对登记内容进行实质审查。

---

① 黄薇主编:《中华人民共和国民法典合同编释义》,法律出版社 2020 年版,第 610 页。
② 石宏主编:《〈中华人民共和国民法典〉释解与适用[合同编]》(下册),人民法院出版社 2020 年版,第 548 页。

第二十章　承揽合同

第一节　承揽合同概述

一、承揽合同的语义及性质

（一）承揽合同的语义

承揽合同（Werkvertrag, contract for work），是承揽人按照定作人的要求完成工作，交付工作成果，定作人支付报酬的合同。有义务完成工作的一方称为承揽人，有义务支付报酬的一方称为定作人。

1. 完成工作及交付成果。

（1）完成工作。承揽的构成必须具备"工作"之要点。工作的种类，除不得背于公序良俗外，法律上别无限制，其结果为有形的、无形的，有财产价格的，无财产价格的，均无不可。[①]《民法典》第770条第2款明确规定，承揽包括加工、定作、修理、复制、测试、检验等工作。

加工，是指承揽人以自己的技能、设备和劳力，按照定作人的要求，将定作人提供的原材料加工为成品，比如将材料加工成设备、用布料缝制衣服、装裱字画等。定作，指承揽人用自己的材料为定作人制作成品，比如家具厂为顾客定作家具、服装厂为学校定作校服等。修理，指修复损坏的动产或不动产，比如修理汽车、手表、电器、自行车、鞋子、房屋等。复制，指根据样品重新制作类似的成品，比如复印、翻拍等。测试，指对项目性能进行检测

[①] 郑玉波：《民法债编各论》（上册），三民书局1981年版，第347页。

试验。检验，指对特定对象的性能、问题、质量等进行检查化验。[①]

承揽中的工作，可以是有体客体的制作或变更，如物件的修理、理发或烫发等；也可以是无体之精神创作，但是得借有体物予以形体化者，如软件设计、广告设计、美术艺术创作或鉴定报告等；还可能只是劳务的实施，但是仍具有完成结果的特性，如法律意见的提供或者口译。[②]《民法典》第770条第2款中的加工、定作、修理、复制工作通常以有体客体为对象，而测试、检验等工作则可以无体客体为对象。《民法典》中承揽合同中的工作，其内涵是相当广泛的。

所谓完成一定的工作，指施以劳务而形成一定结果。

（2）交付成果。在承揽合同中，定作人的目的并不是承揽人的工作和工作过程，而是通过这一过程，取得符合自己要求的工作成果。承揽人特定而具体的工作是取得定作人要求工作成果的必要过程，承揽人的工作必须与定作人要求的工作成果相结合，才能满足定作人的需要。[③]在承揽合同中，承揽人不仅要完成其工作，还应当交付其成果。通常，工作的完成也就意味着成果的取得，因而《德国民法典》第631条第1款、《日本民法典》第632条以及我国台湾地区"民法"第490条第1项关于承揽的定义，只言"完成一定之工作"，未言"交付一定之成果"。[④]我国《民法典》第770条第1款进一步明定"交付工作成果"，可能有强调承揽合同目的之意。惟工作不仅有像房屋的建造、船舶的制造、毁损之家具的修缮、服装的制作等有形的结果，也可以有脚本之作成、原稿之出版、人或物之运输、疾病之治疗、诉讼事件之处理等无形的结果。[⑤]而"交付"为有固定内涵的法律用语，[⑥]并为动产物权变动之公示方法，对于有形的工作成果，学者亦承认有无须交付的情形，[⑦]而对于无形的工作成果是否合适（此时的承揽合同通常并不涉及动产所有权的变动），似有推敲的余地。

2. 给付报酬。承揽人之所以负担完成工作、交付工作成果的义务，为的是使定作人负

---

① 参见胡康生主编：《中华人民共和国合同法释义》，法律出版社1999年版，第371—372页；佟柔主编：《中国民法》，法律出版社1990年版，第392页；魏振瀛主编：《民法》（第三版），北京大学出版社、高等教育出版社2007年版，第507—509页；崔建远主编：《合同法》（第四版），法律出版社2007年版，第426—427页。
② 参见黄立主编：《民法债编各论》（上），中国政法大学出版社2003年版，第390页。
③ 参见谢怀栻等：《合同法原理》，法律出版社2000年版，第427页。
④ Vgl. Karl Larenz, Lehrbuch des Schuldrechts, II. Band, I. Halbband, Besonderer Teil, 13. Auflage, Verlag C.H. Beck, 1986, S. 341 ff.
⑤ 参见[日]我妻荣：《债权各论》中卷2，岩波书店1962年版，第600页。另外，学者亦有区分有体客体之制作或变更、无体之精神创作但得借有体物予以形体化者以及仅系劳务之实施但仍具有完成结果之特性者，参见黄立主编：《民法债编各论》（上），中国政法大学出版社2003年版，第390页。
⑥ 所谓交付，有"现实交付"及"观念交付"两种情形。前者乃动产物权之让与人，将其对于动产之直接管领力，现实地移转于受让人而言。简言之，即动产占有之现实移转，通常所谓交付均指此种情形而言，盖以此为常态。后者则非真正之交付，乃动产占有在观念上之移转，此为法律顾及特殊情形下交易之便捷而采取之变通方法，以代替现实交付，故亦称为"交付之代替"。参照谢在全：《民法物权论》（上册）（修订四版），新学林出版股份有限公司2010年版，第137页；梁慧星、陈华彬：《物权法》（第四版），法律出版社2007年版，第85—86页。《民法典》225条至第228条亦规定有三种观念交付方式。
⑦ 参见崔建远主编：《合同法》（第四版），法律出版社2007年版，第429页，指出如承揽人在定作人的场所工作或在其利用该工作成果之地工作的，就无须特别的交付。承揽人在定作人家中为其制作家具或承揽人为定作人粉刷住所墙壁等，均无须特别交付。

担支付报酬的义务,二者构成对待给付关系。承揽合同中定作人通常在对方完成工作并交付工作成果时支付报酬(《民法典》第782条)。

(二)承揽合同的性质

1. 双务、有偿合同。承揽人按照定作人的要求完成工作,交付工作成果,定作人给付报酬,二者彼此互负对价性债务,因而承揽合同性质上为双务合同以及有偿合同。

2. 不要式、诺成合同。承揽合同的成立,在法律上不强求特定方式,故为不要式合同。又其成立,仅要求当事人双方达成合意即可,无须交付标的物或完成其他现实给付,故为诺成合同。

(三)承揽合同与其他合同的区分

1. 承揽合同与委托合同的区分。承揽合同与委托合同均涉及劳务或者服务的提供,二者的区别在于:承揽合同重结果,必然强调工作成果的取得,无结果即无报酬;而委托合同重过程,无从强调一定结果的取得。应当注意,在德国法上,承揽合同是有偿的双务合同,而委托合同是无偿的单务合同,这被认为是承揽合同区别于委托合同的最根本的地方。[1] 在我国《民法典》上,有偿委托和无偿委托均存在(《民法典》第928条、第929条),且以有偿委托为原则,[2] 故承揽合同与委托合同之间,不存在有偿双务合同与无偿单务合同之区分。

2. 承揽合同与买卖合同的区分。承揽合同与买卖合同均为有偿双务合同,如果承揽合同不涉及所有权的移转,则此时的承揽合同与买卖合同的区分是明显的。如果承揽合同涉及所有权的移转(制造物供给合同),则与买卖合同的区分就变得模糊起来。

所谓制造物供给合同(Werklieferungsvertrag),是指一方当事人以自己的材料制造物品,供给他方,而他方给付报酬的合同,例如包做制服。此种合同是否属于承揽?颇有争议。因一般承揽,未必需要材料,需要材料时,亦多由定作人供给(或由承揽人供给一部分),而此则全由承揽人供给材料,实具有买卖的性质(故亦称买卖承揽)。然则究属买卖,抑属承揽?在立法例上:(1)有以材料提供人为两者之区别标准者,即材料主要由定作人提供者为承揽;材料主要由制作人提供者则为买卖(罗马法、德国普通法);(2)有以当事人的意思为两者之区别标准者,即当事人意在承揽,则为承揽;意在买卖,则为买卖(《奥地利民法》第1158条);(3)有第一步视材料提供者如何,第二步视材料之性质如何,以为区别者,即材料由定作人提供者,当然为承揽;但材料由制作人提供者,则依其材料为代替物与否而区别之,为代替物则为买卖,为不代替物则分别适用买卖及承揽之规定(《德国民法典》第651条)。《日本民法典》对此无明文规定,学说上有认为应依当事人意思而解释者;亦有认为应以材料系代替物与否而区别者。我国台湾地区"民法"亦无规定,学者通说主张,原则

---

[1] 参见《德国民法典》(第二版),陈卫佐译注,法律出版社2006年版,第240页注222。
[2] 参见谢怀栻等:《合同法原理》,法律出版社2000年版,第589页;陈小君主编:《合同法学》(第二版),高等教育出版社2009年版,第464页;韩世远:《医疗服务合同的不完全履行及其救济》,载《法学研究》2005年第6期。

上应解释当事人之意思，以资决定。当事人之意思，重在工作物财产权之移转，认为买卖；重在工作物之完成时，认为承揽。若无所偏重，或轻重不分明时，则认为承揽与买卖之混合契约。关于工作物之完成，适用承揽的规定；而关于工作物财产权之移转，则适用买卖的规定。① 此种制造物供给合同，实即我国法上的定作，而被归类为承揽合同之一种。关于标的物所有权的变动，我国法没有特别规定，如果没有交易习惯可资参照，原则上可以类推适用买卖合同的相关规定。

3. 承揽合同与互易合同的区分。关于互易，《民法典》仅于第647条规定，当事人约定易货交易，转移标的物的所有权的，参照买卖合同的有关规定。承揽与互易，二者界限大致清楚，后者涉及标的物所有权的转移，前者通常并不涉及。但二者间亦存在模糊地带，此即所谓"不规则承揽"。

不规则承揽，是定作人供给材料，但约明承揽人得以自己与此同种、同质及同量的材料代替，而为一定工作的完成。例如，将面粉交给糕饼店制作点心，约明糕饼店得以其自己与此相同种类、品质和数量的面粉代替，则糕饼店不必用定作人原交的面粉制造，只用同种面粉制造即可。此种承揽，定作人所交付的材料，其所有权通常多移转于承揽人，因而其材料的风险，应自所有权移转时起归承揽人负担。②

不规则承揽的性质，有认为系纯粹承揽，亦有认为系承揽与互易的混合合同，就完成工作的部分属于承揽，就材料代替部分则为互易。不规则承揽合同重在工作的完成及成果的交付，故仍应以之为纯粹的承揽，因而可采前一学说。

二、承揽的种类

（一）主承揽与次承揽

所谓次承揽，又称再承揽，是指承揽人又使他人承揽其工作的全部或者部分（例如工程的转包）。这时的承揽人原所为的承揽合同，称为主承揽，又称原承揽。次承揽合同的当事人分别为次定作人与次承揽人，主承揽合同的当事人分别为主定作人与主承揽人。

《民法典》并不禁止次承揽，而允许当事人自由约定。如果当事人没有特别约定允许次承揽，原则上承揽人应亲自完成主要工作；主要工作的次承揽如未经定作人同意的，定作人可以解除合同（《民法典》第772条）。主承揽的辅助工作，可以通过次承揽交由第三人完成，承揽人应当就该第三人完成的工作成果向定作人负责（《民法典》第773条）。

---

① 参见戴修瓒：《民法债编各论》（第三版），三民书局1995年版，第163页；史尚宽：《债法各论》，台北自刊本1960年版，第304—305页；郑玉波：《民法债编各论》（上册），三民书局1981年版，第350—351页；黄立主编：《民法债编各论》（上），中国政法大学出版社2003年版，第397页；王泽鉴：《民法概要》，北京大学出版社2009年版，第308页。

② 参见郑玉波：《民法债编各论》（上册），三民书局1981年版，第351页；林诚二：《民法债编各论》（中），瑞兴图书股份有限公司2002年版，第59页。

（二）一般承揽与特别承揽

由一般法规范的承揽，称为一般承揽。由特别法规范的承揽，称为特别承揽。此种区分的意义在于，在法律适用上可贯彻"特别法优于普通法"原则。

《民法典》合同编第十七章所规定的"承揽合同"，可以称为此处的一般承揽，第十八章"建设工程合同"、第十九章"运输合同"以及第二十章"技术合同"中的"技术咨询合同和技术服务合同"等，可以称为此处的特别承揽。对于建设工程合同，《民法典》第808条规定，"本章没有规定的，适用承揽合同的有关规定"。条文中没有像《民法典》第646条那样使用"参照适用"，而径言"适用"，亦可知立法者是将建设工程合同作为特别承揽合同。对于运输合同，《民法典》虽未如"建设工程合同"章那样规定法律适用问题，依事理及通常学理，运输合同亦被作为承揽之一种。[①]"技术合同"不过是对与技术相关的合同的一个统称，本身并不具备独立且排他的内涵，就其事务性质，而得分解归入买卖、承揽、委托等合同类型中，其中强调工作成果之合同，性质上自然属于承揽合同。

第二节 承揽合同的效力

一、对于承揽人的效力

（一）完成工作及交付工作成果的义务

1. 工作的完成。

（1）亲自履行抑或可交由第三人完成。承揽人的工作是亲自履行抑或可交由第三人完成，对于承揽合同而言，是一项重大问题。《民法典》区别主要工作与辅助工作而分别判断，具有合理性。惟何谓主要工作、何谓辅助工作，不易判断的情形时常有之，故仍有必要确立原则与例外，以济实践应用。

原则上说，承揽工作可以交由第三人完成，例外情形始应由承揽人亲自完成。之所以在解释上确立此原则，是因为近现代法上悉肯定第三人履行债务，除非有特别事由。而特别事由，即属此处的例外，包括当事人的特别约定以及法律的特别规定。

承揽人可以将其承揽的辅助工作交由第三人完成。承揽人将其承揽的辅助工作交由第三人完成的，应当就该第三人完成的工作成果向定作人负责（《民法典》第773条）。

承揽人应当以自己的设备、技术和劳力，完成主要工作，但是当事人另有约定的除外

[①] 参见黄立主编：《民法债编各论》（上），中国政法大学出版社2003年版，第390页；《德国民法典》（第二版），陈卫佐译注，法律出版社2006年版，第241页。Vgl. *Dieter Medicus*, Schuldrecht II, Besonderer Teil, 12. Auflage, Verlag C.H. Beck, 2004, S. 167.

（《民法典》第 772 条第 1 款）。承揽人将其承揽的主要工作交由第三人完成的，应当就该第三人完成的工作成果向定作人负责；未经定作人同意的，定作人也可以解除合同（《民法典》第 772 条第 2 款）。这里的"主要工作"一般是指对工作成果的质量起决定性作用的工作，也可以说是技术要求高的那一部分工作，如量体裁衣和整体裁制是订制服装的主要工作。[①]

（2）材料的确定。承揽人提供材料的，承揽人应当按照约定选用材料，并接受定作人检验（《民法典》第 774 条）。

定作人提供材料的，应当按照约定提供材料。承揽人对定作人提供的材料应当及时检验，发现不符合约定时，应当及时通知定作人更换、补齐或者采取其他补救措施（《民法典》第 775 条第 1 款）。承揽人不得擅自更换定作人提供的材料，不得更换不需要修理的零部件（《民法典》第 775 条第 2 款）。

（3）通知义务。承揽人发现定作人提供的图纸或者技术要求不合理的，应当及时通知定作人。因定作人怠于答复等原因造成承揽人损失的，应当赔偿损失（《民法典》第 776 条）。

（4）接受监督检验的义务。承揽人在工作期间，应当接受定作人必要的监督检验。定作人不得因监督检验妨碍承揽人的正常工作（《民法典》第 779 条）。

（5）善管注意义务。承揽人应当妥善保管定作人提供的材料以及完成的工作成果，因保管不善造成毁损、灭失的，应当承担损害赔偿责任（《民法典》第 784 条）。

此种善管注意义务属于一种法定的合同义务，违反此种义务即属于有过失，此时所承担的损害赔偿责任因而可以看成是过失责任，是违约损害赔偿责任。本条中的"完成的工作成果"，其财产权自然应当归属于定作人，如果完成工作的财产权归属于承揽人，法律无须要求承揽人对于定作人负善管注意义务，亦无须就其毁损、灭失向定作人负损害赔偿责任。

2. 交付工作成果。工作完成后，有的需要交付工作成果，有的无须交付。

需要交付工作成果场合，则承揽人尚有交付义务。承揽人应向定作人交付工作成果，并提交必要的技术资料和有关质量证明（《民法典》第 780 条前段）。后者属于承揽人的从给付义务。

无须交付工作成果场合，比如演唱歌曲，则多无须交付。其无须交付之工作，一经依债务本旨完成，即为工作成果的给付，即属义务已尽。

依债务的本旨，承揽人所给付的工作成果应当无瑕疵，这也是承揽人给付义务的内容。定作人对于有瑕疵的工作成果得拒绝受领，并得与报酬的给付主张同时履行抗辩。[②] 关于承揽人的瑕疵担保义务，容于后述。

与交付工作成果的义务相关联，尚有完成的制作物的所有权归属以及移转时期的问题。这一问题同时涉及能否以承揽标的物发挥担保承揽报酬债权回收的功能，以及对标的物进行执行时，定作人或者承揽人可否提出异议之问题，诚属重要。

3. 标的物所有权的归属。对于承揽合同标的物所有权的归属，《民法典》未作规定。考

[①] 胡康生主编：《中华人民共和国合同法释义》，法律出版社 1999 年版，第 376 页。
[②] 同旨参见王泽鉴：《民法概要》，北京大学出版社 2009 年版，第 303 页。

察日本民法判例学说，大别为两类立场。判例和通说的立场依当事人是否有特别约定以及材料供给者的情况而分别判断。少数说则不区分材料提供的样态，而一律认由定作人原始取得。① 就我国学说而言，一部分承认可以存在承揽人先取得所有权再移转给定作人的情形。② 另外一部分则区分定作物为动产或者不动产的情形，定作物为不动产，定作人享有该物的所有权。定作物为动产，依物材料提供人的不同，区分三种情形考察，分别判断。③

制作物之所有权如当然归属于定作人时，承揽人只须交付（移转占有）为已足，别无移转所有权之问题。然若不当然归属于定作人时（或先归属于承揽人，或先归属于第三人），则承揽人除交付义务外，尚有移转所有权于定作人的义务。惟所有权的移转，如制作物为动产，于交付的同时，所有权亦随之移转，别无问题；若为不动产，则尚须为移转登记始可。然则制作物的所有权究竟归属于何人？亦即应归何人原始取得？须视材料由何人供给，及制作物是动产抑或为不动产而不同。④

（1）定作人供给材料。制作物为动产时，一般情形，定作人供给的材料所有权并未移转于承揽人，仅移转材料的占有于承揽人。此种情形，制作物的所有权当然由定作人取得（原始取得），无须承揽人为所有权之移转。而且，此时定作人取得所有权，并非适用物权法加工之结果，而是基于承揽合同的性质发生的当然结果。⑤

特殊情形以不规则承揽为典型，材料虽由定作人供给，但约明承揽人得以自己与此同种之材料代替。惟此种情形须有特别约定，否则，并非以之为当然。又可进一步区分两类型观察：其一，只约明可以代替，并不将材料所有权移转于承揽人，则制作物的所有权仍然属于定作人。⑥ 其二，约明可以代替，并将材料的所有权移转于承揽人的，则制作物的所有权先归承揽人取得（原始取得），再由承揽人移转于定作人（继受取得）。又由定作人供给材料，但将材料作价归属于承揽人的，也此相同。

制作物为不动产时，一般情形是由定作人供给材料，而由承揽人完成建筑。此时建筑物的所有权自建造建筑物之"事实行为成就时"设立（《民法典》第231条），当然归定作人取得（原始取得），而无须经承揽人移转所有权（但承揽人取得法定抵押权）。通说认为，建筑物全部完成时，定作人始取得其所有权。另外，此种所有权的取得，亦非适用加工规定

---

① 参阅［日］内山尚三：《建筑物承揽中完成建筑物的所有权的归属》，载［日］加藤一郎、米仓明编：《民法的争点Ⅱ》，有斐阁1985年版，第128—129页；［日］远藤浩、川井健等编集：《民法（6）契约各论》（第三版增订版），有斐阁1993年版，第213—216页。
② 比如认为"定作人定作的目的是要取得工作成果的所有权，因此承揽人在完成工作后应将工作成果的所有权移转给定作人。工作成果附有所有权凭证的，承揽人在交付工作成果的同时应一并交付所有权凭证。"魏振瀛主编：《民法》（第三版），北京大学出版社、高等教育出版社2007年版，第512页；或者认为"承揽合同中转移标的物的所有权并不是承揽人的主要义务，而是承揽人完成工作后的一种附随义务"。陈小君主编：《合同法学》（第二版），高等教育出版社2009年版，第379页。
③ 参见崔建远主编：《合同法》（第四版），法律出版社2007年版，第429页。
④ 参见郑玉波：《民法债编各论》（上册），三民书局1981年版，第355页。
⑤ 参见郑玉波：《民法债编各论》（上册），三民书局1981年版，第355—356页；［日］吉原节夫：《承揽合同中所有权移转的时间》，载《契约法大系Ⅳ》，有斐阁1963年版，第121页。
⑥ 参见史尚宽：《债法各论》，台北自刊本1960年版，第310页；郑玉波：《民法债编各论》（上册），三民书局1981年版，第356页。

的结果，与前述动产的情形相同。①

特殊情形，材料虽由承揽人供给，但已由定作人提供购备材料的资金时，日本判例认为此种情形下，其建筑物的所有权，于竣工的同时，归属于定作人，②与上述由定作人供给材料的情形无异。其后东京地判昭和34年2月17日判例，③更将上述法理扩展及于未完成建筑物所有权的归属问题。

（2）承揽人供给材料。第一，制作物为动产时，首先，在定作人提供工作基底（即该工作所附之基础）场合，定作人所提供的基底若为动产，并由承揽人施以工作，则该工作物所有权的问题，似应依加工的规则解决；但加工系指制成新物而言，此处则为重大修理，故不应适用加工的规则，应依附合的规则确定，即应认为动产（材料）与动产（基底）的附合，而基底的动产可视为主物，于是由主物的所有人取得合成物的所有权。此时属原始取得，不必由承揽人为所有权的移转。④

其次，定作人未提供工作基底场合，仅由承揽人以自己的材料，制成动产（多为代替物，例如皮鞋百双或葡萄酒百打）。此种合同，兼有买卖的性质，即前述制造物供给合同。此时，制作物所有权当然先归承揽人取得，然后再依买卖的规则移转其所有权于定作人，即在制作物交付给定作人时，其所有权转移。⑤

第二，制作物为不动产时，首先，定作人提供工作基底（不动产）场合，是由承揽人以自己的材料施工，此应属于动产（材料）附合于不动产（基底）的问题，由定作人取得动产（材料）的所有权。例如屋顶（基底）的铺瓦（材料），墙壁（基底）的加高（材料）。⑥而在定作人提供基地，由承揽人以自己的材料为定作人建筑时，其建筑物的所有权，似应依不动产附合的规则决定；其实不然，因在我民法上建筑物为独立的不动产，非为土地的重要成分，故应认为该建筑物先由承揽人取得其所有权，然后移转于定作人，但此时承揽人仍不妨发生法定抵押权。⑦

其次，定作人未提供工作基底场合，实即基于定作人的定作，而由承揽人以自己的材料、并在自己的土地上（即自己供给基地）建筑房屋的情形。此种情形亦属制作物供给合同的一种，与单纯的建筑公寓后出卖的情形有别，后者纯属买卖，并无承揽的性质，此处所说的则指具有承揽性质的情形。此种建筑物的所有权，当然先由承揽人取得，然后连同基地移转于定作人（移转登记），但此时承揽人仍不妨发生法定抵押权（纯属买卖，如公寓的出售，则无本条法定抵押权之可言，足见法律关系性质之如何解释，关系重大）。⑧

---

① 参见［日］我妻荣：《债权各论》中卷2，岩波书店1962年版，第616页。
② 参见大判昭和10·11·60法学5·4·115。
③ 参见下级民集10卷2号296页。
④ 参见郑玉波：《民法债编各论》（上册），三民书局1981年版，第358页。
⑤ 参见郑玉波：《民法债编各论》（上册），三民书局1981年版，第358页。
⑥ 参见史尚宽：《债法各论》，台北自刊本1960年版，第312页。
⑦ 参见郑玉波：《民法债编各论》（上册），三民书局1981年版，第359页。史尚宽：《债法各论》，台北自刊本1960年版，第315页，与此见解不同。
⑧ 参见郑玉波：《民法债编各论》（上册），三民书局1981年版，第359页。

（3）定作人及承揽人供给材料。

首先，材料的主要部分由定作人供给的，则制作物（不论动产抑或不动产）的所有权，应归定作人取得，原则上与上述材料全由定作人供给的情形相同。

其次，材料的主要部分由承揽人供给的，则制作物（不论动产抑或不动产）的所有权，应先归承揽人取得，而后移转于定作人，原则上与前述材料全由承揽人供给的情形相同。

最后，材料由定作人及承揽人供给而不能区别主要部分时，除当事人另有订定外，其制作物所有权的原始取得，或主张依附合的规定，或主张依加工的规定。应以后说为可采，因在承揽，并非单纯的物与物的附合，尚含有加工的问题在内。①

在制作物所有权自始归属于承揽人场合，承揽人尚负担有"权利移转之义务"，②此亦属于承揽人的给付义务。

（二）瑕疵担保义务

1. 语义。承揽人的瑕疵担保义务，即承揽人对于完成的工作成果应担保其无瑕疵的一种法定义务。承揽合同是有偿合同，依《民法典》第646条，故可以参照买卖合同中有关瑕疵担保义务的规定。相应地，承揽合同中的瑕疵担保义务，也可以区分为权利瑕疵担保义务与物的瑕疵担保义务两类。承揽人的瑕疵担保义务性质上宜理解为一项给付义务（Leistungspflicht）。③

在我国法上，当事人应当按照约定全面履行自己的义务（《民法典》第509条第1款）。在解释上，法定合同义务亦在其列，故违反瑕疵担保义务本身即属于一种违约行为。就其法律后果，学说上有主张此时可发生违约责任与瑕疵担保责任的竞合，当事人可以根据具体情况选择行使。④本书以为此属叠床架屋之举，理由在于：（1）承揽人的物之瑕疵担保责任的规范基础为《民法典》第781条，该条明定此种责任为"违约责任"，在违约责任之外，再主张独立的"瑕疵担保责任"欠缺规范基础。（2）承揽人的权利瑕疵担保责任的规范基础是参照适用《民法典》第612条，但该条属于不完全法条，仅有法律构成而无法律效果的规定，在解释上仍以之承担违约责任，⑤主张独立的"瑕疵担保责任"欠缺规范基础。（3）就实质问题言，《民法典》第620条和第621条对"瑕疵发现期间"作了专门规定；关于"权利行使期间"无特别规定，故可区别请求权与形成权，请求权适用一般诉讼时效，形成权可以适用或类推适用《民法典》第564条第2款等规定。可见，所谓瑕疵担保责任在时间方面的特别之处，无非体现在"瑕疵发现期间"上，在"权利行使期间"上无任何特别之处。而瑕疵发现期间，不过是对债权人行使其权利的要件限制，甚或是债权人的瑕疵担保相关权利是

---

① 参见郑玉波：《民法债编各论》（上册），三民书局1981年版，第360页。
② 参见林诚二：《民法债编各论》（中），瑞兴图书股份有限公司2002年版，第79页。
③ Vgl. *Busche*, Muenchener Kommentar zum BGB, Band 4, 4. Auflage, Verlag C.H. Beck, 2005, § 633, RdNr.3; *Jan Kropholler*, BGB Studienkommentar, 10. Auflage, Verlag C.H. Beck, 2007, S.439.
④ 崔建远主编：《合同法》（第四版），法律出版社2007年版，第430页。
⑤ 参见胡康生主编：《中华人民共和国合同法释义》，法律出版社1999年版，第231页；石宏主编：《〈中华人民共和国民法典〉释解与适用［合同编］》（上册），人民法院出版社2020年版，第285页。

否发生、是否存在的问题，不属于债权人行使其瑕疵担保相关权利效果的问题，以此主张瑕疵担保责任的独立性，也不具有说服力。

2. 内容。

（1）承揽合同中的权利瑕疵担保义务。有的认为在承揽合同中不发生权利瑕疵担保问题，其实如前所述，承揽人有时负有移转工作物所有权的义务，如此自有权利瑕疵担保的问题；只是《民法典》就承揽合同没有特别规定，应当参照适用买卖合同的有关规定。

（2）承揽合同中的物的瑕疵担保义务。承揽工作物的瑕疵，不仅可因材料的瑕疵而产生，也可因工作方法及工作过程的瑕疵而产生，这一点是买卖合同所没有的。[①] 此项义务的内容，大体包括三个方面：其一，品质瑕疵担保义务，承揽人完成的工作物的质量应当符合约定的标准，如无则应当符合强制性国家标准；没有强制性国家标准的，按照推荐性国家标准履行；没有推荐性国家标准的，按照行业标准履行；没有国家标准、行业标准的，按照通常标准或者符合合同目的特定标准（《民法典》第511条第1项）。其二，价值瑕疵担保义务，承揽人应使其完成的工作物无减少或灭失价值（交换价值）的瑕疵。其三，效用瑕疵担保义务，承揽人应使其完成的工作物无不适于通常或约定使用（使用价值）的瑕疵。

3. 效力。承揽人交付的工作成果不符合质量要求的，定作人可以合理选择请求承揽人承担修理、重作、减少报酬、赔偿损失等违约责任（《民法典》第781条）。此规定主要是针对工作成果的物的瑕疵，但又不以工作成果为"物"为限，无形的工作成果仍得适用。

（1）修理或重作（事后补充履行 Nacherfuellung）。关于修理（或可称为"除去瑕疵"Beseitigung des Mangels）以及重作（Herstellung eines neuen Werks）的选择权（Wahlrecht），在我国法上原则上归属于定作人，非如《德国民法典》第635条第1款那样归属于承揽人。在承揽人为事后补充履行场合，所需的必要费用，亦应由承揽人负担，可得包括运输费、道路费、劳动费和材料费等（参照《德国民法典》第635条第2款）。

（2）减少报酬。定作人请求减少报酬的权利，性质上非为请求权而是形成权。其行使依定作人单方的意思表示即可，且具有不可分性。换言之，在定作人或者承揽人为复数主体场合，应由数人或者向数人行使。

（3）赔偿损失。此赔偿损失是因违约而产生，故应适用《民法典》第584条等的规定。

除上述法律效果外，《民法典》合同编通则部分规定的一般法律效果，对于承揽合同当然适用，这包括违约金、合同解除等法律效果。不同的法律效果能否并用，要具体分析，在彼此不冲突或不带来其他不当后果（比如重复填补损失）的前提下，原则上可以并用。

（三）附随义务

1. 接受监督检验的义务。承揽人提供材料的，承揽人应当按照约定选用材料，并接受定作人检验（《民法典》第774条）。承揽人在工作期间，应当接受定作人必要的监督检验（《民法典》第779条前段）。

[①] 参见郑玉波：《民法债编各论》（上册），三民书局1981年版，第365页。

2. 检验及通知的义务。定作人提供材料的，定作人应当按照约定提供材料。承揽人对定作人提供的材料应当及时检验，发现不符合约定时，应当及时通知定作人更换、补齐或者采取其他补救措施（《民法典》第 775 条第 1 款）。承揽人发现定作人提供的图纸或者技术要求不合理的，应当及时通知定作人（《民法典》第 776 条前段）。

3. 妥善保管的义务。承揽人应当妥善保管定作人提供的材料以及完成的工作成果，因保管不善造成毁损、灭失的，应当承担赔偿责任（《民法典》第 784 条）。

4. 诚信义务。承揽人不得擅自更换定作人提供的材料，不得更换不需要修理的零部件（《民法典》第 775 条第 2 款）。

5. 保密义务。承揽人应当按照定作人的要求保守秘密，未经定作人许可，不得留存复制品或者技术资料（《民法典》第 785 条）。

（四）共同承揽人的连带责任

共同承揽人对定作人承担连带责任，但是当事人另有约定的除外（《民法典》第 786 条）。

（五）承揽人的留置权及同时履行抗辩权

定作人未向承揽人支付报酬或者材料费等价款的，承揽人对完成的工作成果享有留置权或者有权拒绝交付，但是当事人另有约定的除外（《民法典》第 783 条）。

留置权是法定的担保物权，以动产为对象（《民法典》第 447 条第 1 款）。承揽人基于承揽合同占有的定作人的动产，自不待言。

然留置权亦有其局限性：其一，在工作成果为不动产场合，依《民法典》第 783 条自不发生留置权。其二，在承揽人先取得动产工作成果的所有权场合，不符合定作人（债务人）的动产要件，自不发生留置权。《民法典》第 783 条新增承揽人对完成的工作成果"有权拒绝交付"的规定，即在意识到留置权局限性的基础上，对于承揽人同时履行抗辩权作明确表述，是同时履行抗辩权（《民法典》第 525 条）在承揽合同中的体现。[①]

二、对于定作人的效力

（一）报酬支付义务（die Verguetungspflicht）

定作人的主给付义务是支付报酬（《民法典》第 770 条第 1 款），我国法对于承揽报酬采"后付主义"（《民法典》第 782 条）。承揽人的报酬债权是否在承揽合同成立时发生？对此存在不同认识。

1. 报酬债权的发生。肯定说认为，报酬的支付虽在工作完成之后，但报酬债权的发生

[①] 石宏主编：《〈中华人民共和国民法典〉释解与适用 [合同编]》（下册），人民法院出版社 2020 年版，第 583 页。

在工作完成前，亦即于承揽合同成立时发生。因而，在工作完成前，该债权即得让与，而第三人（承揽人的债权人）亦得就之请求扣押或命令移转。①德国一般学理亦认为，定作人的报酬支付义务（Zahlungsverpflichtung）随合同的成立而发生，只不过是在验收时始为到期。②

否定说认为，工作无须交付者，应于工作完成时给付报酬；工作须交付者，则应于交付的同时给付报酬。可见与报酬给付处于同时履行关系的，仅为工作的交付而已。作为交付的前提，完成工作本身与报酬给付并无同时履行的关系，承揽人就工作的完成有先为给付义务，从而定作人以工作不能如期完成为理由而解除合同时，不以提出报酬为必要。准此以解，可知报酬给付义务，应系于工作完成的同时发生，故在此之前应解为不得就之为移转命令。③

以上二说，以肯定说为通说。

2. 报酬给付的时期。报酬给付的时期，可由当事人具体约定，没有约定或者约定不明场合，依《民法典》第511条仍不能确定的，依《民法典》第782条，原则上采报酬后付主义，即于交付时支付。对此，具体说明如下：

（1）工作须交付场合。

首先，一次全部交付场合，定作人应当在承揽人交付工作成果时支付。此时，工作的交付与报酬的支付，可构成同时履行的关系。因而，承揽人就工作的完成与报酬的支付，虽无同时履行抗辩权，但就工作的交付与报酬的支付，则可以主张同时履行抗辩权。④

其次，工作成果部分交付的，定作人应当相应支付报酬，二者之间原则上构成同时履行的关系。当然，如果当事人约定工作虽部分交付，但报酬并非就各部分分别支付的，自然排除了此种拆分的同时履行关系的构成。

（2）工作无须交付场合。工作无须交付者，报酬应于工作完成时给付（参照我国台湾地区"民法"第505条后段）。《民法典》虽无此明文规定，亦应作相同的解释。这时，承揽人有先完成工作的义务，而定作人无先给付报酬的义务，因而承揽人不得以报酬未支付而拒绝工作（即此时承揽人无同时履行抗辩权）。

（二）工作的协助及受领义务

1. 协助义务（Mitwirkungspflichten）。承揽工作需要定作人协助的，定作人有协助的义务。定作人不履行协助义务致使承揽工作不能完成的，承揽人可以催告定作人在合理期限内履行义务，并可以顺延履行期限；定作人逾期不履行的，承揽人可以解除合同（《民法典》第778条）。承揽人发现定作人提供的图纸或者技术要求不合理的，应当及时通知定作人。

---

① 参见史尚宽：《债法各论》，台北自刊本1960年版，第328页；郑玉波：《民法债编各论》（上册），三民书局1981年版，第382页。
② Vgl. *Jan Kropholler*, BGB Studienkommentar, 10. Auflage, Verlag C.H. Beck, 2007, S.438.
③ 参见［日］来栖三郎：《契约法》，有斐阁1974年版，第475页；郑玉波：《民法债编各论》（上册），三民书局1981年版，第382页。
④ 参见史尚宽：《债法各论》，台北自刊本1960年版，第328页；郑玉波：《民法债编各论》（上册），三民书局1981年版，第383页。

因定作人怠于答复等原因造成承揽人损失的，应当赔偿损失（《民法典》第776条）。

此处定作人的协助义务已不单纯是不真正义务，① 因为该协助义务是否履行，会直接影响到承揽人的利益，故不妨认为此种场合的协助义务已具有附随义务甚至从给付义务的性质，因此其违反会发生损害赔偿责任。②

2. 受领义务（Abnahmepflicht）。《民法典》第770条第1款虽未将受领（Abnahme）明确规定为定作人的"合同类型上义务"，甚至没有像《德国民法典》第640条第1款那样将受领规定为定作人的义务；但该法明确规定受领人的协助义务及其债务不履行后果，在解释上依"举轻以明重"，亦应认定定作人受领义务的存在，在性质上宜理解为定作人的一项主义务（Hauptpflichten）。③ 这是由于承揽人的报酬通常取决于工作被受领与否，因而承揽人对于受领有重大利害关系，故定作人的受领义务属于一项主给付义务（eine Hauptleistungspflicht）。④ 此项义务的违反，除发生通常的债权人受领迟延的法律效果外，亦可类推适用《民法典》第776条和第778条，进一步发生损害赔偿、合同解除等法律效果。

（三）附随义务

承揽人在工作期间，定作人为必要的监督检验的，不得因监督检验妨碍承揽人的正常工作（《民法典》第779条）。

（四）变更或解除的权利与赔偿的义务

定作人中途可以变更承揽工作的要求（《民法典》第777条），甚至在承揽人完成工作前可以随时解除承揽合同（《民法典》第787条），但是，如因此给承揽人造成损失，定作人应当赔偿损失（《民法典》第777条、第787条）。此系定作人随时任意变更或解除合同的权利，承揽人并不享有相同的权利。另外，此系任意规定，当事人可作相反的约定，限制或者取消定作人变更或者解除合同的权利。

合同本应严守，何以立法于此处允许定作人随时任意变更或解除合同呢？原因在于，承揽所约定的工作，具有未来性，宜容许定作人变更其决定，故定作人另有考虑，或已不需要工作之完成时，亦无须强求定作人任其完成。⑤

对于上述权利的行使，宜注意如下几点：（1）定作人行使上述权利时，并不需要附有理由。（2）权利的行使有时间上的限制，即在承揽人完成工作之前。《民法典》第777条有

---

① 依德国通说，定作人的协助并非法律上义务，它只不过是一种合同上的"不真正义务"。这意味着，迟于协助总体而言非属义务违反，因而亦不构成债务人迟延。Vgl. Karl Larenz, Lehrbuch des Schuldrechts, Ⅱ. Band: besonderer Teil, 1. Halbband, Verlag C.H. Beck, 1986, S.371. 另外可以参阅 Frank Peters, Staudingers Kommentar zum BGB, §§631-651, Neubearbeitung, 2003, §649, RdNr. 5. 我国法此条规定与德国民法有别，故在解释论上宜不同的构成。
② 参见韩世远：《合同法总论》（第四版），法律出版社2018年版，第345页。
③ Vgl. in: Reiner Schulze (Schriftleitung), BGB Handkommentar, 5. Auflage Nomos, 2007, §640, RdNr. 2; Jan Kropholler, BGB Studienkommentar, 10. Auflage, Verlag C.H. Beck, 2007, S.447.
④ Vgl. Karl Larenz, Lehrbuch des Schuldrechts, Ⅱ. Band: besonderer Teil, 1. Halbband, Verlag C.H. Beck, 1986, S.363.
⑤ 参见黄立主编：《民法债编各论》（上），元照出版公司2002年版，第643页。

"中途"一语，实蕴含此意。《民法典》第787条未出现相似用语，但新增"在承揽人完成工作前"的限定，更为明确。（3）定作人的上述权利，性质上为形成权而非请求权，故其行使只须依权利人单方意思表示即可。（4）定作人"赔偿损失"系其行使权利的效果，而非其要件；换言之，不得以定作人未对承揽人的损失作出赔偿而否定其变更或者解除合同效果的发生。（5）由于定作人拥有法定的变更或者解除合同的权利，故其变更或者解除合同，非属违约，不发生违约责任；定作人向承揽人"赔偿损失"，性质上不是违约损害赔偿责任。

关于定作人任意变更或者解除承揽合同的法律后果，宜具体分析。

定作人任意变更承揽工作的要求，属于单方对于合同内容的变更，因此而造成承揽人损失时，此时的赔偿责任是一种法定的赔偿责任，不以定作人有过失为要件。赔偿的内容应当是因变更承揽工作要求而造成的损失，宜理解为承揽人的信赖利益损失，比如承揽人实际已经支出的费用或者实际使用的材料，因定作人变更工作要求而沦为虚掷。

定作人任意解除承揽合同场合，由于承揽合同属于一种劳务合同，在区分"解除"与"终止"的体系中，它是"终止"的对象，定作人所享有者称为"终止权"（Kuendigungsrecht des Bestellers），① 我国《民法典》未特意区分，而统一称为解除，但在理解相关规定时，仍应注意二者在质上的差异。承揽合同的解除，原则上只是向将来发生效力。在清算双方关系时，既已履行的部分仍然存在，并不消灭。

定作人任意解除承揽合同场合，其"赔偿损失"亦属于一种法定的赔偿责任，不以定作人有过失为要件。关于赔偿的内容，我国台湾地区"民法"规定"赔偿承揽人因契约终止而生之损害"；《德国民法典》第649条后段规定：定作人通知终止合同的，承揽人有权请求约定的报酬；但承揽人必须容许将其因合同的废止而节省的开支，或因将其劳动力用于他处而得的或恶意怠于取得的利益，算入报酬。表述上我国台湾地区"民法"与《德国民法典》虽不相同，但学者解释认为二者的差异"并非极为重大"。② 《民法典》第787条没有具体规定定作人任意解除场合"赔偿损失"的范围，参考上述立法例，在解释上宜作相似的构成，以履行利益为参照，并可类推适用《民法典》第584条等违约损害赔偿规则，具体确定赔偿的内容和范围。

三、风险负担

设若甲承揽印刷乙的《民法概要》，印刷装订完成后，于乙受领前（或乙受领迟延后），因水灾致所装订完成之书灭失时，乙应否支付约定的报酬？所谓"受领工作"，是否包括定作人对工作合于合同本旨的认定？③

---

① 参见《德国民法典》第649条。
② 黄立主编：《民法债编各论》（上），元照出版公司2002年版，第645页。
③ 参见王泽鉴：《民法概要》，北京大学出版社2009年版，第306页。

（一）报酬风险（Verguetungsgefahr，也称价金风险 Preisgefahr）

甲承揽为乙营造房屋、制作西服、翻译外文名著、雕刻图章等工作，因不可归责于双方当事人事由造成标的物毁损灭失时，承揽人固不必完成其工作，定作人应否支付约定的报酬？此涉及价金（报酬）风险负担。[①]《民法典》合同编在"承揽合同"一章未设特别规定，依《民法典》第 646 条，自应"参照适用"（准用）买卖合同的有关规定。

1. 判断的标准：交付抑或受领？依《民法典》第 604 条，是以"交付"为分界标准。比较我国台湾地区"民法"第 508 条，则是以"受领"工作为标准。学理解释认为，所谓受领工作非仅指"工作的交付"（占有的移转），应认为包括定作人对该工作基本上符合合同本旨作明示或默示认定。依工作性质，无须交付者（如歌唱、演讲），以工作完成时视为受领[②]。

2. 由承揽人负担的报酬风险。定作物交付之前，报酬风险由承揽人负担。例如，营造的铁皮屋于交付定作人前遭台风灭失，承揽人不得请求报酬。

另外，准用《民法典》第 610 条，如因标的物不符合质量要求，致使不能实现合同目的的，定作人可以拒绝接受标的物或者解除合同。定作人拒绝接受标的物或者解除合同的，标的物毁损、灭失的风险由承揽人负担。因而，《民法典》第 604 条的"交付"标准与我国台湾地区"民法"第 508 条"受领"标准，形式上虽有差异，实质上在各自的体系中，二者的功能大体相当。

3. 由定作人负担的价金风险。定作人受领迟延场合，定作人应当自违反约定时起负担报酬风险（准用《民法典》第 605 条）。另外，定作人受领标的物后，报酬风险即转由定作人负担。

（二）给付风险（Leistungsgefahr）

承揽人承揽的工作于完成并交付定作人之前，因发生不可归责于双方的事由而毁损或者灭失，承揽人是否仍有义务重新或继续完成工作？定作人的履行请求权是否继续存在？这便是承揽合同的给付风险问题。

在承揽人交付（或者无须交付场合完成工作）之前，只要约定的工作没有成为客观履行不能，承揽人便有义务完成工作（参照《民法典》第 770 条第 1 款）。因而，在交付之前，承揽人负担给付风险；交付之后，给付风险转归定作人负担。另外应当注意，上述规则，并不因承揽合同是否涉及工作成果的权利变动而有区别。

完成的工作成果如因承揽人保管不善而毁损或者灭失，承揽人应当承担损害赔偿责任（《民法典》第 784 条）。准确地讲，这并非给付风险的问题，而是承揽人因违反其善管注意义务而发生的违约责任问题。同时应当注意到，只要工作尚非客观不能完成，定作人仍然享

[①] 参见王泽鉴：《民法概要》，北京大学出版社 2009 年版，第 306 页。
[②] 参见王泽鉴：《民法概要》，北京大学出版社 2009 年版，第 307 页。

有履行请求权。

(三)材料风险

定作人提供的材料(Materialien),因不可抗力而毁损、灭失的,承揽人不负责任。这是"天灾归物权人负担"原则的表现。

定作人提供的材料,如因承揽人保管不善造成毁损、灭失的,承揽人承担损害赔偿责任(《民法典》第784条)。如前所述,这是承揽人因违反其善管注意义务而发生的违约责任问题,并非此处所谓材料风险问题。

第二十一章　建设工程合同

案例 21.1

A公司拟开发住宅楼，就该工程选定B公司作为总包单位，双方于2019年8月签订了《施工合同》，并开始实际履行。因备案程序需要，2020年2月A公司组织编写了招标文件，B公司相应地提交了投标文件，同年3月A公司向B公司发出中标通知，双方又签署了一份《施工合同》用于备案。两份合同在工程款结算方式及支付、工期、质量要求、纠纷解决等方面存在差异。B公司按照2019版合同完成建设后，由于A公司未及时支付工程款，B公司起诉请求A公司支付工程款并确认其就未售出房屋享有优先受偿权；A公司提起反诉请求B公司交付综合竣工验收资料，并赔偿因不能办理竣工验收手续所遭受的损失。问题：B公司中标是否有效？2019版合同是否有效？2020版合同呢？假如竣工验收合格，各自的请求如何？如果验收不合格，又当如何？

案例 21.2

C公司（甲方）拟开发住宅小区，其董事长欣赏刚从MIT学成归国创业的小d的设计创意，C公司便与小d新开设的设计工作室D（乙方）签订"小区设计"合同，约定由乙方为甲方提供包括但不限于规划建筑方案、修建性详细规划、施工图以及房地产开发所必须的前期规划的顾问服务。合同约定报酬为每平方米20元，合同签订后，C公司按照约定支付了人民币28.8万元的预付款。乙方前期做了设计，甲方拿着该设计顺利通过了行政审批。后来，甲方提出，根据《建筑工程设计资质分级标准》（建设〔1999〕9号）规章的规定，乙方须具有建筑设计甲级资质才适格履行双方所签订的合同。由于乙方没有甲级资质，故甲方提起诉讼，请求确认该案所涉合同无效，并请求乙方返还28.8万元的预付款，赔偿损失若干。问题：本案合同效力如何？甲方的请求能否获得支持？

第一节　建设工程合同概述

一、建设工程合同的语义

建设工程合同是承包人进行工程建设，发包人支付价款的合同（《民法典》第 788 条第 1 款）。建设工程合同包括工程勘察、设计、施工合同（《民法典》第 788 条第 2 款）。

欲明"建设工程合同"的语义范围，须先明白何谓"建设工程"。《民法典》对此虽没有明确的界定，但在其他法律法规中，"建设工程"被界定为，包括建筑物和构筑物的新建、改建、扩建及其相关的装修、拆除、修缮等（《招标投标法实施条例》第 2 条第 2 款前段）。另外，建设工程合同作为有名合同，其内涵在不同的历史时期也有变迁，由过去计划经济时代的经济合同（在原《经济合同法》第 18 条中称为"建设工程承包合同"）演变为今天市场经济中的与承揽合同相并列的典型合同。

鉴于国务院建设行政主管部门对全国的建筑活动实施统一监督管理（《建筑法》第 6 条），建设工程合同带有较强的国家管理色彩，我们可以从国家管理的角度对此问题作具体分析。

首先，依《建筑法》第 2 条第 2 款，"本法所称建筑活动，是指各类房屋建筑及其附属设施的建造和与其配套的线路、管道、设备的安装活动"。不过，该法另有除外规定，依该法第 83 条第 2 款和第 3 款，依法核定作为文物保护的纪念建筑物和古建筑等的修缮，依照文物保护的有关法律规定执行。抢险救灾及其他临时性房屋建筑和农民自建低层住宅的建筑活动，不适用该法。依该法第 84 条，军用房屋建筑工程建筑活动的具体管理办法，由国务院、中央军事委员会依据本法制定。由此可知，作为文物保护的纪念建筑物和古建筑等的修缮、抢险救灾及其他临时性房屋建筑和农民自建低层住宅以及军用房屋建筑，未纳入《建筑法》规范的"建筑活动"范畴。是否可以纳入《民法典》中的"建设工程"范畴呢？或谓为完成不能构成基本建设的一般工程的建设项目而订立的合同，不属于建设工程合同，而应属于承揽合同，如个人为建造个人住房而与其他公民或建筑队订立的合同，就属于承揽合同。[①]

其次，工业建设工程、水利建设工程、交通建设工程、铁道建设工程、[②] 民航建设工程等，亦应当列入《民法典》"建设工程"一语的射程范围，相关的合同自然也就属于该法所说的建设工程合同。

[①] 参见谢怀栻等：《合同法原理》，法律出版社 2000 年版，第 465 页。
[②] 参阅《铁路建设工程招标投标实施办法》。

二、建设工程合同的性质

（一）特别的承揽合同

《民法典》第 808 条规定："本章没有规定的，适用承揽合同的有关规定。"由此可知，建设工程合同属于承揽合同的一种，惟法律针对其特别之处作出专门规定，因而"建设工程合同"章与"承揽合同"章构成特别法与一般法的关系。

作为一种承揽合同，建设工程合同强调工作成果的完成。而为了对建设工程实行监理而订立的委托监理合同（《民法典》第 796 条）与之不同，其属于委托合同范畴，虽与工程建设相关，但并非建设工程合同。[①]

建设工程合同既为一种承揽合同，故一般承揽合同所具有的合同属性，原则上建设工程合同也具有，包括双务合同、有偿合同、诺成合同。然而，在关注建设工程合同所具有的承揽合同的一般属性之外，[②] 还应特别注意建设工程合同的特殊性，约略可以体现在合同标的、主体资格、订立的程序、合同的形式、资金来源、监督管理等方面。

1. 合同标的通常是与国家利益、社会公共利益等相关的工程建设（《招标投标法》第 1 条和第 3 条）。此类建设过去称为"基本建设"（简称"基建"，是计划经济时代的概念[③]），然在市场经济时代，建设工程合同的内涵早已突破了以国家计划为基础的基本建设，毋宁说其重要性使得特殊程序监控（比如主体资质、招投标等）具有正当性。

2. 对合同主体的资质有特别要求。发包人（建设单位）通常应在建筑工程开工前向政府建设行政主管部门申领施工许可证（《建筑法》第 7 条）。承包人（建筑施工企业、勘察单位、设计单位等）应具有相应的从业资格（《建筑法》第 12 条和第 13 条）。承包人未取得建筑业企业资质或者超越资质等级的，或者没有资质的实际施工人借用有资质的建筑施工企业名义的，建设工程施工合同依《民法典》第 153 条第 1 款的规定无效（《施工合同解释（一）》第 1 条第 1 款第 1 项和第 2 项）。承包人如及时改正资质瑕疵，则可不按照无效合同处理（详见《施工合同解释（一）》第 4 条）。

3. 特别的订立程序。在我国境内进行下列工程建设项目包括项目的勘察、设计、施工、

[①] 有的学者以"建设监理合同"作为一类建设工程合同，似有不妥。《民法典》第 788 条第 2 款对于建设工程合同的列举，仅提及工程勘察、设计、施工合同，并没有提及建设监理合同，是有其道理的。另外，根据最高人民法院印发的《民事案件案由规定》，案由的确定标准多元，法律关系性质只是作为主要标准，此外还有诸多其他标准。"建设工程监理合同纠纷"虽被列在"建设工程合同纠纷"项下，尚不得据此推翻上述基于《民法典》第 788 条第 2 款所得出的基本判断。毕竟，《民事案件案由规定》是以服务于法院立案（案件分类管理）、审判（审判业务庭的管辖分工）和司法统计为目的，以司法管理和司法决策为导向，至于合同性质的认定，并非属其规范。

[②] 因此有学说主张建设工程合同并入承揽合同，参见李志国：《建设工程合同并入承揽合同是契约精神的理性回归》，载《学术交流》2010 年第 11 期。相反，强调建设工程合同具有不同于普通承揽合同的特征，可参阅宋宗宇、温长煌、曾文革：《建设工程合同溯源及特点研究》，载《重庆建筑大学学报》2003 年第 5 期。

[③] ［苏］И.Я. 谢曼诺夫：《基本建设流动资金》，东北工业部基本建设处技术室译，东北工业出版社 1951 年版，第 1—2 页。

监理以及工程建设有关的重要设备、材料等的采购,有的属于必须招标[①],有的属于自愿招标,有的可以不招标[②]。建设工程的招标投标活动,应当依照有关法律的规定公开、公平、公正进行(《民法典》第790条)。由于在缔约过程中引入了竞争机制,可以使合同更为公平和富有效率。在实践中,建设工程必须进行招标而未招标或者中标无效的,则会因此而影响合同效力(详见《施工合同解释(一)》第1条第1款第3项)。

国家重大建设工程合同,应当按照国家规定的程序和国家批准的投资计划、可行性研究报告等文件订立(《民法典》第792条)。另外,国家根据抢险救灾、疫情防控或者其他需要下达国家订货任务、指令性任务的,有关民事主体之间应当依照有关法律、行政法规规定的权利和义务订立合同(《民法典》第494条第1款)。依照法律、行政法规的规定负有发出要约义务的当事人,应当及时发出合理的要约(《民法典》第494条第2款)。这时的合同以落实国家计划为目的(实即"经济合同"或者"计划合同"),当事人意思自治空间相应收缩,甚至带有强制缔约的特征。

4. 建设工程合同在履行方面,相应的建设资金往往有相应的国家专业银行提供贷款,[③]监督管理方面也有特殊性,比如银行可以监督专款是否专用,建设单位可以聘请专业监理人监理施工。

(二)要式合同

建设工程合同应当采用书面形式(《民法典》第789条)。建筑工程的发包单位与承包单位应当依法订立书面合同,明确双方的权利和义务(《建筑法》第15条第1款)。虽使用"应当"一语(而非"必须"),但学理解释通常以之具有要式性。[④]

(三)一时的合同抑或继续性合同?

承揽合同虽属一种劳务供给合同,惟其重视工作成果,学者通常以之为一时的合同;委托合同和雇佣合同则被作为继续性合同。[⑤]建设工程合同既为一种承揽合同,故也应被归入一时的合同。

---

① 《招标投标法》第3条第1款:"在中华人民共和国境内进行下列工程建设项目包括项目的勘察、设计、施工、监理以及与工程建设有关的重要设备、材料等的采购,必须进行招标:(一)大型基础设施、公用事业等关系社会公共利益、公众安全的项目;(二)全部或者部分使用国有资金投资或者国家融资的项目;(三)使用国际组织或者外国政府贷款、援助资金的项目。"
② 《招标投标法》第66条:"涉及国家安全、国家秘密、抢险救灾或者属于利用扶贫资金实行以工代赈、需要使用农民工等特殊情况,不适宜进行招标的项目,按国家有关规定可以不进行招标。"《招标投标法实施条例》第9条第1款:"除招标投标法第六十六条规定的可以不进行招标的特殊情况外,有下列情形之一的,可以不进行招标:(一)需要采用不可替代的专利或者专有技术;(二)采购人依法能够自行建设、生产或者提供;(三)已通过招标方式选定的特许经营项目投资人依法能够自行建设、生产或者提供;(四)需要向原中标人采购工程、货物或者服务,否则将影响施工或者功能配套要求;(五)国家规定的其他特殊情形。"
③ 中国建设银行便是以此为目的的商业银行。
④ 参见崔建远主编:《合同法》(第六版),法律出版社2016年版,第373页;陈小君主编:《合同法学》(第二版),高等教育出版社2009年版,第390页。
⑤ 韩世远:《合同法总论》(第四版),法律出版社2018年版,第86—87页。

不过对于上述结论，学者认为建设工程施工合同（日语"建设请负契约"）在以下方面具有特殊性：（1）承揽与雇佣的不同在于，前者是独立劳动，后者为从属劳动。然而，当我们从建设工程承包的实情来看时，对于工程施工发包人通常实行监理（监督、指示、检查），承揽的性质发生了变化，从而接近于从属劳动。于此场合，恐怕宜认为承包人的独立性弱化而雇佣的色彩增强。（2）被作为继续性合同关系的委托，虽与承揽一样属于独立劳动，但委托与承揽相比时，被认为当事人之间的信赖关系更为突出。可是在建设工程承包中，工作完成物的不完善或者有缺陷，这些问题并不容易发现，因而仅以承揽的结果为目的还是不行的，发包人还是要重视建设的过程，这当然就应以当事人相互的信赖关系为基础。基于上述理由，本书认为具有了雇佣和委托色彩的建设承揽与民法规定的纯粹的承揽具有差异性，其应当被看作是继续性债权关系。[1]

第二节　建设工程合同的订立与效力评价

一、建设工程合同的订立

（一）招标投标、个别磋商与强制缔约

建设工程合同因其标的通常是与国家利益、社会公共利益等相关的工程建设，故对其订立方式通常有强制要求，即必须进行招标（参照《招标投标法》第 3 条第 1 款[2]），招标投标活动应当遵循公开、公平、公正和诚实信用的原则（《招标投标法》第 5 条）。

不过，工程建设项目的具体范围和规模的标准，由国务院发展计划部门会同国务院有关部门制订，报国务院批准（《招标投标法》第 3 条第 2 款）。这也就意味着，并非所有的工程建设项目均须进行招标。对于不需要进行招标的工程建设，其合同自然可由当事人个别磋商。当然，这种合同是否可以作为建设工程合同，抑或只能作为承揽合同，或有争议。从合同标的来看与建设工程合同无异，相同事物应相同对待，故仍应作为建设工程合同，如此，相关特别规则（比如工程价款优先权）便可直接适用。

国家重大建设工程合同，或者国家根据需要下达指令性任务的，有关法人、其他组织之间应当依照有关法律、行政法规规定的权利和义务订立合同。这时的合同当然可能要经过招标投标程序，也有可能依指令性任务强制缔约。

---

[1] 参见［日］内山尚三：《现代建设请负契约法》（增补版），一粒社 1980 年版，第 11 页。
[2] 在中华人民共和国境内进行下列工程建设项目包括项目的勘察、设计、施工、监理以及与工程建设有关的重要设备、材料等的采购，必须进行招标：（1）大型基础设施、公用事业等关系社会公共利益、公众安全的项目；（2）全部或者部分使用国有资金投资或者国家融资的项目；（3）使用国际组织或者外国政府贷款、援助资金的项目。

（二）发包与承包

建设工程的"发包"是指建设工程的建设单位（称为"发包人"）寻求合适的主体负责其工程建设的意思表示。建设工程的"承包"则是承揽人（称为"承包人"）负责担当工程建设的意思表示。发包人与承包人就工程建设达成合意，是成立建设工程合同的前提。

如图 21.2.1 所示，发包人可以与总承包人订立建设工程合同，也可以分别与勘察人、设计人、施工人订立勘察、设计、施工承包合同。发包人不得将应当由一个承包人完成的建设工程支解成若干部分发包给几个承包人（《民法典》第 791 条第 1 款）。

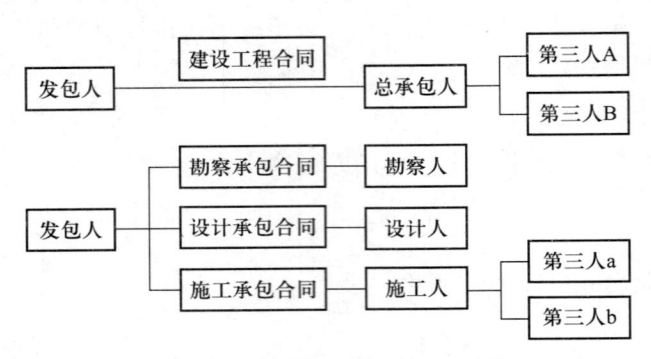

图 21.2.1 建设工程法律关系结构

（三）分包与转包

建设工程"分包"（sub-contracting），是指建设工程的承包人依法将其承包的部分工程再发包给第三人（即"分包人"，sub-contractor）的行为，双方所签订的合同称为分包合同（sub-contract）。承包人一人独自完成建设工程固然理想，但现实中有些工程项目的完成仍或多或少需要他人合作，这时他人只不过是承包人的履行辅助人，与发包人之间并没有直接的合同关系，在法律上当然是由承包人就工程建设成果向发包人负责。[①] 不过，立法者从中国实际出发，对分包有严格要求，即要"经发包人同意"后方可分包，而且要求分包人（第三人）就其完成的工作成果与总承包人向发包人承担连带责任（《民法典》第 791 条第 2 款前段及中段）。另外，禁止承包人将工程分包给不具备相应资质条件的单位。禁止分包单位将其承包的工程再分包。建设工程主体结构的施工必须由承包人自行完成（《民法典》第 791 条第 3 款）。

"转包"是指建设工程的承包人将其承包的建设工程倒手转让给第三人，使该第三人实际上成为该建设工程新承包人的行为。[②] 转包最大的特点在于承包人将建设工程全部转给第

[①] ［德］迪特尔·梅迪库斯：《德国债法分论》，杜景林、卢谌译，法律出版社 2007 年版，第 320 页；*Dieter Medicus, Schuldrecht II Besonderer Teil*, 13.Auflage, Verlag C.H. Beck, 2006, S.147.

[②] 胡康生主编：《中华人民共和国合同法释义》，法律出版社 1999 年版，第 411 页。另外，《建设工程质量管理条例》第 78 条第 3 款规定："本条例所称转包，是指承包单位承包建设工程后，不履行合同约定的责任和义务，将其承包的全部建设工程转给他人或者将其承包的全部建设工程肢解以后以分包的名义分别转给其他单位承包的行为。"

三人，自己并不实际履行合同。因受让的第三人是一个抑或多个，转包可有不同的具体表现形式。前者表现为承包人将建设工程全部转给一个第三人，这种转让当然通常是一种有偿交易，原承包人不干活却以"管理费"等名目从中渔利；后者表现为承包人将建设工程支解，分别转给多个第三人，并从中渔利。此种渔利行为本身并不创造社会价值，却为建设工程增加了成本，其结果只会是实际承包人在工程质量上做手脚。因此，我国法律禁止建设工程转包，"承包人不得将其承包的全部建设工程转包给第三人或者将其承包的全部建设工程支解以后以分包的名义分别转包给第三人"（《民法典》第791条第2款后段）。违反该强制性规定的结果是，结合《民法典》第153条第1款，转包合同无效。

为了便于查清事实、分清责任提高司法解决纠纷的效率，司法解释针对建设工程质量争议，并不囿于合同相对性，而允许发包人可以以总承包人、分包人和实际施工人为共同被告提起诉讼（《施工合同解释（一）》第15条），殊值注意。

（四）合同内容

勘察、设计合同的内容一般包括提交有关基础资料和概预算等文件的期限、质量要求、费用以及其他协作条件等条款（《民法典》第794条）。

施工合同的内容一般包括工程范围、建设工期、中间交工工程的开工和竣工时间、工程质量、工程造价、技术资料交付时间、材料和设备供应责任、拨款和结算、竣工验收、质量保修范围和质量保证期、相互协作等条款（《民法典》第795条）。

（五）国家重大建设工程合同

国家重大建设工程合同，应当按照国家规定的程序和国家批准的投资计划、可行性研究报告等文件订立（《民法典》第792条）。

二、建设工程合同的效力评价

（一）司法解释中的特别规则

对于建设工程合同的效力评价，当然要按照《民法典》的基本规定进行。应当注意的是，在司法解释中具体规定了建设工程施工合同的无效问题，具体规则包括：

1. 资质瑕疵。承包人未取得建筑业企业资质或者超越资质等级的，或者没有资质的实际施工人借用有资质的建筑施工企业名义的，建设工程施工合同应当依据《民法典》第153条第1款的规定，认定无效（《施工合同解释（一）》第1条第1款第1项和第2项）。对于勘察、设计合同，亦应类推适用该规则（案例21.2）。不过，资质瑕疵允许改正。承包人超越资质等级许可的业务范围签订建设工程施工合同，在建设工程竣工前取得相应资质等级，当事人请求按照无效合同处理的，人民法院不予支持（《施工合同解释（一）》第4条）。

2. 招投标瑕疵。建设工程必须进行招标而未招标或者中标无效的，建设工程施工合同应当依据《民法典》第 153 条第 1 款的规定，认定无效（《施工合同解释（一）》第 1 条第 1 款第 3 项）。

3. 非法转包与违法分包。承包人因转包、违法分包建设工程与他人签订的建设工程施工合同，应当依据《民法典》第 153 条第 1 款及第 791 条第 2 款、第 3 款的规定，认定无效（《施工合同解释（一）》第 1 条第 2 款）。转包本属非法，无待多言。违法分包，并非指以分包之名行转包之实的情形，而是指《建设工程质量管理条例》第 78 条第 2 款规定的情形，"本条例所称违法分包，是指下列行为：（一）总承包单位将建设工程分包给不具备相应资质条件的单位的；（二）建设工程总承包合同中未有约定，又未经建设单位认可，承包单位将其承包的部分建设工程交由其他单位完成的；（三）施工总承包单位将建设工程主体结构的施工分包给其他单位的；（四）分包单位将其承包的建设工程再分包的"。

4. 未取得规划审批手续。当事人以发包人未取得建设工程规划许可证等规划审批手续为由，请求确认建设工程施工合同无效的，人民法院应予支持，但发包人在起诉前取得建设工程规划许可证等规划审批手续的除外。发包人能够办理审批手续而未办理，并以未办理审批手续为由请求确认建设工程施工合同无效的，人民法院不予支持（《施工合同解释（一）》第 3 条）。

（二）建设工程"黑白合同"的效力评价

1. 先签实际履行合同后签备案合同的情形。在建设工程属必须招标工程场合（比如案例 21.1 之住宅楼项目，关系社会公共利益），实际履行的合同（黑合同）因违反《招标投标法》第 3 条之强制性规定，依《民法典》第 153 条第 1 款，该民事法律行为无效。另外，由于双方签订并履行黑合同在先，事后的招投标行为不过是为应付备案走过场，投标人与招标人串通投标，依《招标投标法》第 53 条，中标无效，相应地，备案合同（白合同）无效。①

2. 先签备案合同后签实际履行合同的情形。如果先经过招投标而确定了中标者，双方签订建设工程合同并备案（白合同），该合同可认定为有效。如果事后双方另行订立背离备案合同实质性内容的协议（黑合同），依《招标投标法》第 59 条，可责令改正，处以罚款。"招标人和中标人另行签订的建设工程施工合同约定的工程范围、建设工期、工程质量、工程价款等实质性内容，与中标合同不一致，一方当事人请求按照中标合同确定权利义务的，人民法院应予支持。""招标人和中标人在中标合同之外就明显高于市场价格购买承建房产、无偿建设住房配套设施、让利、向建设单位捐赠财物等另行签订合同，变相降低工程价款，一方当事人以该合同背离中标合同实质性内容为由请求确认无效的，人民法院应予支持"（《施工合同解释（一）》第 2 条）。据此，实质上可以认定黑合同无效。

---

① 谭敬慧：《建设工程疑难问题与法律实务》，法律出版社 2016 年版，第 43 页。

三、合同无效的后果

建设工程合同无效场合，如果合同尚未实际履行，清算通常相对简单。可是，如果已有实际履行行为并形成某种程度的工作成果，当事人之间的清算往往比较复杂。根据所形成的成果是否堪用，相应的处理方式在具体建设工程合同之间也有不同。比如，如果建设工程设计合同无效（参考案例 21.2），建设工程的设计须由其他主体承担场合，设计者的理念不同，通常会另起炉灶，在先的设计在后一设计中便派不上用场。勘察合同在这方面可能类似设计合同。而施工合同即便无效，一旦实际形成工作成果，想回头为时已晚，当事人只能在现实面前想方设法采取补救措施，将不完美的成果尽可能地变得具有使用价值，仅在万不得已场合，才作拆除重建的安排。

（一）折价补偿

建设工程施工合同无效，但是建设工程经验收合格的，可以参照合同关于工程价款的约定折价补偿承包人（《民法典》第 793 条第 1 款）。[①] 该规则并未承认合同有效，故而是"参照"而非"按照"合同约定。虽然如此，由于工程验收合格，在使发包人获得其所想要的工作成果方面，与有效合同是相当的，因而，在承包人方面，使其获得与约定的工程款相当的补偿，未尝不是更为可取的制度安排。"如果抛开合同约定的工程价款，发包人按照何种标准折价补偿对方，均有不当之处。"[②] 该规则所作制度安排的合理性至少可具体体现在如下两点：其一，它不是执着于"无效合同的不得履行性"之教条概念，而是直面合同既已履行的现实，衡量因社会劳动所创造的既成利益；在其归属主体方面，不是选择归国家，而是在当事人之间合理分配，此举要比机械的"承包人不应依据无效合同取得利益"合理。其二，它关注处理方案的可操作性。如果像有的建议那样区分和审查承包人在建设工程施工期间产生的造价成本以及其与合同价款的差价，难免要引入鉴定，或者查明市场价格；而如此"精算"在操作层面变得复杂且增加社会成本，又难免要参照合同价款计算损失，与《民法典》第 793 条第 1 款相比，除在损失方面因考虑双方过错因素而貌似更为"精准"之外，在结论上很难说更符合当事人双方的利益状态。其以造价成本与"合同价款"的差价计算损失，实际上又是在保障承包人的合同利益，这与其所主张的"承包人不应依据无效合同取得利益"显有矛盾。既然如此，《民法典》第 793 条第 1 款的操作更简便，且符合当事人的意思以及事实交易的性质，因而更为可取。

[①] 该规则吸收自司法解释规则。在司法解释征求意见阶段，曾有意见建议，建设工程施工合同无效，建设工程验收合格的，发包人应当返还承包人在建设工程施工期间产生的造价成本；造价成本与合同价款的差价为损失，按照过错原则承担责任。最高人民法院民事审判第一庭编著：《最高人民法院建设工程施工合同司法解释的理解与适用》，人民法院出版社 2004 年版，第 36 页。

[②] 最高人民法院民事审判第一庭编著：《最高人民法院建设工程施工合同司法解释的理解与适用》，人民法院出版社 2004 年版，第 34 页。

当事人就同一建设工程订立的数份建设工程施工合同均无效，但建设工程质量合格，一方当事人请求参照实际履行的合同关于工程价款的约定折价补偿承包人的，人民法院应予支持（《施工合同解释（一）》第24条第1款）。实际履行的合同难以确定，当事人请求参照最后签订的合同关于工程价款的约定折价补偿承包人的，人民法院应予支持（《施工合同解释（一）》第24条第2款）。换言之，确立了实际履行合同优先，实际履行合同确定不了时，最后签订合同优先的原则。[①]

建设工程施工合同无效，且建设工程经验收不合格的，修复后的建设工程经验收合格的，发包人可以请求承包人承担修复费用（《民法典》第793条第2款第1项）。承包人则有权请求参照合同关于工程价款的约定折价补偿（《民法典》第793条第2款第2项的反面解释）。修复后的建设工程经验收不合格的，承包人无权请求参照合同关于工程价款的约定折价补偿（《民法典》第793条第2款第2项）。简言之，是以建设工程修复后是否经验收合格作为承包人请求支付工程款的前提条件。

关于合同无效场合的"修复"，在法律上不应理解为承包人的合同上义务（故其请求权基础并非《民法典》第801条或者第781条），毋宁说承包人或者施工单位负有如此作为的法定义务。[②] 在其不履行该法定义务场合，建设单位可以请第三人修复，而将修复费用作为损害，请求承包人赔偿。

（二）赔偿损失

1. 修复费用。建设工程施工合同无效，且建设工程经验收不合格的，修复后的建设工程经验收合格，发包人可以请求承包人承担修复费用（《民法典》第793条第2款第1项）。如果修复后的建设工程经验收不合格，且修复并非由承包人进行场合，可否要求承包人赔偿，则应视该费用是否合理而定。

2. 举证责任与损失裁量。建设工程施工合同无效，一方当事人请求对方赔偿损失的，应当就对方过错、损失大小、过错与损失之间的因果关系承担举证责任（《施工合同解释（一）》第6条第1款）。

损失大小无法确定，一方当事人请求参照合同约定的质量标准、建设工期、工程价款支付时间等内容确定损失大小的，人民法院可以结合双方过错程度、过错与损失之间的因果关系等因素作出裁判（《施工合同解释（一）》第6条第2款）。

3. 连带赔偿责任。缺乏资质的单位或者个人借用有资质的建筑施工企业名义签订建设工程施工合同，发包人请求出借方与借用方对建设工程质量不合格等因出借资质造成的损失承担连带赔偿责任的，人民法院应予支持（《施工合同解释（一）》第7条）。

4. 发包人的过错与赔偿责任。发包人对因建设工程不合格造成的损失有过错的，应当

---

① 最高人民法院民事审判第一庭编著：《最高人民法院建设工程施工合同司法解释（二）理解与适用》，人民法院出版社2019年版，第244页。

② 《建设工程质量管理条例》第32条规定："施工单位对施工中出现质量问题的建设工程或者竣工验收不合格的建设工程，应当负责返修。"

承担相应的责任(《民法典》第 793 条第 3 款)。对此规则如从主体角度分析，因建设工程不合格使得发包人遭受损失，因而，所谓发包人"应当承担相应的责任"，是就上述损失对自己的责任，而非对承包人的责任(承包人并未因建设工程不合格遭受损失)。由此可知，该规则实系与有过失(或者过失相抵)规则，是按照公平原则的要求，减轻承包人赔偿责任的规则。

既明白其规范目的，宜进一步注意如下两点：(1)上述与有过失规则系《民法典》第 157 条后段"各方都有过错的，应当各自承担相应的责任"规则的具体应用，裁判者所可比较者，并非严格局限于"过错"，亦得比较原因力的大小。(2)所谓发包人对损失"有过错"，既可以是过错，也包括归因于发包人的事由。

工程质量不合格，可能有发包人的原因：(1)发包人提供的设计有缺陷；(2)发包人提供或者指定的建筑材料、配件、设备有问题；(3)发包人确定的分包人有问题(比如资质瑕疵、施工不规范等)等。[①]

(三)其他法律后果

尽管建设工程合同无效，在施工人完成施工场合，承包人尚有交付施工资料并配合竣工验收等义务。

第三节　建设工程合同的效力

建设工程合同既为一种特别的承揽合同，故承揽合同的一般效力，原则上亦适用于建设工程合同。此处重点分析建设工程合同的特别效力。

一、承包人的义务

(一)给付义务

1. 工程建设义务。承包人的合同类型上义务是"进行工程建设"(《民法典》第 788 条第 1 款)，相当于一般承揽人的"完成工作及交付工作成果的义务"。此种合同类型上义务，具体到工程勘察、设计、施工合同，又会有不同的体现和要求。

(1)施工合同的工期。关于工期有约定的，依其约定。承包人履行义务未遵守工期，可得构成迟延履行。关于工期的认定，开工日期与竣工日期最属重要。

当事人对建设工程开工日期有争议的，人民法院应当分别按照以下情形予以认定：第一，开工日期为发包人或者监理人发出的开工通知载明的开工日期；开工通知发出后，尚不

[①] 最高人民法院民事审判第一庭编著：《最高人民法院建设工程施工合同司法解释的理解与适用》，人民法院出版社 2004 年版，第 44 页。

具备开工条件的,以开工条件具备的时间为开工日期;因承包人原因导致开工时间推迟的,以开工通知载明的时间为开工日期。第二,承包人经发包人同意已经实际进场施工的,以实际进场施工时间为开工日期。第三,发包人或者监理人未发出开工通知,亦无相关证据证明实际开工日期的,应当综合考虑开工报告、合同、施工许可证、竣工验收报告或者竣工验收备案表等载明的时间,并结合是否具备开工条件的事实,认定开工日期(《施工合同解释(一)》第8条)。

当事人对建设工程实际竣工日期有争议的,人民法院应当分别按照以下情形予以认定:第一,建设工程经竣工验收合格的,以竣工验收合格之日为竣工日期;第二,承包人已经提交竣工验收报告,发包人拖延验收的,以承包人提交验收报告之日为竣工日期;第三,建设工程未经竣工验收,发包人擅自使用的,以转移占有建设工程之日为竣工日期(《施工合同解释(一)》第9条)。

当事人约定顺延工期应当经发包人或者监理人签证等方式确认,承包人虽未取得工期顺延的确认,但能够证明在合同约定的期限内向发包人或者监理人申请过工期顺延且顺延事由符合合同约定,承包人以此为由主张工期顺延的,人民法院应予支持。当事人约定承包人未在约定期限内提出工期顺延申请视为工期不顺延的,按照约定处理,但发包人在约定期限后同意工期顺延或者承包人提出合理抗辩的除外(《施工合同解释(一)》第10条)。建设工程竣工前,当事人对工程质量发生争议,工程质量经鉴定合格的,鉴定期间为顺延工期期间(《施工合同解释(一)》第11条)。

(2)建设工程质量。

建设单位、勘察单位、设计单位、施工单位、工程监理单位依法对建设工程质量负责(《建设工程质量管理条例》第3条)。

勘察、设计单位必须按照工程建设强制性标准进行勘察、设计,并对其勘察、设计的质量负责(《建设工程质量管理条例》第19条第1款)。施工单位对建设工程的施工质量负责(《建设工程质量管理条例》第26条第1款)。

总承包单位依法将建设工程分包给其他单位的,分包单位应当按照分包合同的约定对其分包工程的质量向总承包单位负责,总承包单位与分包单位对分包工程的质量承担连带责任(《建设工程质量管理条例》第27条)。

2. 瑕疵担保义务。承包人对于其工作成果(勘察结果、设计成果、建筑物)负有瑕疵担保义务,此种义务亦属于承包人的给付义务,其违反得发生违约责任。

(1)勘察人、设计人的瑕疵担保义务。勘察、设计的质量不符合要求或者未按照期限提交勘察、设计文件拖延工期,造成发包人损失的,勘察人、设计人应当继续完善勘察、设计,减收或者免收勘察、设计费并赔偿损失(《民法典》第800条)。该条将勘察人、设计人的瑕疵担保义务与迟延责任合并在一起规定,其好的方面在于将瑕疵担保义务与给付义务等量齐观,不作瑕疵担保责任与违约责任的二元区分,而是统一对待(统合说)。不好的地方在于,在构成要件方面处理均有不当,具体表现在,统一要求"造成发包人损失"要件,对于瑕疵担保不妥,因为继续完善勘察、设计,以及减收或者免收勘察、设计费,均不以发包人遭受损失为前提。其实，关于迟延履行的责任，纵不在此处规定，亦没有任何问题，并不因此构成法律漏洞，正如该条没有规定合同解除一样，因为只要依合同编通则一般规则处理即可。

（2）施工人的瑕疵担保义务。因施工人的原因致使建设工程质量不符合约定的，发包人有权要求施工人在合理期限内无偿修理或者返工、改建。经过修理或者返工、改建后，造成逾期交付的，施工人应当承担违约责任（《民法典》第801条）。当然，发包人也可以合理选择要求承包人减少价款或者报酬（《民法典》第582条）。因承包人的原因造成建设工程质量不符合约定，承包人拒绝修理、返工或者改建，发包人请求减少支付工程价款的，人民法院应予支持（《施工合同解释（一）》第12条）。依我国法的规定，此种减价责任不以承包人有过错为要件。

（3）承包人的特别担保义务。因承包人的原因致使建设工程在合理使用期限内造成人身损害和财产损失的，承包人应当承担赔偿责任（《民法典》第802条）。本条是由原《合同法》第282条略作文字调整而来。所谓特别担保义务，特殊性体现在：其一，它是在勘察人、设计人及施工人的一般瑕疵担保义务之外单独规定的；在原因单一场合，固然只对该单一承包人适用；在原因复合场合，则可以成为多个承包人（比如设计人与施工人）共同承担赔偿责任的请求权基础。其二，鉴于建设工程不适用《产品质量法》第2条第3款，依体系解释，本条从合同法规范角度规定无过失的质量保证义务及责任，对在功能上补充建设工程因被排除在"产品"之外而呈现的空缺，具有积极意义。[①] 其三，该条规定中的受害人并不限于合同当事人（通常为法人），故此一规定实际上突破了"合同相对性"原理，而使之附有了保护第三人的作用，殊值注意。其四，本条所救济的并非瑕疵损害，而是瑕疵结果损害。由此可以看出，立法者对于该条与其前两条所救济的损害有所分工，正因为各管一摊，因而，通常并不会出现与其前两条规范竞合的问题。其五，本条"合理使用期限"既不同于《民法典》第801条中的"合理期限"，也不同于《民法典》第800条中的"期限"，因所要救济的损害不同，各期限的内容自然存在差异。

承包人应当在建设工程的合理使用寿命内对地基基础工程和主体结构质量承担民事责任（《施工合同解释（一）》第14条后段）。因保修人未及时履行保修义务，导致建筑物毁损或者造成人身损害、财产损失的，保修人应当承担赔偿责任（《施工合同解释（一）》第18条第1款）。保修人与建筑物所有人或者发包人对建筑物毁损均有过错的，各自承担相应的责任（《施工合同解释（一）》第18条第2款）。

3. 特别法上的质量保修制度

《建筑法》第62条第1款明确规定，建筑工程实行质量保修制度。建筑工程的保修范围应当包括地基基础工程、主体结构工程、屋面防水工程和其他土建工程，以及电气管线、上下水管线的安装工程，供热、供冷系统工程等项目；保修的期限应当按照保证建筑物合理寿

[①] 亦有学者认为原《合同法》第282条对确认承包人的侵权责任提供了法律上的依据。参见崔建远主编：《合同法》（第六版），法律出版社2016年版，第383页。类似见解尚有最高人民法院民事审判一庭编著：《最高人民法院建设工程施工合同司法解释的理解与适用》，人民法院出版社2004年版，第234页、第237—238页。

命年限内正常使用，维护使用者合法权益的原则确定。具体的保修范围和最低保修期限由国务院规定（《建筑法》第 62 条第 2 款）。

《建设工程质量管理条例》第六章第 39 条至第 42 条专门规定建设工程质量保修，区分项目规定最低的保修期限，属强制性规范。建设工程在保修范围和保修期限内发生质量问题的，施工单位应当履行保修义务，并对造成的损失承担赔偿责任（《建设工程质量管理条例》第 43 条）。

质量保修制度与前述承包人的瑕疵担保义务属于不同的制度，二者均以保障建筑质量为目标，具有相似的功能；但质量保修制度并不能完全取代瑕疵担保制度，二者彼此配合，以一般法补充特别法，方能发挥良好的规范功能。比如，针对建设工程质量保修期满后，发包人是否能够主张承包人对工程质量承担赔偿责任的问题，[①] 我国有效的法规则承认，在建筑物的合理使用寿命内，因建筑工程质量不合格受到损害的，有权向责任者要求赔偿（《建筑法》第 80 条）。另外，《民法典》第 802 条也规定了因承包人原因致使建设工程在合理使用期限内致人损害场合的赔偿责任。

（二）附随义务

1. 接受检查的义务。发包人在不妨碍承包人正常作业的情况下，可以随时对作业进度、质量进行检查（《民法典》第 797 条）。承包人对此有接受的义务。

2. 通知义务。隐蔽工程在隐蔽以前，承包人应当通知发包人检查（《民法典》第 798 条前段）。

3. 不转包、违法分包的义务。承包人将建设工程转包、违法分包的，发包人可以解除合同（《民法典》第 806 条第 1 款）。建设工程合同作为一种承揽合同，虽强调工作成果的完成，但为了保障工作成果的完成，合同履行过程亦属重要，故当事人之间亦存在相当的信赖关系，不宜随意打破。承包人非法转包、违法分包场合，虽属对附随义务的违反，但因其破坏了当事人之间的信赖关系，故仍得发生解除权。

转包或者分包场合，分别形成了有别于原承包合同的转包合同或者分包合同，此处发包人所可以解除的，仅为原承包合同。转包合同或者分包合同属于另外的法律关系，原则上不因发包人行使解除权而影响其效力，惟于不能履行场合，如构成一方违约，可发生违约责任。

二、发包人的义务

（一）给付义务

1. 价款支付义务。发包人的合同类型上义务是"支付价款"（《民法典》第 788 条第 1 款）。

[①] 谭敬慧：《建设工程疑难问题与法律实务》，法律出版社 2016 年版，第 85 页。

（1）计价标准（方法）。当事人对建设工程的计价标准或者计价方法有约定的，按照约定结算工程价款（《施工合同解释（一）》第19条第1款）。当事人约定按照固定价结算工程价款，一方当事人请求对建设工程造价进行鉴定的，人民法院不予支持（《施工合同解释（一）》第28条）。

因设计变更导致建设工程的工程量或者质量标准发生变化，当事人对该部分工程价款不能协商一致的，可以参照签订建设工程施工合同时当地建设行政主管部门发布的计价方法或者计价标准结算工程价款（《施工合同解释（一）》第19条第2款）。

当事人约定，发包人收到竣工结算文件后，在约定期限内不予答复，视为认可竣工结算文件的，按照约定处理。承包人请求按照竣工结算文件结算工程价款的，人民法院应予支持（《施工合同解释（一）》第21条）。

当事人签订的建设工程施工合同与招标文件、投标文件、中标通知书载明的工程范围、建设工期、工程质量、工程价款不一致，一方当事人请求将招标文件、投标文件、中标通知书作为结算工程价款的依据的，人民法院应予支持（《施工合同解释（一）》第22条）。这一规则针对的正是所谓"黑白合同"问题，即在建设工程招投标中，有的当事人为了获取不正当利益，在签订中标合同前后，就同一工程项目再签订一份或者多份与中标合同的工程价款等主要内容不一致的合同的现象。之所以不以"黑合同"作为结算依据，是因为法律、行政法规规定中标合同的变更必须经过法定程序；"黑合同"虽然可能是当事人真实意思表示，但由于合同形式不合法，不产生变更"白合同"的法律效力。[①] 发包人将依法不属于必须招标的建设工程进行招标后，与承包人另行订立的建设工程施工合同背离中标合同的实质性内容，当事人请求以中标合同作为结算建设工程价款依据的，人民法院应予支持，但发包人与承包人因客观情况发生了在招标投标时难以预见的变化而另行订立建设工程施工合同的除外（《施工合同解释（一）》第23条）。由此可见，前述"黑白合同"规则是以依法必须招标的建设工程为规范对象。

（2）支付时期。关于价款支付的时期，当事人有约定的依其约定，没有约定或者约定不明确的，可以协议补充；不能达成补充协议的，按照合同有关条款或者交易习惯确定（《民法典》第510条）。仍不能确定的，依《民法典》第782条，原则上价款后付，即于承包人交付工作成果时支付。

（3）欠款利息。当事人对欠付工程价款利息计付标准有约定的，按照约定处理。没有约定的，按照同期同类贷款利率或者同期贷款市场报价利率计息（《施工合同解释（一）》第26条）。利息从应付工程价款之日开始计付。当事人对付款时间没有约定或者约定不明的，下列时间视为应付款时间：①建设工程已实际交付的，为交付之日；②建设工程没有交付的，为提交竣工结算文件之日；③建设工程未交付，工程价款也未结算的，为当事人起诉之日（《施工合同解释（一）》第27条）。

[①] 最高人民法院民事审判第一庭编著：《最高人民法院建设工程施工合同司法解释的理解与适用》，人民法院出版社2004年版，第14—15页。

（4）价款债权的特别担保。发包人未按照约定支付价款的，承包人可以催告发包人在合理期限内支付价款。发包人逾期不支付的，除根据建设工程的性质不宜折价、拍卖外，承包人可以与发包人协议将该工程折价，也可以申请人民法院将该工程依法拍卖。建设工程的价款就该工程折价或者拍卖的价款优先受偿（《民法典》第807条）。

其一，权利性质。关于此种"优先受偿"权的性质，有留置权、优先权和法定抵押权等不同见解。[1] 鉴于司法解释对于优先受偿的范围有严格限制（见后述），该权利与抵押权的担保范围尚有较大差异，殊值注意。

其二，权利主体。所谓"建设工程的价款"（债权）就该工程折价或者拍卖的价款优先受偿，依其规范目的，宜作狭义解释，其权利主体仅包括施工合同承包人，不包括勘察人和设计人在内；监理合同属于委托合同，因而监理人更不包括在内。

其三，优先受偿的范围。承包人建设工程价款优先受偿的范围依照国务院有关行政主管部门关于建设工程价款范围的规定确定。承包人就逾期支付建设工程价款的利息、违约金、损害赔偿金等主张优先受偿的，人民法院不予支持（《施工合同解释（一）》第40条）。从《民法典》第807条后段用语"建设工程的价款"来看，并未区分工人的劳务成本、原材料、利润等，而是一个总括的概念，扣除利润之主张，[2] 欠缺根据。

其四，未竣工工程价款可否优先受偿。未竣工的建设工程质量合格，承包人请求其承建工程的价款就其承建工程部分折价或者拍卖的价款优先受偿的，人民法院应予支持（《施工合同解释（一）》第39条）。

其五，须不属于"不宜折价、拍卖的"建设工程。比如法律禁止流通物，包括国家机关办公的房屋建筑物及军事设施之类公有物，以及公共道路、桥梁、机场、港口、公共图书馆、公共博物馆之类公用物。[3]

其六，权利的顺位。承包人根据《民法典》第807条规定享有的建设工程价款优先受偿权优于抵押权和其他债权（《施工合同解释（一）》第36条）。以建设工程价款优于其他债权，自不待多言。就其优于约定抵押权的理由，主要包括：①法定权利应当优先于约定权利；②在法律政策上，建设工程价款优先受偿权所担保的债权中相当部分是建筑工人的劳动工资，应予优先确保；③建设工程是靠承包人付出劳动和垫付资金建造的，如允许约定抵押权优先行使，则无异于以承包人的资金清偿发包人的债务，等于发包人将自己的欠债转嫁给属于第三人之承包人，有违公平及诚信原则；④承包人建设工程价款优先受偿权，是法律为保护承包人的利益而特别赋予的权利，具有保护劳动者利益和鼓励建筑、创造社会财富的政策目的。[4]

---

[1] 参见梁慧星：《合同法第二百八十六条的权利性质及其适用》，载《山西大学学报（哲学社会科学版）》2001年第3期。

[2] 关于优先受偿的范围存在不同观点，相关整理见石宏主编：《〈中华人民共和国民法典〉释解与适用［合同编］》（下册），人民法院出版社2020年版，第630页以下。

[3] 梁慧星：《读条文 学民法》（第二版），人民法院出版社2017年版，第292—293页。

[4] 梁慧星：《读条文 学民法》（第二版），人民法院出版社2017年版，第293页。

消费者交付购买商品房的全部或者大部分款项后,承包人就该商品房享有的工程价款优先受偿权不得对抗买受人(原《最高人民法院关于建设工程价款优先受偿权问题的批复》第2条)。承包人利益与消费者利益比较,消费者属于生存利益应当优先,承包人属于经营利益应退居其次。[①]

其七,行使期限。承包人应当在合理期限内行使建设工程价款优先受偿权,但最长不得超过十八个月,自发包人应当给付建设工程价款之日起算(《施工合同解释(一)》第41条)。

其八,优先受偿权可否放弃。发包人与承包人约定放弃或者限制建设工程价款优先受偿权,损害建筑工人利益,发包人根据该约定主张承包人不享有建设工程价款优先受偿权的,人民法院不予支持(《施工合同解释(一)》第42条)。建设工程价款优先受偿权属于法定权利,赋予承包人此项权利,实质是为了保护建筑工人的利益。因此,虽然原则上承包人有权自由处分自身财产权利,但不能违背建设工程价款优先受偿权制度的立法宗旨,不能损害农民工等建筑工人的权益(虽非直接损害,但若因此减少其责任财产,则会因此损害建筑工人利益),否则,法院不认可此类约定的效力。[②]

(5)建设工程质量保证金的预留及返还。建设工程质量保证金(简称"保证金"),是指发包人与承包人在建设工程承包合同中约定,从应付的工程款中预留,用以保证承包人在缺陷责任期内对建设工程出现的缺陷进行维修的资金(住房和城乡建设部、财政部《建设工程质量保证金管理办法》第2条第1款)。由此可见,建设工程质量保证金是一种约定的金钱担保,且不同于定金和金钱质押。[③]承包人可以银行保函替代预留保证金(《建设工程质量保证金管理办法》第5条)。发包人应按照合同约定方式预留保证金,保证金总预留比例不得高于工程价款结算总额的3%。合同约定由承包人以银行保函替代预留保证金的,保函金额不得高于工程价款结算总额的3%(《建设工程质量保证金管理办法》第7条)。缺陷责任期内,承包人认真履行合同约定的责任,到期后,承包人向发包人申请返还保证金(《建设工程质量保证金管理办法》第10条)。

有下列情形之一,承包人请求发包人返还工程质量保证金的,人民法院应予支持:一是当事人约定的工程质量保证金返还期限届满;二是当事人未约定工程质量保证金返还期限的,自建设工程通过竣工验收之日起满二年;三是因发包人原因建设工程未按约定期限进行竣工验收的,自承包人提交工程竣工验收报告九十日后当事人约定的工程质量保证金返还期限届满;当事人未约定工程质量保证金返还期限的,自承包人提交工程竣工验收报告九十日后起满二年(《施工合同解释(一)》第17条第1款)。发包人返还工程质量保证金后,不影响承包人根据合同约定或者法律规定履行工程保修义务(《施工合同解释(一)》第17条第

[①] 梁慧星:《读条文 学民法》(第二版),人民法院出版社2017年版,第294页。
[②] 最高人民法院民事审判第一庭编著:《最高人民法院建设工程施工合同司法解释(二)理解与适用》,人民法院出版社2019年版,第464—465页。
[③] 最高人民法院民事审判第一庭编著:《最高人民法院建设工程施工合同司法解释(二)理解与适用》,人民法院出版社2019年版,第184—185页。

2款)。

(6)垫资及其利息。当事人对垫资和垫资利息有约定,承包人请求按照约定返还垫资及其利息的,人民法院应予支持,但是约定的利息计算标准高于垫资时的同类贷款利率或者同期贷款市场报价利率的部分除外(《施工合同解释(一)》第25条第1款)。当事人对垫资没有约定的,按照工程欠款处理(《施工合同解释(一)》第25条第2款)。当事人对垫资利息没有约定,承包人请求支付利息的,人民法院不予支持(《施工合同解释(一)》第25条第3款)。

(7)承包人的解除权。发包人未按约定支付价款的,承包人可以催告发包人在合理期限内支付价款。发包人逾期不支付的,除依《民法典》第807条协商折价或者承包人请求法院拍卖外,依《民法典》第563条第1款第3项,承包人可以解除合同。通过解除合同,承包人可以从尚未履行的合同义务中获得解放。

2. 工作的协助及验收义务。如同承揽合同定作人具有"工作的协助及受领义务",发包人亦具有同类义务,此亦属于发包人给付义务范畴。具体分为协助义务和验收义务。

(1)协助义务。

其一,提供工作条件。具体的工作条件由合同约定,通常可以包括:提供原材料、设备、场地、技术资料等。发包人未按照约定的时间和要求提供原材料、设备、场地、资金、技术资料的,承包人可以顺延工程日期,并有权要求赔偿停工、窝工等损失(《民法典》第803条)。因发包人的原因致使工程中途停建、缓建的,发包人应当采取措施弥补或者减少损失,赔偿承包人因此造成的停工、窝工、倒运、机械设备调迁、材料和构件积压等损失和实际费用(《民法典》第804条)。因发包人变更计划,提供的资料不准确,或者未按照期限提供必需的勘察、设计工作条件而造成勘察、设计的返工、停工或者修改设计,发包人应当按照勘察人、设计人实际消耗的工作量增付费用(《民法典》第805条)。

其二,工程隐蔽前的检查义务。隐蔽工程在隐蔽以前,承包人应当通知发包人检查。发包人没有及时检查的,承包人可以顺延工程日期,并有权要求赔偿停工、窝工等损失(《民法典》第798条)。此类检查义务,有时也可表现为"不真正义务"。

另外,发包人提供的主要建筑材料、建筑构配件和设备不符合强制性标准或者不履行协助义务,致使承包人无法施工,经催告后在合理期限内仍未履行相应义务的,承包人可以解除合同(《民法典》第806条第2款)。

(2)验收义务。建设工程竣工后,发包人应当根据施工图纸及说明书、国家颁发的施工验收规范和质量检验标准及时进行验收。验收合格的,发包人应当按照约定支付价款,并接收该建设工程(《民法典》第799条第1款)。

(二)不真正义务

建设工程竣工经验收合格后,方可交付使用;未经验收或者验收不合格的,不得交付使用(《民法典》第799条第2款)。建设工程未经竣工验收,发包人擅自使用后,又以使用部分质量不符合约定为由主张权利的,人民法院不予支持;但是承包人应当在建设工程的合理使用寿命内对地基基础工程和主体结构质量承担民事责任(《施工合同解释(一)》第14条)。因而，在工程竣工验收之前，发包人不宜擅自使用，这是一种"不真正义务"，其违反导致义务人自己遭受一些不利益。

三、建设工程合同解除的效果

建设工程合同解除后，已经完成的建设工程质量合格的，发包人应当按照约定支付相应的工程价款；已经完成的建设工程质量不合格的，参照《民法典》第793条规定处理(《民法典》第806条第3款)。这是基于建设工程合同的特殊性以及物尽其用、节约社会资源的原则和价值导向所作的特别规定。[①]

---

① 石宏主编：《〈中华人民共和国民法典〉释解与适用[合同编]》(下册)，人民法院出版社2020年版，第626页。

第二十二章 运输合同

第一节 运输合同概述

一、运输合同的语义与性质

（一）运输合同的语义

运输合同是承运人将旅客或者货物从起运地点运输到约定地点，旅客、托运人或者收货人支付票款或者运输费用的合同（《民法典》第 809 条）。

运输合同的主体有两方，一方称为承运人，另一方则称为旅客或者托运人，货运合同中的收货人虽有可能成为运输费用的支付人，但却非运输合同的主体。[①]

（二）运输合同的性质。

1. 双务、有偿合同。承运人将旅客或者货物从起运地点运输到约定地点，旅客或者托运人（或者收货人）支付票款或者运输费用，二者彼此互负对价性债务，因而运输合同性质上为双务合同、有偿合同。

2. 不要式、诺成合同。运输合同的成立，在法律上不强求特定方式，故为不要式合同。又其成立，原则上仅要求当事人双方达成合意即可，无须交付标的物或完成其他现实给付，故为诺成合同。

3. 特别的承揽合同。运输合同中承运人除了提供运输的劳务之外，还应保障旅客或者

[①]《中华人民共和国铁路法》第 11 条第 1 款规定："铁路运输合同是明确铁路运输企业与旅客、托运人之间权利义务关系的协议。"不提及收货人是比较准确的。

货物安全且按时到达目的地(《民法典》第 811 条),故具有承揽的性质。[1] 因而,《民法典》在"建设工程合同"章后规定了"运输合同"。对于运输合同,该法虽未如建设工程合同那样规定可以适用承揽合同的有关规定;但按照合同性质,在此未作规定场合,适用承揽合同的有关规定,理所应当。

二、强制缔约

从事公共运输的承运人不得拒绝旅客、托运人通常、合理的运输要求(《民法典》第810 条)。依此规定,旅客或者托运人提出合理的要约,从事公共运输的承运人便不得拒绝,因而负有承诺的义务,属于典型的"强制缔约",是针对公共运输的特点而设,即公共运输一方面成为生活、生产必须借助的手段,另一方面其经营者又多居于事实上的垄断地位,为求实质的公平合理,故于法律上使承运人负有强制的承诺义务。

三、运输合同的分类

(一)客运合同与货运合同

这是以运输的对象为标准作的区分,运输的对象是自然人者为客运合同;运输的对象为其他事物者为货运合同。

(二)陆运合同、水运合同及空运合同

这是以运输工具为标准作的区分,使用陆路运输工具(火车、汽车等)者为陆运合同;使用水上运输工具(船舶等)者为水运合同;使用空中运输工具(飞机等)者为空运合同。

(三)单一运输合同与联合运输合同

这是以承运人的多少为标准所作的分类,仅有一个承运人的为单一运输合同,有两个以上的承运人的为联合运输合同。

---

[1] 肯定运输合同具有承揽性质者,比如[日]户田修三、中村真澄编:《商法总则·商行为法》,青林书院 1985 年版,第 269 页;[日]佐藤幸夫:《铁道旅客运送契约》,载[日]远藤浩、林良平、水本浩监修:《现代契约法大系》第 7 卷,有斐阁 1984 年版,第 1 页;[日]村田治美:《物品运送契约》,载[日]远藤浩、林良平、水本浩监修:《现代契约法大系》第 7 卷,有斐阁 1984 年版,第 78 页;郑玉波:《海商法》(第五版),三民书局 1970 年版,第 57 页;杨仁寿:《最新海商法论》,台北自刊本 2000 年版,第 168 页;林诚二:《民法债编各论》(中),瑞兴图书股份有限公司 2002 年版,第 406 页。

四、运输合同的一般效力

（一）承运人的义务

1. 给付义务。
（1）运输义务。承运人的"合同类型上义务"是"将旅客或者货物从起运地点运输到约定地点"，这是承运人按照运输合同所负担的首要义务，因而运输合同可以归入服务或者劳务供给合同。
（2）结果确保义务。承运人应当在约定期间或者合理期间内将旅客、货物安全运输到约定地点（《民法典》第811条；另外参照《铁路法》第10条）。承运人应当确保安全、正点地完成运输义务，正因为如此，运输合同具有承揽的性质，如前所述。

2. 附随义务。承运人应当按照约定的或者通常的运输路线将旅客、货物运输到约定地点（《民法典》第812条）。承运人未按照约定路线或者通常路线运输增加票款或者运输费用的，旅客、托运人或者收货人可以拒绝支付增加部分的票款或者运输费用（《民法典》第813条后段）。

（二）旅客或者托运人（或收货人）的义务

旅客或者托运人的"合同类型上义务"（主给付义务）是"支付票款或者运输费用"（《民法典》第809条及第813条前段）。关于票款或者运输费用的支付时期，当事人有约定的依约定；无约定或约定不明，可协议补充；不能达成补充协议的，按照合同有关条款或者交易习惯确定（《民法典》第510条）。如仍不能确定，则依其承揽性质，原则上报酬后付（《民法典》第782条）。

《民法典》第809条及第813条提及收货人有支付运费的义务，由于收货人并非运输合同的当事人，故其支付运费的义务实属"由第三人履行的合同"中的第三人的"义务"，这并非一种真正的义务，收货人不支付运费，并不会发生收货人的违约责任，承运人也不应请求收货人承担违约责任，依《民法典》第523条，应由托运人向承运人承担违约责任。

第二节 客运合同

一、客运合同的语义

客运合同，即旅客运输合同，是约定由承运人运输旅客并约定由合同相对人（通常为旅客）为此支付作为对价的运输费的诺成、不要式合同。在旅客运输场合，通常附随运输随身行李。[①]

二、客运合同的成立

客运合同自承运人向旅客出具客票时成立，但是当事人另有约定或者另有交易习惯的除外（《民法典》第814条）。原《合同法》第293条规定向旅客"交付"客票时成立，这有两个问题。其一，随着互联网技术的发展，传统的购票方式发生了很大变化，客票的无纸化成为普遍趋势。旅客在客运合同订立过程中，可以通过网上购票的方式与承运人达成出行日期、票价等事项的合意，一旦意思表示一致，承运人出具电子票据合同即宣告成立，有时甚至旅客都不需要接收电子票据，出示身份证件即可乘坐。因此，《民法典》第814条修改为"出具"客票时成立。[②] 其二，"交付"客票容易引起歧义：客运合同是诺成合同还是要物合同？如果将"向旅客交付客票"作为合同成立的一项成立要件，无疑这种合同也就成了要物合同[③]（可以比较《民法典》第890条保管合同自保管物"交付"时成立）。但是，这样理解会带来一系列的麻烦：交付客票不是合同义务而是先合同义务，旅客支付票价（通常与交付客票同时履行）也同样不是合同义务而是先合同义务了，这直接与运输合同中旅客的"合同类型上义务"相矛盾，构成"体系违反"，因而不可取。《民法典》第814条明确了"出具"客票时为合同的成立时点，虽不同于"承诺生效时合同成立"（《民法典》第483条），仍不妨认为客运合同为诺成合同。[④]

三、客运合同的效力

客运合同除具备运输合同的一般效力之外，尚具备如下效力：

（一）旅客的义务

1. 持票义务。旅客应当按照有效客票记载的时间、班次和座位号乘坐。旅客无票乘坐、超程乘坐、越级乘坐或者持不符合减价条件的优惠客票乘坐的，应当补交票款，承运人可以按照规定加收票款；旅客不交付票款的，承运人可以拒绝运输（《民法典》第815条第1款）。

旅客的主给付义务是支付票款，有效客票正是其已经支付票款的凭证，持票义务属于一项附随义务。另外，"持票"既可以是持有纸质客票，也可以是持有电子客票（比如以手机显示客票二维码等）。持票也是为了备查，特别是在不同乘客主张同一座位场合。

[①] 参见［日］江头宪治郎：《商取引法》（第三版），弘文堂2002年版，第246页。
[②] 石宏主编：《〈中华人民共和国民法典〉释解与适用［合同编］》（下册），人民法院出版社2020年版，第646—647页。
[③] 以客运合同为要物合同（实践合同）者，比如隋彭生：《合同法要义》（第四版），中国人民大学出版社2015年版，第379—380页。
[④] 同旨参见王利明：《合同法研究》第3卷，中国人民大学出版社2012年版，第523—524页。

2. 限量携带行李义务。旅客随身携带行李应当符合约定的限量和品类要求；超过限量或者违反品类要求携带行李的，应当办理托运手续（《民法典》第 817 条）。

3. 不带危险物品或者违禁物品义务。旅客不得随身携带或者在行李中夹带易燃、易爆、有毒、有腐蚀性、有放射性以及有可能危及运输工具上人身和财产安全的危险物品或者违禁物品（《民法典》第 818 条第 1 款）。旅客违反前款规定的，承运人可以将危险物品或者违禁物品卸下、销毁或者送交有关部门。旅客坚持携带或者夹带危险物品或者违禁物品的，承运人应当拒绝运输（《民法典》第 818 条第 2 款）。危险物品具体所指的是本条提到的易燃、易爆、有毒等物品，如烟花爆竹、炸药等；违禁物品是指有可能对国家利益和整个社会利益造成影响的物品，如枪支、毒品等。[①] 不带危险物品或者违禁物品义务属于乘客的附随义务中的保护义务。

4. 按时义务。公共运输工具各有其时间，旅客应当按时搭乘。"旅客因自己的原因不能按照客票记载的时间乘坐的，应当在约定的期限内办理退票或者变更手续；逾期办理的，承运人可以不退票款，并不再承担运输义务"（《民法典》第 816 条）。按时义务属于乘客的不真正义务。

（二）承运人的义务

1. 给付义务及其不履行。承运人应当严格履行安全运输义务（《民法典》第 819 条第 1 款前句）。承运人应当按照有效客票记载的时间、班次和座位号运输旅客。承运人迟延运输或者有其他不能正常运输情形的，应当及时告知和提醒旅客，采取必要的安置措施，并根据旅客的要求安排改乘其他班次或者退票；由此造成旅客损失的，承运人应当承担赔偿责任（《民法典》第 820 条）。

承运人擅自降低服务标准的，应当根据旅客的请求退票或者减收票款；提高服务标准的，不得加收票款（《民法典》第 821 条）。

承运人应当对运输过程中旅客的伤亡承担损害赔偿责任，但是，伤亡是旅客自身健康原因造成的或者承运人证明伤亡是旅客故意、重大过失造成的除外（《民法典》第 823 条第 1 款）。前款规定适用于按照规定免票、持优待票或者经承运人许可搭乘的无票旅客（《民法典》第 823 条第 2 款）。

旅客托运的行李毁损、灭失的，适用货物运输的有关规定（《民法典》第 824 条第 2 款）。

2. 附随义务。

（1）免费挂失及补办实名制客票义务。实名制客运合同的旅客丢失客票的，可以请求承运人挂失补办，承运人不得再次收取票款和其他不合理费用（《民法典》第 815 条第 2 款）。这是《民法典》新增规定，意在维护旅客合法权益。

（2）告知义务。承运人应当及时告知旅客安全运输应当注意的事项（《民法典》第 819

[①] 石宏主编：《〈中华人民共和国民法典〉释解与适用 [合同编]》（下册），人民法院出版社 2020 年版，第 651 页。

条第 1 款后句）；承运人应当及时告知和提醒旅客迟延运输或者有其他不能正常运输的情形（《民法典》第 820 条第二句）。

（3）救助义务。承运人在运输过程中，应当尽力救助患有急病、分娩、遇险的旅客（《民法典》第 822 条）。

（4）保护义务。在运输过程中旅客随身携带物品毁损、灭失，承运人有过错的，应当承担损害赔偿责任（《民法典》第 824 条第 1 款）。

第三节 货运合同

一、货运合同的语义

货运合同，或称货物运输合同，是指约定由承运人运输货物并约定由合同相对人（托运人 consignor、租船人 charterer 等，并非必须货物的所有人）作为其对价支付运输费的诺成、不要式合同。该合同并非限于约定由承运人运用自己的运输工具进行运输的合同（实运输合同），也可以包括约定通过使用他人（次承运人）作为履行辅助人而提供运输服务的合同（利用运输合同）。[①]

二、货运合同的效力

（一）对托运人的效力

1. 给付义务。托运人除了支付运费的主给付义务之外，还可能有如下从给付义务：

（1）提交审验文件义务。货物运输需要办理审批、检验等手续的，托运人应当将办理完有关手续的文件提交承运人（《民法典》第 826 条）。

（2）包装义务。托运人应当按照约定的方式包装货物。对包装方式没有约定或者约定不明确的，适用《民法典》第 619 条的规定（《民法典》第 827 条第 1 款）。托运人违反前款规定的，承运人可以拒绝运输（《民法典》第 827 条第 2 款）。另依《民法典》第 828 条，托运人托运易燃、易爆、有毒、有腐蚀性、有放射性等危险物品的，应当按照国家有关危险物品运输的规定对危险物品妥善包装，做出危险物品标志和标签，并将有关危险物品的名称、性质和防范措施的书面材料提交承运人（第 1 款）。托运人违反前款规定的，承运人可以拒绝运输，也可以采取相应措施以避免损失的发生，因此产生的费用由托运人承担（第 2 款）。

[①] 参见［日］江头宪治郎：《商取引法》（第三版），弘文堂 2002 年版，第 246 页。在日本法上，货物运输合同均系仅依当事人的合意即可成立的诺成、不要式合同，运输物品的交付以及货物运单的做成、交付并非合同成立的要件。［日］村田治美：《物品运送契约》，载［日］远藤浩、林良平、水本浩监修：《现代契约法大系》第 7 卷，有斐阁 1984 年版，第 78—79 页。

2. 附随义务。托运人有"如实申报义务"。托运人办理货物运输，应当向承运人准确表明收货人的姓名、名称或者凭指示的收货人，货物的名称、性质、重量、数量，收货地点等有关货物运输的必要情况（《民法典》第825条第1款）。因托运人申报不实或者遗漏重要情况，造成承运人损失的，托运人应当承担赔偿责任（《民法典》第825条第2款）。

应当注意，上述义务属于托运人的合同附随义务，运输合同属于诺成合同，当事人达成合意即成立合同。办理托运手续宜认定为是履行合同的行为，而非缔结合同相关的事实行为。否则，如实申报义务便属于先合同义务，而非附随义务；违反该义务的责任便属于缔约上过失责任，而非违约责任了。

3. 运输货物处分权。在承运人将货物交付收货人之前，托运人可以要求承运人中止运输、返还货物、变更到达地或者将货物交给其他收货人，但是应当赔偿承运人因此受到的损失（《民法典》第829条）。这种权利被称为运输货物处分权或者指示权，[①] 实质上是托运人单方的合同变更权或者解除权，在性质上属于形成权，仅依托运人单方的意思表示即可，无须承运人表示同意。法条中的"要求"宜解释为"主张"，而非"请求"。

（二）对承运人的效力

1. 给付义务。运输合同不单强调过程，也强调结果，甚至更强调结果。如果货物毁损、灭失，便推定承运人主给付义务不履行（违约），按照《民法典》第832条，承运人对运输过程中货物的毁损、灭失承担赔偿责任。但是，承运人证明货物的毁损、灭失是因不可抗力、货物本身的自然性质或者合理损耗以及托运人、收货人的过错造成的，不承担赔偿责任。

货物的毁损、灭失的赔偿额，当事人有约定的，按照其约定；没有约定或者约定不明确，依据《民法典》第510条的规定仍不能确定的，按照交付或者应当交付时货物到达地的市场价格计算。法律、行政法规对赔偿额的计算方法和赔偿限额另有规定的，依照其规定（《民法典》第833条）。

值得注意的是，《民法典》第834条对于"单式联运"强化了承运人的责任作了规定：两个以上承运人以同一运输方式联运的，与托运人订立合同的承运人应当对全程运输承担责任。损失发生在某一运输区段的，与托运人订立合同的承运人和该区段的承运人承担连带责任。

2. 附随义务。货物运输到达后，承运人知道收货人的，应当及时通知收货人（《民法典》第830条前段）。

3. 运费风险负担。货物在运输过程中因不可抗力灭失，未收取运费的，承运人不得请求支付运费；已经收取运费的，托运人可以请求返还（《民法典》第835条主文）。显然，货物运输合同运费的风险由承运人负担。

4. 留置权及处置权。托运人或者收货人不支付运费、保管费或者其他费用的，承运人对相应的运输货物享有留置权，但是当事人另有约定的除外（《民法典》第836条）。

[①] 参见［日］村田治美：《物品运送契约》，载［日］远藤浩、林良平、水本浩监修：《现代契约法大系》第7卷，有斐阁1984年版，第88页。

收货人不明或者收货人无正当理由拒绝受领货物的,承运人依法可以提存货物(《民法典》第 837 条)。

（三）对收货人的效力

1. 及时提货义务。货物运输到达后,收货人应当及时提货。收货人逾期提货的,应当向承运人支付保管费等费用(《民法典》第 830 条后段)。

2. 验货义务。收货人提货时应当按照约定的期限检验货物。对检验货物的期限没有约定或者约定不明确,依据《民法典》第 510 条的规定仍不能确定的,应当在合理期限内检验货物。收货人在约定的期限或者合理期限内对货物的数量、毁损等未提出异议的,视为承运人已经按照运输单证的记载交付的初步证据(《民法典》第 831 条)。

第四节 多式联运合同

一、"多式联运合同"的概念

"多式联运"(multimodal transport)及"多式联运合同"在我国法律上最早出现于《海商法》。此制度非我国独创,而系由国际运输业发展而来,对其内涵自应依国际通行的界定。依《1991 年联合国贸易和发展会议／国际商会多式联运单证规则》,[①] "多式联运合同",是指以至少通过两种不同的运输方式运送货物的合同。"多式联运经营人"(MTO)是指签订一项多式联运合同并以承运人身份承担完成此项合同责任的任何人。"承运人"是指实际完成或承担完成此项运输或部分运输的人,不管他是否与多式联运经营人属于同一人。"托运人"是指与多式联运经营人签订多式联运合同的人。"收货人"是指有权从多式联运经营人接收货物的人。

从上述界定可知:(1)多式联运合同是一种特殊的货物运输合同,暂不涉及客运合同。(2)多式联运合同的当事人有两方,一为多式联运经营人,一为托运人。(3)承运人与多式联运经营人非同一主体场合,它们之间的合同属于另外的法律关系,并非此所谓"多式联运合同",亦非其组成部分。(4)收货人是运输合同之"为第三人利益合同"中的第三人(受益人),并非运输合同的主体。

自 19 世纪末以来,由于国际贸易兴盛以及海事技术进步的结果,传统的联营运输深受冲击,其运输方法由单式渐为多式,使用两种或两种以上的运输方法实施运输。其运输方法,不外海上运输、公路运输、铁路运输及空中运输等。自第二次世界大战以来,随着集装箱运输(container transportation,或称"货柜运送")的普及,陆、海、空国际性的多式联运更为常见。随之而来的,运输人责任原则、责任限制、责任消灭及运输证券的效力,不仅因

[①] 该规则于 1991 年由联合国贸易和发展会议与国际商会共同制定,系民间规则,供当事人自愿采纳。

运输方法不同而异其规范，且各国法律的规定亦殊，故各国对多式联运国际统一性的要求，愈为迫切。[1] 我国立法居后发优势，对于多式联运亦有所规范。

二、多式联运合同的效力

（一）对多式联运经营人的效力

1. 全程负责制。多式联运经营人负责履行或者组织履行多式联运合同，对全程运输享有承运人的权利，承担承运人的义务（《民法典》第 838 条；另外参照《海商法》第 104 条第 1 款）。多式联运经营人对多式联运货物的责任期间，自接收货物时起至交付货物时止（《海商法》第 103 条）。

多式联运经营人可以与参加多式联运的各区段承运人就多式联运合同的各区段运输约定相互之间的责任；但是，该约定不影响多式联运经营人对全程运输承担的义务（《民法典》第 839 条；另外参照《海商法》第 104 条第 2 款）。

2. 签发单据义务。多式联运经营人收到托运人交付的货物时，应当签发多式联运单据。按照托运人的要求，多式联运单据可以是可转让单据，也可以是不可转让单据（《民法典》第 840 条）。

3. 违约责任。货物的毁损、灭失发生于多式联运的某一运输区段的，多式联运经营人的赔偿责任和责任限额，适用调整该区段运输方式的有关法律规定；货物毁损、灭失发生的运输区段不能确定的，依照本章规定承担赔偿责任（《民法典》第 842 条；另外参照《海商法》第 105 条、第 106 条）。该规则前段采用了目前国际通行的多式联运经营人的"网状责任制"。比如从北京至纽约的多式联运合同，包括三个区段：北京至天津的公路运输，天津至旧金山的国际海运，旧金山至纽约的铁路运输。据货物毁损、灭失的区段，确定所要适用的法律。该规则后段明确了"隐蔽损害一般原则"，由多式联运经营人承担责任，除合同另有约定外，多式联运经营人无法向任何人追偿。[2]

（二）对托运人的效力

因托运人托运货物时的过错造成多式联运经营人损失的，即使托运人已经转让多式联运单据，托运人仍然应当承担损害赔偿责任（《民法典》第 841 条）。该赔偿责任属过错责任，托运人托运货物时的过错可以是其本人的过错，也可以是其使用的履行辅助人的过错。比如在托运危险物品场合，应告知货物的危险特性，必要时应告知预防措施，违反该义务即构成过错。

---

[1] 参见杨仁寿：《最新海商法论》，台北自刊本 2000 年版，第 200 页。关于多式联运，另外可参阅柯泽东：《海商法论》（第二版），台北自刊本 1992 年版，第 199 页以下；赖来焜：《新海商法论》，学林文化事业有限公司 2000 年版，第 763 页以下；尹章华：《海商法之理论与实务》，文笙书局 1992 年版，第 720 页以下。

[2] 石宏主编：《〈中华人民共和国民法典〉释解与适用［合同编］》（下册），人民法院出版社 2020 年版，第 681—682 页。

第二十三章 技术合同

第一节 技术合同概述

一、技术合同的语义

技术合同是当事人就技术开发、转让、许可、咨询或者服务订立的确立相互之间权利和义务的合同(《民法典》第843条)。

二、技术合同的性质

一方面,技术合同在我国《民法典》合同编中被作为一类独立的合同,其内部又区分为技术开发合同、技术转让合同、技术许可合同、技术咨询合同和技术服务合同。在沿革上这是继受1987年原《技术合同法》和原《合同法》的结果,鉴于当时世界上其他国家尚无综合性的技术合同法,因而我国的技术合同立法被认为是一部具有中国特色的法律,[①]是立法实践上的一个创举。[②]

另一方面,世界上其他国家没有专门的技术合同,也反映了一个问题,技术合同果真是一独立的合同类型吗?技术合同表面上是一独立的合同类型,实质上并非如此,它们不过是委托、合伙、买卖、承揽、居间等合同的具体运用而已,[③]适用法律时,技术合同一章有规定的作为特别法先行适用,没有规定的则应适用相应的合同分则的一般规定和总则的一般规定。

[①] 参见阮崇武:《认真学习实施技术合同法》,载《中国科技论坛》1987年第6期,第39页。
[②] 参见段瑞春:《技术合同法的立法与实践》,载《科技与法律》1992年第2期,第17页。
[③] 郭明瑞教授显然早已注意到过这一问题,只不过他认为技术合同与这些合同类似而已。参见魏振瀛主编:《民法》(第三版),北京大学出版社、高等教育出版社2007年版,第572页。

三、技术合同的订立

（一）合同主体

技术合同的主体可以是自然人、法人和非法人组织，具有民事主体资格。不具有民事主体资格的科研组织（包括法人或者非法人组织设立的从事技术研究开发、转让等活动的课题组、工作室等）订立的技术合同，经法人或者非法人组织授权或者认可的，视为法人或者非法人组织订立的合同，由法人或者非法人组织承担责任；未经法人或者非法人组织授权或者认可的，由该科研组织成员共同承担责任，但法人或者非法人组织因该合同受益的，应当在其受益范围内承担相应责任（《技术合同解释》第7条）。

（二）原则

订立技术合同，应当有利于知识产权的保护和科学技术的进步，促进科学技术成果的研发、转化、应用和推广（《民法典》第844条）。

（三）内容

1. 一般条款。技术合同的内容一般包括项目的名称，标的的内容、范围和要求，履行的计划、地点和方式，技术信息和资料的保密，技术成果的归属和收益的分配办法，验收标准和方法，名词和术语的解释等条款（《民法典》第845条第1款）。

与履行合同有关的技术背景资料、可行性论证和技术评价报告、项目任务书和计划书、技术标准、技术规范、原始设计和工艺文件，以及其他技术文档，按照当事人的约定可以作为合同的组成部分（《民法典》第845条第2款）。

技术合同涉及专利的，应当注明发明创造的名称、专利申请人和专利权人、申请日期、申请号、专利号以及专利权的有效期限（《民法典》第845条第3款）。

2. 价款、报酬或者使用费的支付方式。

（1）当事人的约定。技术的研发、转让等当然可以是无偿的，惟《民法典》以有偿技术合同为模型，这与"技术合同"概念提出的背景有关，即强调"技术成果商品化"。[①] 技术合同既以有偿为模型，当然价款、报酬或者使用费也就是重要的条款，当事人应当约定。为了便于当事人约定，《民法典》第846条提示性地规定了不同的计酬方法，包括：

其一，一次总算式（又分为"一次总付"式与"分期支付"式）。

其二，提成支付式。约定提成支付的，可以按照产品价格、实施专利和使用技术秘密后新增的产值、利润或者产品销售额的一定比例提成，也可以按照约定的其他方式计算。提成支

---

① 段瑞春：《技术合同法详论》，天津科学技术出版社1991年版，第1页；周大伟：《北京往事》，法律出版社2013年版，第142页。

付的比例可以采取固定比例、逐年递增比例或者逐年递减比例(《民法典》第846条第2款)。约定提成支付的，当事人可以约定查阅有关会计账目的办法(《民法典》第846条第3款)。

其三，提成支付附加预付入门费式。

技术合同价款、报酬、使用费中包含非技术性款项的，应当分项计算(《技术合同解释》第14条第2款)。

（2）没有约定或约定不明。对技术合同的价款、报酬和使用费，当事人没有约定或者约定不明确的，人民法院可以按照以下原则处理：第一，对于技术开发合同和技术转让合同、技术许可合同，根据有关技术成果的研究开发成本、先进性、实施转化和应用的程度，当事人享有的权益和承担的责任，以及技术成果的经济效益等合理确定；第二，对于技术咨询合同和技术服务合同，根据有关咨询服务工作的技术含量、质量和数量，以及已经产生和预期产生的经济效益等合理确定。(《技术合同解释》第14条第1款)。

四、技术成果及其归属和支配

技术成果，是指利用科学技术知识、信息和经验作出的涉及产品、工艺、材料及其改进等的技术方案，包括专利、专利申请、技术秘密、计算机软件、集成电路布图设计、植物新品种等(《技术合同解释》第1条第1款)。

一旦技术成果同时涉及自然人个人和法人或者非法人组织，免不了要面对如何确定它们之间的权利和利益关系的问题。为此，我国法律区分职务技术成果与非职务技术成果，相应地有不同的法律效果。

（一）职务技术成果

职务技术成果的使用权、转让权属于法人或者非法人组织的，法人或者非法人组织可以就该项职务技术成果订立技术合同。法人或者非法人组织订立技术合同转让职务技术成果时，职务技术成果的完成人享有以同等条件优先受让的权利(《民法典》第847条第1款)。

职务技术成果是执行法人或者非法人组织的工作任务，或者主要是利用法人或者非法人组织的物质技术条件所完成的技术成果(《民法典》第847条第2款)。"执行法人或者非法人组织的工作任务"包括：（1）履行法人或者非法人组织的岗位职责或者承担其交付的其他技术开发任务；（2）离职后一年内继续从事与其原所在法人或者非法人组织的岗位职责或者交付的任务有关的技术开发工作，但法律、行政法规另有规定的除外(《技术合同解释》第2条第1款)。"物质技术条件"包括资金、设备、器材、原材料、未公开的技术信息和资料等(《技术合同解释》第3条)。"主要是利用法人或者非法人组织的物质技术条件"不仅包括职工在技术成果的研究开发过程中，全部或者大部分利用了法人或者非法人组织的资金、设备、器材或者原材料等物质条件，并且这些物质条件对形成该技术成果具有实质性的影响；还包括该技术成果实质性内容是在法人或者非法人组织尚未公开的技术成果、阶段性技术成果基础上完成的情形。但下列情况除外：（1）对利用法人或者非法人组织提供的物质技术条件，约定返还资金或者交纳使用费的；（2）在技术成果完成后利用法人或者非法人组织的物质技术条件对技术方案进行验证、测试的（《技术合同解释》第 4 条）。

个人完成的技术成果，属于执行原所在法人或者非法人组织的工作任务，又主要利用了现所在法人或者非法人组织的物质技术条件的，应当按照该自然人原所在和现所在法人或者非法人组织达成的协议确认权益。不能达成协议的，根据对完成该项技术成果的贡献大小由双方合理分享（《技术合同解释》第 5 条）。

（二）非职务技术成果

非职务技术成果的使用权、转让权属于完成技术成果的个人，完成技术成果的个人可以就该项非职务技术成果订立技术合同（《民法典》第 848 条）。

另外还应注意，《民法典》第 847 条所称"职务技术成果的完成人"、第 848 条所称"完成技术成果的个人"，包括对技术成果单独或者共同作出创造性贡献的人，也即技术成果的发明人或者设计人。人民法院在对创造性贡献进行认定时，应当分解所涉及技术成果的实质性技术构成。提出实质性技术构成并由此实现技术方案的人，是作出创造性贡献的人。（《技术合同解释》第 6 条第 1 款）。提供资金、设备、材料、试验条件，进行组织管理，协助绘制图纸、整理资料、翻译文献等人员，不属于职务技术成果的完成人、完成技术成果的个人（《技术合同解释》第 6 条第 2 款）。

（三）技术成果投资时的权属

当事人以技术成果向企业出资但未明确约定权属，接受出资的企业主张该技术成果归其享有的，人民法院一般应当予以支持，但是该技术成果价值与该技术成果所占出资额比例明显不合理损害出资人利益的除外（《技术合同解释》第 16 条第 1 款）。

当事人对技术成果的权属约定有比例的，视为共同所有，其权利使用和利益分配，按共有技术成果的有关规定处理，但当事人另有约定的，从其约定（《技术合同解释》第 16 条第 2 款）。当事人对技术成果的使用权约定有比例的，人民法院可以视为当事人对实施该项技术成果所获收益的分配比例，但当事人另有约定的，从其约定（《技术合同解释》第 16 条第 3 款）。

（四）技术成果完成人的权利

完成技术成果的个人享有在有关技术成果文件上写明自己是技术成果完成者的权利和取得荣誉证书、奖励的权利（《民法典》第 849 条）。

五、技术合同的效力评价

（一）无效

非法垄断技术或者侵害他人技术成果的技术合同无效（《民法典》第 850 条）。此所谓

"非法垄断技术",包括:(1)限制当事人一方在合同标的技术基础上进行新的研究开发或者限制其使用所改进的技术,或者双方交换改进技术的条件不对等,包括要求一方将其自行改进的技术无偿提供给对方、非互惠性转让给对方、无偿独占或者共享该改进技术的知识产权;(2)限制当事人一方从其他来源获得与技术提供方类似技术或者与其竞争的技术;(3)阻碍当事人一方根据市场需求,按照合理方式充分实施合同标的技术,包括明显不合理地限制技术接受方实施合同标的技术生产产品或者提供服务的数量、品种、价格、销售渠道和出口市场;(4)要求技术接受方接受并非实施技术必不可少的附带条件,包括购买非必需的技术、原材料、产品、设备、服务以及接收非必需的人员等;(5)不合理地限制技术接受方购买原材料、零部件、产品或者设备等的渠道或者来源;(6)禁止技术接受方对合同标的技术知识产权的有效性提出异议或者对提出异议附加条件。(参照《技术合同解释》第10条)。

生产产品或者提供服务依法须经有关部门审批或者取得行政许可,而未经审批或者许可的,不影响当事人订立的相关技术合同的效力。当事人对办理前款所称审批或者许可的义务没有约定或者约定不明确的,人民法院应当判令由实施技术的一方负责办理,但法律、行政法规另有规定的除外(《技术合同解释》第8条)。

(二)可撤销

当事人一方采取欺诈手段,就其现有技术成果作为研究开发标的与他人订立委托开发合同收取研究开发费用,或者就同一研究开发课题先后与两个或者两个以上的委托人分别订立委托开发合同重复收取研究开发费用,使对方在违背真实意思的情况下订立的合同,受损害方依照《民法典》第148条规定请求撤销合同的,人民法院应当予以支持(《技术合同解释》第9条)。

(三)无效或被撤销的后果

1. 依报酬认定损失。技术合同无效或者被撤销后,技术开发合同研究开发人、技术转让合同让与人、技术许可合同许可人、技术咨询合同和技术服务合同的受托人已经履行或者部分履行了约定的义务,并且造成合同无效或者被撤销的过错在对方的,对其已履行部分应当收取的研究开发经费、技术使用费、提供咨询服务的报酬,人民法院可以认定为因对方原因导致合同无效或者被撤销给其造成的损失(《技术合同解释》第11条第1款)。

2. 成果权益归属。技术合同无效或者被撤销后,因履行合同所完成新的技术成果或者在他人技术成果基础上完成后续改进技术成果的权利归属和利益分享,当事人不能重新协议确定的,人民法院可以判决由完成技术成果的一方享有(《技术合同解释》第11条第2款)。

3. 善意取得人的权利和义务。根据《民法典》第850条的规定,侵害他人技术秘密的技术合同被确认无效后,除法律、行政法规另有规定的以外,善意取得该技术秘密的一方当事人可以在其取得时的范围内继续使用该技术秘密,但应当向权利人支付合理的使用费并承担保密义务(《技术合同解释》第12条第1款)。据此可以继续使用技术秘密的人与权利人就使用费支付发生纠纷的,当事人任何一方都可以请求人民法院予以处理。继续使用技术秘密但又拒不支付使用费的,人民法院可以根据权利人的请求判令使用人停止使用(《技术合同解释》第 13 条第 1 款)。

人民法院在确定使用费时,可以根据权利人通常对外许可该技术秘密的使用费或者使用人取得该技术秘密所支付的使用费,并考虑该技术秘密的研究开发成本、成果转化和应用程度以及使用人的使用规模、经济效益等因素合理确定(《技术合同解释》第 13 条第 2 款)。不论使用人是否继续使用技术秘密,人民法院均应当判令其向权利人支付已使用期间的使用费。使用人已向无效合同的让与人或者许可人支付的使用费应当由让与人或者许可人负责返还(《技术合同解释》第 13 条第 3 款)。

4. 共同侵权。当事人双方恶意串通或者一方知道或者应当知道另一方侵权仍与其订立或者履行合同的,属于共同侵权,人民法院应当判令侵权人承担连带赔偿责任和保密义务,因此取得技术秘密的当事人不得继续使用该技术秘密(《技术合同解释》第 12 条第 2 款)。

六、技术合同的解除

技术合同当事人一方迟延履行主要债务,经催告后在三十日内仍未履行,另一方依据《民法典》第 563 条第 1 款第 3 项的规定主张解除合同的,人民法院应当予以支持(《技术合同解释》第 15 条第 1 款)。当事人在催告通知中附有履行期限且该期限超过三十日的,人民法院应当认定该履行期限为《民法典》第 563 条第 1 款第 3 项规定的合理期限(《技术合同解释》第 15 条第 2 款)。

第二节 技术开发合同

一、技术开发合同概述

(一)技术开发合同的含义

技术开发合同是当事人之间就新技术、新产品、新工艺、新品种或者新材料及其系统的研究开发所订立的合同(《民法典》第 851 条第 1 款)。此所谓"新技术、新产品、新工艺、新品种或者新材料及其系统",包括当事人在订立技术合同时尚未掌握的产品、工艺、材料及其系统等技术方案,但对技术上没有创新的现有产品的改型、工艺变更、材料配方调整以及对技术成果的验证、测试和使用除外(《技术合同解释》第 17 条)。

技术开发合同应当采用书面形式(《民法典》第 851 条第 3 款),故为要式合同。

（二）技术开发合同的类型

1. 委托开发合同。委托开发合同是以技术开发为目的的委托合同。[①]
2. 合作开发合同。合作开发合同是以技术开发为目的的合伙合同。
3. 准技术开发合同（技术转化合同）。当事人之间就具有实用价值的科技成果实施转化订立的合同，参照适用技术开发合同的有关规定（《民法典》第851条第4款）。这种合同严格地讲并非技术开发合同，"参照"适用也就是"准用"，故称之为"准技术开发合同"；司法解释称之为"技术转化合同"，是指当事人之间就具有实用价值但尚未实现工业化应用的科技成果包括阶段性技术成果，以实现该科技成果工业化应用为目标，约定后续试验、开发和应用等内容的合同（《技术合同解释》第18条）。

（三）技术秘密成果的使用权、转让权以及利益的分配办法

委托开发或者合作开发完成的技术秘密成果的使用权、转让权以及收益的分配办法，由当事人约定；没有约定或者约定不明确，依据《民法典》第510条的规定仍不能确定的，在没有相同技术方案被授予专利权前，当事人均有使用和转让的权利。但是，委托开发的研究开发人不得在向委托人交付研究开发成果之前，将研究开发成果转让给第三人（《民法典》第861条）。此所谓"当事人均有使用和转让的权利"，包括当事人均有不经对方同意而自己使用或者以普通使用许可的方式许可他人使用技术秘密，并独占由此所获利益的权利。当事人一方将技术秘密成果的转让权让与他人，或者以独占或者排他使用许可的方式许可他人使用技术秘密，未经对方当事人同意或者追认的，应当认定该让与或者许可行为无效（《技术合同解释》第20条）。

技术开发合同当事人依照《民法典》的规定或者约定自行实施专利或使用技术秘密，但因其不具备独立实施专利或者使用技术秘密的条件，以一个普通许可方式许可他人实施或者使用的，可以准许（《技术合同解释》第21条）。

二、委托开发合同的效力

（一）对委托人的效力

1. 支付研究开发经费和报酬的义务。委托人负有支付研究开发经费和报酬的义务（《民法典》第852条），为其主给付义务。其中，研究开发经费属于"费用"，委托人应当预付费用（《民法典》第921条前段）；报酬原则上于受托人完成研究开发后支付，采后付主义

[①] 另有观点认为委托开发合同属于承揽（或承包）型技术合同。它是指研究开发方应按委托方的要求，完成一定的研究开发项目并按合同约定的方式向委托方交付成果，委托方则有义务支付相应价款的协议。参见周大伟：《我国技术合同问题的情况调查及立法对策》，载《管理世界》1986年第4期，第166页。

(《民法典》第 928 条）。

委托人迟延支付经费造成研究开发工作停滞、延误或者失败的，应当承担违约责任（《民法典》第 854 条）。

2. 提供技术资料的义务。委托人负有提供技术资料的义务（《民法典》第 852 条），此为其从给付义务。比如为了制作教学软件，需要委托人事先提供教学内容、图片等。

委托人违反约定造成研究开发工作停滞、延误或者失败的，应当承担违约责任（《民法典》第 854 条）。

3. 提出研究开发要求的义务。委托人前面的提出研究开发要求的义务（《民法典》第 852 条），这是研究开发人开展研究开发的前提条件。

4. 协作义务。委托人应当完成协作事项（《民法典》第 852 条），此为其附随义务。

5. 接受研究开发成果的义务。委托人负有接受研究开发成果的义务（《民法典》第 852 条），属于委托人的不真正义务，违反此义务可得构成受领迟延。

（二）对研究开发人的效力

1. 研发义务。委托开发合同的研究开发人（受托人）的主给付义务在于"新技术、新产品、新工艺、新品种或者新材料及其系统的研究开发"（《民法典》第 851 条第 1 款）。具体分解为如下两项义务：

（1）制定和实施研发计划。委托开发合同的研究开发人应当按照约定制定和实施研究开发计划（《民法典》第 853 条）。

（2）交付研发成果。委托开发合同性质不同于承揽合同，不能要求必然取得工作成果，但作为委托合同，受托人宜尽其所能，获得科研成果。受托人按期完成研究开发工作的，当然负有交付研究开发成果的义务（《民法典》第 853 条）。

研究开发人违反约定造成研究开发工作停滞、延误或者失败的，应当承担违约责任（《民法典》第 854 条）。

2. 从给付义务。研究开发人有义务提供有关的技术资料和必要的技术指导，帮助委托人掌握研究开发成果（《民法典》第 853 条）。

3. 合理使用研发经费义务。研究开发人有义务合理使用研究开发经费（《民法典》第 853 条），此为其附随义务。研究工作结束时，研究开发人亦有向委托人进行报告的义务（《民法典》第 924 条）。

（三）开发失败风险的合理分担

技术开发合同履行过程中，因出现无法克服的技术困难，致使研究开发失败或者部分失败的，该风险由当事人约定；没有约定或者约定不明确，依据《民法典》第 510 条的规定仍不能确定的，风险由当事人合理分担（《民法典》第 858 条第 1 款）。

（四）专利申请权的归属与转让

1. 归属。委托开发完成的发明创造，除法律另有规定或者当事人另有约定外，申请专利的权利属于研究开发人。研究开发人取得专利权的，委托人可以依法实施该专利（《民法典》第859条第1款）。

2. 转让。研究开发人转让专利申请权的，委托人享有以同等条件优先受让的权利（《民法典》第859条第2款）。

三、合作开发合同

合作开发合同是以技术开发为目的的合伙合同，当事人的目标是一致的而不是相对的。对于当事人之间的合作，我国法有特殊的要求，即当事人要"分工参与研究开发工作"（《民法典》第855条），依司法解释，这"包括当事人按照约定的计划和分工，共同或者分别承担设计、工艺、试验、试制等工作"。而"技术开发合同当事人一方仅提供资金、设备、材料等物质条件或者承担辅助协作事项，另一方进行研究开发工作的，属于委托开发合同"（《技术合同解释》第19条）。

（一）义务与责任

1. 投资义务。合作开发合同的当事人应当按照约定进行投资，包括以技术进行投资（《民法典》第855条前段）。

2. 研发义务。合作开发合同的当事人应当分工参与研究开发工作（《民法典》第855条中段）。

3. 协作配合义务。合作开发合同的当事人应当协作配合研究开发工作（《民法典》第855条后段）。当事人的分工协作通常有三种类型：一是接力型分工协作，如一方当事人的研究开发达到一定的目标后，再由另一方当事人在此基础上继续进行研究开发，直到完成研究开发工作。二是当事人各方共同参与同一课题的探讨、调查、分析、研究、实验等活动，在整个研究开发过程始终合为一体，在重要的研究开发目标方面没有十分明确的分工。三是前两种协作方式的组合，如当事人各方首先分别交叉地针对特别的目标进行研究工作，然后再在各方的成果基础上加以综合性开发。[①]

当事人一方发现技术开发合同履行过程中因出现无法克服的技术困难可能致使研究开发失败或者部分失败的，应当及时通知另一方并采取适当措施减少损失；没有及时通知并采取适当措施，致使损失扩大的，应当就扩大的损失承担责任（《民法典》第858条第2款）。

4. 违约责任。合作开发合同的当事人违反约定造成研究开发工作停滞、延误或者失败的，应当承担违约责任（《民法典》第856条）。

[①] 周大伟：《论合作开发合同》，载《法律科学（西北政法学院学报）》1989年第2期，第37页。

（二）履行障碍、合同解除与风险负担

1. 情事变更与合同解除。作为技术开发合同标的的技术已经由他人公开，致使技术开发合同的履行没有意义的，当事人可以解除合同（《民法典》第857条）。此种情形属于合作开发合同的情事变更，此时的合同解除属于行使解除权的解除，解除权归属于双方当事人。

2. 情事变更与风险负担。技术开发合同履行过程中，因出现无法克服的技术困难，致使研究开发失败或者部分失败的，该风险由当事人约定；没有约定或者约定不明确，依据《民法典》第510条的规定仍不能确定的，风险由当事人合理分担（《民法典》第858条第1款）。

（三）专利申请权的归属、转让、放弃与反对

1. 归属。合作开发完成的发明创造，申请专利的权利属于合作开发的当事人共有（《民法典》第860条第1款主文前段）。此属默认规则，但允许当事人作不同的约定。

2. 转让。当事人一方转让其共有的专利申请权的，其他各方享有以同等条件优先受让的权利（《民法典》第860条第1款主文后段）。此属默认规则，但允许当事人作不同的约定。

3. 放弃。合作开发的当事人一方声明放弃其共有的专利申请权的，除当事人另有约定外，可以由另一方单独申请或者由其他各方共同申请。申请人取得专利权的，放弃专利申请权的一方可以免费实施该专利（《民法典》第860条第2款）。

4. 反对。合作开发的当事人一方不同意申请专利的，另一方或者其他各方不得申请专利（《民法典》第860条第3款）。

第三节　技术转让合同

一、技术转让合同概述

（一）技术转让合同的含义、性质与类型

1. 含义。技术转让合同是合法拥有技术的权利人，将现有特定的专利、专利申请、技术秘密的相关权利让与他人所订立的合同（《民法典》第862条第1款）。要点如下：

（1）此所谓"技术转让"，实为"权利让与"。作为该合同标的物的"技术"或技术成果，在法律上被赋予了相应的权利。诸此权利"包括专利权、专利申请权、技术秘密使用权和转让权，不包括尚待研究开发的技术成果或者不涉及专利、专利申请或者技术秘密的知识、技术、经验和信息"。[①] 技术转让既为权利让与，相应的权利一经转让，让与人便不再

[①] 黄薇主编：《中华人民共和国民法典合同编释义》，法律出版社2020年版，第782页。

享有。

（2）技术转让的标的物范围有限。立法强调可包括现有特定的专利、专利申请、技术秘密的相关权利；它并不包括集成电路布图设计专有权、植物新品种权、计算机软件著作权等其他知识产权（《民法典》第876条）的转让。后者的转让，参照适用技术转让的有关规定（《民法典》第876条）。

（3）由该定义并未显示该合同是有偿抑或无偿，结合其他条文（比如《民法典》第872条、第873条等）可以看出，立法者默认该合同为有偿合同，但也不排除当事人可约定无偿转让。

2. 性质。技术转让合同，以上述默认类型论其性质，可以归为权利买卖（准买卖），故可以参照适用买卖合同的有关规定（《民法典》第646条）；当事人特别约定无偿转让的，则为赠与合同，则可适用赠与合同的有关规定。技术转让合同应当采用书面形式（《民法典》第863条第3款），故为要式合同。

法律、行政法规对技术进出口合同或者专利、专利申请合同另有规定的，依照其规定（《民法典》第877条）。

3. 类型。技术转让合同包括专利权转让、专利申请权转让、技术秘密转让等合同（《民法典》第863条第1款）。

（二）权利范围

技术转让合同可以约定实施专利或者使用技术秘密的范围，但是不得限制技术竞争和技术发展（《民法典》第864条）。此所谓"实施专利或者使用技术秘密的范围"，包括实施专利或者使用技术秘密的期限、地域、方式以及接触技术秘密的人员等（《技术合同解释》第28条第1款）。当事人对实施专利或者使用技术秘密的期限没有约定或者约定不明确的，受让人、被许可人实施专利或者使用技术秘密不受期限限制（《技术合同解释》第28条第2款）。

（三）对让与人的一般效力

此所谓"一般效力"及下述对受让人的"一般效力"，指对于技术转让合同的各种类型（专利权转让、专利申请权转让、技术秘密转让等合同）具有通用性，故统一说明。

1. 瑕疵担保义务。技术转让合同的让与人，对于其转让的技术应负担保义务（包括权利担保及品质担保），这种担保类似于物品买卖中的物的瑕疵担保和权利瑕疵担保，是基于有偿合同对价的均衡而让技术的让与人负担的义务，违反该义务对于受让人即构成违约，应当由让与人承担违约责任，责任的构成不以让与人有过错为要件。

（1）权利担保。技术转让合同的让与人应当保证自己是所提供的技术的合法拥有者（《民法典》第870条前段）。让与人违反此项担保义务，即未按照约定转让技术，依据《民法典》第872条和第874条，可得发生如下法律后果：①返还部分或者全部转让费；②承担违约责任（比如违约金、赔偿损失等）；③让与人向第三人承担侵权责任。

（2）品质担保。技术转让合同的让与人应当保证所提供的技术完整、无误、有效，能够达到约定的目标（《民法典》第870条后段）。让与人违反此项担保义务，即未按照约定转让技术，依据《民法典》第872条，可得发生如下法律后果：①返还部分或者全部转让费；②承担违约责任（比如违约金、赔偿损失等）。

2. 不超范围使用的义务。让与人实施专利或者使用技术秘密超越约定的范围的，违反约定擅自许可第三人实施该项专利或者使用该项技术秘密的，应当停止违约行为，承担违约责任（《民法典》第872条第2款及第1款中段）。

3. 保密义务。让与人违反约定的保密义务的，应当承担违约责任（《民法典》第872条第2款及第1款后段）。

（四）对受让人的一般效力

1. 支付转让费的义务。我国法默认技术合同为有偿合同，故支付转让费为受让人的主给付义务。违反此义务，依据《民法典》第873条，可得发生如下法律后果：（1）补交转让费并按照约定支付违约金；（2）不补交转让费或者支付违约金的，应当停止实施专利或者使用技术秘密，交还技术资料，承担违约责任。

2. 不超范围使用的义务。实施专利或者使用技术秘密超越约定的范围的，未经让与人同意擅自许可第三人实施该专利或者使用该技术秘密的，应当停止违约行为，承担违约责任（《民法典》第873条第2款及第1款中段）。

3. 保密义务。技术转让合同的受让人应当按照约定的范围和期限，对让与人提供的技术中尚未公开的秘密部分，承担保密义务（《民法典》第871条）。违反约定的保密义务的，应当承担违约责任（《民法典》第873条第2款及第1款后段）。

二、专利权转让合同

专利权可以转让（《专利法》第10条第1款），为转让专利权而订立的合同便是专利权转让合同。

（一）合同成立与生效

转让专利权的合同为要式合同，其成立除当事人就专利权的转让达成合意之外，还应遵守形式要件，即当事人应当订立书面合同（《专利法》第10条第3款；《民法典》第863条第3款）。

中国单位或者个人向外国人、外国企业或者外国其他组织转让专利权的，应当依照有关法律、行政法规的规定办理手续（《专利法》第10条第2款）。

（二）权利变动

专利权转让合同原则上与其成立同时生效，但权利变动有其特别的要件，并非与合同生效同时发生。权利变动的特别要件是登记。依《专利法》第 10 条第 3 款，转让专利权的，当事人应当向国务院专利行政部门登记，由国务院专利行政部门予以公告。专利权的转让自登记之日起生效。

强调和贯彻专利权转让合同生效与权利变动相区分的原则，有实际的意义。在登记之前合同已经生效，让与人如果不办理登记手续，相对人基于已经生效的合同，有权利请求让与人办理登记手续。

三、专利申请权转让合同

专利申请权可以转让（《专利法》第 10 条第 1 款），为转让专利申请权而订立的合同便是专利申请权转让合同。

（一）合同成立与生效

转让专利申请权的合同为要式合同，其成立除当事人就专利申请权的转让达成合意之外，还应遵守形式要件，即当事人应当订立书面合同（《专利法》第 10 条第 3 款；《民法典》第 863 条第 3 款）。

中国单位或者个人向外国人、外国企业或者外国其他组织转让专利申请权的，应当依照有关法律、行政法规的规定办理手续（《专利法》第 10 条第 2 款）。

（二）权利变动

专利申请权转让合同原则上与其成立同时生效，但权利变动有其特别的要件，并非与合同生效同时发生。权利变动的特别要件是登记。依《专利法》第 10 条第 3 款，转让专利申请权的，当事人应当向国务院专利行政部门登记，由国务院专利行政部门予以公告。专利申请权的转让自登记之日起生效。

（三）解除的特别事由

专利申请权转让合同当事人以专利申请被驳回或者被视为撤回为由请求解除合同，该事实发生在依照《专利法》第 10 条第 3 款的规定办理专利申请权转让登记之前的，人民法院应当予以支持；发生在转让登记之后的，不予支持，但当事人另有约定的除外（《技术合同解释》第 23 条第 1 款）。

专利申请因专利申请权转让合同成立时即存在尚未公开的同样发明创造的在先专利申请被驳回，当事人依据《民法典》第 563 条第 1 款第 4 项的规定请求解除合同的，人民法院应当予以支持（《技术合同解释》第 23 条第 2 款）。

（四）合同效力

1. 让与人停止实施发明创造。订立专利权转让合同或者专利申请权转让合同前，让与人自己已经实施发明创造,在合同生效后,受让人要求让与人停止实施的,人民法院应当予以支持,但当事人另有约定的除外(《技术合同解释》第 24 条第 1 款)。

2. 第三人权利不受影响。让与人与受让人订立的专利权、专利申请权转让合同,不影响在合同成立前让与人与他人订立的相关专利实施许可合同或者技术秘密转让合同的效力(《技术合同解释》第 24 条第 2 款)。

四、技术秘密转让合同

(一)技术秘密转让合同概述

1. 含义。技术秘密(Know-how,亦称"专有技术"[①]),是指不为公众所知悉、具有商业价值并经权利人采取相应保密措施的技术信息(《技术合同解释》第 1 条第 1 款)。然应注意其与"商业秘密"(比如《民法典》第 501 条)的区别,后者属于"应当保密的信息"(confidential information)。

以转让技术秘密为目的而签订的合同即为技术秘密转让合同。它是让与人将拥有的技术秘密成果转让给受让人,明确相互之间技术秘密成果使用权、转让权,受让人支付约定转让费所订立的合同。[②]

2. 技术秘密转让与技术秘密许可的区分。原《合同法》采广义"技术转让合同",既包括技术秘密的转让,又包括技术秘密的许可。狭义的"技术转让合同"则不包括专利实施许可合同和技术秘密许可合同。[③] 然"转让"意味着标的物之权属的全部让与,"许可"则是不让与全部权属而仅赋予对方部分权属。二者既有此差异,《民法典》放弃原《合同法》采广义"技术转让合同"的立场,明确区分"转让"与"许可",对于技术秘密,亦遵循相同逻辑。

(二)对让与人的效力

技术秘密转让合同的让与人应当按照约定提供技术资料,进行技术指导,保证技术的实用性、可靠性,承担保密义务(《民法典》第 868 条第 1 款)。

(三)对受让人的效力

技术秘密转让合同的受让人应当按照约定使用技术,支付转让费,承担保密义务(《民法典》第 869 条)。

[①] 关于"Know-how"译法的辨析,参见周大伟:《技术合同法导论》,中国人民大学出版社 1988 年版,第 120—121 页,略谓:专利技术才是一种真正的"专有的"技术,而且它比"Know-how"的专有性更强、更牢固;而拥有"Know-how"的人并没有明确表示要求获得法律保护,而是以将"Know-how 技术"秘而不宣的方式去追求比公开申请法律保护更多的权利。因而,与其说称"Know-how"为专有技术,倒不如称之为"技术秘密"更为确切。

[②] 黄薇主编:《中华人民共和国民法典合同编释义》,法律出版社 2020 年版,第 784 页。

[③] 梁慧星主编:《中国民法典草案建议稿附理由:合同编》(下册),法律出版社 2013 年版,第 785 页。

第四节 技术许可合同

一、技术许可合同概述

（一）技术许可合同的含义、性质与类型

1. 含义。技术许可合同是合法拥有技术的权利人，将现有特定的专利、技术秘密的相关权利许可他人实施、使用所订立的合同（《民法典》第 862 条第 2 款）。要点如下：

（1）许可（Licensing）是在不转让财产所有权的条件下让渡财产中的权利。[①] 比如专利实施许可，专利权人仍保留有权利权，被许可人只是获得使用该专利的权利。

（2）技术许可的标的物范围有限，可包括特定的专利、技术秘密的相关权利。它并不包括集成电路布图设计专有权、植物新品种权、计算机软件著作权等其他知识产权（《民法典》第 876 条）的许可，也不包括其他著作权、商标权的许可。集成电路布图设计专有权、植物新品种权、计算机软件著作权等其他知识产权的许可，参照适用技术许可的有关规定（《民法典》第 876 条）；在其他权利许可欠缺法律规定场合，可以类推适用技术许可的有关规定。

（3）立法者默认技术许可合同为有偿合同（《民法典》第 872 条第 1 款、第 873 条第 1 款等），但也不排除当事人可约定无偿转让。

2. 性质。技术许可合同，以上述默认类型论其性质，近于租赁（或称准租赁），在欠缺法律规定场合，可以类推适用租赁的有关规定。[②] 当事人约定无偿许可的，则为赠与合同，可适用赠与合同的有关规定。

技术许可合同中的许可人负有在一定期限内的继续性义务，故技术许可合同属于继续性合同。

3. 类型。技术许可合同包括专利实施许可、技术秘密使用许可等合同（《民法典》第 863 条第 2 款）。

（二）权利范围

技术许可合同可以约定实施专利或者使用技术秘密的范围，但是不得限制技术竞争和技术发展（《民法典》第 864 条）。此所谓"实施专利或者使用技术秘密的范围"，包括实施专利或者使用技术秘密的期限、地域、方式以及接触技术秘密的人员等（《技术合同解释》第 28 条第 1 款）。当事人对实施专利或者使用技术秘密的期限没有约定或者约定不明确的，受让人、

[①] [美] Jay Dratler, Jr.：《知识产权许可》（上册），王春燕等译，清华大学出版社 2003 年版，第 1 页。
[②] 同旨参见 [德] 赫伯特·斯顿夫：《专有技术合同》，叶京生、卢宪成译，上海科学技术文献出版社 1989 年版，第 14—15 页。

被许可人实施专利或者使用技术秘密不受期限限制(《技术合同解释》第 28 条第 2 款)。

(三) 对许可人的一般效力

1. 瑕疵担保义务。

(1) 权利担保。技术许可合同的许可人应当保证自己是所提供的技术的合法拥有者(《民法典》第 870 条前段)。许可人违反此项担保义务,属于未按照约定许可技术,依据《民法典》第 872 条和第 874 条,可得发生如下法律后果:①返还部分或者全部使用费;②承担违约责任(比如违约金、赔偿损失等);③许可人向第三人承担侵权责任。

(2) 品质担保。技术许可合同的许可人应当保证所提供的技术完整、无误、有效,能够达到约定的目标(《民法典》第 870 条后段)。许可人违反此项担保义务,属于未按照约定许可技术,依据《民法典》第 872 条第 1 款,可得发生如下法律后果:①返还部分或者全部使用费;②承担违约责任(比如违约金、赔偿损失等)。

2. 不超范围使用的义务。许可人实施专利或者使用技术秘密超越约定的范围的,违反约定擅自许可第三人实施该项专利或者使用该项技术秘密的,应当停止违约行为,承担违约责任(《民法典》第 872 条第 1 款中段)。

3. 保密义务。许可人违反约定的保密义务的,应当承担违约责任(《民法典》第 872 条第 1 款后段)。

(四) 对被许可人的一般效力

1. 支付使用费的义务。我国合同法以技术合同为有偿合同,故支付使用费为被许可人的主给付义务。此义务的违反,依据《民法典》第 873 条第 1 款,可得发生如下法律后果:(1) 补交使用费并按照约定支付违约金;(2) 不补交使用费或者支付违约金的,应当停止实施专利或者使用技术秘密,交还技术资料,承担违约责任。

2. 不超范围使用的义务。实施专利或者使用技术秘密超越约定的范围的,未经许可人同意擅自许可第三人实施该专利或者使用该技术秘密的,应当停止违约行为,承担违约责任(《民法典》第 873 条第 1 款中段)。

3. 保密义务。技术许可合同的被许可人应当按照约定的范围和期限,对许可人提供的技术中尚未公开的秘密部分,承担保密义务(《民法典》第 871 条)。违反约定的保密义务的,应当承担违约责任(《民法典》第 873 条第 1 款后段)。

二、专利实施许可合同

(一) 专利实施许可合同概述

1. 含义。专利实施许可合同是以许可特定主体实施专利而签订的合同,其当事人分别称为许可和被许可人。许可人通常是专利权人,但并不以此为限,也可以是经专利权人授权的人。

2. 合同存续期间。专利实施许可合同仅在该专利权的存续期限内有效。专利权有效期限届满或者专利权被宣告无效的，专利权人不得就该专利与他人订立专利实施许可合同（《民法典》第 865 条）。

3. 专利许可的方式。专利实施许可包括以下方式：

（1）独占实施许可，是指许可人在约定许可实施专利的范围内，将该专利仅许可一个被许可人实施，许可人依约定不得实施该专利；

（2）排他实施许可，是指许可人在约定许可实施专利的范围内，将该专利仅许可一个被许可人实施，但许可人依约定可以自行实施该专利；

（3）普通实施许可，是指许可人在约定许可实施专利的范围内许可他人实施该专利，并且可以自行实施该专利（《技术合同解释》第 25 条第 1 款）。

当事人对专利实施许可方式没有约定或者约定不明确的，认定为普通实施许可。专利实施许可合同约定被许可人可以再许可他人实施专利的，认定该再许可为普通实施许可，但当事人另有约定的除外（《技术合同解释》第 25 条第 2 款）。

（二）对许可人的效力

专利实施许可合同的许可人应当按照约定许可被许可人实施专利，交付实施专利有关的技术资料，提供必要的技术指导（《民法典》第 866 条）。

专利实施许可合同许可人负有在合同有效期内维持专利权有效的义务，包括依法缴纳专利年费和积极应对他人提出宣告专利权无效的请求，但当事人另有约定的除外（《技术合同解释》第 26 条）。

（三）对被许可人的效力

专利实施许可合同的被许可人应当按照约定实施专利，不得许可约定以外的第三人实施该专利，并按照约定支付使用费（《民法典》第 867 条）。

排他实施许可合同许可人不具备独立实施其专利的条件，以一个普通许可的方式许可他人实施专利的，人民法院可以认定为许可人自己实施专利，但当事人另有约定的除外（《技术合同解释》第 27 条）。

三、技术秘密使用许可合同

（一）技术秘密使用许可合同概述

1. 含义。以许可使用技术秘密为目的而签订的合同即为技术秘密使用许可合同。它是许可人将拥有的技术秘密成果许可他人使用，明确相互之间权利义务关系所订立的合同。

2. 技术秘密使用许可的方式。技术秘密使用许可的方式与专利实施许可的方式相似，相应地可以区分为三种,即独占许可、排他许可和普通许可,详见前述。

3. 合同类型的转换。技术秘密使用许可合同,本身具有继续性特点,在合同存续期间,技术的许可人可能会申请专利,随着进程的展开,原来的合同不应终结,而应依其合同目的而相应地转换类型。因而,《技术合同解释》第29条第1款规定:"当事人之间就申请专利的技术成果所订立的许可使用合同,专利申请公开以前,适用技术秘密许可合同的有关规定;发明专利申请公开以后、授权以前,参照适用专利实施许可合同的有关规定;授权以后,原合同即为专利实施许可合同,适用专利实施许可合同的有关规定。"

也可能存在当事人"提前进入状态"的情形,即在尚未获得专利的情况下便签订专利使用许可合同。人民法院不以当事人就已经申请专利但尚未授权的技术订立专利实施许可合同为由,认定合同无效(《技术合同解释》第29条第2款)。如果当事人申请专利未获批准,上述合同亦应自动转换为技术秘密使用许可合同。

（二）对许可人的效力

技术秘密使用许可合同的许可人应当按照约定提供技术资料,进行技术指导,保证技术的实用性、可靠性,承担保密义务(《民法典》第868条第1款)。

技术秘密使用许可合同许可人承担的"保密义务",不限制其申请专利,但当事人另有约定的除外(《民法典》第868条第2款)。

（三）对被许可人的效力

技术秘密使用许可合同的被许可人应当按照约定使用技术,支付使用费,承担保密义务(《民法典》第869条)。

四、后续改进技术成果的归属

当事人可以按照互利的原则,在合同中约定实施专利、使用技术秘密后续改进的技术成果的分享办法;没有约定或者约定不明确,依据《民法典》第510条的规定仍不能确定的,一方后续改进的技术成果,其他各方无权分享(《民法典》第875条)。

第五节　技术咨询合同和技术服务合同

一、技术咨询合同

（一）技术咨询合同的含义

技术咨询合同是当事人一方以技术知识为对方就特定技术项目提供可行性论证、技术预测、专题技术调查、分析评价报告等所订立的合同（《民法典》第878条第1款）。此所谓"特定技术项目"，包括有关科学技术与经济社会协调发展的软科学研究项目，促进科技进步和管理现代化、提高经济效益和社会效益等运用科学知识和技术手段进行调查、分析、论证、评价、预测的专业性技术项目（《技术合同解释》第30条）。

（二）无保密义务

当事人对技术咨询合同委托人提供的技术资料和数据或者受托人提出的咨询报告和意见未约定保密义务，当事人一方引用、发表或者向第三人提供的，不认定为违约行为，但侵害对方当事人对此享有的合法权益的，应当依法承担民事责任（《技术合同解释》第31条）。

（三）对委托人的效力

1. 支付报酬的义务。支付报酬（《民法典》第879条）是委托人的主给付义务，报酬的支付原则上采后付主义。

2. 协助义务。技术咨询合同的委托人应当按照约定阐明咨询的问题，提供技术背景材料及有关技术资料（《民法典》第879条）。技术咨询合同的委托人未按照约定提供必要的资料，影响工作进度和质量，不接受或者逾期接受工作成果的，支付的报酬不得追回，未支付的报酬应当支付（《民法典》第881条第1款）。

技术咨询合同受托人发现委托人提供的资料、数据等有明显错误或者缺陷，未在合理期限内通知委托人的，视为其对委托人提供的技术资料、数据等予以认可。委托人在接到受托人的补正通知后未在合理期限内答复并予补正的，发生的损失由委托人承担（《技术合同解释》第32条）。

3. 接受工作成果的义务。委托人应当接受受托人的工作成果（《民法典》第879条）。

（四）对受托人的效力

技术咨询合同的受托人应当按照约定的期限完成咨询报告或者解答问题，提出的咨询报告应当达到约定的要求（《民法典》第880条）。技术咨询合同的受托人未按期提出咨询报告或者提出的咨询报告不符合约定的，应当承担减收或者免收报酬等违约责任（第881条第2款）。

技术咨询合同对受托人正常开展工作所需费用的负担没有约定或者约定不明确的，由受托人负担（《民法典》第886条）。

（五）决策风险负担

技术咨询合同的委托人按照受托人符合约定要求的咨询报告和意见作出决策所造成的损失，由委托人承担，但是当事人另有约定的除外（《民法典》第881条第3款）。该规则的目的是鼓励受托人积极向委托人提供咨询意见，但是受托人不能因此对委托人委托的技术项目不作调查研究，对咨询报告和意见不负责。如果受托人提供的咨询报告和意见没有科学依据，或者有明显的缺陷甚至错误，应当承担违约责任。[①]

二、技术服务合同

（一）技术服务合同的含义

技术服务合同是当事人一方以技术知识为对方解决特定技术问题所订立的合同，不包括承揽合同和建设工程合同（《民法典》第 878 条第 2 款）。此所谓"特定技术问题"，包括需要运用专业技术知识、经验和信息解决的有关改进产品结构、改良工艺流程、提高产品质量、降低产品成本、节约资源能耗、保护资源环境、实现安全操作、提高经济效益和社会效益等专业技术问题（《技术合同解释》第 33 条）。

立法者力求区分技术服务合同与承揽合同，然而二者的区分有时确实不易，因为二者具有明确的相似性，以至于在没有规定"技术服务合同"的立法例中完全可以运用承揽合同的规则调整相关问题。就我国法规定，立法者或者提供了可供参考的"常规技术手段"标准，即以常规手段所进行的加工、定作、修理、修缮、广告、印刷、测绘、标准化测试等，属于承揽合同，而以非常规技术手段解决复杂、特殊技术问题者则属于技术服务合同；[②]或者强调技术服务合同手段方面的非常规性，且具有技术难度。[③]另外，"传授解决技术问题的知识"作为技术服务合同受托人的给付义务之内容（《民法典》第 883 条），也使之具有了"服务合同"的特点，亦属区别点之一。不过，鉴于技术服务合同与承揽合同的相似性，在技术服务合同欠缺规定场合，不妨类推适用承揽合同的有关规定（比如《民法典》第 787 条定作人的任意解除权）。

当事人一方以技术转让或者技术许可的名义提供已进入公有领域的技术，或者在技术转让合同、技术许可合同履行过程中合同标的技术进入公有领域，但是技术提供方进行技术指导、传授技术知识，为对方解决特定技术问题符合约定条件的，按照技术服务合同处理，约定的技术转让费、使用费可以视为提供技术服务的报酬和费用，但是法律、行政法规另有规定的除外（《技术合同解释》第 34 条第 1 款）。技术转让费或者使用费视为提供技术服务的报酬和费用明显不合理的，人民法院可以根据当事人的请求合理确定（《技术合同解释》第 34 条第 2 款）。

（二）对委托人的效力

技术服务合同的委托人应当按照约定提供工作条件，完成配合事项，接受工作成果并支付报酬（《民法典》第 882 条）。技术服务合同的委托人不履行合同义务或者履行合同义务不符合约定，影响工作进度和质量，不接受或者逾期接受工作成果的，支付的报酬不得追回，

---

① 石宏主编：《〈中华人民共和国民法典〉释解与适用［合同编］》（下册），人民法院出版社 2020 年版，第 730 页。
② 石宏主编：《〈中华人民共和国民法典〉释解与适用［合同编］》（下册），人民法院出版社 2020 年版，第 727 页。
③ 段瑞春：《技术合同法详论》，天津科学技术出版社 1991 年版，第 215 页。

未支付的报酬应当支付（《民法典》第 884 条第 1 款）。

技术服务合同受托人发现委托人提供的资料、数据、样品、材料、场地等工作条件不符合约定，未在合理期限内通知委托人的，视为其对委托人提供的工作条件予以认可。委托人在接到受托人的补正通知后未在合理期限内答复并予补正的，发生的损失由委托人承担（《技术合同解释》第 35 条）。

（三）对受托人的效力

技术服务合同的受托人应当按照约定完成服务项目，解决技术问题，保证工作质量，并传授解决技术问题的知识（《民法典》第 883 条）。技术服务合同的受托人未按照约定完成服务工作的，应当承担免收报酬等违约责任（第 884 条第 2 款）。

技术服务合同对受托人正常开展工作所需费用的负担没有约定或者约定不明确的，由受托人负担（《民法典》第 886 条）。

三、新的技术成果的归属

技术咨询合同、技术服务合同履行过程中，受托人利用委托人提供的技术资料和工作条件完成的新的技术成果，属于受托人。委托人利用受托人的工作成果完成的新的技术成果，属于委托人。当事人另有约定的，按照其约定（《民法典》第 885 条）。

四、技术中介合同

（一）技术中介合同的含义

技术中介合同，是指当事人一方以知识、技术、经验和信息为另一方与第三人订立技术合同进行联系、介绍以及对履行合同提供专门服务所订立的合同（《技术合同解释》第 38 条）。技术中介合同虽被认为是一种特殊的技术服务合同，[1] 实质上仍为一种中介合同，故应适用中介合同有关规定。

（二）对委托人的效力

1. 支付报酬的义务。当事人对中介人的报酬数额没有约定或者约定不明确的，应当根据中介人所进行的劳务合理确定，并由委托人承担。仅在委托人与第三人订立的技术合同中约定中介条款，但未约定给付中介人报酬或者约定不明确的，应当支付的报酬由委托人和第三人平均承担（《技术合同解释》第 39 条第 3 款）。

---

[1] 参见段瑞春：《技术合同法的立法与实践》，载《科技与法律》1992 年第 2 期，第 19 页；段瑞春：《技术合同法详论》，天津科学技术出版社 1991 年版，第 233 页。

中介人的报酬，是指中介人为委托人与第三人订立技术合同以及对履行该合同提供服务应当得到的收益（《技术合同解释》第39条第1款后段）。

2. 有条件支付费用的义务。中介人未促成委托人与第三人之间的技术合同成立的，其要求支付报酬的请求，人民法院不予支持；其要求委托人支付其从事中介活动必要费用的请求，应当予以支持，但当事人另有约定的除外（《技术合同解释》第40条第1款）。

（三）对中介人的效力

1. 负担费用的义务。当事人对中介人从事中介活动的费用负担没有约定或者约定不明确的，由中介人承担。当事人约定该费用由委托人承担但未约定具体数额或者计算方法的，由委托人支付中介人从事中介活动支出的必要费用（《技术合同解释》第39条第2款）。中介人从事中介活动的费用，是指中介人在委托人和第三人订立技术合同前，进行联系、介绍活动所支出的通信、交通和必要的调查研究等费用（《技术合同解释》第39条第1款前段）。

2. 诚信义务。中介人隐瞒与订立技术合同有关的重要事实或者提供虚假情况，侵害委托人利益的，应当根据情况免收报酬并承担赔偿责任（《技术合同解释》第40条第2款）。

3. 不担保技术合同有效。中介人对造成委托人与第三人之间的技术合同的无效或者被撤销没有过错，并且该技术合同的无效或者被撤销不影响有关中介条款或者技术中介合同继续有效，中介人要求按照约定或者本解释的有关规定给付从事中介活动的费用和报酬的，人民法院应当予以支持（《技术合同解释》第41条第1款）。

五、技术培训合同

（一）技术培训合同的含义

所谓技术培训合同，是指当事人一方委托另一方对指定的学员进行特定项目的专业技术训练和技术指导所订立的合同，不包括职业培训、文化学习和按照行业、法人或者非法人组织的计划进行的职工业余教育（《技术合同解释》第36条）。技术培训合同是特殊的技术服务合同，[①]故前述关于技术服务合同的论述，亦适用于技术培训合同。

（二）对委托人的效力

1. 提供和管理工作条件。当事人对技术培训必需的场地、设施和试验条件等工作条件的提供和管理责任没有约定或者约定不明确的，由委托人负责提供和管理（《技术合同解释》第37条第1款）。

2. 不真正义务。技术培训合同委托人派出的学员不符合约定条件，影响培训质量的，

[①] 段瑞春：《技术合同法详论》，天津科学技术出版社1991年版，第225页。

由委托人按照约定支付报酬(《技术合同解释》第37条第2款)。

3. 通知义务。委托人发现教员不符合约定条件,未在合理期限内通知对方,应当由负有履行义务的当事人承担相应的民事责任(《技术合同解释》第37条第4款)。

(三)对受托人的效力

1. 教员配备义务。受托人配备的教员不符合约定条件,影响培训质量,或者受托人未按照计划和项目进行培训,导致不能实现约定培训目标的,应当减收或者免收报酬(《技术合同解释》第37条第3款)。

2. 通知义务。受托人发现学员不符合约定条件,未在合理期限内通知对方,应当由负有履行义务的当事人承担相应的民事责任(《技术合同解释》第37条第4款)。

第二十四章 保管合同

第一节 保管合同概述

一、保管合同的概念与性质

保管合同是保管人保管寄存人交付的保管物,并返还该物的合同(《民法典》第888条第1款)。保管合同,旧称寄托契约。该合同的当事人包括保管人与寄存人,该合同的标的物称为保管物,我国法未明确限定保管物为动产,故解释上多承认不动产亦得为保管物。[①]

（一）保管合同为实践性合同

《民法典》第890条主文规定,"保管合同自保管物交付时成立",据此可知,保管合同为实践性合同。同条但书又规定,当事人另有约定的除外,说明保管合同的这一属性并非强制性规定,允许当事人以特别意思予以变更。

（二）保管合同原则上为无偿合同

保管合同原则上为无偿合同,此为《民法典》第889条第2款所明定。当事人可以特别

[①] 黄薇主编:《中华人民共和国民法典合同编释义》,法律出版社2020年版,第813页;魏振瀛主编:《民法》第三版,北京大学出版社、高等教育出版社2007年版,第540页。我国台湾地区"民法"寄托一节的立法意旨谓:"寄托之标的物,是否以动产为限,抑无论动产或不动产皆可寄托,各国立法例未能一致,本法则认为动产不动产皆可为寄托之标的物。"故我国台湾地区民法理论通常肯定不动产得成为寄托的标的物。参见林诚二:《民法债编各论》(中),瑞兴图书股份有限公司2002年版,第330—331页;另外,黄立主编:《民法债编各论》(下),中国政法大学出版社2003年版,第613页。不过,德国通说认为保管物应该是动产,关于不动产,可以借助于雇佣或者委托等合同,达到确保标的物完好的目的。

Vgl. *Brox/Walker*, Besonderes Schuldrecht, 31. Auflage, Verlag C.H. Beck, 2006, S.377.

约定报酬，从而使保管合同成为有偿合同。

（三）保管合同原则上为单务合同

《民法典》第 888 条第 1 款关于保管合同的定义并未提到寄存人的义务，只是提到了保管人的义务。由此可知，保管合同原则上为单务合同，这与保管合同原则上为无偿合同是一致的。无偿的保管合同，由于仅有保管人负保管义务，寄存人并不负相应的对待给付义务，故属单务合同。有偿的保管合同，保管人的保管义务与寄存人的支付报酬的义务构成对待给付关系，故属双务合同。①

（四）保管合同原则上为不要式合同

我国法关于保管合同并未作形式上的要求，故保管合同原则上为不要式合同。

（五）保管合同为继续性合同

保管合同有一定或不定的期间，且为劳务性合同，故为继续性合同，有情事变更原则及终止权的适用。②

二、保管的类型

（一）无偿保管（unentgeltliche Verwahrung）

《民法典》区分了无偿保管与有偿保管，而分别规定不同的法律要件和效果。在无偿保管场合，并不存在给付义务的交换关系，不属于双务合同。在寄存人只是为了偿还费用而支付款项场合（比如保管动物期间为之支出的饲料费用），该保管仍然属于无偿的。③

（二）有偿保管（entgeltliche Verwahrung）

有偿保管属于双务合同（ein gegenseitiger Vertrag），寄存人支付保管费属于保管行为的对待给付（die Gegenleistung）。因而，有关双务合同的一般规则，对于有偿保管，自然应予适用。《民法典》第 902 条第 2 款所体现的正是双务合同的同时履行原则，只不过与支付保管费构成同时履行关系的义务有所转换，由保管义务转换为返还保管物的义务。

（三）不规则的保管（unregelmaessige Verwahrung）

保管合同的标的（物）通常都是特定物，即使原属于种类物的标的（物），通过保

---

① Vgl. *Brox/Walker*, Besonderes Schuldrecht, 31. Auflage, Verlag C.H. Beck, 2006, S.379—380.
② 参见林诚二：《民法债编各论》（中），瑞兴图书股份有限公司 2002 年版，第 337 页。
③ Vgl. *Brox/Walker*, Besonderes Schuldrecht, 31. Auflage, Verlag C.H. Beck, 2006, S.379.

管合同也被特定化了。所以保管人在保管终了时返还的应该是交付保管的原物。①《民法典》亦原则上要求保管人于合同终了时将原物及其孳息归还寄存人（第 900 条）。如果将返还原物的保管称为规则的保管，那么不要求返还原物的保管，就可以称为不规则的保管。

《民法典》第 901 条规定，保管人保管货币的，可以返还相同种类、数量的货币；保管其他可替代物的，可以按照约定返还相同种类、品质、数量的物品。此类保管，属于不规则的保管，或称为"消费保管"，②与一般的保管不移转所有权以及须返还原物相比，存在差异，是其特点。相应地，消费保管中保管物的所有权既已移转于保管人，则保管物的利益及风险亦由其承受和负担；保管人破产场合，寄存人对于保管物没有取回权。

除此之外，还有一种不规则的保管，称为"混藏保管"，是指保管人被多个寄存人委托保管同种、同等的代替物（比如证券、石油、谷物等），将保管物混合在一起保管，最后再从中取出接受保管时相同数量的物予以返还。于此场合，保管人并不取得对于标的物的处分权，因而与消费保管不同。③换言之，在混藏保管场合，保管物的所有权并不转移给保管人，亦不允许保管人消费保管物。④《民法典》第 901 条后段语义亦可包括混藏保管。

（四）视为保管

寄存人到保管人处从事购物、就餐、住宿等活动，将物品存放在指定场所的，视为保管，但是当事人另有约定或者另有交易习惯的除外（《民法典》第 888 条第 2 款）。这是新增规定，借鉴了欧陆比较法。⑤其要点如下：

1. "视为"一语，貌似法律上的拟制，实应解释上推定，由该款但书可以看出，允许另行举证予以推翻。

2. 该"视为保管"仅推定符合其所定要件者视为保管，并未明确该保管究竟是有偿保管抑或无偿保管。⑥对此，通常应依寄存人是否对保管支付报酬而定，在解释结论上有两种可能，均无不可。

3. 注意"视为保管"的要件：（1）从事购物、就餐、住宿等活动；（2）将物品存放在指定场所。

---

① 佟柔、赵中孚、郑立主编：《民法概论》，中国人民大学出版社 1982 年版，第 262 页。
② 谢怀栻等：《合同法原理》，法律出版社 2000 年版，第 568 页。
③ 参见［日］山本敬三：《民法讲义 IV-1·契约》，有斐阁 2005 年版，第 751 页。
④ 参见［日］能见善久、加藤新太郎编集：《判例民法 6 契约 II》，第一法规株式会社 2009 年版，第 123 页。
⑤ 比如《德国民法典》第 701 条、《法国民法典》第 1952—1953 条、《意大利民法典》第 1783 条等。
⑥ 黄薇主编：《中华人民共和国民法典合同编释义》，法律出版社 2020 年版，第 815 页。

第二节　保管合同的效力

一、保管人的义务与责任

（一）保管的义务

保管人的首要义务便是保管保管物，属于保管人的主给付义务。《民法典》的规定体现出以下几点，应予注意：

1. 妥善保管义务。保管人应当妥善保管保管物（《民法典》第892条第1款）。当事人可以约定保管场所或者方法。除紧急情况或者为维护寄存人利益外，不得擅自改变保管场所或者方法（《民法典》第892条第2款）。

2. 亲自保管义务。保管人不得将保管物转交第三人保管（《民法典》第894条第1款前段），而应当亲自保管保管物（selbst aufzubewahren）。这一规则的理由在于，寄存人对于保管人的一种特别的信任。当然，保管人履行其保管义务也还是被允许使用履行辅助人的。[①] 当事人也可以另有约定，排除保管人亲自保管规则。

3. 不使用保管物的义务。保管人不得使用或者许可第三人使用保管物，但是当事人另有约定的除外（《民法典》第895条）。保管人违反此项义务，得有发生不当得利乃至损害赔偿的余地。

（二）给付保管凭证的义务

保管凭证既是保管合同存在的证据，也是领取保管物的有效单据。寄存人向保管人交付保管物的，保管人应当出具保管凭证，但是另有交易习惯的除外（《民法典》第891条）。此项义务属于保管人的从给付义务。

（三）通知义务

第三人对保管物主张权利的，除依法对保管物采取保全或者执行措施外，保管人应当履行向寄存人返还保管物的义务（《民法典》第896条第1款）。第三人对保管人提起诉讼或者对保管物申请扣押的，保管人应当及时通知寄存人（《民法典》第896条第2款）。这是为了确保寄存人有采取对策的机会。[②]

[①] Vgl. *Brox/Walker*, Besonderes Schuldrecht, 31. Auflage, Verlag C.H. Beck, 2006, S.381.
[②] 参见［日］山本敬三：《民法讲义 IV-1·契约》，有斐阁2005年版，第743页。

（四）返还义务

保管人负有返还保管物的义务，该义务亦属于保管人的主给付义务的一个组成部分。与之相对应的寄存人的保管物返还请求权，在合同关系的架构中，属于债权性质的返还请求权。除此之外，寄存人以所有人的身份主张作为所有权返还请求权，也是可能的。

1. 返还的相对人。保管合同属于当事人之间的特别结合关系，奉行合同相对性原则，返还的相对人通常是寄存人，因而《民法典》第896条第1款规定，"第三人对保管物主张权利的，除依法对保管物采取保全或者执行措施外，保管人应当履行向寄存人返还保管物的义务"。当事人也可以特别约定，由保管人于合同终了时向第三人履行返还义务，则此时的保管合同属于一种向第三人履行的合同。

2. 返还的时间。保管人应于保管合同终了时履行返还保管物的义务。保管合同终了的原因，既包括合同期限届满，也包括保管合同当事人的任意解除。后者又可以区分为两种情形，一是寄存人请求返还保管物，二是保管人请求领取保管物。

3. 返还的地点。关于返还的地点，《民法典》合同编在"保管合同"一章未作特别规定，应当适用该法"通则"第511条第3项的规定，由于通常保管物属于动产，故"在履行义务一方所在地履行"。

4. 返还的内容。依《民法典》第900条，保管人返还义务的内容包括原物及其孳息。

（五）保管物毁损、灭失场合的赔偿责任

1. 因保管不善致保管物毁损灭失时的赔偿责任。保管合同的目的在于保持标的物的完好，如果保管物毁损或者灭失，则属于一种严重的违约，通常会发生保管人的损害赔偿责任。《民法典》第897条规定："保管期内，因保管人保管不善造成保管物毁损、灭失的，保管人应当承担赔偿责任。但是，无偿保管人证明自己没有故意或者重大过失的，不承担赔偿责任。"这一规定是针对保管人亲自保管场合，关于此种责任，应注意以下两点：

（1）过错责任。尽管《民法典》合同编对于违约损害赔偿责任采纳了无过错责任原则（或称"严格责任原则"），但对于保管合同中保管物毁损灭失时的赔偿责任，仍然奉行过错责任原则，以过错作为保管人承担赔偿责任的要件之一，只不过是采纳了过错推定的立法技术，由保管人证明自己没有过错或者没有重大过失。

（2）依有偿与否而定过错标准。《民法典》一如许多大陆法系的立法例，依保管是否有偿而定保管人的过错标准。在有偿保管场合，要求具备"保管不善"（实即过失）即可；在无偿场合，则进一步要求具备"故意或者重大过失"。这种做法可以追溯至罗马法，其理由在于，保管人所处的利益状态不一样，故又称此为"利益原则"。

2. 擅自转交第三人保管时的赔偿责任。保管人不是亲自保管，而是交由第三人保管，称为转保管。因当事人是否有约定或者是否经寄存人同意，又可进一步区分为合法的转保管与违法的转保管。针对违法的转保管，依《民法典》第894条第2款，保管人违反"亲自保管"原则，"将保管物转交第三人保管，造成保管物损失的，应当承担赔偿责任"。当然，此

所谓"第三人",不包括受雇人等履行辅助人在内。[①]

违法转保管的保管人责任,与违法使用保管物的责任相同,即对不可抗力的事变亦要负责,只要所生的损害,系因违法转保管所致,无论保管人或第三人有无过失,保管人均应对之负责任。但如果保管人能证明,纵不使第三人代为保管仍不免发生损害,则不负责任。例如,甲托乙保管其钻戒,乙擅自转交邻居丙保管,丙因家中遭窃,导致该钻戒被偷,则乙对之仍要负责。但如果因发生地震导致乙丙房屋均倒塌,则此种情形即使乙未将钻戒委托第三人保管,仍不免发生损害,则乙可免责,因损害的发生与转保管无因果关系。[②]

保管物毁损、灭失场合,依原《民法通则》第136条第4项,寄存财物被丢失或者损毁的,诉讼时效期间为一年。如今依《民法典》,关于特别诉讼时效期间仅在第188条第2款第3句保留二十年长期时效期间,未再规定一年的短期时效期间。如此,寄存财物被丢失或者损毁的,应当适用《民法典》第188条第1款关于三年诉讼时效期间的规定。

二、寄存人的义务与责任

（一）支付报酬

在我国法上,有偿保管仅属例外,要求当事人有明确的约定（包括事后达成补充协议）,或者可以根据合同有关条款或者交易习惯确定（参照《民法典》第510条）,否则推定为无偿保管（《民法典》第889条第2款）。因而,支付报酬（保管费）,只是有偿保管合同的特则,并非保管合同的通则。

有偿保管合同中的支付保管费的义务,属于寄存人的主给付义务。该义务与保管人的主给付义务,构成对待给付关系,故可适用双务合同的特别规则。具体言之,"有偿的保管合同,寄存人应当按照约定的期限向保管人支付保管费"（《民法典》第902条第1款）。当事人对支付期限没有约定或者约定不明确,依据《民法典》第510条的规定仍不能确定的,应当在领取保管物的同时支付（《民法典》第902条第2款）,采纳了"报酬后付"原则。

（二）偿还费用

所谓费用（Aufwendung）,并不包括报酬（Verguetung）。[③] 就一项事务（比如代人照管

[①] 参见黄立主编:《民法债编各论》（下）,中国政法大学出版社2003年版,第610页。另见魏振瀛主编《民法》（第三版）,北京大学出版社、高等教育出版社2007年版,第539页,有谓"所谓亲自保管,包括保管人自己保管,也包括使用履行辅助人辅助保管"。

[②] 参见黄立主编:《民法债编各论》（下）,中国政法大学出版社2003年版,第611页。

[③] 我国学者有时对"费用"和"报酬"并不作区分,比如认为"寄存人应支付的费用包括保管费和其他费用"。以"寄存人支付的费用"作为报酬和费用的上位概念。见魏振瀛主编:《民法》（第三版）,北京大学出版社、高等教育出版社2007年版,第541页。这种用法似可以从《民法典》第903条找到根据,其中的"保管费或者其他费用"显然是将保管费作为一项费用了。在中文中,保管合同中的报酬虽叫"保管费",实质上并非"费用",而是"报酬"。

宠物）而言，费用通常被理解为一项支出（Ausgabe），[①] 比如为宠物支付食物费用或者医疗费等；报酬则是因为此项事务而获得的金钱上的回报。报酬是否包括费用，应当通过解释当事人的意思、参照习惯等方法具体地确定。

保管人可能因为保管而支出费用，且不因保管是否有偿而异，故偿还费用，可谓是保管合同的一项通则。之所以要求寄存人偿还费用，是因为费用的支付是为了寄存人的利益。另外，对于保管物是否实际支出费用，亦无法一概而论，换言之，费用在保管合同中并非必然出现的事项，于此意义上，以偿还费用为保管合同之通则，似可打一定的折扣。同时，偿还费用的义务与保管人的保管义务，亦非立于对待给付关系，尚不得执此而将无偿保管合同归入双务合同，[②] 这类合同在学说称为"不完全双务合同"，仍应视为单务合同。[③]

应予偿还的费用，应是对于保管而言必要的费用。保管合同，无论是否有偿，并不要求保管人有积极的行为义务以改善保管物，而只是要求保持保管物的既有状态。因而，所支出的费用，如果超越"必要费用"范畴，而为"有益费用"或者"奢侈费用"，自不应包括在保管合同费用偿还义务范畴之内。至于可否依无因管理或者不当得利等规则请求偿还，则属另一问题。

（三）通知义务

就有关保管物的重要信息，或会因此而影响保管物，或会因此而影响保管人，故寄存人应当通知保管人，《民法典》第893条以及第898条便规定了寄存人的通知义务。寄存人违反此项义务，有时只是使自己遭受不利益（比如保管物受损失而得不到赔偿），有时则要对保管人承担责任（比如损害赔偿）。就前一效果而言，此项通知义务具有"不真正义务"的特点，就后一效果而言，则可将它归入附随义务范畴。

具体而言，寄存人交付的保管物有瑕疵或者根据保管物的性质需要采取特殊保管措施的，寄存人应当将有关情况告知保管人。寄存人未告知，致使保管物受到损失的，保管人不承担赔偿责任；保管人因此受到损失的，除保管人知道或者应当知道且未采取补救措施外，寄存人应当承担赔偿责任（《民法典》第893条）。此项赔偿责任，在性质上属于因合同义务不履行所发生的违约责任。如果同时符合侵权责任构成要件，亦不排除可发生违约责任与侵权责任的竞合。作为违约赔偿责任，依《民法典》第893条，寄存人免责的事由为"保管人知道或者应当知道且未采取补救措施"，而寄存人善意且无过失，并非免责事由。

寄存人寄存货币、有价证券或者其他贵重物品的，应当向保管人声明，由保管人验收或者封存；寄存人未声明的，该物品毁损、灭失后，保管人可以按照一般物品予以赔偿（《民法典》第898条）。

[①] Vgl. Creifelds Rechtswoerterbuch, 18. Auflage, Verlag C.H. Beck, 2004, S.111.
[②] 比如魏振瀛主编：《民法》（第三版），北京大学出版社、高等教育出版社2007年版，第537页；谢怀栻等：《合同法原理》，法律出版社2000年版，第564页。
[③] 参见韩世远：《合同法总论》（第四版），法律出版社2018年版，第77—78页。

（四）领取保管物

领取保管物本属寄存人的权利，而对应于保管人的返还义务。惟在有些场合，寄存人是否领取保管物，对于保管人的利益亦有所影响，比如占用场地，此时领取保管物在寄存人方面同时也就具有了义务的属性。寄存人届时不领取保管物，可以构成债权人受领迟延，而得发生相应的法律后果。

寄存人何时领取保管物呢？寄存人可以随时领取保管物（《民法典》第899条第1款）。当事人对保管期限没有约定或者约定不明确的，保管人可以随时请求寄存人领取保管物；约定保管期限的，保管人无特别事由，不得请求寄存人提前领取保管物（《民法典》第899条第2款）。

（五）不履行或者不完全履行的法律后果

寄存人未按照约定支付保管费或者其他费用的，保管人对保管物享有留置权，但是当事人另有约定的除外（《民法典》第903条）。

第二十五章 仓储合同

第一节 仓储合同概述

一、基本概念

（一）仓储合同

仓储合同是保管人储存存货人交付的仓储物，存货人支付仓储费的合同（《民法典》第904条）。仓储合同是一种典型的商行为（或称之为"仓库营业""仓库交易"），我国法采民商合一体例，将它与保管合同一并规定在《民法典》中。另外，仓储合同可以看成是一种特别的保管合同，[①] 故《民法典》第918条规定，"本章没有规定的，适用保管合同的有关规定"。

大量的买卖交易，依赖仓储交易方能顺畅完成，在此意义上仓储交易对于经济实具有重要功能。[②] 通过仓储合同，存货人可以节省自行保管物品的经费与减低物品发生灭失的风险；并且可以将仓单出质，借以取得资金，亦可将仓单以背书转让方式处分物品，减少伴随实际交付物品时可能发生的费用，与移动物品时产生的损失。对于近现代商业交易，相对于运输业提供空间上的、动态的帮助，仓储业则有时间上的、静态的贡献。[③]

（二）仓库

仓库，是储存物品的场所。

依仓库使用的对象不同，可区分为公用型仓库与自用型仓库。公用型仓库，指以营业为目的收取报酬而为他人储存物品的仓库，又称"营业仓库"。《民法典》所谓"仓储合同"，

[①] ［日］江头宪治郎：《商取引法》（第三版），弘文堂2002年版，第327页。
[②] ［日］服部荣三：《商行为法讲义》，文真堂1976年版，第94页。
[③] 黄立主编：《民法债编各论》（下），元照出版公司2002年版，第249—250页。

即以利用此种仓库为目的而成立的合同为规范对象。自用型仓库，指为储存自己的物品而设立的仓库，又称"利用仓库"。因其属自用而非为营业，无须借助合同，故非为《民法典》合同编所要规范的对象。

公用型仓库，依其营业的目的，又可分为保管仓库与保税仓库。保管仓库，或称"一般仓库"，指仅以物品的保管为目的的仓库。保税仓库，是指经海关批准设立的专门存放保税货物及其他未办结海关手续货物的仓库（《中华人民共和国海关对保税仓库及所存货物的管理规定》第2条）。[1] 在我国，公用型的保税仓库由专门的企业法人经营，相关的仓储合同关系自然亦属《民法典》合同编的规范对象。另外，有所谓"出口监管仓库"，是指经海关批准设立，对已办结海关出口手续的货物进行存储、保税物流配送、提供流通性增值服务的仓库（《中华人民共和国海关对出口监管仓库及所存货物的管理办法》第2条），大体可以归入"保税仓库"范畴。

（三）仓单

仓单是提取仓储物的凭证（《民法典》第910条前段），同时是一种有价证券，表彰对于仓储物的权利。

仓单在性质属于有价证券、要式证券、文义证券、证权证券、不要因证券、自付证券以及缴回证券。

仓单可以用来出质，设立权利质权（《民法典》第440条）。以仓单出质的，质权自权利凭证交付质权人时设立（《民法典》第441条）。

二、仓储合同的性质

（一）诺成合同

仓储合同究属实践性合同抑或为诺成合同，原《合同法》"仓储合同"章未作明文规定，以致学说解释不一。《民法典》第905条规定，仓储合同自保管人和存货人意思表示一致时成立。据此，应认定仓储合同为诺成合同。此点与保管合同存在差别。[2]

在原《合同法》中未明定仓储合同为诺成合同，加之仓储为一种特别的保管合同，于仓储章无特别规定场合得适用保管合同的规定，故在当时的解释论上以仓储合同为要物合同是妥当的。日本原来的通说亦是基于相同的逻辑。如今我国立法明确转变立场，其背后的逻辑，尚有进一步说明的必要。仓库营业者负担保管仓储物的义务，此保管之负担，以及运输合同（诺成合同），并不以货物的交付为要素，而应认定为诺成合同，乃是近时支配的见解。[3] 保管之负担，亦即负担为他人保管货物之义务的法律行为，在货物交付之前便可以

---

[1] "自用型保税仓库"也是存在的，参见《中华人民共和国海关对保税仓库及所存货物的管理规定》第3条。
[2] 黄薇主编：《中华人民共和国民法典合同编释义》，法律出版社2020年版，第847页。
[3] ［日］田边光政：《商法总则·商行为法》（第四版），新世社2016年版，第320—321页。

存在（而不是作为仓储之预约），与保管合同不同，不以保管物的交付为要件，而为诺成合同。[1] 仓储合同的诺成化，有兼顾商事交易要求法律关系尽可能确定、可预测及保护合理信赖的目的。

（二）有偿合同

仓储业既为营业，自然要收取报酬，《民法典》称之为"仓储费"，故仓储合同为有偿合同。此与保管合同原则上为无偿合同，自有差别。

（三）双务合同

保管人储存存货人交付的仓储物，存货人支付仓储费，二者构成给付与对待给付关系，故仓储合同为双务合同。

（四）不要式合同

仓储合同的成立，法律未要求特别的形式，故原则上仅依当事人的合意即可成立，故属不要式合同。

（五）继续性合同

仓储合同不论其是否有一定期限，均为继续性合同，可有情事变更原则以及终止权的适用。[2]

第二节 仓储合同的效力

一、保管人的义务与责任

（一）储存义务

1. 义务的性质及内容。储存义务是仓储合同保管人的主给付义务（《民法典》第904条），与存货人支付仓储费的义务构成对价关系。由于《民法典》第902条采"报酬后付原则"，故保管人不得以其储存义务与存货人支付仓储费的义务构成同时履行关系，但却不妨与仓储物的返还主张同时履行抗辩权。仓单持有人与存货人不是同一人时，仓单持有人虽无给付仓储费的义务，但仓储人在保管费以及其他费用未付前，保管人对仓储物享有留置权（《民法典》第903条）。

---
[1] [日]落合诚一、大塚龙儿、山下友信：《商法Ⅰ——总则·商行为》（第五版），有斐阁2013年版，第252—253页。
[2] 林诚二：《民法债编各论》（中），瑞兴图书股份有限公司2002年版，第383页。

依《民法典》第918条的规定，保管合同中保管人的妥善保管义务、亲自保管义务以及不使用保管物的义务，对于仓储合同中的保管人，亦应适用。保管人储存易燃、易爆、有毒、有腐蚀性、有放射性等危险物品的，应当具备相应的保管条件（《民法典》第906条第3款）。

2. 储存期限。储存义务虽然原则上持续至仓储合同约定的储存期限终了时，但在期限届满存货人未请求提取仓储物场合，应认为期限经过后保管人仍有保管义务。[①]

当事人对储存期限没有约定或者约定不明确的，存货人或者仓单持有人可以随时提取仓储物，保管人也可以随时请求存货人或者仓单持有人提取仓储物，但是应当给予必要的准备时间（《民法典》第914条）。

（二）出具凭证的义务

存货人交付仓储物的，保管人应当出具仓单、入库单等凭证（《民法典》第908条）。此为保管人出具凭证的义务，或称"仓库证券发行义务"。

保管人在接收仓储物时尚有验收义务，依《民法典》第907条的规定，保管人应当按照约定对入库仓储物进行验收。保管人验收时发现入库仓储物与约定不符合的，应当及时通知存货人。保管人验收后，发生仓储物的品种、数量、质量不符合约定的，保管人应当承担赔偿责任。可见，保管人的验收义务属于一种不真正义务。

保管人应当在仓单上签名或者盖章。仓单包括下列事项：（1）存货人的姓名或者名称和住所；（2）仓储物的品种、数量、质量、包装及其件数和标记；（3）仓储物的损耗标准；（4）储存场所；（5）储存期限；（6）仓储费；（7）仓储物已经办理保险的，其保险金额、期间以及保险人的名称；（8）填发人、填发地和填发日期（《民法典》第909条）。

仓单是提取仓储物的凭证。存货人或者仓单持有人在仓单上背书并经保管人签名或者盖章的，可以转让提取仓储物的权利（《民法典》第910条）。对此，应注意如下要点：（1）关于仓单的发行有不同的法例。其一为"单券主义"，对于仓储物仅承认一枚证券的发行，不许发行复券，比如德国、美国等，仓储物的转让、质押悉依一枚证券进行；其二为"复券主义"，鉴于一旦仓储物因出质而交付仓储证券，日后再行转让时便有困难，有所不便，故与前者相反，承认就仓储物所有权的转让可发行仓储证券（预证券），就其质押可发行设质证券（质入证券），比如法国、意大利等；其三为"并用主义"，比如日本，以存货人有请求时，仓库营业人应向其交付仓储物的仓储证券及设质证券（《日本商法》第598条），存货人既可以请求发行单一证券，也可以请求发行复券。学说以复券主义及并用主义使法律关系复杂化为其缺点。[②] 我国法对仓库证券采单券主义（一券主义）。[③]（2）通过背书并经保管人签名或者盖章，方可转让仓单，转让"提取仓储物的权利"。之所以不采仓单的转让或出质

[①] [日] 服部荣三：《商行为法讲义》，文真堂1976年版，第96页。
[②] [日] 服部荣三：《商行为法讲义》，文真堂1976年版，第101页；[日] 落合诚一、大塚龙儿、山下友信：《商法I——总则·商行为》（第五版），有斐阁2013年版，第259—260页。
[③] 黄薇主编：《中华人民共和国民法典合同编释义》，法律出版社2020年版，第854页。

仅由存货人或仓单持有人背书即可的做法,立法者认为不经保管人签名盖章,交易效率的提高难免以交易安全和秩序受到损害为代价。[①](3)这种"提取仓储物的权利",究为物权(所有权)抑或为债权,似不明确。本书以为解释为物权是可以的。

（三）检查或提取样品容许义务

保管人根据存货人或者仓单持有人的要求,应当同意其检查仓储物或者提取样品(《民法典》第911条)。在解释上应认为不仅有容许义务,尚包含必要的协助义务。[②]这是为了方便仓储物的买卖等交易,以及对当事人期待仓储物保存完好的利益予以保护,而对仓储业者要求的必要的协助义务。[③]

（四）通知、催告或其他协助义务

保管人发现入库仓储物有变质或者其他损坏的,应当及时通知存货人或者仓单持有人(《民法典》第912条)。

保管人发现入库仓储物有变质或者其他损坏,危及其他仓储物的安全和正常保管的,应当催告存货人或者仓单持有人作出必要的处置。因情况紧急,保管人可以作出必要的处置；但是,事后应当将该情况及时通知存货人或者仓单持有人(《民法典》第913条)。

（五）仓储物的返还义务

仓储合同终了（期限届满）或者存货人或仓单持有人（随时）要求提取仓储物时,保管人有返还仓储物的义务(《民法典》第888条第1款)。

（六）损害赔偿责任

储存期内,因保管不善造成仓储物毁损、灭失的,保管人应当承担赔偿责任。因仓储物本身的自然性质、包装不符合约定或者超过有效储存期造成仓储物变质、损坏的,保管人不承担赔偿责任(《民法典》第917条)。

二、存货人的义务与责任

（一）支付仓储费的义务

仓储合同中存货人的主给付义务是支付仓储费(《民法典》第904条后段)。该义务与保管人的主给付义务,构成对待给付关系,故可适用双务合同的特别规则。惟我国法采"报酬

---

① 黄薇主编:《中华人民共和国民法典合同编释义》,法律出版社2020年版,第855页。
② [日]服部荣三:《商行为法讲义》,文真堂1976年版,第97页。
③ [日]江头宪治郎:《商取引法》（第三版）,弘文堂2002年版,第333页。

后付"原则,故与支付仓储费立于同时履行关系者,非为保管人的储存义务,而实为其仓储物的返还义务。

(二)偿还费用的义务

保管人如果为仓储物支出了必要费用,且依合同解释可得认为该费用未为仓储费所涵盖场合,存货人仍有偿还该费用的义务。

(三)说明义务

储存易燃、易爆、有毒、有腐蚀性、有放射性等危险物品或者易变质物品的,存货人应当说明该物品的性质,提供有关资料(《民法典》第906条第1款)。存货人违反前款规定的,保管人可以拒收仓储物,也可以采取相应措施以避免损失的发生,因此产生的费用由存货人负担(《民法典》第906条第2款)。

(四)领取保管物

储存期限届满,存货人或者仓单持有人应当凭仓单、入库单等提取仓储物。存货人或者仓单持有人逾期提取的,应当加收仓储费;提前提取的,不减收仓储费(《民法典》第915条)。储存期限届满,存货人或者仓单持有人不提取仓储物的,保管人可以催告其在合理期限内提取;逾期不提取的,保管人可以提存仓储物(《民法典》第916条)。

(五)不履行或者不完全履行的法律后果

存货人未按照约定支付仓储费或者其他费用的,保管人对仓储物享有留置权,但当事人另有约定的除外(《民法典》第903条)。

第二十六章 委托合同

第一节 委托合同概述

一、委托合同的语义

委托合同（Auftrag），是委托人（Auftraggeber）和受托人（Beauftragter）约定，由受托人处理委托人事务的合同（《民法典》第919条）。

所谓处理事务（Besorgung eines Geschaefts），意指委托人为受托人作出各种行为，不仅可以包括法律行为和准法律行为，而且可以包括单纯的事实行为。比如约定甲外出旅行期间，由乙为甲购物、办理信件的往来以及喂养甲的金丝雀。[1]

受托人所要处理的是由委托人托付给他的事务，这表明委托通常只涉及委托人的事务，或者在有相关约定的场合，涉及第三人的事务。如果事务仅仅关涉受托人自己的利益领域，则对此并不存在缔结委托合同的意思。[2]

二、委托合同的类型

我国法承认无偿和有偿两种类型的委托，是否有偿，原则上尊重当事人的意思。《民法典》第919条关于委托合同的定义未提及报酬，或据此谓委托合同不以支配报酬为要素，[3] 实则该定义兼顾两种类型的委托而取其公因式，至于委托合同以何者为原则，尚不应由此推论。

---

[1] Vgl. *Brox/Walker*, Besonderes Schuldrecht, 31. Auflage, Verlag C.H. Beck, 2006, S.353.
[2] Vgl. *Brox/Walker*, Besonderes Schuldrecht, 31. Auflage, Verlag C.H. Beck, 2006, S.353.
[3] 谢鸿飞、朱广新主编：《民法典评注：合同编·典型合同与准合同》（第四册），中国法制出版社2020年版，第216页。

（一）无偿委托

对于事务的处理不给付报酬的委托为无偿委托。《德国民法典》第662条明定委托的无偿性（unentgeltlich），如非无偿，则变为雇佣（Dienstvertrag）、承揽（Werkvertrag）、行纪（Kommissionsvertrag）、运输（Speditionsvertrag）或者中介（Maklervertrag）等合同，不成其为委托。① 此属罗马法② 以来的惯常立场，我国法亦不例外。

（二）有偿委托

对于事务的处理给付报酬的委托为有偿委托。我国法承认当事人对于委托报酬的约定（《民法典》第928条第1款）。

（三）孰为原则

原《合同法》第405条前段规定："受托人完成委托事务的，委托人应当向其支付报酬。"由此可以发现，除非当事人另有约定，在受托人完成事务场合，委托人有支付报酬的义务。由此可以认为，我国合同法原来是以有偿委托为原则。③

如今《民法典》第928条第1款规定："受托人完成委托事务的，委托人应当按照约定向其支付报酬。"后者较前者增加了"按照约定"四字。这一改动具有实质意义，它意味着如果没有约定，则受托人没有根据请求报酬。换言之，在解释论上应认为《民法典》是以无偿委托为默认类型（原则），有偿委托则需要当事人有约定，或再作扩张，承认"即便是委托合同中并没有约定报酬的，但依据习惯或者依据委托事务的性质应该由委托人给付报酬的，委托人仍然有支付受托人报酬的义务"。④ 此一扩张，可以兼顾商事委托的情形。

三、委托合同的边界

（一）好意帮忙关系

委托与单纯的好意帮忙关系（Gefaelligkeitsverhaeltnis）的区别在于，委托场合当事人负有合同上的义务（存在法律拘束的意旨）。设若妈妈为了外出购物而将女儿留在熟人处，女儿打碎了花瓶并因碎片受伤，于此场合，是否发生合同上的损害赔偿请求权呢？此时仅为好意帮忙关系，因而不存在合同上的请求权，在其熟人方面仅有可能发生侵权责任。⑤

---

① Vgl. *Brox/Walker*, Besonderes Schuldrecht, 31. Auflage, Verlag C.H. Beck, 2006, S.353 ff.; *Karl Larenz*, Lehrbuch des Schuldrechts, II. Band: Besonderer Teil, 1. Halbband, Verlag C.H. Beck, 1986, S.409.
② ［意］彼德罗·彭梵得：《罗马法教科书》（校订版），黄风译，中国政法大学出版社2018年版，第312—313页。
③ 韩世远：《医疗服务合同的不完全履行及其救济》，载《法学研究》2005年第6期。
④ 黄薇主编：《中华人民共和国民法典合同编释义》，法律出版社2020年版，第883页。
⑤ Vgl. *Brox/Walker*, Besonderes Schuldrecht, 31. Auflage, Verlag C.H. Beck, 2006, S.351, 354; vgl. auch *Esser/Weyers*, Schuldrecht, Band II, Besonderer Teil, Teilband 1, 8. Auflage, C.F.Muller Juristischer Verlag, 1998, S.312.

（二）其他有偿事务处理合同

此所谓其他有偿事务处理合同，意指雇佣、承揽和中介。无偿委托合同易与之区分，有偿委托则区分不易。雇佣合同中的受雇人，一如劳动合同中的劳动者，是在服从指令的状态下提供劳务之人，具有鲜明的服从色彩；委托合同受托人处理事务，虽然也要依委托人的意旨，但具有相当程度的自由空间，不存在从属关系。承揽合同强调工作结果的完成，委托并不强调这一点。中介合同的目的是达成另外一个合同提供服务（信息或者媒介），委托合同所要处理的事务范围广泛，无此局限。

（三）赠与合同

无偿委托合同与赠与合同均属无偿合同，惟赠与涉及财产的给予，而无偿委托合同指在处理委托人的事务，通常并不涉及财产的给予。

（四）意定代理权

我国法区分委托与代理。委托合同所涉及的是委托人与受托人之间的关系，据此确定委托人的哪些事务是受托人有义务处理的。与之相对，意定代理权（Vollmacht）则是在赋予代理人一种权限（Befugnis），与第三人为法律行为时以被代理人的名义。委托合同涉及的是委托人与受托人之间的债之关系（内部关系 Innenverhaeltnis），与之相对，意定代理权涉及的是面对第三人时代理人的权利（外部关系 Aussenverhaeltnis）。[①]

四、委托合同的性质

（一）无偿合同

我国法如今原则上以委托合同为无偿合同，例外场合，亦得为有偿合同，已如上述。

（二）单务合同

在有偿委托，委托人的报酬给付义务与受托人的事务处理义务，立于互为对价的关系，而为双务合同。在无偿委托，仅受托人负担处理事务的义务，虽委托人负有偿还费用的义务，但二者间并非立于互为对价的关系，故为单务合同。[②] 或谓之为"不完全双务合同"（unvollkommenzweiseitiger Vertrag），并不发生双务合同的同时履行抗辩问题，[③] 因为它性质上仍为单务合同。[④]

[①] Vgl. *Brox/Walker*, Besonderes Schuldrecht, 31. Auflage, Verlag C.H. Beck, 2006, S.355.
[②] 参见王泽鉴：《民法概要》，北京大学出版社 2009 年版，第 315 页。
[③] Vgl. *Esser/Weyers*, Schuldrecht, Band II, Besonderer Teil, Teilband 1, 8. Auflage, C.F.Muller Juristischer Verlag, 1998, S.312.
[④] 韩世远：《合同法总论》（第四版），法律出版社 2018 年版，第 77 页。

（三）诺成合同

委托合同的成立并不以当事人交付物或者完成其他现实给付为要件，属于诺成合同。

（四）不要式合同

委托合同的成立法律原则上不作形式上的要求，当事人采用书面形式或者口头形式，均无不可，故属不要式合同。

（五）继续性合同

委托事务的处理通常并非一时可得给付完成，委托合同因此具有继续性合同的性质。

第二节　委托合同的效力

一、对受托人的效力

（一）处理事务的义务（Pflicht zur Besorgung eines Geschaefts）

1. 事务处理权的授予。受托人对委托人负有处理事务的义务。为了处理事务，首先需要委托人授予事务处理权。受托人的权限，依委托合同的约定，没有约定或者约定不明的，依其委托事务的性质、交易习惯等加以确定。受托人的权限，依特别委托或概括委托而不同：

（1）特别委托。委托人可以特别委托受托人处理一项或者数项事务（《民法典》第920条前段），称特别委托。为了处理委托事务，受托人可以为一切必要的行为，比如受托养狗场合，受托人可以购买狗粮、遛狗，在狗生病时带狗看病等。

（2）概括委托。委托人也可以概括委托受托人处理一切事务（《民法典》第920条后段），称概括委托。原则上受托人得为一切行为，但如若全无限制，亦不免滋生困扰。我国台湾地区"民法"第534条因此规定，下列行为须有特别的授权：①不动产的出卖或设定负担；②不动产的租赁其期限超过二年的；③赠与；④和解；⑤起诉；⑥提交仲裁。《民法典》虽未进一步作此限定，上述规则在实务中亦足资参考。

2. 按照指示（Beachtung von Weisungen）。受托人应当按照委托人的指示处理委托事务。需要变更委托人指示的，应当经委托人同意；因情况紧急，难以和委托人取得联系的，受托人应当妥善处理委托事务，但事后应当将该情况及时报告委托人（《民法典》第922条）。

3. 亲自处理（Persoenliche Ausfuehrung）。受托人应当亲自处理委托事务（《民法典》第923条前段）。此一规则的基础在于委托合同当事人之间的信赖关系。亲自处理委托事务，并不排除受托人可以利用履行辅助人（Gehilfe），只是受托人须为其履行辅助人负责。

4. 转委托。转委托（Substitution），意指受托人将事务处理的全部或者部分以自己的责任托付给第三人，并不以其自身从各种行为中退出为必要。① 转委托的效力得区分合法的转委托与非法的转委托而分别观察。

（1）合法的转委托。转委托经同意或者追认的，委托人可以就委托事务直接指示转委托的第三人，受托人仅就第三人的选任及其对第三人的指示承担责任（《民法典》第 923 条中段）。受托人的责任性质上属过错责任，受托人的过错可以表现为他选任了不胜任的第三人，或者他对第三人的指示不充分。②

（2）非法的转委托（unerlaubte Uebertragung）。转委托未经同意或者追认的，受托人应当对转委托的第三人的行为承担责任；但是，在紧急情况下受托人为了维护委托人的利益需要转委托第三人的除外（《民法典》第 923 条后段）。非法转委托场合受托人的责任性质上仍属过错责任，而非无过错责任（严格责任），这是有鉴于受托人即使是亲自行为场合，其责任仍属过错责任。

（二）报告义务

受托人应当按照委托人的要求，报告委托事务的处理情况。委托合同终止时，受托人应当报告委托事务的结果（《民法典》第 924 条）。此项义务属于受托人的附随义务。③

（三）转交财产的义务（Herausgabepflicht）

受托人为处理事务以及由处理事务而获得的财产，均应转交给委托人。

1. 为处理事务而获得的财产。受托人为处理事务，可能从委托人处获得财产（比如为购买某物而受取金钱，为处理事务而受取工具设备或者证件证书等），只要这些财产在正常的事务处理过程中未被消耗掉，须予以返还。④

2. 由处理事务而获得的财产。受托人处理委托事务取得的财产，应当转交给委托人（《民法典》第 927 条）。受托人应转交的财产，包括从物及孳息。

受托人处理委托事务取得的财产，得区分为两类：一类是以委托人的名义取得的，另外一类是以受托人自己的名义取得的。

在以委托人的名义取得财产场合，其财产权利自一开始便是委托人的，不生疑问。

在以受托人的名义取得财产场合，该财产并非自始归属于委托人，而应当理解为先归属于受托人，再由受托人转移给委托人。⑤ 换言之，财产权利在受托人与委托人之间的移转，

---

① Vgl. *Jauernig / Mansel*, Jauernig BGB Kommentar, 12. Auflage, Verlag C.H. Beck, 2007, § 665 Rn. 2.
② Vgl. *Brox/Walker*, Besonderes Schuldrecht, 31. Auflage, Verlag C.H. Beck, 2006, S.359.
③ Vgl. *Peter Schlechtriem*, Schuldrecht Besonderer Teil, 6. Auflage, Mohr Siebeck, 2003, S.205.
④ Vgl. *Brox/Walker*, Besonderes Schuldrecht, 31. Auflage, Verlag C.H. Beck, 2006, S.357.
⑤ 自比较法观察，我国台湾地区"民法"第 541 条第 2 项规定："受任人以自己之名义，为委托人取得之权利，应移转于委托人。"其判例谓："受任人以自己名义，为委任人取得之不动产所有权，依民法第 541 条第 2 项之规定，虽应负移转于委任人之义务，然此仅为受任人与委任人间之权利义务关系，在受任人移转其所有权于委任人以前，要难谓委任人已取得该不动产所有权。"

不是基于法律规定的当然移转，而是基于法律行为（意思表示）的移转。受托人负有移转财产权的义务，该义务是基于法律规定（《民法典》第927条）直接发生的，无论当事人是否在委托合同中已有约定。

3. 利息。受托人为自己的利益而使用须返还给委托人或须为委托人的利益而使用的金钱的，有义务自使用时起，支付所使用的金钱的利息（《德国民法典》第668条）。我国《民法典》虽未明文规定，仍应作相同解释。

（四）违约责任

受托人不履行或者不按照约定履行其义务时，《民法典》合同编通则关于违约责任的规定，固然应予适用，但应当注意委托合同的特殊性，关于违约损害赔偿责任的归责原则，仍然是过错责任原则，且区别有偿委托与无偿委托，而有不同的规则。

有偿的委托合同，因受托人的过错造成委托人损失的，委托人可以请求赔偿损失。无偿的委托合同，因受托人的故意或者重大过失造成委托人损失的，委托人可以请求赔偿损失（《民法典》第929条第1款）。

受托人超越权限造成委托人损失的，应当赔偿损失（《民法典》第929条第2款）。

两个以上的受托人共同处理委托事务的，对委托人承担连带责任（《民法典》第932条）。

二、对委托人的效力

（一）支付报酬的义务

受托人完成委托事务的，委托人应当按照约定向其支付报酬（《民法典》第928条第1款）。因不可归责于受托人的事由，委托合同解除或者委托事务不能完成的，委托人应当向受托人支付相应的报酬。当事人另有约定的，按照其约定（《民法典》第928条第2款）。

（二）预付费用义务及偿还费用义务

1. 预付费用。委托人应当预付处理委托事务的费用（《民法典》第921条前段）。费用（Aufwendungen）意指财产的支出，它要么是为了处理事务而自愿地发生的（比如差旅费），要么是由于处理事务而发生的必然结果（比如不动产转让的契税）。处理事务过程中负担债务（Eingehung von Verbindlichkeiten）者，亦得归入费用。①

2. 偿还费用。受托人为处理委托事务垫付的必要费用，委托人应当偿还该费用并支付利息（《民法典》第921条后段）。

可以要求偿还的费用应当为必要费用，是否具有必要性（Erforderlichkeit），应当依行为

---

① Vgl. *Brox/Walker*, Besonderes Schuldrecht, 31. Auflage, Verlag C.H. Beck, 2006, S.360.

时的具体情境判断。只要受托人在注意委托人利益方面按照谨慎的要求可得认为是必要的,即使客观上非属必要,亦得要求偿还。[①]

费用的利息,应自费用发生时起计算。

(三)赔偿损失

受托人处理委托事务时,因不可归责于自己的事由受到损失的,可以向委托人请求赔偿损失(《民法典》第 930 条)。此项赔偿责任的发生须受托人自己无可归责的事由(故意或过失),于委托人则不以可归责的事由(故意或过失)为要件,属于无过失责任。例如,甲深夜委请邻居乙送其重病之妻,速赴医院救治,设乙非因过失,途中遭丙撞伤时,乙得向甲请求损害赔偿。[②]我国台湾地区"民法"第 546 条第 4 项规定,"前项损害之发生,如别有应负责任之人时,委任人对于该应负责任者,有求偿权"。《民法典》虽未作相似规定,惟理固宜然,宜作相同解释。于上例场合,丙应负侵权责任时,甲得向丙求偿。

委托人经受托人同意,可以在受托人之外委托第三人处理委托事务。因此造成受托人损失的,受托人可以向委托人请求赔偿损失(《民法典》第 931 条)。

第三节 委托合同的终了

一、委托合同的任意解除

委托人或者受托人可以随时解除委托合同(《民法典》第 933 条前段)。

(一)统一规定

在德国民法,以委托人的任意解除为"撤销"(Widerruf),其理论基础在于自己的利害自己负担;以受托人的任意解除为"解约告知"(Kuendigung),理论基础在于委托的无偿性。[③] 我国法统一规定委托合同的任意解除,此项权利不区分委托人与受托人、不区分有偿委托与无偿委托,统一赋予,统一称为"解除"。

(二)任意解除

当事人可以"随时"解除委托合同,故称之为"任意解除"。此项权利为形成权,其行使只要权利人向对方作出需要受领的单方意思表示(通知)即可,无须另外说明理由。

[①] Vgl. *Brox/Walker*, Besonderes Schuldrecht, 31. Auflage, Verlag C.H. Beck, 2006, S.361.
[②] 参见王泽鉴:《民法概要》,北京大学出版社 2009 年版,第 318 页。
[③] Vgl. *Brox/Walker*, Besonderes Schuldrecht, 31. Auflage, Verlag C.H. Beck, 2006, S.363.

（三）赔偿损失

委托合同任意解除场合，"因解除合同造成对方损失的，除不可归责于该当事人的事由外，无偿委托合同的解除方应当赔偿因解除时间不当造成的直接损失，有偿委托合同的解除方应当赔偿对方的直接损失和合同履行后可以获得的利益"（《民法典》第933条后段）。对此应予注意如下要点：

1. 此项赔偿并非违约损害赔偿，因为解除权人是在行使法律赋予的权利，具有正当性，不构成违约。因而，该条赔偿并不当然适用关于违约赔偿的规则。

2. 此项赔偿并非解除权人行使解除权的前提条件，而是其结果，因而，不能以是否作出了此项赔偿来判断是否发生解除的效果。

3. 此项赔偿的构成，要求赔偿义务人对于损失的发生具有可归责的事由（故意或者过失），只不过法律推定了可归责事由的存在，故赔偿义务人负有证明自己没有可归责事由的举证责任。

4. 赔偿范围因无偿委托与有偿委托之不同而有区别。

（1）无偿委托。任意解除无偿委托合同场合，所应赔偿者系"因解除时间不当造成的直接损失"。此处出现了《民法典》中惟——条使用的"直接损失"概念（本是学理概念）。

所谓"解除时间不当"，即于不利于对方当事人的时期解除。就不利于委托人方面而言，是指当受托人在未完成委托事务的情况下解除合同时，委托人自己不可能亲自处理该项事务，而且又不能及时找到合适的受托人代他处理该委托事务而发生损害的情形。[①] 对于受托人而言，由于不存在报酬问题，故通常不发生解除时间不当问题。

（2）有偿委托。解除有偿委托合同场合，所应赔偿者系"对方的直接损失和合同履行后可以获得的利益"。①对于直接损失，虽未像无偿委托场合要求"解除时间不当"，在立法者心目当中实有此要求。其就不利于委托人的情形一如前述无偿委托；其就不利于受托人情形，则谓委托人在受托人处理委托事务尚未完成前解除了合同，使受托人因不能继续履行义务而少获报酬。[②] ②如何界定合同履行后可以获得的利益，是个问题。或谓不得超过解除方可以预见到或者应当预见到的因解除合同可能造成的损失。[③] 其实，在解释论的构造上，不妨类推适用关于违约赔偿的有关规定（《民法典》第584条等）。

二、死亡、丧失民事行为能力或者破产场合的终止

（一）受托人死亡、丧失民事行为能力或者终止

《民法典》原则上以受托人死亡、丧失民事行为能力或者终止为委托合同终止的原因，

---

① 黄薇主编：《中华人民共和国民法典合同编释义》，法律出版社2020年版，第890页。
② 黄薇主编：《中华人民共和国民法典合同编释义》，法律出版社2020年版，第890页。
③ 黄薇主编：《中华人民共和国民法典合同编释义》，法律出版社2020年版，第892页。

当事人另有约定或者根据委托事务的性质不宜终止的除外（第 934 条）。死亡、丧失民事行为能力是对自然人而言，终止则是对法人和非法人组织而言的。①

受托人死亡原则上使委托合同终止，这是因为该合同是以委托人对于受托人的信赖为基础的。② 作为受托人的法人或者非法人组织终止场合，亦属同理。

受托人丧失民事行为能力的，在受托的事务属为法律行为或者准法律行为场合，其履行已属不能（原因在于《民法典》第 143 条第 1 项和第 144 条），受托人自应从其债务中获得解放。如受托的事务属为纯粹的事实行为，受托事务的履行通常仍属可能。③ 因而，受托的事务属为纯粹的事实行为的，可以作为"根据委托事务的性质不宜终止"的一种情形。

因受托人死亡、丧失民事行为能力或者被宣告破产、解散，致使委托合同终止的，受托人的继承人、遗产管理人、法定代理人或者清算人应当及时通知委托人。因委托合同终止将损害委托人利益的，在委托人作出善后处理之前，受托人的继承人、遗产管理人、法定代理人或者清算人应当采取必要措施（《民法典》第 936 条）。

（二）委托人死亡或者终止

根据《民法典》第 934 条，委托人死亡、终止的，委托合同终止；但是，当事人另有约定或者根据委托事务的性质不宜终止的除外。如从比较法观察，此一规则颇为特别，较为普遍的规则是不使委托合同终止（比如《德国民法典》第 672 条第 1 句）。道理颇为明了，委托人方面的原因，通常并不妨碍受托人对于事务的处理。特别是在我国法兼承认有偿委托的背景下，更有保护受托人合理信赖的必要，不使委托合同当然终止。因此，对于上述规则宜作限缩解释，以大多数的情形归属于"委托事务的性质不宜终止"之列，以期避免不合理的结果发生。

因委托人死亡或者被宣告破产、解散，致使委托合同终止将损害委托人利益的，在委托人的继承人、遗产管理人或者清算人承受委托事务之前，受托人应当继续处理委托事务（《民法典》第 935 条）。

第四节　委托合同与外部关系

一、委托与授权

为了处理委托事务，通常需要委托人授予受托人以事务处理权，通常称此为"委托人的

---

① 《民法典》第 934 条以"终止"替代原《合同法》第 411 条中的"破产"，以破产只是法人或者非法人组织终止的原因之一，此外尚有解散等原因；另外，法人或者非法人组织进入解散或者破产清算阶段，并不必然导致委托合同终止。石宏主编：《〈中华人民共和国民法典〉释解与适用［合同编］》（下册），人民法院出版社 2020 年版，第 818 页。
② Vgl. *Brox/Walker*, Besonderes Schuldrecht, 31. Auflage, Verlag C.H. Beck, 2006, S.363.
③ Vgl. *Brox/Walker*, Besonderes Schuldrecht, 31. Auflage, Verlag C.H. Beck, 2006, S.364.

授权"。因为事务处理非必然表现为法律行为或者准法律行为,所以委托人所授之"权"亦非必然表现为"代理权",而可以表现为受托人获得处理某项事务的资格。当然,不排除这项资格在必要的场合也可以包括"代理权"。

二、合同关系结构

在受托人对外为法律行为场合,当然可以是单方行为,也可以是双方行为,甚至包括多方行为。为了分析问题的方便,此处以受托人对外为双方行为(缔约行为)为模型。对于委托合同而言,由受托人与第三人缔约形成的合同关系,便属于委托合同的外部关系。如果二者彼此无关,自然无须进一步分析,惟在很多场合,此外部合同关系会与委托人发生利害关系,需要法律调整。

受托人与第三人缔约,可以有不同的方式:(1)受托人以委托人的代理人的身份、以委托人(本人)的名义与第三人缔约;(2)受托人以自己的名义与第三人缔约,但按照受托人与委托人之间的委托合同,上述合同的结果悉归委托人(参照图26.4.1);(3)受托人以自己的名义与第三人缔约,结果悉归自己,非为委托人处理事务。

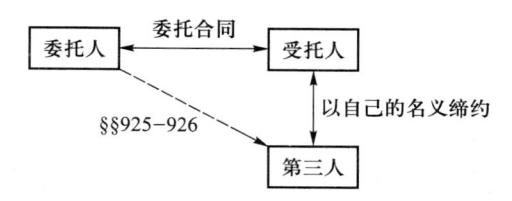

图 26.4.1 委托相关法律关系结构

上述三种缔约方式,第一种与第三种通常不生问题,惟第二种方式具有特殊性,针对这种特殊的现象,《民法典》第925条和第926条作了专门规定,予以规范,学说称之为"间接代理"。[①]

由于受托人是以自己的名义,在委托人的授权范围内与第三人订立合同(为处理事务而签订的合同),该合同的当事人便应当是受托人与第三人,而非如普通代理场合为委托人与第三人。如此,委托人与受托人之间有委托合同,受托人与第三人之间有为处理事务而签订的合同,委托人与第三人之间没有直接关系("合同相对性"使然,《民法典》第465条第2款)。

通常情形下,处理上述三方主体之间的关系,应依合同相对性原则。但是,为了便捷商业实践提出新的要求,即应当设法使委托人与第三人直接发生关系。作为法律的回应,《民法典》设立了第925条和第926条。另外,这两条没有在"行纪合同"章中规定,而是在"委托合同"章中规定,使得相应的特别规则,不仅可以适用于后述"行纪合同"这种传统的商事合同,同时也得适用于除"行纪"之特别委托以外的其他一般委托合同。

---

① 梁慧星:《民法总论》(第五版),法律出版社2017年版,第226页。

三、委托人的自动取代

受托人以自己的名义，在委托人的授权范围内与第三人订立的合同，第三人在订立合同时知道受托人与委托人之间的代理关系的，该合同直接约束委托人和第三人；但是，有确切证据证明该合同只约束受托人和第三人的除外（《民法典》第 925 条）。

委托人自动取代，谓委托人在符合法律要件的前提下，在法律上自动取代受托人的合同（为处理事务而签订的合同）当事人地位。学者或称之为"自动介入"，[①]"介入"者，加入之谓也，未言受托人退出，故不准确，本书称之为"自动取代"。

委托人自动取代的法律要件是，第三人"在订立合同时知道"受托人与委托人之间的代理关系（委托关系），[②] 故订立合同时不知而后来知道的，尚不符合要件，亦不应自第三人知道时起发生委托人自动取代的效果。对于这一要件的举证，由主张者负责。

委托人自动取代的法律效果是，三方当事人的关系如同普通的代理关系，受托人由合同当事人退居代理人地位，委托人则由局外人成为合同当事人。另外，由于是"自动"取代，故当事人无选择的余地。

四、委托人的主动取代

受托人以自己的名义与第三人订立合同时，第三人不知道受托人与委托人之间的代理关系的，无从发生委托人自动取代；但是在一定要件下，委托人可以通过主动主张的方式取代受托人"为处理事务而签订的合同"的当事人地位。本书将其称为委托人的"主动取代"，委托人为上述主张的权利则被称为委托人的取代权。

委托人取代权的要件是：（1）受托人以自己的名义与第三人订立合同时，第三人不知道受托人与委托人之间的代理关系（委托关系）。（2）受托人因第三人的原因对委托人不履行义务，换言之，由于第三人的原因，受托人不履行或者不完全履行其在委托合同中对于委托人的义务。（3）第三人与受托人订立合同时如果知道该委托人仍会订立合同。

委托人欲行使取代权，还需要知道第三人的相关信息，在委托人不知道的场合，受托人有披露的义务。

委托人行使取代权的效果，与委托人自动取代的法律效果相似，即三方当事人的关系如同普通的代理关系，受托人由合同当事人退居代理人地位，委托人则由局外人成为合同当事人。

[①] 参见崔建远主编：《合同法》（第四版），法律出版社 2007 年版，第 496 页。
[②] 准确地说，第三人应知道受托人与委托人之间是"委托关系"而非"代理关系"。言"代理"，即应有"代理权"，此属"外部关系"，受托人仅以自己的名义对外行为，无须借助于"代理权"。

五、受托人的披露义务

(一)受托人对于委托人的披露义务

受托人以自己的名义与第三人订立合同时,第三人不知道受托人与委托人之间的代理关系的,受托人因第三人的原因对委托人不履行义务,受托人应当向委托人披露第三人(《民法典》第 926 条第 1 款主文前段),此项义务属于委托合同中的一项法定的附随义务。

(二)受托人对于第三人的披露义务

受托人因委托人的原因对第三人不履行义务,受托人应当向第三人披露委托人(《民法典》第 926 条第 2 款主文前段),此项义务属于受托人以自己的名义与第三人签订的合同(为处理委托事务而签订的合同)中的一项法定的附随义务。

六、第三人的选择权

受托人因委托人的原因对第三人不履行义务,受托人向第三人披露了委托人,第三人因此可以选择受托人或者委托人作为相对人主张其权利,但是第三人不得变更选定的相对人(《民法典》第 926 条第 2 款)。第三人的此项选择权属于形成权,其行使方式是向相对人为通知(需要受领的单方意思表示)。选中哪方作为相对人,便应向他为此通知,自通知到达该相对人时发生效力。一旦发生效力,当事人之间的法律关系便已确定形成,因而,第三人没有权利再行变更。

七、抗辩

委托人行使受托人对第三人的权利的,第三人可以向委托人主张其对受托人的抗辩。第三人选定委托人作为其相对人的,委托人可以向第三人主张其对受托人的抗辩以及受托人对第三人的抗辩(《民法典》第 926 条第 3 款)。

第二十七章　物业服务合同

第一节　物业服务合同概述

一、物业服务合同的语义

物业服务合同是物业服务人在物业服务区域内，为业主提供建筑物及其附属设施的维修养护、环境卫生和相关秩序的管理维护等物业服务，业主支付物业费的合同（《民法典》第937条第1款）。

物业服务合同的主体包括两方：一方是物业服务人。物业服务人包括物业服务企业和其他管理人（《民法典》第937条第2款）。其中，其他管理人，如业主自行管理场合依法成立的业主委员会。[①] 另外一方是业主。业主可有两种含义：（1）作为集体的概念，指全体业主；（2）作为个体概念，指单个的业主，即房屋的所有权人（《物业管理条例》第6条第1款）。从物业服务合同一元论的立场出发，认为物业服务合同只存在一份，相应地，作为其主体的"业主"须界定为全体业主而非单个业主。[②] 而从物业服务合同二元论的立场出发，则认为除了建设单位或者业主委员会与物业服务人签订的物业服务合同之外，在物业服务人与单个业主之间实际上还存在着具体的物业服务合同。

本书认为，对物业服务合同以二元论为基础更容易解释说明：一方面，《民法典》所规定的物业服务合同确实并非仅在集体合同意义上的单一构成；另一方面，实务中物业服务人就欠付物业费通常是起诉单个业主，而非业主委员会或者全体业主。以下具体说明。

[①] 参见2016年8月22日最高人民法院发布的十起关于弘扬社会主义核心价值观典型案例之七：某小区业主委员会诉邓某某物业服务合同纠纷案。

[②] 参见王利明：《物业服务合同立法若干问题探讨》，载《财经法学》2018年第3期，第8—9页。

二、物业服务合同的订立方式

(一) 框架合同与个别合同

以开发商开发的住宅小区为典型，业主并非只有一个，而是为数众多。物业服务人通常并非与各个业主逐一讨价还价订立合同，而是先与某集体行动代表形成能够约束各个业主的框架合同 (Rahmenvertrag; frame contract)，[1] 再在此基础上形成与各个业主之间的个别合同 (Einzelvertraege)。框架合同通常由建设单位或者业主自治团体与物业服务人签订，多采书面形式，且为单一合同；个别合同则存在于物业服务人与单个业主之间，可采书面形式，也可采其他形式（默示合同），且因具体业主人数而呈现复数合同。这两种不同的表现形式，可能都被称为物业服务合同，但应依语境确定其具体所指。

《民法典》规定了预约合同（第 495 条），承认当事人约定在将来一定期限内订立合同的义务具有法律约束力，但却未规定框架合同。不过，基于合同自由，当事人约定框架合同，自无不可。框架合同与预约 (Vorvertrag) 有共同之处，即它亦是意在进一步的（通常为复数的）合同之订立，人们称这些进一步签订的合同为个别合同。与预约的不同在于，框架合同并不带有当事人订立合同的义务 (keine Abschlusspflicht der Beteiligten)。它亦非作为草签的合同 (vorlaeufiger Vertrag)，而是作为最终的合同而存在，并且是作为未来签订的个别合同的框架而存在。仅当此后在框架合同的当事人之间或在框架合同的一方当事人与第三人之间或完全在第三人之间的合同成立时，诸此个别合同具有特定的、依框架合同确定的内容。如果框架合同兼带有订立合同的义务，它同时构成了预约。框架合同与分期付款的、持续的及重复的债之关系区别在于，框架合同并不以具有依各部分履行总括而成其总额的给付义务为必要，而通常仅就个别合同之缔结确定其条件。[2] 由此看来，无论前期物业服务合同还是业主委员会签订的物业服务合同，完全符合框架合同的特征。

物业服务合同是一方提供物业服务、另外一方支付报酬（物业费）的合同，而实务中报酬的支付通常并非以集体的方式（业主委员会并不负责收集各家各户的物业费），而是由业主个体分别向物业服务人交纳。因而，对于物业服务合同，终归应回归到各个业主的个别合同，具体分析。

(二) 前期物业服务合同与狭义物业服务合同

为形成各个个别合同，先应确立框架合同。根据是否形成业主自治组织（业主大会及业主委员会），框架合同可区分不同的订立模式。在业主自治组织形成前，框架合同通常采用前期物业服务合同的模式，由建设单位与物业服务人签订；在业主自治组织产生并发挥作

---

[1] 关于框架合同，可参阅黄立：《民法债编总论》，中国政法大学出版社 2002 年版，第 55—58 页。
[2] Vgl. W.Fikentscher/A.Heinemann, Schuldrecht: Allgemeiner und Besonderer Teil, 11. Auflage., De Gruyter, 2017, S.98—99.

用后，该自治组织可以另行选聘物业服务人，并与之形成（狭义）物业服务合同。故应分别说明。

（三）前期物业服务合同

前期物业服务合同，指建设单位与物业服务人订立的物业服务（框架）合同。前期物业服务合同，对业主具有法律约束力（《民法典》第939条）。何以如此，需要解释。

依主流观点，前期物业服务合同对约定的约束力源自其他业主对建设单位订立的前期物业服务合同的概括承受。[1] 或谓建设单位与物业买受人签订的房屋买卖合同应当包含前期物业服务合同约定的内容（《物业管理条例》第25条）进而"转化"成单个业主与物业服务企业之间的合同。[2] 另有委托代理说[3] 或者法定代理说，[4] 拟制业主事后追认或者推定业主有委托意思，或称基于法律规定。

（四）狭义物业服务合同

狭义物业服务合同，指业主自治组织与物业服务人订立的物业服务（框架）合同。业主委员会负有代表业主与业主大会选聘的物业服务企业签订物业服务合同的职责（《物业管理条例》第15条第2项）。业主委员会与业主大会依法选聘的物业服务人订立的物业服务合同，对业主具有法律约束力（《民法典》第939条）。有学说认为，此种物业服务合同因为其"规范性效力"，使其当然、自动地成为物业服务人与每个业主之单个物业服务关系的内容，从而也就构成物业服务人向单个企业主张物业费的请求权基础。[5]

本书认为，在德国劳资协议（Tarifvertrag）属于所谓规范合同（Normenvertrag），与框架合同尚有不同。二者的差异在于，框架合同欠缺政府授予的规范确立权限（Fehlen staatlich delegierter Normsetzungsbefugnis），而规范合同则有之，据此使其规范对个别合同关系（比如劳动合同 Arbeitsvertrage）发生直接的效力（direkte und unmittelbare Wirkung）。[6] 国情不同，做法有别。在我国，即便是在集体合同场合，就其订立在程序上也要先将合同草案提交职工代表大会或者全体职工讨论，应当有2/3以上职工代表或者职工出席，且须经全体职工代表半数以上或者全体职工半数以上同意，合同草案方获通过（《集体合同规定》第36条）。职工多数的"同意"乃是其对职工具有法律约束力（《集体合同规定》第6条）的前提，在基本构造上不是基于集体合同的规范性效力，而是基于职工的意思。回到我国的物业服务合

---

[1] 参见最高人民法院民事审判第一庭编著：《最高人民法院建筑物区分所有权、物业服务司法解释理解与适用》，人民法院出版社2009年版，第255页以下；刘兴桂、刘文清：《物业服务合同主体研究》，《法商研究》2004年第3期；姚辉、段睿：《物业服务合同履行的相关法律问题研究》，载《法律适用》2010年第1期。
[2] 徐涤宇：《物业服务合同法律构造之中国模式》，载《法学研究》2021年第3期，第60页。
[3] 参见李延荣、周珂：《房地产法》，中国人民大学出版社2005年版，第222页；王利明：《合同法研究》第4卷，中国人民大学出版社2013年版，第203—204页。
[4] 杨立新：《物业服务合同：从无名合同到典型合同的蜕变》，载《现代法学》2020年第4期，第75页。
[5] 徐涤宇：《物业服务合同法律构造之中国模式》，载《法学研究》2021年第3期，第61页。
[6] Vgl. *W.Fikentscher/A.Heinemann*, Schuldrecht: Allgemeiner und Besonderer Teil, 11. Auflage., De Gruyter, 2017, S.99.

同，它不具有此种规范性效力，当可断言。

在框架合同对其当事人之一人与第三人或者完全由第三人所签订的个别合同确定条件场合，其为第三人及对第三人的拘束力如何，便成问题。困难在于，使第三人负担义务的合同（Vertraege zu Lasten Dritter）是根本不可能的。框架合同中对第三人不利的条件，仅当第三人在个别合同中（通过明示或者默示的对框架合同的援引）对此予以同意的，始得对抗该第三人。[①] 诚哉斯言！

物业服务框架合同的效力之所以能够及于作为第三人的单个业主，其根源既非法律的一般规定（《民法典》第939条），也非该框架合同作为"集体合同"的法规性效力，而是基于"业主的意思"。换言之，复数的业主采取集体行动，形成多方行为（又细分为共同行为与决议行为）。《民法典》第939条所谓"业主大会依法选聘"物业服务人，实即指业主自治组织对此形成决议。该决议即便在多数决议的情况，对于未到会的成员或到会而表示不同意思（投反对票或弃权）的成员也有拘束力。[②] 因而，《民法典》明定，业主大会或者业主委员会的决定，对业主具有法律约束力（第280条第1款）。业主委员会与物业服务人缔约，不过是落实上述业主大会决议而已。确切地说，并非其所订立的框架合同本身，而是业主大会的决议对于各个业主具有约束力；借由业主大会的决议，业主委员会所订立的物业服务框架合同才对具体业主具有约束力。

三、物业服务合同的性质

（一）有偿合同

对于物业服务人提供的物业服务，业主有义务支付物业费，故物业服务合同为有偿合同。在法律欠缺规定场合，依《民法典》第646条，可参照适用买卖合同的有关规定。

（二）双务合同

业主的物业费支付义务与物业管理人提供物业服务的义务，互为对价关系，故物业服务合同为双务合同。据此，本可发生双务合同的履行抗辩问题，不过，《民法典》第944条第3款明定，物业服务人不得采取停止供电、供水、供热、供燃气等方式催交物业费。当系立法者衡量双方利益，以业主之生存利益优先于物业服务人之财产利益所作的例外规定。

（三）诺成合同

物业服务合同自双方意思表示一致时即可成立，而不以交付或办理特定手续为成立要

[①] Vgl. *W.Fikentscher/ A.Heinemann*, Schuldrecht: Allgemeiner und Besonderer Teil, 11. Auflage, Walter De Gruyter 2017, S.100.
[②] 谢怀栻：《民法总则讲要》，北京大学出版社2007年版，第131页；Vgl. *Medicus / Petersen*, Allgemeiner Teil des BGB, 11. Aufl. 2016, S.100；崔建远等：《民法总论》（第三版），清华大学出版社2019年版，第155—156页。

件,[①] 故为诺成合同。

（四）要式合同抑或不要式合同

物业服务合同应当采用书面形式（《民法典》第938条第3款；《物业管理条例》第21条及第34条第1款）。据此，可以说物业服务合同是要式合同。惟应注意，此属对于物业服务框架合同的要求，至于物业服务人与单个业主之间的法律关系，除基于框架合同之外，是否仍依书面形式具体化（比如明确该业主的物业面积及相应的物业费或其计算方法），立法未作统一要求，依《民法典》第135条，形式自由。

（五）继续性合同

物业服务依其性质并非一次性完成，而需要持续一定的时间，物业服务人应当在合同约定的期间内不间断地提供物业服务。因而，物业服务合同是继续性合同。[②]

（六）特别的委托合同

学说通常以物业服务合同为一种有偿的委托合同,[③] 由物业服务合同在《民法典》中的体系位置（安置在"委托合同"与"行纪合同"之间），也反映出立法者对于这一基本立场的认可。当然，这是从物业服务合同的主要方面是在于服务之提供（行为义务），尽管不排除有的义务（比如小区路灯之修复）可以作为结果义务来要求。如此，从全面的角度说，物业服务合同混合了有偿委托合同及承揽合同的内容，亦可成立。[④]

作上述辨析的意义在于法律适用。申言之，如果物业服务合同章没有明确规定，在物业服务合同中的义务为行为义务场合，则应适用（而非参照适用或者类推适用）委托合同的有关规定；在物业服务合同中的义务为结果义务场合，则应适用承揽合同的有关规定。

四、物业服务合同的内容

（一）物业服务合同的一般内容

物业服务合同的内容一般包括服务事项、服务质量、服务费用的标准和收取办法、维修资金的使用、服务用房的管理和使用、服务期限、服务交接等条款（《民法典》第938条第1款；另见《物业管理条例》第34条第2款）。

[①] 郭明瑞：《合同法通义》，商务印书馆2020年版，第609页。
[②] 石宏主编：《〈中华人民共和国民法典〉释解与适用［合同编］》（下册），人民法院出版社2020年版，第831页。
[③] 韩世远：《物业服务合同与小区车辆安全》，载《人民法院报》2007年6月14日第5版；《民法典》颁布后持此立场者，见杨立新：《物业服务合同：从无名合同到典型合同的蜕变》，载《现代法学》2020年第4期。
[④] 可参看王雷：《房地产法学》，中国人民大学出版社2021年版，第190页以下。

（二）有利服务承诺的组入

物业服务人公开作出的有利于业主的服务承诺，为物业服务合同的组成部分（《民法典》第938条第2款）。这是对物业服务人义务范围的合理扩充，对实践中处理好此类纠纷案件具有重要的指导意义。[①]

第二节　物业服务合同的效力

一、对物业服务人的效力

（一）物业服务义务

1. 义务内容。此属物业服务人的主给付义务，依《民法典》第942条，具体包括如下内容：

（1）妥善维护和经营管理业主共有部分。物业服务人的主给付义务之一涉及对物的管理，即管理物业服务区域内的业主共有部分，包括小区内的道路、绿地、广场等公共场所，电梯、消防设施、公共照明设施和共有的车位车库等公共设施，以及物业服务用房等。[②]"妥善"意味着物业服务人应尽善良管理人的注意，违反此义务可构成过错，应承担赔偿责任；维护包括维修、养护、清洁和绿化等事项；"经营管理"，意指对于能够带来经济收益的共有部分（比如邻街商铺之出租、建筑物外立面或电梯内之广告利用），依其使用性质，善加利用。

（2）维护物业服务区域内的基本秩序。此项义务主要涉及对人的管理。管理的对象，既可能是本小区内的人员（比如辅助及引导垃圾分类、制止高空抛物等），也可能是外来人员（比如快递人员身份登记及电子门禁的授权、访客停车管理等）。业主违反物业服务合同或者法律、法规、管理规约，实施妨碍物业服务与管理的行为，物业服务人可以请求业主承担停止侵害、排除妨碍、恢复原状等相应的民事责任（《物业服务解释》第1条）。

（3）采取合理措施保护业主的人身、财产安全。物业服务人员俗称"保安"（保安人员，见《物业管理条例》第46条第2款），当然要求其保护业主的人身和财产安全。此项义务既是物业服务人最基本的合同义务，也是物业服务合同的基本目的。其目标是保护业主的人身和财产安全，其手段则是"采取合理措施"。比如加强门卫检查，限制无关人员随意进入小区；严格轮岗，确保24小时无间断值守；定期检查消防设施，确保火灾险情发生时派上用场；安装公共场所的监控，保障监控无死角、信息无缺失等。"物业服务企业未能履行物

[①] 石宏主编：《〈中华人民共和国民法典〉释解与适用［合同编］》（下册），人民法院出版社2020年版，第835页。

[②] 黄薇主编：《中华人民共和国民法典合同编释义》，法律出版社2020年版，第927页。

业服务合同的约定，导致业主人身、财产安全受到损害的，应当依法承担相应的法律责任"（《物业管理条例》第35条第2款）。

车辆在小区内被盗或者被毁损，物业公司是否承担赔偿责任，关键要看物业公司是否有过错，其判断的标准是受托人应尽的善良管理人的注意。尽此义务即无赔偿责任，否则，则负完全赔偿责任。当然，物业公司要想分散此种经营风险，也可以考虑投保责任险。①

（4）制止、报告及协助处理违法行为。对物业服务区域内违反有关治安、环保、消防等法律法规的行为，物业服务人应当及时采取合理措施制止、向有关行政主管部门报告并协助处理（《民法典》第942条第2款；另请参阅《物业管理条例》第45条）。

2. 亲自履行及转委托。受托人应当亲自处理委托事务（《民法典》第923条前段），对于物业服务之提供，亦属当然。不过，关于物业服务的转委托，《民法典》第941条区分情形，作了专门规定。

物业服务人将物业服务区域内的部分专项服务事项委托给专业性服务组织或者其他第三人的，应当就该部分专项服务事项向业主负责（《民法典》第941条第1款）。首先，立法允许就部分专项服务事项进行转委托，比如就小区绿化花木之栽培及养护，委托专业的花木公司。其次，依照合同相对性原则，转委托之受托人向委托人（物业服务人）负责，物业服务人向业主负责。最后，物业服务人所负之责，原则上以其具有过错为要件。

物业服务人不得将其应当提供的全部物业服务转委托给第三人，或者将全部物业服务支解后分别转委托给第三人（《民法典》第941条第2款；另请参照《物业管理条例》第39条）。这类似于建设工程合同中，为禁止承包方违法转包给第三人从中牟取非法利益。如果物业服务人擅自将全部物业服务转委托给第三人，或者将全部物业服务支解后分别转委托给第三人，业主可以依照法定程序解聘物业服务人，解除物业服务合同，并请求其承担违约责任。②另外，还可能产生行政责任（见《物业管理条例》第59条）。

（二）公开义务及报告义务

物业服务人应当定期将服务的事项、负责人员、质量要求、收费项目、收费标准、履行情况，以及维修资金使用情况、业主共有部分的经营与收益情况等以合理方式向业主公开并向业主大会、业主委员会报告（《民法典》第943条）。说到底，物业服务人是受业主委托的"管家"，在履行管理职责的同时，负有向业主报告的义务。③

（三）合同终止场合的交接义务及告知义务

物业服务合同终止的，原物业服务人应当在约定期限或者合理期限内退出物业服务区域，将物业服务用房、相关设施、物业服务所必需的相关资料等交还给业主委员会、决定自行管理的业主或者其指定的人，配合新物业服务人做好交接工作，并如实告知物业的使用和

---

① 韩世远：《物业服务合同与小区车辆安全》，载《人民法院报》2007年6月14日第5版。
② 石宏主编：《〈中华人民共和国民法典〉释解与适用［合同编］》（下册），人民法院出版社2020年版，第842页。
③ 杨立新：《物业服务合同：从无名合同到典型合同的蜕变》，载《现代法学》2020年第4期，第78页。

管理状况(《民法典》第 949 条第 1 款;另请参照《物业管理条例》第 38 条)。此属于物业服务人的后合同义务,如因其违反而致业主损失,则应赔偿损失(《民法典》第 949 条第 2 款)。另外,还可能产生行政责任(见《物业管理条例》第 58 条)。

二、对业主的效力

(一)支付物业费的义务

业主应当按照约定向物业服务人支付物业费(《民法典》第 944 条第 1 款前段)。这是业主的主给付义务。此处作为义务主体的"业主"是个体,而非群体概念。业主与物业使用人约定由物业使用人交纳物业服务费用的,从其约定,业主负连带交纳责任(《物业管理条例》第 41 条第 1 款)。

1. 无效的抗辩。物业服务人已经按照约定和有关规定提供服务的,业主不得以未接受或者无需接受相关物业服务为由拒绝支付物业费(《民法典》第 944 条第 1 款后段)。由此体现出:(1)物业费原则上后付,物业服务人应先提供物业服务;(2)业主以未接受物业服务(比如虽然交付了房屋但并未实际入住)或无需接受物业服务(比如以其不产生生活垃圾或将生活垃圾带离小区丢弃)为由,并不构成有效的抗辩。只要物业服务人未另行表示免除单个业主的物业费,业主支付物业费的义务便因业主团体的决议而发生集体的约束力,不因个体不同意思而有差异。

2. 违规收费抗辩。物业服务人违反物业服务合同约定或者法律、法规、部门规章规定,擅自扩大收费范围、提高收费标准或者重复收费,业主以违规收费为由提出抗辩的,人民法院应予支持(《物业服务解释》第 2 条第 1 款)。因而,违规收费之抗辩可构成有效的抗辩。业主请求物业服务人退还其已经收取的违规费用的,人民法院应予支持(《物业服务解释》第 2 条第 2 款)。

3. 义务违反之后果。

(1)催告及诉讼或仲裁。业主违反约定逾期不支付物业费的,物业服务人可以催告其在合理期限内支付;合理期限届满仍不支付的,物业服务人可以提起诉讼或者申请仲裁(《民法典》第 944 条第 2 款)。

业主经催告后在合理期限内仍未支付,物业服务人可否依《民法典》第 563 条第 1 款第 3 项解除与该业主的物业服务合同?法律虽未特别规定,在解释上仍应作否定回答。原因在于,物业服务合同具有集体合同的特性,物业服务之提供,针对业主共有部分,无从区分提供。对于个别极端业主之惩治,在公法许可范围内,系业主自治事项。物业服务人可以要求物业服务框架合同之相对方(业主委员会)督促其限期交纳(《物业管理条例》第 64 条),但不宜直接对个别业主解除合同、拒绝提供物业服务。这与下述履行抗辩权之限制,系基于相同的法理。

(2)履行抗辩权之限制。物业服务人不得采取停止供电、供水、供热、供燃气等方式催交物业费(《民法典》第 944 条第 3 款)。如前所述,此系立法者衡量双方利益,以业主之生存利益重于物业服务人之经济利益之故。

（二）告知义务

业主装饰装修房屋的,应当事先告知物业服务人,遵守物业服务人提示的合理注意事项,并配合其进行必要的现场检查(《民法典》第 945 条第 1 款;另见《物业管理条例》第 52 条)。此系物业服务人维护小区内的基本秩序所必需:一方面,装修施工会产生噪声、污染等问题,给其他业主带来不便,故须遵守一定的规则(比如施工时间、区域的限定等);另一方面,楼房承重墙不许随意损坏,否则会危及其他业主安全,故物业服务人有必要进行现场检查。

业主转让、出租物业专有部分、设立居住权或者依法改变共有部分用途的,应当及时将相关情况告知物业服务人(《民法典》第 945 条第 2 款)。这是由于日常物业服务对象的变化,需要物业服务人及时掌握相关信息(比如病情期间小区出入证的制作及发放)。另外,因物业的承租人、借用人或者其他物业使用人实施违反物业服务合同,以及法律、法规或者管理规约的行为引起的物业服务纠纷,人民法院可以参照关于业主的规定处理(《物业服务解释》第 4 条)。

第三节 物业服务合同的终了

一、前期物业服务合同的法定终止

建设单位依法与物业服务人订立的前期物业服务合同约定的服务期限届满前,业主委员会或者业主与新物业服务人订立的物业服务合同生效的,前期物业服务合同终止(《民法典》第 940 条)。至于理由,或谓普通物业服务合同包含着业主的意志,而前期物业服务合同由于是建设单位代业主选聘物业服务人,业主一旦不认前期物业服务合同,普通物业服务合同的效力当然优先。[1] 前期物业服务合同具有过渡性质,一旦业主自治组织签订的物业服务合同生效,前期物业服务合同的使命便已完成。其终止是基于法律规定的特定事由,不以当事人约定(附解除条件,《民法典》第 158 条)为必要;另外,一旦具备该特定事由,前期物业服务合同终止的效果便当然发生,亦无须当事人进行通知。

二、业主共同解除合同

业主依照法定程序共同决定解聘物业服务人的,可以解除物业服务合同。决定解聘的,

---

[1] 杨立新:《物业服务合同:从无名合同到典型合同的蜕变》,载《现代法学》2020 年第 4 期,第 76 页。

应当提前六十日书面通知物业服务人,但是合同对通知期限另有约定的除外(《民法典》第946条第1款)。这是立法关于业主一方任意解除权的规定,应注意的是,该任意解除权仅赋予了业主一方,未像普通委托合同那样赋予双方当事人(《民法典》第933条)。

(一)共同决定解聘

业主一方任意解除权中的"业主"并非单个业主,而是指全体业主。单个业主是不能行使这种任意解除权的,必须由全体业主"依照法定程序共同决定解聘物业服务人",才能解除物业服务合同。根据《民法典》第278条的规定,解聘物业服务企业或者其他管理人由业主共同决定。而该"法定程序",也就是通过业主大会的形式,而且对参与表决和同意的业主数量有所要求,即应当由专有部分面积占比2/3以上的业主且人数占比2/3以上的业主参与表决,经参与表决专有部分面积过半数的业主且参与表决人数过半数的业主同意。[①]

(二)解聘通知

业主大会依法作出解聘物业服务人的共同决定,只是单方面形成了决议。对于物业服务合同而言,如要行使任意解除权解除,还应遵循解除权的行使方式(《民法典》第565条第1款),将解除的意思通知物业服务人。另外,还有三点应予注意:(1)该通知应以书面形式。(2)原则上应当提前六十日。换言之,合同不是自通知到达对方时解除,而是自通知到达对方六十日后解除。(3)该条提前通知解约不论物业服务合同是否为不定期合同,均可适用(突破《民法典》第563条第2款)。因此,对于定期物业服务合同,该期限的约定仅对物业服务人有约束力,业主的单方任意解除权已可消解该期限的约束力。

(三)赔偿损失

依据《民法典》第946条第1款规定解除合同造成物业服务人损失的,除不可归责于业主的事由外,业主应当赔偿损失(《民法典》第946条第2款)。应注意的事项,参照前一章委托合同任意解除场合的赔偿损失(关于有偿委托合同任意解除),此处不再赘述。

三、物业服务期限届满

物业服务期限届满,物业服务合同自然终止。正因为如此,对于此后的安排,因是否续聘而有不同,立法也有相应规定。

(一)续聘

1. 续订合同。物业服务期限届满前,业主依法共同决定续聘的,应当与原物业服务人在合同期限届满前续订物业服务合同(《民法典》第947条第1款)。续订合同,自然也应经

[①] 黄薇主编:《中华人民共和国民法典合同编释义》,法律出版社2020年版,第946页。

过要约承诺过程，需要合同双方达成一致意见。

2. 物业服务人不同意续聘的提前通知义务。物业服务期限届满前，物业服务人不同意续聘的，应当在合同期限届满前九十日书面通知业主或者业主委员会，但是合同对通知期限另有约定的除外（《民法典》第947条第2款）。之所以需要提前通知，是为了方便业主提早做另选其他物业服务人的安排。九十日的期限要求并非强制性规定，允许当事人在合同中作不同约定。

（二）未明确是否续聘场合的默示续订合同

物业服务期限届满后，业主没有依法作出续聘或者另聘物业服务人的决定，物业服务合同自然终止。可是，如果物业服务人继续提供物业服务，法律为了双方利益计，没有必要非得使双方关系结束，故立法规定，"原物业服务合同继续有效，但是服务期限为不定期"（《民法典》第948条第1款）。此所谓"继续有效"，可理解为默示续订合同，系以物业服务人继续提供物业服务为前提，否则，法律并不硬性规定合同继续有效。在物业服务人继续提供服务的前提下，业主未明示反对，便符合《民法典》第490条第1款，当事人采用合同书形式订立合同的，在签名、盖章或者按指印之前，"当事人一方已经履行主要义务，对方接受时，该合同成立"。

由于默示续订的物业服务合同的服务期限为不定期，故"当事人可以随时解除不定期物业服务合同，但是应当提前六十日书面通知对方"（《民法典》第948条第2款）。

（三）不续聘

如果业主方明确表示不续聘，合同自然终止。物业服务人负有交接义务及告知义务（《民法典》第949条第1款），原物业服务人如违反交接义务及告知义务，纵然继续提供物业服务，亦不发生默示续订合同的效果，因为业主不续聘的意思是明确的，因而，原物业服务人不得请求业主支付物业服务合同终止后的物业费；[①] 造成业主损失的，应当赔偿损失（《民法典》第949条第2款）。

四、物业服务合同终止后的法定债之关系

物业服务合同终止后，在业主或者业主大会选聘的新物业服务人或者决定自行管理的业主接管之前，原物业服务人应当继续处理物业服务事项，并可以请求业主支付该期间的物业费（《民法典》第950条）。此属物业服务合同终止后的法定债之关系。

1. 此所谓物业服务合同"终止"，既可以是由于期限届满，也可以是因为解除。[②] 就前者尚须注意，期限届满当事人明示或者默示续订合同的，不发生此法定债之关系。因而，

[①] 河南省信阳市中级人民法院（2019）豫15民终5083号民事判决书。
[②] 石宏主编：《〈中华人民共和国民法典〉释解与适用［合同编］》（下册），人民法院出版社2020年版，第856页。

《民法典》第 950 条适用的情形只应是业主不续聘或者物业服务人不同意续聘。

2. 立法明定了物业服务合同终止后、物业交接前原物业服务人"应当继续处理"物业服务事项，此属原物业服务人的后合同义务，纵在原物业服务人不同意续聘场合，它仍负有此后合同义务。相应地，如果因过错违反该义务而致业主遭受损失，则应赔偿损失。

3. 原物业服务人就其继续提供的物业服务，可以请求业主支付物业费。对此，有"事实合同关系说""无因管理说"和"默示变更说"等不同的解释，[①] 本书主张此亦属法定债之关系。事实合同关系说脱逸当事人的意思过远，纯属拟制，莫不如直接承认其为法定债之关系。原物业服务人既负有法定的后合同义务在接管之前继续管理，自不符合无因管理构成要件。《民法典》第 950 条既以物业服务合同终止为前提，该合同已经画上了句号，纵然想将请求支付物业的权利构筑在合同关系上，该合同也应与原合同独立存在，默示"变更"已丧失其基础。综上，理解《民法典》第 950 条不必如此大费周章，它就是物业服务合同终止后的法定债之关系。

4.《民法典》第 950 条规定的物业费请求权与《民法典》第 949 条第 2 款并不矛盾。《民法典》第 949 条第 2 款否定合同终止后的物业费请求权是以原物业服务人违反同条第 1 款交接义务和告知义务为前提，相较于《民法典》第 950 条增加了构成要件，故属特别法而应优先适用。只要原物业服务人不存在违反交接义务和告知义务的问题，便可依《民法典》第 950 条主张物业费请求权。

---

① 黄薇主编：《中华人民共和国民法典合同编释义》，法律出版社 2020 年版，第 954 页。

第二十八章　行纪合同

第一节　行纪合同概述

一、行纪合同的语义

欲说明行纪合同，须先说明"行纪"（Kommission）。称行纪者，谓以自己之名义，为他人之计算，为动产之买卖或其他商业上之交易，而受报酬之营业。[1] 其典型的例子有证券公司（《证券法》第132条第1款）、期货公司（《期货交易管理条例》第18条）、拍卖人（《拍卖法》第21条、第24条等）等。除上述有价证券行纪（Effektenkommission）外，寄售行纪（Konsignationskommission）、二手车交易（Gebrauchtwagenhandel）等也被认为有行纪的典型事例。[2] "为他人之计算"[fuer Rechnung eines anderen（des Kommittenten）]却是"以自己之名义"（in eigenem Namen），因而学说上有"间接代理"（die indirekte oder mittelbare Stellvertretung）的称呼。[3] 惟此时在法律上权利的移转是由相对人而至自己（间接代理人）再至委托人（本人），与本来的代理场合权利由相对人而至本人的直接移转全然不同，由于易被混同，因而亦有学者认为"间接代理"用语并不恰切。[4]

在行纪场合须区分三种法律关系，即行纪合同（Kommissionsvertrag, Kommissionsgeschaeft）、以此为基础而与第三人缔结的实行行为（Ausfuehrungsgeschaeft），以及由行纪人向

---

[1] 此为我国台湾地区"民法"第576条对于"行纪"下的定义。
[2] Vgl. *Baumbach / Hopt*, Handelsgesetzbuch, 32. Auflage, Verlag C.H. Beck, 2006, § 383 Rn. 4.
[3] Vgl. *Larenz / Wolf*, Allgemeiner Teil des Buergerlichen Rechts, 9. Auflage, Verlag C.H. Beck, 2004, § 46 Rn.46.［日］北川善太郎：《民法总则》，有斐阁1997年版，第161页。
[4] 参见［日］星野英一：《民法概论Ⅰ序论·总则》，良书普及会1974年版，第211页。洪逊欣教授亦强调间接代理为"与代理相似而实不同者"。参见洪逊欣：《中国民法总则》（第三版），台北自刊本1964年版，第436—437页。何孝元教授强调间接代理为"与代理应区别之观念"。参见何孝元：《民法总则》（第十版），台北自刊本1971年版，第191—192页。

委托人移转通过执行行为所获结果的行为（交结行为 Abwicklungsgeschaeft）。[1]

行纪合同是行纪人以自己的名义为委托人从事贸易活动，委托人支付报酬的合同（《民法典》第 951 条）。

二、行纪的边界

（一）代理

行纪因其以自己之名义而为他人之计算，被称为"间接代理"，实则间接代理并非真正的代理。我国法强调代理的显名主义（《民法典》第 162 条），非显名的场合，原则上奉行合同相对性，委托人与第三人没有直接的权利义务关系。惟在符合特别要件的场合（《民法典》第 925 条和第 926 条），始得以特别的法律手段使委托人取代受托人（行纪人）而直接与第三人发生关系。在法理上亦没有必要建构一个涵盖直接代理与"间接代理"的代理理论。

（二）信托

所谓信托，是指委托人基于对受托人的信任，将其财产权委托给受托人，由受托人按委托人的意愿以自己的名义，为受益人的利益或者特定目的，进行管理或者处分的行为（《信托法》第 2 条）。

信托与行纪的相似之处在于，受托人以自己的名义而为受益人的利益或者特定目的进行行为，二者的区别点在于：从法律上来看，信托财产既与委托人未设立信托的其他财产相区别（《信托法》第 15 条），又与属于受托人所有的固有财产相区别，不得归入受托人的固有财产或者成为固有财产的一部分（《信托法》第 16 条）；从经济上看，信托场合通常不是以一次性的行为而是以财产权的继续性管理为目的。[2]

三、行纪合同的性质

（一）双务合同

行纪人负有以自己的名义为委托人从事贸易活动的义务，委托人负有支付报酬的义务，此二者立于给付与对待给付关系，因而行纪合同为双务合同。

（二）有偿合同

行纪合同中双方互负的义务彼此构成对价，因而该合同为有偿合同。

---

[1] Vgl. *Baumbach* / *Hopt*, Handelsgesetzbuch, 32. Auflage, Verlag C.H. Beck, 2006, § 383 Rn. 1.
[2] ［日］江头宪治郎：《商取引法》（第三版），弘文堂 2002 年版，第 208—209 页。

（三）诺成合同

行纪合同的成立并不以物的给付或者其他行为的实施为前提，只要当事人达成合意即可，因而该合同属于诺成合同。

（四）不要式合同

关于行纪合同的成立，《民法典》未作特别的形式上的要求，故原则上属于不要式合同。[①] 其他特别法有特别规定场合，另依其规定。

（五）商事合同

在采民商分立的立法例中，行纪合同通常被规定在商法典中。[②] 在采民商合一的立法例中，行纪合同则被规定在民法典中。[③]《民法典》不采民商分立主义，在合同编典型合同分编设专章规定行纪合同。该法虽不特别区分民事合同与商事合同，在理论上强调行纪合同为一种商事合同，是因其合同主体中的一方（行纪人）通常为特别的商事主体之故（参照《证券法》第118—122条、《拍卖法》第10条和第12条、《期货交易条例》第15条和第16条），对其主体资格有特别的要求。

由于我国法承认有偿委托，且没有要求受托人对外活动必须以受托人的名义，因而，还会存在以自己的名义为他人计算的委托合同，如果属于有偿合同，可以类推适用《民法典》合同编第二十五章"行纪合同"的规定；如果是无偿合同，则只有适用委托合同的相关规定了。

第二节　行纪合同的效力

一、对行纪人的效力

行纪合同与委托合同有许多共同点（或谓委托人与行纪人的关系就是委托关系，只不过委托的事项特殊固定），又有不同之处，因而《民法典》"行纪合同"章没有规定的，参照适用委托合同的有关规定（《民法典》第960条）。因而有关委托合同对受托人的效力，原则上准用于行纪合同中的行纪人，包括受托人处理事务的义务（按照指示、亲自处理）、报告义务以及转交财产的义务。以上属于行纪人的一般义务，具体参阅委托合同部分的分析。《民法典》"行纪合同"章的特别规定包括直接履行义务、自费履行义务、保管义务、价格遵守

[①] Vgl. *Baumbach / Hopt*, Handelsgesetzbuch, 32. Auflage, Verlag C.H. Beck, 2006, § 383 Rn. 9.
[②] 比如《德国商法典》第383条以下规定Kommissionsgeschaeft，《日本商法典》第六章规定"問屋（といや）営業"（第551—558条）。
[③] 比如我国台湾地区"民法"第576条以下规定行纪。

义务、委托物处分义务、通知义务以及行纪人的介入权，其为此处分析的重点。

（一）直接履行义务

行纪人在行纪合同中的给付义务是"以自己的名义为委托人从事贸易活动"，其外在表现即为与第三人缔结合同及履行合同，从事商品等的卖出或者买入等活动。由于行纪人是以自己的名义，因而在其与第三人的合同中，行纪人（而非委托人）为当事人。影响该合同的成立及效力的事情（比如合意与否、是否存在意思表示的瑕疵），应当依行纪人的具体情事而定，委托人的情事原则上并不予考虑。[①] 由于是行纪人而非委托人为该合同（比如买卖合同）的当事人，因而《民法典》第 958 条第 1 款规定："行纪人与第三人订立合同的，行纪人对该合同直接享有权利、承担义务。"委托人属于该合同的局外人，并不享有权利和承担义务。因而，行纪人不能够以委托人的债权与其对第三人的债务相抵销；第三人纵然后来知道了行纪人与委托人之间的委托关系，亦不得以其对于委托人的债权与其对行纪人的债务相抵销。[②] 行纪人与第三人之间的合同被第三人违反场合，相应地，亦应由行纪人主张其权利，或者承担其责任。反之，在发生履行障碍场合第三人也只是对于行纪人主张请求权，委托人并非行纪人的履行辅助人。[③]

在行纪人与第三人的实行行为关系中，于卖出行纪（Verkaufskommission）场合，如果委托人没有将物的所有权转移给行纪人，行纪人便只是被授权将该物的所有权转让给该第三人。[④] 在买入行纪（Einkaufskommission）场合，原则上是由行纪人自己先行取得买卖标的物的所有权（或者有价证券），然后他须通过特定的法律行为转让给委托人。[⑤]

如因第三人不履行其与行纪人之间的合同，比如第三人受领了买卖标的物但却不支付价款，行纪人固然可以基于买卖合同向第三人主张权利，但第三人的违约也会引发行纪人违约（行纪合同的不完全履行），使委托人的利益受损，此时应由行纪人向委托人承担相应的责任。因而，《民法典》第 958 条第 2 款规定："第三人不履行义务致使委托人受到损害的，行纪人应当承担赔偿责任，但是行纪人与委托人另有约定的除外。"

行纪合同依《民法典》第 960 条参照适用委托合同的有关规定，如果发生了委托人的自动取代（《民法典》第 925 条）或者主动取代（《民法典》第 926 条），委托人便取代了行纪人的合同当事人地位而由后台走上前台，上述规则自然需要另行斟酌。影响合同成立或者交易的情事仍然依行纪人的情事而定，抵销、责任承担、权利主张等，自然得由委托人直接进行，行纪人退居代理人地位。

[①] 参见［日］服部荣三、星川长七编：《商法总则·商行为法》（第四版），日本评论社 2003 年版，第 140 页；Vgl. auch *Baumbach / Hopt*, Handelsgesetzbuch, 32. Auflage, Verlag C.H. Beck, 2006, § 383 Rn. 19.
[②] 参见［日］服部荣三、星川长七编：《商法总则·商行为法》（第四版）日本评论社 2003 年版，第 140 页。
[③] Vgl. *Baumbach / Hopt*, Handelsgesetzbuch, 32. Auflage, Verlag C.H. Beck, 2006, § 383 Rn. 21.
[④] Vgl. *Baumbach / Hopt*, Handelsgesetzbuch, 32. Auflage, Verlag C.H. Beck, 2006, § 383 Rn. 22.
[⑤] Vgl. *Baumbach / Hopt*, Handelsgesetzbuch, 32. Auflage, Verlag C.H. Beck, 2006, § 383 Rn. 25.

（二）自费履行义务

行纪人处理委托事务支出的费用，由行纪人负担，但是当事人另有约定的除外（《民法典》第952条）。因而，我国法原则上采行纪人自费履行义务（处理委托事务）的立场，排除《民法典》第921条委托人预付费用及偿还费用的义务，相应地行纪人原则上也就没有了费用请求权。

（三）保管义务

行纪人占有委托物的，应当妥善保管委托物（《民法典》第953条）。此处的"委托物"不仅包括一般意义上的物，还应当包括委托人交付给行纪人的金钱和权利凭证等。[①] 行纪合同为有偿合同，因而行纪人对物的保管应尽善良管理人的注意。当然，除非委托人另有指示，行纪人并无为保管的物品办理保险的义务。因此，对于物的意外灭失，只要行纪人已尽到善良管理人的注意，可不负责任。若委托人已指示行纪人为保管物品办理保险，行纪人却未予保险时，属于违反委托人的指示，行纪人应对此种情况下的保管物的毁损、灭失负损害赔偿责任。若委托人并未为投保的指示，但行纪人自动投保的，投保费用归为行纪费用。[②]

（四）价格遵守义务

委托人委托行纪人从事贸易行为时，通常会对于价格有所要求，对于委托人关于价格的指示，行纪人有遵守的义务，其被称为行纪人的"价格遵守义务"。于此涉及的问题包括：买卖价格的指示方法、行纪人违反价格遵守义务的法律后果、从事有利于指定价格的交易时的后果。

1. 买卖价格的指示方法。委托人对于买卖价格的指示方法通常无外乎三种：（1）指定数额［所谓指定价格买卖，与单纯的希望价格的表示并不相同，而是对于拘束价格的指示，亦即价格未达时不卖出，或者价格超过时不买入[③]］；（2）指定幅度；（3）指示随行就市［成行（なりゆき）売買］。行纪人有尽善良管理人的注意遵守委托人价格指示的义务。对于指定数额的，应当严格与其数额保持一致，不利的不一致即属于违反价格遵守义务；对于指定幅度的，不可超越幅度的上下限，不利的超越幅度即属于违反价格遵守义务；对于指示随行就市的，亦应当以善良管理人的姿态为委托人计算，选择合理的价格，达此要求，即不算违反义务。

2. 价格遵守义务违反场合的法律后果。行纪人低于委托人指定的价格卖出或者高于委托人指定的价格买入的，应当经委托人同意；未经委托人同意，行纪人补偿其差额的，该买卖对委托人发生效力（《民法典》第955条第1款）。委托人对价格有特别指示的，行纪人不

[①] 石宏主编：《〈中华人民共和国民法典〉释解与适用［合同编］》（下册），人民法院出版社2020年版，第863页。
[②] 参照崔建远主编：《合同法》（第四版），法律出版社2007年版，第502页。
[③] 参见［日］西原宽一：《商行为法》（再版），有斐阁1973年版，第269页。

得违背该指示卖出或者买入（《民法典》第955条第3款）。

此所谓委托人"指定的价格"，既可以是指定数额，也可以是指定幅度或者指示随行就市。所谓委托人"对价格有特别指示"，或谓严格性的指定，[①]由于只是指示特别的构成要件而没有规定特别的法律效果，且无从他处获悉其法律效果，故本书以为《民法典》第955条第3款规定似显多余，不具实质意义。

委托人对于价格的指示，属于行纪合同的内容，仅在委托人与行纪人之间有约束力，故不应使第三人及其与行纪人达成的买卖合同因此而受影响。行纪人违反价格遵守义务而与第三人缔结买卖合同，该买卖合同依然有效，而非无效、可撤销或者效力待定。

所谓该买卖是否"对委托人发生效力"，非谓突破"合同相对性"原则而使买卖合同的内容拘束委托人，当指是否使委托人依行纪合同受领买卖的结果。不对委托人发生效力，即谓委托人有权拒绝受领或者有权否认受领（或称之为"否认权"（Zurueckweisungsrecht des Kommittenten）[②]）。

行纪人因负担差额而排除委托人的否认权，这是因为委托人的目的在于以一定的价格达成买卖的结果，行纪人负担差额即已使此目的在经济上达到了。为了排除委托人的否认权，要以行纪人负担差额的意思表示为必要，其意思表示最迟须与卖出或者买入的通知同时到达委托人。差额的负担，须以行纪人与第三人的买卖合同中确定者相同的时期、方法及条件作出。差额的部分由委托人负担的意思表示是不能够排除委托人的否认权的。另外，行纪人负担了差额的，只是发生排除委托人否认权的效果，并不因此而免除行纪人因违反价格遵守义务而可得发生的责任；如果因此义务违反而使委托人遭受损害，行纪人尚须负赔偿责任。[③]比如由于行纪人故意以低于指定价格的价格卖出，导致物的价格暴落，委托人尚有大量的该物存货，因此遭受损害，行纪人在负担差额之外，尚要负损害赔偿的责任。[④]

3. 从事较指定价格有利的交易时的后果。行纪人从事了较指定价格有利的交易，换言之，行纪人高于委托人指定的价格卖出，或者低于委托人指定的价格买入的，原则上该利益属于委托人（《民法典》第955条第2款，《德国商法典》第378条）。

只有在当事人有明确的约定可以增加报酬的，行纪人才可请求增加报酬。当事人的约定既可以存在于行纪合同中，也可以在行纪合同之外另达成合意。由于行纪人原则上没有增加报酬的请求权，因而增加报酬在法律上不算是等价有偿的体现，宜认定该合意具有赠与的性质，可以适用赠与的相关规定（《民法典》合同编第十一章）。

---

① 参见崔建远主编：《合同法》（第四版），法律出版社2007年版，第470页。

② 参见［日］服部荣三、星川长七：《商法总则·商行为法》（第四版），日本评论社2003年版，第143页。Vgl. auch *Baumbach / Hopt*, Handelsgesetzbuch, 32. Auflage, Verlag C.H. Beck, 2006, § 386 Rn. 1; *Karsten Schmidt*（Hrsg.）, Muechener Kommentar zum HGB, Band 6, Verlag C.H. Beck, 2004, § 386 Rn. 10.

③ 参见［日］服部荣三、星川长七编：《商法总则·商行为法》（第四版），日本评论社2003年版，第143页；［日］西原宽一：《商行为法》（再版），有斐阁1973年版，第269页。另外参照《德国商法典》第386条第2款后段，谓：Der Anspruch des Kommittenten auf den Ersatz eines den Preisunterschied uebersteigenden Schadens bleibt unberuehrt.

④ 参见［日］西原宽一：《商行为法》（再版），有斐阁1973年版，第272—273页。

（五）委托物处分义务

委托物交付给行纪人时有瑕疵或者容易腐烂、变质的，经委托人同意，行纪人可以处分该物；不能与委托人及时取得联系的，行纪人可以合理处分（《民法典》第954条）。此条表面是关于行纪人对委托物处分权的规定，另外一个侧面则是对于行纪人委托物处分义务的规定。此项义务属于行纪人的附随义务。

关于上述义务的内容，依学者通说，应依善良管理人的注意标准，具体的措施大致如下：（1）保全对于运输人的权利（例如拒付运费，而保留损害赔偿请求权）；（2）从速通知委托人，并要求补正或以委托人费用补正；（3）冷藏易腐败的货物或拍卖；（4）保全对于瑕疵的证据。[①]

（六）通知义务（Nachrichtspflicht）和汇报义务（Rechenschaftspflicht）

行纪人于若干场合负有通知委托人的义务，具体包括：（1）行纪人处分交付给行纪人时有瑕疵或者容易腐烂、变质的委托物的，原则上应经委托人同意，作为善良管理人的行纪人应当通知委托人；不能及时取得联系的，事后亦应及时通知。（2）行纪人低于委托人指定的价格卖出或者高于委托人指定的价格买入的，应当经委托人同意。作为善良管理人的行纪人应当通知委托人。（3）行纪人完成委托人委托的贸易活动的，应当向委托人汇报。

（七）行纪人的介入权

1. 含义。行纪人卖出或者买入具有市场定价的商品，除委托人有相反的意思表示外，行纪人自己可以作为买受人或者出卖人（《民法典》第956条第1款）。行纪人的这种权利被称为"介入权"（Selbsteintrittsrecht）。

通常行纪人受委托后与第三人从事买卖的居多，对于委托人而言，只要买卖是公平的，相对人如何并不成为问题。对于行纪人而言，就委托买卖的相对人，如可不求诸第三人而得自任相对人，集于一身而为贸易行为，特别便利；就相同种类的物品，于受甲的委托卖出并受乙的委托买入场合，两者的委托也可同时实行。这样，与同第三人为买卖行为相比，计算报告的手续相对节省，亦属优点。但是，如果对此无条件地悉予承认，行纪人如与普通的第三人进行买卖就可以便宜买入、高价卖出的话，却仍然自行介入，就会损害委托人的利益。因而，我国法仅在一定的要件下承认行纪人的介入权。该制度始于德意志商习惯，后为德国旧商法及新商法明文化（《德国旧商法典》第376条、《德国商法典》第400—405条），日本仿照德国立法于《日本商法典》第555条设有规定。[②]

2. 要件。

（1）商品具有市场定价。限定介入权的成立，其目的在于防范不公平的交易有损委托人

[①] 参见史尚宽：《债法各论》，台北自刊本1960年版，第469页；郑玉波：《民法债编各论》（下册），三民书局1981年版，第508页；黄立主编：《民法债编各论》（下），元照出版公司2002年版，第194页。

[②] 参照［日］西原宽一：《商行为法》（再版），有斐阁1973年版，第271页。

的利益。如果商品具有市场定价，只要该项交易遵循了市场定价，其公平性就会有保障，因而即使交易的相对人是行纪人，也无关紧要。

具有市场定价者，通常为种类物或者与之相当的标的，比如有价证券。如果是独一无二的特定物，比如某件绘画作品，则因缺少可供参考的市场定价，因而不能成为此处交易的对象。

市场定价依何处的市场而定？委托人指定了买卖实行地的，依其指定；如没有指定、没有补充协议亦无从按照合同有关条款或者交易习惯确定的，由于行纪人此处的债务标的既非货币，又非不动产，而是从事贸易活动，属于《民法典》第511条第3项规定的"其他标的"，应"在履行义务一方所在地履行"，故应参照行纪人所在地的市场定价。

（2）委托人没有相反的意思表示。所谓委托人没有相反的意思表示，当然是指委托人不反对行纪人自为当事人而为交易。惟委托人的"意思表示"过于宽泛，可以指行纪合同中的意思，也可以指缔结行纪合同后的甚至行纪人实施了实行行为以后表示的反对意思。如不作限定而任由委托人表示其意思。必将使行纪人的介入权大受限制，甚至有名无实。

查我国台湾地区"民法"第587条第1项，用语为"除有反对之约定外"。此种约定，得以明示或为默示的方法为之。通常介入权禁止的约定系于行纪合同或其他合同中为之。就有反对介入权约定的举证，应由委托人负担。① 比较而言，此种制度设计更具合理性。因而，对于《民法典》第956条第1款"除委托人有相反的意思表示的外"的规定，宜作限缩解释：仅指委托人在委托合同中或者其他合同中已经表明的意思，并不包括行纪人为实行行为以后委托人表示的反对意思。举证责任由委托人负担，无从证明时推定为没有相反的意思表示。

3. 介入的方法。行纪人以行使介入权的方式而介入。介入权为形成权（Gestaltungsrecht），介入以向委托人作出需要其受领的声明（Erklaerung）而发生，该声明没有方式的要求（formlos）。② 该声明作为一种意思表示，于到达委托人时生效。

4. 介入的效果。通过行使介入权，行纪人在与委托人成立买卖关系的同时，也实行了委托行为。换言之，行纪人兼具买卖当事人的地位和行纪人的地位，因而《民法典》第956条第2款规定，行纪人行使了介入权的，③ 仍然可以请求委托人支付报酬。不过，由于行纪人负有善良管理人的注意义务，如果与同第三人缔约的情形相比，实施了对于委托人不利的介入，仍不免可能发生损害赔偿的义务。④

---

① 参见黄立主编：《民法债编各论》（下），元照出版公司2002年版，第204—205页。
② Vgl. *Baumbach/Hopt*, Handelsgesetzbuch, 32. Auflage, Verlag C.H. Beck, 2006, § 405 Rn. 1.
③ 《民法典》第956条第1款是关于介入权的规定，第2款"行纪人有前款规定情形的"，按字面理解便是"行纪人有介入权的"，由于"有权利"与"行使权利"是两个概念，立法者的本意显然是指后者，进而规定行纪人"仍然可以要求委托人支付报酬"。
④ 参见[日]西原宽一：《商行为法》（再版），有斐阁1973年版，第272页。同旨参见黄立主编：《民法债编各论》（下），元照出版公司2002年版，第206—207页，有谓：行纪人行使介入权，若违反善良管理人之注意者，须负不完全给付之责任。

二、对委托人的效力

（一）报酬支付义务

1. 报酬支付义务的发生与履行。行纪合同中委托人的主给付义务是支付报酬（《民法典》第 951 条）。此项义务虽然于行纪合同生效时发生，但就其履行以报酬后付为原则，这一点从《民法典》第 959 条前段的用语也可以反映出来，委托人支付报酬的前提是行纪人完成或者部分完成委托事务。

支付报酬通常表现为金钱，其履行自然应当依金钱债务的一般规则。

2. 完全支付与部分支付。从报酬后付原则出发，在行纪人完全完成委托事务前，委托人可以拒绝支付报酬。因而，原则上行纪报酬应当于委托事务全部完成后一次性地全部支付。

《民法典》第 959 条前段中的行纪人"部分完成委托事务的"，委托人应当向其支付相应的报酬。非谓行纪人可以随着事务处理的进展，不断地向委托人请求支付报酬；而是指作为事务处理的最终结果，行纪人只是部分完成委托事务，比如受托购买；10 万吨石油的期货，最终只买到了 5 万吨。这时的报酬，自然应减少，法条用语"相应的"报酬，通常可理解为按比例确定。

3. 行纪人的留置权。为了保障行纪人的报酬请求权，法律规定了行纪人的留置权。委托人逾期不支付报酬的，行纪人对委托物享有留置权，但是当事人另有约定的除外（《民法典》第 959 条后段）。从比较法来看，规定了行纪人的留置权的有《日本商法典》（第 557 条，准用《日本商法典》第 51 条"代理商的留置权"）。

（1）行纪人的留置权与其他场合的留置权无异，应当作统一的理解，统一适用《民法典》第 447 条以下的规定。这是我国采民商合一主义的结果，与日本采民商分立主义并区分民事留置权和商事留置权不同。①

（2）所谓对"委托物"享有留置权，应具体分析。

在卖出行纪场合，事务处理的完成是买卖合同的缔结及履行，此处的"委托物"本是委托人委托行纪人出卖的标的物（《民法典》第 953 条和第 954 条），可它已被交付给买受人并由之取得了所有权（第三人或者行使介入权的行纪人），行纪人获得的只是相应的价款，该价款并非委托人的"委托物"，不成为留置的对象，故于此场合并无行纪人留置权发挥作用

---

① 依日本商法解释论，与民事留置权相比，代理商的留置权的特色在于：其一，不以被担保债权和留置物之间的牵连关系为必要，其理由在于代理商的债权是由代理商和本人之间的继续的交易关系发生的，如要求其债权和留置物之间一一对应的牵连关系，就无法对代理商提供充分的保护。其二，代理商的留置权对于破产财产而言属于一种特别的先取特权，具有无须经由破产程序即可行使的别除权（参照《日本破产法》第 93、95 条）。另外，在公司重整（再生）程序中，商法上的留置权所担保的债权由于具有重整担保权（《日本会社更生法》第 123 条），与民事留置权相比，效力更强。参见［日］服部荣三、星川长七编：《商法总则·商行为法》（第四版），日本评论社 2003 年版，第 79 页。

的空间。不过，此时并不妨碍行纪人可以主张抵销，以保障其报酬债权。只有在行纪人没有将委托物卖出场合，该物仍为委托人所有，如果当事人约定此时行纪人仍有报酬，可以为其报酬请求权而留置该物。

在买入行纪场合，买入的标的物在我国法律上被理解为"委托物"（《民法典》第957条第1款）。应当注意的是，由于行纪费用依我国法原则上由行纪人负担（《民法典》第952条），只要没有另外的约定，买入"委托物"的价款，作为行纪费用的一项内容，原则上是由行纪人垫付的。该"委托物"在被转交给委托人之前（准用《民法典》第927条），物的所有权归属于行纪人而非委托人，债权人留置自己的物是没有任何意义的，故于此场合，亦无留置权发挥作用的空间。只有在委托人预付买卖价款场合，行纪人利用此款购得"委托物"，似乎有留置权发挥作用的空间。不过，在转交之前，行纪人依然是该"委托物"的所有人，该物并非"债务人的动产"（《民法典》第447条第1款），并不发生留置权。[①]

自立法论以言，规定行纪人的留置权，似无太大必要，反而不如直接规定行纪人对于买入物或者委托物的拍卖提存权（参照我国台湾地区"民法"第585条和第586条），既发挥保障行纪人债权的功效，又避免不必要的困扰。

（二）受领或取回义务

1. 委托人的受领义务。行纪人按照约定买入委托物，委托人应当及时受领（《民法典》第957条第1款前段）。可见，委托人对于买入委托物有受领的义务。

委托人违反受领义务，可得由行纪人提存委托物，其要件为：（1）行纪人催告；（2）委托人无正当理由拒绝受领。催告是否定相当期限，《民法典》第957条第1款虽未规定，惟依诚信原则，宜作肯定解释。符合上述要件，行纪人依照《民法典》第570条的规定可以提存委托物。标的物不适于提存或者提存费用过高的，债务人依法可以拍卖或者变卖标的物，提存所得的价款。

2. 委托人的取回义务。委托物不能卖出或者委托人撤回出卖，经行纪人催告，委托人不取回或者不处分该物的，行纪人依法可以提存委托物（《民法典》第957条第2款）。

[①] 依日本商法解释论，行纪人留置权的标的物是行纪人为委托人而合法占有的物或者有价证券，并不以该物或者有价证券为委托人所有为必要。[日] 服部荣三、星川长七编：《商法总则·商行为法》（第四版），日本评论社2003年版，第146页。在我国则不存在作相同解释的基础。

第二十九章 中介合同

第一节 中介合同概述

一、中介合同的概念

中介合同（Maeklervertrag），又称居间合同，是指当事人约定一方向他方报告订立合同的机会，或者提供订立合同的媒介服务，他方支付报酬的合同（《民法典》第961条）。其中，报告订立合同的机会或者提供订立合同的媒介服务的一方称为中介人（der Makler），接受此服务而负有支付报酬义务的对方当事人称为委托人（der Auftraggeber）。

中介人之概念，易与"经纪人"混用，故应注意二者的区别。在我国目前的法律法规等规范性文件中，"经纪人"有时可指中介人，比如保险经纪人便是指基于投保人的利益，为投保人与保险公司订立保险合同提供中介服务，并依法收取佣金的机构，包括保险经纪公司及其分支机构（《保险经纪人监管规定》第2条第1款）。"经纪人"也可指代理人，比如证券经纪人，是指接受证券公司的委托，代理其从事客户招揽和客户服务等活动的证券公司以外的自然人（《证券经纪人管理暂行规定》第2条第2款）。"经纪人"还可能兼有中介人及代理人两重意义，比如以从事营业性演出为职业的个体演员和以从事营业性演出的居间、代理活动为职业的个体演出经纪人（《营业性演出管理条例》第9条第1款）。

二、中介合同与类似合同的比较

（一）中介合同与委托合同

二者相同之处在于，二者均属提供服务的合同，中介人或者受托人均是为了委托人的利益而办理事务，二者均是基于双方当事人的信任而成立。其不同点在于：（1）中介人通常不参与委托人与第三人的关系,不对委托人与第三人关系的内容作出决定;委托合同受托人则可以参与委托人与第三人的关系,可以对委托人与第三人关系的内容作出决定。(2)中介人不能以委托人的名义从事中介活动;受托人可以委托人的名义处理委托事务。(3)中介人提供的服务仅限于提供订立合同的机会或者提供订立合同的媒介服务;受托人可以为委托人处理任何适于委托的委托事务。(4)中介人报告缔约机会或者提供缔约的媒介服务时所传递的信息,其内容纵与要约或者承诺的内容相同,亦不发生要约或者承诺之意思表示的效力;受托人无论是以委托人的名义还是以自己的名义为法律行为,均可向第三人做出意思表示。(5)中介合同是有偿合同;委托合同可以是有偿合同,也可以是无偿合同。(6)中介人从事中介活动的费用,在中介人促成合同成立场合,由中介人负担,在未促成合同成立场合,则可要求委托人支付必要的中介费用;委托合同的受托人处理委托事务的费用,则由委托人负担。[1] 正因为中介合同与委托合同既有共同之处,又有不同之点,《民法典》第966条针对中介合同规定,"本章没有规定的,参照适用委托合同的有关规定"。当然应注意,这里是"参照适用"而非"适用"。比如,中介合同可以参照适用委托合同任意解除权的规定,但并不是完全适用。中介合同的委托人享有任意解除权,应无疑义。至于中介人是否应当享有任意解除权,学界还存在不同认识。[2] 本书认为,如后详述,向委托人报告缔约机会或者提供缔约的媒介服务,并非中介人的义务,而仅为其资格,故不必赋予中介人任意解除权。

(二)中介合同与行纪合同

二者相同之处在于,二者均属提供服务的合同,中介人或者行纪人均是为了委托人的利益而办理事务,二者均是基于双方当事人的信任而成立,二者均属有偿合同。其不同点在于:(1)中介人通常不参与委托人与第三人的关系,不对委托人与第三人关系的内容作出决定;行纪人在履行合同时则可以与第三人建立法律关系,可以为委托人的利益对自己与第三人合同关系的内容作出决定。(2)中介人提供的服务仅限于提供缔约机会或者提供缔约的媒介服务;行纪人可以为委托人从事各种贸易活动。(3)中介人报告缔约机会或者提供缔约的媒介服务时所传递的信息,其内容纵与要约或者承诺的内容相同,亦不发生要约或者承诺之意思表示的效力;行纪人在为委托人利益从事贸易活动时,可以自己的名义为法律行为,向第三人作出意思表示。(4)中介人从事中介活动的费用,在中介人促成合同成立场合,由中介人负担,在未促成合同成立场合,则可要求委托人支付必要的中介费用;行纪人处理委托事务支出的费用,则由行纪人负担,除非当事人之间另有约定。[3]

(三)中介合同与承揽合同

二者相同之处在于,二者均强调给付的结果,没有结果,不可以请求报酬。二者的不同

---

[1] 参见陈甦编著:《委托合同·行纪合同·居间合同》,法律出版社1999年版,第180—181页。
[2] 石宏主编:《〈中华人民共和国民法典〉释解与适用[合同编]》(下册),人民法院出版社2020年版,第886—887页。
[3] 参见陈甦编著:《委托合同·行纪合同·居间合同》,法律出版社1999年版,第181—182页。

点在于，向委托人报告缔约机会或者提供缔约的媒介服务，并不算是中介人的给付义务，[①]不过使之获得一种资格或者权利而已，中介人不为此种报告或者媒介服务，并非违约行为，委托人亦不享有相应的履行请求权。在承揽合同场合，按照定作人的要求完成工作、交付工作成果，属于承揽人的给付义务，承揽人不履行此等义务，通常构成违约行为，定作人享有相应的履行请求权。

三、中介合同的类型

（一）报告中介与媒介中介

《民法典》第961条所规定的中介合同有两种情形：一为报告订立合同的机会，一为提供订立合同的媒介服务；前者称为报告中介（Nachweismaklervertrag），后者称为媒介中介（Vermittlungsmaklervertrag）。

报告中介，不以于订约时周旋于他人之间为之说合为必要，仅以为他方报告订立合同的机会为已足。

媒介中介，中介人不但报告缔约机会，更应周旋于他人之间，使双方订立合同。此时的中介人只是媒介缔约，并不以他人的名义或者以自己的名义代为缔结合同。

（二）一般中介与特殊中介

这是依中介所由规定的法律法规的不同而作的分类。一般中介，是指《民法典》合同编第二十六章所规定的中介。特殊中介，是指在《民法典》之外而由其他特别法所规定的中介。这一区分的意义在于，对于特殊中介，要适用相关的特殊规定。法律法规没有特殊规定的，则作为一般中介，适用《民法典》的一般规定。作为一般中介，原则上并不要求特别的主体资格，也并不因欠缺资格而使中介合同无效。

特殊中介，比如婚姻中介，即为男女双方媒介婚姻，通常称为婚姻介绍。婚姻介绍机构如欲从事婚姻介绍服务活动，应向有关部门进行登记并领取相应的证书或者执照。[②]

值得注意的是，在德国法上区分 Zivilmakler 与 Handelsmakler，前者适用《德国民法典》第652条以下的规则，后者则适用《德国商法典》第93条以下的规则，这是德国法"民商分立"的表现。我国法不采民商分立，故《民法典》关于中介合同的规定，并不作民事中介

---

① 学说上亦有不同见解，认为报告或媒介义务是中介人的义务。参见郑玉波：《民法债编各论》（下册），三民书局1981年版，第489—490页；崔建远主编：《合同法》，法律出版社2007年版，第508页。在德国法上，中介人并无为委托人进行活动的义务，惟合同当事人可特别约定，使中介人负此等义务，此时成立所谓的"中介人雇佣合同"（Maklerdienstvertrag），而应适用民法关于雇佣的相关规定。Vgl. *Brox/Walker*, Besonderes Schuldrecht, 31. Auflage, Verlag C.H. Beck, 2006, S.374.

② 比如依《上海市婚姻介绍机构管理办法》第6条，举办非经营性婚姻介绍机构的，应当依法向机构所在地的区县民政部门办理民办非企业单位登记手续，领取登记证书后，方可从事婚姻介绍服务活动。举办经营性婚姻介绍机构的，应当到工商行政部门办理登记注册手续，领取营业执照后，方可从事婚姻介绍服务活动。

与商事中介的区分，而统一适用。

第二节　中介合同的效力

一、中介人的义务

（一）报告或者媒介服务并非中介人的给付义务

《民法典》第 961 条的定义容易给人一种印象，以为中介人报告缔约机会或者提供缔约媒介服务是其给付义务，而与委托人的支付报酬的义务构成对待给付关系。实则如前所述，向委托人报告缔约机会或者提供缔约的媒介服务，并非中介人的义务，而仅为其资格。[1] 进一步分析，中介合同并非双务合同，而是单务合同（einseitig verpflichtende Vertrag），[2] 尽管它是有偿合同。

如将报告或者媒介服务理解为中介人的给付义务，就会存在委托人相应的履行请求权，但是，这种权利只会是有名无实的，法院无法强制中介人履行其报告或者媒介服务的"义务"，也难以将它转化为损害赔偿之债而间接地或者变相地实现。另外，中介合同与雇佣合同以及承揽合同的界线也将因此而变得模糊不清。

（二）如实报告义务

《民法典》第 962 条第 1 款规定："中介人应当就有关订立合同的事项向委托人如实报告。"此系中介人如实报告义务的规定，此项义务属于一种法定的附随义务。依德国判例及学说，中介人依诚信原则，就一般关于订约有影响事项（例如相对人的信用、所介绍购入房屋的瑕疵），虽不负积极的调查义务，然就其所知事项，负有报告于委托人的义务。此规定对于报告中介人及媒介中介人均有适用。[3] 中介人的如实报告义务，在报告中介场合，仅对委托人负此义务；在媒介中介场合，不仅对委托人，即使对于委托人的相对人，亦负有此项义务，而不论该相对人是否对于中介人亦有委托。这是因为在媒介中介场合，中介报酬是由该合同的当事人平均负担（《民法典》第 963 条第 1 款后段）。

所谓"有关订立合同的事项"，解释上认为可以包括相对人的资信状况、生产能力、产品质量以及履行能力等，[4] 或者认为与订立合同有关的情况的范围，应当视具体情形而定，诸如相对人的主体情况、资信情况、订立合同的潜在可能及其分析、订立合同的意向、其生产

---

[1] Vgl. *Reiner Schulze*（Schriftleitung）, BGB Handkommentar, 5. Auflage, Nomos, 2007, § 652 RdNr. 2.
[2] 此亦为德国通说。Vgl. *Brox/Walker*, Besonderes Schuldrecht, 31. Auflage, Verlag C.H. Beck, 2006, S.373.
[3] 参见史尚宽：《债法各论》，台北自刊本 1960 年版，第 442 页。
[4] 参见胡康生主编：《中华人民共和国合同法释义》，法律出版社 1999 年版，第 598 页。

经营的产品情况、可能的订立合同的条件等。[1]

中介人违反如实报告义务的法律后果，《民法典》第 962 条第 2 款作了规定，即"中介人故意隐瞒与订立合同有关的重要事实或者提供虚假情况，损害委托人利益的，不得请求支付报酬并应当承担赔偿责任"。

除此之外，我国法并未规定中介人的其他特别义务。当然，当事人可以通过特别约定，而使中介人负其他义务，比如在隐名中介场合，使中介人负有隐名和保密的义务。

二、委托人的义务

（一）报酬支付义务

委托人主要的义务是在中介人促成合同成立后，按照约定支付报酬。该项义务属于委托人的给付义务，惟其履行，附有一项条件，即中介人促成合同成立。

支付中介人报酬，在媒介中介场合，依《民法典》第 963 条第 1 款后段，因中介人提供订立合同的媒介服务而促成合同成立的，由该合同的当事人平均负担中介人的报酬。此系法律关于媒介中介场合报酬支付人的一般规定。至其理由，依学理解释，因中介人的媒介服务促成合同的成立，使合同当事人双方都受益。[2] 当然，当事人可以另外作其他的特别约定。

关于支付报酬义务的具体内容（数额、方式等），通常由中介合同当事人约定。对中介人的报酬没有约定或者约定不明确，依照《民法典》第 510 条的规定仍不能确定的，根据中介人的劳务合理确定（《民法典》第 963 条第 1 款中段）。

委托人在接受中介人的服务后，利用中介人提供的交易机会或者媒介服务，绕开中介人直接订立合同的，应当向中介人支付报酬（《民法典》第 965 条）。本条新增规定，是为了应对实务中委托人实施"跳单"行为引发的纠纷。"跳单"行为的构成应具备以下要件：（1）委托人接受了中介服务。（2）委托人绕开中介人直接与第三人订立合同。（3）委托人与第三人合同的订立与中介人的中介服务具有因果关系。只要具备前两个要件，通常就可以推定存在该因果关系。[3] 不过，委托人可以通过举证，推翻存在因果关系。比如说，委托人"跳"过中介人可有两种形式，一是委托人直接与第三人私下订立合同，二是委托人通过其他中介人与第三人订立合同。在后者场合，委托人并非不支付报酬，而是向多个中介人中的一个支付了报酬。比如在指导性案例第 1 号，法院便认为，如果买方并未利用该中介公司提供的信息、机会等条件，而是通过其他公众可以获知的正当途径获得同一房源信息，则买方有权选择报价低、服务好的中介公司促成房屋买卖合同成立，而不构成"跳单"违约。[4]

---

[1] 参见陈甦编著：《委托合同·行纪合同·居间合同》，法律出版社 1999 年版，第 190 页。
[2] 参见魏振瀛主编：《民法》，北京大学出版社、高等教育出版社 2007 年版，第 566 页。
[3] 石宏主编：《〈中华人民共和国民法典〉释解与适用［合同编］》（下册），人民法院出版社 2020 年版，第 884—885 页。
[4] 参见最高人民法院指导案例 1 号"上海中原物业顾问有限公司诉陶德华居间合同纠纷案"。

（二）费用返还义务

中介人促成合同成立的，中介活动的费用，由中介人负担（《民法典》第963条第2款）。这是因为中介人因促成合同成立而获得报酬，通常足以弥补此项费用。

中介人未促成合同成立的，自然不得要求支付报酬。当然，中介人可能为此支出了费用，因为无法通过报酬而获弥补，自然也就成为中介人从事中介活动的一项正常的风险，而理应由中介人承担。因而，大多数典型立法例均于此场合未赋予中介人以费用返还请求权。惟我国《民法典》第964条特别规定："中介人未促成合同成立的，不得请求支付报酬；但是，可以按照约定请求委托人支付从事中介活动支出的必要费用。"至于其理由，依学理解释，是因为该费用是为委托人的利益而支出的。[①]

[①] 参见魏振瀛主编：《民法》，北京大学出版社、高等教育出版社2007年版，第566页。

第三十章　合伙合同

第一节　合伙合同概述

一、合伙及合伙合同的语义

（一）合伙：组织体与合同

合伙（Gesellschaft; partnership），在我国民法典中有两种不同的语义。其一，指一种组织体，为"非法人组织"之一种（《民法典》第102条，第2款中包括"合伙企业"），比如在"合伙财产""合伙事务""合伙债务"等用语中出现的"合伙"，均是组织体意义上的"合伙"。其二，合伙是指一种合同（《民法典》第967条至第978条），比如在"不定期合伙"（《民法典》第976条），如同"不定期租赁"（《民法典》第707条和第730条），指的是合同。

组织体与合同，不过是"合伙"之一体两面。"合伙合同是设立团体的合意"，[①] 合伙之设立当然需要以合伙合同（协议）为基础；而以合伙合同成立的组织体，在我国又进一步分为两类：（1）合伙企业，经登记及领取营业执照而成立（《合伙企业法》第10条和第11条），得以合伙企业名义从事合伙业务，并被《民法典》第102条第2款明确为"非法人组织"之一种，成为与自然人、法人相并列的第三类民事主体；（2）其他合伙，依通说并非独立的民事主体。职是之故，此种不具有民事主体人格的组织体（团体）在财产关系上对合伙人所发生的"团体的拘束"，[②] 在本质上仍属于一种债之效力的拘束，在合伙合同的框架内，有必要进一步分析合伙内外的诸多法律关系。故本书的一个基本观点是，《民法典》合同编

---

① ［日］内田贵：《民法Ⅱ债权各论》，东京大学出版会2001年版，第287页。
② 参见［日］内田贵：《民法Ⅱ债权各论》，东京大学出版会2001年版，第288页以下。

合伙合同章的规定，应解释为各种合伙（包括合伙企业在内）的一般法，具有普遍适用性。《合伙企业法》虽有几个条文是关于"合伙协议"，它们属于《民法典》合伙合同相关规定的特别法，在"民商合一"体例下，并不成立以《合伙企业法》为由使合伙企业独立于《民法典》一般规定的理由。

（二）合伙合同的含义

合伙合同（Gesellschaftsvertrag; partnership agreement），是两个以上合伙人为了共同的事业目的，订立的共享利益、共担风险的协议（《民法典》第967条）。现实中重要的合同类型中，诸如建筑物区分所有人（业主）间的管理合伙（《民法典》第284条第1款承认的业主自行管理）、公司设立发起人之间的关系均属合伙；另外，在大规模建设工程中常见的共同企业体（joint venture）亦是合伙的事例。[1] 就合伙合同的法条定义，注意要点如下：

1. 合伙人。合伙合同的当事人称合伙人（Gesellschafter; partner）。合伙人可以是自然人、法人及其他组织，须有两个以上，除立法有特别规定外，原则上无上限。公司可有一人有限责任公司（《公司法》第57条以下），合伙则没有一人合伙。如果合伙成立后因合伙人死亡、终止等原因使其数量减少到一人，则合伙合同终止。一般的合同往往只有两方当事人，而合伙合同可以有两方当事人，也可以有多方当事人。多方当事人所为的法律行为有可能是所谓与"契约行为"相对的"合同行为"，但"合同行为"其当事人的意思表示系平行一致（例如法人设立的章程），而合伙当事人的意思表示仍属对立的一致，故与严格意义上的"合同行为"有别。[2]

2. 协议。《民法典》第967条定义，不像其他合同的定义使用"合同"，而是使用了"协议"，引人注目。这应该是沿袭了原《民法通则》（第30条和第31条）以及《合伙企业法》（第4条等）的表达方式。依学者对于原《民法通则》用语的解读，"协议的外延比合同更为广泛，一切合同关系都是当事人之间的协议，但当事人之间的协议未必都是合同关系，例如离婚协议、子女抚养协议、民事调解协议在我国都未被认为是合同关系"。[3] 其实，本章的标题便是"合伙合同"，因而，定义时落脚于"合同"本来没有什么差错，反而是称为"协议"产生了违和感。

3. 共同的事业目的。所谓"共同的事业目的"，或为财产上之目的，或为精神上之目的，不能一概而论，自来各国，皆有此事。[4] 为财产上的目的，原《民法通则》第30条中有"合伙经营"的表述，如今《民法典》未再使用"经营"二字。"经营"二字在许多法典

---

[1] [日]内田贵：《民法Ⅱ债权各论》，东京大学出版会2001年版，第287页。
[2] 郑玉波：《民法债编各论》（下册），三民书局1981年版，第637页。
[3] 方流芳：《个人合伙》，法律出版社1986年版，第12页。该书作者在第14页称："我国《民法通则》称合伙协议而不称合伙合同，并不是在两个表示同一概念的法律术语中任意选择了其中一个，而是注意到合伙关系与一般合同关系的区别而有所取舍的。在《民法通则》第三章第四节'协议'与'合同'两个概念是有所区别的，《民法通则》第五十二条把'负连带责任的'联营关系称为'协议'，而在第五十三条则把'各自独立经营'、'各自承担民事责任'的联营关系称为'合同'，这显然是经过仔细斟酌的。"
[4] 参见民律草案立法理由。另见梅仲协：《民法要义》，中国政法大学出版社1998年版，第463页。

界定合伙时均有使用，可是，它在原《民法通则》中的使用，过去被局限在民法调整对象"商品经济说"的视域内解读，"在以商品经济关系为主要调整对象的民法范围内，'经营'专指以营利为目的的经济活动；'合伙经营'是两个或两个以上的公民根据合伙协议而进行的，以营利为目的的经济活动"。[1] 如今回避使用"经营"二字，从积极的方面来说，就使得合伙突破了以"营利"为目的的局限，[2] 进而，不仅可以包括商事合伙，也可以包括民事合伙。民事合伙固然可以是为财产上之目的，比如甲乙二人合伙建房，甲出土地使用权，乙出资金，建成后共同享有房屋所有权。为精神上之目的，比如数人以研究绘画为目的，组成一合伙。

是否要求"共同劳动"（原《民法通则》第30条）或者"一致参与"？[3] 目前《民法典》第967条未再作这样的要求，应该如何理解？立法者较其起草原《民法通则》时的认识已有进步，考虑的对象不仅包括普通合伙，也包括了有限责任合伙，这样，对于决议行为是要求全体合伙人一致同意（《民法典》第970条第1款），对于执行行为，原则上要求共同执行，但允许作不同的约定或者决定（《民法典》第970条第2款）。显然，不再机械地要求须共同劳动或者一致参与。

4. 共享利益、共担风险。合伙人基于共同的事业目的，是合作共赢关系，决定了合伙人之间共享利益、共担风险。

二、合伙的种类

此处的分类，严格说来，是对于作为组织体的合伙的分类。惟不论何种合伙，均以合伙合同为其基础，故明晰合伙的分析，亦有助于理解合伙合同。

（一）民事合伙与商事合伙

以合伙的目的是否在于营利以及是否需要经过登记，可将合伙区分为民事合伙与商事合伙。商事合伙，其典型为合伙企业。民事合伙，是其余的合伙，它包括不以营利为目的的合伙，也包括尽管追求营利但却没有经过登记的合伙。此种区分的意义在于法律适用，商事合伙首先适用《合伙企业法》。

（二）定期合伙与不定期合伙

依合伙合同是否约定确定的合伙期限，可将合伙区分为定期合伙与不定期合伙。合伙人对合伙期限没有约定或者约定不明确，依据《民法典》第510条的规定仍不能确定的，视为

---

[1] 方流芳：《个人合伙》，法律出版社1986年版，第49页。
[2] 从比较法来看，法国民法及奥地利民法限定合伙的目的事业应以营利为目的，而德国民法、日本民法及我国台湾地区"民法"均不加以限制，只要不背于公序良俗，其事业为公益的或为营利的，或以交谊娱乐为目的，均无碍于成立合伙。史尚宽：《债法各论》，台北自刊本1986年版，第650页。
[3] 梅仲协：《民法要义》，中国政法大学出版社1998年版，第463页。

不定期合伙（《民法典》第 976 条第 1 款）。合伙人可以随时解除不定期合伙合同，但是应当在合理期限之前通知其他合伙人（《民法典》第 976 条第 3 款）。

三、合伙的性质

（一）双务合同

合伙人各负出资的义务，其债务在于相互为对价的关系，故合伙为双务合同。[1] 不过，合伙合同与通常的双务合同略有不同。通常的双务合同，贵在给付的交换，而合伙人互为给付，旨在共同的事业目的之达成。故民法关于合同解除的一般规定，在合伙事业开始以后，不能适用，此际合伙人中如有履行迟延或者履行不能，其他合伙人只能请求退伙，而不能主张解除合同。[2] 由于合伙具有团体性，双务合同上的同时履行抗辩权，应受限制，即已为出资的合伙人或为执行事务的合伙人请求其他合伙人履行其出资义务时，受请求的合伙人，不得以其他合伙人未出资，而主张同时履行抗辩。[3]

（二）有偿合同

合伙合同既为双务合同，从而也就是有偿合同。故在合伙合同欠缺规定且其性质允许的范围内，可参照适用买卖合同的有关规定（《民法典》第 646 条）。

（三）诺成合同

合伙因合伙人平行的一致而成立，现实为给付并非合伙成立的要件，故为诺成合同。[4]

（四）不要式合同

原《民法通则》第 31 条曾要求合伙协议应以书面订立，如今《民法典》关于合伙合同不再作这样的要求，故其形式自由。《合伙企业法》第 4 条规定，"合伙协议依法由全体合伙人协商一致、以书面形式订立"。这属于特别法。

（五）继续性合同

合伙合同通常为继续性合同，即便合伙的目的是一时性或者一过性的，仍不妨从继续性合同角度解读。

---

[1] 史尚宽：《债法各论》，台北自刊本 1986 年版，第 647 页；梅仲协：《民法要义》，中国政法大学出版社 1998 年版，第 464 页；王泽鉴：《民法概要》，北京大学出版社 2009 年版，第 329 页。
[2] 梅仲协：《民法要义》，中国政法大学出版社 1998 年版，第 464 页。
[3] 王泽鉴：《民法概要》，北京大学出版社 2009 年版，第 329 页。
[4] 史尚宽：《债法各论》，台北自刊本 1986 年版，第 649 页。

四、合伙合同的成立及生效

关于合伙合同的成立《民法典》未作特别规定,故应依一般规定,即承诺生效时合同成立(《民法典》第 483 条主文)。

关于合伙合同的生效(Wirksamkeit),《民法典》总则编关于行为能力、重大误解、公序良俗、代理等的规定,可得适用。[①] 如果合伙因错误而设立,却事实上既已付诸行动,则会涉及所谓的瑕疵合伙理论(Lehre von der fehlerhaften Gesellschaft)。为了交易安全之保护及返还效果的妥善安排,合伙之失效并非自始发生,而是以之转化为事实上的合伙(faktische Gesllschaft),其无效之效果仅得向将来发生。[②]

合伙组织并非当然随着合伙合同的生效而成立。以合伙企业为例,合伙协议书只是申请设立合伙必要文件之一,登记机关审查后,予以登记的会一并发给营业执照,"合伙企业的营业执照签发日期,为合伙企业成立日期"(《合伙企业法》第 11 条第 1 款)。而对于法律未要求登记的合伙,可以认为,合伙组织随着合伙合同的生效而成立。

第二节 合伙合同的效力

一、出资义务

合伙人应当按照约定的出资方式、数额和缴付期限,履行出资义务(《民法典》第 968 条)。

按照合伙合同的约定,合伙人彼此互负出资义务。在合同履行过程中,与一个合伙人的出资义务相对应的是其他合伙人的履行请求权。除非另有特别约定,否则合伙本身并非出资的请求权人。

二、合伙财产(Gesellschaftsvermögen)

合伙人的出资、因合伙事务依法取得的收益和其他财产,属于合伙财产(《民法典》第 969 条第 1 款)。

(一)合伙财产的归属主体

1. 合伙财产是属于合伙抑或合伙人。作为团体的合伙,是否具有民事权利能力?可否

---

① Vgl. *Von Jan Kropholler*, Studienkommentar BGB, 11. Auflage, Verlag C.H. Beck, 2008, S.509.
② Vgl. *Von Jan Kropholler*, Studienkommentar BGB, 11. Auflage, Verlag C.H. Beck, 2008, S.509.

成为所有权等权利的主体?

非法人组织是指不具有法人资格但可以自己的名义从事民事活动的组织,与法人不同的是,非法人组织的民事责任由其出资人或者设立人承担无限责任。民法典总则总结我国既有立法经验,并回应社会实际需要,确认了非法人组织的民事权利能力。①

不过,《民法典》总则所说的非法人组织,与合伙相关者,主要是指合伙企业以及合伙制的律师事务所,并非泛指所有的合伙。果如此,其他合伙是否具有民事权利能力,仍要打个问号。以下分别两种情形,进行说明。

(1)作为非法人组织的合伙,以合伙企业为其典型,有自己相对独立的财产,对外以自己独立的名义从事民事活动。"合伙企业对其债务,应先以其全部财产进行清偿"(《合伙企业法》第38条)。"合伙企业不能清偿到期债务的,合伙人承担无限连带责任"(《合伙企业法》第39条)。由于合伙企业要先行且独立地对外承担责任,因而,在法律上就有必要承认其作为独立的民事主体享有财产权,以其独立享有的财产为其责任财产。

(2)对于其他合伙,由于未经登记,且欠缺组织体的结构,法律上不便于像合伙企业那样赋予独立的民事权利能力,不能作为享受权利、负担义务的主体。因而,所谓合伙财产,并非由"合伙"享有的财产,而实为合伙人共同享有的财产。

2. 合伙人共有:按份共有抑或共同共有? 以合伙建房为例,合伙人共同出资建造房屋,形成的合伙财产,依合伙关系的属性,原则上属于合伙人共同共有,②而不应依《民法典》第308条"视为按份共有"。

(二)分割限制

合伙合同终止前,合伙人不得请求分割合伙财产(《民法典》第969条第2款)。合伙人的财产一旦进入合伙财产范围,就与合伙人相对分离,归全体合伙人共同共有。为维护合伙的正常经营和全体合伙人的利益,特设第969条第2款。③作为此规则的结果,合伙人的债权人不得对合伙人在合伙财产上的份额进行扣押,这是因为合伙财产与合伙人的财产相独立。不过,合伙的债权人反而得就合伙人的财产行使其权利,亦即无限责任。④

(三)合伙的债权债务

合伙的债权并非各合伙人的按份债权,因而合伙的债务人不得以其债务与对合伙人的债权抵销。这一点,不同于共同继承场合债权对共同继承人的归属(按继承份额分割)。同

---

① 李适时主编:《中华人民共和国民法总则释义》,法律出版社2017年版,第325页。
② 同旨参见石宏主编:《〈中华人民共和国民法典〉释解与适用[合同编]》(下册),人民法院出版社2020年版,第896页。日本民法解释论亦谓合伙财产中的所有权非物权法上的(按份)共有,各合伙人不得处分其份额,不得在清算前请求分割,故属于"合有"(即共同共有)。[日]内田贵:《民法Ⅱ债权各论》,东京大学出版会2001年版,第288—289页。
③ 石宏主编:《〈中华人民共和国民法典〉释解与适用[合同编]》(下册),人民法院出版社2020年版,第896—897页。
④ [日]内田贵:《民法Ⅱ债权各论》,东京大学出版会2001年版,第289页。

样地，合伙的债务亦非各合伙人的按份债务。[①] 上述两点，尽管没有明文规定，法理上亦应如此。

合伙人对合伙债务承担连带责任。清偿合伙债务超过自己应当承担份额的合伙人，有权向其他合伙人追偿（《民法典》第 973 条）。作为一般规则，此处合伙人对合伙债务承担连带责任，并未明确先以合伙财产清偿，故不同于补充责任。《合伙企业法》作为特别法另有不同规定，要求合伙企业对其债务应先以其全部财产进行清偿（《合伙企业法》第 38 条），不能清偿到期债务的，合伙人承担无限连带责任（《合伙企业法》第 39 条）。因而，可以说合伙人对合伙企业的债务承担的是补充责任。

合伙的债务与合伙人的债务是两回事，合伙人的债务是其个人债务，与合伙无关。不过，实践中可能出现合伙人的债权人可否基于债权人代位权向合伙主张权利的问题。为此，《民法典》第 975 条专门规定，合伙人的债权人不得代位行使合伙人依照本章规定和合伙合同享有的权利，但是合伙人享有的利益分配请求权除外。合伙人在合伙中享有的权利可以是利益分配请求权，还可以是表决权、合伙事务执行权、监督权等权利。上述规定兼顾了合伙利益及合伙人债权人的利益。

三、合伙事务

（一）合伙事务的决定

合伙人就合伙事务作出决定的，除合伙合同另有约定外，应当经全体合伙人一致同意（《民法典》第 970 条第 1 款）。合伙事务原则上应由全体合伙人共同决定。不过，合伙合同可以作特别约定，尤其是，合伙合同应就合伙事务的决定程序作出约定。

（二）合伙事务的执行与监督

合伙事务由全体合伙人共同执行。按照合伙合同的约定或者全体合伙人的决定，可以委托一个或者数个合伙人执行合伙事务；其他合伙人不再执行合伙事务，但是有权监督执行情况（《民法典》第 970 条第 2 款）。在确定了执行事务合伙人的情况下，没有按照约定或者未经合伙人授权擅自对外代表合伙的，其行为对外不能对抗不知情的善意相对人，对内则应当赔偿给其他合伙人造成的损失。[②]

不执行合伙事务的其他合伙人，依法有监督权，可据此要求执行事务合伙人报告事务执行情况，查阅有关会计账册等。

（三）执行事务合伙人对他人执行事务的异议

合伙人分别执行合伙事务的，执行事务合伙人可以对其他合伙人执行的事务提出异议；

---

① ［日］内田贵：《民法 II 债权各论》，东京大学出版会 2001 年版，第 289 页。
② 石宏主编：《〈中华人民共和国民法典〉释解与适用［合同编］》（下册），人民法院出版社 2020 年版，第 899—900 页。

提出异议后，其他合伙人应当暂停该项事务的执行（《民法典》第970条第3款）。对此应注意：其一，以合伙人分别执行合伙事务为前提。如果仅一个合伙事务执行人，则不适用该款规定。其二，该款规则发生在执行事务合伙人之间，换言之，异议权仅执行事务合伙人享有，普通合伙人只有监督权，无此款异议权。其三，行使异议权的效果，是受异议者暂停事务的执行。既是暂停，一旦确定异议不成立，受异议者仍应继续事务的执行。

（四）事务的执行原则上无报酬

对于合伙人执行合伙事务可否获得报酬，本是一个私法自治的事情，应由合伙合同具体约定。在欠缺特别约定场合，立法以执行事务无报酬为原则，即"合伙人不得因执行合伙事务而请求支付报酬，但是合伙合同另有约定的除外"（《民法典》第971条）。

四、损益分配

合伙的利润分配和亏损分担，按照合伙合同的约定办理；合伙合同没有约定或者约定不明确的，由合伙人协商决定；协商不成的，由合伙人按照实缴出资比例分配、分担；无法确定出资比例的，由合伙人平均分配、分担（《民法典》第972条）。据此，关于合伙的利润分配和亏损分担，确立了四层处理方案，依次为：

（1）约定；（2）协商；（3）按实缴出资比例；（4）均分。

第三节 合伙人的变动

一、合伙人的退伙

如将合伙作为通常的合同关系，其当事人的变动恐会使合同的性质发生变化，故不易获得认可。可是，从团体的角度这样又会有所不便，故在特定的场合会承认退伙。退伙如系基于合伙人自己的意思，则称为任意退伙；在充足一定要件场合，即便与合伙人的意思相反，亦发生退伙之效果者，称为非任意退伙。[1]

关于退伙，《民法典》合同编合伙合同章虽未专门规定，但在解释上仍应予以承认。

（1）合伙合同作为继续性合同，如未约定合伙期限或者约定不明确，依据《民法典》第510条的规定仍不能确定的，视为不定期合同。合伙人可以随时解除不定期合伙，但是应当在合理期限之前通知其他合伙人（《民法典》第976条第1款和第3款）。此时合伙人既可以解除不定期合伙，举重以明轻，该合伙人要求退伙而不是解除合伙合同，便应该允许。

（2）即使定有合伙的存续期限，但各合伙人有不得已事由时，亦得声明退伙（《日本民

---

[1] [日]内田贵：《民法II债权各论》，东京大学出版会2001年版，第291页。

法典》第 678 条第 2 款）。我国法就合伙未作明确规定，构成法律漏洞。可以通过类推适用《民法典》第 899 条第 2 款后段之反面解释，或者类推适用《民法典》第 1079 条第 2 款（比如合伙人之间信赖关系破坏），[1] 允许退伙。

（3）以其他合伙人一致同意，合伙人向合伙人以外的人转让其全部财产份额（《民法典》第 974 条），其效果结果便是该合伙人退伙。

（4）合伙人死亡、丧失民事行为能力或者终止的，合伙合同原则上终止；但是，合伙合同另有约定或者根据合伙事务的性质不宜终止的除外（《民法典》第 977 条）。在此除外场合，合伙合同虽不终止，但在解释上应认为死亡、丧失民事行为能力或者终止的合伙人退伙。

（5）如果合伙合同约定开除合伙人的事由，此种约定原则上是有效的。在发生开除事由场合，被开除者尽管可能不愿意，但仍发生其退伙的效果。

二、合伙人的入伙、地位的转让

除合伙合同另有约定外，合伙人向合伙人以外的人转让其全部或者部分财产份额的，须经其他合伙人一致同意（《民法典》第 974 条）。无论是全部转让还是部分转让，其结果都会是新的合伙人的加入。鉴于合伙本身的人合属性，故须经其他合伙人一致同意。

除此之外，其他新的合伙人的加入，比照《民法典》第 974 条，亦当然须经其他合伙人一致同意。

第四节 合伙的终止

一、合伙合同终止的事由

（一）合伙期限届满

合伙期限届满，合伙合同终止，符合约定合伙期限的通常意思。不过，法律承认例外，即"合伙期限届满，合伙人继续执行合伙事务，其他合伙人没有提出异议的，原合伙合同继续有效，但是合伙期限为不定期"（《民法典》第 976 条第 2 款）。

（二）合伙人死亡、丧失民事行为能力或者终止

合伙人死亡、丧失民事行为能力或者终止的，合伙合同终止（《民法典》第 977 条主文）。

---

[1] 韩世远：《继续性合同的解除：违约方解除抑或重大事由解除》，载《中外法学》2020 年第 1 期。

（三）合伙合同的解除

合伙合同的解除，至少在合伙人为二人场合，可因一方的根本违约（比如擅自将合同地位转让给他人）而解除。①

合伙合同作为继续性合同，在不定期合伙合同场合，合伙人可以随时解除，但是应当在合理期限之前通知其他合伙人（《民法典》第 976 条第 3 款）。在定期合伙合同场合，解释上应当承认，在存在重大事由场合，或者在信赖关系破坏场合，导致不能实现合同目的的，合伙人可以请求人民法院或者仲裁机构终止合同（《民法典》第 580 条第 2 款）。

另外，合伙合同亦得因全体合意或者约定解除而解除（《民法典》第 562 条第 1 款和第 2 款）。

二、合伙的解散与清算

（一）解散

合伙之团体的终止是解散，解散的事由通常包括：（1）合伙的目的事业完成或者不能完成；（2）因不得已事由各合伙人请求解散；（3）合伙合同约定的解散事由发生；（4）合伙期限届满；（5）全体合伙人的合意；（6）合伙人仅剩一人。解散事由发生时，当然解散，且没有溯及效力。②

（二）清算

合伙一旦解散，便进入清算合伙财产、分配剩余财产的程序；操作清算程序者称为清算人。清算人可以是全体合伙人，也可以是另外选任的人。③

合伙合同终止后，合伙财产在支付因终止而产生的费用以及清偿合伙债务后有剩余的，依据《民法典》第 972 条的规定进行分配（《民法典》第 978 条）。

---

① 最高人民法院民事判决书（2006）民一提字第 9 号。万挺：《继续性合同解除若干实务问题探讨》，载《人民司法·案例》2008 年第 22 期。
② ［日］内田贵：《民法Ⅱ债权各论》，东京大学出版会 2001 年版，第 292 页。
③ ［日］内田贵：《民法Ⅱ债权各论》，东京大学出版会 2001 年版，第 292 页。

第三十一章　无因管理

第一节　无因管理序说

一、事务管理的体系构造

"各人自扫门前雪，莫管他人瓦上霜"，此俗语后句虽说有些世态炎凉，前句却道出一条朴素规则：自己的事情（eigene Geschaefte），理应自己打理。该规则在民法中亦能寻到其支撑，即私法自治（意思自治）与所有权的自主性及排他性。然而，人无三头六臂，不可能事事亲力亲为；人生在世，又怎能彼此不来往、万事不求人？因而，人世生活，事务繁多，既然自己难免会有事求人，便理应做好准备对他人事务（fremde Geschaefte）施以援手。

他人事务之打理，打理之人负有义务者自属有之。比如失踪人的财产代管人管理失踪人的财产（参照《民法典》第43条）、监护人代理被监护人实施民事法律行为或者保护被监护人权益等（参照《民法典》第34条）等，均属其法定义务；又如受托人处理委托人事务（参照《民法典》第919条）、承揽人按照定作人的要求完成工作并交付工作成果（参照《民法典》第770条）、保管人保管寄存人交付的保管物（参照《民法典》第888条）等，均属其负有约定义务。如此，为他人打理事务既有法定的或者约定的义务，自属其本分。

他人事务之打理，打理之人虽没有义务而为之者，亦属有之。其中，有的是纯粹为了他人的利益，见义勇为，助人为乐，时见报端。既非其本分，在中国人的观念中，这便属"情分"。对如此有情有义之人，在法律上应该积极肯定其行为的正当性，并保障其权益，以资鼓励。无因管理便是以此为目标的法律制度。

没有义务而管理或介入他人事务，不是为人，纯属为己者，亦属有之。比如，有人误以为他人的事务是自己的而加以管理（误信管理）；又如，明知是他人的事务，却擅自介入从中获利（不法管理）。这两种情形，由于没有为他人利益的意思，故不属于无因管理。学说常称之为"不真正无因管理"，实即假无因管理（unechte Geschaeftsfuehrung ohne Auftrag）。

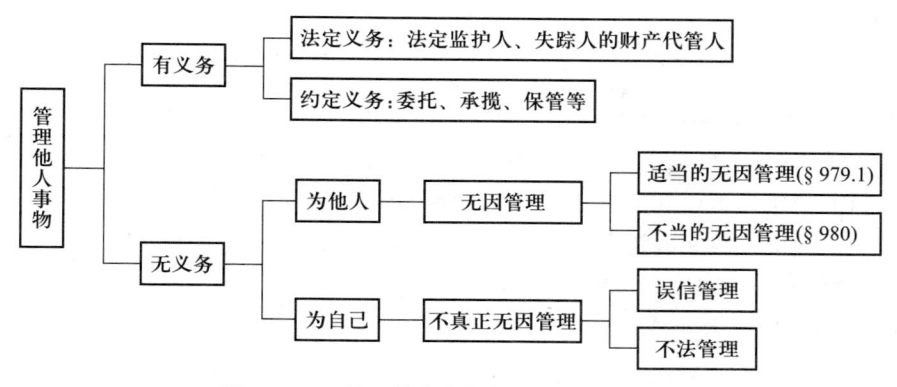

图 31.1.1 管理他人事务相关法律关系结构

二、无因管理的概念和性质

（一）概念

无因管理（*Negotiorun Gestio*; Geschaeftsfuehrung ohne Auftrag; benevolent intervention in another's affairs），是指没有法定的或约定的义务，为避免他人利益受损失，管理他人事务的行为。无因管理是发生债权的原因（《民法典》第118条第2款），管理人（Geschaeftsfuehrer）和受益人（或称"本人"，Geschaeftsherr）之间因此而形成类似于委托的法定债之关系（ein auftragsaehnliches gesetzlich Schuldverhaeltnis），[①] 管理人有权请求受益人偿还由此支出的必要费用（《民法典》第121条）。其所谓"无因"，便是指没有法定的或者约定的义务而言。

干涉他人事务，通常要么基于法定的义务（比如法定监护人、失踪人的财产代管人的情形），要么基于约定的义务（比如委托、承揽、保管、仓储、运输、行纪、中介等合同情形），须具备基于相当原因而发生的权利或义务。没有此等事由而干涉他人事务，通常不被允许（"禁止干预他人事务"原则），否则，可能构成侵权行为，进而发生侵权责任。

然而，如果严守上述立场，又会引发不理想的后果。《民法典》第1条明言立法目的之一在于"弘扬社会主义核心价值观"，理应将之融入社会发展各方面，转化为人们的情感认同和行为习惯。其中个人层面"友善"，强调公民之间应互相尊重、互相关心、互相帮助，和睦友好，努力形成社会主义的新型人际关系。如此，无因管理制度正是协调"禁止干预他人事务"及"鼓励互帮互助精神"两项原则的法律制度，通过赋予管理人以费用偿还请求权及损失补偿请求权，发挥奖励义举、鼓励互助之功能。

---

① Vgl. *Jauernig/Mansel*, Jauernig BGB Kommentar, 12.Auflage, Verlag C.H. Beck, 2007, §677, Rn. 4.

（二）性质

在罗马法，无因管理系属准契约之一种，在德国学说上曾认为无因管理系准法律行为（geschaeftsaehnliche Handlung），故应类推适用民法关于法律行为之规定，以管理人有行为能力为必要。目前德国通说已扬弃此项见解，肯定无因管理系属事实行为，不适用民法总则编关于法律行为之规定，故无因管理之成立，不以管理人有行为能力为要件。[1]

目前学者通说仍认为，无因管理属于事实行为。[2] 鉴于无因管理仍系以人之精神作用为要素之适法行为，与先占之性质略同，有学者称之为"混合的事实行为"。此种行为虽于引起外部的事实结果之外，复以一定之意思（管理意思）为必要，但其法律效果，却非基于管理意思而产生，申言之，管理人一有管理之事实，则法律上即生一定的效果，至管理人有否发生该效果之意欲，则在所不问。又管理意思并不需要表示，故民法总则关于意思表示之规定，于此不能适用。[3] 在我国《民法典》中，无因管理虽被列入"准合同"，仍应认清无因管理的"非表示行为"属性，不是合同，不是法律行为，亦不是准法律行为，而是事实行为。

三、无因管理的追认

管理人管理事务经受益人事后追认的，从管理事务开始时起，适用委托合同的有关规定，但是管理人另有意思表示的除外（《民法典》第984条）。

（一）追认的性质

第984条中的"追认"，是受益人单方的意思表示；就其方式，立法未作特别要求，故为不要式；追认可以是明示方式，也可采默示方式。就追认的法律效果，法律已作明确规定，并非依意思表示的内容而定，故应属于准法律行为。[4]

（二）追认的对象

《民法典》第984条仿照《瑞士债务法》及我国台湾地区"民法"，将追认的对象限于真正无因管理，不真正的无因管理本质上不属于《民法典》无因管理章调整的无因管理的范围。[5]

---

[1] *Ermann-Hauss*, Bürgerliches Gesetzbuch Handkommentar, Verlag Dr.Otto Schmidt KG, 2011, §677, Rn. 10; Dieter*Medicus*, Buergerliches Recht, Carl Heymanns Verlag, 2007, Rn. 407, 412. 转引自王泽鉴：《债法原理》，北京大学出版社2009年版，第266页。

[2] 王伯琦：《民法债编总论》，国立编译馆1962年版，第46页；刘凯湘：《债法总论》，北京大学出版社2011年版，第36页；黄薇主编：《中华人民共和国民法典合同编释义》，法律出版社2020年版，第1035页；梁慧星：《合同通则讲义》，人民法院出版社2021年版，第17页。

[3] 郑玉波：《民法债编总论》（修订二版），陈荣隆修订，中国政法大学出版社2004年版，第72—73页。

[4] 参见崔建远等：《民法总论》（第三版），清华大学出版社2019年版，第154—155页。

[5] 黄薇主编：《中华人民共和国民法典合同编释义》，法律出版社2020年版，第1043页。

追认首先及于管理行为,是否包含对于管理结果的承认,解释上应视具体情形而定,尚不得原则推定,即管理结果的瑕疵不当然因追认而补正。① 在受益人追认时有特别声明的,则要按声明中的意思来确定追认的范围;受益人无特别声明的,则应依管理人管理结果的严重程度和过错程度来判断,若损害结果是管理人故意或者重大过失行为所致,则不宜当然将受益人的追认视为对这种管理结果的承认。②

(三)追认的效果

1. 法律关系转换抑或结果引致。第 984 条所规定的法律后果是"适用委托合同的有关规定","适用"二字最易使人误认为发生了法律关系转换,将无因管理之准合同转换成了委托合同。然此处只是交待了法律适用问题,管理人管理事务开始后,一旦受益人追认,管理人与受益人之间的关系"就由无因管理制度调整为由委托合同制度来调整"。③ 故应认为本条只是援引性法条。④

2. 溯及效力。适用委托合同的有关规定之效果,系"从管理事务开始时起",而不是从追认时起,从而使追认具有溯及效力。

3. 管理人另有意思表示的除外。如果比较无因管理关系与委托合同关系,可以发现在对于管理人及受托人的权利及义务内容方面并不一样。自比较法观察,在受益人追认场合,不因此而使管理人陷于不利地位则是一条共通规则。⑤ 有鉴于此,《民法典》第 984 条但书将最终的决定权赋予管理人,发挥相似的规范功能。

第二节 无因管理的构成要件

一、要件概观

《民法典》第 979 条第 1 款规定:"管理人没有法定的或者约定的义务,为避免他人利益受损失而管理他人事务的,可以请求受益人偿还因管理事务而支出的必要费用;管理人因管理事务受到损失的,可以请求受益人给予适当补偿。""管理事务不符合受益人真实意思的,管理人不享有前款规定的权利;但是,受益人的真实意思违反法律或者违背公序良俗的除外。"据此,可将无因管理的构成要件整理为:(1)管理他人事务;(2)为他人管理(管理意思);(3)没有法定或者约定义务。以下分别说明。

---

① 苏永钦:《私法自治中的经济理性》,中国人民大学出版社 2004 年版,第 59 页。
② 黄薇主编:《中华人民共和国民法典合同编释义》,法律出版社 2020 年版,第 1044 页。
③ 黄薇主编:《中华人民共和国民法典合同编释义》,法律出版社 2020 年版,第 1044 页。
④ 谢鸿飞、朱广新主编:《民法典评注:合同编典型合同与准合同》第 4 卷,中国法制出版社 2020 年版,第 610 页。
⑤ 苏永钦:《私法自治中的经济理性》,中国人民大学出版社 2004 年版,第 61 页。

二、管理他人事务

（一）事务

此所谓事务，是指能够影响人的生活的一切事务。[1] 换言之，《民法典》第 979 条中的管理"事务"应如同在《民法典》第 919 中处理"事务"那样，作广义的理解。[2] 至于它是法律的行为抑或事实的行为（比如打理花园、加固房屋），是继续的行为抑或一时的行为，则在所不问。不过，由于它须可以成为债的标的，就单纯的宗教或者道德相关的事项，由于属于无从就其发生债之关系的事项，则不能够成为无因管理的标的。[3] 另外，单纯的不作为，则不包括在内。[4]

（二）管理事务

"管理"，指实施实现事务目的所需要的行为。[5] 管理事务，即处理事务的行为（处理行为）。处理行为，不仅包括以保存、利用、改良为内容的管理行为，通说亦承认包括一定的处分行为（如出卖物件）在内；另外，为受益人新取得权利或负担义务（如发行票据）的行为，亦包括在内。[6] 原《民法通则》第 93 条把管理事务分为"管理"和"服务"。"管理"主要是指对财产的保存、利用、改良或者处分行为；"服务"主要指提供劳务帮助。[7]《民法典》第 121 条和第 979 条不再作这样的区分，统称"管理"或"管理他人事务"。原因在于，在立法过程中，有的提出，"管理"能够包括"服务"，"服务"也可包括"管理"，不易区分。[8]

（三）他人的事务

事务依其性质可分为：（1）客观的他人事务（objektiv fremdes Geschaeft），如他人债务的清偿，他人房屋的修理。（2）客观的自己事务，如自己债权的收取，自己房屋的修理。（3）中性的事务，即该事务在性质上不当然与特定人有结合关系，比如在药店买药，从书店买书之类。此三种事务中，在客观的他人事务场合，事实上推定有"为他人（受益人）而为的意思"，自得成立无因管理。在管理人误将客观的他人事务当作自己的事务场合，亦不能否定其"他人的事务"属性，只是以欠缺"为他人而为的意思"为由，否定其构成无因管

---

[1]［日］高木多喜男、加藤雅信等：《民法讲义 6 不法行为等》，有斐阁 1977 年版，第 8 页。
[2] Vgl. *Jauernig/Mansel*, Jauernig BGB Kommentar, 12.Auflage, Verlag C.H. Beck, 2007, § 677, Rn. 2.
[3]［日］松坂佐一：《民法提要·债权各论》（第 5 版），有斐阁 1993 年版，第 241 页；［日］近江幸治：《民法讲义 VI 事务管理·不当利得·不法行为》（第二版），成文堂 2007 年版，第 6—7 页。
[4] 王泽鉴：《债法原理》，北京大学出版社 2009 年版，第 261 页。
[5]［日］四宫和夫：《事务管理·不当利得》，青林书院 1981 年版，第 16 页。
[6] 参见郑玉波：《民法债编总论》（修订二版），陈荣隆修订，中国政法大学出版社 2004 年版，第 75 页；［日］近江幸治：《民法讲义 VI 事务管理·不当利得·不法行为》（第二版），成文堂 2007 年版，第 8 页。
[7] 郭明瑞：《关于无因管理的几个问题》，载《法学研究》1988 年第 2 期。
[8] 李适时主编：《中华人民共和国民法总则释义》，法律出版社 2017 年版，第 376 页。

理。客观的自己事务，纵误信为他人事务而管理（如误信自己之车为他人之车而为修缮），仍不成立无因管理。惟中性事务则如何？因中性事务既非当然地与何人有结合关系，而以管理人的意思如何加以决定，管理人的意思如以之为己，则属于自己事务；如以之为人，则属于他人事务。此种他人事务，称为"主观的他人事务"（subjektiv fremdes Geschaeft），亦可成立无因管理。① 我国学者多采此"主观的他人事务"及其判断方法。② 另外，在此种情形，于为法律行为时，是否以受益人名义为之，或于管理之始是否已将管理意思表示于外部，均非所问。惟主张无因管理成立之人，对于管理意思的存在，须负举证责任。③

三、为他人管理（管理意思）

管理意思，即为他人管理事务的意思（Fremdgeschaeftsfuehrungswille），是无因管理最重要的一项基本要件。④《民法典》第 979 条第 1 款"为避免他人利益受损失而管理"，即指此而言，这是无因管理的主观要件。"法律之所以认为适法行为而予容许者，其要点即在于此"。⑤ 不过，由于无因管理并非法律行为，管理意思并非使法律效果归属的意思（效果意思）。⑥ 如果欠缺管理意思，则可能构成侵权行为，虽有时可能成立不真正无因管理（unechte Geschaeftsfuehrung ohne Auftrag），但最终不成立无因管理。

管理意思是事实上的意思，而非法律行为中的效果意思，因此无须表达出来。在客观的他人事务场合，可推定管理人具有管理意思。于此场合，并不以管理人确知"他人"是谁为必要。主观的他人事务场合，则须由主张成立无因管理之人举证管理意思的存在，前已述及。

管理意思的典型形态是专为受益人谋利益的意思，但亦无妨管理人在有为他人谋利益的意思同时，为自己的利益而实施管理行为。例如修理将倾之邻屋而使自家免受危险，或者为防止邻地塌方涉及自己土地而施工，仍可成立无因管理。⑦

四、没有法定或约定义务

无因管理的成立要求管理人没有法定的或者约定的义务管理他人事务。在管理人对受益人存在法定的或者约定的事务管理义务场合，其事务处理行为乃是诸此义务的履行行为，并

---

① 郑玉波：《民法债编总论》（修订二版），陈荣隆修订，中国政法大学出版社 2004 年版，第 75 页；[日] 潮见佳男：《债权各论Ⅰ契约法·事务管理·不当利得》（第二版），新世社 2009 年版，第 284—285 页。
② 崔建远：《债法总论》，法律出版社 2013 年版，第 322 页；谢鸿飞、朱广新主编：《民法典评注：合同编典型合同与准合同》第 4 卷，中国法制出版社 2020 年版，第 570 页。
③ 郑玉波：《民法债编总论》（修订二版），陈荣隆修订，中国政法大学出版社 2004 年版，第 75—76 页。
④ 王泽鉴：《债法原理》，北京大学出版社 2009 年版，第 262 页。
⑤ 王伯琦：《民法债编总论》，国立编译馆 1962 年版，第 45 页。
⑥ [日] 近江幸治：《民法讲义 VI 事务管理·不当利得·不法行为》（第二版），成文堂 2007 年版，第 8 页。
⑦ 郑玉波：《民法债编总论》（修订二版），陈荣隆修订，中国政法大学出版社 2004 年版，第 77 页；[日] 潮见佳男：《债权各论Ⅰ契约法·事务管理·不当利得》（第二版），新世社 2009 年版，第 286 页。

不发生无因管理问题，而应依相应的法律规定或者合同约定处理。

在诸如警察或者消防员等履行职务救助市民场合，并不存在无因管理。

管理人在进行管理时没有法定或者约定义务，既包括在开始管理时没有任何法定或者约定义务，也包括在管理过程中没有法定或者约定义务。例如在开始管理管理时有义务，但根据义务进行管理中义务消失的，则从义务消失时开始构成无因管理。[①]

管理人虽然有法定或约定义务，但其在管理他人事务的过程中超过自己义务的范围，就其超过义务范围部分，仍然属于没有义务的管理事务，构成无因管理。[②]

第三节 无因管理的法律效果

一、效果概观

（一）违法性阻却

依私法自治原则，原本不许随便干涉他人的财产及事务，侵入他人的支配领域，如未经本人同意而干涉他人财产及事务，便具有违法性，构成侵权行为，引发损害赔偿。可是，无因管理制度基于鼓励互帮互助、见义勇为立场，将管理行为评价为社会所必要的行为，阻却其违法性，不以之为侵权行为。此点纵然《民法典》未作明文规定，管理事务有利于受益人，可阻却行为违法性，不构成侵权行为，是学者一致的见解。

在成立无因管理的场合，也可能因为管理不当而给本人造成损害，并因此而发生责任，不过，这属于对作为无因管理之效果的管理人债务的不履行而发生的责任，尚非侵权责任。[③] 不当的无因管理（unberechtigte GoA），在德国法上虽以之具有违法性（widerrechtlich），[④] 在我国法上依法意解释仍应作为合法行为，仅在法律后果上与适当的无因管理有所差异。另应注意，《民法典》第184条规定，"因自愿实施紧急救助行为造成受助人损害的，救助人不承担民事责任"。解释上宜理解为侵权责任不成立，而非免责。

（二）债的发生

无因管理一经成立，在管理人与受益人之间即发生债权债务关系，因而《民法典》第118条以无因管理为债权的发生原因之一，赋予管理人以必要费用等请求权（《民法典》第121条等）。

---

① 黄薇主编：《中华人民共和国民法典合同编释义》，法律出版社2020年版，第1031页。
② 日本大判6·3·31民录23辑619页；[日]近江幸治：《民法讲义Ⅵ事务管理·不当利得·不法行为》（第二版），成文堂2007年版，第9页。
③ [日]远藤浩、川井健等：《民法（7）事务管理·不当利得·不法行为》（第三版），有斐阁1987年版，第16页。
④ Vgl. *Jaernig/Mansel*, Jaernig BGB Kommentar, 12.Auflage, Verlag C.H. Beck, 2007, § 677, Rn. 5.

(三)对内的效果与对外的效果

在无因管理场合,一方面会涉及管理人与受益人之间的关系(违法性阻却、管理人的义务、受益人的义务等),另一方面,还可能涉及与第三人之间的关系(以法律行为形式管理他人事务情形,比如为修理在台风中破损的邻人房屋而与他人订立承揽合同,该合同的效果是否归属于受益人)。[1] 后者的效果是否归属于受益人呢?首先,管理人以自己的名义而为法律行为场合,其效果归属于管理人,而不归属于受益人。[2] 问题在于管理人以受益人的名义实施法律行为的场合。

无因管理仅限于受益人与管理人之间的对内关系,这与受益人与相对人之间的对外关系(Aussenverhaeltnis)是两个问题。管理人即使是以受益人的名义而为法律行为,其效果亦非当然地归属于受益人,惟于符合表见代理要件场合,或者无权代理被受益人追认的场合,其法律行为的效果始归属于受益人。[3] 如此,所谓对外的效果,涉及合同、代理等规则,自应依相应的规则处理;结合《民法典》无因管理章的规定,自不必在此处过多交待。

其次,应注意《民法典》第 183 条关于见义勇为的特别规定,"因保护他人民事权益使自己受到损害的,由侵权人承担民事责任,受益人可以给予适当补偿。没有侵权人、侵权人逃逸或者无力承担民事责任,受害人请求补偿的,受益人应当给予适当补偿"。

二、管理人的义务

无因管理人原本不负有管理他人事务的义务,可不管则已,一旦管理他人事务,便发生类似于委托合同的法定债之关系,管理人负有类似于受托人的义务。

(一)适当管理义务

"管理人管理他人事务,应当采取有利于受益人的方法。中断管理对受益人不利的,无正当理由不得中断"(《民法典》第 981 条)。据此,管理人负有适当管理义务。管理人的主义务(Hauptpflicht)通常在于对所承担事务的管理(Ausfuehrung des uebernommenen Gaschaefts),[4] 适当管理义务自属该主义务的一部分。管理人应按照善良管理人的注意义务管理他人事务,主要体现在两个方面:一是管理人依受益人明示的或者可推知的意思进行管理;二是管理人应当以利于受益人的方法进行管理。[5]

1. 应依受益人明示或可得推知的意思管理。所谓依受益人明示的意思而管理,例如受益人曾明白表示欲修理房屋,但未及着手而外出,突遇台风来袭,邻人为之修理的情形。惟

---

[1] [日]高木多喜男、加藤雅信等:《民法讲义 6 不法行为等》,有斐阁 1977 年版,第 22 页。
[2] 日本大判 37·5·12 民录 10 辑 666 页。
[3] [日]远藤浩、川井健等:《民法(7)事务管理·不当利得·不法行为》(第三版),有斐阁 1987 年版,第 21 页。
[4] Vgl. *Jauernig/Mansel*, Jauernig BGB Kommentar, 12.Auflage, Verlag C.H. Beck, 2007, § 678, Rn. 9.
[5] 黄薇主编:《中华人民共和国民法典合同编释义》,法律出版社 2020 年版,第 1039 页。此亦为我国学者通常见解,比如刘凯湘:《债法总论》,北京大学出版社 2011 年版,第 39 页。

此处的明示并非向其管理人明白委托之意，否则构成委托合同，而非无因管理。

所谓依可得推知的意思而管理，即受益人虽无明示，但得由某种情况，推测出其有某种意思。例如甲的邻人乙，以卖香蕉为业，每晨必担香蕉赴市，某晨将房屋锁好，置一担香蕉于窗外，而人不知何去，久未归来，时烈日当空，香蕉有腐烂之虞，则甲自得将该香蕉为之设法售卖。因为由此种情形可以推知乙有售卖其香蕉的意思。[①]

2. 以有利于受益人的方法管理。管理人管理他人事务，应采取"有利受益人的方法"，即应加以适当的注意，否则应负责任。惟民法上的注意义务，本有：（1）善良管理人注意义务（欠缺之者则为抽象的轻过失，责任重）；（2）与处理自己事务为同一的注意义务（欠缺之者为具体的轻过失，责任较轻）；（3）一般人的注意义务（欠缺之者为重大过失，责任尤轻）。此三者除法律有特别规定外，在解释上应以善良管理人的注意为准。故管理人管理事务，亦应尽善良管理人的注意义务。

但上述标准，仅指一般情形而言，若事出意外，时间急迫，倘仍使负善良管理人的注意义务时，势必瞻顾不前，转于受益人有害，因而立法例多有规定"紧急无因管理"者，以管理人为避免对受益人身体、名誉或者财产的急迫危害而管理其事务，对因此造成的损害，仅于恶意或者重大过失场合，始对受益人负损害赔偿责任。[②]

3. 继续管理。在受益人、其继承人或者法定代理人得进行管理之前，管理人应继续为其管理；无正当理由，不得随意中断。

（二）通知义务

管理人管理他人事务，能够通知受益人的，应当及时通知受益人。管理的事务不需要紧急处理的，应当等待受益人的指示（《民法典》第982条）。该规则本来的目的是排除管理人独断专行，确保受益人有自己决定的机会；同时，该规则还附带具有一项功能，即赋予管理人确认受益人意思的机会。[③]通知义务属于管理人的附随义务（Nebenpflichten）。[④]如果管理人不知受益人为谁，或不知受益人的住址，或不知受益人下落等，则不负通知义务。如果受益人已知管理开始的事实，则没有必要通知。如果事务管理不属于急迫的情况，管理人应听候受益人的指示进行管理。在实践中，通知是认定管理人有为他人管理事务意思的重要方式。管理人不履行通知义务，可承担过错赔偿责任。[⑤]

（三）报告及移交财产义务

管理结束后，管理人应当向受益人报告管理事务的情况。管理人管理事务取得的财产，

[①] 郑玉波：《民法债编总论》（修订二版），陈荣隆修订，中国政法大学出版社2004年版，第79页。
[②] ［日］潮见佳男：《债权各论Ⅰ契约法·事务管理·不当利得》（第二版），新世社2009年版，第291—292页。同旨参见石宏主编：《〈中华人民共和国民法典〉释解与适用［合同编］》（下册），人民法院出版社2020年版，第925页。
[③] ［日］潮见佳男：《债权各论Ⅰ契约法·事务管理·不当利得》（第二版），新世社2009年版，第292页。
[④] Vgl. Jauernig/Mansel, §678, Rn. 9.
[⑤] 石宏主编：《〈中华人民共和国民法典〉释解与适用［合同编］》（下册），人民法院出版社2020年版，第926页。

应当及时转交给受益人（《民法典》第 983 条）。此称管理人的报告及移交财产义务，或统称计算义务，亦属于管理人主义务的组成部分。

报告义务，是指管理人应当按照受益人的要求，报告事务管理情况；管理结束后，管理人应向受益人报告其结果（参照《民法典》第 924 条）。移交财产义务是指，管理人因管理事务所取得的物品、钱款及孳息应交付受益人；管理人以自己的名义为受益人取得的权利，应向受益人转让；管理人为自己的利益而使用了应交付于受益人的钱款，或者使用了应为受益人利益而使用的钱款，应自使用之日起支付利息；在发生损害场合，尚须予以赔偿。[①]

三、受益人的义务

（一）偿还必要费用

依《民法典》第 979 条第 1 款前段，在成立适当的无因管理场合，管理人"可以请求受益人偿还因管理事务而支出的必要费用"。此为受理人享有的"必要费用偿还请求权"。对此，应注意如下要点：（1）此所谓必要费用，是指一个理性的管理人在完成管理事务时所支出的合理费用；（2）管理人所可请求者，尚应包括必要费用的利息；（3）受益人偿还必要费用及其利息，并不以受益人获得管理利益为前提。[②]

管理人所支出的费用是否为必要，应以管理活动当时的客观情况决定。如依当时的情况所付出的费用是必要的，即使依以后的情况看，付出的费用过高，也应为必要费用。反之，依管理当时的客观情况是不必要的花费，即使依以后的情况为必要的，也不能算作必要费用。[③]

至于管理人因管理事务而欠负债务，《民法典》并未另行规定管理人有独立的"负债清偿请求权"，而是一并纳入"必要费用"范畴，相应处理。[④] 另有学说主张，该债务也可以视为管理人所受损失的一部分，并通过损害赔偿请求权加以解决。[⑤]

（二）适当补偿损失

管理人因管理事务受到损失的，可以请求受益人给予适当补偿（《民法典》第 979 条第 1 款后段）。或称之为"损害转嫁请求权"。[⑥] 对此，应注意如下要点：（1）立法特意使用了"补偿"，而非"赔偿"，以示有别于损害赔偿；（2）损失的补偿不以过错为要件；（3）是否

[①] 参见郑玉波：《民法债编总论》（修订二版），陈荣隆修订，中国政法大学出版社 2004 年版，第 82 页；[日]近江幸治：《民法讲义 Ⅵ 事务管理·不当得利·不法行为》（第二版），成文堂 2007 年版，第 16 页；[日]潮见佳男：《债权各论 I 契约法·事务管理·不当利得》（第二版），新世社 2009 年版，第 292 页。
[②] 石宏主编：《〈中华人民共和国民法典〉释解与适用［合同编］》（下册），人民法院出版社 2020 年版，第 922 页。
[③] 王利明等编著：《民法新论》（下册），中国政法大学 1988 年版，第 446 页；刘凯湘：《债法总论》，北京大学出版社 2011 年版，第 41 页。
[④] 参见石宏主编：《〈中华人民共和国民法典〉释解与适用［合同编］》（下册），人民法院出版社 2020 年版，第 922 页。
[⑤] 王家福主编：《中国民法学·民法债权》，法律出版社 1991 年版，第 598 页。
[⑥] [日]四宫和夫：《事务管理·不当利得》，青林书院 1981 年版，第 5 页。

给受益人带来实际效果和利益,在所不问;(4)管理人对所受损失与有过错场合,得适当减轻受益人的负担。① 不过,在急迫管理场合,比如为抢救落水儿童来不及将身上的手机掏出,就手机的损失,不应认为管理人与有过失。

(三)不适当无因管理:减免受益人负担的事由

管理事务是否符合受益人真实意思,不是作为无因管理的构成要件,而是作为判断管理行为是否适当的标准。② 相应地,将无因管理区分为适当的无因管理(berechtigte GoA)与不适当的无因管理(unberechtigte GoA)。后者在我国法上属于减免受益人负担的事由,分述如下。

1. 管理人不符合受益人真实意思的,管理人不享有《民法典》第979条第1款规定的权利;但是,受益人的真实意思违反法律或者违背公序良俗的除外(《民法典》第979条第2款)。

(1)管理事务不符合受益人真实意思(不适当的无因管理),并非不成立无因管理,而是在肯定构成无因管理的前提下,明确管理人不享有《民法典》第979条第1款规定的权利(必要费用偿还请求权、损害转嫁请求权);管理人虽不享有上述权利,但其依法所负担的义务并不因此而免除。

(2)《民法典》第979条第2款但书对受益人的"真实意思"施加了限制,比如车主饮酒后欲自驾回家,未饮酒的朋友不顾其"真实意思"(违法),代其驾车,送其回家;又比如失恋者欲自寻短见,路人不顾其"真实意思"(违反公序良俗),奋力将其救下。于此场合,管理人管理事务虽不符合受益人的真实意思,其依法享有的请求权,不受影响。比如救人者奋力救人时,手机不慎碰坏,就所受损失,仍得请求补偿。

2. 管理人管理事务不属于《民法典》第979条规定的情形,但是受益人享有管理利益的,受益人应当在其获得的利益范围内向管理人承担《民法典》第979条第1款规定的义务(《民法典》第980条)。

(四)有无支付报酬的义务

《民法典》并未赋予无因管理人以报酬请求权,故除立法另有特别规定外,③ 受益人并无支付报酬的义务。就其理由,通常认为无因管理,原为人类义举,若使之享有报酬请求权,反足以贬损其道德价值,同时亦易酿成纠纷。④

---

① 参见黄薇主编:《中华人民共和国民法典合同编释义》,法律出版社2020年版,第1035页。值得注意的是,《民法典》第979条第1款虽用"损失",立法机关释义时亦称"损害",未刻意区分。本书从之。
② 立法者已明确意识到该问题及相关争议,并作出了明确的抉择,详见黄薇主编:《中华人民共和国民法典合同编释义》,法律出版社2020年版,第1032—1033页。
③ 例如《海商法》第179条等。
④ 郑玉波:《民法债编总论》(修订二版),陈荣隆修订,中国政法大学出版社2004年版,第72页。

第三十二章　不当得利

第一节　不当得利序说

一、不当得利的语义

在我国法上，与合同、侵权行为、无因管理等相并列，不当得利是债权的一种发生原因（《民法典》第118条第2款）。《民法典》第122条规定："因他人没有法律根据，取得不当利益，受损失的人有权请求其返还不当利益。"这是我国法关于不当得利所作的一般规定。据此，所谓不当得利（ungerechtfertigte Bereicherung），就是没有法律根据而取得不当利益，致他人受损失的事实。其中，取得利益的一方称为"得利人"，遭受损失的一方称为"受损失的人"（或简称"受损人"）。

不当得利制度发源于罗马法诉权（condictio）。罗马法学家彭波尼（Pomponius）提出"损人利己乃违反衡平"的著名格言，其公平正义理念滋养着不当得利法长达2000年的变迁发展。[1] 不过，罗马法仅就非债清偿等具体个案认有得利返还诉权，尚未确立不当得利之一般原则。[2] 不当得利一般原则的确立，乃是欧洲大陆受17至18世纪近代自然法学说影响之后的结果，比如在德国便对各种得利返还请求权统一规定了不当得利制度。按照那时的自然法思想，认为法具有与数学一样的体系性，在各种得利返还请求权的背后，存在更高层次的统一的不当得利法。[3] 这种不当得利的"统一说"（Einheitslehre），试图找出适用于所有不当得利情形的通用答案。像《民法典》第122条这样关于不当得利的一般规定，在比较法上不乏其例，可是，以这样一般条款式的规定应对变化多端的不当得利案型，必然要求在构成

---

[1] 王泽鉴：《不当得利》（第二版），北京大学出版社2015年版，第3页。
[2] 史尚宽：《债法总论》，台北自刊本1990年版，第69页。
[3] ［日］内田贵：《民法Ⅱ债权各论》，东京大学出版会2001年版，第521页。

要件等方面进一步具体化。于是，统一说在 20 世纪开始受到质疑。

以奥地利学者维尔伯格和德国学者克默雷尔为代表，他们宣称所有试图找到一个综合的公式以涵盖不当得利请求权的努力都是徒劳无功的。反之，他们强调要作一个根本性的区分，即"给付得利"（Leistungskondiktion）（对于基于原告自己行为而获得利益的返还请求权）与"侵害得利"（Eingriffskondiktion）（基于对他人权利的侵害而发生的请求权）。[①] 对此可称为类型论（wesensverschiedenen Typen）。[②] 如今，对不当得利依类型分别解释的方法已成为主流。[③]

另外，《民法典》将不当得利排在无因管理之后，共同作为"准合同"予以规范，并非无意义的随机排列。有所谓"不当得利法乃财产法之垃圾处理场"，即谓财产法无法依其本来的原则发挥机能场合，方由不当得利制度予以善后。[④] 职是之故，不当得利作为债之发生原因，排在合同、侵权行为及无因管理之后（《民法典》第 118 条第 2 款）；作为准合同，亦排在无因管理之后。

二、不当得利的性质

不当得利作为一种法律事实并构成债的发生原因，是属于行为还是属于事件呢？对此虽曾有争论，[⑤] 如今通说认为，不当得利是依法律的规定而发生债之关系，性质上属于事件，并非法律行为，不以当事人的意思表示为依据。凡发生财产变动而有不公平的事实，不当得利的法律关系即可发生。其形成固多由于当事人的行为使然，如占用他人的不动产或消费他人的动产。即便基于自然事实，亦可形成，例如鱼池中的鱼跃入邻池而无从分辨。[⑥]

三、不当得利返还请求权与其他请求权的关系：辅助性抑或独立性

一个法律事实，在符合不当得利的构成要件而发生不当得利返还请求权的同时，也可能充足其他请求权的构成要件。比如，保管人擅将保管物卖予他人而获取价款场合，会发生基于侵权行为或者违约的损害赔偿请求权；承租人在租赁合同到期后不返还租赁物，会发生合同上的返还请求权以及所有物返还请求权；买卖合同不成立却交付标的物场合，就标的物的返还会发生所有物返还请求权。在这些场合，如果符合不当得利的要件，是否发生不当得利

---

① 参见［德］恩斯特·冯·克默雷尔：《不当得利法的基本问题》，载王洪亮等主编：《中德私法研究》，北京大学出版社 2012 年版，第 71 页以下。
② Vgl. *Peter Schlechtriem*, Schuldrecht Besonderer Teil, 6. Auflage., Mohr Siebeck, 2003, S. 295.
③ ［日］内田贵：《民法 II 债权各论》，东京大学出版会 2001 年版，第 522 页。
④ ［日］内田贵：《民法 II 债权各论》，东京大学出版会 2001 年版，第 519 页。
⑤ 比如将不当得利所生之债作为"基于单方行为所生之债"的一种类型，佟柔、赵中孚、郑立主编：《民法概论》，中国人民大学出版社 1982 年版，第 141—143 页。
⑥ 参见［日］远藤浩、川井健等：《民法（7）事务管理·不当得利·不法行为》（第三版），有斐阁 1991 年版，第 35 页。

返还请求权？抑或强调不当得利返还请求权仅具有辅助性，只是在不符合其他请求权构成要件场合才承认不当得利返还请求权呢？

上述问题，在学说上甚有争执。德国通说及判例，均认为不当得利返还请求权得与其他请求权并存；而法国通说及判例，则强调不当得利返还请求权的辅助性。[1] 瑞士实务及学说亦采取所谓不当得利请求权辅助性说（Subsidiaritaet）。[2] 日本判例和通说考虑当事人的利益，认为不当得利返还请求权不仅具有辅助性，只要具备了不当得利的要件，即使有其他的救济手段，它们也是可以并存的，由此不当得利返还请求权得到了广泛的承认。[3] 我国台湾地区学说一向肯定不当得利请求权的独立性，认为不当得利请求权原则上得与其他请求权竞合并存，由当事人选择行使之。[4]

就我国学说而言，也存在分歧。一类见解认为，只要符合不当得利的构成条件，除法律另有规定外，受损失的人均可行使不当得利返还请求权。因此，不当得利返还请求权可以与其他请求权并存，[5] 承认请求权或者责任的竞合，允许择一行使。[6] 另一类见解则认为，存在所有物返还请求权时，原则上不成立不当得利返还请求权，排除不当得利制度的适用。[7] 另外，债务履行请求权排斥不当得利返还请求权。[8] 这实质上是承认不当得利返还请求权仅具有辅助性。前者为多数说；后者为少数说，且持该说者目前也明确转向了不当得利请求权独立性说。[9] 本书认为，目前中国法尚无根据认为不当得利返还请求权仅具辅助性，在一个生活事实充足多个请求权的构成要件场合，应承认各请求权的独立性，并允许权利人择一主张。

第二节 不当得利的构成要件

一、要件概观

不当得利的构成要件为：

（1）一方取得利益；（2）他方受到损失；（3）取得利益与受到损失之间有因果关系；

---

[1] 郑玉波：《民法债编总论》（修订二版），陈荣隆修订，中国政法大学出版社2004年版，第113页。
[2] 王泽鉴：《不当得利》（第二版），北京大学出版社2015年版，第291页。
[3] ［日］远藤浩、川井健等：《民法（7）事务管理·不当得利·不法行为》（第三版），有斐阁1991年版，第7页。
[4] 史尚宽：《债法总论》，台北自刊本1990年版，第98页；郑玉波：《民法债编总论》（修订二版），陈荣隆修订，中国政法大学出版社2004年版，第113页；王泽鉴：《不当得利》（第二版），北京大学出版社2015年版，第292页。
[5] 王利明等编著：《民法新论》（下册），中国政法大学出版社1988年版，第433页。
[6] 王利明：《民商法研究》第1辑，法律出版社1998年版，第558页；邹海林：《我国民法上的不当得利》，载梁慧星主编：《民商法论丛》第5卷，法律出版社1996年版，第72页；王丽萍编著：《债法总论》，上海人民出版社2001年版，第55页。
[7] 王家福主编：《中国民法学·民法债权》，法律出版社1991年版，第575页；同此见解者，尚有张广兴：《债法总论》，法律出版社1997年版，第90页。
[8] 王家福主编：《中国民法学·民法债权》，法律出版社1991年版，第576页。
[9] 崔建远、陈进：《债法总论》，法律出版社2021年版，第366页。

（4）利益之取得没有法律根据。[①] 以下分别说明。

二、一方取得利益

所谓受益，是指由于一定事实的发生，导致其财产总额增加，或者本该减少而不减少。其中，增加财产的情形，称为积极得利；不减少财产的情形，称为消极得利。

（一）积极得利

积极得利包括：（1）财产权的取得，比如所有权、他物权、债权、知识产权等的取得；（2）既存财产权内容的扩张或其束缚的解除，比如因附合而使所有权的内容扩张，或者因他物权的消灭而使所有权的束缚解除；（3）债务的免除，即已负担的债务，如经免除，则债务人的财产等于增加。[②]

（二）消极得利

消极的得利包括：（1）本应支出的费用而不支出；（2）本应负担的债务，而得不负担；（3）本应于自己所有物上设定他物权，而得不设定等情形。

其受益的原因，是由他人的财产，抑或由他人的劳务，均非所问，惟须受有财产上的利益始可。至于受益的方法，是基于法律行为（如以他人的物出租，而得租金），抑或基于事实行为（如以他人的饲料喂鸡，而节省开支），并无限制。又不问出于得利人或者受损失的人一方行为，或出于两者间或其一方与第三者间的行为（如得利人以受损失的人的所有物，让与善意第三人），以至于第三人的单独行为，或官方行为，均无不可。甚至基于自然事实，亦非不能构成此一要件（如他人的鱼，游入自己池内）。[③]

三、他方受到损失

《民法典》第122条虽未直接在构成要件部分表达，而是在法律效果部分作为主语修饰语，称"受损失的人"有权请求其返还不当利益。不过，在解释上仍然将他方受到损失作为构成要件。[④] 另外，作为不当得利构成要件的"损失"，其内涵因给付不当得利与非给付不当得利而有所区别。

如果说侵权损害赔偿责任具有损害填补功能（Ersatzfunktion），那么不当得利的功能恰

[①] 梁慧星：《读条文 学民法》（第二版），人民法院出版社2017年版，第53页；石宏主编：《〈中华人民共和国民法典〉释解与适用［总则编］》，人民法院出版社2020年版，第225页。

[②] 郑玉波：《民法债编总论》（修订二版），陈荣隆修订，中国政法大学出版社2004年版，第92页；梁慧星：《读条文 学民法》第二版，人民法院出版社2017年版，第53页。

[③] 郑玉波：《民法债编总论》修订二版，陈荣隆修订，中国政法大学出版社2004年版，第92—93页。

[④] 李适时主编：《中华人民共和国民法总则释义》，法律出版社2017年版，第378页；王利明主编：《〈中华人民共和国民法总则〉条文释义》，人民法院出版社2017年版，第269页。

在于得利人无法律根据所受利益的返还（得利去除功能，Abschoepfungsfunktion）。[1] 不当得利制度的功能，不在于填补损害，而在于使受益人返还其没有法律上的原因所取得之利益。因此，不当得利制度所称"损失"，应与"赔偿损失"所称的"损失"严格区别。在给付不当得利之情形，一方因他人为给付而受利益，对他方即构成损失；在非给付不当得利之情形，一方取得依权利内容应当归属于他方的利益，他方即构成损失。[2] 在权益侵害不当得利之情形，只要因侵害应归属他人权益而受利益即可，解释上不以有财产移转、他方实际受有损失为必要。[3]

应当注意，仅有得利人自己获得财产利益，尚不足以支撑成立不当得利返还请求权。确切地说，尚须该项得利系基于他人的代价而获取，并且对此不存在法律根据（ein Rechtsgrund）。

四、取得利益与受到损失之间有因果关系

《民法典》第122条开头即出现了"因"字，即谓一方取得利益与他方遭受损失之间存在原因与结果的联系，故称此为因果关系。

不过，不当得利上的因果关系与侵权责任上的因果关系，实际上并不相同（参照图32.2.1）。侵权责任的因果关系是指行为与损害之因果关系，即前因后果的关系；不当得利的因果关系，则是指基于某种原因，而发生两个结果（受益与受损），其结果与结果之间有因果关系，此种因果关系，与其谓因果关系，实不如称为牵连关系为当，因为实际上是两个结果的牵连问题，并非如侵权责任场合属于前因后果的问题。[4] 就不当得利上的因果关系，存在"直接因果说"与"非直接因果说"的分歧。

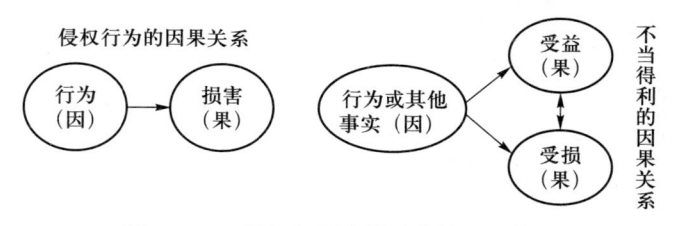

图 32.2.1　侵权与不当得利中的因果关系

（一）直接因果说

德国法判例为不当得利请求权创立了所谓"直接性"要件。此后，在德国（仅少数例外）不当得利之诉仅得在直接得利情形提起，间接得利情形则不行。间接地经由他人财产的

---

[1] 王泽鉴：《不当得利》（第二版），北京大学出版社2015年版，第147—148页。
[2] 梁慧星：《读条文 学民法》（第二版），人民法院出版社2017年版，第54页。
[3] 王泽鉴：《不当得利》（第二版），北京大学出版社2015年版，第143页。
[4] 郑玉波：《民法债编总论》（修订二版），陈荣隆修订，中国政法大学出版社2004年版，第93页。

得利之诉，得不到支持。瑞士法及奥地利判例亦持相似立场。基于"直接性"要件，某人就其所约定款项的支付或者借款的归还，应当也只能向其合同相对方主张。他应核实对方的信用，此属其正常的合同风险。至于该给付是否转让给了第三人，并不重要。[①]

在东亚地区，直接因果说为通说。该通说认为受益和受损之间，须有直接因果关系存在。所谓直接因果关系，是指须依同一事实，一面发生损害，一面发生利益。如受益之原因事实，与损害之原因事实为两个不同的事实，纵令此二者间有牵连关系，尚不得认为有不当得利之成立。[②]因而，债务人对于债权准占有人为清偿，真正债权人损害的内容为债权，而准占有人受益的内容为给付物体；损害与受益的内容，显不相同，但两者因基于债务人的一个清偿行为而发生，故其间确有因果关系存在。如果甲以自己的名义向银行借钱，而用于修理乙的房屋，那么，在甲不能还钱的情况下，银行不得对乙行使不当得利返还请求权。银行不得行使该请求权的原因在于，其损害原因的事实（借钱）与受益原因事实（修屋）纯属两事，虽其间不无间接的牵连，但并不得谓有因果关系。[③]对此，学说又修正"直接性"的内涵，以受利益系直接来自受害者，而非经由第三人财产。如此，甲取乙的油漆粉刷丙的房屋，丙因动产附合于不动产而取得乙油漆的所有权，具有直接性，应成立侵害他人权益不当得利。[④]

（二）非直接因果说

非直接因果说认为，受损害与受利益的因果关系，不以直接牵连关系为限，亦即不以基于同一原因事实所造成的受损受益为限，即使基于两个原因事实所造成的受益受损，倘若社会观念认为二者之间有牵连关系，即应认为有因果关系。[⑤]最高人民法院的民事判决中已有采纳非直接因果关系说的事例。[⑥]

以上两说争执所在，主要系于第三人行为的介入，而发生受益与受损之问题时见之，例如甲以乙的饲料，喂养丙的狼犬，致乙受损，丙受益。此种情形，在采直接因果关系说者，固认有因果关系；在采非直接因果关系说，则不认为有因果关系，不待深论。惟如甲向乙骗取金钱，而向丙为非债清偿，致乙受损而丙受益时，在直接因果说看来，因乙之受损系由于甲之骗取（原因事实），而丙的受益系由于甲的清偿（另一事实），故不能谓有因果关系；

---

① ［德］恩斯特·冯·克默雷尔：《不当得利法的基本问题》，载王洪亮等主编：《中德私法研究》，北京大学出版社2012年版，第83—84页。
② 史尚宽：《债法总论》，台北自刊本1990年版，第72页。
③ 郑玉波：《民法债编总论》（修订二版），陈荣隆修订，中国政法大学出版社2004年版，第94页。
④ 王泽鉴：《不当得利》（第二版），北京大学出版社2015年版，第143页。
⑤ 郑玉波：《民法债编总论》（修订二版），陈荣隆修订，中国政法大学出版社2004年版，第94页；梁慧星：《读条文学民法》（第二版），人民法院出版社2017年版，第54页。
⑥ 中华人民共和国最高人民法院民事判决书（2017）最高法民再287号认为，"就市政公司取得600万元利益和刘忠友受到600万元损失的原因来看，……似乎不属于严格意义上的同一原因事实，但整体而言，前述两个虚构行为系辛国强同一合同诈骗犯罪活动的不同环节而已，基于公平理念和社会一般观念，应当认定两者之间具有实质上的牵连关系，足以成立因果关系。"

但非直接因果说则认有因果关系。①

（三）本书立场

目前学说主流或强调直接因果关系说的修正（因果关系直接性之缓和），②或称"需要继续研究"并肯定非直接因果关系说对个别类型处理的有用性，③或直接采非直接因果说，④学说尚处在一个"混迷的时代"。⑤本书认为，注意到直接因果说"直接性"原有内涵弱点的同时，也不应忽视"直接性"要件的重要功能（特定不当得利客体及当事人，避免借不当得利请求反射利益），以及非直接因果说"社会观念"或"公平理念"之类抽象概念可能带来的法律适用的不安定性。德国民法及判例对"直接性"原则亦有例外，⑥在直接因果关系说的基础上，修正"直接性"内涵，使之具有更大的包容性，恐不失为一条务实且稳健的应对之路。

五、利益之取得没有法律根据

（一）"统一说"与"非统一说"

所谓"没有法律根据"，实即德国民法所谓没有法律上的原因（ohne rechtlichen Grund, BGB§812（1））。就其内涵，向有"统一说"与"非统一说"之分。

统一说认为，与不当得利之基础观念有密切关联，不当得利的基础应有统一的观念，"无法律上原因"亦应有统一的语义，以求无论任何不当得利，均可纳入此一语义之中，而为概括的说明。非统一说认为，各种不当得利应各异其基础，不可能求其统一，因而对于"无法律上原因"，应就各种不当得利分别定其语义，以期切合实际，而免失之渺茫。⑦原来罗马法不当得利，以基于给付行为的不当得利为其主要目标。其所谓无原因（Sine causa），系指给付原因的欠缺。普通法时代，受自然法学影响，将不当得利之原则扩张至给付外的事由，利用他人之物或权利的得利，依得利人或第三人行为或依偶然事件的得利，均包括在内。如此，两类不当得利在沿革上异其理由。故就没有法律根据，将二者区分以定其语义，甚为适当。⑧如前所述，如今学说主流已然放弃了统一说，本书从之，以下依非统一说（类型论）进行说明。

---

① 郑玉波：《民法债编总论》（修订二版），陈荣隆修订，中国政法大学出版社2004年版，第94页。
② [日]远藤浩、川井健等：《民法（7）事务管理·不当得利·不法行为》（第三版），有斐阁1991年版，第42页。
③ 崔建远：《债法总论》，法律出版社2013年版，第288页；黄薇主编：《中华人民共和国民法典合同编释义》，法律出版社2020年版，第1048页；崔建远、陈进：《债法总论》，法律出版社2021年版，第340页。
④ 郑玉波：《民法债编总论》（修订二版），陈荣隆修订，中国政法大学出版社2004年版，第94页；梁慧星：《读条文 学民法》（第二版），人民法院出版社2017年版，第54页。
⑤ [日]内田贵：《民法II债权各论》，东京大学出版会2001年版，第519页。
⑥ [德]恩斯特·冯·克默雷尔：《不当得利法的基本问题》，载王洪亮等主编：《中德私法研究》，北京大学出版社2012年版，第85页。
⑦ 郑玉波：《民法债编总论》（修订二版），陈荣隆修订，中国政法大学出版社2004年版，第95页。
⑧ 史尚宽：《债法总论》，台北自刊本1990年版，第75页。

所谓"没有法律根据",亦即没有法律上的原因,其含义因不当得利之属于给付不当得利或者非给付不当得利而有所不同。在给付不当得利"没有法律根据"实际为给付原因欠缺,主要有给付原因自始不存在、给付原因嗣后不存在以及给付目的落空三种;在非给付不当得利,"没有法律根据",或为侵害他人权益,或为欠缺受益基础,或基于法律的直接规定。①

(二)给付不当得利(Leistungskondiktion)

1. 给付与给付行为。"给付"在《民法典》中出现了12次,含义及用法并不完全相同,需要辨别。其一,作为动词,其对象时常指金钱(货币、定金、扶养费、抚养费、赡养费、生活费),但不以此为限;其二,作为名词,有时指代给付的对象(比如第560条和第561条中出现的"给付不足以清偿全部债务"),有时则指给付行为(比如第520条第4款"债权人对部分连带债务人的给付受领迟延"、第985条第1项"为履行道德义务进行的给付"和第3项"明知无给付义务"),为债务之标的。

给付得利概念中的"给付",较之作为债务标的之给付,一方面为广,另一方面为狭。即不仅为清偿目的所为的给付,为其他目的所为的给付亦包含在内,故较债务标的之给付为广。然仅限于财产给与(出捐,Vermoegenszuwendung),故给付须有金钱的价值,由此可见,较之债务标的之给付为狭。②

2. 给付原因。财产给与,为财产损益之移转,给付者必有为此行为的目的,该目的即给付原因。

给付所追求的典型目的(die typischerweise Zwecke mit einer Leistung verfolgt werden),原则上分为四类:③

(1)清偿目的(solvendi causa)。例如,出卖人交付买卖标的物并转移所有权给买受人,以履行买卖合同中的合同义务。

(2)赠与目的(donandi causa)。在直接赠与(Handschenkung)场合,比如房客赠与女房东一束花,并非先成立要式赠与债务,而是在物权出捐(dingliche Zuwendung)的同时,兼而达成了其权利基础的债权合意。

(3)债权发生目的(obligandi causa)。在正当的无因管理场合,管理人的给付,其原因便是无因管理法定之债的发生,尽管债之发生未必即是给付人的动机。

(4)行为劝说目的。给付之作出是为了劝说受领人为某特定行为(或不作为),而受

---

① 梁慧星:《读条文 学民法》(第二版),人民法院出版社2017年版,第54页。
② 史尚宽:《债法总论》,台北自刊本1990年版,第75页。
③ Vgl. *Hans-Joachim Musielak*, Grundkurs BGB, 11. Auflage, Verlag C.H. Beck, 2009, S.404–405. 该书已有中译本,[德]汉斯–约哈希姆·慕斯拉克、沃夫冈·豪:《德国民法概论》(第十四版),刘志阳译,中国人民大学出版社2016年版,可供参阅。关于给付目的,学者有不同分类。王泽鉴先生认为主要有两类:清偿债务和直接创立一种债之关系,王泽鉴:《不当得利》(第二版),北京大学出版社2015年版,第68—69页。依史尚宽先生,"财产给与之目的,从来分为债务消灭之目的、债权发生之目的及赠与之目的三种。其他尚有定金目的、条件履行目的、嫁资目的、更改目的"。史尚宽:《债法总论》,台北自刊本1990年版,第75页。

领人对此特定行为并无义务，给付人自无相应的请求权。比如，对于"定金"（或首付款，Anzahlung）之给付，受领人明知系意在签订某特定合同，然后来该合同并未成立，则给付人可基于其给付目的不达请求返还。

3. 给付原因的确定方法。给付原因既为给付目的，是否以存于给付人心中为已足，抑或须表示于外部或须经当事人合意？对此应依其为哪种原因或目的而定，不可一概而论。如为清偿目的，则在既存债务的关系上，义务履行的意义自己决定，给付人无须就清偿原因特别作意思表示；在清偿目的以外的给付，给付人非为义务的履行，就其目的需要双方有合意。① 惟给付行为的原因，原则上固须由当事人的意思确定，然当事人一方对于他方所定的原因，有认识而不提出异议时，亦可解为有合意。又一方的法律行为，其原因亦得由给付者一方定之，自不待言。② 然而仅给付人单方就该给付有其用意（Erwartung des Leistenden）尚未为足，通常需要对方领会给付人的用意，且至少通过受领给付默示地理解为其同意了该给付目的。比如，A 想要观看某运动会，然为此需要他与其同事 B 换班。A 试着给 B 送了一瓶酒，并因此使之心情愉悦，然 A 并未提出想让 B 与他换班。等到后来 A 提出其请求时，B 拒绝了。在此事例中，A 不可以给付目的不达为由请求返还那瓶酒。③

4. 给付欠缺原因的三种形态。

（1）自始无给付目的。因非债清偿的不当得利返还请求权（Condictio indebiti）。比如，甲乙以为达成了汽车买卖合同，将汽车交付给了乙并转移其所有权，然而，双方就买卖合同某必要之点并未达成合意，最终合同并未成立。此时，甲可以基于非债清偿的返还请求权，要求乙返还汽车。④

构成给付行为原因的法律行为（债权行为），如未成立或无效时，则给付行为即被认为自始无目的。例如：①一方为消费借贷交付金钱，而他方误以为赠与而受领；②因赠与交付金钱，而拒绝赠与；③因买卖交付物品，而买卖合同未能成立；④无权代理人所订立的合同，本人未予承认，而其相对人已为给付等情形均是。⑤

（2）给付目的嗣后不存在。给付行为虽已一度达成目的，但其后目的消灭时，例如预付一年租金后，而半年即终止租赁合同；基于附终期或解除条件的合同而为给付，其期限到来或条件成就；给付后，依法免除给付义务等情形，均发生不当得利。

因原因消灭的不当得利返还请求权（Condictio ob causam finitam）。比如甲为其汽车向保险公司乙投了失窃险，汽车被盗后，保险公司作了理赔，其后不久，警察发现了失窃的汽车。如果保险合同未作专门约定，则保险公司可以基于不当得利要求返还。⑥

通说也将给付不当得利适用于由于因错误或者故意欺诈之类事由导致的撤销

---

① 史尚宽：《债法总论》，台北自刊本 1990 年版，第 76 页。
② 郑玉波：《民法债编总论》（修订二版），陈荣隆修订，中国政法大学出版社 2004 年版，第 97—98 页。
③ Vgl. *Hans-Joachim Musielak*, Grundkurs BGB, 11. Auflage, Verlag C.H. Beck, 2009, S.404.
④ Vgl. *Hans-Joachim Musielak*, Grundkurs BGB, 11. Auflage, Verlag C.H. Beck, 2009, S.403.
⑤ 郑玉波：《民法债编总论》（修订二版），陈荣隆修订，中国政法大学出版社 2004 年版，第 98—99 页。
⑥ Vgl. *Hans-Joachim Musielak*, Grundkurs BGB, 11. Auflage, Verlag C.H. Beck, 2009, S.404.

（Anfechtung）情形。被撤销的民事法律行为自始没有法律约束力（《民法典》第155条），职是之故，人们亦得将此看作是因非债清偿的返还请求权类型。反之也说得通，因为在给付之时权利根据是存在的。①

（3）给付目的不达。拟实现某种目的而为给付，但日后并未达成其目的，例如以受清偿为目的而交付收据，而债务并未清偿；附停止条件的债务，预期条件成就而履行，结果条件未成就等情形均发生不当得利。②罗马法早已有之（condictio ob rem dati, re non secuta），比如为诉讼和解之目的而给付某物，可事实上诉讼仍继续存在。③

（三）非给付不当得利（Nichtleistungskondiktion）

非给付不当得利，指受益非本于受损失的人的给付而发生，其发生事由有三：一是由于行为（受益人、受损人或第三人的行为）；二是由于法律规定；三是由于自然事件。此等非给付不当得利，依其内容，又可分为以下三种基本类型：

（1）权益侵害不当得利，如占用他人土地；（2）支出费用不当得利，如误他人之物为己有而为修缮；（3）求偿不当得利，如清偿他人债务。④

1. 权益侵害不当得利（Eingriffskondiktion）。此类型在非给付不当得利中最属重要，其得利人通过自己的行为获得财产利益，干涉他人的法律地位，并引发不当得利请求权。盖因其所获利益，依据权益归属法秩序（Recht der Gueterzuordnung），并非属其所有，而是属于受损人所有。⑤作为其事例，比如甲得到一箱香槟，认为是其友人所赠，遂予消费。然该香槟实为其邻居所订购，因送货者错看地址而送到甲处。又如眼镜验光师B在报纸上刊登配镜广告，使用了著名电视主持人T的照片，且未获得其许可。由于B侵权，故此处可成立不当得利请求权。

在权益侵害不当得利场合，"没有法律根据"首先指的便是侵害他人权益。就得利人所谓的"侵害"（Eingriff）必须是不正当的（unberechtigt）。按什么标准来评判侵害之不正当性（das Unberechtigte des Eingriffs），相关文献在见解上有分歧：

（1）依据所谓"违法性说"（Widerrechtlichkeitstheorie），任何通过得利人的违法行为（widerrechtliche Handlung）获取的得利，均属不正当。依此说，非给付得利场合的"没有法律根据（Rechtsgrundlosigkeit）"，意指侵害的违法性。⑥

（2）依据如今占主导地位的"权益归属说"（Zuweisungstheorie），引起返还请求权的侵害，其特征在于其对于法之权益归属秩序的违反（Widerspruch zur rechtlichen

---

① Vgl. *Hans-Joachim Musielak*, Grundkurs BGB, 11. Auflage, Verlag C.H. Beck, 2009, S.404.
② 郑玉波：《民法债编总论》（修订二版），陈荣隆修订，中国政法大学出版社2004年版，第99页；王泽鉴：《不当得利》（第二版），北京大学出版社2015年版，第72页。
③ See Bryan A. Garner ed., *Black's Law Dictionary*, 10th ed., Thomson Reuters, 2014, p.354.
④ 王泽鉴：《不当得利》（第二版），北京大学出版社2015年版，第138页。
⑤ Vgl. *Hans-Joachim Musielak*, Grundkurs BGB, 11. Auflage, Verlag C.H. Beck, 2009, S.412. 另见［日］泽井裕：《事务管理·不当得利·不法行为》（第二版），有斐阁1996年版，第72页。
⑥ Vgl. *Hans-Joachim Musielak*, Grundkurs BGB, 11. Auflage, Verlag C.H. Beck, 2009, S.413.

Gueterzuordnung)。某项得利,如果它有违法的权益归属内容(Zuweisungsgehalt),便是不正当的并应予返还。[①] 依据该学说,不是某项侵害是否违法之问题,起决定性的是如下问题,即:是否以及在多大程度上该项被违反的法具有(权益)分配内容,按照该分配内容,所获得的财产利益不应归属于不当得利的债务人,而应归属于其他人,亦即不当得利债权人。[②] 换言之,财货向无权限之人的移转,便是权益侵害不当得利中的"没有法律根据"。[③] 就此可分别就物权、人格权、债权、知识产权等的"损失和受益"类型,另行检讨法律上的原因。

2. 支出费用不当得利(Verwendungskondiktion; Aufwendungskondiktion)。支出费用不当得利,指非以给付的意思,于他人之物支出费用,使其受有财产利益。此为受损人自己行为而成立的非给付不当得利。[④] 例如误以他人的狗为自己的而饲养;或误认自己的饲料为他人所有,而以之饲养他人的狗;承租人对于租赁物的改良;代先顺序扶养义务人而为扶养等。此时既非出于受损失的人的给付意思,自不得再论其给付原因的有无,只能对于得利人的受益,问其是否合于公平理念,以决定是否成立不当得利。[⑤]

3. 求偿不当得利(Rueckgriffskondiktion)。求偿不当得利,指清偿他人债务,使其免除债务而生的不当得利请求权。此亦属因受损人行为而发生的非给付不当得利。[⑥] 例如,看到兄 B 虐待其母,妹 A 将母亲接来赡养,如果 A 没有为 B 管理事务的意思,则不成立无因管理。对于超过 A 赡养义务部分的费用负担,可成立不当得利。再如,由于保管人的过失使保管物被盗,保管人向寄存人赔偿后,对于小偷有不当得利(求偿得利)的返还请求权。[⑦] 又如,甲向乙购买 A 车,分期付款,约定价款付清前乙保留 A 车的所有权。后来甲的债权人丙对 A 车请求强制执行,为自己的利益而代甲清偿后几期的价款,消灭 A 车买卖合同关系。于此场合,丙对甲可主张求偿不当得利。[⑧]

在支出费用得利及求偿得利场合,"没有法律根据"指的是得利人欠缺受益基础或者基于法律的直接规定。

第三节　给付不当得利请求权的排除

一、概说

就不当得利请求权,《民法典》第 985 条"但书"规定了三种除外情形,即为履行道德

[①] Vgl. *Hans-Joachim Musielak*, Grundkurs BGB, 11. Auflage, Verlag C.H. Beck, 2009, S.413-414.
[②] Vgl. *Hans-Joachim Musielak*, Grundkurs BGB, 11. Auflage, Verlag C.H. Beck, 2009, S.414.
[③] [日] 内田贵:《民法 II 债权各论》,东京大学出版会 2001 年版,第 531 页。
[④] 王泽鉴:《不当得利》(第二版),北京大学出版社 2015 年版,第 194 页。
[⑤] 郑玉波:《民法债编总论》(修订二版),陈荣隆修订,中国政法大学出版社 2004 年版,第 100 页。
[⑥] 王泽鉴:《不当得利》(第二版),北京大学出版社 2015 年版,第 195—196 页。
[⑦] [日] 泽井裕:《事务管理·不当得利·不法行为》(第二版),有斐阁 1996 年版,第 75—76 页。
[⑧] 黄薇主编:《中华人民共和国民法典合同编释义》,法律出版社 2020 年版,第 1050 页。

义务进行的给付、债务到期之前的清偿以及明知无给付义务而进行的债务清偿。此类事由，或称为特殊的不当得利，①或称为给付不当得利请求权的排除。②从它们是在一般不当得利构成要件的基础上额外增加要件来看，称为特殊不当得利自无不可；然从"但书"除外的立法技术角度看，它并非积极构成的立论，而是从消极否定的角度排除依一般构成要件可得成立的不当得利请求权，故称不当得利请求权的排除似乎更准确。另外，依其内容分析，自当限缩于给付不当得利，并不涉及非给付不当得利，故本节称为"给付不当得利请求权的排除"。

二、为履行道德义务进行的给付③

为履行道德义务进行的给付，受损失的人不可以请求返还。此规则在于调和法律与道德，使法律规定符合一般道德观念，以道德上的义务作为法律上义务，给付之人不得请求返还。道德义务应依社会观念认定，例如：（1）对无扶养义务亲属误以为有扶养义务而予以扶养（侄子女对叔伯父），但误认他人为生父而为赡养，则不包括在内；（2）对于亲友婚丧的庆吊；（3）对于救助其生命的无因管理人给予报酬。④

三、债务到期之前的清偿⑤

期前清偿，债务并非不存在，债权人受领给付，不能谓无法律根据，且债务因清偿而消灭，债权人亦无得利可言。为避免疑义，民法特明定不能请求返还，且不以债务人明知期前清偿为要件。⑥在债务附有利息场合，如未扣息清偿，能否请求返还，法无明文，颇属疑问。主流学说认为，为避免法律关系复杂，应理解为不得请求返还。⑦

四、明知无给付义务而进行的债务清偿⑧

非债清偿，构成不当得利，本得请求返还。明知无给付义务而进行债务清偿，则有所不同，《民法典》第985条但书第3项明确排除给付人的返还得利请求权，其理论根据在于禁

---

① 比如［日］内田贵：《民法Ⅱ债权各论》，东京大学出版会2001年版，第561页。
② 比如王泽鉴：《不当得利》（第二版），北京大学出版社2015年版，第108页。
③ 比较立法例：《德国民法典》第814条后段；《瑞士债务法》第63条第2款后段；中国台湾地区"民法"第180条第1款。
④ 王泽鉴：《不当得利》（第二版），北京大学出版社2015年版，第109—110页；另见黄薇：《中华人民共和国民法典合同编释义》，法律出版社2020年版，第1054—1055页。
⑤ 比较立法例：《法国民法典》原第1186条但书；《德国民法典》第813条第2款；《日本民法典》第706条；中国台湾地区"民法"第180条第2款。
⑥ 王泽鉴：《不当得利》（第二版），北京大学出版社2015年版，第111页。
⑦ 胡长清：《中国民法债编总论》（上册），商务印书馆1947年版，第107—108页；王泽鉴：《不当得利》（第二版），北京大学出版社2015年版，第111—112页。
⑧ 比较立法例：《德国民法典》第814条前段；《日本民法典》第705条；中国台湾地区"民法"第180条第3款。

反言原则。亦即，明知没有给付义务而进行的给付，再请求返还，则前后矛盾，有违诚信原则，所以不允许。①

排除给付人的返还得利请求权的构成要件如下：

（1）须无给付义务。所谓无给付义务，指给付人并无应为其给付的债务关系。例如，原无债务而误信为负有债务，或者债务业经消灭而误信其尚存在，或者他人的债务误信为自己的债务。②有无债务存在以给付时为其判断时点。债务的基础行为具有撤销原因，在撤销前，债务存在，但一经撤销，法律行为自始没有法律约束力（《民法典》第155条），故明知撤销事由的存在而为给付，通常可视为对可撤销行为的承认，丧失撤销权，故不得请求返还。③惟应注意其不得请求返还，并非基于第985条但书第3项，因为撤销权的丧失导致其确定负有给付义务。

（2）须给付时明知无给付义务。所谓"明知"，指故意为无债给付，从而给付人如因错误或过失不知无给付义务而为给付，仍得请求返还，自不待言。④

（3）须因清偿而为给付。所谓因清偿而为给付，即基于消灭债务之原因而为给付，但以因清偿而为给付为已足，其给付之合于债务本旨与否，则非所问，⑤亦不当问，因本无债务可言。债务人于给付之际作有保留者（例如若找到清偿收据时应返还），其返还请求权不被排除。⑥

第四节 不当得利的法律效果

一、不当得利返还请求权的发生

不当得利一旦成立，在得利人和受损人之间即发生返还不当利益的债权债务关系。申言之，得利人对于受损人负有返还不当利益的义务，而受损人有权请求得利人返还不当利益（《民法典》第122条）。得利人原则上在现存利益的限度内负返还义务（《民法典》第986条）；得利人存在恶意的，其应在现存利益基础上负加重的返还义务，并负赔偿责任（《民法典》第987条）。

二、返还义务的内容

不当得利所应返还者，在法条上被称为"利益"（《民法典》第122条、第985条）。就

---

① 黄薇：《中华人民共和国民法典合同编释义》，法律出版社2020年版，第1055页。
② 胡长清：《中国民法债编总论》（上册），商务印书馆1947年版，第108页。
③ 王泽鉴：《不当得利》第二版，北京大学出版社2015年版，第113页。
④ 胡长清：《中国民法债编总论》（上册），商务印书馆1947年版，第108页。
⑤ 胡长清：《中国民法债编总论》（上册），商务印书馆1947年版，第108页。
⑥ 王泽鉴：《不当得利》（第二版），北京大学出版社2015年版，第113页。

该"利益"的返还，《民法典》并未作细致的规定，可从两方面来理解：原物能返还场合、返还原物；原物不能返还场合，则偿还价额（金钱）。

（一）原物返还

1. 所受利益。即受领人受领的物或权利，此等利益在返还时尚存于得利人的，应返还其原物或原权利。亦即对于物，应移转其占有；对于权利，应依各该权利的移转方法将其移转于受损人。

不论不当得利的标的物为代替物抑或不代替物，但使现存，便应返还其原物；在该物灭失或者被处分场合，在处理上则会有所差异。在不代替物场合，受领的物转给他人占有的，只要得利人可得取回，在解释上便仍负有原物返还义务。[①] 在代替物场合，亦即在原物返还不能场合，存在须返还同种同量的他物，抑或可得以价额偿还的问题。如果坚持原物返还原则，则须返还同种同量的他物；反之，多数学说认为，此时价额偿还亦无不可。[②]

2. 本于该利益的所得。具体包括：（1）原物的用益，即原物的孳息（包括天然孳息如鸡蛋、羊毛等，以及法定孳息如租金、利息等），以及使用收益（如房屋的居住，汽车的使用）；（2）基于权利的所得，比如基于债权而受清偿，基于不动产所有权或者使用权而于其中发现埋藏物，基于彩票而中奖；（3）原物或权利的代偿，比如因物之毁损或灭失而获得损害赔偿金或保险金。

在原物返还不能场合，得利人如就原物取得了代偿，便应返还代偿物。在没有代偿物场合，则应依下述价额偿还。

（二）价额偿还

1. 应用场景。不当得利以原物返还为原则，但依其利益的性质（如所受利益为劳务）或其他情形（如受领人已将原物出卖），不能原物返还时，则例外应偿还其价额。所谓价额，应依客观情形确定。又本于该利益的所得，如因其性质或其他情形不能将原所得返还时，亦应偿还其价额。[③]

2. 计算标准：客观说与主观说。价额应依客观情形确定，即应采客观说。与之相对者是主观说，其是关于价额计算的另一种不同见解。客观说认为，价额应依客观交易价值定之。主观说认为，价额应就受益人的财产加以计算，其在财产总额上有所增加的，皆应返还。[④] 比如得利人所受领者为二手汽车一辆，当时市值 5 万元，因得利人将该车出售他人，并办理过户登记，已不能原物返还。若依主观说，即应偿还其所得价款，假如该价款为 6 万元，即应偿还 6 万元；假如所得价款为 4 万元，便应偿还 4 万元。而依客观说，无论得利人实际变卖价格，其所应偿还者系不当得利时的市值 5 万元。

[①] 大判昭 16·10·25 民集 20 卷，第 1313 页。
[②] ［日］远藤浩、川井健等：《民法（7）事务管理·不当得利·不法行为》（第三版），有斐阁 1991 年版，第 54 页。
[③] 郑玉波：《民法债编总论》（修订二版），陈荣隆修订，中国政法大学出版社 2004 年版，第 108 页。
[④] 王泽鉴：《不当得利》（第二版），北京大学出版社 2015 年版，第 249 页。

3. 计算时点。由此例又显示出，价额计算的时间点是个问题。有学说认为计算时点为不当得利请求权成立时（德国通说见解），有学说认为计算时点为法院事实审辩论终结时。以前者更为可采，[①] 本书从之。

三、返还义务的范围

得利人返还利益的范围，依其善意还是恶意而有不同。另外，针对得利人无偿转让所得利益给第三人的情形，立法设有特别规定，使第三人负有返还义务。以下具体说明。

（一）善意得利人的返还义务

得利人为善意，即在取得利益时不知道且不应当知道其得利没有法律根据，其返还利益的范围以利益尚存的部分（现存利益）为限。"得利人不知道且不应当知道取得的利益没有法律根据，取得的利益已经不存在的，不承担返还该利益的义务"（《民法典》第986条）。所谓现存利益，不限于原物的固有形态，即使其形态发生改变（如牛生牛犊），其财产价值仍然存在或者可以代偿（如出卖一头牛的价金，或因他人侵权行为而得的损害赔偿）。反之，如原物现已不存在，即业已消灭时，无论其消灭的原因（如物的毁损、金钱被盗）如何，以及受领人就此有无过失，均得免其返还义务（现存利益的举证责任，在于受领人）。

现存利益的"现"字指何而言？通说认为应以受返还请求之时为准，但少数说认为应以提起返还请求之诉时为准。[②]

之所以如此，是因为不当得利制度不以补偿受损人的损失为目的，只以使得利人返还其所取得的不当利益为目的。对善意的得利人给予一定的保护，特缩小返还范围，存在多少利益，返还多少利益；利益不复存在时，就不再返还。

在得利人为善意场合，即使受损人的损失超过现存利益，对于超过的部分仍不能基于不当得利之请求权基础请求得利人返还，这是由于该制度是仅于现存利益的限度内恢复受损人利益的制度。

（二）恶意得利人的返还义务

"得利人知道或者应当知道取得的利益没有法律根据的，受损失的人可以请求得利人返还其取得的利益并依法赔偿损失"（《民法典》第987条）。这是关于恶意得利人返还义务的规定。与善意得利人的返还范围相比显有加重，因承认损害之赔偿，故而学说认为此类规则具有近似于侵权责任场合的效果。[③]

得利人恶意，即谓得利人知道其得利没有法律根据。以其得利时是否知晓其得利没有法

[①] 王泽鉴：《不当得利》（第二版），北京大学出版社2015年版，第251页。
[②] 郑玉波：《民法债编总论》（修订二版），陈荣隆修订，中国政法大学出版社2004年版，第109页；[日] 远藤浩、川井健等：《民法（7）事务管理·不当得利·不法行为》（第三版），有斐阁1991年版，第60页。
[③] [日] 远藤浩、川井健等：《民法（7）事务管理·不当得利·不法行为》（第三版），有斐阁1991年版，第61页。

律根据为标准，又可进一步区分两种情形：在得利时即知晓的，称为自始恶意；在得利时不知，后来知晓的，称为嗣后恶意。

1. 自始恶意。得利人自始恶意的，立法加重其返还义务，其返还利益的范围包括：
（1）受领时取得的利益；（2）就取得的利益附加的利息；（3）损害赔偿。①

首先，返还受领时取得的利益，意味着返还的客体以受领时为准固定其客观价值。能返还原物则返还原物，不能返还原物则补偿相应的价额。因物之使用而使其价值减损场合，就此价值差额部分，得通过赔偿损失予以补齐。

其次，受领的利益为金钱时，应附加利息。之所以如此，是因为自不当得利请求权发生时起，不当得利债务人便应返还所得利益。这意味着自此时起，只要债务人尚未返还，便处于债务履行迟延状态，就金钱支付迟延利息，理固宜然。

再次，恶意得利人的赔偿责任，尽管有"依法"二字，在解释上仍被认为是不当得利制度上的规定，而非侵权责任法上的损害赔偿，不以过错为要件。②换言之，此处赔偿责任的请求权基础不是《民法典》第1165条第1款，而是第987条本身。就该赔偿责任的适用场景而言，比如若非由于不当得利事件的发生，受损人本可将标的物适时转卖，于此场合，恶意得利人须对此损失予以赔偿。如此，恶意得利人的责任，与不当得利的返还观念相比，更近乎侵权行为的责任。③

最后，恶意得利人不得主张所取得的利益不存在，故因取得利益所支出的费用，如运费、税费等，不得主张扣除。④之所以如此，是因为得利人明知其取得的利益没有合法根据，却仍然置受损人的合法利益于不顾，法律对此没有加以特别保护的必要，因此应让他负返还全部利益的义务。

2. 嗣后恶意。在得利时善意后来恶意场合，自后来知情时起，得利人作为恶意得利人负相应的返还责任。亦即，对于恶意时的现存利益，以及恶意后所得的利益（变成恶意后就物的使用获得的收益），恶意得利人负其责任。⑤

（三）第三人的返还义务

得利人已经将取得的利益无偿转让给第三人的，受损失的人可以请求第三人在相应范围内承担返还义务（《民法典》第988条）。⑥

1. 立法理由。第三人所受利益，系来自得利人，并未致受损人受损害，故不成立《民法典》第122条规定的不当得利。但就当事人利益加以衡量，一方面得利人依《民法典》第986条不承担返还义务，另一方面第三人系无偿取得利益，揆诸情理，显失公平，故作第

---

① 石宏主编：《〈中华人民共和国民法典〉释解与适用［合同编］》（下册），人民法院出版社2020年版，第946页。
② 黄薇主编：《中华人民共和国民法典合同编释义》，法律出版社2020年版，第1058页。
③ ［日］远藤浩、川井健等：《民法（7）事务管理·不当得利·不法行为》（第三版），有斐阁1991年版，第62页。
④ 石宏主编：《〈中华人民共和国民法典〉释解与适用［合同编］》（下册），人民法院出版社2020年版，第946页。
⑤ ［日］远藤浩、川井健等：《民法（7）事务管理·不当得利·不法行为》（第三版），有斐阁1991年版，第57页。
⑥ 比较立法例：《德国民法典》第822条；中国台湾地区"民法"第183条。

988 条的规定。此乃第 122 条规定的例外，立法目的在于保护债权人。①

2. 构成要件②。（1）须为无偿转让，比如赠与或遗赠。若为有偿，无论其对价是否相当，均不适用《民法典》第 988 条。惟在半卖半送的廉价买卖（混合赠与）中，对赠与部分仍有适用。

（2）无偿转让之物须为原受领人所应返还的，包括所受利益以及基于所受利益更有所取得。

（3）须原受领人因无偿转让而免负返还义务，即须原受领人因《民法典》第 986 条规定不承担返还义务。恶意受领人将所受领的利益无偿转让给第三人时，仍应对受损人负偿还价额的义务，无第 988 条的适用。

3. 法律效果。《民法典》第 988 条中第三人所负返还义务，限于得利人因无偿转让所免返还的义务。③ 例如，得利人所受领的利益为 A 猫与 B 狗的所有权，得利人将 A 猫无偿转让给第三人时，则第三人仅就 A 猫负返还义务。至于第三人应返还义务的范围，应依一般规定（《民法典》第 986 条和第 987 条）。

---

① 王泽鉴：《不当得利》（第二版），北京大学出版社 2015 年版，第 273—274 页；另见黄薇主编：《中华人民共和国民法典合同编释义》，法律出版社 2020 年版，第 1059 页。

② 参照王泽鉴：《不当得利》（第二版），北京大学出版社 2015 年版，第 273—274 页；另见石宏主编：《〈中华人民共和国民法典〉解释与适用［合同编］》（下册），人民法院出版社 2020 年版，第 947 页。

③ 王泽鉴：《不当得利》（第二版），北京大学出版社 2015 年版，第 275 页。

郑重声明

高等教育出版社依法对本书享有专有出版权。任何未经许可的复制、销售行为均违反《中华人民共和国著作权法》，其行为人将承担相应的民事责任和行政责任；构成犯罪的，将被依法追究刑事责任。为了维护市场秩序，保护读者的合法权益，避免读者误用盗版书造成不良后果，我社将配合行政执法部门和司法机关对违法犯罪的单位和个人进行严厉打击。社会各界人士如发现上述侵权行为，希望及时举报，我社将奖励举报有功人员。

反盗版举报电话　　（010）58581999　58582371
反盗版举报邮箱　　dd@hep.com.cn
通信地址　　北京市西城区德外大街4号　高等教育出版社法律事务部
邮政编码　　100120